D1933476

DER NATIONAL GEOGRAPHIC TRAVELER

KALIFORNIEN

DER NATIONAL
GEOGRAPHIC TRAVELER
KALIFORNIEN
Greg Critser

Inhalt

Seite 1: Einsame Zypresse in der Nähe von Carmel
Seiten 2 und 3: Winterlicher Sonnenaufgang im Yosemite Valley
Links: San Clemente Beach

Benutzerhinweise

Text- und Kartensymbole siehe hintere Umschlagklappe.

Der NATIONAL GEOGRAPHIC TRAVELER bringt Ihnen die schönsten Seiten Kaliforniens anhand von Text, Bildern und Karten nahe. Der Reiseführer ist in drei Großkapitel aufgeteilt. Er beginnt mit einem Überblick über Geschichte und Kultur. Es folgen elf Kapitel, die sich jeweils einer Region widmen und besonders interessante Sehenswürdigkeiten in aller Ausführlichkeit behandeln. Jedes Kapitel fängt dabei mit einer eigenen Inhaltsübersicht an, um eine einfache Handhabung zu gewährleisten.

Die Regionen (und Orte innerhalb der Regionen) sind geographisch angeordnet. Einige sind in kleinere Gebiete unterteilt. Eine Karte hebt die vorgestellten Plätze hervor, und jede Wanderung und Autofahrt hat ihre eigene Karte. In den Artikeln und Marginalspalten finden Sie Details über Geschichte, Kultur oder Lebensstil.

Das letzte Kapitel enthält alle Reiseinformationen, die zur Vorbereitung und Gestaltung notwendig sind, wie Verkehrsmittel, Währung, Hilfe bei Notfällen, dazu eine Auswahl an Hotels, Restaurants, Geschäften und Unterhaltungsmöglichkeiten.

All diese Informationen sind bei Drucklegung dieses Buches auf dem neuesten Stand. Ein Anruf zur Sicherheit ist jedoch immer empfehlenswert.

206

Farbkodierung

Jede Region ist durch eine eigene Farbe gekennzeichnet, so dass es leicht gefunden werden kann. Wählen Sie dazu in der Inhaltsübersicht vorne die Gegend aus, die Sie interessiert, und blättern Sie dann bis zu den Seiten, die in der oberen Ecke in der gleichen Farbe markiert sind. Auch die zugehörigen Reiseinformationen weisen die jeweilige Farbgebung auf.

San Francisco Museum of Modern Art
151 3rd St.
415/357-4000
Geschl. Mi
$$, gratis 1. Di im Monat
Bus 5, 9, 12, 14, 15, 30, 38, 45

Besucherinformation

Jede Hauptsehenswürdigkeit wird in der Außenspalte durch praktische Informationen ergänzt (Erklärung der Symbole siehe hintere Umschlagklappe). Der Kartenverweis gibt die Seite an, auf der die jeweilige Sehenswürdigkeit steht. Zu den weiteren Informationen zählen Adresse, Telefonnummer, Öffnungszeiten, Eintrittsgebühr – von unter $ 4 bis über $ 25 – sowie die nächste Haltestelle eines öffentlichen Verkehrsmittels. Bei kleineren Sehenswürdigkeiten finden sich diese Informationen in Klammern im Text.

REISEINFORMATION

SAN FRANCISCO — Farblich markierte Region

FINANCIAL DISTRICT — Stadt/Stadtviertel mit Farbkodierung

CLIFT HOTEL
$$$$ — Hotelname, Preiskategorie, Sterne

495 GEARY ST., 94102
TEL 415/775-4700
FAX 415/931-7417 — Adresse, Telefon- und Faxnummer

Das elegante Hotel, mit wunderbarer Redwood Bar und alterwürdigem Flair, ist ein herrlicher Ort zum Verweilen. — Kurze Hotelbeschreibung

326 Valet alle gängigen Karten — Service und Kreditkarten

FLEUR DE LYS
$$$$ — Restaurantname und Preiskategorie

777 SUTTER ST.,
UNION SQ.
TEL 415/673-7779 — Adresse und Telefonnummer

Großartiges Restaurant. Die Küche könnte sogar mit Paris konkurrieren. — Kurze Restaurantbeschreibung

80 Geschl. mittags, So alle gängigen Karten — Ausstattung und Kreditkarten

Hotel- und Restaurantpreis

Erläuterungen zu den Preiskategorien finden Sie im Abschnitt Hotels & Restaurants, S. 346.

REGIONALKARTEN

- Eine Regionalkarte ergänzt jede Übersichtskarte und zeigt die Lage der Region im Land.
- Auf angrenzende Regionen wird mit Seitenverweisen aufmerksam gemacht

---

SPAZIERGÄNGE

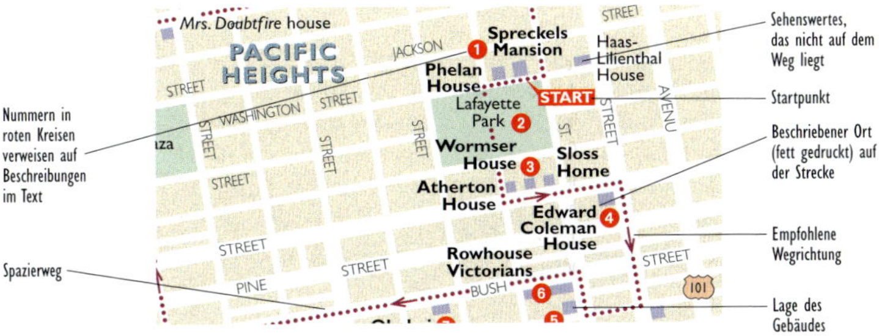

- Eine Infobox nennt Ausgangs- und Endpunkt des Spaziergangs, Länge, Dauer sowie Sehenswürdigkeiten, die man unterwegs nicht versäumen sollte.
- Werden bei einem Spaziergang zwei Routen angeboten, ist die zweite in Orange verzeichnet.

AUSFLÜGE

- Eine Infobox nennt Ausgangs- und Endpunkt des Spaziergangs, Länge, Dauer sowie Sehenswürdigkeiten, die man unterwegs nicht versäumen sollte.

DER NATIONAL GEOGRAPHIC TRAVELER

KALIFORNIEN

Über den Autor

Greg Critser wurde in Steubenville, Ohio, geboren und wuchs in Whittier, Kalifornien, auf. Er machte am Occidental College von Los Angeles in Geschichte das Bachelor-Examen, an der University of California, Los Angeles (UCLA), den Magister. Sein Forschungsbericht über das Leben des kalifornischen Autors und Sozialkämpfers Carey McWilliams wurde im *Pacific Historical Journal* der American Historical Association sowie im *UCLA Historical Journal* veröffentlicht. Greg Critser arbeitete bei folgenden vier Zeitschriften als Redakteur: *California Business, California* (früher *New West*) und bei *Buzz*, wo er eine Gruppe junger prämierter amerikanischer Schriftsteller verlegte, sowie bei *Worth*; hier war er auch für die Nominierung der Zeitschrift beim ersten *National Magazine Award*, einem Zeitschriftenpreis für Themen von öffentlichem Interesse, verantwortlich. Seine eigene Arbeit erschien in *Harper's*, im *Washington Post Magazine*, im *Wall Street Journal*, in der *Los Angeles Times*, in *The Washington Monthly*, im *New Yorker* sowie in *Worth*. 2003 erschien Gregs Buch *Fat Land: How Americans Became the Fattest People in the World.*

KALIFORNIEN

im Spiegel von

NATIONAL GEOGRAPHIC

Szenerie in Rot- und Schwarztönen am Lake Tahoe, einem der größten amerikanischen Bergseen an der Grenze zwischen Kalifornien und Nevada.

ÜBER KALIFORNIEN WAR ZU LESEN IN

Ausgabe: Juli 1915
The Wonderland of California

Seiten: 57-99
Autor: Whitaker, Herman

Inhalt: Kalifornien, das Land des Yosemite National Park, hat hohe Berge, malerische Küsten, trockene Wüsten und uralte Mammutbäume zu bieten. Alte Missionen erinnern an die spanische Vergangenheit, und die quirlige Metropole San Francisco, neun Jahre zuvor durch einen Brand zerstört, ist 1915 prächtig wieder erstanden.

Die pinkfarbene Kutsche der Cinderella Carriage Company lädt ein zu einer romantischen Rundfahrt durch San Diegos Gaslamp Quarter.

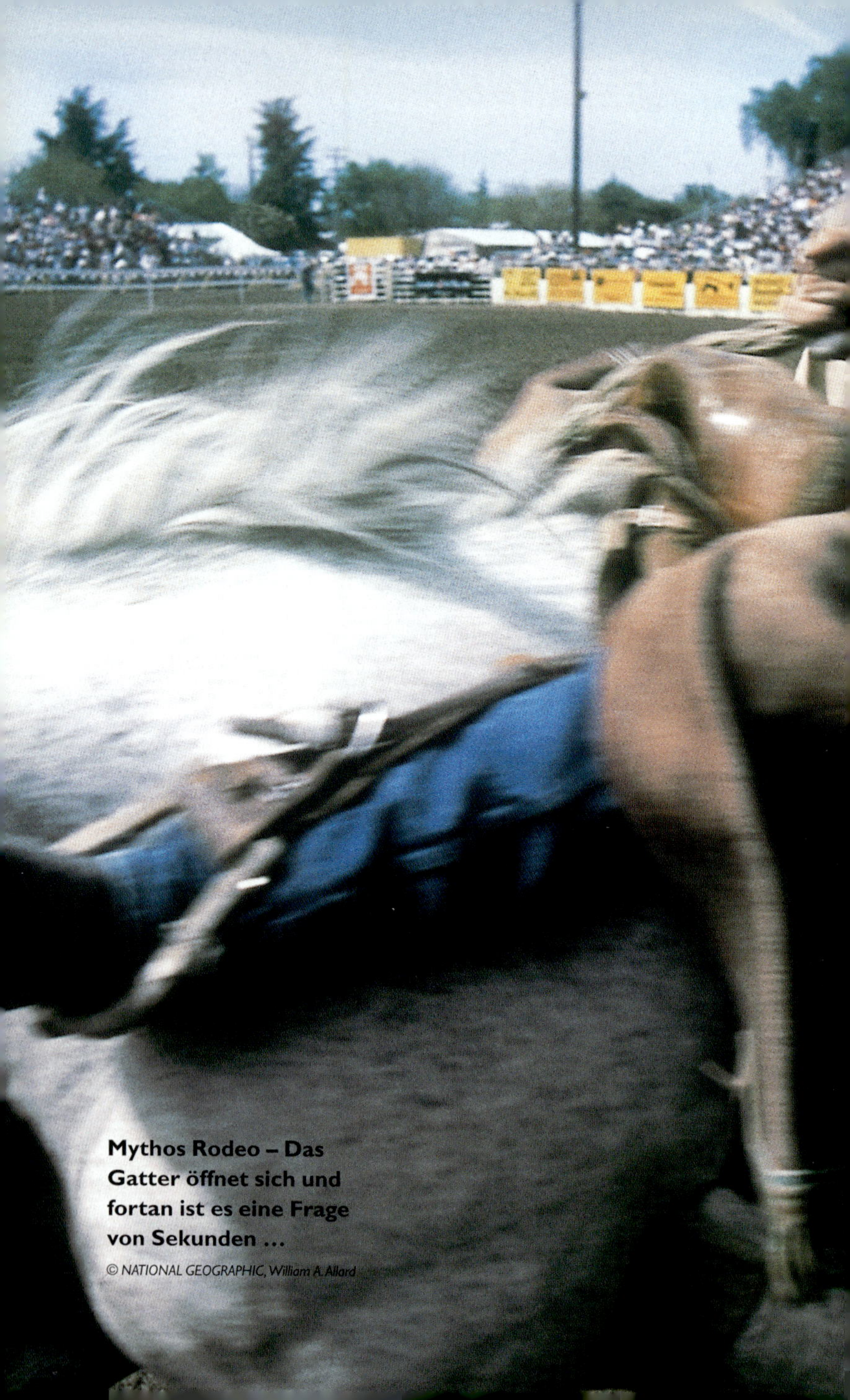

Mythos Rodeo – Das Gatter öffnet sich und fortan ist es eine Frage von Sekunden …

ÜBER KALIFORNIEN WAR ZU LESEN IN

Ausgabe: Dezember 1948
My Life in the Valley of Moon

Seiten: 689-716
Autor: Arnold, Henry H.
Fotograf: Culver, Willard

Inhalt: Nach glücklich überstandenem Krieg berichtet Autor Arnold 1948 über das »Valley of the Moon« nördlich San Francisco, wo er eine Ranch besitzt. In diesem Tal, einem Naturparadies mit Kolibris und anderen Kostbarkeiten, traten 1830, nach den Russen, die Amerikaner die Herrschaft über Nordkalifornien an.

THE NATIONAL GEOGRAPHIC MAGAZINE

PUBLISHED BY THE NATIONAL GEOGRAPHIC SOCIETY

Der nächtliche Fischzug war erfolgreich für die Männer aus Monterey: 25 Tonnen Tintenfische gingen in die Netze.

Zwielicht, Nebel und Brandungsgischt lassen die Grenzen zwischen Pazifik und der Küste verschwimmen. Im Hintergrund blinken die Lichter von Crescent City.

ÜBER KALIFORNIEN WAR ZU LESEN IN

Ausgabe: Januar 1970
Death Valley, the Land and the Legend

Seiten: 69-103
Autor: Findley, Rowe
Fotograf: Hiser, David

Inhalt: Das »Tal des Todes«, eine Senke mit 80 Metern unter dem Meeresspiegel und mit Bodentemperaturen bis 70°C, zieht 1970 zahlreiche Touristen an. Einige Pflanzenarten trotzen den harten Bedingungen dieser Mondlandschaft. Am Rand ist auch Landwirtschaft möglich.

Wie wär's mit einem Glas Champagner und einem kleinen Imbiss – bei einer Gondelfahrt auf der San Diego Bay?

Farbenfroh blühen die Opuntien im Joshua Tree National Park zwischen März und Juni.

ÜBER KALIFORNIEN WAR ZU LESEN IN

Ausgabe: Juni 1992
Sunset Boulevard: Street to the Stars

Seiten: 40-69
Autor: Gore, Rick
Fotograf: McCurry, Steve

Inhalt: Der Boulevard der Dämmerung, die berühmt-berüchtigte Prachtstraße von Los Angeles, gilt heute noch als Fahrstuhl zum Filmhimmel. Hier versammeln sich all diejenigen, die von einer Karriere in Hollywood träumen.

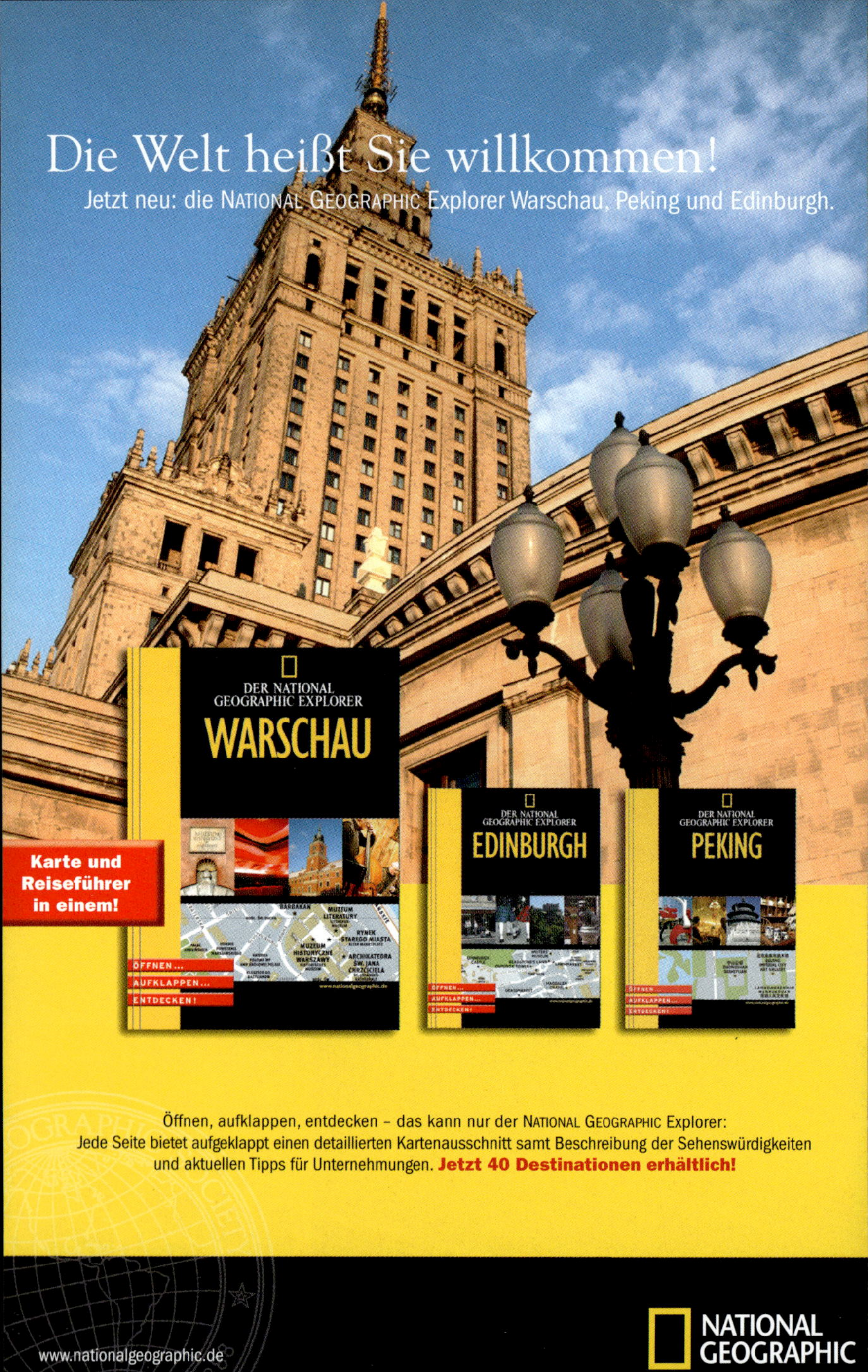
Die Welt heißt Sie willkommen!
Jetzt neu: die NATIONAL GEOGRAPHIC Explorer Warschau, Peking und Edinburgh.
DER NATIONAL GEOGRAPHIC EXPLORER
WARSCHAU
ÖFFNEN...
AUFKLAPPEN...
ENTDECKEN!
Karte und Reiseführer in einem!
DER NATIONAL GEOGRAPHIC EXPLORER
EDINBURGH
DER NATIONAL GEOGRAPHIC EXPLORER
PEKING
Öffnen, aufklappen, entdecken – das kann nur der NATIONAL GEOGRAPHIC Explorer:
Jede Seite bietet aufgeklappt einen detaillierten Kartenausschnitt samt Beschreibung der Sehenswürdigkeiten und aktuellen Tipps für Unternehmungen. Jetzt 40 Destinationen erhältlich!
www.nationalgeographic.de
NATIONAL GEOGRAPHIC

Geschichte und Kultur

Felszeichnung der Modoc-Indianer, Lava Beds National Monument

Kalifornien heute

»WIE ALICE IM WUNDERLAND, DER SO VIEL UNGEWÖHNLICHES WIDERFUHR, dass sie mit der Zeit wirklich kaum mehr etwas für unmöglich hielt, haben sich die Kalifornier eine Sprechweise zu Eigen gemacht, die schon ins Lächerliche geht. Sie können das nicht einsehen, weil sie Schwierigkeiten damit haben, die Wirklichkeit ohne Übertreibungen zu beschreiben. Diese scheint völlig aus dem Lot, aus dem Gleichgewicht und voll von kuriosen Verzerrungen. Denn über dem Land liegt ein goldener Schleier – Goldstaub erfüllt die Luft –, und die Atmosphäre hat etwas Magisches und spiegelt viele Tricks, Täuschungen und wundersame Visionen wider.« – Carey McWilliams: *California: The Great Exception*, 1947

Sie haben etwas Beunruhigendes an sich, diese Kalifornier, und zwar etwas, das so sehr beunruhigt, dass schon so mancher scharfsinnige Beobachter zu dem Schluss gekommen ist, bei ihnen besser von einem Menschenschlag oder auch von einem Stamm zu sprechen. Die kalifornischen Indianer, die zum Teil mit den Azteken verwandt sind, hatten dafür ihr eigenes Wort: *la raza*.

Allein schon auf Grund ihrer Anzahl sind die Kalifornier bemerkenswert. Es gibt mittlerweile über 35 Millionen, das heißt, einer von acht US-Bürgern ist Kalifornier. Diese Rate soll sich bis zum Jahr 2025 um weitere 18 Millionen erhöhen, was etwa der derzeitigen Bevölkerung des Staates New York entspricht.

Als Bevölkerungsgruppe betrachtet sind die Kalifornier innerhalb der USA am uneinheitlichsten. Über die Hälfte kommt noch aus Europa, Nordafrika, dem Nahen Osten und Indien, gut einer von vieren bezeichnet sich als *Hispanic*, was die engen geographischen und historischen Beziehungen mit den Nachbarn im Süden widerspiegelt. Jeder Zehnte ist Asiate – von Programmierern, die sich zum Hindu-Glauben bekennen, bis hin zu Bankleuten aus China.

Das Ergebnis dieser Völkerwanderung ist eine *mestizaje*, wie der kalifornische Romancier und Gesellschaftsforscher Donald Waldie es bezeichnet, nämlich die »Verschmelzung von Hispaniern, Afrikanern, Asiaten und geborenen Amerikanern, die den *mestizo* charakterisiert, einen Mischling, welcher der mexikanischen Kultur angehört.«

Somit verwundert es kaum, dass eine Universität in Kalifornien einen Studiengang, der seit den 1960ern Völkerkunde hieß, einfach in »*American Studies*« umbenannt hat – ohne sich dabei irgendwelche Kulturstreitigkeiten einzuhandeln, die mit derartigen Entscheidungen anderswo in Amerika oft einhergehen.

Geographisch gesehen sind die Kalifornier ein Küsten- und Stadtvölkchen – mehr als eine von vier Personen lebt in den fünf wichtigsten Ballungsgebieten: in Los Angeles, San Diego, San Francisco, San Jose und Long Beach, die alle nahe am Meer liegen. Viele der Neuankömmlinge, aber auch zahlreiche Kalifornier der zweiten oder dritten Generation wandern nun langsam in Richtung Osten ab, landeinwärts zu aufsteigenden Zielen mit so malerischen Namen wie Rancho Bernardo, Grass Valley, Roseville und Santa Clara.

Fern von ihren Wurzeln machen diese neuen Kalifornier dann auch eine neue Art Politik, einen gewissen amerikanischem Nachkriegspragmatismus, der sich kurz als integrierender Traditionalismus umschreiben lässt. So stimmten beispielsweise Amerikaner mexikanischer Abstammung 1997 zur allgemeinen Überraschung zu Gunsten einer staatlichen Initiative, die der zweisprachigen Erziehung in den öffentlichen Schulen ein Ende bereitete. Amerikaner asiatischer Herkunft und andere Minderheiten schufen eine Art Quotenregelung bei der Universitätszulassung und bei der Vergabe von Verwaltungsposten ab.

Zudem besteht besonders bei jungen Kaliforniern die Neigung, Geld für eine Vielzahl von soziokulturellen Projekten auszugeben, wie Bibliotheken, Schulen – und sich für Straßenbau und sogar für neue Steuern auszusprechen.

Als »Range of Light« bezeichnete der Naturschützer John Muir die im Sonnenlicht schillernden Vernal Falls im Yosemite Park

Dabei werden ein altmodischer Gemeinschaftssinn und auch praktisches Denken spürbar. Diese Neukalifornier haben zwar eine Abneigung gegen die Vorstellung, dass eine Regierung so viel Finanzmittel verschwenden könnte, wie das zur Ära Ronald Reagans üblich war, doch ist ihnen durchaus bewusst, dass es Investitionen zu tätigen gilt, wenn man später Geld verdienen will.

Und Geld – Geld und Optimismus – treibt die Kalifornier voran. In den vergangenen zehn Jahren haben sie die Wirtschaftspolitik neu geordnet, indem Finanzmittel für die Verteidigung abgezogen und zu Gunsten von neuen Technologien verwendet wurden. Man nehme zum Beispiel den Fall Illusion Inc., eine kleine Firma in der Unterhaltungsindustrie, die sich am nördlichen Stadtrand von Los Angeles befand. Dieses Unternehmen wurde von Robert Jacobs gegründet, einem ehemaligen Angestellten von Hughes, dem Rüstungsgiganten. In den 1980ern war Jacobs daran beteiligt, Simnet,

ein Computernetzwerk, zu etablieren, das Hunderte von Kriegssimulatoren auf der ganzen Welt betrieb.

Weil sich Jacobs in dem Großunternehmen langweilte und wusste, dass Kürzungen bevorstanden, machte er selbst eine Firma auf. Seine Vorstellung war, die Simnet-Technik für Computerspiele und Vergnügungsparks zu nutzen, zwei blühende Industriezweige. Er tat sich schließlich mit einem Filmmanager zusammen und verkaufte dem Hotel Sahara in

Los Angeles bei Sonnenuntergang: Die Mischung aus Palmen, Wolkenkratzern und Bergen verleiht der Stadt futuristische Züge

Las Vegas die erste Simulationsrennstrecke in Originalgröße. »Wir haben eine Bezeichnung für Leute, die so etwas machen wie wir: Sie sind in der militärischen Entertainment-Branche«, erklärt Jacobs schmunzelnd.

Dieser Trend betrifft auch die größeren Unternehmen. Wie Bran Ferren aus der For-

Am Huntington Beach in Orange County: Surfer mit ihrem schicken Oldtimer

schungs- und Entwicklungsabteilung der Walt Disney Company sagt: »Wenn Sie ein junger Programmierer sind, der nach allen Regeln der Kunst Programme schreiben will, dann gehen Sie vermutlich zu Disney oder Pixar oder auch zu Microsoft, aber nicht gerade zu Boeing oder General Dynamics.«

Doch die Technologie ist nicht der einzige Faktor, der Schwung in den Bundesstaat Kalifornien gebracht hat. Dieser neue Wirtschaftszweig – der siebtgrößte der Welt – profitiert auch vom enormen Individualismus, der für so viele Kalifornier bezeichnend ist – was zur Folge hat, dass in 90 Prozent der 2,5 Millionen Unternehmen Kaliforniens fünf oder weniger Angestellte beschäftigt sind.

Viele dieser Firmen verdanken ihr Entstehen den beachtlichen landwirtschaftlichen Grundlagen. Eine alte Reisfarm nahe Sonoma wurde in eine Sake-Brennerei für japanischen Reisschnaps umfunktioniert. Ein Mann, der mit dem Verkauf von kalifornischen Weinen ein Vermögen gemacht hatte, baute kürzlich die erste neue Schokoladenfabrik seit 55 Jahren im Süden von San Francisco. Wein aus Kalifornien? Selbst Franzosen sind erstaunt, wie gut er mittlerweile geworden ist.

Doch auch die kleineren Handwerksbetriebe haben eine Umstrukturierung erfahren. Los Angeles ist heute die Hauptstadt der Bekleidungsindustrie von Amerika; so beschäftigt zum Beispiel die Firma Guess? Hunderte von Zwischenhändlern, die ihrerseits Tausende von Wanderarbeitern einstellen.

Natürlich haben Wachstum und Kreativität auch ihren Preis – auf Kosten der Umwelt. Auch wenn der größte Teil des Bundesstaates noch ursprünglich und unvorstellbar schön ist, hat sich die Wasserqualität in vielen Urbanisationsgebieten doch arg verschlechtert. Die großen Städte kämpfen mit unterschiedlich großem Erfolg dafür, die Luft für ihre Bewohner sauber zu halten. Inzwischen leidet selbst das Central Valley immer wieder unter dem Smog. Feuersbrünste, Überschwemmungen und Erdbeben gehören seit jeher zum Leben in Kalifornien, doch scheinen sich die Probleme durch die Ausdehnung der Städte zu verschlimmern. So ist mancher Kalifornier beunruhigt, was Mutter Natur wohl noch an Überraschungen bereithält.

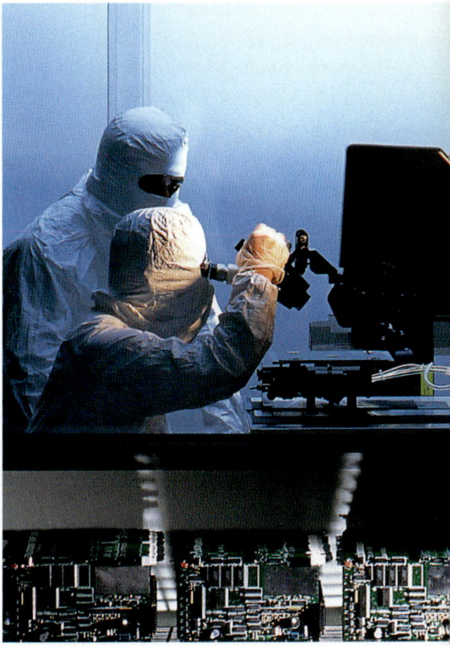

Im Silicon Valley unterziehen Techniker die Mikrochips einer genauen Kontrolle

Reflektiert man über so grundlegende Themen wie Verstädterung kontra Landleben, gestaltete Natur kontra Wildnis, Agrargesellschaft kontra Industriegesellschaft, haben amerikanische Kulturwissenschaftler oft zu folgender Metapher Zuflucht genommen: Das amerikanische Unternehmertum sei »die Maschine im Garten«, nämlich Raubbau an diesem Ethos des Individualismus. Dem modernen Kalifornier stellt sich die Gretchenfrage »Wie hältst Du's mit der Umwelt?« ■

Die Landschaft

NICHT JEDER, DER NACH KALIFORNIEN KOMMT, REAGIERT AUF DAS MILDE, ruhige Klima wie einst Charles Dudley Warner, ein Reisender des 19. Jahrhunderts, der ausrief: »Hier ist unser Mittelmeer. Hier ist unser Italien!« (*Our Italy*, 1891). Doch wenige, die auf Nebenstraßen durch den Staat gefahren sind und den Duft von Orangenblüten und Pinien, von Salbei und Meer eingeatmet haben, lässt dieser natürliche Charme unberührt. Wenn es ein mediterranes Amerika gibt, liegt es sicher in Kalifornien.

Land und Klima stehen in Wechselwirkung. Und das Land – 409 220 Quadratkilometer – wird wiederum von einer Reihe von tektonischen Kollisionen bestimmt, die vor etwa 250 Millionen Jahren einsetzten, als die Farallon-Platte vor der Küste unter den Kontinent Nordamerika zu rutschen begann. Während dieses Prozesses wölbte sich ein Gebirgszug empor. Dann kam es zu weiteren Kollisionen und dementsprechend mehr Bergen. Und so entstand allmählich das geologische System aus Senkungen und Bergen.

Vor etwa 130 Millionen Jahren erhitzten diese Erdverschiebungen den darunter liegenden Erdmantel, verflüssigten ihn zu Lava und bildeten schließlich die Sierra Nevada aus.

Nachdem sich die Nordamerikanische Platte über die Farallon-Platte geschoben hatte, prallte sie auf die Pazifische Platte. Dabei entstand eine Verwerfung, der San-Andreas-Graben, ein System aus Klüften und Spalten, das sich nordwestlich vom Golf von Kalifornien bis zum Point Arena oberhalb der Bucht von San Francisco erstreckt. Die Pazifische Platte und die Nordamerikanische Platte schrammen an dieser geologischen Nahtstelle aneinander vorbei – manchmal unwahrnehmbar, bisweilen jedoch auch in heftiger Form, die sich dann als Erdbeben äußert.

Das Ergebnis ist ein Land der Extreme. Mit 4418 Metern ist der Mount Whitney im Sequoia National Park die höchste Erhebung in Kalifornien. Badwater im Death Valley liegt 86 Meter unter dem Meeresspiegel und ist damit der niedrigste Punkt. Die sich daraus ergebenden Unterschiede in Temperatur und Regenmenge werden durch zwei bedeutende ozeanische Strömungen an der knapp 1800 Kilometer langen Küste verstärkt. Die tiefe, kühle kalifornische Strömung wandert von arktischen Gewässern im Norden gen Süden und ist deshalb für die langen, frischen Sommer und berüchtigten Nebel in San Francisco verantwortlich. Eine zweite seichtere Randströmung zieht in östlicher Richtung an der südlichen California Bight entlang und sorgt für ausgesprochen mildes Wetter im Süden der Region.

Wilde Küstenlandschaft: In Big Sur rollen riesige Brecher vom Pazifik heran

Der Reichtum an blühenden Gewächsen ist einzigartig. Botaniker schätzen, dass über ein Drittel der in Kalifornien vorkommenden 5000 Pflanzenarten endemisch ist. In den Gebirgsausläufern finden sich immergrüne Eichen, *Quercus agrifolia*, deren winzige stechpalmenartige Blätter sich optimal an die hohen Temperaturen und niedrige Luftfeuchtigkeit anpassen. Mammutbäume, *Sequioa sempervirens*, gedeihen im feuchten Umfeld der Küste. Die Hochlagen der Sierra Nevada sind Heimat der *Sequoia gigantea*, des Riesen-Mammutbaums oder Redwoods. Das Glasschmalz, *Salicornia*, hat sich so erfolgreich an die salzigen, den Gezeiten ausgesetzten Flussmündungen angepasst, dass sein Blattwerk aus der Ferne wie rotbraun gefärbter Schnee aussieht. Und dann gibt es noch einige Importe: Datteln, Orangen und Erdbeerbäume.

Das Wetter ändert sich mit dem Land, Flora und Fauna passen sich dem Klima an – und Kalifornien jongliert mit allen dreien. Wer gerade zur rechten Zeit da ist, wird vielleicht Zeuge einer ureigenen Tradition, die der Natur huldigt: die Ährenfisch-Jagd (siehe S. 131). Der schlanke Fisch von 13 bis 15 Zentimeter Länge mit einem leuchtend grünen Körper und einem silbrigen Bauch laicht in seichten Gewässern bei Flut zu Zeiten von Voll- oder Neumond zwischen März und August. Für den Verzehr ist der Ährenfisch nicht von Bedeutung, doch zieht sein Liebesspiel bei Mondschein Teenager unwiderstehlich an. Tausende kommen dann zu ihren Lieblingsstränden, um sich daran zu erfreuen. Die Laichzeit des *grunion* ist ein Schauspiel. ■

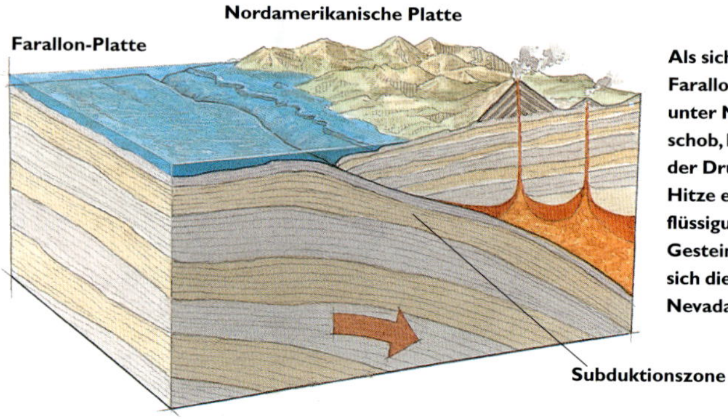

Als sich die Farallon-Platte unter Nordamerika schob, bewirkten der Druck und die Hitze eine Verflüssigung des Gesteins, wodurch sich die Sierra Nevada auffaltete

Die Luftaufnahme zeigt einen Teil des San-Andreas-Grabens

Die Nordamerikanische Platte und die Pazifische Platte schrammen am San-Andreas-Graben aneinander vorbei. Tief in der Erdkruste entstehen Erdbeben und Druckwellen (P-Wellen), die durch das Gestein in der Nähe pulsieren. Sekundärwellen lassen die Gesteinsoberfläche zusammensacken und öffnen längs der Verwerfungslinie Spalten und Zerklüftungen

Bewohner San Franciscos betrachten das Feuer, das dem Erdbeben von 1906 folgte – sie bezeichnen die Naturkatastrophe als »Großvater aller Beben«

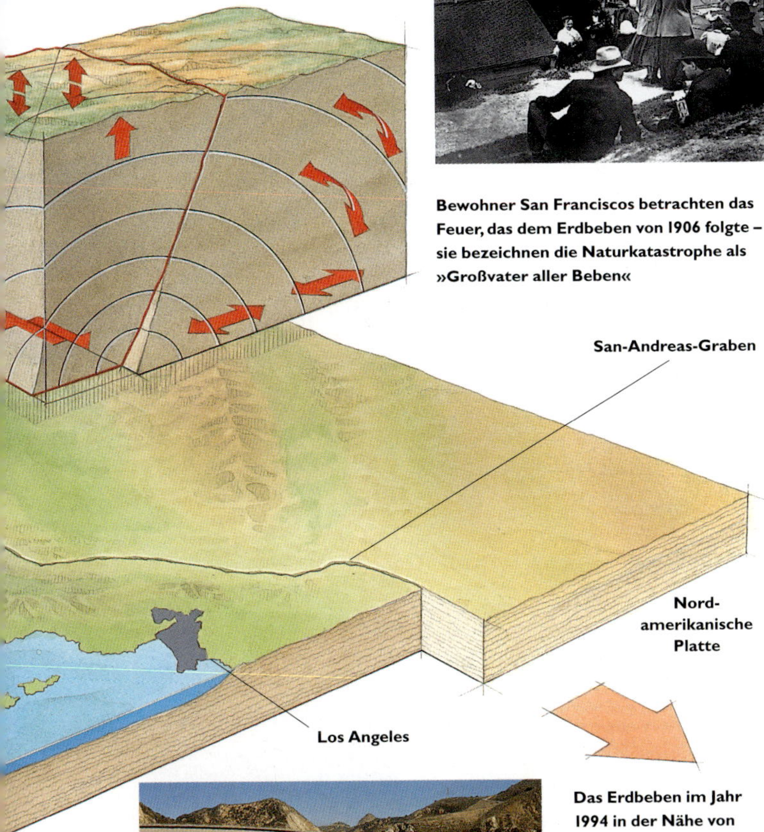

Das Erdbeben im Jahr 1994 in der Nähe von Northridge legte Los Angeles lahm, riss Autobahnen in Stücke und zerstörte Tausende von Gebäuden. Links die Überreste einer Autobahntrasse bei Simi Valley

Essen und Wein

IN DEN LETZTEN BEIDEN JAHRZEHNTEN WAR KALIFORNIEN WEGWEISEND für unsere anspruchsvolle kulinarische Welt. Es ist eine Art Mekka des Essens mit einem breiten Spektrum verschiedener Küchen. Diese Vielfalt macht es schwierig, das Essen in Kalifornien zu beschreiben; drei Themen – sie sind schon geschichtsträchtig – fallen einem jedoch spontan ein.

Thema Nummer eins beschäftigt sich mit der Integration der verschiedenen Landesküchen. Den ersten Versuch, eine Art kalifornische Küche zu schaffen, unternahm *Sunset*, die »Zeitschrift für westliches Leben«. Das Magazin wurde 1898 von der Southern Pacific Railroad ins Leben gerufen mit dem Ziel, die Bevölkerung im Osten zu ermuntern, »den Westen zu kolonialisieren und... sich stilvoll in ein neues Leben mit 365 Tagen Sonne und landwirtschaftlichem Überfluss aufzumachen«. Fast selbstverständlich übernahmen die Gründer von *Sunset* die kulinarische Vergangenheit Mexikos, indem sie in einer Kampagne die Bewohner des Golden State aufriefen: »Probieren Sie mexikanisches Essen« oder »Kreieren Sie Mexiko auf Ihrem Tisch«. So hatte der angelsächsische Neuankömmling die Möglichkeit, eine kulinarische Historie zu erfinden, eine Küche, die zum Teil auf Erinnerung und zum Teil auf psychologischer Notwendigkeit beruhte.

Ein anderes Thema – auch ein Anliegen von *Sunset* – war die Verschmelzung von Natur und Zuhause durch Küche und Garten, die Vorstellung, dass auch Kalifornier der Mittelschicht ihren eigenen Küchengarten haben sollten. Das bedeutete, wie die Redakteure es ausdrückten, »Sonne als Energie«. Keine Ausgabe dieser Zeitschrift war – und ist – komplett ohne eine ausführliche Gartenkolumne und mehrere Artikel zu Themen wie, was man mit den Unmengen Kiwis anstellen könnte oder wie man einen asiatischen Gewürzgarten anlegt. Das eigene, frische Obst und Gemüse zu essen, war nicht nur praktisch und billig, sondern förderte auch die Vitalität – der Schlüssel zu allem, was Kalifornien zu bieten hatte.

Das dritte Thema lässt sich mit der »Suche nach dem reinen Geschmack« beschreiben, was dem Überfluss an landwirtschaftlichen Produkten entsprang und auch der Überzeugung der kalifornischen Küchenchefs, dass es nach dem wirklich Essenziellen zu streben gilt – nach etwas Basilikum oder einer Orange oder einer Tomate oder Pflaume.

All diese Themen brachte 1971 erstmals Alice Waters auf einen Nenner, die das Restaurant Chez Panisse in Berkeley gründete. Sie war ge-

Buddhistische Mönche beim Frühstück in Denny's Restaurant in Los Angeles

rade von einer Reise nach Frankreich zurückgekehrt und wandte die Grundsätze der provenzalischen Küche nun auf kalifornische Zutaten an. Später schrieb sie einmal Folgendes: »Meine erste Regel lautet, stets nur die frischesten und besten Zutaten zu verwenden. Meine Bestrebungen führten mich ins Amador County wegen der jungen Schweine und der würzigen Wasserkresse, nach Napa wegen des Zinfandel, der speziell für unser Restaurant gekeltert wurde, nach Gilroy wegen des Knoblauchs, nach Sonoma wegen des Ziegenkäses und jeden Tag an den Ozean wegen der Austern…«

Inspiriert durch Alice Waters Maxime, »Sachen frisch aus dem Garten« zu kredenzen, krempelten Küchenchefs in ganz Kalifornien dann die klassischen Rezepte um – und ein paar weniger klassische gleich noch mit dazu.

Im Jahr 1979 eröffnete Annie Sommerville, eine Zen-Buddhistin, in San Francisco ein neues Restaurant, das sie schlicht Greens nannte: Sie war wild entschlossen, die vegetarische Küche zu verbessern. Und Greens hatte wirklich etwas ganz anderes zu bieten als das pampige, zerkochte Getreide und den matschigen Sojakäse, die für diese Art von Lokalen sonst typisch waren.

In Los Angeles blickten innovative Geister gen Süden. Die jungen Küchenchefinnen Susan Feniger und Mary Sue Miliken griffen den Gedanken von *Sunset* auf, was die Bedeutung der mexikanischen Küche angeht, und eröffneten den Border Grill, wo Chiliduft sich mit dem von Gegrilltem mischte. Viana La Place und Evan Kleiman eröffneten 1984 Angeli, italienische Pizzeria und Café, mit dem Vorsatz, das schwere italoamerikanische Essen durch die

»leichte, moderne« Küche Süditaliens zu ersetzen. Anstatt das Gericht entweder heiß oder kalt auf den Tisch zu bringen, servierten sie es bei Zimmertemperatur, weil »wir wissen, dass der wahre Geschmack sich bei diesen Temperaturen am besten entfaltet«. Und natürlich darf man Wolfgang Puck nicht vergessen, der in Los Angeles das berühmte Spago aufmachte,

In Gilroy bei Santa Cruz: Beim alljährlichen Knoblauch-Festival werden *»Garlic kisses«* verkauft

wo Kalifornier jeder ethnischen Herkunft über den köstlichen Pizza Pie herfielen. Niemand würde je der traditionellen Pekingente oder dem Ziegenkäse früherer Zeiten auch nur eine Träne nachweinen.

Wenn die 1970er und 1980er im Zeichen von Frische und ethnischer Verschmelzung standen, so ging es in den 1990ern vorwiegend um den Geschmack. In der French Laundry in Napa, das Ruth Reichl von der *New York Times* als »das beste Restaurant in den Vereinigen Staaten« bezeichnete, lässt sich Chef Thomas Keller von der ländlichen Umgebung inspirieren und darüber hinaus auch von Frankreich und Italien, um so herrliche Gerichte wie Hummer mit Vanille-Safran-Sabayon oder ein Granatapfel-Sorbet mit Champagner-Gelee zu kreieren. In San Francisco fängt Reed Herons Rose Pistola in North Beach die Atmosphäre der deftigen Genueser Küche ein mit seinen Kichererbsenmehl-Broten und gegrillten Barschen.

In Oakland handeln Leute aus Hmong mit frischem Zitronengras und scharfen Thai-Chilis, während Afroamerikaner Bohnenpasteten und selbst gemachte Soßen anbieten. Gleich in der Nähe verheißt die Speisekarte des Italieners Sandro Rossi im Café 817 das Reinste und Frischeste, was Italien zu Italien und Kalifornien zu Kalifornien macht. Über winzige Salatblättchen sprenkelt er das frischeste Olivenöl der Region, kombiniert mit dem zartesten Schinken aus Italien, den sich die Gründer von *Sunset* je hätten vorstellen können; darüber eine Spur Parmesan, eine Prise Basilikum. Die wahre Traumküche. *Perfetto*!

WEIN

In ganz Kalifornien gibt es über 500 Weinkeltereien; mehr als die Vielfalt an Weinen überrascht hier jedoch die hervorragende Qualität. John Doerper schreibt in seinem wichtigen Buch *Wine Country*: »Die Qualität eines Durchschnittsweins, der in Napa oder in Sonoma gekeltert wird, ist so hoch, dass sich die Kluft zwischen diesen Weinen und prämierten Sorten verringert hat. Jetzt meinen die Weinbauern, dass sie diesen Unterschied wieder verdeutlichen müssen – indem sie den Standard der Qualitätsweine nochmals erhöhen.« Für den Weinliebhaber ist das ein Glücksfall. Kalifornien hat sich zum Eldorado für Weintrinker entwickelt und wird nur von traditionellen Ländern wie Frankreich oder Italien überboten.

Die Geschichte der Weinkelterei ist dabei noch gar nicht so alt. 1966 wurde die Robert Mondavi Winery in Oakville bei Napa von Robert Mondavi und seinem Sohn Michael gegründet. Sie waren besessen von der Idee, Weinen aus Napa zur Weltklasse zu verhelfen und fingen deshalb an, mit heimischen Trauben zu experimentieren, Weinen, die als California Sauternes bekannt waren. Bald griffen sie zu europäischen Methoden, die sie auf ihren Reisen jenseits des Atlantiks kennen gelernt hatten. Zu ihren wichtigsten Innovationen zählten die Sauvignon-Blanc-Reben. Wie ihre Freunde in Frankreich ließen die Mondavis die Haut nach dem Zerstoßen an den Trauben, fer-

Weinernte im Napa Valley: Das Mikroklima und die Bodenbedingungen sind für den Wein perfekt. Seit den 1960ern sind die edlen Tropfen aus Kalifornien weltbekannt

mentierten sie in rostfreiem Stahl und füllten sie dann in französische Eichenfässer zur Reifung. Das Ergebnis war einer der ersten Qualitätsweine in Kalifornien, der wahre Renner – eine neue Variante des beliebten Weißen.

Bei der Weinprobe in Paris 1976 übertrumpften zwei Weine aus Kalifornien ihre Konkurrenten aus Frankreich.

Seitdem hat die Geschichte schon fast tragikomische Züge angenommen. In Napa und Sonoma haben so viele neue Winzer ihre Läden eröffnet, dass es hier zur Hauptreisezeit im Sommer bereits mehr Verkehrsstaus gibt als in den Städten. Und oft stellt sich ob der Marketing-Strategien besonders bei größeren Weinkellereien schon die Frage, was wichtiger ist: der Wein oder das Etikett.

Eine besonders beliebte Lage ist momentan die Gegend Carneros im südlichen Napa, die nach Westen ins Sonoma County übergeht. Hier tragen die kühlen Brisen und Nebel der nahe gelegenen San Pablo Bay zum Gedeihen einiger der hervorragendsten Pinot Noirs und auch einiger bemerkenswerter Chardonnays bei. Weiter im Norden und im Westen hat sich die Familie Benzinger in ihrem Sonoma Mountain Vineyard die Mischung aus Schatten und Sonne zu Nutze gemacht, um einen schweren Cabernet Sauvignon zu keltern. Noch ein Stück weiter nach Westen trägt das beständige, kühle Klima des Anderson Valley nahe Mendocino zur Entstehung eines Gewürztraminers und Rieslings von Weltrang bei. ■

Kalifornien damals

DIE WELTGESCHICHTE LIEF BIS 1849 AN KALIFORNIEN VORBEI. JAHRtausendelang, auf jeden Fall bis zum Jahre 1769, beherrschten die frühesten Siedler in über 500 Stämmen aus sechs Sprachfamilien das Land. Sie kannten keinen Feldbau und keine Töpferei, waren aber sesshaft und lebten vom Fischfang, Muschelsammeln und der Ernte von Wildreis und Eicheln. Sie handelten mit geflochtenen Körben und Federschmuck. Sie sollen sehr spirituelle Menschen gewesen sein – vielleicht nahmen sie das California Dreaming der Hippys vorweg .

DIE ERSTEN KALIFORNIER

Wenn die außergewöhnliche geographische Lage von Kalifornien sich prägend auf die einzigartige Pflanzenwelt ausgewirkt hatte, dann war ihr Einfluss auf die Besiedlung durch den Menschen noch größer. Man betrachte nur einmal die folgenden archäologischen Daten: Wissenschaftler von Rang behaupten seit langem, dass die ersten Kalifornier vermutlich vor 6000 bis 7000 Jahren ankamen. Bis zum Eintreffen der ersten Europäer im 16. Jahrhundert betrug die Anzahl der altansässigen Amerikaner an die 300 000 Menschen, die sich in 105 Sprachgruppen aufteilten und über den ganzen Staat

verstreut waren. Grob lassen sich drei Sprachfamilien ausmachen: Die Penutianer lebten größtenteils im Norden; zu ihnen zählten die Miwok und die Wintun, die im 18. Jahrhundert die Spanier willkommen hießen. Unter den Hokan, die an der zentralen Küste siedelten, befanden sich die Chumash, die unter den südlichen Stämmen technisch am weitesten entwickelt waren. Die Uto-Azteken im Süden waren entfernte Nachfahren der mexikanischen Azteken und der Comanchen; zu ihnen gehörten die so genannten Gabrieleños, die ersten voll christianisierten Indianer.

Die Zeugnisse aus dem Alltag im präkolumbischen Kalifornien sind rar, doch relativ neue Erkenntnisse legen einige interessante Mutmaßungen nahe. Radiokarbondatierungen von Einritzungen auf Tierknochen, die man in den La Brea Tar Pits in Los Angeles gefunden hat, weisen beispielsweise darauf hin, dass Ritzzeichnungen auf frischen Knochen heute ausgestorbener Tiere vorgenommen wurden; das lässt vermuten, dass der Mensch in Los Angeles einst ein schwieriges Leben führte, das durch wilde, aggressive, wolfsähnliche Tiere gefährdet war. Anhand einer Rekonstruktion des einzigen vollständigen menschlichen Körpers im gleichen Ausgrabungsgebiet, jenes einer jungen Frau nämlich, wird ersichtlich, dass Gewaltanwendung nichts Ungewöhnliches war: Ihr wurde der Schädel mit einem stumpfen Gegenstand eingeschlagen. Eine genauere Untersuchung der Boote, die von den Santa-Barbara-Chumash verwendet wurden, ergab, dass die Teergruben zu einer wichtigen Handelsroute gehörten. Der Wilshire Boulevard in Los Angeles liegt heute unmittelbar an dieser Route, die man damals nahm, um Teer zum Abdichten der Gerätschaften zu sammeln.

Die eigentlichen Kalifornier hinkten auf mehreren wichtigen Gebieten beträchtlich den Azteken, ihren Brüdern im Süden, hinterher. Sie hatten keine organisierte Landwirtschaft, hielten keine Haustiere – außer Hunden – und bauten weder Straßen noch beschäftigten sie sich mit Metallurgie. Ihre Priesterschaft hatte keinen Ritus. So verwundert es nicht, dass die neuen Siedler die Einheimischen als »Ochsen« bezeichneten, denen es an jeglicher Fähigkeit, sich selbst zu versorgen, fehlte – für die Europäer eines der Kriterien der Zivilisation.

Dennoch gibt es keine Beweise, dass Hunger für diese Eingeborenen ein Problem darstellte – zumindest nicht, bis die Europäer kamen. Diese Fakten lassen die moderne Wissenschaft nun überdenken, was eine »zivilisierte« Kultur eigentlich ausmacht. Ein Punkt, den sie genauer betrachten, ist die Jagd auf Wild, wie sie die Rumsen in der Monterey Bay praktizierten. Die Jagdmethoden dieses Volkes beruhten keineswegs auf Zufälligkeiten, sondern zeugten von enormen Fähigkeiten und Kenntnissen; zudem befolgte man religiöse und gesellschaftliche Maßregeln wie Gebete, sexuelle Abstinenz und bestimmte Essensvorschriften, ja führte sogar Konzentrationsübungen durch. Wie der

In Fern Cave, Lava Beds National Monument, in der Nähe von Tulelake: Malereien der Vorfahren der Modoc-Indianer

Forscher Malcolm Margolin betont, gab der Jäger einen Teil, wenn nicht gar seine ganze Beute den Älteren oder Nachbarn, so dass »die Jagd einen Menschen nicht autark machte, sondern vielmehr dazu diente, den Jäger an die übrigen Stammesmitglieder zu binden – wie andere Aspekte im Leben der Indianer auch«.

Im 18. Jahrhundert gründete Pater Junípero Serra im Auftrag der spanischen Krone 21 Missionen in Kalifornien

Somit drängt sich die Frage auf: Warum haben die amerikanischen Ureinwohner sich so leicht und bereitwillig missionieren lassen? Die Antwort liegt wohl in all dem begründet, was die Spanier – mit Legionen von bewaffneten Kriegern, exotischem Essen, eleganten weißen Pferden und ehrwürdigen *padres* – im Jahr 1769 beim ersten Aufeinandertreffen beider Gruppen an einem einsamen Strand in San Diego alles dabei hatten...

SPANIER UND MEXIKANER

Von ein paar Ausnahmen abgesehen – darunter die Entdeckung von Point Reyes im Jahr 1579 durch den Engländer Sir Francis Drake – war die Erschließung Kaliforniens hauptsächlich Sache der Spanier. Und somit trug die Eroberung mittelalterliche und koloniale Züge: Mittelalterlich, weil sie unmittelbar auf die spanische Inquisition folgte und auf die Vertreibung der Mauren; kolonial, da sie sich unmittelbar der Unterwerfung der Azteken Mexikos durch Cortéz anschloss.

Der neue Außenposten am Pazifik verdankt seinen Namen einem gängigen Ritterepos, *The Exploits of Esplandian* (1510) von Garcia Rodríguez Montalvo. Darin müssen die Christen in Konstantinopel einer großen, unbekannten Heerschar Amazonen trotzen, die von der Königin Califia von der Insel Kalifornien angeführt wird, wo alles aus Gold ist. Aus Frustration über die Suche nach diesen sagenhaften Sieben Städten aus Gold verlieh der spanische Forscher Francisco de Bolonas 1541 Baja California diesen Namen – als Anspielung auf Königin Califia.

Auf Bolonas folgte 1542 der bekanntere Juan Rodriguez Cabrillo, der im selben Jahr die San Diego Bay entdeckte. Es folgten 125 Jahre Schattendasein, da Spanien sich auf die Silber- und Goldminen in Mexiko sowie auf den Gewürzhandel zwischen Manila und Mexiko konzentrierte. Nur wenn Übergriffe britischer oder russischer Entdecker die spanische Vorherrschaft gefährdeten, räumte Karl III. von Spanien Kalifornien wieder Priorität ein. Im Jahr 1768 entsandte er Gaspar de Portolá, der Spanien die Küste sichern sollte.

Hier etablierte Portolá die drei wichtigsten Machtmittel der spanischen Kolonialherrschaft: das *pueblo*, das *presidio* und die *misión*. Das Pueblo verkörperte die bürgerliche Autorität und beruhte auf der mittelalterlichen Vorstellung von einem sicheren Städteverbund. Das Presidio, ein Fort, repräsentierte die Militärelite. Die Mission diente der katholischen Kirche als Mittel, die Indianer zum Christentum zu bekehren.

Spaniens einflussreichster Kleriker war der Franziskanerpater Junípero Serra, der 1769 in San Diego die erste Mission gründete. Er kam auf Mallorca zur Welt, wurde mit 16 Geistlicher, stand im Ruf, ein hervorragender Prediger zu sein, und wurde 1749 nach Amerika gesandt. Er war ein hartnäckiger, kühner und oft kämpferischer Mann, dazu ein guter Kenner des Mittelalters, der unter anderem glaubte, dass Schmerz und Unwohlsein die Seele läutern. (Er setzte sich einmal absichtlich einem Schwarm Insekten aus, was ihm nach einer Infektion ein gelähmtes linkes Bein eintrug.) Serras Leidenschaft ließ ihn und seine Nachfolger bis 1821 21 Missionen in Kalifornien errichten.

Nur wenige Forscher hegen Zweifel an den aufrichtigen religiösen Motiven Serras, doch wurden auch Vermutungen geäußert, dass seine Missionierung die indianischen Bevölkerung drastisch schrumpfen ließ. Die Tragik hatte schon Ironie: Die Padres meinten nämlich, dass sie ihre frisch Bekehrten nur vor Außenseitern und den oft brutalen spanischen Soldaten schützen könnten, indem sie sie eng beisammen hielten. Genau dadurch wurden die Indianer aber neuen Krankheiten aus Europa ausgesetzt. Als 1848 der Goldrausch begann, hatte sich ihre Anzahl von 300 000 zur Zeit vor Kolumbus auf nicht einmal 35 000 verringert; zehn Jahre später sollten es nur noch 20 000 sein.

Bis zum heutigen Tag wird die Vernichtung der Indianer Kaliforniens als die Ursünde des *Golden State* betrachtet. Serra wurde am Ende von Papst Johannes Paul II. selig gesprochen, allerdings erst nach drei Jahrzehnte währenden Bemühungen der wohlhabendsten und einflussreichsten kalifornischen Katholiken.

Nachdem Mexiko 1821 von Spanien unabhängig geworden war, kam Kalifornien unter die Herrschaft mehrerer schwacher mexikanischer Gouverneure, welche die abgelegene Kolonie als Belastung für die internen Finanzmittel ansahen. Um ehrgeizige Siedler zu belohnen, begann Mexiko, Einheimischen – *Californios* – weite Landstriche zu überlassen. Das Ergebnis war eine reiche *Rancho*-Kultur – mit Grizzlybär-Jagd, Fiestas und Rodeos. Diese Landbesitzer *(gente de razón)* reagierten dann feindselig auf die Einmischung von Seiten der mexikanischen Behörden. Im Jahr 1836 führte der Kalifornier Juan Bautista Alvarado einen Aufstand gegen die Mexikaner an und rief Kalifornien als freien, unabhängigen Staat aus. Mexiko erlangte die Hoheit bald zurück, doch war der Staat auf Unabhängigkeit erpicht – und gegebenenfalls auf eine Zugehörigkeit zur amerikanischen Staatengemeinschaft.

GOLDSTAAT

Bis zum Jahr 1846 kamen zwei weitere einflussreiche Faktoren hinzu, die Kalifornien auf dem Weg zur Unabhängigkeit vorantrieben und es schließlich zu einem Bundesstaat der Vereinigten Staaten machten. Auslöser für beide waren die 800 Angloamerikaner, die damals im mexikanischen Kalifornien lebten.

Die ersten waren Trapper und gewissenlose Glücksritter unterschiedlichster Herkunft, denen die Kontrolle, die Mexiko ausübte, missfiel. Die zweiten waren Yankees, europäische Siedler und Unternehmer, die jeden Vorteil für

John C. Frémont, ein US-amerikanischer Truppenkommandant, ebnete 1846 Kaliforniens Weg zur Eigenstaatlichkeit

sich nutzen wollten. Zu ihnen zählte William B. Ide, der eine Gruppe von 100 Leuten durch die Sierra in die Gegend um Sacramento führte, James Wilson Marshall, der schließlich in Kalifornien Gold entdeckte, der Mormone Sam Brannan, ein Pionier und Grundstücksmakler, sowie John Sutter, ein Amerikaner schweizerischer Herkunft, der eine Kolonie mit dem Namen New Helvetia gründete, die später die Hauptstadt des Staates werden sollte. Diese Amerikaner verschiedenster religiöser Prägung schlossen sich zusammen, um aus dem mexikanischen, katholischen Kalifornien die protestantische, amerikanische Version eines Yankee-Paradieses zu machen.

Dieses Wespennetz aus Ehrgeiz und Vorurteilen fand der junge Armeekommandant John

C. Frémont vor, der im Auftrag der US-Regierung eine geheime Untersuchung bezüglich der politischen Geschicke Kaliforniens leitete. Präsident James Polk hatte die Mexikaner an der texanischen Grenze provoziert und wollte herausfinden, wie die Kalifornier auf eine Kriegserklärung reagieren würden. Unter dem Vorwand einer wissenschaftlichen Expedition hielt sich Frémont mit ein paar Leuten in der Hauptstadt Monterey auf. José Castro, der *gobernador* von Monterey, schöpfte trotzdem Verdacht und warf Frémont hinaus; der zog sich nach Hawk's Peak oberhalb der Stadt zurück und hisste die amerikanische Flagge, bevor er nach Oregon weiterzog.

Frémonts Camp wurde bald zum Mekka verärgerter Trapper und Unternehmer, die von den Ereignissen auf Hawk's Peak gehört hatten und eine Ausweisung aus Mexiko befürchteten. Am 14. Juni stieg eine Gruppe dieser Leute zum Lager von Mariano Vallejo in Sonoma hinunter, dem *comandante* von Alta California, um ihn zum Aufgeben zu zwingen. Vallejo, der sein Leben lang die Unabhängigkeit unterstützt und die Männer bereits erwartet hatte, bewirtete diese großzügig mit *aguardiente*, einem mexikanischen Schnaps. Als William B., der Anführer der Rebellen, dort eintraf, fand er seine Kameraden betrunken vor. Er handelte mit Vallejo dessen Unterwerfung aus und hisste eine improvisierte Flagge, die einen Grizzlybär und die Worte »Republik Kalifornien« zeigte.

Ein paar Wochen später erklärte Frémont den Staat zum »permanenten Territorium der Vereinigten Staaten« unter Militärherrschaft. Der Kommandant John Sloat segelte in die Monterey Bay und übernahm das Gebiet formal von Castro, ohne einen Schuss abzugeben. Anderthalb Jahre später wurde Frémonts Coup durch den Vertrag von Guadalupe Hidalgo legalisiert, und Kalifornien gehörte zu den USA.

Bevor kluge Köpfe sich noch um die Verwaltung des neuen Staates kümmern konnten, setzte in Kalifornien der Goldrausch ein. Die Entdeckung von James Wilson Marshall in Sutter Creek am 24. Januar 1848 war ein letzter Schlag ins Gesicht der Alten Welt, die vor über 300 Jahren mit der Suche nach den Sieben Goldenen Städten begonnen hatte. In den ersten Monaten schürften allein in Yuba fünf Kalifornier Gold im Wert von mehr als 75 000 Dollar. In Placerville belief sich der Tagesertrag pro Mann oft auf über fünf Pfund; sieben Männer aus Monterey häuften mit Hilfe von 50 Indianern in sieben Wochen 273 Pfund Gold an.

Als sich diese Kunde über Kalifornien hinaus verbreitete, stieg die Bevölkerung des jungen Staates sprunghaft an. Allein nach San Francisco kamen in den letzten Wochen des Jahres 1848 über 40 000 Menschen. Zu größtem und dauerhaftestem Wohlstand gelangten dabei allerdings all die Geschäftsleute, welche die neue Bevölkerung versorgten – Levi Strauss, der Erfinder der Nietenjeans, aber auch Hote-

Das DeChambre Hotel in der Geisterstadt Bodie: Niemand wollte hier mehr wohnen, als es kein Gold mehr gab

liers, Bankiers und Rechtsanwälte. Nicht-Weiße spielten eine große Rolle beim Goldrausch. Die Anzahl farbiger Digger verdreifachte sich auf 2000 in den ersten drei Jahren – eine im wahrsten Sinn des Wortes goldene Chance für all diese Menschen, die damals noch nicht voll als US-Bürger anerkannt waren. Viele der so genannten *Free Negroes* benutzten beispielsweise das Gold, um anderen Familienmitgliedern die Freiheit zu erkaufen. Und auch wenn der Rassismus im *Golden State* blühte, wurde er doch gemildert, wenn die Leute Seite an Seite mit den Weißen arbeiteten. Ein *Free Negroe* schrieb seiner Frau einmal Folgendes: »Für Schwarze ist das hier der beste Ort auf Erden. Alles, was man tun muss, ist arbeiten, und dann verdient man gutes Geld.«

Der Goldrausch leitete dann auch die offizielle Eigenstaatlichkeit ein. Im Jahr 1848 fertigte ein Gremium von 48 Männern einen Entwurf für eine Konstitution an; ein Viertel von ihnen war mit dem Goldrausch ins Land gekommen. Ebenso wichtig war wohl ihre Jugend: Nur vier von ihnen waren über 50 Jahre alt, 30 waren unter 40 und neun gerade gute 20. Somit wurde der 31. Staat von den jüngsten Bürgern des Landes regiert.

BOOM-JAHRE

In den 70 Jahren, die auf den Beitritt zu den Vereinigten Staaten folgten, erlebte Kalifornien eine Reihe von wirtschaftlichen, technischen und bevölkerungspolitischen Höhepunkten, die in der Geschichte der USA beispiellos sind.

Der Boom sollte den Charakter und das Image des neuen Staates prägen, der als Synonym für Individualimus und Erfolg stand. In Kalifornien ließen sich Jungenträume in die Tat umsetzen.

Die Geschichte der Central Pacific Railroad ist ein Beispiel für diese Behauptung. Diese Eisenbahnlinie war ursprünglich eine leidenschaftliche Vision von Theodore Judah, einem jungen Ingenieur, dem man bereits – erfolgreich – den Bau der Sacramento Valley Railroad übertragen hatte. Als während des Goldrauschs die Städte wie Pilze aus dem Boden schossen, war er der Erste, der den Traum der Ostküste mit wirtschaftlichen Überlegungen in Form einer transkontinentalen Eisenbahn verband. Judah stellte sich eine Strecke durch die Sierra Nevada vor, die jedoch von den Politikern in San Francisco wie auch von privaten Investoren abgelehnt wurde. Schließlich organisierte er in einer Eisenwarenhandlung in Sacramento, die Mary Hopkins und Collis P. Huntington ge-

hörte, ein Investorentreffen. Die beiden Kaufleute Leland Stanford und Charles Crocker überzeugten Judah dann, ein Hundertstel der Aktien von Central Pacific zu verkaufen und sie zum Präsidenten, Vizepräsidenten, Sekretär und Schatzmeister des neuen Unternehmens zu machen. Im Jahr 1863, als Judah durch Panama zurück in den Osten reiste, um seine Ansprüche am kalifornischen Teilstück der Transcontinental zu sichern, starb er an Gelbfieber. So fiel die Aufsicht an die Männer, die später als die *Big Four* bekannt werden sollten.

Zwischen 1880 und dem Beginn des Ersten Weltkriegs erhöhten sich die Schienenkilometer von 3500 auf nahezu 13 000, wodurch neue Märkte und Industriezweige entstanden.

***Straße nach Kalifornien*: Eine Lithografie aus dem Jahr 1871 zeigt einen Zug der Central Pacific Line bei der Fahrt durch die Sierra Nevada nahe dem Truckee River**

In San Francisco gehören Homosexuellen-Hochzeiten mittlerweile zum Alltag: Feiern, bei denen es oft ganz traditionell zugeht

Auslöser für den Aufschwung in der Landwirtschaft, bis dato nur von regionaler Bedeutung, waren Weizenfarmer, die oft so riesige Felder bepflanzten, dass die Pflücker bei der Ernte dort übernachten mussten, weil sie pro Tag nur einen Durchgang schafften. Neue Märkte führten zu allen möglichen Erfindungen. Gegen Ende des Jahres 1880 hatten Orangenfarmer herausgefunden, wie man Eisenbahnwaggons ausreichend kühlen konnte, um die Früchte bis an die Ostküste zu transportieren; um 1882 verschifften sie ihre Waren dann bis nach England.

Der ständige Zustrom von Einwanderern aus dem In- und Ausland brachte auch neue Arbeitsmethoden mit sich. Hatten die Einheimischen in der Nähe von Sacramento nur Sumpfland gesehen, entdeckte beispielsweise der japanische Pionier George Shima dort den wahren Garten Eden, um genau die Kartoffeln anzupflanzen, die er in seiner Heimat so geschätzt hatte. Der »Kartoffelkönig« war auf Erfolgkurs. Der ungarische Baron Agoston Haraszthy wurde der »Vater des kalifornischen Weines«, als er 1857 ob des milden Klimas und der guten Erde im Somona Valley die erste staatliche Weinkelterei ins Leben rief, wodurch er wiederum Charles Krug, Jacob Schram und Paul Masson anspornte, die dem kalifornischen Wein schließlich Weltgeltung verschaffen sollten. Luther Burbank rief in Santa Rosa seine Gartenbau-Labors ins Leben, wo er sich mit Veredelung und Saatauswahl beschäftigte. Die aggressiven Geschäftspraktiken des italoamerikanischen Bankiers A. P. Giannini machten die Bank of America schließlich zur Finanzstütze von Generationen von Farmern.

Alle diese neuen Wege schienen sich in der typischen Boomtown des 20. Jahrhunderts zu manifestieren: Los Angeles. Diese halbe Wüstenstadt nutzte die modernste Technik, um aus dem weit entfernten Owens Valley – heute ein Umweltwrack – Wasser zu beziehen. Werbung und die gerade entstehende Filmindustrie lockten neue Anwohner in die sich rasch ausbreitenden Vorstädte. *Angelenos* schickten Ansichtskarten von Orangenbäumen vor schneebedeckten Gipfeln, mit dem Kommentar, »So sieht es hier wirklich aus!«, in ihre Heimatorte.

Aber wie lange noch? Ein derartiges Wachstum wirkte sich natürlich günstig auf die Kasse aus, doch der Preis war die Zerstörung der Landschaft durch Bergbau, Müllkippen und Bautätigkeit, die Eindämmung von Flüssen und das Fällen von großen Wäldern. Die Aktivitäten des Sierra Club und seines sagenumwobenen Gründers John Muir erwiesen sich da nur als ein Tropfen auf den heißen Stein.

Muir, ein gebürtiger Schotte, war 1868 nach Kalifornien gekommen. Er war als Kind erblindet und hatte nach Wiedererlangen seiner Sehfähigkeit geschworen, sein Leben dem Naturschutz zu widmen. Jahrzehntelang wanderte er durch das Yosemite Valley und andere Naturwunder und schrieb über seine Erfahrungen in verschiedenen Zeitungen und Zeitschriften. Im Jahr 1892 war er einer der Mitbegründer des Sierra Club, wurde zum Präsidenten gewählt und lag von da an im Krieg mit der Regierung wegen eines Vorhabens, in der Nähe von Yosemite Bergbau, Holzwirtschaft und Weideflächen zu gestatten. Durch die Beeinflussung von Abgeordneten – eine Lobbytaktik, die bis heute von Umweltgruppen parktiziert wird – gelang es Muir schließlich, die Regierung zu überzeugen, Yosemite zu einem Nationalpark zu machen. Er ist und bleibt ein Beispiel von einem Paradies, das gerettet werden konnte.

VORSTADTPARADIES DER NACHKRIEGSZEIT

Niemand konnte damit rechnen, dass nach der Weltwirtschaftskrise und dem Zweiten Weltkrieg in Kalifornien etwas Positives entstehen würde – und doch ist genau das passiert. Die Depression bewies den Amerikanern, dass die so sehr gefeierte Wirtschaft in Kalifornien wirklich nicht tot zu kriegen war. Die Million neuer Zuwanderer, die in den 1930ern hierher kamen, erfuhren diese Entwicklung am eigenen Leibe. Und was die Jahre der Depression geschürt hatten, gossen die Kriegsjahre im wahrsten Sinn des Wortes in Stahl. Das Gesamteinkommen Kaliforniens erhöhte sich zu dieser Zeit fast um das Dreifache. Der Kalte Krieg stärkte die Rüstungsindustrie in den 1950ern, und bis 1960 hatte Kalifornien eine Bevölkerung von 15,8 Millionen erreicht.

Wachstum und Wohlstand in Verbindung mit der Trends setzenden Filmindustrie ließen dann die typische Lebenshaltung und die besondere Kultur entstehen. Hier konnte man mit der Vergangenheit brechen und zu dem Menschen werden, der man gern sein wollte – auf Grund eigener Entscheidung. Der Prototyp des Kaliforniers von 1960 lässt sich wohl so beschreiben: Er arbeitet als Maschinenbauer oder Ingenieur bei Douglas Aircraft und produziert für die amerikanische Luftwaffe oder für TWA Flugzeugzubehör. Er zahlt die Hypothek auf ein modernes Reihenhaus in Lakewood ab, einer auf dem Reißbrett entworfenen Stadt, die binnen zwei Jahren aus dem Boden gestampft wurde. Am Wochenende nimmt er im Hawaiihemd und Turnschuhen an einer Poolparty in Palos Verdes teil – seine Vorstellung von Spaß. Bei einem Steak und Tacos diskutiert er das Tagesgeschehen – aber nicht, was die Parteien so machen, sondern ganz bestimmte Themen wie neue Steuern, mit denen sich staatliche Universitäten in Bildungseinrichtungen von Weltrang verwandeln lassen oder Maßnahmen zur Waffenkontrolle.

Gegen Ende der 1960er und auch in den 1970ern erreichte die Lifestyle-Kultur neue Höhen. Die Universitäten von Kalifornien richteten als erste ethnische Studienzentren ein – eine Möglichkeit für die Studenten, ihre individuelle Geschichte, die sie bei der Integration als Amerikaner oft verloren hatten, wiedererlangen zu können. In diesen Institutionen fand Cesar Chavez, der sich für die Rechte der Landarbeiter einsetzte, hingebungsvolle Mitstreiter – junge Leute, die wirklich an die Gerechtigkeit der Sache glaubten, die aber dennoch ihr Engagement nutzten, um über traditionelle Laissez-faire-Vorstellungen hinsichtlich Wirtschaft und Armut nachzudenken. San Francisco wurde zur ersten Homosexuellen-Stadt der Welt mit Schwulenparaden und dem ersten offiziellen homosexuellen Politiker, Supervisor Harvey Milk.

Die konventionelle Mittelschicht versicherte sich ihrer Persönlichkeitsrechte, und zwar zuerst durch ein Gesetz, das die Erhöhung der Grundsteuer beschränkte, dann durch die enorme Unterstützung der Konservativen von Präsident Ronald Reagan bis hin zu Gouverneur George Deukmeijan, die sich gegen Steuern aussprachen. Für spirituell Orientierte wurden kühne Einrichtungen geschaffen, von Open-Air-Kirchen bis hin zu Zen-buddhistischen Zentren. Fans von Freizeitaktivitäten im Freien erfreuten sich weiterer Nationalparks.

Zugleich tat sich der Bundesstaat Kalifornien schwer mit der neuen unkontrollierten Zuwanderung, ganz egal, welche Nettogewinne diese neuen Immigranten aus Lateinamerika und Asien der Wirtschaft als solcher brachten. Die Bevölkerung stieg noch immer an. Reduzierte Staatsausgaben waren hauptsächlich auf die Anti-Steuer-Befürworter zurückzuführen.

Als im April 1991 in Los Angeles der größte Rassenaufstand in der Geschichte der Vereinigten Staaten ausbrach, entstand bei vielen Amerikanern der Eindruck, dass die Kalifornier nun endlich die Quittung bekämen.

FESTE GRENZE

Von 1989 bis etwa 1995 wurde Kalifornien, von seinen wirtschaftlichen Schwankungen abgesehen, auch von einer Reihe sozialer und ökologischer Katastrophen heimgesucht. Im Jahr 1989 erlebte die Bucht von San Francisco das schlimmste Erdbeben seit 1906. Ein Teil der Bay Bridge stürzte ein, und der Cypress Freeway fiel in sich zusammen, der Hafen wurde zerstört und ging dann in Flammen auf. Im Oktober 1991 verwüstete ein Feuer die Oakland Hills samt 3000 Häusern.

Um Los Angeles stand es nicht besser. Die Unruhen von 1991 waren die schlimmsten in der ganzen Geschichte der USA. Sie brachen aus, nachdem ein Geschworenengericht mit ausschließlich weißen Mitgliedern vier Polizisten freisprach, die Rodney King, einen Afroamerikaner, brutal zusammengeschlagen hatten. Der Vorfall war in einem Video festgehalten und wurde weltweit im Fernsehen ausgestrahlt. Als der Freispruch verkündet wurde, flogen in der südlichen Innenstadt, in der Farbige und Weiße wohnen, Flaschen und Steine

Das 2001 nach dem Platzen der Internetblase schon für tot gehaltene Silicon Valley ist zu neuem Leben erweckt

auf vorbeifahrende Autos; auch wurden Autofahrer gestoppt und verprügelt. Darauf folgten vier Tage mit Plünderungen, Brandstiftung und Schießereien, 58 Tote waren zu beklagen, und es gab 2000 Verletzte. Die Nationalgarde musste wieder Ordnung schaffen. Dann wurde 1991 die Gegend von Malibu bis Laguna von mehreren Bränden heimgesucht. Im Januar 1994 erfasste die Stadt ein Erdbeben der Stärke 6,7, dessen Epizentrum im San Fernando Valley lag. Einige Teilstrecken der Autobahn stürzten ein, ältere Gebäude fielen in sich zusammen. Diese Zerstörungen machten ein noch größeres Aufgebot an Militär und Polizei für die Aufräumungsarbeiten erforderlich.

Zu den Maßnahmen, die eingeleitet wurden, um die Rassenprobleme in den Griff zu bekommen, gehörten Umstrukturierungen im Polizeidienst und Pläne, die Innenstadt mit einem besseren Schulsystem auszustatten. Neue Bauvorschriften sollten Abhilfe bei Bränden und Erdbeben schaffen, doch viele Menschen wollten weiterhin in den Risikogebieten wohnen bleiben.

Im Jahr 1995 zogen noch mehr Leute zu. Wichtigster Grund war die günstige Wirtschaftslage des Staates. Der Schlüssel dazu lag unter anderem im Export. Der Wegfall von Handelsbeschränkungen und eine florierende Weltwirtschaft hatten riesige neue Märkte für Produkte aus Kalifornien geschaffen: Wein, Reis, Computerchips, Computerspiele. Eine weitere wichtige Komponente stellte Hollywood dar. Infolge der weltweiten Nachfrage nach Unterhaltungsprodukten und des Siegeszugs von Pay-TV und Kabelfernsehen konnten bis 1997 alle Jobs aus dem Rüstungssektor durch die Unterhaltungsindustrie ersetzt werden.

Kalifornien – und ganz besonders San Francisco – waren die Drehscheibe des Internetbooms Ende der 1990er Jahre: Damals erlebte die Bay Area ihr spektakulärstes Wachstum seit den Zeiten des Goldrausches von 1849. Der »kalifornische Traum« wurde einmal mehr Wirklichkeit, als technisch begabte junge Menschen in Sekunden zu Millionären wurden. Die Erfolge sorgten für eine neue Einwanderungswelle und einen Immobilienboom. Die Kalifornier hatten allen Grund, das neue Jahrtausend zu feiern. 2002 folgte dann das jähe Erwachen, als die Internet- und damit auch die Börsenblase platzten. Die Aktienoptionen vieler Angestellter zerfielen zu Staub, Tausende Jobs gingen verloren. 2003 wählten die Kalifornier Arnold Schwarzenegger vor allem wegen seines Versprechens »Keine weiteren Steuern« zum Gouverneur. Er kämpft nun darum, die riesigen finanziellen Probleme des Staates in den Griff zu bekommen.

Demografisch hat sich in den 1990er Jahren der seit 20 Jahren anhaltende Trend fortgesetzt: Latinos wohnen in den Zentren der Städte, die multikulturelle Mittelschicht in den älteren Vororten. Die neue obere Mittelschicht zieht es vor allem in so genannten »ex-urbs«. ■

Kunst und Kultur

MITTE DER 1980ER FRAGTE JEMAND DEN KÜNSTLER JOHN GUTZEN BORGHUM, warum sich wohl so viele seiner Kollegen von Kalifornien angezogen fühlten. Borghum war verdutzt. Dann meinte er, das sei so, »weil nur selten auf der Welt so lebendige und reine Farben vorkommen und eine solche Vielfalt an Themen, die zu malen sich lohnen«. Bis heute profitiert die spannende Kunstszene in Kalifornien von der abwechslungsreichen Landschaft des Bundesstaates.

MALEREI

Dass die Natur seit Generationen die Künstler in Kalifornien beschäftigt, ist keine besondere Überraschung. Das Staatsgebiet weist über 409 220 Quadratkilometer auf, weite Landstriche sind völlig unberührte Natur. Doch mit Größe und Naturbelassenheit allein lässt sich die Anziehungskraft kaum erklären, das Phänomen Kalifornien vermag das schon eher. Der Staat begann sich zu jenem kritischen Zeitpunkt abzuzeichnen, als man nämlich die Grenzen für festgelegt hielt und neues Land zur Stärkung des demokratischen Experiments in den USA notwendig schien. Der Einfluss der Amerikaner auf ihr Land stärkte ihr Selbstvertrauen – und anders herum.

Die erste Kunstform, die sich dem Goldrausch widmete, bestand vorwiegend aus Genremalerei des Alltagslebens, etwas, womit sich Künstler in ganz Amerika beschäftigten. Diese frühen Arbeiten spielten mit ästhetischen Normen, indem sie ständig heroische Alltagsszenen darstellten. Das Gemälde *Bergleute in der Sierra* von Charles Nahl und Frederick Wenderoth aus dem Jahr 1851 zeigt vier Bergleute, die Abraum in einen Trog schaufeln. Die Arbeit ist schwer, denn die Erde gibt nur nach, wenn man mit einer Breithacke auf sie eindrischt. Der springende Punkt bei dem Gemälde liegt jedoch in dem, was die Männer erwartet – ein großes, felsiges Tal, das bis auf eine baufällige Hütte in der Ferne nicht besiedelt ist. Nur ein Held kann hier furchtlos seinem Tagewerk nachgehen.

Als die ersten Impressionen von Kalifornien publik wurden, packten immer mehr Künstler ihre Siebensachen und Staffeleien, um im Westen die vielen Naturwunder abzubilden, die dieser Staat zu bieten. Auch wenn die ersten Landschaftsmaler Amateure waren, hatten doch viele die Fähigkeit, Details, Licht und Schatten darzustellen wie ein Profi. Albert Bierstadt (1830–1902) aus Neuengland, der für sein Bild vom Yosemite Park 1868 berühmt wurde, war von seinem Sujet schier überwältigt: »Wir sind hier jetzt im Garten Eden«, schrieb er einem Freund, »das schönste Fleckchen Erde, an dem ich je verweilt habe.«

Ein Hauch des Mystischen erfüllt seine Bilder. Die Bäume scheinen vor Saft und Kraft schier zu strotzen; die Abhänge der Berge wirken, als habe der Schöpfer sie noch nicht fertig gestellt. Die High Sierra, so erklärt die Wissenschaftlerin Illene Susan Fort in ihrem Buch *Paintings of California*, »symbolisiert die Vorstellung göttlicher Immanenz, die für die amerikanische Naturbetrachtung von zentraler Bedeutung ist«.

Jüngere Künstler sollten jedoch das Genre bald verändern; so beschäftigten sich die Impressionisten vorrangig mit dem Licht und dem Gefühl für die Einzigartigkeit der Region. Der unterschätzte William Keith (1839–1911) beispielsweise begann seine Karriere, indem er auf Details von Bierstadt zurückgriff, so in seinem Bild *San Anselmo Valley bei San Rafael* aus dem Jahr 1869. Bis 1880 reifte sein Stil zu Gemälden heran, die jenen van Goghs ähnelten, wie *Sanddünen und Nebel, San Francisco*. Hatten sich beim ersten Bild noch riesige Eukalyptusbäume drohend über den beherzten Pionieren erhoben, so triumphiert beim zweiten schon die Einsamkeit der Natur. Stadtszenen, die diesen Trend widerspiegeln, malten William Hahn (1829–87) in seinem *Marktszene, Sansome Street, San Francisco* und Theodore Wores (1859–1939) in *Neujahrstag in San Franciscos Chinatown*.

Diese beiden Tendenzen – Impressionismus und Ortsverbundenheit – ließen dann eine Reihe von Bewegungen entstehen, welche die Zeit von 1890 bis in die 30er Jahre des 20. Jahr-

***Half Dome, Yosemite* von Albert Bierstadt: Er nennt die Bergregion das »schönste Fleckchen Erde, an dem ich je verweilte«**

Der Brite David Hockney war von Kalifornien so begeistert, dass er sich in Los Angeles niederließ. Oben *Le Plongeur* aus dem Jahr 1971

hunderts prägte. Die erste erkennbare Gruppe, die so genannten *tonalists*, konzentrierten sich auf die Halbinsel Monterey. Inspiriert durch das Bild *Kalifornien* (1894) von George Inness (1825–94), bemühten sich diese Künstler, das Wesen einer Szenerie mit Hilfe verschiedener Farbabtönungen zu erfassen, oder, wie Fort schreibt: »Eine enge Auswahl an gedämpften Farben, welche die Kargheit des Landes, die Einsamkeit der Natur symbolisieren…«

Ortsverbundenheit bedeutet hier jedoch nicht Zurückhaltung. Inness' in Goldtönen gehaltene, kleine Ansiedlung auf dem Land, die von zwei knorrigen Bäumen bestimmt wird, ist irgendwie das letzte Wort zu diesem Thema – ihr schlichter Titel *Kalifornien*. Eine ähnliche Autorität klingt in *Der Sommer* (1932) von Gottardo Piazzoni an; der Maler antwortete einmal auf die Frage »Welcher Religion gehören Sie an?«, mit: »Kalifornien, würde ich sagen.« Arthur F. Mathews (1860–1945) aus San Francisco entwickelte bis 1933 die tonale Malerei dann zur Präzision. Sein *Monterey-Zypressen #3* hat die Kraft eines fünffarbigen Holzschnitts in braun, grau, grün, blau und einem unvergleichlichen Goldton.

An den gut dokumentierten Arbeiten der Bay Area's Society of Six lässt sich erkennen, wie tief greifend der Einfluss Europas auf die kalifornischen Maler war. Die »schlichte« Verwendung von leuchtenden Farben und schillernden Tönen hatte den Zweck, die »moderne« Erfahrung der Natur wiederzugeben. Die Werke der Gruppenmitglieder waren dabei keineswegs kohärent, selbst die Bilder des Einzelnen nicht. Soll man Selden Connor Gile (1877–1947) mit seinem *Boot und gelbe Hügel* zu den Post-Impressionisten zählen? Oder war er, wie *Die Erde* (1927) nahe legt, eher ein Vertreter der Moderne? Und wie wäre es mit tonaler

Moderne? Derartige Überlegungen zur Etikettierung mögen unsinnig sein, haben aber dennoch ihren Reiz, wenn man die Bedeutung des Werkes bedenkt.

Hatte die »moderne Naturerfahrung« die Society of Six fasziniert, so war die reine Sinnlichkeit der Natur das Thema der Maler, die in Südkalifornien unter freiem Himmel arbeiteten. Künstler wie Joseph Kleitsch (1835–1931) und William Wendt (1865–1946) schienen von einer ganz simplen Prämisse auszugehen: dass das perfekte Wetter im Süden von Kalifornien den ebenso perfekten Hintergrund für jedes Gemälde abgab, das vor Gefühlen nur so vibrierte. So ist in Kleitschs *Alte Lagune* (1924) eine wehmütige Hingabe an das Alltägliche zu bemerken, eine Hingabe, die wir um nichts in der Welt missen möchten. In Wendts *Where Nature's God Hath Wrought* (1925) verkörpert ein typischer Hügel in Südkalifornien das Unerfahrbare, die zerklüftete Geometrie der roten Felsen, die sich mit Macht aus den salbeigrünen Rundungen drängt: die Faust Gottes, mahnend emporgereckt.

Der Ausbruch der Weltwirtschaftskrise erschütterte diese Idylle zutiefst. Das soziale und wirtschaftliche Chaos wurde besonders auf den Farmen und in den Obstplantagen spürbar. Noch bevor Steinbecks Roman *Früchte des Zorns* 1939 erschien, blühte der moderne Gesellschaftsrealismus. Frances Brooks stellte in *Das Picknick* (um 1930–40) die einfachen Freuden der sich abrackernden Arbeiter dar, die nach einem langen Tag auf den Feldern in der Abenddämmerung tanzen. Die Bilder *Oakie Camp* und *No Place to Go* (beide 1934) des Malers Maynard Dixon können den Einfluss seiner Frau Dorothea Lange, einer Fotojournalistin, die für ihre niederschmetternden Aufnahmen der Folgen der Depression bekannt wurde, nicht leugnen.

Millard Sheets (1907–89) fertigte einige seiner bemerkenswerten Aquarelle in Zusammenarbeit mit Lange und dem Fotografen Horace Bristol an. Sheets verloren wirkendes Bild *Miggs (Migrants)*, 1938, wurde 1939 von der Zeitschrift *Fortune* zusammen mit Arbeiten von Lange und Bristol verwendet, um zwei Artikel zu illustrieren, welche die ausweglose Lage der Feldarbeiter zum Thema hatten.

Nach dem Krieg entstanden dann – wie im übrigen Amerika auch – verschiedene Richtungen – vom abstrakten Expressionismus bis hin zum Konzeptualismus. Ihr Inhalt war oft metaphorisch, der fleckige Impressionismus eines Elmer Bishoff (geb. 1916) etwa oder von Richard Diebenkorn (1922–93). Die Landschaftsmalerei wurde weniger, jedenfalls in den öffentlichen Galerien.

Die private, individuelle Landschaft stand jedoch im Zentrum der Arbeiten von David Hockney (geb. 1937), der renommiertesten Persönlichkeit in der kalifornischen Kunst nach dem Krieg. Unter Verwendung eines »spielerischen« Stils, wie er selbst ihn bezeichnete, widmete sich Hockney mit kühner Farbigkeit und starken Linien seinem persönlichen wie auch dem allgemeinen Kalifornien. Das private Kalifornien kommt in seinen Bildern zum Ausdruck. Die Orte der Bilder konnten nur in einem Staat, der mit Weitläufigkeit und Wohlstand gesegnet war, dieses Gefühl von Intimität vermitteln: Schwimmbecken (*A Bigger Splash*, 1967), Gärten (*A Lawn Being Sprinkled*, 1967), ja sogar Straßen durch die Wüste (*Pear Blossom Highway*, 1986) und zu den Studios von Hollywood (*Mulholland Drive*, 1980).

Gerade das letzte Gemälde macht deutlich, wie sehr die persönliche Entwicklung eines Künstlers von der Umgebung bestimmt wird. Hockney formuliert das in seiner 1996 erschienenen Biografie *Die Welt in meinen Augen* so: »Im Herbst 1980 kehrten wir nach Kalifornien zurück. Ich wollte unbedingt malen. Ich begann mit *Nichols Canyon* und *Mulholland Drive: Die Straße zum Atelier*. Mein Haus liegt in den Hollywood Hills. Ich hatte nie da oben gewohnt, war nicht einmal sehr häufig da gewesen. ... Doch wenn man erst dort wohnt, bekommt man eine andere Sicht von Los Angeles. Zunächst scheinen all die Schlangenlinien das Leben und dann die Malerei zu durchdringen. ... Ich lebte in den Bergen und malte in meinem Atelier unten in der Stadt. ... Ich spürte, wie mir die Schlangenlinien buchstäblich in Fleisch und Blut übergingen. Ich sah Los Angeles, diese Stadt, die nur aus geraden Linien und Würfeln besteht, plötzlich ganz anders. ... So entstanden *Nichols Canyon* und *Mulholland Drive*, die, wenn man hier oben lebt, realistischer sind, als man meint. Auch die Farben wurden gewagter. Ich gewann das Gefühl für sie zurück.«

LITERATUR

Im Gold Country steht zwischen Eichen und immergrünem Gebüsch eine Holzhütte. Hier schrieb 1865 Mark Twain (1835–1910) als junger Mann seine bekannteste Kurzgeschichte, *Der berühmte Springfrosch von Calaveras.* Sie handelt von Jim Smiley, der keine Chance verpassen will, besonders Tierwettkämpfe nicht.

Der schottische Dichter Robert Louis Stevenson rühmte das Napa Valley als »Musik für den Geist«

Deshalb beschließt er eines Tages, einen Frosch zu fangen und ihm beizubringen, möglichst weit zu springen.

Ein Fremder hört eines Tages, wie Smiley mit seinem Frosch prahlt, und sagt: »Nun, ich bin hier nur ein Fremder und ich habe keinen Frosch; aber wenn ich einen hätte, würde ich die Wette annehmen.« »Schon recht«, sagt Smiley, der leicht verdientes Geld wittert. Er reicht Dan'l dem Fremden und bittet ihn, ihn festzuhalten, bis er einen zweiten Frosch gefangen hat. Smiley kommt zurück, und der Wettkampf beginnt. »Der neue Frosch hüpfte los, doch Dan'l zog die Schultern hoch – so wie ein Franzose –, aber es hatte keinen Zweck, er kam nicht vom Fleck; er saß so fest am Boden wie ein Amboss.« Smiley bezahlt dem Mann 40 Dollar, dann stellt er fest, woher der Ärger rührt. Der Fremde hatte Dan'l mit Schrotkugeln voll gestopft.

Auf nicht einmal vier Seiten skizzierte Twain all die Elemente, die ihn und so viele andere, die über ihre Erfahrungen im Westen schrieben, faszinierten: Hier konnte jeder Mann aus sich machen, was er wollte, frei von den Konventionen im Osten – eine Art Neuschöpfung der eigenen Person samt der Sprache ob der veränderten Bedingungen. Und die Umwelt prägte die Menschen hier wahrhaftig.

Bret Harte (1836–1902), ein Zeitgenosse von Twain, sprach sogar von einem Ort, der Roaring Camp hieß, wo »selbst der stärkste Mann bloß noch drei Finger an der rechten Hand hatte; der beste Schütze hatte nur noch ein Auge.«

Für Harte und Twain hatten diese Männer nur geringfügige Bedeutung, und doch waren sie universelle Charaktere, Originale, die ein neues Leben schufen mit neuen Regeln und das in einem Land, das sie als unbeschriebenes Blatt sahen. Wenn das nicht typisch amerikanisch ist! Kein Wunder, dass Ambrose Bierce (1842–1914) weniger für seine schönen, treffenden Kurzgeschichten (*Ein Vorfall an der Ow-Creek-Brücke*) als für die bittere Wahrheit über das Leben in San Francisco bekannt ist.

Hatte sich die erste Autorengeneration mit der Frage beschäftigt, was Kalifornien mit seinen Leuten generell anstellt, so entstanden in der Folgezeit immer präzisere Porträts des neuen Staates, die der Wahrheit durch eine Fülle von Details auf die Spur zu kommen suchten.

Zu ihren Verfassern gehörte der Schotte Robert Louis Stevenson (1850–94), der im Sommer 1880 in Napa seine Flitterwochen verbringen wollte. Er war krank gewesen und erholte sich bei dem milden Klima auf dem Land rasch. Bald fand er Gefallen an langen Spaziergängen, Kutschfahrten und Zusammenkünften mit exzentrischen Burschen, die Wein anbauten, sich in Silberminen die Zeit vertrieben, ihren Grund und Boden absteckten und sich – wie Stevenson – von diversen Wehwehchen erholten. Stevenson hatte sein Lebenselixier gefunden. Als er einmal im Weingarten von Jacob Schram stand, ließ er seinen Blick über das Tal schweifen und war von der Wildnis, dem flirrenden Sonnenlicht, den wuchernden Reben und den Weinflaschen im Keller schlichtweg begeistert – »Musik für den Geist« wie er es nannte.

Auch Helen Hunt Jackson (1830–85) war zu dieser Zeit am Schreiben. Die Autorin, Reisende und Streiterin für die Belange der Indianer veröffentlichte ihr einflussreichstes Werk, den romantischen Roman *Ramona* 1883. Sie kontrastierte die Beschreibung der hoffnungslosen Liebe zwischen Señorita Ramona und Alessandro, einem Indianer in einer Mission, mit den elenden Zuständen der Indianerstämme und hoffte, auf diese Weise die schreckliche Situation der Urbevölkerung zu verbessern. Doch es kam anders: *Ramona* wurde als ein Heraufbeschwören der katholischen spanischen Vergangenheit rezipiert, als eine Glorifizierung der spanischen und mexikanischen Dons und Padres, wobei man alle Schuld für die schlechte Behandlung der Indianer und ihren Kümmernissen den späteren angelsächsischen Einwanderern zuschob. Bis zum heutigen Tag trägt dieser populäre Roman – samt Fremdenführern, Theaterstücken und Bräuchen – viel zu dem bittersüßen Gefühl der Südkalifornier bei: süß ob der Verklärung der Vergangenheit und bitter ob der Realität, was zwar härter, gleichwohl besser ist.

Um 1900 ließ sich der ehemalige Matrose, Vagabund und Goldgräber Jack London (1876–1916) in der Bucht von San Francisco nieder, um hier zu schreiben. Der Abenteurer und Sozialist kandidierte für das Bürgermeisteramt von Oakland – und verlor. Er verfasste als Koautor ein Buch über Sexualpolitik, dann eines über die Londoner Unterschicht. Da er diese Themen häufig in Vorträgen abhandelte, wurde er bald der bestbekannte Sozialist ganz Amerikas. Dennoch fühlte sich London in Oakland am Wasser am meisten zu Hause. In seinen Kurzgeschichten kommt eine Vielzahl unterschiedlichster Charaktere vor: mexikanische Boxer, portugiesische Hafendiebe, irische Gauner, chinesische Garnelenfänger. Es gab Ganoven, welche die Austernbänke ausraubten und so klangvolle Namen hatten wie Porpoise (Meerschwein), Centipede (Tausendfüßler) und Barchi – und die den Mund stets überaus voll nahmen. Londons Erzählungen waren so plastisch – und ambitioniert –, dass viele Literaturkritiker meinten, er würde zum ersten großen Schriftsteller der Westküste avancieren, eine Art Zola von Kalifornien. Bis zum Ersten Weltkrieg hatte London die interessantesten und denkwürdigsten Geschichten seiner Zeit verfasst. Aber ein kalifornischer Zola sollte er dennoch nicht werden. Im Jahr 1916 starb Jack London an seiner Trunksucht; er war erst 40 Jahre alt.

Die Schriftsteller der nächsten Generation versuchten – nicht immer mit großem Erfolg – ihre Erfahrungen in Kalifornien auf nationaler Ebene zu vermitteln. Der Dichter Robinson

Jack London beschwor mit seiner Literatur die oft raue Welt der Fischer und Werftarbeiter herauf – des *Homo californius*

Jeffers (1887–1962) erntete ob seiner leidenschaftlichen, brutalen und treffenden Darstellungen der menschlichen Unzulänglichkeiten solche Bewunderung, dass das von ihm eigenhändig erbaute Tor House in Carmel zu einem Pilgerziel für Schriftsteller und Kritiker aus der ganzen Welt wurde. William Saroyan (1908–81), der Kurzgeschichten und Theaterstücke verfasste, war ein Amerikaner armenischer Abstammung aus dem landwirtschaftlich geprägten Fresno; er erlangte für *Menschliche Komödie* und *Mein Name ist Aram* ähnlichen Ruhm. Die Werke des Italoamerikaners John Fante (1929–83), der in Los Angeles schrieb, waren so beeindruckend, dass sie sogar von L.H. Mencken (1880–1956), Schriftsteller, Literaturkritiker und Mitherausgeber des Kulturmagazins *The Smart Set*, gelobt wurden.

Mit John Steinbeck (1902–68) gab es dann doch noch eine Art Zola von Kalifornien, oder zumindest einen kalifornischen Faulkner. Er stammte aus dem Landstädtchen Salinas und schrieb über »den kleinen Mann, die kleine Frau«, also ganz durchschnittliche Leute, die versuchten, sich im amerikanischen Garten Eden, wo dann doch nicht alles zum Besten stand, ihr Leben zu gestalten. Zu seinen Themen gehörten die Arbeiter in der Konservenfabrik (*Die Straße der Ölsardinen*), Vagabunden (*Von Menschen und Mäusen*) und Wanderarbeiter, welche die reiche Ernte des Staates einbringen halfen (*Tortilla Flat*). Ihre Welt wurde von der Weltwirtschaftskrise bestimmt. Steinbeck machte ihre Notlage wirklich betroffen; das Elend prägt das Wesen vieler differenzierter Szenen, die auf Grund ihrer Brillanz einen unvergesslichen Eindruck hinterlassen.

Wenn Steinbeck der Faulkner von Kalifornien war, dann personifizierten Dashiell Hammett (1894–1961) und Raymond Chandler (1870–1959) als Zweigestirn Balzac. Sie bevölkerten die Landschaft mit zynischen Detektiven, langbeinigen Damen und korrupten Polizisten. Hammetts Alter Ego, Held Sam Spade, war der noch ausgekochtere von beiden, wenngleich Humphrey Bogarts Porträt von ihm in *Der Malteser Falke* den Eindruck vermittelt, dass in ihm doch irgendwie noch ein guter Kerl steckt; offensichtlich wollte Hollywood nicht glauben, dass die Öffentlichkeit sich mit einem derart amoralischen Verhalten abfand. Die Charakterisierung Philip Marlowes in Chandlers *Der große Schlaf* zeigt ihn als anständigen Burschen, was in den Filmstudios mit Freuden noch herausgestellt wurde. Trotzdem haben beide Typen etwas Grundlegendes gemeinsam: Wie könnte jemand anders auf Kalifornien reagieren? Wie der Kritiker Edmund Wilson später anmerkte, war purer Minimalismus die alleinige logische Reaktion auf eine Umgebung, die als einzige Konstante im Leben die unendliche Linie am Horizont zu bieten hatte – den Pazifik im Sonnenuntergang.

Ein Großteil der Nachkriegsliteratur in Kalifornien behielt diese Stimmung bei, wobei sie oft das Laster aufgriff, so Charles Bukowski (1920–94) in seinen drastischen Geschichten.

Postmoderne in Perfektion: Richard Meiers Entwurf des neuen Getty Centers

Von den 1970ern an zeichneten sich neue, optimistischere Themen ab, wobei Christopher Isherwood (1904–86) mit seinem *Single Man*, einem Roman über das Leben der Homosexuellen, bereits 1963 einen positiven Akzent gesetzt hatte. Vor allem Autoren ethnischer Minderheiten wie beispielsweise Amy Tan (geb. 1952) begannen, ihre innere Befindlichkeit als Immigranten in einer anderen Welt zu erkunden und stellten so eine Verbindung zwischen ihrer alten Heimat und ihrem neuen, oft spannungsgeladenenen Umfeld her.

Doch die wichtigsten Beiträge lieferten die neuesten Minderheiten mit ihren nicht-fiktionalen Texten ab. Richard Rodriguez, ein Amerikaner mexikanischer Abstammung, der oft zusammen mit Jim Lehrer im Fernsehen in der *NewsHour* zu sehen ist, hat sich auf folgendes postmodernes Paradoxon spezialisiert: Wie transformiert Kalifornien die Alte Welt, und wie verändert diese Kalifornien und die ganze Nation?

»Wie soll ich diese Debatte zwischen Komödie und Tragödie, diese Spannung, die mein Leben prägt, beschreiben?«, fragte Rodriguez einmal in seinem bemerkenswerten Essay *Days of Obligation*. »Soll ich mit dem Kapitel Kindheit anfangen und dann ›reifere‹, tragische Schlüsse ziehen? Nein, ich möchte dieses Leben anders herum präsentieren. Schließlich war die Reise, die meine Eltern von Mexiko nach Amerika unternahmen, die Reise einer alten Kultur zu einer jungen – zeitlich also umgekehrt. Nun folge ich auf ähnliche Weise ihrem Weg, um ihren Wechsel nach Kalifornien zu würdigen, und weil ich glaube, dass die beste Lösung bei der Überlegung, ob es sich dabei um eine Komödie oder Tragödie handelt, in der Unlösbarkeit liegt, denn schließlich können beide Seiten Einsichten für sich beanspruchen.«

STIL UND DESIGN

Der literarische Einfluss Kaliforniens auf die Welt ist relativ gering, in Sachen Stil und Design dagegen beträchtlich. Einer der Gründe liegt in einer der »Kulturfabriken« unserer Zeit: Hollywood, das Unmengen Informationen über sein Publikum verarbeitet, um sie dann genau diesem Publikum in neuer Form wieder zuzuführen. Deshalb ist es durchaus nicht unüblich, wenn ein cleverer Student den Baustil eines postmodernen Gebäudes in der Innenstadt von

Los Angeles oder San Francisco mit »*Blade-Runner-Look*« beschreibt.

Aber der Einfluss Kaliforniens auf unsere moderne Welt, wie sie sich uns heute präsentiert, beschränkt sich nicht nur auf das Kino. Henry und Charles Greene, zwei Architekten der *Arts-and-Crafts*-Bewegung des 19. Jahrhunderts, sind das beste Beispiel. Diese Bewegung, deren Zielsetzung die Rückkehr zur Einfachheit und Aufrichtigkeit in den Künsten war, hatte in Amerika schon früh Befürworter – beispielsweise Frank Lloyd Wright. Dennoch war es dann Sache der Brüder Greene, einen besonderen kalifornischen Stil zu kreieren, der zu der Wüstenlandschaft, die schließlich einen Großteil des Staates ausmacht, besser passte als der Präriestil von Wright. Die Greenes arbeiteten von Anfang 1890 bis 1915 in Pasadena, wo sie eine Reihe von Häusern bauten mit dem Titel *Ultimate Bungalows*. Das Gamble House (siehe S. 110f), das für einen der bedeutendsten Industriellen des Landes entworfen wurde, zählt zu den geglücktesten Beispielen. Kennzeichen dieses Stils sind japanisch beeinflusste, überstehende Dachtraufen, die Verwendung von Kacheln und Steinen, wie sie in den Missionen üblich waren, sowie einfache, handgemachte Naturholzmöbel. Dieser Stil fand so großen Anklang – und wurde so häufig nachgeahmt –, dass die Worte »*Arts and Crafts*« zum Synonym für »Greene and Greene« geworden sind. So wirbt beispielsweise das neueste Disney-Hotel mit seinem »*Greene and Greene craftsman Style*«, wie er bei den unzähligen Eigenheimen, die überall im Staat entstanden sind, Verwendung fand.

Die Architektur in Amerika sah sich oft der Herausforderung gegenüber, dass sie irgendwie einen historischen Kontext schaffen musste. Denn wenn ein Ort keine Vergangenheit hat, obliegt es dem Architekten, eine zu entwerfen. In Kalifornien wurde dieses Bedürfnis nach einer Vergangenheit durch den späten Beitritt zu den Vereinigten Staaten und durch die geo-

Filmkulisse von *Sergeant York* (1941) mit Gary Cooper samt Kamerakonstruktion für den Regisseur Howard Hawks

graphische Abgelegenheit noch verstärkt. So führte der Architekt Bernard Maybeck (1862–1957) beim Entwurf der Panama-Pazifik-Ausstellung im Jahr 1915 einen *Beaux-Arts*-Stil ein, um der Welt zu demonstrieren, welchen baulichen Ehrgeiz San Francisco nach dem Erdbeben von 1906 entfaltet hatte. Der Architekt Bertram Grosvenor Goodhue (1869–1924) ließ für die Kalifornien-Pazifik-Ausstellung in San Diego 1915 den spanischen Kolonialstil neu aufleben, mit Ornamentik im spanischen Barock und gekachelten Kuppeln. In jüngerer Vergangenheit machte John Jerde einen weiteren Schritt nach vorn, indem er überlebensgroße Zeichen und Ikonen verwendete, um solche – wahnwitzigen – Wahrzeichen wie das Horton Plaza in San Diego oder den Universal Citywalk in Los Angeles zu schaffen.

Gerade das Fehlen einer sichtbaren Geschichte in Kalifornien mag Richard Neutra inspiriert haben, einige der weltbesten Beispiele moderner Architektur zu errichten, vor allem auf dem Gebiet von Privathäusern. Neutra kam als Immigrant aus Österreich ins Land und war in funktionalistischer Bauhaus-Architektur ausgebildet, die Pragmatismus, klare Linien und Gebrauchszweck propagierte. Sein V.D.L. House (siehe S. 106) im Bezirk Silverlake von Los Angeles (1933) ist ein Paradebeispiel für diesen Stil. Es weist eine kastenartige, eckige Form auf und zeichnet sich vor allem durch seine großen Fenster aus, welche die Grenze zwischen innen und außen verwischen. Diese Bauweise wurde von Generationen von Architekten jeder Herkunft kopiert und somit zum Prototyp der zeitgenössischen Architektur in Amerika.

Geschichte und Klima ermöglichten in Kalifornien weitere grundlegende Experimente in Sachen Funktionalität. Wo sonst auf der Welt konnte man sich schließlich in so genannter »Freizeitkleidung« sehen lassen, wenn nicht in einem Staat, wo offensichtlich jeder ein Neuling war und ein Tag so sonnig wie der andere? In der Zeit nach dem Krieg wurde hier diese Art von Mode hergestellt, so von Cole of California, der mit seiner legeren, gleichwohl eleganten Strandkleidung, die oft sogar weitab von der Küste getragen wurde, erfolgreich war. Der Surf-Sound der Popgruppe Beach Boys und das immer beliebtere Wellenreiten trugen dazu bei, solche Firmen wie Ocean Pacific, das heute Surfmode und Hawaiihemden von Topeka bis Tokio verkauft, entstehen zu lassen.

Bequemlichkeit und Funktionalität waren auch die treibenden Kräfte hinter den Entwürfen der beiden Designer von Venice Beach, Charles und Ray Eames; sie produzierten 1950 den sitzgerechten »Potato Chip Chair«, einen Stuhl, der heute zum Mobiliar von Büros auf der ganzen Welt gehört. Und die Notwendigkeit, in Kalifornien rasch von einem Ort zum anderen zu kommen, machte das Auto zum Statussymbol. Kein Wunder, dass die bedeutendsten Neukonstruktionen in Detroit von Studenten am Art Center College of Design in Pasadena stammen.

Drei Gebäude, die in den letzten Jahren entstanden, verweisen auf die Rolle Kaliforniens, den *look* von morgen zu prägen. Frank Gehrys

Aerospace Building für das California Museum of Science demonstriert mit seinen kühnen Linien und markanter Gestalt, wie Funktionalität und das Bedürfnis nach historischer Anknüpfung eine Verbindung eingehen können, ohne dabei der falschen Romantik früherer Versuche zum Opfer zu fallen. Umgekehrt kann Richard Meiers neues Getty Center in Los Angeles mit seinen blendenden Travertin-Plazas vielleicht einen neuen Kodex für die Architektur in der Postmoderne etablieren.

Und was ist mit Raphael Moneos Cathedral of Our Lady of the Angels in Los Angeles? Diese Kirche des spanischen Architekten steht wohl für die neueste Errungenschaft der Ästhetik: ein Gebäude, das eher nach Mexico City als nach Spanien aussieht, mehr nach *Golden State* als nach Vereinigten Staaten.

KINO

Auch wenn Hollywood – und somit Kalifornien – lange ein Synonym für die Filmindustrie war,

San Fernando Valley: einer der Brunnen im Themenpark der Universal Studios

ist man mittlerweile zu dem Schluss gelangt, dass der Ort eigentlich nur eine zweitrangige Rolle dabei spielt, wer am meisten von diesem Wirtschaftsfaktor profitiert. Einige Schlaumeier beriefen sich auf den Aufstieg der Computeranimation, die Technik der Spezialeffekte und Studios an Orten, die so abgelegen sind wie Austin, Texas, und Raleigh in North Carolina, und behaupteten gar, dass das alte Hollywood – die Traumfabrik – schon längst nicht mehr existiert. Und trotzdem hat die Filmindustrie nach einigen Standortwechseln immer wieder in Kalifornien investiert, wobei sie auf die Kombination aus Talent, Technik und Lage setzte.

Der erste abendfüllende Film wurde 1907 in Los Angeles produziert, doch erst 1910 machte sich ein Filmemacher die klimatischen, geographischen und historischen Gegebenheiten in

Südkalifornien voll zu Nutze. Dieser Mann war David Wark Griffith (1880–1948), ein Schauspieler aus Kentucky, der unbedingt Theaterstücke schreiben wollte. Um 1910 zählte Griffith als Regisseur zu der langsam entstehenden Filmbranche New Yorks. Dann kam er mit seiner Schauspieltruppe nach Westen, wo er feststellte, dass er viel Zeit und Geld sparen konnte, indem er das Sonnenlicht nutzte. Von Januar bis April 1910 produzierte Griffith 21 Filme, die alle in Südkalifornien spielten. Dieses Terrain bedingte bald den Inhalt, als die Missionen Griffith baten, unter anderem Helen Hunt Jacksons Buch *Ramona* zu verfilmen.

Während Griffith also die Sonne für seine dramaturgischen Effekte einsetzte, entdeckte er auch einige grundlegende Erzähltechniken: Perspektivierung, Rückblende, Nahaufnahme. Alle diese Effekte kamen 1915 in seinem Film *The Clansman* (später: *Geburt einer Nation*) auf schon verblüffende Weise zur Geltung. Der Film handelt vom Bürgerkrieg und wurde so bekannt, dass er Hollywood als Zentrum der Filmindustrie etablierte. Bis in die 20er Jahre wurden dann 90 Prozent aller Streifen weltweit in Hollywood gedreht.

Unter den Umständen musste man Louis B. Mayer nicht mehr groß überzeugen, dass in Hollywood Geld steckte. Als Mayer, ein in Russland geborener Jude, der vom Trödelhändler in Boston zum Theaterbesitzer avancierte, 1918 nach Los Angeles zog, hatte er mit Filmen schon gutes Geld gemacht. Neben einigen anderen klugen Schachzügen hatte er die Rechte an solchen Filmen wie *Geburt einer Nation* gekauft. In Kalifornien, wo alles neu und im Fluss war, waren die Juden zudem keinen gesellschaftlichen Zwängen ausgesetzt wie im Osten. Es war also gar nicht so sehr das Geld, das Mayer und eine ganze Generation jüdischer Geschäftsleute an die Westküste zog. Hier produzierten Mayer sowie seine Rivalen Jack, Harry, Albert und Sam Warner Filme, die amerikanischer gar nicht hätten sein können. Mit Optimismus und der Bodenständigkeit eines Mannes aus dem Mittleren Westen zeigte ihre Serie *Andy Hardy* beispielsweise Mickey Rooney als rotwangigen Teenager, der gern Sport trieb, seinen schlauen Papa mochte und seine nette Mama liebte. Zu einer Zeit, als die USA mit einer ihrer schlimmsten Krisen konfrontiert wurden, dem Eintritt in den Zweiten Weltkrieg, hielt Andy unerschütterlich an seinem Glauben fest, dass amerikanische Werte immer siegreich bleiben würden.

Auf Mayer geht auch das so genannte Studiosystem bei Filmaufnahmen zurück. Er verpflichtete junge Talente auf Jahre für Dutzende von Filmen – seine Art der »Kolonialisierung« mit Champagner und Seidenschals. Sein Mäzenatentum und die Tatsache, dass ihm die Filmstudios gehörten, verliehen ihm enorme Macht über das Leben eines Schauspielers. Der Schriftsteller Bill Wilder erinnert sich, dass er einmal Anfang der 40er Jahre an einem Nachmittag mit einem Drehbuch für MGM beschäftigt war und dabei Zeuge wurde, wie Mayer mit dem schwierigen Mickey Rooney umging. »Wir taten so, als würden wir aus dem Fenster schauen, weil das Gebrüll gar nicht mehr aufhörte und Mayer Mickey Rooney am Revers festhielt. Er schrie: ›Du bist Andy Hardy! Du bist die Vereinigten Staaten. Du bist die Sterne und Streifen! Benimm dich gefälligst! Du bist eine Symbolfigur!‹«

Auch wenn bis Anfang der 60er Jahre dieses Studiosystem beibehalten wurde, setzte sein Niedergang doch schon 1939 ein, als die Gerichte anfingen, sich mit Wettbewerbsverletzungen zu befassen, in die auch die Studios involviert waren. Gegen Ende der 50er Jahre sahen sich die Filmmoguln gezwungen, die meisten ihrer Holdings zu veräußern, was sie einer lukrativen Einnahmequelle beraubte, mit der sie ihre leichtlebigen Stars, kauzigen Regisseure und größenwahnsinnigen Produzenten finanzierten. Seitdem ist die Geschichte von Hollywood die Geschichte einiger brillanter Köpfe – von Robert Towne (*Chinatown*) bis hin zu Francis Ford Coppola (*Der Pate*), die immer wieder einmal einen Versuch unternehmen, das alte System erneut zu etablieren.

Unter all diesen Versuchen hat DreamWorks die besten Aussichten auf Erfolg. Dieses erste neue Studio nach 50 Jahren untersteht drei Männern: David Geffen, dem ehemaligen führenden Kopf von Disney, Jeffrey Katzenberg sowie dem Produzenten und Regisseur Steven Spielberg. Und Letzterer hält auch alle Fäden fest in der Hand. Er fing als Fernsehproduzent an und gilt als erfolgreichster Regisseur in der Geschichte des Films. Er nutzt gern Spezialeffekte wie etwa in *E.T.*, *Indiana Jones* und *Jurassic Park.* ■

Im Gegensatz zu New York, dem »Big Apple«, würde niemand Los Angeles als »Big Orange« bezeichnen. Aber das ist auch der einzige Name, den die Menschen nicht für die zweitgrößte Stadt der USA – ein bunt zusammengewürfeltes Konglomerat urbaner Dörfer voller Kunstmuseen, Strände und mit einer hoch geschätzten Gastronomie und Musikszene – gebrauchen.

Los Angeles

Ein Star in Rosa

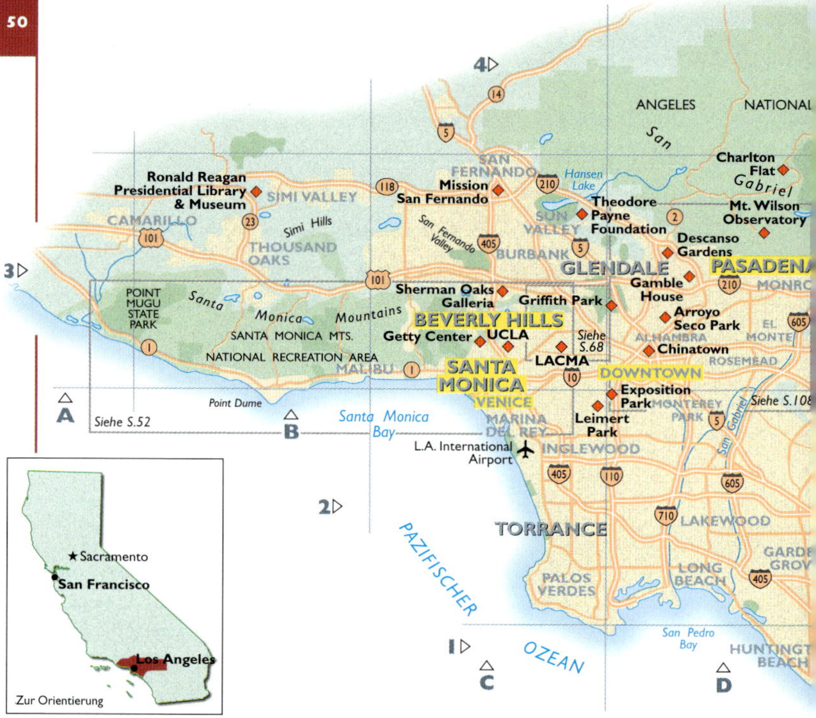

Los Angeles

ES HANDELT SICH BEI DEM GROSSRAUM LOS ANGELES ZUALLERERST UM Flachland, um eine große Wüstenebene – jedoch um eine, die ihresgleichen sucht. Los Angeles und seine Umgebung werden mit importiertem Wasser versorgt, von sonnenüberfluteten Stränden und dicht bewachsenen Bergausläufern umringt und bieten neun Millionen Träumern aus aller Herren Länder eine Heimat.

Die im Jahr 1781 von Spaniern, Indianern und Mestizen gegründete Siedlung war ursprünglich unter dem Namen El Pueblo de la Nuestra Señora la Reina de Los Angeles (Dorf unserer Herrin, der Königin der Engel) für den spanischen König beansprucht worden. 1822 gelangte sie in mexikanische Hand und dann 1846 nur widerstrebend in US-amerikanischen Besitz. Nach einer kurzen Phase der Gesetzlosigkeit begann eine bis jetzt andauernde Zeitspanne wilder Boden- und Immobilienspekulation. Los Angeles' enorme Ausdehnung auf über 80 Städte reflektiert die ursprünglichen Bestrebungen der vor allem aus dem Mittleren Westen stammenden Zuzügler, die lieber ihre zurückgelassenen dörflichen Gemeinschaften in Iowa oder Indiana nachbilden als in einem riesigen kosmopolitischen Zentrum leben wollten.

Heute existieren diese urbanen Dörfer als klar definierbare, wenn auch stetigem Wandel unterworfene kulturelle Einheiten. Das ehemalige Seebad Santa Monica, nun eine kultivierte und wohlhabende Stadt der Erfolgreichen, rühmt sich einer der effizientesten Stadtverwaltungen der USA ebenso wie strenger Umweltrichtlinien und einer Kulturmeile, die vom historischen Pier bis zu angrenzenden Orten

Nonnen beim Tee auf dem Santa Monica Pier

wie dem Getty Center reicht, das ein Kritiker das Athen des Westens genannt hat.

Das Gebiet um Beverly Hills bietet Einkaufsmöglichkeiten auf Weltniveau (auf dem stets überraschenden Rodeo Drive), Kunst (im Los Angeles County Museum of Art) und die Möglichkeit zum Leute beobachten (auf dem lebhaften Original Farmer's Market). Und natürlich Hollywood.

Pasadena, im späten 19. Jahrhundert ein »Urlaubsort für Millionäre« und heute ein multiethnisches Zentrum, hat den Besuchern ebenfalls eine Menge an Kunst (die Huntington Library), kulinarischen Spezialitäten (im nahe gelegenen Monterey Park, dem ersten chinesischen Viertel einer Vorstadt) und Architektur (als Zentrum des Arts-and-Crafts-Baustils) zu bieten.

Wer in diesem in einer halben Stunde mit dem Auto zu bewältigenden Radius Station macht, wird reichlich belohnt. ■

Auf Erkundungstour in L.A.

Das Stadtgebiet von Los Angeles bedeckt eine Fläche von mehr als 6000 Quadratkilometern. Man wählt für die Besichtigung also am besten eine oder mehrere Basisstationen. In diesem Führer sind es die folgenden vier Vorschläge: »Vom Strand aus« (siehe S. 52ff), »Rund um Beverly Hills« (siehe S. 68ff), »Rund um das Zentrum« (siehe S. 88ff) und »Die Foothills und Umgebung« (siehe S. 108ff). Diese Gebiete heben wir nicht nur wegen ihrer Nähe zu wichtigen Sehenswürdigkeiten hervor, sondern auch weil es hier erstklassige Hotels und Restaurants gibt. ■

Vom Strand aus

Los Angeles ist mit seiner über 115 Kilometer langen Küste und seinen insgesamt etwa 45 Kilometern Strand ein Traum für jeden Sonnenanbeter. Es gibt hier so viele Strände, dass die unterschiedlichsten Bedürfnisse voll und ganz befriedigt werden können. Viele strömen wegen der erstklassigen Einkaufsmöglichkeiten und der Küche nach Santa Monica. Fanatische Wassersportler vergnügen sich im Norden in Malibu mit Wellenreiten oder Windsurfen am Will Rogers State Beach. Frisch Verliebte bevorzugen den ruhigeren Strand Marina del Rey, während Lebenskünstler, Originale, Künstler und all jene, die auf Amüsement aus sind, in Venice fündig werden.

Wer an Kultur interessiert ist, braucht sich nur von der Küste ins Hinterland zu begeben. Das Getty Center hat bezüglich Malerei und Kunsthandwerk alles zu bieten – zudem einen öffentlichen Park, der zu den umstrittensten im ganzen Land gehört. Die University of California (UCLA), eine der renommiertesten Universitäten Kaliforniens, verfügt über ein faszinierendes kulturgeschichtliches Museum. ■

Die Palme

Seine hohen Palmen verdankt L.A. Jahrzehnten »kreativer Landschaftsgestaltung«. Viele Arten stammen aus Chile und von den Kanarischen Inseln; nur die Fächerpalme (*washingtonia filifera*) ist im Südwesten der USA heimisch. Dieses einstige Wüstengewächs fungiert als inoffizielles Wahrzeichen der Region. ■

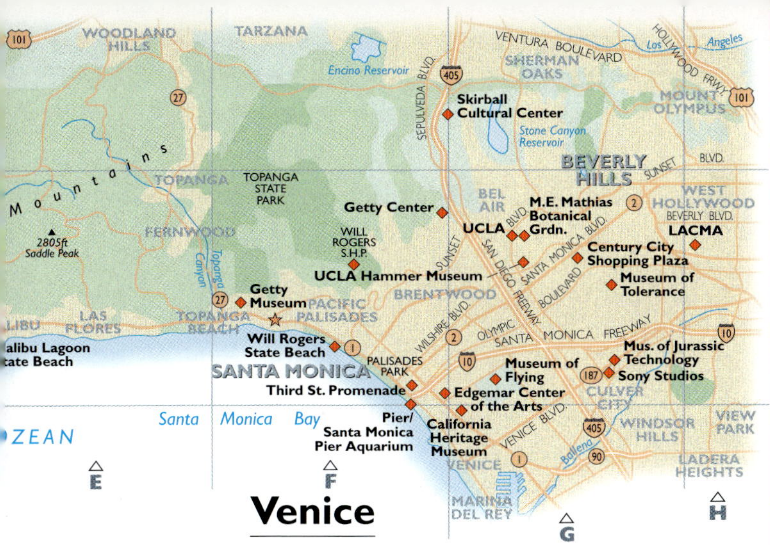

Venice

DIESE 1904 ALS »VENEDIG AMERIKAS« VON DEM FORTschrittlichen Tabakmagnaten Abbot Kinney gegründete Mixtur aus hölzernen Strandhäusern und Architektur der Neorenaissance liegt unmittelbar südlich von Santa Monica und bietet sowohl Lebenskünstlern als auch erfolgreichen Geschäftsleuten eine Heimat.

Venice weckt sogleich Erinnerungen an das Goldene Zeitalter von L.A., als man mit der Red-Car-Linie zu Kinneys Version des Markusdoms fuhr, bevor man sich in einem (nicht mehr existenten) Salzwasser-Schwimmbad erfrischte. Leider krankte Kinneys Vision einer großartigen Künstlerkolonie an schlechter Planung, so dass immer wieder übel riechendes Wasser ihre Kanäle verschmutzte.

Dennoch hat bis heute einiges von der typischen »alten« Architektur überlebt, um die etwa fünf Kilometer lange **hölzerne Uferpromenade** zu einem der beliebtesten Ziele sowohl für Einheimische als auch Besucher zu machen. An ihrem Südende, in der Nähe des Venice Boulevard, kann der Spaziergänger eine in der ganzen Welt als **Venice Weight Pen** bekannte, von Gittern eingezäunte Sportstätte bewundern. Hier quälten sich Arnold Schwarzenegger und Scharen von Mr. Americas ab, Gewichte zu stemmen. Am Nordende *(Ecke Main Street und Rose Avenue)* steht der **»Ballerina Clown«** von Jonathan Borofsky, ein etwa zehn Meter hohes Kunstwerk. Zwischen diesen beiden Punkten findet sich eine reiche Auswahl an Verkaufsbuden, ayurvedischen Heilern und Restaurants mit Gesundheitskost. Straßenkünstler sorgen für weitere Unterhaltung.

Erhalten Sie sich noch ein wenig die für Venice angebrachte Stimmung und fahren Sie nach Osten zum **Museum of Jurassic Technology**. Der Kurator hat hier eine originelle Sammlung seltsamer Erscheinungen und verrückter menschlicher Errungenschaften (mikroskopisch kleine Skulpturen von Schneewittchen und den sieben Zwergen in einem Nadelöhr) zusammengestellt. Die abendlichen Vorträge von Avantgarde-Künstlern im Museum gehören zu den bestgehüteten Geheimtipps in L.A. ■

Venice

53 G1

Besucherinformation

www.visitthemarina.com

4701 Admiralty Way, Marina del Rey

310/305-9545

Museum of Jurassic Technology

www.mjt.org

9341 Venice Blvd.

310/836-6131

Geschl. vormittags & Mo–Mi

Spende

Gegenüberliegende Seite: Rollschuhfahrer zeigen am Venice Beach ihr artistisches Geschick

Die Third Street ist in Santa Monica die beste Adresse für einen Einkaufs- und Lokalbummel

Santa Monica

SANTA MONICA IST HEUTE NICHT MEHR DER VERSCHLAFENE Küstenort, den der Krimiautor Raymond Chandler unter dem Namen »Bay City« so kunstvoll zum Leben erweckte. Heute ist Santa Monica mit seinen etwa 86 000 Bewohnern wesentlich stärker von europäischem Flair geprägt – als das »Nizza Kaliforniens«. Die südamerikanische Indio-Band auf dem mittwöchlichen Markt ist nur ein Hinweis auf eine weitere Facette Santa Monicas: seine international herausragende Rolle in der Musikszene.

Santa Monica
53 F2
Besucher-information
www.santamonica.com
520 Broadway, Suite 250
310/319-6263

Camera Obscura
1450 Ocean Ave.

Die Atmosphäre vergangener Zeiten hat zum Glück in Form salzhaltiger Luft, goldgelber Strände und magischer Sonnenuntergänge überlebt. Der **Palisades Park** *(Ocean Avenue)* verkörpert vielleicht am besten den Charakter der Stadt. John Percival (J. P.) Jones, einer der Stadtgründer, übereignete der Stadt 1875 dieses zehn Hektar umfassende Gelände mit seinen grünen Wiesen und Washington-Palmen oberhalb der Bucht von Santa Monica. Für einen Morgenspaziergang bieten sich mehrere Haltepunkte an: Die 110 Jahre alte **Camera Obscura** mit ihren durch auf dem Dach angebrachten Linsen und Prismen projizierten Bildern lässt die Wunderwelt des Vor-Disney-Zeitalters wieder aufleben. Die Statue der **hl. Monica** *(Ocean Avenue und Wilshire Boulevard)* von Eugene H. Monrahan fällt durch ihre stromlinienförmige, moderne Linienführung auf, ebenso wie das alte **Shangri-La Hotel** auf der anderen Straßenseite.

Den historischen **Santa Monica Pier**, der heute den im Großen und Ganzen preiswerten Pacific Park (einen Vergnügungspark) beheimatet, suchen viele nur auf, um das aus dem Jahr 1909 stammende **Looff**

Hippodrome mit seinen handgeschnitzten Pferden zu bewundern. Hier sollen sich Stars von Charlie Chaplin bis hin zu Mae West vergnügt haben. Der Südseite des Piers benachbart ist der **Muscle Beach**, der weitere Amüsements zu bieten hat. Unter dem Pier wurde das neue **Santa Monica Pier Aquarium** mit drei Aquarien eröffnet. Unmittelbar nördlich vom Pier liegt am Pacific Coast Highway 415 das **Marion Davies Guest House**, das die bekannte Architektin Julia Morgan 1929 für den Star errichtete.

Auch das **California Heritage Museum** lohnt einen Besuch. Dieses in dem 1894 erbauten ehemaligen Haus des Stadtgründers J. P. Jones untergebrachte Museum erwarb seinen guten Ruf durch regelmäßig wechselnde Ausstellungen, darunter solche über kalifornische Geschirr- und Besteckproduzenten der 20er Jahre, die Ursprünge des Hawaii-Hemds und die Anfänge der Surf-Szene. Architekturinteressierte sollten den **Edgemar Center for the Arts** nicht versäumen, der von Frank O. Gehry, Architekt des American Center in Paris und des neuen Guggenheim-Museums im spanischen Bilbao, ursprünglich als das Santa Monica Museum of Modern Art entworfen worden war.

Ganz anders verläuft ein Nachmittag im **Museum of Flying**, das eine neue Bleibe in einem Hangar auf der Nordseite des Flughafens von Santa Monica gefunden hat. Das Museum soll Ende 2007/Anfang 2008 wiedereröffnet werden. Ein Schwerpunkt wird die Douglas Aircraft Company spielen, die hier über 60 Jahre lang sowohl kommerzielle als auch Militärflugzeuge gebaut hat. Doch es werden auch Flugzeuge andere kalifornischer Flugzeugbauer und Maschinen aus dem Zweiten Weltkrieg gezeigt. Von einer Aussichtsplattform können Besucher dann den laufenden Flugbetrieb auf den Lande- und Startbahnen beobachten.

Einkaufen und das Beobachten von Menschen auf der **Third Street Promenade** *(zwischen Broadway und Wilshire Boulevard)* können ebenfalls zu Vollzeitbeschäftigungen ausarten. Am besten kommt man an einem Mittwoch, wenn der berühmte **Santa Monica Farmer's Market** auf der Third Street und der Arizona Avenue abgehalten wird. ■

Das grüne Los Angeles

Im Lauf von mehr als 25 Jahren haben Umweltschutzaktivitäten zu saubereren Stränden, besserem Wasser und neuen Nationalparks geführt, mit dem Ziel, das Ökosystem des westlichen Los Angeles County zu erhalten.

Der **Malibu Creek State Park** *(1925 Las Virgenes Road, Calabasas, Tel. 818/880-0367)* ist mit den hoch aufragenden alten Bäumen der landschaftlich reizvollste der Parks. Man kann ihn unter anderem im Rahmen einer Führung zu Pferde *(Tel. 310/457/3730)* erkunden.

Am Ende dieses Nationalparks findet sich der **Malibu Lagoon State Beach** *(Tel. 818/880-0350)*, ein 14 Hektar großes Feuchtgebiet, in dem diverse Reiherarten beheimatet sind. Weiter nördlich liegt der größte der Parks, der 6000 Hektar umfassende **Point Mugu State Park** *(Tel. 818/880-0350)*, der Salbei und einheimisches Grasland sowie Felsenküsten in sich vereint. Näher an L.A. grenzt der 4400 Hektar große **Topanga State Park** *(Tel. 310/454-8212)* mit seinem über 50 Kilometer langen Wegenetz. ■

Santa Monica Pier Aquarium
✉ Santa Monica Pier
☎ 310/393-6149
🕒 Geschl. Mo–Fr
$ $

California Heritage Museum
www.californiaheritagemuseum.org
✉ 2612 Main St.
☎ 310/392-8537
🕒 Geschl. Mo–Di
$ $

Edgemar Center for the Arts
www.edgemar.com
✉ 2437 Main St.
☎ 310/399-3666
? Ein detaillierter Museumsplan ist bei der Cultural Affairs Commission erhältlich, Tel. 310/458-8350

Museum of Flying
www.museumofflying.com
✉ Santa Monica Airport
☎ 310/392-8822. Öffnungszeiten telefonisch erfragen oder im Internet nachschauen.

Mit dem Auto: Den Sunset Boulevard entlang

Unerschrockene Gemüter können ihre Fahrkünste in L.A. bei einer Fahrt den legendären Sunset Boulevard hinauf unter Beweis stellen, der durch eine der aufregendsten Verfolgungsjagden der Filmgeschichte (in *Against All Odds*, 1984) verewigt ist. Der vernünftige Autofahrer aber beginnt seine Spritztour mit einem späten Brunch in Gladstone's 4 Fish *(17300 West Pacific Coast Highway, Pacific Palisades, Tel. 310/454-3474)*.

Meditation am Self-Realization Fellowship Lakeside Shrine – und das ausgerechnet am Sunset Boulevard

Auf der Fahrt den Sunset Boulevard (Richtung Osten) hinauf ist der **Self-Realization Fellowship Lakeside Shrine** ❶ *(17190 Sunset Boulevard, Eingang rechts, geschl. So vormittags u. Mo)* der erste Haltepunkt. Das Heiligtum wurde 1950 von Paramahansa Yogananda gegründet, der predigte, dass »es auf der ganzen Welt Brüderlichkeit geben wird, wenn wir in der Lage sind, die wahre Kunst des Lebens zu praktizieren«. Es dokumentiert die ausgeprägt ökumenische Natur des Hinduismus in L.A. Mit seinen Gärten voller Miniaturrosen und fußballgroßen Hortensien ist der Schrein ideal für ein Nickerchen nach dem Mittagessen.

Wenn man weiterhin auf dem Sunset Boulevard bleibt und an der Bienveneda Avenue links abbiegt, gelangt man zum **Topanga Trailhead** ❷, dem Ausgangspunkt zur von Mesquitebäumen und wildem Salbei geprägten Landschaft der Santa Monica Mountains. Ein Schild in der Nähe weist die Richtung zum leicht zu bewältigenden **Phil Leacock Memorial Trail**, der einen Blick sowohl auf Pacific Palisades als auch auf den Ozean bietet.

Fahren Sie nun weiter den Sunset Boulevard hinauf und am **Gelson's Market** ❸ *(Sunset Boulevard und Via de la Paz)* vorbei, wo Sie sich für ein Picknick versorgen können. Halten Sie anschließend Ausschau nach der Abzweigung zum **Will Rogers State Historic Park** ❹ *(14253 Sunset Boulevard, Tel. 310/454-8212)*. Der beliebte Komiker hatte sein Anwesen dem Staat Kalifornien übereignet. Ein kostenloser Rundgang mit Informationen von einer Audio-Cassette durch den Wohnbereich mit seinem reizenden Wildwest-Dekor ist ein Muss. Eine kurze Wanderung den **Inspirational Trail** hinauf im Nachmittagsnebel verschafft Ihnen Sonne und Wind.

Wieder auf dem Sunset Boulevard, kommen Sie an der berüchtigten **Rockingham**

Avenue 5 (wo das Haus des durch einen spektakulären Mordprozess berühmten O.J. Simpson abgerissen worden ist) vorbei. Machen Sie eine Pause im Brentwood Village *(Barrington Avenue)* und nehmen Sie einen Espresso zu sich, bevor Sie die I-405, den San Diego Freeway, überqueren und zu den **Bel Air Estates** 6 gelangen, dem Refugium der Reichen und Berühmten.

Sie können ihre Tour entweder hier beenden oder die Fahrt zur **UCLA** (siehe S. 64ff) oder nach **Beverly Hills** (siehe S. 67ff) fortsetzen. Man kann auch vom Beverly Drive rechts auf den Little Santa Monica Boulevard abbiegen und zur **Century City Shopping Plaza** *(10250 Santa Monica Boulevard)* fahren. ■

Am frühen Abend begrüßen Neonreklamen die Autofahrer auf dem Sunset Boulevard

Siehe auch Stadtteilkarte S. 53 F2
- Gladstone's 4 Fish
- 19 km
- 2 Stunden
- Bel Air Estates

UNBEDINGT ANSEHEN
- Self-Realization Fellowship Lakeside Shrine
- Will Rogers State Historic Park
- Bel Air Estates

Das Getty Center

J. Paul Getty

DAS 1997 FERTIG GESTELLTE UND AUF EINEM 45 HEKTAR großen Gelände oberhalb des dröhnenden San Diego Freeway gelegene Getty Center weckt bei den Einwohnern von Los Angeles gemischte Gefühle. Der schillernde Komplex aus Travertin und Aluminium symbolisiert den Ehrgeiz dieser in der Tat herausragenden Kultureinrichtung. Gleichzeitig jedoch wirkt dieser modernistische Ort distanziert und untermauert so die Ansicht, dass es der Kunst in L.A. an einer organischen Verbindung zur Gesellschaft mangelt.

Getty Center
www.getty.edu
53 F2
Ausfahrt Getty Center vom San Diego Freeway (I-405)
310/440-7300; 310/440-7305 für Hörgeschädigte
Geschl. Mo
Geöffnet Fr u. Sa bis 21 Uhr
Freier Eintritt, nur Parkgebühr (begrenzte Zahl an Stellplätzen)

Von Beginn an hat das Getty Center dieses Argument jedoch widerlegt und sich mit einem an die Öffentlichkeit gerichteten Programm in das kulturelle Leben der Stadt integriert. Herausragende Aktivitäten sind das nach wie vor betriebene Programm für die örtlichen Schulen (das Museum ist an jedem Tag zwischen 9 und 11 Uhr nur für Schulklassen geöffnet) und Kurse in Fotografie, Bildhauerei und Malerei.

DAS GEBÄUDE

Die stetig wachsende Sammlung von Antiquitäten und Kunsthandwerk des Milliardärs J. Paul Getty fand ihre Heimat in der kürzlich renovierten römisch inspirierten **Getty Villa** *(17985 Pacific Coast Highway, Tel. 310/458-2003)*. Dieses 1953 oberhalb des Topanga Beach errichtete Gebäude orientierte sich an der Villa dei Papyri in Pompeji. Gettys Sammlung griechischer und römischer Antiquitäten ist thematisch geordnet. Die Getty Villa ist aber auch ein Forschungszentrum, das sich mit alter Kunst und alten Kulturen beschäftigt. Der als Exzentriker mit Hang zum Geiz geltende Getty überraschte seine Kritiker, indem er testamentarisch eine Stiftung mit einem Vermögen von 700 Millionen Dollar einrichtete. Infolge geschickter Investitionen ist diese Summe auf ungeheure vier Milliarden Dollar angewachsen, so dass das Kuratorium eine Milliarde Dollar in den Bau des Museums investieren konnte.

Das Gremium entschied sich für Richard Meier als Architekten, den für seinen Entwurf des High Museum in Atlanta bekannten Gewinner des Pritzker-Preises. Seine Aufgabe bestand darin, eine modernistische Anlage zu gestalten, die gleichzeitig ein Gefühl klassischer Permanenz vermitteln sollte. Meiers Antwort waren Quader aus Travertin, der Stein stammt aus den italienischen Steinbrüchen von Bagni di Tivoli. Das Ergebnis ist ein massiger Komplex in mit der Tageszeit wechselnden Weißtönen, die vom morgendlichen Grellweiß bis zum angenehmen Goldschimmer an einem römischen Spätnachmittag reichen. Eine Elektrobahn bringt Besucher vom Haupteingang und Parkplatz zur **Arrival Plaza**, die von der Skulptur *That Profile* dominiert wird. Dort wird auch ein Einführungsfilm gezeigt.

DIE KUNST

Die Hauptgebäude des Getty Center sind mit Blick auf Flexibilität der Besucher während eines Rundgangs und Chronologie der Kunstwerke angeordnet und entweder durch Korridore oder durch Überführungen in beiden Stockwerken miteinander verbunden. Im Erdgeschoss können die Besucher daher von der Kunst des 16. Jahrhunderts zu jener des 18. Jahrhunderts gehen, anschließend zum 17. Jahrhundert und so weiter. Tragbare Audio-Führer sind so programmiert, dass sie über einzelne Gemälde Auskunft geben.

Unter den Bildern im **North Pavilion**, der der Kunst vor 1600 gewidmet ist, findet sich (in Raum N205) das atmosphärisch dichte Werk *Eine mythologische Szene* (um 1524) des Italieners Dosso Dossi. Das Gemälde illustriert die venezianische Vorliebe für Traumlandschaften und Allegorien. Gleichzeitig eröffnet das Bild dem Museum die Möglichkeit, sein Ziel, der Öffentlichkeit die Geschichte der Malerei nahe zu bringen, zu verwirklichen. Fra Bartolommeos *Heilige Familie* ist ein gutes Beispiel für die Leuchtkraft der Arbeiten dieses italienischen Meisters des frühen 16. Jahrhunderts. Ein Tafelbild von Bernardo Daddi aus dem Jahr 1330, das die hl. Jungfrau und die Heiligen Paulus und Thomas von Aquin zeigt, ist besonders gut erhalten.

2003 erwarb Getty Tizians Gemälde *Porträt von Alfonso d'Avalos, Marchese del Vasto* (1533). Es ist das bedeutendste Porträt in der Museumssammlung – den Kuratoren zufolge hat Tizian in der Renaissance damit den Standard für alle folgenden Hofporträtisten gesetzt.

Der **East Pavilion** setzt mit Kunst aus der Zeit zwischen 1600 und 1800 die chronologische Reihenfolge fort. Obwohl der Schwerpunkt auf niederländischen und flämischen Werken liegt, betonen zwei kleine Bilder aus dem 17. Jahrhundert, ein italienisches und ein französisches, die breite Palette der Sammlung: Domenichinos *Weg zur Kreuzigung* ist ein Kupferstich; Valentin de Boulognes *Christus und die Ehebrecherin* (beide in Raum E201) wird in der Erläuterung des Museums von dem einheimischen neokonzeptualistischen Künstler John Baldessari als »eine Art film noir« bezeichnet.

Es schließt sich eine Menge großer Meister an, darunter Rubens (*Das Begräbnis*, *Das Martyrium des hl. Franziskus*, beide in Raum E202) und Rembrandt (*Die Entführung der Europa* in Raum E205). Das Werk *Bacchante mit Affe* des weniger bekannten Niederländers Hendrick Terbrugghen (Raum E204) verdient umso mehr Beachtung. Im Erdgeschoss ist die wechselnde Ausstellung in Galerie 103 lohnend, vor allem wegen der besonders hervorgehobenen Neuerwerbungen.

Der **South Pavilion** ergänzt die vorhergehenden Galerien durch Kunsthandwerk der Zeit zwischen

Der im Sonnenlicht schimmernde Komplex des Getty Center liegt auf einem Hügel oberhalb von Los Angeles

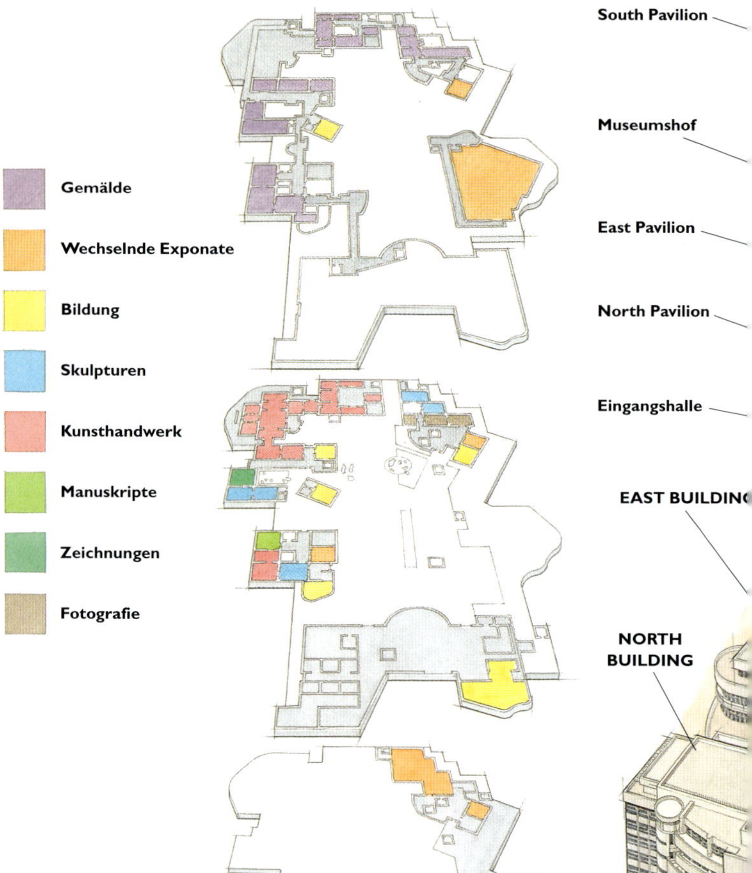

Rembrandts *Alter Mann in Rüstung*, um 1630

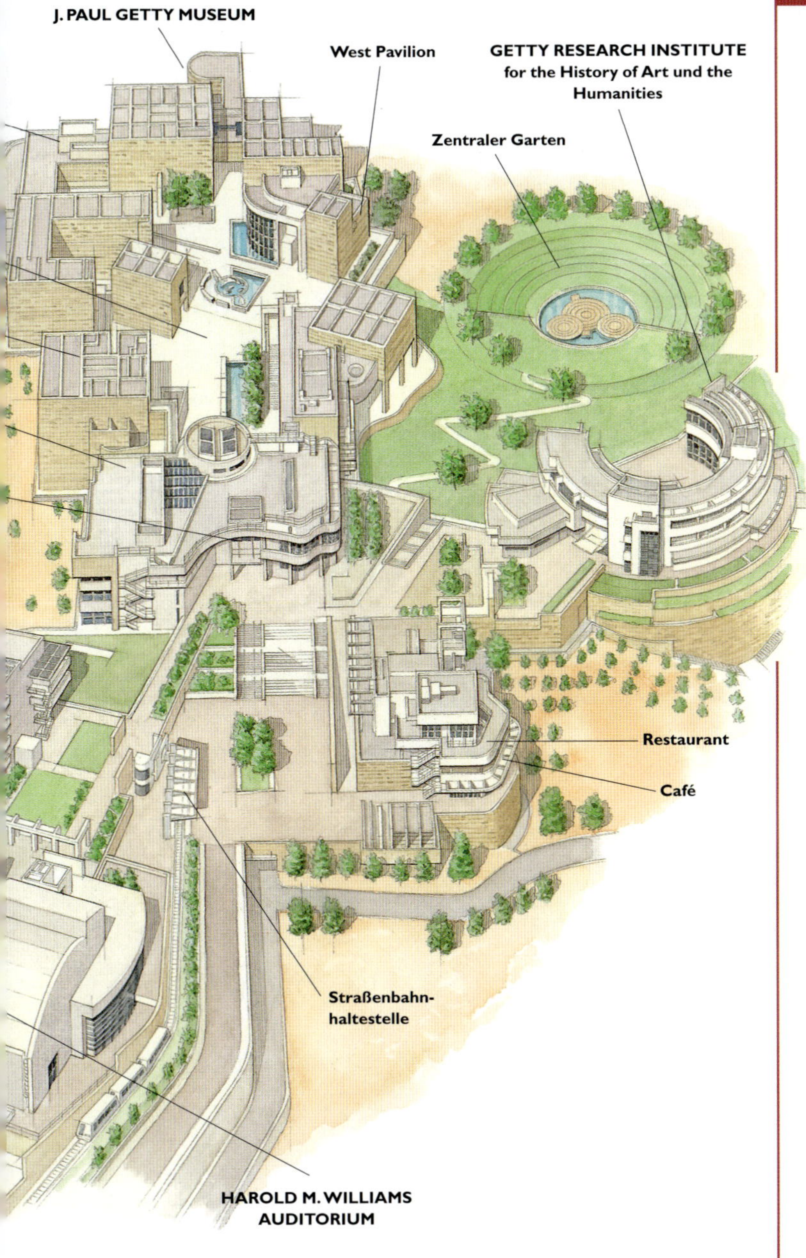
J. PAUL GETTY MUSEUM
West Pavilion
GETTY RESEARCH INSTITUTE
for the History of Art und the
Humanities
Zentraler Garten
Restaurant
Café
Straßenbahn-
haltestelle
HAROLD M. WILLIAMS
AUDITORIUM

FILMVORFÜHRUNGEN
Zu den regelmäßigen Filmvorführungen im Auditorium zählen unter anderem: *Art Works: Behind the Scenes at the Getty* (»*Kunstwerke: Hinter den Kulissen des Getty*«; 30 Minuten) und *Concert of Wills: Making the Getty Center* (»*Konzert der Willenskraft: Der Bau des Getty Center*«; 90 Minuten).

1600 und 1800, das den Kern der persönlichen Sammlung J. Paul Gettys ausmachte. Um dieser Sammlung gerecht zu werden, beauftragte das Museum den New Yorker Thierry Despont mit dem Entwurf von Räumen im Stil der damaligen Zeit, die »ein Museum im Museum« darstellen. Desponts in blassem Blau gehaltener und französisch getäfelter Raum ist ein ideales Ambiente für die kunstvollen Stühle, Uhren und Möbel. Die enorme *Vitrine auf einem Sockel* (1675–80) von André Charles Boulle in Raum 103 zeichnet sich durch eine Qualität aus, die keiner seiner Zeitgenossen erreichte.

Der eine oder andere wird, durchaus mit Recht, der Meinung sein, dass »Art after 1800« im **West Pavilion** einen gesonderten Besuch im Getty Center rechtfertigt. Andererseits verpasst man dann die dramatische Hinführung zu dieser Ausstellung vermittels der anderen Pavillons. Auch wenn manche diese Kollektion zynisch als »Europe's Greatest Hits« kritisiert haben, kann man das Entzücken, das die hier hängenden Werke von Monet, Renoir, Cézanne, Manet und van Gogh hervorrufen, kaum beschreiben. Die *Schwertlilien* von van Gogh sind die Hauptattraktion.

Zu den weniger bekannten Bildern zählt das riesige *Christi Einzug in Brüssel, 1889* des Belgiers James Ensor (Raum W204).

Die Gegenüberstellung »kleinerer« Arbeiten – eine Spezialität des Getty – macht einen weiteren Reiz

Vincent van Goghs *Schwertlilien* im West Pavilion

dieser Galerie aus. Wenn man Cézannes *Das Ewigweibliche* unmittelbar neben *Stilleben mit Äpfeln* sieht, wird man über Früchte ganz anders als vorher denken.

Die brillant arrangierte Fotogalerie im ersten Stock stellt hierzu eine passende Coda dar.

Kein Besuch des Getty ohne einen Blick auf sein umstrittenstes Exponat ist komplett. Im **Exhibitions Pavilion** kann man den so genannten Getty-Kuros begutachten, dessen Beschriftung entwaffnend offen »530 v. Chr. oder moderne Fälschung« lautet. Dies ist ein Verweis auf die nach wie vor ungeklärte Frage der Herkunft dieser Statue eines griechischen Jünglings.

Zusätzlich bietet das Getty viele unterschiedliche Events, die von vor Ort arbeitenden Künstlern über Dichterlesungen bis hin zum jährlichen Renaissance-Familienfest und den kostenlosen *Friday Nights at the Getty* reichen. Dann werden im Museum afro-latinische Musik, Cajun, Folk und Blues gespielt.

DER ZENTRALE GARTEN

Obwohl es im Getty viele Orte zum Verweilen gibt, ist der etwa 45 000 Quadratmeter große zentrale Garten insofern einzigartig, als er ein außergewöhnliches Gefühl vermittelt, etwas Neues entdeckt zu haben. Das von dem Künstler Robert Irwin gestaltete Gelände ist ein Beispiel für das, was Irwin »Raumkunst« nennt. Hinter dieser Bezeichnung verbirgt sich seine Ansicht, dass das individuelle Naturerlebnis durch die Betonung des Zusammenwirkens von Blattwerk, Sonnenlicht und Schatten intensiviert werden kann.

Ein Gewirr aus auf dem Wasser schwimmenden Azaleen, die von einer in Terrassen angelegten runden Schlucht umgeben werden, die wiederum von geometrisch angeordneten Kakteen akzentuiert wird, stellt den Mittelpunkt des zentralen Gartens dar. Irwin unterbricht den Eindruck botanischer Ordnung durch eine Wiese, einen Bachgarten und Terrassen mit Hortensien, Kapuzinerkresse und Schwertlilien. ■

Teiche und Springbrunnen sorgen im Museumshof für Kühle

Der Sockel der Statue ist zum Schutz vor Erdbeben besonders konstruiert

Eine der zahlreichen berühmten Skulpturen auf dem Campus

Die UCLA

DIE 1919 ALS TEIL DER UNIVERSITÄT VON KALIFORNIEN gegründete University of California at Los Angeles verkümmerte lange im Schatten ihrer älteren Schwester, der University of California at Berkeley. Schließlich aber begann die Universität nach einer Phase explosiven Wachstums ein eigenes Profil zu entwickeln. Heute gehört die University of California at Los Angeles zu den zehn forschungsstärksten Hochschulen der USA, und sie wird auf Grund der multiethnischen Abstammung ihrer 35000 Studenten liebevoll als die »Universität der Weißen, Latinos und Asiaten« bezeichnet. Südlich von Bel Air und nördlich von Westwood Village gelegen, befindet sich die Universität im Herzen von L.A.

UCLA
www.ucla.edu
53 G2
Besucherinformation
405 Hilgard Ave.
310/825-4321

DER CAMPUS

Der **Central Quad** der UCLA, der aus vier Gebäuden in neoromanischem Stil besteht, wurde 1929 auf einem sanften Hügel mit Blick auf die umliegenden Täler und Höhenzüge errichtet. Die üppige Vegetation und die sich im Wind wiegenden alten Eukalyptusbäume machen ihn zum idealen Ort für einen Wochenend-Spaziergang. Die **Powell Library** *(in der Südwestecke des zentralen Hofes)* ist ein architektonisches Kleinod. Dieses nach dem kalifornischen Büchernarr und langjährigen Bibliothekar der UCLA, Lawrence Clark Powell, benannte Gebäude ist erst kürzlich wieder in seinen ursprünglichen prächtigen Zustand des Jahres 1929 versetzt worden. Mit Kacheln im Stil der Missionsstationen ausgestattete Treppenhäuser führen in den Lesesaal mit seiner kunstvollen Decke.

Die **Royce Hall** *(in der nordwestlichen Ecke des zentralen Hofes)*, nach dem kalifornischen Philosophen Josiah Royce benannt, ist ebenfalls kürzlich renoviert worden und ein Juwel. Sein im italienischen Stil gehaltenes Auditorium soll der Ambrosiana in Mailand nachempfunden sein.

DIE MUSEEN

Das Hauptmuseum der UCLA, heute offiziell **UCLA Hammer Museum** genannt, kann auf eine weniger ruhmreiche Geschichte zurückblicken. Vom einstigen Ölmagnaten Armand Hammer gegründet, um seine (eher kleine) Sammlung alter Meister und impressionistischer Gemälde aufzunehmen, siechte die Galerie nach dem Tod des Millionärs dahin und wandte sich schließlich an den damaligen Kanzler Charles Young mit der Bitte um administrative Unterstützung. Unter der Leitung des künstlerischen Direktors der UCLA, Henry Hopkins, erholt sich das Museum langsam wieder. Zu seinen Exponaten gehört das Gemälde *Sommerzeit* von Mary Cassatt (1844–1926) aus Pittsburgh, die in den 80er Jahren des 19. Jahrhunderts zusammen mit den Impressionisten in Paris ausstellte. Weitere Höhepunkte sind Rembrandts *Bildnis eines Mannes aus der Familie Raman* (1634) und Renoirs kindliches *Weinleser beim Mittagsmahl.*

Writings on the Wall zeigt Essays von Prominenten aus der Kunstszene, die über ihre Lieblingswerke in der Hammer Collection geschrieben haben. Zwei andere Sammlungen verdienen Beachtung. Die USA weit größte Kollektion satirischer Zeichnungen und Aquarelle des französischen Karikaturisten Honoré Daumier aus dem 19. Jahrhundert ist die eine. Die andere weniger bekannte Attraktion, heute ebenfalls im Hammer zu finden, ist das **UCLA Grunwald Center for the Graphic Arts** *(Tel. 310/443-7078)*, das eine breite Palette graphischer Arbeiten von Dürer und Cruikshank bis hin zu Picasso und Matisse präsentiert.

Das **Fowler Museum of Cultural History** ist relativ neu in der Museumsszene von L.A., hat aber bereits Aufmerksamkeit erregt. Es konzentriert sich auf außereuropäische Kunst und Anthropologie und hat schon hoch gerühmte Ausstellungen zu Themen zusammengestellt, die von Voodoo bis hin zum wenig bekannten Volk der Mochas aus dem präkolumbianischen Peru reichen.

DIE GÄRTEN

Die Universität besitzt drei ausgezeichnete Gärten, die allesamt der Öffentlichkeit zugänglich sind. Der **Mildred E. Mathias Botanic Garden** ist ein perfekter Ort, um zu lesen, zu schreiben oder nur die Wunder der Natur zu betrachten. Das biologische Spektrum reicht hier von Bambushainen über Bachbetten bis hin zu tropischen Pflanzen und umfasst etwa 4000 Spezies. Der **Franklin D. Murphy Sculpture Garden** hinter der

Die im Stil der Renaissance erbaute Royce Hall

UCLA Hammer Museum
www.hammer.ncla.edu
✉ 10899 Wilshire Blvd., Westwood Village
☎ 310/443-7000
🕒 Geschl. Mo. Geöffnet Do bis 21 Uhr
$ $$

Fowler Museum of Cultural History
www.fowler.ucla.edu
✉ Fowler Hall
☎ 310/825-4361
🕒 Geschl. vormittags, Mo, Di. Geöffnet Do bis 20 Uhr

Mildred E. Mathias Botanic Garden
✉ Hilgard und Le Conte Aves.

UCLA Hannah Carter Japanese Garden
www.japanesegarden.ucla.edu
✉ 10619 Bellagio Rd.
☎ 310/825-4574
🕒 Geschl. Sa–Mo u. Do

UCLA Center for the Performing Arts
☎ 310/825-2101 (Tickets)

Geffen Playhouse at UCLA
✉ 10886 Le Conte Ave.
☎ 310/208-5454

Museum of Tolerance
www.museumoftolerance.com
✉ 9786 W. Pico Blvd.
☎ 310/553-8403
🕒 Geschl. Sa
$ $$$

Sony Picture Studios
www.sonypicturesstudio.com
✉ 10202 W. Washington St., Culver City
☎ 310/244-4000; 310/520-8687 (Führungen)
🕒 Führungen Mo–Fr; für die Reservierungen einen Tag vorher anrufen
$ $$$$

Universitätsbibliothek ist ein Beweis für die vielfältigen Interessen des ehemaligen Kanzlers und mit zwei Hektar Fläche der größte Garten an der gesamten Westküste. Im Schatten der Jakarandabäume stehen hier etwa 70 Skulpturen. Auguste Rodin, Isamu Noguchi, Joan Mirò, Alexander Calder und Henry Moore gehören zu den vertretenen Künstlern. Der im unmittelbar nördlich vom Campus gelegenen Stone Canyon eingerichtete **UCLA Hannah Carter Japanese Garden** vervollständigt das botanische Ensemble. Zusätzlich zu einer berühmten Sammlung japanischer Ahornbäume, Kiefern und einem *koi*-Teich gibt es hier ein traditionelles Badehaus, eine fünfstöckige Pagode und eine Mondscheinterrasse. Hinter dem Teehaus erstreckt sich ein hawaiianischer Garten mit Orchideen und blühenden Weinreben.

DIE DARSTELLENDEN KÜNSTE

UCLA Live ist eine der wichtigsten kulturellen Institutionen der Stadt und setzt wichtige Akzente in den Bereichen Musik, Tanz, Sprech- und experimentellem Theater. Die Institution wurde 2001 feierlich eröffnet, das rund ums Jahr laufende Programm bringt Beiträge aus der ganzen Welt und hat sich der Weiterentwicklung der experimentellen Kunst verschrieben. Die Aufführungen werden an verschiedenen Veranstaltungsorten gezeigt, u. a. auf dem Universitätscampus, aber auch im Freud Playhouse mit seiner riesigen Vorbühne und in der renovierten Royce Hall (die für ihre hervorragende Akustik bekannt ist).

Großzügige Spenden vom Philanthrop David Geffen und von Hollywoodgrößen haben das **Geffen Playhouse** im wunderschönen Westwood Village zu einem der besten Theater der Stadt werden lassen.

DIE UMGEBUNG DER UCLA

Westwood Village, unmittelbar südlich an den Campus grenzend, fungiert als das sprichwörtliche (allerdings kostspielige) Univiertel. Das Frühstück bei Stan's Corner Donut Shop *(10948 Weyburn Avenue, Tel. 310/208-8660)* ist ein Muss. Die leckeren Falafel-Sandwiches (Sandwich mit pürierten Kichererbsen) bei Mé & Mé Falafel sind günstig und sättigend.

Die Restaurant-Szene in der Umgebung von UCLA ist in ständiger Bewegung. Als eine Konstante auf dem Westwood hat sich allerdings La Bruschetta etabliert, das Nudelgerichte in gleichbleibend guter Qualität serviert. Weiter den Westwood Boulevard hinunter liegt Junior's *(2379 Westwood Boulevard)*, der »Cadillac unter den Delikatessengeschäften«. An der aus Neonreklamen und Beton bestehenden Westside Pavilion Mall *(10800 West Pico Boulevard)* finden die betuchteren Einwohner von West-Los Angeles genau die richtige Freizeitbekleidung. Im Inneren gilt das vom Sohn des Filmmoguls gegründete **Samuel Goldwyn Theater** als einer der besten Tipps für unabhängige Filme in der Region.

Wenn Sie zehn Minuten auf dem Olympic Boulevard nach Osten fahren, erreichen Sie das **Museum of Tolerance**, dessen Auftrag darin besteht, Rassismus und Völkermord anzuprangern. Das Schwergewicht liegt auf dem nationalsozialistischen Holocaust. Die 90minütige Führung durch die interaktiven Exponate des Museums ist unvergesslich – und emotional erschütternd. Fahren Sie auf dem Westwood Boulevard weiter in südlicher Richtung, dann rechts auf den Overland, und Sie gelangen nach Culver City, wo die ehemaligen MGM-Studios nun **Sony Picture Studios** heißen. Im Rahmen einer Führung kann man auch beim Dreh zuschauen. ■

Das Skirball Cultural Center

DIESE NOCH JUNGE EINRICHTUNG, DIE UNMITTELBAR nördlich vom Getty Center auf einem Hügel thront, hat als Zielsetzung die »Präsentation jüdischer Kultur und Erfahrungen als integraler Bestandteil des gesamten Lebens in Amerika«. Nachdem das Museum diese zunächst verfeinert hat, strebt es nun nach der Spitze, indem es nur die besten Ausstellungen zu dieser Thematik präsentiert. Man begegnet hier einer Tiefe und einzigartigen Erfahrungen, an die nur wenige vergleichbare Museen im gesamten Land heranreichen. Sein Präsident Dr. Uri Herscher sagt: »Das Programm des Zentrums zeigt, dass wir Juden das Vermächtnis der Vergangenheit ernst nehmen, aber das bedeutet nicht, dass wir der Vergangenheit verhaftet bleiben.«

Die Ausstellung mit dem Titel *Visionen und Werte: Jüdisches Leben vom Altertum bis zu Amerika* bildet das Herzstück des von Moshe Safdie entworfenen Centers. Es besteht aus zwölf Galerien, die den Besucher anhand einer reichhaltigen Sammlung von menschlichen Erzeugnissen, Kunstwerken, Fotos, Texten und Gegenständen des täglichen Lebens durch die Zeit von der Zerstörung des zweiten Jerusalemer Tempels bis hin zum heutigen Amerika führen. Einige Exponate ragen heraus: Der Hirsch-Chanukkaleuchter aus dem frühen 20. Jahrhundert illustriert den robusten Charakter der deutschen Juden der damaligen Zeit. Die Reproduktion der (später zerstörten) Neuen Synagoge von Berlin ist ein weiterer Verweis auf das deutsche Judentum der Zeit vor dem Holocaust. Häufig jedoch sind kleine, seltsame Fragmente am aussagekräftigsten: ein handbemaltes Taschentuch aus China mit dem deutschen Wort »Ort«, das *Porträt von Mrs. Sarah Lyons* aus Großbritannien, Alexander Tyshlers Plakatfoto *Antisemitismus ist konterrevolutionär!* aus dem Jahr 1917 sowie ein »*Ertrog*-Behälter« für die Zitronen, die in der Erntezeremonie *Sukkot* gebraucht werden. ■

Skirball Cultural Center

www.skirball.org

53 G3

2701 N. Sepulveda Blvd.

310/440-4500

Geschl. vormittags u. Mo

$$

Exponat-Ensemble zum jüdischen Leben in den USA

Rund um Beverly Hills

Der große Stadtforscher Reyner Banham bezeichnete die Topografie des in einem flachen Becken gelegenen Los Angeles einmal als »die Ebenen des Es«. Das Leben hier war so ruhig, dass jeder, der länger verweilte, früher oder später mit all seinen lange unterdrückten Sehnsüchten konfrontiert wurde. Banhams Gebrauch des Plurals »Ebenen« ist bemerkenswert. Wenn es im (durch Weiße aus dem Mittleren Westen und Latinos geprägten) Stadtkern eine »Ebene des Es« gibt und eine andere am Strand (mit dem dortigen Streben nach physischer Schönheit), dann existiert zweifellos auch eine ganz eigene in und um den Großraum Beverly Hills. Dies ist die Ebene des Geldes, und zwar sowohl des feinen als auch des neureichen, des verdienten und mit vollen Händen ausgegebenen Geldes.

So ist es in Beverly Hills schon immer gewesen. Die Stadt wurde 1906 von dem Grundstücksspekulanten Burton Green gegründet und wuchs bis in die 20er Jahre hinein relativ langsam. Im Jahr 1920 erwarb der Filmstar Douglas Fairbanks für 35 000 Dollar ein auf einem Hügel liegendes Grundstück, auf dem er das legendäre Pickfair-Haus für »Amerikas Liebling«, die Schauspielerin Mary Pickford, erbauen ließ. Das Pickfair-Haus zog all die an, die gerne wie Fairbanks oder Pickford leben wollten. Folglich boomte der Grundstücksmarkt.

Beverly Hills ist ein idealer Ausgangspunkt, um mehrere Sehenswürdigkeiten in der Nähe zu erkunden. Unmittelbar südlich verläuft der Wilshire Corridor in östlicher Richtung zum Los Angeles County Museum of Art, vielleicht die beste Kulturadresse an der Westküste. Der Sunset Boulevard führt an Beverly Hills vorbei und darüber hinaus gen Osten, zunächst nach West Hollywood und anschließend ins alte Hollywood. Von hier aus startet der alte Hollywood Freeway (US 101) zum San Fernando Valley, dem Dorado der Einkaufszentren. ■

Immer noch stilvoll: das Beverly Hills Hotel

Die Polo Lounge

ES GAB EINE ZEIT, DA VIELE GLAUBTEN, DASS DER ALTE PINK Palace – das Beverly Hills Hotel – seinen einstigen Glanz endgültig verloren hätte und mit seiner reizenden, jedoch leicht angestaubten Atmosphäre zu einem Dasein im Schatten des glänzenden, neuen Peninsula Hotels weiter die Straße hinunter verurteilt sei. Das war einmal. Seit es im Jahr 1989 vom Sultan von Brunei gekauft und anschließend mit viel Geld renoviert worden ist, hat das Hotel ein beachtliches Comeback erlebt. Das Resultat ist ein glamouröses Refugium, das die besten Erinnerungen an das Goldene Zeitalter Hollywoods heraufbeschwört und gleichzeitig alle modernen Annehmlichkeiten bietet.

Es gibt keinen besseren Ort als die legendäre Polo Lounge, um die Spezies *Homo hollywoodis* in Aktion zu sehen. Reservieren Sie einen Tisch für 13.30 Uhr. Bestellen Sie die Tortilla-Suppe und anschließend die Platte mit frischen Krabben. Lehnen Sie sich zurück und genießen Sie die Szenerie. Gehen Sie später zum Fountain Café hinunter, wo Sie oft Jungstars beobachten können. Begutachten Sie auch die Architektur. Das Äußere im Missionsstil wurde im Jahr 1912 von Elmer Grey entworfen, der mit seinem Partner Myron Hunt auch die Huntington Library in Pasadena erbaute. Paul Revere Williams war der Architekt des neueren Crescent Wing, der 1949 entstand.

Während der Nachmittag voranschreitet und die Hitze steigt, wird der Hotelpool immer verlockender. Hier wird um vier Uhr nachmittags frisches Sorbet serviert. Springen Sie anschließend in den Pool. Schließlich hat Katharine Hepburn dies einst auch getan – und sie hatte all ihre Kleider an. ■

Beverly Hills
68 A1
Besucherinformation
Beverly Center, 8500 Beverly Blvd.
310/854-7616

Polo Lounge
Beverly Hills Hotel, 9641 Sunset Blvd.
310/276-2251

JCB
JCB
JCB

Der Rodeo Drive

DIE DREI BLOCKS AUF DEM RODEO DRIVE, DIE NÖRDLICH vom Wilshire Boulevard liegen, gehören zu den berühmtesten (und teuersten) Einkaufsgegenden der Welt. Sie sind ohne weiteres mit den Champs-Élysées in Paris oder dem Ponte Vecchio in Florenz zu vergleichen. In Bezug auf den Stil gibt es aber einen entscheidenden Unterschied: Auf Europas großen Boulevards käme niemand auf die Idee, bekleidet mit einem Sweatshirt und Jeans eine Seidenbluse für tausend Dollar zu kaufen. In Beverly kommt es durchaus vor, dass ein Mann in einem Trainingsanzug an einem Nachmittag 15 000 Dollar ausgibt, etwa bei Bijan's For Men. Dies soll kein Hinweis für Sie sein, sich nicht gut anzuziehen, wenn Sie hier einen Einkaufsbummel planen; aber wenn Sie unbedingt leger gekleidet losgehen wollen, tun Sie es mit der richtigen Einstellung.

Beginnen Sie bei Saks Fifth Avenue *(unmittelbar südwestlich vom Rodeo Drive)*, einem von vier großen Kaufhäusern auf dem Wilshire Boulevard.

Wenn Sie dann auf dem Rodeo Drive nach Norden gehen, sehen Sie auf der rechten Seite als Erstes einen als **2 Rodeo** bekannten Bereich, eine Einkaufsgasse, die 1990 eigens geschaffen wurde, um dort neue Filialen von Tiffany's und Ferre ebenso wie einige geschmackvolle, auf Innendekoration spezialisierte Geschäfte zu etablieren. Dies ist die erste neue Straße, die seit der Unabhängigkeit von Los Angeles im Jahr 1914 in der Stadt angelegt wurde. Man kann hier auch bei Van Cleef & Arple, bei Christian Dior oder, auf der anderen Straßenseite, bei dem freundlicheren Fred Hayman Beverly Hills mit seinen leuchtend gelben Markisen hereinschauen. Hayman wird von vielen der jüngeren Stars aufgesucht, wenn sie offiziellere Kleidung benötigen.

In der nahe gelegenen Café-Bar Giorgio wird das Leutebeobachten auf die Spitze getrieben. Nördlich hiervon liegen Hermès, wo Schals zu einer Kunstform entwickelt worden sind, und Gucci, wo Handtaschen und Accessoires verkauft werden. Die **Rodeo Collection**, eine direkt im Norden angrenzende Ansammlung von Geschäften, beherbergt mehrere Läden für Glaswaren und Schmuck, darunter Barakat, eine gute Kunstgalerie. Halten Sie anschließend Ausschau nach Anderton Court, auf der Ostseite unmittelbar nördlich vom Dayton Way gelegen. Frank Lloyd Wright entwarf ihn im Jahr 1952. Sie können sich anschließend bei einer Rundfahrt die Architektur von Beverly Hills anschauen, indem Sie den Bus an der Kreuzung Rodeo Drive und Dayton Way *(Samstag vormittags, Tel. 310/285-2438)* besteigen.

Wenn Sie Ihr überschüssiges Geld losgeworden sind, dürfte es recht entspannend sein, zum **Greystone Park & Mansion** hinüberzufahren. Der Ölmagnat Edward Doheny baute dieses Haus 1928 und ließ es leer zurück, nachdem sein Sohn dort wegen einer unglücklichen Liebesbeziehung Selbstmord begangen hatte. Inzwischen gehört es der Stadtverwaltung, und die Bevölkerung nutzt den Park gerne für Picknicks.

Das **Museum of Television & Radio** ist eine reizende Abwechslung für jeden, der sich für die Geschichte dieser Medien interessiert. Besucher können sich hier Nachrichten- und Unterhaltungssendungen sowie Sportberichte aus der 75 000 Titel umfassenden Sammlung von Fernseh- und Radioprogrammen ansehen bzw. anhören. ■

Rodeo Drive
68 A1

Rodeo Collection
405 N. Rodeo Dr.
Geschl. Mo u. Di

Greystone Park & Mansion
905 Loma Vista Dr.
310/550-4654

Museum of Television & Radio
www.mtr.org
465 N. Beverly Dr.
310/786-1000
Geschl. Mo, Di
Spende

Gegenüberliegende Seite: Auf dem weihnachtlich dekorierten Rodeo Drive

Unten: Fred Hayman, der Schneider der Stars

Der Haupteingang des Museums

Das Los Angeles County Museum of Art

»OH! ICH KANN ES KAUM GLAUBEN. ES GIBT SO VIEL GROSS-artiges dort, dass es uns manchmal schlicht überwältigt. Sie können sich glücklich schätzen, in einer Stadt mit so viel großartiger Kunst zu leben.« Dieses begeisterte Statement stammt von einem PR-Mann einer der führenden kulturellen Einrichtungen San Franciscos. Wer um die Rivalität zwischen diesen beiden Städten weiß, kann sich vorstellen, wie einzigartig derartige Aussagen sind.

Los Angeles County Museum of Art (LACMA)
www.lacma.org
68 B1
5905 Wilshire Blvd.
323/857-6000
Geschl. Mi
$$. Zweiter Di im Monat freier Eintritt

Einzigartig ist ein treffendes Wort für das LACMA. In den 30 Jahren seines Bestehens hat das Museum die umfangreichste Kunstsammlung der westlichen USA zusammengetragen, 150 000 Werke von zumeist beispielloser Qualität. So sind die amerikanische, die moderne und die südostasiatische Sammlung im Wesentlichen während der Amtszeit eines einzigen Direktors namens Pratapaditya Pal aufgebaut worden. Dies hat zu einer inneren Konsistenz geführt, die in anderen Museen selten ist.

Der Großteil der Sammlung ist in vier Hauptgebäuden untergebracht, während ein fünftes, das **Bing Center**, ein Auditorium mit einem anspruchsvollen Veranstaltungsprogramm beherbergt. Seine Wochenend-Filmreihen *(Tel. 323/857-6010)* sind für Filmfans ein Muss. Es gibt außerdem eine Cafeteria, ein Forschungsinstitut und eine Bibliothek *(Besuch nach vorheriger Vereinbarung)*. Eine weitere, neue Dependence, das LACMA West, wurde in dem großartigen, ehemaligen Jugendstilkaufhaus May Company westlich vom Museumskomplex eingerichtet. Hier werden Wanderausstellungen gezeigt.

Am besten besucht man das LACMA an einem Freitagnachmittag, wenn das Museum bis spätabends geöffnet hat und im Innenhof eines der allwöchentlichen kostenlosen Jazzkonzerte zu hören ist. (Montags und freitags gibt es abends eine Klassik-Konzertreihe.) Das Museum kann während besonders populärer Ausstellungen überlaufen sein. In diesem Fall sollten Sie reservieren.

Nehmen Sie beim Betreten des **Ahmanson Building** am Informationsstand einen kostenlosen Lageplan mit. Dieses Gebäude ist eines der Kernstücke des Museums. Die asiatische Kunst findet sich sowohl auf der unteren Ebene (Ferner Osten) als auch im dritten Stock (Südasien und Südostasien), während sich die amerikanische und die europäische Kunst mit der afrikanischen und altamerikanischen Kunst die Ebene der Plaza und das zweite Stockwerk teilen. Sie sollten mindestens eine Stunde auf der dritten Etage verweilen, um die faszinierende Brillanz des Museums in geradezu sinnlicher Weise zu erfahren. Hier werden Sie Pals Vermächtnis entdecken, seine umfassende Sammlung von Kunst aus Süd- und Südostasien. Kambodscha, Indonesien und Nepal gehören zu den vertretenen Ländern, vor allem aber wird hier die indische Kunst gefeiert. Verpassen Sie auf keinen Fall die aus dem 12. Jahrhundert stammende und aus Tamil-Nadu-Kupfer hergestellte Statue *Yasoda und Krishna*. Es handelt sich um eine von insgesamt nur zwei oder drei erhaltenen Darstellungen der hinduistischen Gottheit als Baby mit seiner Stiefmutter in Metall. Vergleichen Sie diese Darstellung mit jener aus Kupfer des tanzenden Jungen *Die Zerstörung von Kaliya* (15. Jh.) ein paar Galerien weiter.

LACMA hat auch die weltberühmte Madina Collection of Islamic Art mit Arbeiten aus dem 7. bis 19. Jahrhundert erworben. Durch den Zukauf wurde das Museum zu einem der weltweit besten Museen islamischer Kunst. Die Sammlung umfasst dekorative Kunst, kalligraphische Werke und viele seltene Meisterwerke. Aber auch die Alte Welt ist gut vertreten, u. a. mit einer herausragenden präkolumbischen Sammlung, die Objekte der wichtigsten alten Kulturen Mexikos zeigt.

Ein breites, von Gemälden bis hin zu Kunsthandwerk reichendes Spektrum der amerikanischen Kunst findet sich in harmonischer Anordnung auf der Ebene der Plaza. Die chronologisch angeordnete Sammlung betont die großen Themen der ameri-

Ein Ausschnitt aus Maruyamas Okyos bemaltem Wandschirm Welpen zwischen Bambus im Schnee (1784), das im Los Angeles County Museum of Art gezeigt wird

kanischen Kunst durch drei Schlüsselwerke. Das erste ist Winslow Homers *Die Baumwollpflücker*, das 1876 entstand. Homer hatte für die Zeitschrift *Harper's Weekly* als Reporter und Zeichner von den ersten Zusammenstößen des Bürgerkrieges berichtet. Diese Erfahrung ließ sein Bild vom ländlichen Amerika über die zu seiner Zeit vorherrschende romantische Verklärung hinausgelangen, was in der gefühlvollen und realistischen Wiedergabe der ehemaligen Sklaven zum Ausdruck kommt. Eine Art Unabhängigkeitserklärung ist in John Singer Sargents *Porträt von Mrs. Edward L. Davis und ihrem Sohn, Livingstone Davis* aus dem Jahr 1890 zu spüren. Sargent wendet hier Techniken der klassischen europäischen Porträtkunst an, aber anders als seine kontinentalen Vorläufer wagt er es, die Zuneigung – die Beziehung – zwischen Mutter und Sohn zu zeigen.

Coney Island (1934) von Paul Cadmus ist eine fröhliche, amerikanische Verulkung von Michelangelo und Rubens. Seine Wirkung erzielt es dadurch, dass es fleischlich und ein wenig pöbelig, gleichzeitig jedoch sehr human ist. Auf der Plaza sind außerdem Möbel der Arts-and-Crafts-Bewegung und Arbeiten von Tiffany in der Sektion für amerikanisches Kunsthandwerk zu besichtigen.

Studieren Sie im zweiten Stockwerk die majestätische Sammlung europäischer Bildhauerei und Malerei, um abschätzen zu können, wie weit sich die amerikanischen Künstler von ihren Vorbildern entfernt haben. Schauen Sie sich unbedingt Rosso Fiorentinos *Allegorie der Erlösung* (1521) an. Sogar Künstler mit einem so unabhängigen Geist wie der exzentrische »Il Rosso« mit seinem lebendigen, manchmal sehr spannungsreichen Hang zur Abstraktion sahen sich veranlasst, ihren Vorgängern Referenz zu erweisen. Rossos Darstellung des jungen Johannes, der an der Seite seiner Mutter in Ohnmacht gefallen ist, nachdem er von ihrer schrecklichen Prophezeiung bezüglich des Schicksals Jesu Christi erfahren hat, ist ein deutlicher Kommentar zu Michelangelos *Pietà*.

Vor Rembrandts überwältigender *Auferstehung des Lazarus* (1630) herrscht stets andächtige Stille.

Vom zweiten Stockwerk des Ahmanson Building führt ein Durchgang zum **Hammer Building** und der dort untergebrachten Sammlung europäischer Kunst des 19. Jahrhunderts, eine Schatzkammer mit Werken von Rodin und Degas, Gauguin und Pissarro. In einer Halle hängen drei zu einer Gruppe angeordnete Bilder von Cézanne. Dieses Stockwerk im Hammer Building beherbergt auch eine Reihe von temporären und Spezialausstellungen, die oft aus der museumseigenen Sammlung von Drucken, Zeichnungen und Fotografien zusammengestellt werden.

In der Sammlung der Drucke und Zeichnungen kann man den kühnen Linienschwung in Castigliones *St. Markus* (1655–60) genau studieren. Erich Heckels *Stehendes Kind* (1910) ist typisch für die Sammlung deutscher Expressionisten des LACMA. Heckel war einer der wichtigsten Vertreter der Künstlergemeinschaft »Die Brücke«, die die Kunst als Erneuerung des natürlichen Geistes des Menschen verstand. Die Fotografie-Sammlung enthält mehrere Arbeiten von Weston, Stieglitz, Frank und Siskind.

Wenn Sie das Hammer Buildung verlassen und nach Osten gehen, kommen Sie zum **Pavilion for Japanese Art**, einem exzentrischen, jedoch perfekten Gebäude, in dem sich unter anderem die Shinenkan-Sammlung von Wandschirmkunst aus der Edo-Dynastie befindet. Die dem Museum von den Philanthropen Joe und Etsuko Price gestifteten Naturszenen üben einen so

starken emotionalen Einfluss aus, dass ein japanischer Kunstwissenschaftler gestanden hat, bei ihrem ersten Anblick geweint zu haben. Kiitsu Suzukis *Muscheln und Pflaumen*, das wie fast die gesamte Kunst der Edo-Zeit ohne jeglichen vorherigen Entwurf gemalt worden ist, sollte man sich in jedem Fall ansehen.

Verlassen Sie nun den Pavillon, nicht ohne den japanischen Garten unterhalb zu würdigen, und überqueren Sie die Brücke zum **Anderson Building**, das Kunst des 20. Jahrhunderts enthält. Obwohl das Gebäude nicht sonderlich gut aufgenommen wurde, ermöglicht seine Anlage, dass das Tageslicht jede Galerie erreicht. Dies trägt nicht nur zum Kunstgenuss bei, sondern schafft auch eine freundliche Atmosphäre, was angesichts des beunruhigenden Charakters eines Großteils der modernen Kunst nicht unwichtig ist.

Die Qualität und Bedeutung einiger der hier ausgestellten Werke sind durchaus zweifelhaft. Die Exponate reichen von Alison Saars nachsichtiger *Sledgehammer Mamma* bis zu brillanten Momenten wie Ed Keinholz‘ *Back Seat Dodge* (in den 60er Jahren auf dem Index der Kuratoren, weil als unanständig empfunden, wirkt es auf eine etwas altmodische Weise anzüglich). Das Bestreben des LACMA, die mexikanischen Modernen zu sammeln und auszustellen, erweist sich ebenfalls als fruchtbar, wie aus den Arbeiten von Rivera, Orozco und Siqueiros ersichtlich wird. Halten Sie Ausschau nach Rufino Tamayos *America* (1955) oder Riveras *Frauen bei der Wäsche* (1925).

Wenden Sie sich nach dem Anderson Building nach links und gehen Sie die Treppe hinunter zur **Cantor Sculpture Plaza & Garden**, um dort die Rodin-Sammlung des verstorbenen Bernard Cantor zu bewundern. Die Fotoabteilung des LACMA zeigt Abzüge aus ihrer Sammlung mit rund 6000 Arbeiten, die von den Anfängen der Fotografie aus dem Jahr 1839 bis zur Gegenwart reichen. Zu sehen sind Bilder von Henri Cartier-Bresson über Walker Evans bis hin zu Arbeiten von Ansel Adams. Die Abteilung organisiert auch die viel besuchten Ralph M. Parsons Lectures on Photographys. ■

Winslow Homers *Die Baumwollpflücker* (1776) ist eines der Schlüsselwerke der amerikanischen Kunst im LACMA

Die Nachbildung eines Mastodons in den La Brea Tar Pits

Die Museum Row

IN DER UMGEBUNG DES LACMA GIBT ES NOCH ZAHLREICHE weitere Orte, die einen Besuch wert sind. Hierzu gehören die La Brea Tar Pits. Der Besucher kann hier durch den Park spazieren und an verschiedenen Teergruben Ausgrabungsarbeiten beobachten. Lassen Sie den unheimlich blubbernden Teersee vor dem Museum auf keinen Fall aus.

Page Museum of La Brea Discoveries
www.tarpits.org
68 B1
5801 Wilshire Blvd.
323/934-7243
$$ (1. Di im Monat frei)

Petersen Automotive Museum
www.petersen.org
68 B1
6060 Wilshire Blvd.
323/930-2277
Geschl. Mo
$$

Das **Page Museum of La Brea Discoveries** stellt einige der etwa eine Million aus den angrenzenden **La Brea Tar Pits** zu Tage geförderten Fossilien aus. Diese Überreste aus dem Pleistozän sind zwischen 10 000 und 40 000 Jahre alt. Die Exponate vermitteln einen chronologischen Überblick über die Fauna von Los Angeles in der Eiszeit. Es gibt u.a. Skelette des Säbelzahntigers und ein gigantisches Mammut mit vier Meter langen Stoßzähnen. Verpassen Sie auch nicht die mehr als 9000 Jahre alte La-Brea-Frau. Das Paläontologen-Labor ist für Eltern, die ihren Kindern bei Lernprojekten unter die Arme greifen, ein absolutes Muss.

Ihre Eintrittskarte für das Page Museum gilt auch für das **Petersen Automotive Museum**, in dem 200 seltene Autos, Lastwagen und Motorräder aus der Sammlung des Autozeitschriften-Magnaten, Robert Petersen, zu bewundern sind. Das Automuseum ist in einem international für sein Design beachteten Gebäude untergebracht. Es befasst sich mit der Geschichte des Automobils und seinem Einfluss auf die Kultur und das amerikanische Alltagsleben. Das May Family Children's Discovery Center im gleichen Haus hat sich zum Ziel gesetzt, den Kindern physikalisches Grundwissen und die Funktionsweise eines Autos nahe zu bringen. Mit Hilfe interaktiver Ausstellungsstücke und moderner Technik wird auf spielerische Weise technisches Grundwissen vermittelt. ■

Der Original Farmer's Market

ETWA 15 BLOCKS VOM ZUVOR BESCHRIEBENEN MUSEENviertel (d.h. bei nicht zu heißem Wetter einen netten Spaziergang) entfernt wartet ein höchst lebhafter Markt, der den einfachen Freuden des Lebens gewidmet ist. Hier, an der Kreuzung Third Street und Fairfax Avenue, wird das reine sinnliche Vergnügen altmodischer Mahlzeiten in stilgerechter Umgebung zelebriert. Der Original Farmer's Market besteht aus über hundert Geschäften, die wirklich jeden kulinarischen Wunsch erfüllen können. Als eine Art aus den 30ern Jahren stammendes Gegenstück zur Olvera Street in der Innenstadt ist der Farmer's Market im Grunde ein Vergnügungspark, allerdings auf eine altmodisch angenehme Weise aus der Zeit vor Disney.

In den 30er Jahren von dem Ölmagnaten E. B. Gilmore ins Leben gerufen, dient der Markt L. A. als eine Art Dorfanger. Der Ausdruck »wir treffen uns an der Kreuzung Third und Fairfax« ist noch heute ein Synonym für Eier mit Speck, Gumbo, Brathuhn, frischen Fisch und frische Austern, belgische Waffeln, literweise »Joe«, Tacos mit Bohnen, riesengroßes Erdnussbutter-Gebäck, U-Boot-große Sandwiches, armenisches Grillfleisch, Töpfe voller Nudeln in roter Sauce – eben was Sie wollen. Oftmals sind hier Prominente aus der Filmindustrie anzutreffen. Den Regisseur Tim Burton (*Beetlejuice, Batman*) kann man manchmal in der Nähe der Waffelbar sehen, Denzel Washington in Kokomo's Café und eine vom Regisseur Paul Mazursky angeführte Stammgäste-Clique unweit von Bob's Coffee Shop and Donuts nahe der östlichen Grenze des Marktes. Bei Bob's werden übrigens rund tausend Donuts pro Tag gebacken. ■

Einkaufen auf dem Original Farmer's Market

Der höchste Genuss

Falls Sie nach einem Bummel über den Farmer's Market (oder um zwei Uhr morgens) immer noch hungrig sind, so finden Sie nur über die Straße, rund um die Uhr geöffnet, Canter's Deli *(419 North Fairfax Ave., Tel. 323/651-2030)* mit einem ähnlichen Angebot. Canter's befindet sich im Zentrum des äußerst vitalen Bezirks Fairfax, eines Mittelpunkts für die jüdische Bevölkerung von Los Angeles, und hat die ultimativen Leckereien eines Delikatessen-Geschäfts im Angebot: Mit roten Zwiebeln gefüllte Bagels, geräucherter Lachs, Sahnekäse, Kartoffelpfannkuchen, Käsecrepes, Kalbshirn und Eier, *matzo brei* (ein Gericht aus ungesäuertem Brot und Eierpfannkuchen), Rinderbrust, Corned Beef auf Roggenbrot, sauer eingelegtes Gemüse, Sodawasser mit Vanillegeschmack und kübelweise Suppe mit Klößen aus ungesäuertem Teig. An der Brottheke sind außergewöhnlich frisches Brot und Gebäck erhältlich. ■

Auf der Melrose Avenue regieren die Neonreklamen

Die Melrose Avenue

NÖRDLICH VOM BEZIRK FAIRFAX VERLÄUFT IN OST-WEST-licher Richtung zwischen der La Brea Avenue und dem Robertson Boulevard eine Straße, die einen Höhepunkt an städtischer Verrücktheit darstellt. Die Melrose Avenue ist, unter anderem, für die Wiederbelebung der Karriere von Heather Locklear (durch die TV-Serie *Melrose Place*), die Popularität von Harley-Davidson-Motorrädern unter Filmstars (durch das Burger-Lokal Johnny Rocket) und für das 500-Dollar-Fetzen-T-Shirt (durch Comme des Garcons, einen japanischen Modemacher mit Vorliebe für fluchende, kahlköpfige Models) verantwortlich. Es ist einfach unheimlich toll hier – wo soll man bloß anfangen?

Essen Sie am Ostrand dieses Bezirks nahe La Brea im Angeli Café *(7274 Melrose Ave., Tel. 323/936-9086)* zu Mittag. Seine Gründer Viana La Place und Evan Kleiman traten vor 15 Jahren die Lawine süditalienischer Lokale los – ein Trend, der in den USA bis heute anhält. Bestellen Sie die *Arancini*-Appetithäppchen und eine Pizza Margherita oder den *Insalata forte* aus geraspelten Parmesan und Fenchel.

Weiter westlich finden Sie Boutiquen, Fachgeschäfte und Läden für Kunsthandwerk, die zu erschwinglichen Preisen interessante Mexican Day of the Dead-Produkte und Kunsthandwerk aus bemaltem Zinn verkaufen. Ideal zum Entspannen ist der Bodhi Tree Bookstore *(8585 Melrose Avenue)* mit seinem umfassenden Angebot an New Age-Literatur sowie Büchern über die Weltreligionen und spirituelle Themen.

Das **Pacific Design Center** *(8687 Melrose Avenue, Tel. 310/657-0800, www.pacificdesigncenter.com)* liegt in der Nähe. Es handelt sich um eine Ansammlung von 200 Ausstellungsräumen, die Möbel von international bekanntesten Designer im Angebot haben. Im dem riesigen Gebäude befindet sich auch eine Dependance des Museum of Contemporary Art (siehe S. 97). Gehen Sie zurück auf die Melrose Avenue und spazieren Sie den Robertson Boulevard entlang.

Nun müssen Sie sich entscheiden, wohin Sie als Nächstes wollen: nach Norden nach West Hollywood, auch der »Castro District of L.A.« genannt, nach Süden auf den La Cienega Boulevard zum **Beverly Center** *(3rd Street und La Cienega Boulevard)* oder in östlicher Richtung nach Hollywood (siehe S. 79 ff). ■

West Hollywood Besucher-information

www.visitwesthollywood.com

✉ Pacific Design Center, 8687 Melrose Ave., Suite M-38

☎ 310/289-2525

Johnny Rockets Esslokal im Stil der 50er Jahre

Hand- und Fußabdrücke bei Grauman's (heute Mann's) Chinese Theater

Hollywood

ANGESICHTS DER TATSACHE, DASS LOS ANGELES ZU RECHT als der eigentliche Motor der internationalen Unterhaltungsindustrie gilt, erleben manche Touristen eine Enttäuschung. Dies liegt daran, dass die Studios geographisch gesehen nicht mehr im alten Hollywood konzentriert, sondern weit verstreut sind – einige im San Fernando Valley, andere in Burbank, wieder andere in Culver City und ähnlich unspektakulären Orten. Hollywood selbst, jener so häufig fotografierte Teil des Sunset Boulevard, wirkt schon seit Jahren ein wenig heruntergekommen. Die Überreste seines Glanzes werden vielfach von der Wirklichkeit der ungeschminkten Straßenszene verdüstert. Obwohl es eine Reihe von sinnvollen Wiederaufbauprojekten mit dem Ziel, »Hollywood nach Hollywood zurückzubringen«, gegeben hat und noch gibt, sind die Resultate häufig enttäuschend und letzten Endes nicht mehr als durchsichtige Versuche, zweitklassige Andenken an unbedarfte Touristen zu verhökern.

Als eine Konsequenz wird im Folgenden eine Tour durch ausgewählte Wahrzeichen Hollywoods vorgeschlagen. Es werden nur wenige der so häufig genannten, einschlägigen Museen und Restaurants und stattdessen einige wirklich lohnende Ziele erwähnt werden, authentische Orte, die heute noch so sind, wie sie früher waren. Diejenigen, die auf die spektakuläre Studio-Tour mit viel Tamtam und Spezialeffekten aus sind, werden durch einen Tag in den Universal Studios (siehe S. 87) mehr als befriedigt werden.

Um einen Eindruck von der Arbeit am Set bzw. im Studio zu bekommen, sollten Sie die Paramount Studios (siehe S. 80) besuchen. Das älteste immer noch existierende Filmstudio im alten Hollywood übt auch heute noch eine gewisse Magie aus. Auf einer zweistündigen Führung bekommen die Besucher

Hollywood
68 C2
Besucherinformation
6541 Hollywood Blvd.
323/468-1376

Mann's Chinese Theater
✉ 6925 Hollywood Blvd.
☎ 323/464-8111

Hollywood Entertainment Museum
www.hollywoodmuseum.com
✉ 7021 Hollywood Blvd.
☎ 323/465-7900
$ $

Motion Picture Hall of Fame
www.filmfame.com
✉ 1608 North Vine St.
☎ 323/465-2300

(telefonische Voranmeldung, Tel. 323/956-1777) eine Einführung in die Geschichte des Studios und können einen Blick hinter die Kulissen werfen. Von Melrose kommend, erreichen Sie zunächst die Bronson Gates – im Hintergrund wiegen sich die Palmen im Wind, Wasser sprudelt aus einem Brunnen. Kommt es ihnen bekannt vor? Durch dieses Tor fuhren die Limousinen im Film Sunset Boulevard (1950), hier tanzten Fred Astaire und Ginger Rogers. Lucille Ball und Desi Arnaz erfanden hier die moderne Fernseh-Produktionsgesellschaft.

Fahren Sie anschließend in nördlicher Richtung auf der Vine Street nach Hollywood und dann in westlicher Richtung zum **Musso & Frank Grill** *(6667 Hollywood Boulevard, Tel. 323/467-5123, geschl. So u. Mo)*, um ein entspanntes und elegantes Mittagessen zu genießen. Dieses Wahrzeichen ist ein heißer Tipp für alle die, die zu Hause erzählen wollen, sie hätten das wahre Hollywood gesehen. Mit seinen altmodisch in Anzügen gekleideten Kellnern und einer direkt aus den 30er Jahren stammenden Speisekarte (Bouillabaisse Marsellaise, geschmorte Rippchen mit Gemüse, Shrimp Louie und Chiffonade-Salat) ist Musso das Lokal, in das trendbewusste Bewohner von Los Angeles ihre Verwandten aus anderen Städten, die wie in Philip-Marlowe-Filmen essen wollen, ausführen.

Nun können Sie sich dem **Mann's Chinese Theater** zuwenden. Dieses 1927 von Sid Grauman erbaute Gebäude ist wahrscheinlich das berühmteste Kino der Welt. Während viele der alten Wahrzeichen Hollywoods verschwunden sind, wird die große Terrasse dieses Kinos, die die Hand- und Fußabdrücke etlicher Filmgrößen aufweist, Sie mit Sicherheit um einige Jahre zurückversetzen. Sogar Roy Rogers' Pferd, Trigger, ist hier verewigt.

Es gibt in dieser Gegend zahlreiche weitere Sehenswürdigkeiten: **Frederick's of Hollywood** *(6608 Hollywood Blvd., Tel. 323/957-5953)*, der legendäre Wäscheladen mit Museum übt immer noch eine Faszination aus. Sehenswert ist auch die **Frederick's Celebrity Lingerie Hall of Fame**. In der Nähe zeigt das **Hollywood Entertainment Museum** tolle Requisiten und andere Exponate aus der Filmgeschichte. »Trekkies« werden sich über die Originalausstattung von *Star Trek: The Next Generation* freuen. Die **Motion Picture Hall of Fame** erinnert an Filmlegenden und erzählt von

Gegenüberliegende Seite: Palmen entlang des Sunset Boulevard

Der Hollywood Walk of Fame

Wie man die Stars zu Gesicht bekommt

Für den ehrgeizigeren Prominentenjäger bietet die Entertainment Industry Development Corporation kostenlose Listen der am jeweiligen Tag in L.A. gedrehten Projekte an. Sie sind am Hollywood Boulevard 7083 im fünften Stock erhältlich (Tel. 323/957-1000). **Audiences Unlimited** *(Tel. 818/753-3470, www.tvtickets.com)* kann freien Eintritt zu über 40 Livesendungen, Sitcoms und einmaligen Unterhaltungssendungen organisieren.

Die CBS Television City *(7800 Beverly Boulevard, Los Angeles, CA, 90036, Tel. 323/575-2345)* geben kostenlose Tickets für eine Reihe von Comedy Shows, Spiel- und Talkshows aus.

Bei Paramount Pictures *(5555 Melrose Avenue, Tel. 323/956-1777, www.paramount.com)* sind bis zu fünf Tage im Voraus im Besucherzentrum begehrte Eintrittskarten für diverse Fernsehproduktionen erhältlich. ■

Der 4. Juli in der Hollywood Bowl

Hollywood History Museum
www.hollywoodhistory museum.com
✉ 1660 N. Highland Ave.
☎ 323/464-7776
🕒 Geschl. Mo–Mi

Hollywood Forever Park Cemetery
www.hollywoodforever.com
✉ 6000 Santa Monica Blvd.
☎ 213/480-3232
Karte im Büro erhältlich

Hollywood Bowl
www.hollywoodbowl.com
✉ 2301 N. Highland Ave.
☎ 323/850-2000; 323/480-3232 (Kartenverkauf)

Hollywood Bowl Museum
✉ Hollywood Bowl, 2301 N. Highland Ave.
☎ 323/850-2058

einem Jahrhundert Film- und Kinoproduktion.

Kein Besuch in Hollywood ist vollständig ohne einen Gang über den **Hollywood Walk of Fame**. Eine Reihe orangefarbener Markierungen weist den Weg, der mit seinen 2000 bronzenen Sternen eine Schleife macht. Die Besucherinformation hat eine detaillierte Karte zum Walk of Fame. Spannend ist das **Hollywood History Museum** im Max Factor Building. Hier finden sich unzählige Erinnerungsstücke aus Hollywood und der Filmindustrie. Der weltberühmte **Mel's Drive-In** *(Tel. 323/ 464-2111)* liegt gleich daneben.

Wenn es Abend wird, sollten Sie sich zum **Hollywood Roosevelt Hotel** *(7000 Hollywood Boulevard, Tel. 323/466-7000)* begeben. In diesem Hotel wurden die ersten Academy Awards (Oscars) vergeben. Das Roosevelt und sein Cinegrill ist ein netter Ort für einen Martini und Livemusik. Man sollte sich unbedingt auch den Swimming-Pool ansehen, den David Hockney in den 80er Jahren angemalt hat.

Für den späten Nachmittag bieten sich weitere Ausflugsziele an. Eines ist der **Hollywood Forever Park Cemetery**, auf dem viele Größen der Filmgeschichte begraben sind.

Sollten Sie im Sommer hier sein, so besteht das perfekte Ende eines Hollywood-Tags in einem Konzert in der 1922 gegründeten **Hollywood Bowl**. Dann veranstaltet hier die L. A. Philharmonic Abendkonzerte, die von den großen Klassikern über Showmusik bis hin zu unüblichen Kombinationen von Starsängern reichen.

Mindestens ebenso wichtig ist die Szenerie an der Bowl. Am 4. Juli, dem US-amerikanischen Unabhängigkeitstag, zum Beispiel erscheinen viele der langjährigen Logenmieter für die *1812 Overture* und ein Feuerwerk. Dutzende von Film- und Fernsehstars und häufig auch die Elite der feinen Gesellschaft von Los Angeles werden hier anzutreffen sein.

Kommen Sie mindestens eine Stunde vor Beginn der Veranstaltung, um das **Hollywood Bowl Museum** aufzusuchen, in dem Sie Aufzeichnungen berühmter Veranstaltungen in der Bowl, von den Beatles bis hin zu Judy Garland, sehen können. ■

Der Griffith Park

DAS AM BESTEN GEHÜTETE GEHEIMNIS IN LOS ANGELES breitet sich vor jedermanns Augen aus. Der Griffith Park, dessen mehr als 1600 Hektar ihn zum größten innerstädtischen Park in den gesamten USA machen, ist fünfmal so groß wie der Central Park in New York. Sein Gründer, Colonel Griffith J. Griffith, versuchte jahrelang erfolglos, die Stadtväter zu überreden, das 1896 von ihm gestiftete Land zum Kern eines die ganze Stadt umspannenden Grüngürtels zu machen. Seine Situation war freilich zu dieser Zeit für sein Anliegen nicht gerade förderlich: Der gebürtige Waliser war ein schwerer Trinker und hatte in San Quentin soeben erst eine zweijährige Haftstrafe wegen versuchten Totschlags an seiner Frau verbüßt.

Der Park wurde erst in den letzten Jahren zu einem bevorzugten Ziel für Wochenendausflüge. Jährlich besuchen ihn rund zehn Millionen Besucher. Es gibt Kindermuseen, einen Zoo, ein Museum für Erwachsene, ein altmodisches Karussell und, vielleicht der Höhepunkt, einen Ort mit einem tollen Ausblick auf die Sterne am Himmel und die Stadt zu Füßen – im hoch gerühmten **Griffith Park Observatory** am Ende der Observatory Road. Wie der Park war auch das Observatorium eine Idee von Colonel Griffith. Wie die Stadthistorikerin Letitia Burns O'Connor berichtet, war er von dem Blick durch das Teleskop auf dem Mount Wilson so begeistert, dass er ausrief: »Wenn alle Menschen durch dieses Teleskop sehen könnten, würde das die Welt verändern!« Griffith lebte schon längst nicht mehr, als sein Traum 1935 endlich Realität wurde. Seitdem sind das Observatorium und seine Umgebung zu einem echten Wahrzeichen geworden. Seine Außenansicht und die Bronzestatuen von Galileo und anderen dienten in dem James-Dean-Film *Denn sie wissen nicht, was sie tun* (1955) als Hintergrund für das berühmte Messerduell.

Das 1935 gebaute **Griffith Park Observatory** wurde grundlegend saniert und ist seit Ende 2006 wieder für Besucher geöffnet. Das hochmoderne Samuel Oschin Planetarium mit 300 Sitzplätzen zählt zu den besten seiner Art.

Ein beliebtes Ausflugsziel ist auch das zum Observatorium gehörende Museum **Hall of Science**. Hier sind großartige Ausstellungsstücke zur Astronomie, ein enormer, sich

Griffith Park
68 C3

Griffith Park Observatory
www.griffithobs.org
2800 E. Observatory Rd.
323/664-1191
Geschl. Di–Fr vormittags & Mo Lasershows: Zeiten erfragen
$ für die Lasershows

In freier Natur

Der Griffith Park ist mit seinem 80 Kilometer umfassenden Wegenetz unterschiedlicher Schwierigkeitsgrade ein Paradies für Wanderer. Der **Sierra Club** *(Tel. 323/387-4287)* versorgt Sie mit Lagekarten und Informationen zu allen Veranstaltungen. Für Reiter gibt es mehr als 60 Kilometer Reitwege durch einige der schönsten Schluchten der gesamten Gegend. Das **Los Angeles Equestrian Center** *(480 Riverside Drive, Tel. 818/840-9063, www.la-equestriancenter.com)* verleiht Pferde und stellt Karten der Hauptwege des Parks zur Verfügung. Mehrere Reitställe bieten Freitagabend-Ausritte. Es gibt vier Golfplätze, zwei mit 18 und zwei mit neun Löchern – Sie brauchen ein Parkticket vom L. A. City Recreation Department *(Tel. 818/291-9980, www.laparks.org)* und müssen eine Woche im Voraus reservieren. ■

Museum of the American West
www.autrymuseum.org
✉ 4700 Western Heritage Way
☎ 323/667-2000
$ $$

drehender Globus sowie Planetenkarten zu bewundern, bevor man seine drei Türme aufsucht. Im Westturm ist ein dreistrahliges Sonnenteleskop und im Ostturm ein 30-Zentimeter-Brechungsteleskop von Zeiss untergebracht. Der mittlere Turm bildet das Planetarium, das sowohl für außergewöhnliche Lasershows als auch für herkömmlichere astrologische Vorführungen bekannt ist. Später, wenn die Sonne im Pazifik versinkt, spazieren die Einwohner von Los Angeles gerne zur Terrasse des Planetariums, um den in allen Rottönen schimmernden Horizont zu betrachten, bevor es endgültig dunkel wird und unten in der Stadt und oben am Himmel Abermillionen von Lichtern aufflammen. Diejenigen, die das Observatorium früher am Tag aufsuchen, können stattdessen auf dem Los Feliz Boulevard links auf die Western Avenue und dann wiederum rechts nach **Fern Dell** abbiegen, einem von Bächen durchzogenen Teil des Parks, in dem über 140 verschiedene Farnarten für Schatten sorgen.

Die größte Überraschung unter den jüngeren Einrichtungen im Griffith Park ist das **Museum of the American West**, das 1989 mit Hilfe einer 54-Millionen-Dollar-Schenkung des verstorbenen Westernstars Gene Autry eingerichtet wurde. Es hat sich zu einem erstklassigen Museum mit einem ernst zu nehmenden Bildungsauftrag entwickelt. Es besitzt eine hervorragende ständige Sammlung und veranstaltet Sonderausstellungen zu Themen, die vom Goldrausch bis hin zu den Auswirkungen der Cowboy-Kultur auf die amerikanischen Ureinwohner reichen.

Das Museum ist thematisch aufgebaut. **The Spirit of Opportunity Gallery** im Erdgeschoss geht mit großem Mut an die Darstellung der amerikanischen Ureinwohner heran. Die tadellose Sammlung indianischer Waffen wirft die Frage auf, wie seinerzeit in Kämpfen erlittene Wunden medizinisch behandelt wurden. Die **Spirit of Conquest Gallery** zeigt hervorragend erhaltene Gatling-Gewehre und stellt sie den Bisons der großen Grasebenen gegenüber. Albert Bierstadts eindrucksvolle *Büffelherde und Indianer* (1859) ist hier ebenfalls zu sehen.

Die **Spirit of Community Gallery** ist der Frage gewidmet, welchen Einfluss die entstehende Kultur der englischen Einwanderer auf die bereits existierenden Kulturen der Mexikaner und Indianer ausübte. Es gibt hier ein Originalexemplar der Verfassung des Volks der Cherokee (in ihrer Sprache), eine Reihe früher Fotografien in der **Colt Gallery** sowie Kuriositäten wie etwa einen Groschenroman mit dem Titel *Die James-Boys-Wochenschrift* aus dem Jahr 1901. Die **Spirit of the Cowboy Gallery** untersucht das Verhältnis zwischen Pferd und Reiter. Ausgestellt sind zahlreiche historische Sättel, von den frühen Exemplaren im Stil der mexikanischen Viehhirten bis hin zu heutigen, hoch entwickelten Fabrikaten. Zu den Kunstwerken in dieser Galerie gehören unter anderem *Bockender Hengst*, N. C. Wyeths Titelbild für die Saturday Evening Post aus dem Jahr 1903 *Kalifornischer Vaquero* (1945) des ehemaligen Hollywood-Stuntmans Joe DeYong und Arbeiten des berühmten Maynard Dixon.

Die wahre Stärke des Museums, die auf der Qualität seiner Ausstellungsstücke beruht, zeigt sich erst in der im oberen Stockwerk gelegenen **Spirit of Romance Gallery**. Hier finden sich unter anderem John Gasts Gemälde *Amerikanischer Fortschritt* (1872), *Indianischer Krieger* (1847) von Charles Deas, Bierstadts *Sonnenuntergang über der Ebene* wie auch mehrere Ölbilder von Frederic Remington sowie Statuen und Tierfiguren von Charles Russell. In dieser Abteilung hängt auch Buffalo Bills

Gegenüberliegende Seite: Blick auf das Stadtzentrum von Los Angeles vom Balkon des Griffith Park Observatory

Poster aus dem Museum of the American West

Los Angeles Zoo
www.LAZOO.org
5333 Zoo Dr.
323/644-4200
$$

Travel Town Museum
5200 Zoo Dr.
323/662-5874

Live Steamers Railroad Museum
www.lals.org
5202 Zoo Dr.
323/661-8958
Geöffnet So

Symphony in the Glen
www.symphonyintheglen.org
231/955-6976

Sattel, später Requisit in Robert Altmans Film *Buffalo Bill* (1976).

Der Rest der Galerie ist durch Hollywood geprägt. Es gibt Stühle mit vorgefertigten Sollbruchstellen, Gewehre mit Kugeln, die abprallen, und Flaschen, die in tausend Stücke zerbersten, aber nicht schneiden, ja sogar die private Waffe von Tom Mix. Eine Sammlung von Filmplakaten beginnt bei *Cimarron* und endet mit *Thelma und Louise*. Es ist bezeichnend für Gene Autrys, dass die Ausstellungsstücke zu seinem eigenen filmischen Vermächtnis nur von höchster Qualität und nicht sonderlich zahlreich sind. Das Museum bietet Spezialführungen und Vorträge an, ein Restaurant-Café sorgt für das leibliche Wohl.

Nach mehreren Jahren schlechter Presse wegen fragwürdiger Tierhaltung ist der **Los Angeles Zoo** heute wieder auf der Höhe. Auch wenn ihm im Vergleich etwa zum Zoo von San Diego immer noch etwas Altmodisches anhaftet, beginnt seine Population aus über 1200 Säugetieren, Vögeln, Amphibien und Reptilien zunehmend Wesen der Gattung *Homo sapiens* anzulocken. Ein Grund dürften die Experimente des Zoos mit neuen Gehegearten sein. Eines von ihnen, das »Chimpanzees of Mahale Mountains«, beheimatet 13 Schimpansen im Alter von zwei bis 44 Jahren, die sich auf 4000 Quadratmeter Grasland voller Bäche vergnügen. Eine außergewöhnliche Präsentation mit einem speziell dafür konstruierten Fenster ermöglicht es den Besuchern, die Schimpansen aus sehr geringer Entfernung zu betrachten – ein einmaliges Erlebnis. Die Seelöwenklippen – ein Salzwasser-Habitat mit Unterwasserfenstern – und ein neuer Wald für die Elefanten, Flusspferde, Spitzmaulnashörner und anderen afrikanischen Großwildtiere wurden in den letzten Jahren gebaut. Zum Zoo gehört auch ein botanischer Garten.

Große und kleine Eisenbahnfreunde sollten sich das **Travel Town Museum** nicht entgehen lassen. Dieses 1952 gegründete und erst kürzlich von der Stadt renovierte Museum zeigt Feuerwehrwagen, 14 Dampflokomotiven, eine Reihe von Spezialwaggons (wie etwa Union Pacifics luxuriösen »Little Nugget«) sowie zwei noch voll funktionsfähige Diesellokomotiven. Ein kostenloser Minizug fährt die Besucher durch die Gegend. Eine örtliche Gruppe von Eisenbahnliebhabern unterhält zudem eine enorme N-Spur-Eisenbahn. Sie fährt an den Wochenenden.

Eine weitere Gelegenheit zu kostenloser Bahnfahrt bietet sich bei den **Live Steamers Railroad Museum**, eine andere Eisenbahnvereinigung, die eine erhöhte 3,3 Kilometer lange Strecke betreibt, auf der sonntags restaurierte Züge fahren. Zu den kostenlosen Angeboten des Parks zählt das Konzertprogramm *Symphony in the Glen*. Es will Menschen aller Altersschichten mit der klassischen Musik vertraut machen. ■

Das San Fernando Valley

ERDBEBEN WIE DAS VON 1994 MIT SEINEM EPIZENTRUM IN Northridge haben diesem Tal zu trauriger Berühmtheit verholfen. Ein Drittel der Bevölkerung von Los Angeles lebt hier in diesem Tal, das mit den Universal Studios eine der populärsten Attraktionen der Stadt beherbergt.

Der Riesenerfolg des Themenparks **Universal Citywalk** hat einige der selbst ernannten Trendsetter von L. A. geradezu schockiert. Schließlich verkörpert dieses zwei Blocks lange Konglomerat aus Neon und Pop-Architektur genau jene städtische Konfektionsware, die tiefsinnige Denker so gerne hassen: Es imitiert. Es hat keinen Bezug zum »wahren L. A.«. Und darum, so wird argumentiert, muss es elitär und bürgerlich sein. Nahezu jeder Bewohner von Los Angeles sieht das anders. Citywalk ist zu einem der beliebtesten Ziele in der gesamten Region geworden, gerade weil es die Leute so gut unterhält – beim Essen, Einkaufen und Leute beobachten.

Ganz in der Nähe begegnen sich in den **Universal Studios** Hollywood und Disneyland. Universal veranstaltete als eines der ersten Studios schon in den Tagen des Stummfilms Führungen hinter den Kulissen. Es war ebenfalls das erste Studio, das diesem Angebot thematisch an Filmerfolgen angelehnte Touren hinzufügte. »Das E.T.-Abenteuer«, »Der Weiße Hai« und der ultimative Spaß »Jurassic Park – Die Tour« ziehen nach wie vor Besucher in Scharen an. Die Backlot Tram Tour führt durch das riesige Studio und sein Dutzend Drehorte. Ein Abstecher zu den Universal Studios nimmt einen ganzen Tag in Anspruch. Sie können, wenn Sie wollen, auch den Abend im San Fernando Valley verbringen, zum Beispiel bei einem Konzert im **Universal Amphitheatre** *(Tel. 818/622-4400)*.

Eine weitere Empfehlung ist eine Fahrt auf dem **Mulholland Drive**, der von mehreren der von Nord nach Süd führenden Durchgangsstraßen, darunter die I-405 und der Sepulveda Boulevard, aus erreichbar ist. Der Mulholland windet sich durch ein landschaftlich schönes Gebiet und ermöglicht atemberaubende Blicke auf die Anwesen von Prominenten, die Berge und den Pazifik. Wieder zurück auf dem Ventura Boulevard, findet ein etwa drei Kilometer langer Abschnitt voller Geschäfte und Restaurants bei dem auch bei Stars beliebten Jerry's Famous Deli *(12655 Ventura Boulevard)* seinen Höhepunkt. Westlich liegt die **Sherman Oaks Gallery** *(15301 Ventura Boulevard)*, das Shopping-Paradies für Teenager.

Im Simi Valley können Sie die **Ronald Reagan Presidential Library & Museum** besuchen. Das Museum präsentiert Exponate aus allen Lebensphasen des ehemaligen Präsidenten, darunter ein Stück der Berliner Mauer. ■

Markanter Blickfang am Universal Citywalk

San Fernando Valley
Karte: 50 C3

Universal Studios Hollywood
www.universalstudioshollywood.com
Karte: 68 B3
Adresse: Universal City Dr. (US 101)
Tel.: 818/622-3801
Preis: $$$$$

Ronald Reagan Presidential Library & Museum
www.reaganfoundation.org
Karte: 50 B3
Adresse: 40 Presidential Dr., Simi Valley
Tel.: 805/522-2977 oder 800/410-8354
Preis: $

Rund um das Zentrum

Fast jeder, der sich in den USA zur Intelligenz zählt, hat sich schon abfällig über die Innenstadt von L. A. geäußert. Der Schriftsteller Louis Adamic sah die Stadt in den 20ern als »ein enormes Dorf«. Sein Kollege Carey McWilliams verunglimpfte sie als »eine hurenhafte Stadt« mit einem »wahnsinnigen Mob«, der von billiger Religion und schlechten Filmen berauscht sei. »Es ist, als habe man die Nation an einer Seite angehoben und all die Knallköpfe auf die andere Seite rollen lassen«, lästerte Frank Lloyd Wright.

Los Angeles weist kaum ein innenstädtisches soziales Leben auf. Es besaß jedoch von Anfang an einen noch heute existierenden, klar identifizierbaren Kern, der im Norden vom Old-Pueblo-Bezirk, vom Santa Monica Freeway im Süden, von der Central Avenue im Osten und vom Pasadena Freeway im Westen begrenzt wird. Warum also all diese Häme?

Vielleicht, weil die Innenstadt von L. A. nicht im eigentlichen Sinne als eine amerikanische Stadt verstanden werden kann. Es ist vielmehr eine Wüstenstadt – zudem eine mit lateinamerikanischer Prägung. Niemand hat ihr Wesen besser erfasst als der mexikanische Nobelpreisträger Octavio Paz in seinem Meisterwerk *Labyrinth der Einsamkeit.* »Schon auf den ersten Blick ist man überrascht über den klaren Himmel und die hässlichen, weit verstreuten und protzigen Gebäude wie auch über die irgendwie mexikanische Atmosphäre (…) Freude an Ausschmückung, Sorglosigkeit und Pomp, Nachlässigkeit, Leidenschaft und Zurückhaltung – schweben gewissermaßen in der Luft. Sie verbinden sich jedoch an keiner Stelle mit der nordamerikanischen, von Präzision und Effizienz charakterisierten Welt. Sie lassen sich treiben, ohne dem nordamerikanischen Charakter Widerstand zu leisten; sie schlagen keine Wurzeln und werden vom Wind in alle Richtungen geweht …« ■

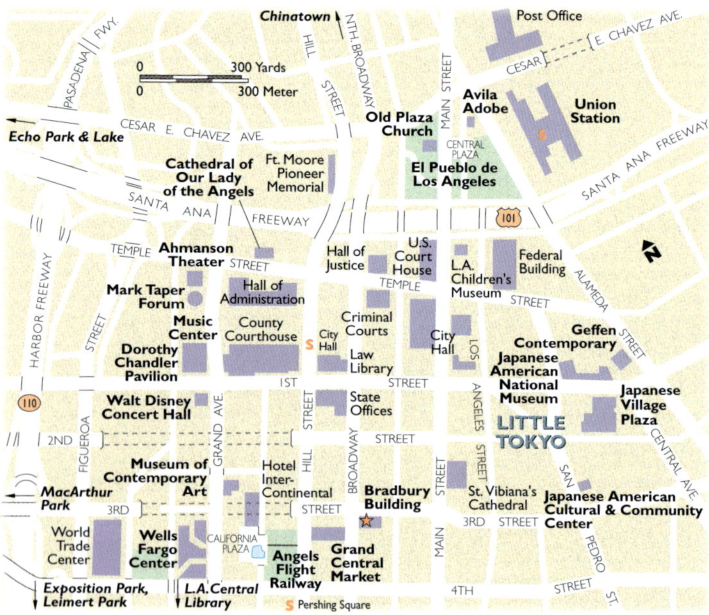

Die Union Station

Die höchst stilvolle Union Station

MAN KANN EINE TOUR DURCH DIE SCHWEBENDE WELT von Octavio Paz gut im Norden beginnen, indem man auf dem Asphaltparkplatz bei der Union Station parkt (Alameda Street an der Cesar Chavez Avenue). 1939 (einigen Berichten zufolge auf dem Boden eines alten Indianerdorfs) errichtet, war dies der letzte große Bahnhof, der in den USA gebaut wurde. Bei einem Spaziergang durch sein Inneres werden noch viele Originalteile aus dieser Zeit sichtbar: von den hölzernen Wartebänken bis zu den gedämpften Erdtönen der an indianischen Mustern orientierten Ausstattung.

Im Gegensatz dazu sind die Planungen an der Rückseite des Bahnhofs schon weit fortgeschritten. Hier kann man supersaubere und superschnelle Untergrundbahnen (in denen schon für Kaugummikauen Bußgelder verhängt werden) besteigen. Das neue Metrorail-System, geplant, um den innerstädtischen Verkehr zu revolutionieren, soll die Steuerzahler eine Milliarde Dollar pro Meile gekostet haben. Nehmen Sie sich einen Moment Zeit, um den Anblick der Stadt, der sich im Wind wiegenden Palmen und der alten Pueblo-Kirche zu genießen. Dies ist das Schauspiel, das sich Millionen von Neuankömmlingen bot. Auf einer der historischen Stadtrundfahrten der L. A. City Historical Society *(Tel. 213/891-4600, Reservierung)* können Sie sich ein noch besseres Bild machen. ■

El Pueblo de Los Angeles

DIESER 18 HEKTAR GROSSE ÄLTESTE STADTTEIL IST AM TREFfendsten wohl als die soziale DNS von Los Angeles zu bezeichnen. Hier finden sich nicht nur die Überreste des historischen Pueblo, sondern auch mehrere Sehenswürdigkeiten, die das frühe Wirken von Italienern, Chinesen, Spaniern und – natürlich – Indianern dokumentieren. Obwohl der Ort deshalb für viele in L. A. sehr symbolträchtig ist, geht es in El Pueblo doch in starkem Maße um die Gegenwart und die Zukunft. Seine katholische Kirche heißt eine neue Generation von Bewohnern willkommen, die die Sprache und Sitten eines seltsamen, aber viel versprechenden Landes erlernt. Hübsche Mädchen im High-School-Alter üben auf dem Plaza Pavilion Volkstänze und rufen zwischendurch mit ihren Handys *mamma* an. Kleinkinder kreischen unter den blühenden Jakarandabäumen vor Vergnügen und stürzen sich auf riesige rosa Zuckerwattewolken, die von Straßenhändlern verkauft werden.

El Pueblo de Los Angeles
Siehe Karte S. 88

El Pueblo Besucher-information
622 N. Main St.
213/628-1274
Geschl. So

Chinese American Museum
www.camla.org
425 North Los Angeles St.
213/485-8567
Geschl. Mo

Wenn Sie von der Union Station aus die Alameda Street überqueren, gelangen Sie zur Placita Dolores, Schauplatz vieler Feste und Feierlichkeiten. Am Indian Garden vorbei geht es zur Central Plaza, die 1825 bis 1830 entstand. Die Statue unmittelbar vor Ihnen stellt Felipe de Neve dar, den Gouverneur, der die ersten Siedler im Jahr 1781 an diesen Ort führte. Die Statue hinter Ihnen verkörpert König Juan Carlos III. von Spanien, seinen Herrscher. Im Osten liegt das Biscailuz Building, in dem heute eine spanische Bibliothek und ein Buchladen untergebracht sind. Folgen Sie den Hinweiszeichen zum **Mexican Cultural Institute**, das häufig zeitgenössische mexikanische Künstler ausstellt *(Tel. 213/624-3660)*.

Die **Olvera Street** ist heute eine Art ethnischer Vergnügungspark, komplett mit umherwandernden Mariachi-Musikern und Eis und Süßigkeiten auf klapprigen Karren. Dieser Ort wirkt heute so fröhlich, weil er nicht geschniegelt ist – ein wahrer Anachronismus. Die Restaurants hier sind mittel-

Wandgemälde von Siqueiros

Zwischen dem auf der Olvera Street gelegenen Hammel Building und der Italian Hall befindet sich ein bemerkenswertes Wandgemälde des mexikanischen Künstlers David Alfaro Siqueiros (1896–1974). Das *Amerikanische Tropen* betitelte Werk war im Jahr 1932 fast unmittelbar nach der Ausweisung von Siqueiros, einem engagierten Gewerkschafter und einstigen Revolutionär (er nahm in den Jahren 1910/11 an den Kämpfen gegen Porfirio Dias teil), aus den USA übermalt worden. Siqueiros gründete anschließend das Center for Realist Art in Mexico City und wurde schließlich einer der führenden mexikanischen Künstler des 20. Jahrhunderts. *Amerikanische Tropen* ist in den letzten Jahren vom progressiven Getty Conservation Institute freigelegt worden.

Auf der Website der University of South California (www.usc.edu/isd/) ist ein Führer zu alter und neuer öffentlicher Kunst im Bereich der Innenstadt abrufbar. ■

mäßig, dagegen ist die Auswahl an mexikanischer Volkskunst und *Huarache*-Ledersandalen unschlagbar. Die **Avila Adobe** *(10 E. Olvera St.)* wurde 1818 von einer der ersten Herrscherfamilien von Los Angeles, den Avilas, errichtet. Viele der Balken sollen aus dem Holz von Pyramidenpappeln hergestellt sein, die einst am Los Angeles River wuchsen.

Gegenüber, im **Sepulveda House**, informiert im Besucherzentrum im ersten Stock ein kostenloser Film über die frühe Geschichte von Los Angeles. Das Haus wurde 1887 von Señora Eloisa Martinez de Sepulveda im Stil des Eastlake-Viktorianismus erbaut – ein frühes Zeugnis der für die Region typischen, querköpfigen ästhetischen Offenheit. Das Haus bietet kostenlose Führungen an (Di–Sa vormittag).

Wenn man dieses Haus auf der Main Street verlässt und in Richtung Westen geht, stößt man auf die Old Plaza Church. Diese Kirche wurde 1818 errichtet und seitdem mehrfach umgebaut. Ein Besuch lohnt sich allein schon deshalb, um zu sehen, wie das Gotteshaus auch heute noch für viele Neu-Amerikaner als Tor zur Gesellschaft dient.

Auf der Südseite des Parks steht das im 19. Jahrhundert gebaute und inzwischen restaurierte Garnier Building (angeblich das letzte Original-Gebäude der ursprünglichen Chinatown). Seit Ende 2003 hat hier das **Chinese Art Museum** seine Räumlichkeiten. Es will den Besuchern das historische Erbe der chinesischen Amerikaner näher bringen. In dem zweistöckigen Museum werden Artefakte, Fotografien, zeitgenössische Kleidung, Schmuckschatullen, Wohnaccessoires, Musikinstrumente und Wandschmuck gezeigt – sowohl alte als auch neue Exponate. ■

Mexikanische Sombreros – ein beliebtes Souvenir

Chinatown

Ganz oben: Restaurants in Chinatown
Unten: Ein Junge beim chinesischen Neujahrsumzug in Chinatown

NACHDEM SICH DAS EPIZENTRUM DER ASIATISCHEN KÜCHE in das San Gabriel Valley verlagert hat, fragen sich viele, warum sie sich noch für das »alte« Chinatown zwischen Hill Street und Broadway südlich vom Chavez Ravine interessieren sollen. Die Antwort ist einfach: wer sein *dim* noch nicht im Empress Pavilion gegessen hat, hat es überhaupt noch nicht gekostet.

Das im zweiten Stockwerk der Bamboo Plaza etablierte **Empress Pavilion** *(988 North Hill Street, Tel. 213/617-9898)* ist der Inbegriff eines Hongkong-Restaurants. Es ist riesig, fast bis zur Unterkühlung klimatisiert und voll von kleinen rollenden Garküchen, auf denen Köstlichkeiten von *shui mai* (Krabbenklöße) bis Schweins-*bao* zubereitet werden, ein mit süßem Schweinefleisch und goldenen Nüssen gefülltes Brötchen in der Größe eines Baseballs. Kosten Sie zwischendurch den Reisbrei und beobachten Sie den Mann vor dem Restaurant, wie er quasi aus der Luft kleine Süßigkeiten zaubert.

Die **Chinatown Central Plaza** wird durch das fröhliche **Gate of Filial Piety** markiert. Beide wurden in den späten 30er Jahren errichtet. Im Inneren befindet sich eine Statue (1966) von Sun Yatsen, dem Vater des unabhängigen China, dessen Töchter später stark in kalifornische Banken und Immobilien investierten.

Auf der Broadway-Seite der Plaza wird die **Phoenix Bakery** *(969 Broadway)* des Abends von Familien gestürmt, die aus der ganzen Stadt hierhin kommen, um Mandelplätzchen, klebrigen Puffreis und natürlich Glückskekse zu kaufen.

Wenn der nördliche Teil von Chinatown immer noch das Zeitalter der Suzy Wong und des Films *Mandelaugen und Lotosblüten* heraufbeschwört, scheint der südliche Teil eher einem John-Woo-Film entsprungen zu sein. Hier gib es jede Menge supermoderner Mini-Einkaufszentren und Ginseng-Geschäfte an jeder Ecke. ■

Chinatown Besucherinformation
www.chinatownla.com
✉ 727 N. Broadway, Suite 208
☎ 213/680-0243

Chinatown
Siehe Karte S. 88

Während des alljährlichen einwöchigen Nisei-Fests im Juli oder August legt Little Tokyo wieder traditionelle Kleidung an

Little Tokyo

IM VERGLEICH ZU CHINATOWN, DAS EIN WENIG WIE EINE leere Bühne wirkt, erinnert Little Tokyo, das Herz der größten japanischen Gemeinde in den USA, an den dritten Akt eines Busby-Berkely-Musicals. Nachdem es den Schock der Internierung der Japaner während des Zweiten Weltkriegs überstanden hat, zeichnet es sich heute durch einen neuen Gemeinschaftssinn aus, ganz zu schweigen von den von hier aus getätigten erheblichen Investitionen in japanische und örtliche Immobilien.

Das **Geffen Contemporary** (siehe S. 97 ff) und das neue **Japanese American National Museum** bilden die östlichen Grenzpunkte dieses Bezirks. Das Museum ist auf zwei Standorte verteilt: einen buddhistischen Tempel aus den 20er Jahren und ein neues modernes Gebäude an der Ecke First Street und Central Avenue. Die ständige Ausstellung alter privater Familienfilme im Erdgeschoss der alten Kirche ist besonders rührend. Das **Japanese American Cultural and Community Center** präsentiert Exponate zu unterschiedlichen Aspekten der japanischen Kultur wie Bonsai und Ikebana. Das Zentrum gilt als eines der besten seiner Art in den gesamten USA. Die vom Zentrum unterstützten Aufführungen sind häufig erstklassig sind, so etwa solche des Großen Japanischen Kabuki-Theaters.

Kehren Sie nun zur First Street zu **Fugetsu-do** *(315 E. 1st St., Tel. 213/625-8595)* zurück, einem Geschäft für traditionelle japanische Süßwaren. Im Weller Court, einem kleinen Platz zwischen San Pedro Street und Los Angeles Street, warten zwei kulinarische Genüsse. *Imagawayaki,* süße, mit Bohnen gefüllte Pfannkuchen, die auf einer alten Platte im Fenster des Migawa zubereitet werden, sind der eine. Der andere ist das Flying Fish Restaurant gegenüber, das Sushi auf einem Fließband serviert. ■

Little Tokyo
Siehe Karte S. 88

Japanese American National Museum
www.janm.org
369 E. 1st St.
213/625-0414
Geschl. Mo
$$

Japanese American Cultural & Community Center
www.jaccc.org
244 S. San Pedro St.
213/628-2725; 323/680-3700 (Aufführungen)

An Lebensmitteln herrscht im lebhaften Grand Central Market kein Mangel

Zu Fuß: Über den Broadway

Nirgendwo wird die schwebende Welt von Octavio Paz' Los Angeles besser ersichtlich als im Bereich des Broadway. Sie können diesen Teil von Los Angeles am besten würdigen, indem Sie mitten in sein Herz spazieren. In den 30er Jahren war hier ein »traditionelles« amerikanisches Stadtzentrum mit kompletter Ausstattung entstanden – einer Börse, großen Rechtsanwaltskanzleien, teuren Restaurants und opulenten Kinos. Heute ist der Broadway der unumstrittene Mittelpunkt des lateinamerikanischen Los Angeles, eine noch entwicklungsfähige überschwängliche Version von Les Halles in Paris. An jeder Ecke reden fanatische Prediger auf die Passanten ein, und dröhnende Rhythmen dringen aus einem Dutzend billiger Plattenläden, die traditionelle Rumba- und Mambo-Aufnahmen zu einem Drittel des üblichen Preises verschleudern.

Parken Sie an der Ecke Third Street und Broadway und beginnen Sie ihre Tour am **Bradbury Building** 1 *(34 South Broadway)*. Dieses 1893 errichtete ungewöhnliche Bauwerk hat durch den Film *Blade Runner* Berühmtheit erlangt. Das Design des Bradbury mit seinen fünf Stockwerken großartiger glasierter Ziegelsteine, seinen eisernen Ornamenten und filigranen Fenstern ist einerseits durch eine unheimliche Erfahrung seines Architekten mit einem Buchstabenbrett für spiritistische Sitzungen (»Nimm das Bradbury!«, soll es befohlen haben) und andererseits durch Edward Bellamys Science Fiction-Roman *Ein Rückblick aus dem Jahre 2000 auf 1887* (1888) inspiriert worden. Wenn Sie die Lobby durchquert haben, können Sie

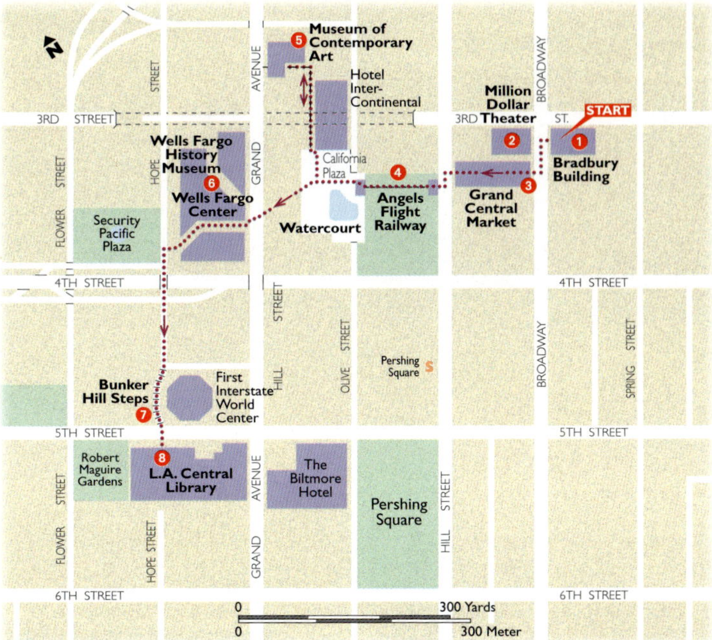

- Siehe auch Detailkarte S. 88
- Bradbury Building
- 1,6 km
- 1 Stunde
- L.A. Central Library

UNBEDINGT ANSEHEN

- Bradbury Building
- Grand Central Market
- Angels Flight Railway
- Museum of Contemporary Art

Die restaurierte Angels Flight Railway

gegenüber die **Botica/Farmacia** besuchen mit einem der größten und farbigsten Sortimente der traditionellen Santeria-Volksmedizin im ganzen Land, darunter allein 60 verschiedene Arten »spiritueller Badezusätze«.

Gehen Sie dann am **Million Dollar Theater** 2 vorbei, das Sid Grauman 1918 mit einer Terrakottafassade im Stil des Hollywood-Barock erbauen ließ. Heute ist es eine Mission.

Wenden Sie sich anschließend auf dem Broadway in südlicher Richtung zum rückwärtigen Eingang des **Grand Central Market** 3, wo die unterschiedlichsten Lebensmittel verkauft werden. Kosten Sie die schmackhaften salvadorianischen *pupusas* (gefüllte Tortillas) bei Sarita's Pupuseria oder stellen Sie sich im altmodischen China Cafè für ein Gericht mit traditionellem

Eine Postkutsche aus dem 19. Jahrhundert im Wells Fargo History Museum

gebratenen Reis an. Im zweiten Stockwerk schließt sich dem Sortiment günstiger Gewürze bei Del Rey Productos Latinos die Tropical Zone an mit Hunderten verschiedener frischer Säfte. Wenn man auf dem Grand Central Market sitzt und den Leuten beim Essen zusieht, muss man der Beobachtung des Schriftstellers Carey McWilliams aus dem Jahr 1932 zustimmen, dass Los Angeles »eine Nation von Mampfern ist. In L.A. lässt niemand eine Mahlzeit aus«.

Überqueren Sie vom Markt aus die Hill Street zur **Angels Flight Railway** ❹, einer schön restaurierten Drahtseilbahn aus dem Jahr 1901, die Sie den historischen **Bunker Hill** hinauf zur **California Plaza** auf der Grand Avenue fahren wird. Nördlich hiervon, neben dem Hotel Inter-Continental, liegt das **Museum of Contemporary Art** ❺ (siehe S. 97 f) und in der Ferne das Music Center (siehe S. 100), Heimat der berühmten L.A. Philharmonic und der L.A. Opera.

Eine Wendeltreppe führt zum sonnendurchfluteten **Watercourt at California Plaza**, einem Ort für das Mittagessen, an dem Wasserspeier und Springbrunnen plätschern. Das **Wells Fargo Center** ❻ präsentiert unter anderem Arbeiten von Louise Nevelson, Robert Graham und Jean Dubuffet. Im **Wells Fargo History Museum** *(333 South Grand Avenue, Tel. 213/253-7166, geschl. Sa u. So)* ist eine perfekt erhaltene Postkutsche aus dem 19. Jahrhundert zu bewundern.

Nehmen Sie die Rolltreppe hinunter zur Hope Street, gehen Sie an der Calder-Skulptur vorbei und auf der Hope Street über die **Bunker Hill Steps** ❼, die hiesige Version der Spanischen Treppe in Rom. Oben empfängt Sie Robert Grahams *Quellfigur* (1992). Wieder die Treppe hinunter und durch den üppigen Landschaftsgarten erreichen Sie die kürzlich restaurierte **L.A. Central Library** ❽ *(630 West 5th Street, Tel. 213/228-7000)* von B. Goodhue. Sie weist viele Elemente auf, die man neobyzantinisch, neospanisch oder neoägyptisch nennen könnte. Innerhalb der Rotunde im zweiten Stockwerk befinden sich ein das Sonnensystem nachbildender Kronleuchter und ein Wandgemälde von Dean Cornwell aus dem Jahr 1933, das die Vergangenheit von L.A. romantisiert.

Die draußen aufgestellten Art déco-Skulpturen Homers, des hl. Johannes, Shakespeares und anderer stammen von Lee Lawrie. In den westlich gelegenen **Robert Maguire Gardens** ist Goodhues ursprünglicher Entwurf wiederhergestellt und durch einige modernere Elemente, darunter die Grotto Fountain, ergänzt worden.

Die L.A. Conservancy *(523 West 6th Street, Tel. 213/623-CITY)* veranstaltet viele außergewöhnliche und preiswerte Touren. ■

Das Museum of Contemporary Art (MOCA)

Der Eingang des Museum of Contemporary Art

JUNGE KÜNSTLER GEHEN MEIST NACH MANHATTAN, WENN sie sich einen Namen machen wollen. Wenn sie Kunst machen wollen, gehen sie jedoch nach L.A., wo das Träumen als solches mangels einer klaren Kunsthierarchie und einer weniger fest gefügten Kunstszene schon immer eine anerkannte Kunstform war. Aber erst 1984, als das MOCA seine Pforten öffnete, hatte L.A. die Schlagkraft, den Willen und das nötige Geld jüngerer Sponsoren, um den Traum von einem modernen Kunstmuseum zu realisieren. Mit Hilfe großzügiger Spenden der jüngeren Elite Hollywoods ist es dem MOCA rasch gelungen, innerhalb von nur wenigen Jahren die angesehenste Sammlung moderner Kunst im Westen der USA zusammenzustellen.

Museum of Contemporary Art (MOCA)
www.moca.org
- Siehe Karte S. 88
- 250 S. Grand Ave.
- 213/626-6222
- Geschl. Di u. Mi
- $$ (Tickets gelten für alle Ausstellungen)

Die Werke werden in der **MOCA Gallery of the Pacific Design Center** (s. S. 78), im **Geffen Contemporary** (siehe S. 99) und dem eigentlichen **MOCA**, zwei Pavillons aus rotem Sandstein auf der Grand Avenue nördlich der California Plaza, ausgestellt.

Wenn Sie beide Einrichtungen besuchen wollen (eine Eintrittskarte gilt für beide), beginnen Sie am besten in Little Tokyo beim Geffen, wo Sie Ihre Eintrittskarte kaufen und das große, lichtdurchflutete Gebäude genießen können. Anschließend gehen oder fahren Sie hinüber zum MOCA *(Parkplätze befinden sich unter der California Plaza)* in den Gebäuden des Japaners Arata Isozaki.

Den Kern der Sammlung erwarben die Museumskuratoren 1984 von Giuseppe und Giovanna Panza. Unter den 80 Werken befinden sich Arbeiten von Robert Rauschenberg, Mark Rothko, Roy Lichtenstein und Claes Oldenburg. Oldenburgs Installation *Der Laden* (1961–62) verankert die Kollektion in den 60er Jahren und vertritt die zu jener Zeit aufkommenden Gattungen der Pop Art und des Happening. Als dieses Werk, gefüllt mit angemalten Konsumgütern aus Gips, erstmals in einem Schaufenster in New York ausgestellt wurde, verwischten sich

Stilisierte Stühle von Isozaki

dem Museum zufolge die »Grenzen zwischen Objekten und Waren und der Kunst und dem Leben selbst«. (Und natürlich auch der Absurdität.) Roy Lichtensteins *Mann mit verschränkten Armen* (1962) illustriert den feinen Geschmack der Panzas, die sich für eine gedämpfte, fast holzschnittartige Illustration anstatt eine der grellbunten comicartigen Arbeiten des Künstlers entschieden.

Das MOCA hat sich offensiv in die Diskussion über die Kunst des Fotografierens eingeschaltet und allein im Jahr 1995 2000 Fotografien erworben. Auf diese Weise ist eine der besten ständigen Ausstellungen des Museums entstanden, die des Werks von Larry Clark, der durch seinen verstörenden Film *Kids* besondere Aufmerksamkeit erregte. In einer 50 Arbeiten umfassenden Serie von Fotos wie *Tulsa* dokumentierte Clark 1980 die Welt junger Außenseiter in Texas, unter ihnen Drogenabhängige, Alkoholiker und Waffennarren.

Im Jahr 1989 erhielt das MOCA seine vermutlich beste individuelle Sammlung: 18 Skulpturen, Gemälde und Graphiken der Sammler Rita und Taft Schreiber, darunter zwei Bronzeplastiken von Alberto Giacometti, *Große Figur II* und *Große Figur III* (1960). Sie erinnern an die etruskischen *Uomi sull'Ambras*, die man in den ältesten Städten Italiens gefunden hat. Die Skulpturen thematisieren eine der ältesten Ängste des Menschen – die, vom Sonnenlicht aufgelöst zu werden. Andere Werke stammen von Alexander Calder, Arshile Gorky, Joan Miró, Piet Mondrian und Jackson Pollock.

Die **Scott D. F. Spiegel Collection** ist problematischer, vielleicht, weil manche Mitglieder dieser Gruppe »aufstrebender Künstler« noch leben. Die Arbeiten von Jean-Michel Basquiat mit ihren Zeichen urbanen Stammeslebens sind immer noch beunruhigend: Handelt es sich hier um die Werke eines Genies, das einen zu frühen tragischen Tod fand, oder nur um einen der größten Witze von Andy Warhol, dem Förderer Basquiats? Robert Longos Serie fallender Männer stellt eine Provokation dar, ebenso Susan Rothenbergs *Der Rumpf*.

Es ist dem MOCA hoch anzurechnen, dass es sich sehr für Raumkunst engagiert, die manchmal enorme Anstrengungen in Bezug auf ihre Vermittlung an das Publikum verlangt. Auf diese Weise ist zum Beispiel ein Forum für Robert Irwins Kunst entstanden. Irwin befasst sich in erster Linie mit der Manipulation von Licht und Raum, wie sein einzigartiger Garten im Getty (siehe S. 63) illustriert. Mit der Offenheit des MOCA gegenüber Experimenten wurde unter anderem eine Reihe großformatiger Arbeiten ausgestellt, um das Werk einiger der größten Architekten des 20. Jahrhunderts zu dokumentieren.

Anders als sein Schwestermuseum oben auf dem Hügel muss das

Geffen Contemporary nicht den Anspruch einer institutionellen Sehenswürdigkeit erfüllen. Benannt nach dem Magnaten und großzügigen Stifter David Geffen, handelt es sich um ein flexibleres Museum, dessen Größe und Beleuchtung unterschiedliche Anordnungen erlauben, so dass auch großflächigere Werke gezeigt werden können. Das dem Japanese American National Museum unmittelbar benachbarte Museum hat in den letzten Jahren ein Eigenleben entwickelt und übertrifft mit seinen Ausstellungen häufig sogar das MOCA selbst.

Erst kürzlich waren in einer Ausstellung die riesigen Schöpfungen des Bildhauers Richard Serra zu sehen. Der gebürtige Kalifornier arbeitet primär mit Walzstahl. Damit stellt er riesengroße, extrem minimalistische Werke her – gigantische Stahlwürfel aus aneinander lehnenden Stahlplatten, große Flächen von Walzblech, die sich um Häuserblocks winden. Normalerweise handelt es sich um im Freien zu erfahrende, öffentliche Kunst. Sie nimmt einen eigenartig fragilen Charakter an, wenn sie im Geffen ausgestellt wird. In ähnlicher Weise ist auch Chris Burden, der hiesige Performancekünstler durch eine für ihn seltene ständige Ausstellung vertreten. Hier steht ein verschmitztes Werk mit dem Titel *Offenlegung der Fundamente des Museums*, was er mit Spitzhacke und Schaufel buchstäblich tat.

Das Geffen hat darüber hinaus die Möglichkeiten des MOCA erweitert architektonische Themen aufzugreifen, wie zum Beispiel in der erfolgreichen Ausstellung »Entwürfe für das moderne Leben: Die Geschichte und das Vermächtnis der Case Study Houses«, die einer wichtigen architektonischen Bewegung mit Wurzeln in Los Angeles gewidmet war.

2001 eröffnete die **MOCA Gallery at the Pacific Design Center** mit dem Schwerpunkt Gegenwartsarchitektur und -design. Die Ausstellungen werden im frei stehenden zweistöckigen »Blue Whale«-Gebäude gezeigt, das von Cesar Pelli entworfen wurde. Die MOCA-Filiale zeigt Wechselausstellungen zu den Themen Architektur, Fotografie und Design. ■

Die Werkschau von Claes Oldenburg war eine der vielen Sonderausstellungen des MOCA

Geffen Contemporary

Siehe Karte S. 88

152 N. Central Ave., Little Tokyo

213/626-6222

MOCA Gallery at the Pacific Design Center

8687 Melrose Ave., West Hollywood

213/626-6222

Die neue Walt Disney Concert Hall im Musik Center of Los Angeles County

Music Center of Los Angeles County
www.musiccenter.org
Siehe Karte S. 88
135 N. Grand Ave.
213/972-7211; 213/972-7483 (Führungen); 213/972-7211 (Tickets für Dorothy Chandler Pavilion, Ahmanson Theatre & Mark Taper Forum)

Walt Disney Concert Hall
111 S. Grand Ave.
323/850-2000; 213/972-4399 (Führungen)

Cathedral of Our Lady of the Angels
www.olacathedral.org
555 W. Temple St.
213/680-5200

In der Innenstadt

DAS MUSIC CENTER OF LOS ANGELES COUNTY IST MIT seinem ganzjährigen Programm die herausragende Veranstaltungsstätte für darstellende Künste im Westen der USA. Zu den Kunstwerken des Centers zählen Skulpturen von Robert Graham und Jacques Lipchitz. Das Werk des Letzteren wurde in eine Wasserskulptur integriert.

Der Komplex des **Music Center of Los Angeles County** besteht aus vier unterschiedlichen Foren. Der **Dorothy Chandler Pavilion** ist die Heimat der Philharmonie von Los Angeles, der L.A. Opera und des L.A. Master Choral. Das **Ahmanson Theatre** präsentiert Bühnenerfolge im großen Stil, während das **Mark Taper Forum** ein intimeres Haus für innovatives Theater ist. Juwel in der Krone ist aber die **Walt Disney Concert Hall** von Frank Gehry, die 2003 eröffnet wurde und nun die neue Heimat des L. A. Philharmonic Orchestra ist. Auch hier wurde ein stählernes »Kunstwerk« geschaffen. Die vom Kubismus inspirierte **Cathedral of Our Lady of the Angels** – ein Werk des Architekten José Rafael Moneo – komplettiert den Komplex. Die Kirche ersetzt die alte Kathedrale, die 1994 beim Erdbeben zu stark be-

Gegenüberliegende Seite: Einer von zahlreichen Springbrunnen im und in der Umgebung des MOCA

schädigt wurde. Zur Kirche gehören ein Platz und Gärten, in denen das Native American Memorial steht.

Eine Fahrt auf dem Sunset Boulevard in westlicher Richtung zur Echo Park Avenue bringt Abenteuerlustige zu einer wundervollen Gegend des alten Los Angeles, dem **Echo Park & Lake**. Hier sieht man, was die frühen Stadtplaner als urbanen Mittelpunkt vorgesehen hatten: eine Art Westküsten-Central Park unter Palmen. Heute ist das Gelände ein Zentrum der lebhaften Mittelamerikaner. Tretboote laden zu einer Runde über den See ein. Alljährlich finden zwei Veranstaltungen statt: im Mai die Musikmesse Cubafest L.A. *(L.A. Cultural Affairs, Tel. 213/473-7700)* und im Juli das Lotusblütenfest. Unmittelbar östlich vom Park liegt die **Carroll Avenue**, eine der ersten viktorianischen Gegenden der Stadt. Die L.A. Conservancy *(523 West 6th Street, Tel. 213/623-CITY)* organisiert Rundgänge. Weiter westlich, den Sunset Boulevard hinunter, finden sich zahlreiche *panaderias*, lateinamerikanische Bäckereien. Die mexikanische Version des Croissant ist köstlich, ebenso wie das Reisgetränk *orchata* und in der kälteren Jahreszeit die heiße Schokolade *con maize*. Nahe Silverlake lockt linker Hand das Tropical Café, ein Treffpunkt der Boheme. ■

Die erste Medien-Predigerin

In der nordwestlichen Ecke des Echo Park, unweit quakender Enten, steht der historische **Angelus Temple** *(1100 Glendale Blvd., www.angelustemple.org)*, den Aimee Semple McPherson, eine Evangelistin der Sekte Foursquare Gospels (»Die vier ehrlichen Evangelien«), 1923 gründete. »Schwester Aimee«, gleichermaßen Schauspielerin, Predigerin und Unternehmerin, zog Tausende in ihre Kirche, indem sie hochdramatische Techniken einsetzte, um die Phantasie ihrer Schäfchen anzuregen.

Der *Works Progress Administration Guide (»Verwaltungsführer zum Fortgang der Arbeiten«)* beschreibt den Tempel in seiner Blütezeit so: »Die Decke der riesigen selbsttragenden Kuppel ist himmelblau hinter flauschigen Wolken. Licht fällt durch alle Buntglasfenster. Der Tempel besitzt vier in Roben gekleidete Chöre, mehrere Orchester, Kapellen und kleinere musikalische Einheiten, eine kostspielige Kostümsammlung, eine große Menge an Theaterkulissen und ein aus 5300 Gläsern bestehendes Kommunionsgeschirr. Die Technik und das Studio der Radiostation KFSG befinden sich ebenfalls im Gebäude, so auch das Chorstudio und der Gebetsturm, wo Männer und Frauen seit der Eröffnung des Tempels 1923 ununterbrochen gebetet haben. Röntgenfotos und weggeworfene Krücken sind Beweisstücke für die ›heilende Kraft des Gebetes‹.« Heute hat die Sekte weltweit 17 Millionen Mitglieder. Ihr Sender ist auf der Frequenz 96,3 UKW noch immer zu hören. ■

Der Exposition Park

Das California Science Center im Exposition Park

UNMITTELBAR WESTLICH DER I-110, DES HARBOR FREEWAY und südlich der University of Southern California liegt der Exposition Park. 1872 für Landwirtschaftsmessen eingerichtet, wurde das Gebiet um 1900 in einen öffentlichen Park umgewandelt.

Die beiden Hauptattraktionen des Parks stehen am Nordrand: das **Natural History Museum of L.A. County** und das **California Science Center** haben eine Ausstellungsfläche von 4,65 Hektar.

Mit über 35 Millionen Ausstellungsstücken ist das Naturkundemuseum das zweitgrößte seiner Art in den USA und wird nur vom Smithsonian übertroffen. Die *website* des Museums stellt für die Vorausplanung eine große Hilfe dar, weil sie anstehende Ausstellungen und Diskussionsforen ankündigt und ausführlich über die ständige Sammlung informiert. Das Museum besitzt zahlreiche besonders für Kinder interessante Exponate.

Unter den ständigen Exponaten üben die »Dueling Dinosaurs« die stärkste Anziehungskraft aus. Es handelt sich um die lebensecht wirkende Darstellung eines *Tyrannosaurus rex* und eines *Triceratops* im tödlichen Kampf. Der Ursprung dieses Publikumsmagneten liegt in der 30 Jahre zurückliegenden Entscheidung des Kuratoriums des Museums, eine Reihe von Expeditionen zum Hill Creek in Montana zu finanzieren. Bis 1969 kam so eine wahre Schatzkammer an Dinosaurierüberresten zu Stande, darunter ein gigantischer Schädel eines *Tyrannosaurus*. Nachdem man ihn in fünfjähriger Arbeit wieder zusammengesetzt hatte, stand fest, dass es sich um den größten handelte, der bis dahin gefunden worden war (inzwischen wurde er durch einen neuen Fund in den Black Hills in South Dakota übertroffen). 2003 kam ein weiteres vollständiges Skelett eines T. Rex aus Montana in das Museum. Es ist derzeit das am besten erhaltene vollständige Skelett, das in einem Museum der Westküste gezeigt wird.

Exposition Park
Karte 50 C2

Natural History Museum of L.A. County
www.nhm.org
✉ 900 Exposition Blvd.
☎ 213/763-3466
$ $$

California Science Center
www.casciencectr.org
700 State Dr.
323/724-2623
$$$ für das IMAX

Das Museum besitzt eine Reihe von Dinosaurierhallen, in denen andere seltene Funde ausgestellt werden: ein schnabeltierartiger *Edmontosaurus*, der in der späten Kreidezeit zur Zeit des *Tyrannosaurus* lebte; einen *Stegosaurus tenops*, einen Pflanzenfresser aus dem Jura; eine weitere Kampfszene, diesmal zwischen dem bösartigen *Allosaurus* und einem *Camptosaurus*; und schließlich den Abguss eines Exemplars der Dinosaurierspezies mit dem längsten Hals, die jemals gefunden wurde; des *Memenchisaurus hochuanensis*, eines weiteren Vegetariers der Kreidezeit.

Wer sich weniger für Dinosaurier interessiert, fühlt sich in der **Gem and Mineral Hall** mit über 2000 Edelsteinen und Mineralien und in der **Times Mirror Hall of Native American Cultures** besser aufgehoben. Hier sieht man auch die William Randolph Hearst Collection of Navajo Textiles. Des weiteren werden Keramiken südwestlicher Indianerstämme, Korbwaren der Stämme des Great Basin und die Nachbildung eines Fels-*pueblo* gezeigt.

Vogelliebhaber werden an der **Schreiber Hall of Birds** ihre Freude haben. Deren Sammlung umfasst mehr als 500 Vogelarten und 27 Lernstationen. In ähnlicher Weise spricht die **Marine Hall** mit ihren Dioramen des Meereslebens in kalifornischen Gewässern den Cousteau in uns allen an. Überdies kann man hier einen der insgesamt nur 17 Riesenmaulhaie besichtigen.

Das **Ralph M. Parsons Discovery Center** kommt der Begeisterung für interaktive Exponate bestens nach. In diesem Pavillon können Besucher nicht nur Dinosaurierknochen, Säugetierpelze und Fischschuppen berühren. Es gibt auch einen Insektenzoo mit lebenden Taranteln, Skorpionen, zischenden Kakerlaken aus Madagaskar und Mistkäfern.

2006 wurde mit einer großen Umbaumaßnahme begonnen, um mehr Ausstellungsfläche zu schaffen. Der 5,7 Hektar große Exposition Park wurde um 0,7 Hektar erweitert.

Im nordöstlichen Teil des Exposition Park steht das **California Science Center (CSC)**, das wissenschaftliche und technologische Kenntnisse in interaktiver Form vermittelt.

Die **Air and Space Gallery** erläutert die physikalischen Prinzipien in der Luft, im Weltraum und beim Flug. Auch die Erfindung von Flugzeugen und Raumschiffen spielt eine Rolle. In dem 1984 vom Architekten Frank Gehry entworfenen Museum ist ein F-104-Starfighter an der Fassade befestigt. Zu sehen ist u. a. ein orginalgetreues Modell des Lilienthal-Flugapparates von 1894. Außerdem stehen hier eine Bell X-1 (das erste Überschallflugzeug weltweit), eine Gemini-Kapsel und ein maßstabsgetreues Modell eines Sputnik-Satelliten. Im **Air and Discovery Room** lernen die Kinder Informatives über den Mond, die Planeten und wie man Pilot in einem Flugzeug oder Weltraumgleiter wird. Der Science Court bietet Vorführungen aus den Bereichen wie den Molekularwissenschaften oder der Energie. Eine Attraktion ist das Rad, mit dem man auf einem Hochseil fahren darf.

Eine zentrale Ausstellung im Edgerton Court, **»World of Life«**, hat begeisterte Kritiken geerntet. Über mehrere Pavillons verteilt, wird vermittelt, wie lebende Organismen funktionieren. Das Schwergewicht liegt auf der menschlichen Zelle, die in einem riesigen Cell Lab und einem Cell Theater mit Hilfe von Multimedia-Techniken vorgeführt wird. Das Publikum findet sich hier inmitten enormer Projektionen der Zellfunktionen wieder. Fünf Galerien, die

dem Prozess des Lebens gewidmet sind, illustrieren, wie sich Zellen verteidigen, teilen, wie sie Energie produzieren und die Interaktion mit ihrer Umgebung kontrollieren. In der Galerie, in der es um die Versorgung der Zelle mit Nährstoffen geht, können die Besucher vergleichen, wie viel Energie jeweils erforderlich ist, um das Blut eines Jungen bzw. einer Giraffe vom Herzen zum Gehirn zu pumpen.

In der **»Creative World«** geht es darum, wie menschliches Verhalten die Welt um uns herum gestaltet hat und wie es dies in der Zukunft tun wird. In den drei Galerien können die Besucher dabei mithelfen, bestimmte Strukturen zu errichten, die anschließend verschiedenen Tests unterzogen werden um festzustellen, wie sie sich im Falle eines Erdbebens, einer Überschwemmung oder bei anderen Naturkatastrophen verhalten. Es gibt interaktive Ausstellungsstücke über »intelligente Autobahnen«, Roboter, Computertechnologie, Langstreckenkommunikation und sogar ein TV-Studio in Kindergröße.

Im **IMAX Theater** werden wissenschaftliche Filme in 3-D-Technik vorgeführt.

Im Zentrum des Parks breitet sich der tief liegende **Rose Garden** aus, der 1913 angelegt wurde und in dem heute noch etwa 200 verschiedene Rosenarten blühen.

Der Campus der **University of Southern California** grenzt unmittelbar nördlich an den Exposition Park. Für architektonisch Interessierte gibt es einen kostenlosen Rundgang *(Tel. 213/740-2311)* entlang einiger Gebäude im Stil der Gotik und der Renaissance. Da das Gelände am Ostrand von Culver City liegt, wo ein Großteil der afroamerikanischen Bevölkerung von L.A. lebt, entstand hier auch das **California African-American Museum**.

Vom Exposition Park ist es nur eine kurze Autofahrt bis zum **Leimert Park** *(ein Block östlich von der Crenshaw Avenue, an der 43rd Plaza)*. Diese in den 30er Jahren angelegte Siedlung hat sich zum Mittelpunkt der kulturellen Renaissance der schwarzen Bevölkerung entwickelt, mit Festivals, Jazz vom Feinsten *(World Stage, Tel. 323/293-2451)*, dem Museum in Black *(4331 Degnan Blvd., Tel. 323/292-9528)* und dem Dance Collective *(4327 Degnan Blvd., Tel. 323/291-1538)*. ■

Die F-104 an der Fassade des California Science Center verrät Besuchern sofort, was sie drinnen erwartet

California African-American Museum

www.caam.ca.gov

✉ 600 State Dr.

☏ 213/744-7432

🕒 Geschl. Mo

Eine architektonische Erkundungstour

Zwischen 1920 und 1950 sind vermutlich in keiner Region der USA so viele interessante Bauten entstanden wie im Viertel Los Feliz-Silverlake in Los Angeles. Warum dies so ist, ist immer noch umstritten – einen Beitrag leisteten Richard Neutra und R. M. Schindler, die sich zu Beginn der 20er Jahre hier niederließen. Auch wirkten die Intellektuellen, die in den 30er Jahren aus Europa einwanderten, inspirierend. Zudem gab es die Sonne, die das Kantige der modernen Architektur verstärkt, die ganzjährige Üppigkeit des südkalifornischen Gartens, die für einen weiten, grünen und kontrastierenden Hintergrund für diese kastenartigen, funktionalen Gebäude aus Stahl, Glas, Asphalt und Beton sorgten. Was auch immer der Grund gewesen sein mag – nur wenige andere Gebiete der Welt nahmen die Worte des führenden Bauhaus-Architekten Walter Gropius von 1926 so bereitwillig auf: »Der moderne Mensch, der sich nicht länger historisch kleidet, sondern moderne Kleider trägt, benötigt auch ein modernes Heim.«

Diese Autofahrt führt an einer Auswahl von Gebäuden vorbei. Sie sind architektonisch immer noch beeindruckend, obwohl es vermutlich heute schwerer ist sich vorzustellen, wie innovativ sie zur Zeit ihres Entstehens waren.

Fahren Sie von der Innenstadt aus auf der I-110 nördlich zur Ausfahrt Los Feliz Boulevard und dann nach Westen zur Commonwealth Avenue. Biegen Sie rechts ab zur North Commonwealth Avenue 2648, Raphael Sorianos **Schrage House** 1 von 1951. Soriano war für seine Experimente mit Stahl und Aluminium-Rahmen bekannt.

Fahren Sie zurück auf den Los Feliz Boulevard in nördlicher Richtung nach rechts auf die Rowena Avenue und dann nach links auf die Lowry Road, um zwei Häuser von Frank Lloyd Wright jr., Frank Lloyd Wrights Sohn, zu sehen: das **Carr House** 2 Ecke Lowry Road und Rowena Avenue *(www.carrhouse.com)* und das **Farrell House** 3 mit der Adresse Lowry Road 3209. Während Wright jr. diese kleinen, feinen Privathäuser 1925/26 baute, hatte sein Vater gerade vier seiner enormen »Gussblock«-Häuser errichtet.

Fahren Sie auf der Rowena Avenue weiter nach Süden, vorbei an der Hyperion Avenue zum Glendale Boulevard und biegen Sie zuerst links und dann rechts auf den Waverley Drive zu den Hausnummern 2717 bis 2721 ab. Hier illustriert das 1935 von R. M. Schindler erbaute **McAlmon House** 4 die Suche des Architekten nach einem Stil, der »nicht mit den Augen, sondern durch das Leben« beurteilt wird. Kehren Sie um zum Glendale Boulevard und nach Süden zum Silver Lake Boulevard. Biegen Sie hier nach rechts ab und folgen Sie der Straße nach links zu einer Gruppe von Häusern von Richard Neutra, der in den späten 40er Jahren begann, diese Gegend zu einer Kolonie modernistischer Häuser zu entwickeln (die Hausnummern East Silver Lake Boulevard 2250, 2242, 2238 und 2232 gehören zu vier der zahlreichen Häuser, die zwischen 1948 und 1961 entstanden). Auch das eigene Haus des Architekten, das **V.D.L. House** 5 am Silver Lake Boulevard 2300, von 1933 kann auf Anfrage besichtigt werden *(Tel. 323/953-0224)*.

Der sicherste Weg zum nächsten Stopp besteht darin, auf dem East Silver Lake Boulevard weiter nach Süden zum Sunset Boulevard zu fahren und anschließend nach links auf die Micheltorena Street abzubiegen, wo Sie zwei Beispiele für die 1939 von Gregory Ain gebauten Häuser finden werden, das **Daniels House** 6 und das **Tierman House** (Nr. 2323). Ain setzte den Raum,vor allem kleine Räume, mit einer besonderen Meisterschaft ein, indem er das Volumen eines Hauses »einrahmte«, um seine funktionale und emotionale Kapazität zu akzentuieren.

John Launer integrierte häufig Wasserspiele und Gärten in seine Entwürfe, etwa beim 1939 erbauten **Lautner House** 7 (Nr. 2007) und dem **Silvertop House** von 1957 (Nr. 2138). Das **Alexander House** von Harwell Harris aus dem Jahr 1940 hat die Adresse Micheltorena Street 2265. Es dokumentiert Harris' handwerkliches Bestreben, natürliche Materialien zu verarbeiten und mit der modularen Gestaltung Neutras zu verbinden. Kehren Sie zum Sunset Boulevard zurück und folgen Sie ihm in west-

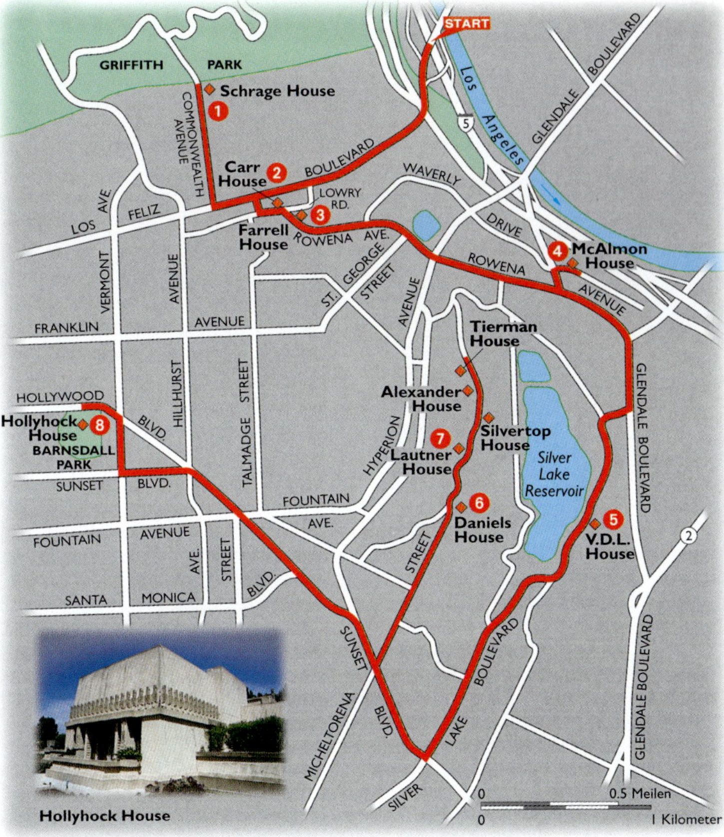

Hollyhock House

licher Richtung am Santa Monica Boulevard und der Hillhurst Avenue vorbei, wo sich der Name in Hollywood Boulevard ändert. Nach der Vermont Avenue sehen Sie auf der linken Seite das Hinweisschild zum Barnsdall Park. Hier gelangen Sie zu Frank Lloyd Wrights **Hollyhock House** 8, einem spektakulären Wohnhaus, das zwischen 1917 und 1920 in Form eines Betonblocks für die Erbin eines Ölimperiums erbaut wurde. Das wunderbar luftige Innere des Hauses beherbergt noch das ursprüngliche Mobiliar *(Tel. 323/644-6269, www.hollyhockhouse.net)*.

Mehr Informationen finden sich auf der Website www.greatbuildings. com. ■

Siehe auch Detailkarte S. 50 C3
Los Feliz Boulevard
9 km
1 Stunde
Barnsdall Park, Hollywood Boulevard und Vermont Avenue

UNBEDINGT ANSEHEN

- Schrage House
- V.D.L. House
- Daniels House
- Alexander House
- Hollyhock House

Die Foothills und Umgebung

In den Ausläufern der San Gabriel Mountains, den Foothills, gibt es Wälder, einzigartige Architektur und ein vitales kulturelles Leben. So ist es kein Wunder, dass sich Berühmtheiten von Albert Einstein bis zu Jon Bon Jovi hier niedergelassen haben.

Mit Salbei und Eichen bewachsen, stellen die Ausläufer der San Gabriel Mountains eine der historischen Urlandschaften Kaliforniens dar. Man wird hier an die berittenen spanischen Adligen, an Siesta haltende Pater und spanische Señoritas erinnert. Mit diesen Vorstellungen im Kopf kann man sich die heutige Kultur der Bergausläufer am besten als eine Mischung vorstellen aus Einwanderern aus dem Mittleren Westen, Latinos und Asiaten. Wo sonst könnte man ein Bürogebäude mit Stuckaturen und einem Schild mit folgender Aufschrift finden: »Chinesischer Rotary Club von San Gabriel«? ■

Auf der Rosenparade

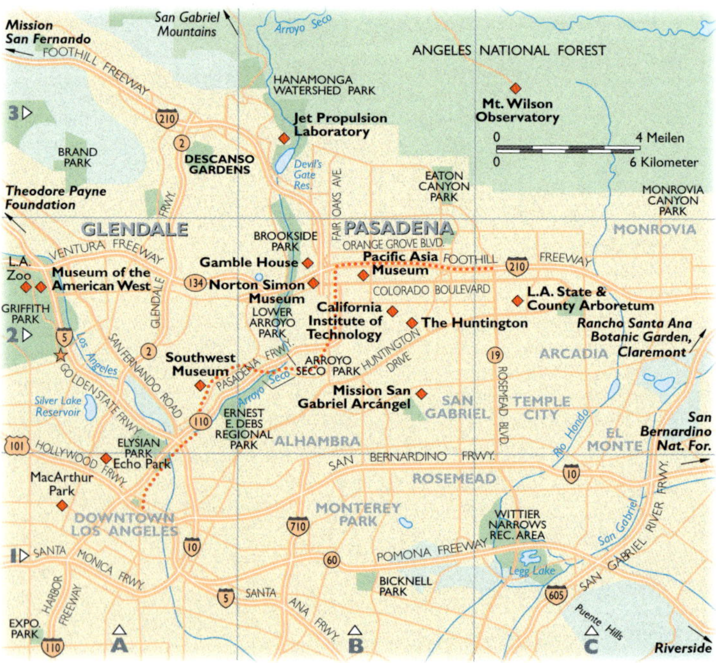

Pasadena

Das Rathaus von Pasadena

IM HERZEN DER REGION LIEGT PASADENA, DIE »KRONE DES Tals«. Die Stadt wurde im späten 19. Jahrhundert von anspruchsvollen Siedlern aus Indiana gegründet, die dorthin wollten, »wo das Leben einfacher ist«. Pasadena entwickelte sich zu einer der wohlhabendsten Kommunen Südkaliforniens, mit einem Millionärsviertel (südlich auf dem Orange Grove Colorado aus), dem Jagdclub Valley Hunt Club (immer noch privat) und mehr Debütantinnen, als es Blumen auf einer Rosenparade gibt.

Obwohl konservativ, war die Stadt politisch tolerant und duldete Radikale wie den Schriftsteller Upton Sinclair in den 30er Jahren. Der Zweite Weltkrieg verwandelte Pasadena in eine repräsentativere Stadt, in der es nun auch Leichtindustrie und bezahlbaren Wohnraum gab.

In den letzten Jahren erlebte die Stadt als Zentrum von Handel, Bildung und Kunst einen Aufschwung. Er ist in starkem Maße einer Verbindung von nachbarschaftlichen Gruppen und Bewahrern von Architektur zu verdanken. Als Konsequenz ist Pasadenas **Altstadt** *(Fair Oaks Avenue und Colorado Boulevard)* eines der besten Beispiele für die Erneuerung der Innenstädte in den gesamten USA.

Weiter östlich geht die **Plaza Las Fuentes** *(North Los Robles Avenue und North Euclid Street)* eine glückliche Verbindung mit der historisierenden Architektur des **Rathauses** *(100 North Garfield Avenue)* und der **Pasadena Library** *(285 East Walnut Avenue)* des Architekten Myron Hunt ein. Das **Pasadena Playhouse** *(38 South El Molino Avenue, Tel. 626/356-7529)*, zählt zu den besten Bühnen in der Region. ■

Pasadena Besucherinformation

www.pasadenacal.com

108 B2

171 S. Los Robles Ave.

626/795-9311

The Gold Line

800-266-6883

Die Bahn verbindet Old Pasadena mit der Union Station in Downtown Los Angeles.

Die Terrasse und der *koi*-Teich hinter dem Gamble House

Das Gamble House

DAS VON DEN ARCHITEKTENBRÜDERN CHARLES SUMNER Greene und Henry Mather Greene im Jahr 1908 für den reichen Industriellen David Gamble erbaute Gamble House stellt den Höhepunkt der amerikanischen Arts-and-Crafts-Bewegung dar. Man kann sich vorstellen, wie befriedigt die Sumner-Brüder wären, wenn sie heute an einem sonnigen Wochenend-Nachmittag wieder erschienen und heimlich an einer der sorgfältigen und informativen Nachmittagsführungen durch ihren »ultimativen Bungalow« teilnähmen.

Gamble House
www.gamblehouse.org
108 B2
4 Westmoreland Pl. (am Orange Grove Blvd.), Pasadena
626/793-3334
Geschl. vormittags & Mo–Mi
Schuhe mit weichen Sohlen empfehlenswert (es gibt auch Schutzhüllen am Eingang)
$$

Angesichts all der Übertreibungen in Bezug auf die Handwerker-Ästhetik (die zu einem erheblichen Teil darauf zurückgehen, dass die Schauspielerin Barbra Streisand 250 000 Dollar für eine Anrichte ausgab) kann man leicht vergessen, dass der ursprüngliche Impuls der Bungalow-Bewegung recht profan war. Es handelte sich in erster Linie um den Versuch, eine bezahlbare und der Region angemessene Architektur zu konzipieren. In Südkalifornien bedeutete dies, dass drei Elemente vorhanden sein müssen: eine Terrasse, eine überdachte Veranda und große Räume ohne dunkle Flure. Dieses Modell prägt die hiesige Landschaft in Form zahlloser Stuckhäuser in der Umgebung von Pasadena.

Im Gamble House jedoch hatten die Architekten die Möglichkeit, sich so weit es ging, an die Natur zu halten, indem sie die Einfachheit der Konstruktion betonten, natürliche Baustoffe benutzten und sich an den in der Natur vorhandenen Formen orientierten. »In einer gewissen Weise«, schreibt der kalifornische Historiker Kevin Starr, »wurden die Handwerker-Bungalows selbst wie natürliche Erscheinungen in die Landschaft gepflanzt.«

Mit seinen von der japanischen Architektur inspirierten überhängenden Dachvorsprüngen und seinen Holzschindeln signalisiert das Äußere des Gamble House eine Abkehr von dem überladenen Viktorianismus, der im späten 19. Jahrhundert im Hausbau in Pasadena dominierte. Hier gibt es keine kleinen, spitzenverzierten Fenster, keinen falschen, englischen Garten und keine Lebkuchen-Zinnen über Stürzen und Säulen, stattdessen breite Fenster, sparsame Beleuchtungsinstallationen und japanische *koi*-Teiche inmitten von Flusssteinen und Bodenminze.

Das **Innere** des Gamble House ist ein noch größeres Meisterwerk. Der Eingang und die Eingangshalle im Tiffany-Stil bilden einen der Höhepunkte. Man bewundert den Effekt der durch Buntglasfenster auf eine endlose Vielfalt von Holz- und Glasoberflächen fallenden Sonnenstrahlen am besten vom hinteren Teil der Halle aus.

Das sparsam eingerichtete **Hauptschlafzimmer** der zweiten Etage führt das japanische Thema fort. In Port-Orford-Zeder gehalten, wird dieser Raum von hölzernen Lampen indirekt beleuchtet, die an Lederriemen befestigt und mit Seeohrschalen besetzt sind. Der Kamin ist aus Steinzeder gefertigt. Das Mobiliar weist eine sich wiederholende ovale Form auf, die sich vom Handschutz des als *tsuba* bekannten Schwertes ableitet. Eine Tür führt zu drei Schlafveranden an der frischen Luft. Die Speisekammer des Butlers und ihre Kachelwand sind eine handwerkliche Spitzenleistung.

Kein Rundgang ist ohne einen kurzen Abstecher in die **Anlagen** vollständig. Die alte Garage beherbergt heute einen gut sortierten Geschenkeladen. Sie können hier auch einen Plan kaufen, dem die Lage Dutzender Häuser zu entnehmen ist, die von den Gebrüdern Greene und anderen erbaut wurden und vom Gamble Haus aus zu Fuß oder mit dem Auto erreichbar sind. Nur denken Sie daran, dass es sich um Privathäuser handelt, die nicht zu betreten sind.

Die Küche des Gamble House

Ganz in der Nähe verbirgt sich ein Haus hinter einem bewachsenen Zaun am Prospect Crescent 645. **La Miniatura** war Frank Lloyd Wrights erster Bau aus Adobe-Ziegeln. Der Architekt beschrieb es einmal als »einen authentischen Ausdruck Kaliforniens im Hinblick auf die moderne Industrie und das amerikanische Leben«. Leider ist es heute ein authentischer Ausdruck des Verfalls.

Das **Arroyo Hotel** auf der Grand Avenue liegt ebenfalls in diesem Gebiet. Zu seiner Glanzzeit versammelten sich hier im Winter die Millionäre. Heute hat hier das 9. Berufungsgericht seinen Sitz. Ganz in der Nähe befindet sich die **Colorado Street Bridge**, die sich über das Flussbett und den Park des Arroyo Seco spannt. Einst war sie unter dem Namen Selbstmörderbrücke bekannt, weil sie für verzweifelte Finanziers der 30er Jahre gerade die richtige Höhe hatte. Heute versammeln sich hier mit Vorliebe Naturschützer, die auf ihr lieber ihre Feste feiern. ■

Die Arroyo-Bewegung

Stellen Sie sich mitten auf die weit geschwungene Arroyo Seco Bridge und schauen Sie nach Süden. Dort wurde der alte Arroyo in einen unterirdischen Hochwasserschutzkanal aus Zement gezwängt, bis er nach etwa 30 Kilometern in den Ozean mündet. Es war diese Landschaft, wilder als heute und natürlich ohne Zement, die die Arroyo-Kultur inspirierte, jene kulturelle Bewegung in Los Angeles um 1900.

Wie ihre besser gestellten Brüder oben im Millionärsviertel stammten die Bohemiens, die entlang des Arroyo lebten, aus dem Osten. Die Männer und Frauen kamen zuerst zögerlich, dann voller Enthusiasmus, nur um zu entdecken, dass gute Luft und allgegenwärtige Orangen noch keine Kultur machen. Aber während die Leute aus dem Valley Hunt Club auf dem Orange Grove Boulevard die Einrichtungen des Ostens nachzubilden trachteten, suchten die bäuerlichen Zuwanderer am Arroyo ihre Wurzeln in der realen und mythischen Vergangenheit der Gegend, die durch unschuldige Eingeborene, spanische Herren und ein naturnahes Leben charakterisiert war. Die Millionäre – auch die Arts-and-Crafts-Anhänger – lustwandelten auf gepflegtem Rasen. Die Bewohner des Arroyo-Bezirks lebten zwischen Flussfelsen und Holunderbeeren.

Charles Fletcher Lummis, ein reisender Reporter, der 1885 zu Fuß von Ohio nach L.A. kam und seine Abenteuer der *L.A. Times* schilderte, war der Inbegriff des »Arroyo-Typen«. Lummis baute sein Haus, El Alisal *(200 East Avenue, Tel. 323/222-0546, geschl. vormittags u. Mo–Do)* mit Felsblöcken aus dem Arroyo. Heute beherbergt es die Historical Society of Southern California. Der Grundriss des Hauses entsprang streng bäuerlicher Einfachheit. Das Gebäude besaß eine spanisch anmutende Terrasse und war voll mit indianischen Körben und Decken. Bis zum Jahr 1907 hatten seine Bemühungen, die indianische Volkskunst zu retten, derartige Ausmaße angenommen, dass er das Southwest Museum *(234 Museum Drive, Ausfahrt Avenue 43 der I-110, Tel. 323/221-2164, www.museumsofthearroyo.com)* für ihre Erhaltung und Erforschung gründete. Lummis' tiefe emotionale Bindung an seine neue Heimat prägte seine Schriften. In einer Passage über die »alten Zeiten« heißt es: »Es kam nicht vor, dass man fünf Dollar zahlte, um in Seide gekleidet beim Schwatzen gesehen zu werden, während eine Diva in den höchsten Tönen sang. Es gab keine Große Oper – und keine närrischen Lieder. Es ertönten Lieder des Bodens und Lieder von Poeten und Barden in diesem fernen, einsamen und schönen glücklichen Land; und Lieder, die von der Mutter Spanien und der Stiefmutter Mexiko kamen. Jedermann sang ... sie fühlten die Musik und gingen in ihr auf.«

Seine Freunde waren ähnlich romantisch veranlagt. Der Buchhändler John Vroman, dessen Laden *(695 East Colorado Boulevard, Tel. 323/449-5320)* noch immer eine zentrale Rolle im literarischen Leben Pasadenas spielt, fotografierte die Indianer der südwestlichen Stämme und inszenierte Hopi-Mütter als Madonnen in Wildleder. Die führenden Plein-Air-Maler der Zeit malten die Felsencanyons und die Gerbersträuche in verblichenem Gelb und blassem Graugrün.

In den 1920ern war Lummis' Stern jedoch verblasst. Los Angeles war mit einer Urbanisierungswelle ins 20. Jahrhundert getreten, auf die die einfachen Rezepte der Arroyo-Kultur keine passende Antwort mehr waren. Von schweren Krankheiten heimgesucht – er verlor sein Augenlicht und litt dann unter einem Gehirntumor – starb Lummis 1928.

Man findet jedoch überall in Südkalifornien Überreste der von Lummis propagierten, unkonventionellen, bäuerlich geprägten Lebensweise. Man begegnet ihren Spuren in der allgegenwärtigen Terrasse, der billigen Tijuana-Decke an der Wand des Restaurants und den Kacheln im Stil der Missionsstationen noch über dem miesesten Einkaufszentrum.

Seit kurzem sind diese Spuren auch im Arroyo Seco Park selbst dokumentiert, wo mit vereinten Kräften der Stadtverwaltung und der Wirtschaft die alten Behausungen am Flussufer und der natürliche Flusslauf wieder hergestellt werden. Es gibt heute erneut Habichte, Kiebitze und Stockenten. Wanderer, Hundeliebhaber und Vogelfreunde haben die Gegend entdeckt.

Infos hat die Arroyo Seco Foundation (Tel. 625/584-9902; www.arroyoseco.org). ■

Das Norton Simon Museum

Skulpturen von Rodin schmücken den Eingang zum Norton Simon Museum

OBWOHL PASADENA SCHON LANGE VORHER EIN KUNSTmuseum unterhalten hatte, kam die Museumsszene der Stadt erst 1974 wirklich in Gang, als der Industrielle Norton Simon auf den Plan trat. Simon willigte ein, das schwächelnde Pasadena Art Museum zu kaufen und ihm mit Ideen, Geld und vor allem seiner Privatsammlung neues Leben einzuhauchen. Die Sammlung ist von dem anerkannten *L.A. Times*-Kritiker Christopher Knight »Bild für Bild die großartigste Gemäldesammlung in der Stadt – ja sogar im Westen der USA« genannt worden und demonstriert Simons Auge für Qualität. Diese Ästhetik prägt das gesamte Museum, von der glänzenden Auswahl alter Meister bis hin zu den Gottheiten aus Bronze in der Südasien-Abteilung. Simons Witwe, die Schauspielerin Jennifer Jones, hat die kürzlich für drei Millionen Dollar durchgeführte Neugestaltung des Museums beaufsichtigt.

Die Sammlung alter Meister beginnt mit Werken aus dem 14. Jahrhundert. Die Tatsache, dass Simon *Die Heiligen Benedikt und Apollonia* (1483) von Filippino Lippi auswählte, beweist sein Auge für Farben, Textur, Schattierung und Ton. Das Simon Museum kombiniert gerne Unterschiedliches: etwa Goldgrund-Tafeln von Giovanni di Paolo und Pietro Lorenzetti mit Ölgemälden von Raffael, Bassano, Cranach und Memling. In der Barock-Abteilung, in der Werke aus Spanien, Italien, Frankreich, Holland und Belgien hängen, sind Vielfalt und Qualität am größten. Francisco de Zurbaráns *Stillleben mit Zitronen, Orangen und einer Rose* (1633) ist ein herausragendes

Norton Simon Museum

www.nortonsimon.org

- 108 B2
- 411 W. Colorado Blvd., Pasadena
- 626/449-6840
- Geschl. vormittags & Di
- $$

Bild dieser Epoche. Die sinnliche Darstellung übergroßer Früchte nähert sich dem Realismus. Das Rokoko ist durch französische und

venezianische Arbeiten von Fragonard, Chardin und Canaletto aus dem 18. Jahrhundert vertreten. Großartig G.B. Tiepolos *Triumph der Tugend und des Edelmuts über die Unwissenheit* (1740–50).

Die modernen Werke des Museums wecken den Neid von Kuratoren in den ganzen USA. Paul Cezannes *Tulpen in einer Vase* (um 1890–92) ist die wehmütige, lichterfüllte Darstellung einer einfachen gebrannten Vase und keineswegs perfekter Blumen. Monet, Renoir und van Gogh sind ebenfalls vertreten sowie unter den Exponaten zum 20. Jahrhundert Picasso, Klee, Braque, Kandinsky und andere. Die unkonventionelle Frau in *Odaliske mit Tamburin* (*Harmonie in Blau*, 1926) von Matisse ist gleichzeitig derb und zart. Picassos *Frau mit Haarnetz* dokumentiert einmal mehr, wie sehr ihn die weibliche Gestalt faszinierte.

Simin entwickelte auch Interesse an südasiatischer und südostasiatischer Kunst. Zu seinem Glück lebte er in L. A., wo der große Kurator

P. Pal (siehe S. 72) in geradezu monomanischer Weise die entsprechende Sammlung des L. A. County Museum of Art zusammentrug. In einer Zeit, in der eine ungeheure Menge asiatischer Antiquitäten in die USA strömte, bewies Pal den Mut zu einer strengen Auswahl, indem er spektakuläre, aber zweitklassige Stücke ablehnte und erhebliche Mittel in Werke höchster Qualität investierte. Diese Haltung verstärkte Simons ebenfalls sehr wählerische Herangehensweise noch. Als Ergebnis kann man heute eine herausragende Sammlung von Skulpturen betrachten, größtenteils aus Nepal, Thailand, Kambodscha und Indien. Die vergoldete *Tara* aus dem 14. Jahrhundert aus Nepal zählt zu den besonderen Besucherattraktionen.

Heutzutage erhalten die Besucher des Norton Simon noch eine besondere Zugabe. In dem neu gestalteten Skulpturengarten steht das Gartencafé von der Gruppe The Patina. ■

Die gediegenen Ausstellungsräume des Norton Simon

Pacific Asia Museum

In einem 1924 im Stil des kaiserlichen China erbauten Haus befindet sich das Pacific Asia Museum *(46 North Los Robles Avenue, Pasadena, Tel. 626/449-2742, geschl. Mo u. Di)*, eine traditionsreiche Einrichtung Pasadenas. Das Museum verfolgt eine panasiatische Strategie. Kunstobjekte aus Burma, Nepal, China, Thailand und Japan sind um innovative Ausstellungen von Kunst aus Neuguinea und »orientalische« Holzschnitte westlicher Künstler wie Paul Jacoulet und Lillian Miller ergänzt worden. Ein Blick lohnt auch in den friedlichen chinesischen Garten im Innenhof und den Buchladen sowie auf die kleine ständige Sammlung. Wer möchte, kann anschließend die Straße zur Plaza Los Flores hinaufgehen, um dort zu Mittag zu essen oder etwas Erfrischendes zu trinken. ■

Gegenüber: Unter den Skulpturen ist auch diese von Henry Moore, die den Namen *Family Group #1* trägt. Er schuf das Bronzewerk als Teil von vier Skulpturen zwischen 1948 und 1949

Die Descanso Gardens

DIESE ANLAGE WURDE 1939 VON DEM IN LOS ANGELES tätigen Verleger Manchester Boddy auf einem 66 Hektar großen Gebiet in einer natürlichen Senke am Fuß der San Rafael Hills gegründet. Den Gabrieleño-Indianern, die sich in starkem Maße von Eicheln ernährten, diente diese Gegend als eine zentrale Nahrungsquelle. Ihre einzigartige Lage – ein kühler Platz inmitten heißer Umgebung – hat eine bemerkenswerte botanische Vielfalt hervorgebracht, von international anerkannten Kameliengärten bis hin zu einem Garten mit einheimischen Pflanzen. Diese Vielfalt, deren Farbpalette ganzjährig wechselt, findet zahlreiche Bewunderer.

Descanso Gardens
www.descansogardens.org
108 A3
1418 Descanso Dr., La Cañada-Flintridge
818/949-4200
$$

Anm.: Regelmäßig werden Blumen verkauft, Blumenausstellungen veranstaltet und Vorlesungen gehalten; die genauen Daten lassen sich telefonisch erfragen.

Beginnen Sie Ihren Rundgang im **Kamelienwald**, dem Stolz des Descanso. Die Kameliensammlung unter dem schützenden Dach eines Eichenwaldes (einige Bäume sind über 300 Jahre alt) gehört zu den größten in ganz Nordamerika und weist mehr als 700 unterschiedliche Arten auf. Das gefilterte Licht und der fruchtbare Boden sorgen dafür, dass hier einige bemerkenswerte Pflanzen gedeihen. Mehrere Arten der roten chinesischen Kamelie sind den hartnäckigen Verhandlungen des Parkgründers Boddy mit China bezüglich der Vermehrungsrechte zu verdanken.

Im **Japanischen Garten** stehen authentische japanische Bauten und ein Teehaus, gibt es eine Gartenbrücke und Teiche – ein perfekter Ort für eine Rast und ein kühles Getränk. Im **Fliederhain** wachsen etwa 350 Arten dieser duftenden Pflanze. Im **Internationalen Rosarium** hat sich die Arbeit des bekannten Pflanzenzüchters Walter E. Lammert in so klassischen Züchtungen wie Sunny June, Bewitched, High Noon und Chrysler Imperial niedergeschlagen. Der **Schwertliliengarten** ist immer eine Freude, ebenso die **Frühlingspromenade** voller Tulpen und anderer Frühlingsblumen.

Die 3,6 Hektar der **einheimischen kalifornischen Pflanzen**, die vom Naturforscher Theodore Payne angelegt wurden, lohnen einen Rundgang. Es gibt auch eine Beobachtungsstation im **See- und Vogelschutzgebiet**.

Führungen werden zu Fuß und mit einer Bahn angeboten. Eine Kindereisenbahn bringt Familien zum Haus des Parkgründers Boddy, in dem Arbeiten lokaler Künstler zu sehen sind. ■

Weitere botanische Wunder

Das **Los Angeles County Arboretum & Botanical Garden** *(301 North Baldwin Road, Arcadia, Tel. 626/821-3222, www.arboretum.org)* bietet australische und afrikanische Pflanzungen, tropische Treibhäuser und Kräutergärten.

Weiter außerhalb der Stadt, neben der I-210 können Sie im **Rancho Santa Ana Botanic Garden** *(1500 North College Avenue, Claremont, www.rsabg.org)* eine umfangreiche Sammlung von Wüstenblumen sehen. Näher an Pasadena liegen die Huntington Botanical Gardens (siehe S. 118f) und **Burkard's Nursery** *(Orange Grove Boulevard und Lincoln Avenue, Pasadena, Tel. 626/796-4355)*. Vielleicht erzählt Ihnen der Besitzer Frank Burkard von seinem Ärger mit den städtischen Gärtnern. ■

Frühling in den Descanso Gardens

Das Huntington

The Huntington
www.huntington.org
108 B2
1151 Oxford Rd., San Marino
626/405-2100
Geschl. Mo u. Di–Fr nachm. (außer Juni–Aug.)
$$

WIE IHR MODERNER GEGENPART, DAS GETTY CENTER, ZEUgen die Huntington Library, Art Collections and Gardens vor allem von großem Ehrgeiz. Und wie beim Getty sind dies Ambitionen – die Schaffung einer Forschungsbibliothek, Kunstsammlung und eines Parks – mit Eleganz, Geschmack und größtenteils auch Qualität verwirklicht worden. Ein Charakteristikum, nach dem das Getty noch streben muss, ist hier bereits realisiert: Beständigkeit. Seit mehr als 80 Jahren widmet sich dieses geistige Produkt Henry E. Huntingtons, des Neffen des großen Eisenbahnkönigs Collis P. Huntington, unbeirrt dem Erhalt eines Niveaus, dem man ansonsten nur in einigen der besten Sammlungen Europas begegnet (etwa dem Musée d'Orsay in Paris).

Thomas Gainsboroughs unter dem Namen *Knabe in Blau* bekanntes Porträt von Jonathan Buttall (1770)

Huntington war zu Beginn des 20. Jahrhunderts ein großer Förderer von Los Angeles. Seine Signatur ist buchstäblich überall zu sehen: in der Straßenführung des modernen Autobahnsystems, das immer noch häufig den Schienensträngen seiner Red-Car-Linie folgt, einem seinerzeit sehr beliebten Straßenbahnsystem. Die seinen Namen tragende Kultureinrichtung war eine von Henry Huntingtons späten Leidenschaften, der er sich nach der Scheidung von seiner ersten Frau und der Heirat seiner Tante Annabelle im Jahr 1914 widmete.

Der Komplex nimmt 80 Hektar atemberaubendes Parkgelände ein. Seine drei Kunstgalerien und die Bibliothek bewahren und zeigen, unter vielen anderen, Meisterwerke wie die Gutenberg-Bibel, Rogier van der Weydens *Madonna mit Kind*, Gainsboroughs *Knabe in Blau*, Mary Cassatts *Frühstück im Bett* und Edward Hoppers *Die lange Etappe*.

Die botanischen Gärten reichen von einer großen Sammlung alter Rosen bis hin zu tropischen Pflanzen und Wüstenvegetation (etwa kriechende Teufelskakteen im Baja-California-Wüstenbett). Es gibt zu jeder einzelnen Attraktion eine eigene kostenlose Broschüre. Wer will, kann einen ganzen Tag voller Muße einplanen, um all die Sehenswürdigkeiten des Huntington-Komplexes zu besichtigen, im Restaurant in der Nähe des Shakespeare Garden zu Mittag zu essen und als Ausklang einen späten Nachmittagstee zu sich zu nehmen. Im Sommer ist ein Sonnenschutz empfehlenswert.

Wenn Sie den Eingangspavillon an der Allen Avenue passiert haben, halten Sie sich rechts und gehen Sie am Palmengarten (Huntington gehörte zu den ersten Freunden exotischer Pflanzen in Südkalifornien) vorbei zur **Bibliothek**. Ihre Räume mit den hohen Decken und großzügigen Galerien sind ideal, um sich abzukühlen, während man das bemerkenswerte Ellesmere-Manuskript der *Canterbury-Erzählungen* aus dem Jahr 1410 betrachtet. Diese Seiten mit ihrem schmucken Dekor und der Geschichte der Ehefrau aus Bath sind in frohen Farben gehalten und schildern Szenen aus einer fernen Welt. Nachdem Sie sich die Gutenberg-Bibel angeschaut und Audubons exquisite Illustrationen in *Vögel Amerikas* bewundert haben, geht es weiter zur **Huntington Gallery**. Dieses ehemalige Wohnhaus wurde von Elmer Grey und Myron Hunt entworfen, die sich von der Architektur des Mittelmeerraums inspirieren ließen. Die riesige Galerie enthält die größte Sammlung englischer und französischer Gemälde des 18. und 19. Jahr-

hunderts im gesamten Land. Verbringen Sie jedoch nicht zu viel Zeit vor Gainsboroughs *Knabe in Blau* oder Lawrences *Pinkie*. Die Galerie ist eine wahre Schatztruhe, und wenn Sie die Wächter fragen, können Sie einige von William Blakes Aquarellen sehen, von denen das Museum eine große Anzahl besitzt. Thomas Rowlandsons Karikatur *Eine französische Fregatte schleppt ein englisches Kriegsschiff in den Hafen* ist heute noch so lustig wie im Jahr 1790, als sie erstmals zu sehen war.

Ein Spaziergang durch den **Shakespeare Garden** bringt Sie zur **Scott Gallery**, die die Geschichte der amerikanischen Kunst durch drei Jahrhunderte verfolgt. Hier begegnen Sie Gilbert Stuarts *George Washington* (1797). George Caleb Binghams *In einem Dilemma* (1851) demonstriert große Meisterschaft im Einsatz von Vordergrund und Perspektive, um das Pionierleben in einem menschlicheren Licht zu zeigen. Eastman Johnsons hier hängendes Bild von 1870 kann als eine stimmungsvolle agrarische Metapher für den Wiederaufbau interpretiert werden.

Auf Ihrem Weg aus der Galerie durch den Rosengarten und den Kräutergarten können Sie sich eine Weile im **Japanischen Garten** aufhalten. Dort gibt es vier herausragende Elemente: einen formalen Garten, einen Zen-Felsengarten, ein japanisches Teehaus des 19. Jahrhunderts und einen Ikebana-Pavillon. Lassen Sie sich den Blick vom Zen-Garten auf das Haus nicht entgehen, in dem die Zickzack-Brücke einen seltenen westlichen Einblick in die sparsame, asymmetrische japanische Ästhetik ermöglicht.

Ein anderes Muss – besonders während der Blüte im Frühjahr – ist die Pfirsichbaum- und Stein-Pagode in der Schlucht des Japanischen Gartens. Konditionsstarke Spaziergänger werden sich auch noch den Australischen und den Wüstengarten vornehmen, bevor sie zum Eingangspavillon zurückkehren. Im **Chinesische Garten** liegt ein See. Mit einer Fläche von 4,8 Hektar ist er der größte chinesische Garten außerhalb Chinas. ■

Der Japanische Garten

Das Caltech

California Institute of Technology
www.caltech.edu
108 B2
1200 E. California Blvd., Pasadena
626/395-6811

Beckman Institute
626/395-6520
Geschl. vormittags, Sa, So

IM CALIFORNIA INSTITUTE OF TECHNOLOGY, LANGE EIN Synonym für technische Meisterleistungen, wurden einige der größten wissenschaftlichen Pionierleistungen des 20. Jahrhunderts erbracht. Hier entwickelte in den 1930ern (als ein löwenmähniger Typ namens Einstein auf einem alten Fahrrad über den Campus fuhr) Theodore Von Karmen die mathematischen Prinzipien der Luftfahrt, und hier wurde die Richter-Skala zur Messung der Stärke von Erdbeben konzipiert. In jüngerer Vergangenheit wurde hier das Quark genannte Partikel unterhalb der Ebene des Atoms entdeckt. Ein Besuch der auch architektonisch interessanten Anlage lohnt etwa an einem Samstagnachmittag zwischen einer Besichtigung des Gamble House und der Altstadt von Pasadena (siehe S. 109).

Der Campus des Caltech mit Studenten in einem Kreuzgang im Stil der spanischen Renaissance

Das Caltech entstand im späten 19. Jahrhundert als Berufsschule. Es entwickelte sich auf der Basis eines großzügigen Plans des bedeutenden Architekten Bertram Grosvenor Goodhue. Er entwarf einen Campus mit zwei Achsen mit Portalen, Zypressen und einem zentralen Teich … ein Effekt, der an das Taj Mahal in Indien erinnert. Goodhue hatte eine Vorliebe für die spanische Renaissance, wie seine floralen Voluten und die in Stein gehauenen Muscheln um den Eingang zur **Parsons-Gates Hall of Administration** belegen. Zwei weitere von Goodhue erhaltene Bauwerke sind das **Bridge Laboratory of Physics** und das Labor für Hochspannungsforschung (das heutige **Sloan Laboratory**). Beide Bauwerke sind verändert worden, aber genaueres Hinschauen fördert noch viele, für Goodhue charakteristische Elemente zu Tage: gewölbte Decken, Springbrunnen, große Flächen einfacher Außenwände, mit rhythmisierten Fensterachsen. Insgesamt bewirken die architektonischen Details, dass dem Campus ein unterschwellig religiöser Charakter anhaftet. Dies gilt etwa für die alten Alexander Calder-Skulpturen an der Fassade des **Beckman Laboratory of Chemical Synthesis**.

Das soziale Leben auf dem Campus findet seinen Mittelpunkt im **Athenaeum**, das der britische Architekt Gordon Kaufman 1930 erbaute. Auch hier dominiert ein eklektischer mediterraner Stil. Das **Beckman Institute** betreibt ein Museum, das dem ehemaligen Caltech-Absolventen Arnold O. Beckman, einen Pionier der Entwicklung wissenschaftlicher Instrumente, gewidmet ist. Das College organisiert Vorträge von Gastwissenschaftlern und wöchentliche Kammermusik- und Kulturveranstaltungen *(Tel. 626/395-4652)*. ■

Die Mission San Gabriel Arcángel

DIE 1771 VON SPANISCHEN FRANZISKANERN ALS EINE VON 21 kalifornischen Missionsstationen gegründete Mission nennt ein reiches Erbe ihr Eigen. Von hier aus brach Gouverneur Felipe de Neve im Jahr 1781 mit Soldaten und Siedlern auf, um El Pueblo de Nuestra Señora La Reina de Los Angeles zu gründen. Von dieser Missionsstation aus verwalteten die Padres 600 000 Hektar Bauernland, womit sie zu einer ernst zu nehmenden wirtschaftlichen Macht wurden. Wie bei allen Missionsstationen führten die Säkularisation im Jahr 1833 und die Amerikanisierung zum Niedergang. Im gesamten 20. Jahrhundert, zuletzt 1996, wurde hier viel restauriert.

Mission San Gabriel Arcángel

108 B2

428 S. Mission Dr., San Gabriel

626/457-3048

Die Überreste der ursprünglichen Kirche sind restauriert. Das Hauptschiff hat ein einfaches Gewölbe mit einem Altar im spanischen Stil. Eine der farbenfrohen Heiligenstatuen war ein Geschenk von Königin Maria 1773. Die abgerundeten Stützpfeiler des Glockenturms verleihen San Gabriel eine entfernt maurische Note. Wissenschaftler haben auf die Ähnlichkeit mit der Kathedrale von Cordoba hingewiesen, der Geburtsstadt von Pater Antonio Cruzado, der die Mission erbaut haben soll. Wie bei vielen Missionsstationen verweisen die Anlage und der Friedhof auf die Schattenseiten der spanischen Kolonisation: Unter dem Gelände sollen die sterblichen Überreste von 5000 Gabrieleño-Indianern verscharrt sein. ■

Modernes Wandgemälde an einer Wand des 19. Jahrhunderts der Missionsstation

Monterey Park

Wer gutes Essen als Reiseziel an sich erachtet, wird die vier Städte Monterey Park, Alhambra, San Gabriel und Rosemead als Paradies empfinden. Die unter dem Sammelnamen Monterey Park bekannte Gegend ist Heimat der wachsenden asiatischen Bevölkerung von L. A., die zum größten Teil aus Taiwan, Hongkong, China und Vietnam stammt. Das Resultat ist, dass, wie das gestrenge *Atlantic Monthly* kürzlich feststellte, das »beste chinesische Essen mittlerweile in den neuen chinesischen Vorstädten von Los Angeles serviert wird«.

Das war nicht immer so. Bis in die Mitte der 1970er war Monterey Park nur eine von vielen südkalifornischen Vorstädten mit vorrangig angelsächsischer Bevölkerung. Exotisches Essen beschränkte sich auf das lokale Taco-Haus. In den frühen 70ern begannen einige chinesische Immigranten jedoch, hiesige Immobilien in Zeitungen in China anzupreisen. Die gelockerten Einwanderungsgesetze sowie der bevorstehende Wechsel Hongkongs unter chinesische Herrschaft taten ein Übriges, um bei der Mittelklasse Interesse an dieser Region zu wecken. Bis zur Mitte der 80er Jahre war Monterey zu 60 Prozent in asiatischem Besitz und eine aufstrebende chinesisch-amerikanische Vorstadt mit eigenen Supermärkten, Banken und Restaurants.

Der Reisende sollte eines wissen: Hier gibt es weniger die alte »Süßsaures-Schweinefleisch«-Küche, sondern die moderne chinesische, stark regional ausgerichtete Küche mit frischen Zutaten. Das bedeutet, dass Sie neuen Erfahrungen gegenüber offen und bereit sein müssen, Fragen zu stellen. Das Kernwort heißt aber »Experiment«. Wenn Sie nicht gerade an Vogelnestsuppe und Schnabeltier interessiert sind, ist das Essen hier preiswert, so dass Sie unterschiedliche Gerichte kosten können.

Bereit? Fragen Sie am San Gabriel Square an, um nichts zu verpassen. Das ehemalige Drive-in-Theater ist heute ein riesiges asiatisches Einkaufszentrum mit Restaurants und der Great Mall of China. Im Happy Family *(608 N. Atlantic Blvd., Tel. 626/282-8986)* bekommt man eine gute Einführung in die Küche Taiwans. Jonathan Gold, der Restaurant-Guru aus L. A., empfiehlt hier die pfannengebratenen grünen Bohnen und das Hausmacher-Tofu. Wer weniger abenteuerlustig ist, kann es mit den Fisch- und Meeresfrüchte-Vorspeisen versuchen, auch die würzigen Auberginen sind bemerkenswert. Im unten gelegenen lebhaften Tung Lai Shun Islamic Chinese Restaurant *(Tel. 626/288-6588)* wird dem Lamm geradezu Verehrung entgegengebracht. Durchstöbern Sie anschließend die erstklassigen chinesischen Kaufhäuser, um einen Eindruck von einer Einkaufsstraße der globalen Welt des Jahres 2001 zu bekommen.

Weiter den Valley Boulevard hinunter liegt, gegenüber vom Turning Point Spaghetti Disco House, eines der kleineren Plazas. Hier finden Sie das Mei Long Village *(301 West Valley Boulevard, San Gabriel, Tel. 626/284-4769)*. Das vom Besitzer geführte Lokal wird von chinesischen Familien und gelegentlich auch von Gourmets besucht. Bestellen Sie als Vorspeise das Krabben-*Dim sum* – ein Gedicht! Auch die im Wok zubereiteten grünen Erbsen sind ein Muss, ebenso ein Stück Schweinefleisch, das den Namen Pork Pump (»Schweinepumpe«) trägt.

Im An Lac Restaurant *(1281 East Valley Boulevard, Alhambra, Tel. 626/282-8033)*, einem vietnamesischen Café, gibt es ausgezeichnetes Huhn mit rotem Reis und zwei Arten von Frühlingsrollen – eine frittierte und eine unfrittierte. Kosten Sie beide.

Spazieren Sie nun um die Valley Square Plaza herum zur vietnamesischen Bäckerei, einer der wenigen Beiträge des französischen Kolonialreichs zur internationalen Küche. Anschließend lädt der benachbarte chinesische Supermarkt ein.

Das Empress Harbor Seafood *(111 N. Atlantic Blvd., Tel. 626/300-8833)* ist bekannt für ausgezeichnete, dafür etwas teurere Fisch- und Meeresfrüchte-Gerichte. Die Zutaten sind so frisch, dass sie Jonathan Gold zu folgender Schwärmerei verführten: »Wir hatten hier eine fast perfekte chinesische Mahlzeit. Zuerst gab es Riesenkrabben, die eine nach der anderen mit einem Netz aus dem Tank gefischt und wild zuckend in einen Eimer geworfen wurden. Dann, ein paar Sekunden später, gedämpfte Shrimps, das Fleisch der bananenförmigen Tiere süß und fest. Als Nächstes gab es einen lebenden Hummer, der alle nass spritzte, als er aus dem Tank gefischt wurde.« ■

Ganz links: In der Küche des Restaurants Yuet Lee – Oben: Bei einem Neujahrsessen Unten: *Dim sum* und Deserts für ein Sonntagsfrühstück

Angeles National Forest
www.fs.fed.us/r5/angeles/
108 B3
Besucher-information
626/574-1613

Mission San Fernando
50 C3
15151 San Fernando Mission Blvd., Mission Hills
818/361-0186

Rund um die Foothills

DER ANGELES NATIONAL FOREST ERHEBT SICH ÜBER den Bergausläufern und reicht vom nordöstlichen Ende des San Fernando Valley bis San Bernardino. Diese Wald- und Flusslandschaft ist von Wanderwegen, Picknickplätzen und Skigebieten durchzogen.

Im **Mount Wilson Observatory** *(Tel. 310/476-4413)* am Angeles Crest Highway ist das Teleskop zu besichtigen, mit dem Generationen von Wissenschaftlern des Caltech die Geheimnisse des Weltalls zu ergründen trachteten. Oder man kann Drachenflieger bewundern, die mutig von den Felsen hinunter nach Altadena gleiten. Der weiter oben gelegene **Charlton-Flat**-Picknickplatz ist ein wunderbarer Ort, um Vögel zu beobachten. Noch höher kann man vom **Jarvi Memorial Outlook** Ausschau nach Großhornschafen halten.

Wieder im Flachland, lohnt ein Abstecher nach Westen zur **Mission**

San Fernando. Die 1797 von Pater Fermin Lasuen gegründete Missionsstation erfüllte für L. A. einst eine ähnliche Funktion wie ihr Gegenstück in San Gabriel: Sie versorgte die neue Siedlung mit Nahrungsmitteln, Kleidung und Brennstoff.

Lasuen war ein Meister im Bekehren, so dass bis 1819 über tausend neue Christen in San Fernando lebten. Die vollständig restaurierte Kapelle lohnt auf Grund der indianischen und spanischen Farben und Ornamente eine Besichtigung. Die Padres waren anscheinend weitaus stärker multikulturell orientiert, als man bisher angenommen hat. Ein Gang durch die gekachelten Wandelgänge unter der Loggia ist ebenfalls reizvoll.

Auf dem Rückweg von der Missionsstation sollten Sie die **Theodore Payne Foundation** besuchen, ein der einheimischen Botanik gewidmeter Park.

Wenn Sie wieder auf der I-210 nach Pasadena hineinfahren, kommen Sie am **Jet Propulsion Laboratory** vorbei. Von hier aus erforschte die NASA das Sonnensystem mit Projekten vom ersten *Explorer* bis hin zum jüngsten *Sojourner*.

Die San Gabriel Mountains in der Abenddämmerung

Theodore Payne Foundation
www.theodorepayne.org
50 C3
10459 Tuxford St., Sun Valley
818/768-1802
Geschl. Mo

Drachenflieger am Mount Wilson

Jet Propulsion Laboratory
www.jpl.nasa.gov
108 B3
4800 Oak Grove Dr.
818/354-4321; 626/354-9314 (Voranmeldung für Führungen nötig)

Big Bear Lake
50 G3
Besucher-information
www.bigbearinfo.com
909/866-6190

Die Straße weiter nach Osten (I-210) wird von vielen kleinen bodenständigen Städten gesäumt, auf Grund derer Zyniker diese Region mit dem Verdikt »mittelalte Mittelklasse aus dem Mittleren Westen« belegt haben. Obwohl sich die demografische Zusammensetzung durchaus verändert hat, blieb die Atmosphäre doch weitgehend die gleiche. Ein Halt in **Monrovia** *(Ausfahrt Myrtle)* lohnt wegen der preiswerten Antiquitätenläden.

Die urige College-Stadt **Claremont**, die eine zwanzigminütige Autofahrt weiter im Osten liegt, wirkt ein wenig so, als befinde sie sich in Neuengland, und bietet einiges künstlerisch und architektonisch Interessantes, von Myron Hunts Bridges Hall of Music am **Pomona College** *(North College Avenue, Tel. 909/621-8000)* bis zum ersten von José Orozco in den USA geschaffenen Wandgemälde an der Frary Hall des College.

Bis zur Innenstadt von **Riverside** benötigt man eine weitere Stunde. Hier ist die restaurierte **Mission Inn** *(3649 Mission Inn Ave., Tel. 909/784-0300)* ein ausgezeichnetes Beispiel für die Mestizen-Architektur, eine Mischung aus mexikanischen und spanischen Elementen mit schmuckvollen Loggien und Springbrunnen.

Noch weiter östlich erstreckt sich der **San Bernardino National Forest** *(Tel. 909/382-2600)*, eine seit langer Zeit beliebte Feriengegend. In den 1920ern machten Stars wie Charlie Chaplin **Lake Arrowhead** zu einem besonders populären Urlaubsziel. Heute hat diese Berggegend im Sommer zahlreiche Wassersport- und im Winter Skisportmöglichkeiten zu bieten. Die landschaftlich besonders reizvolle **Bluff Meadow** am Ende des **Champion Lodgepole Pine Trail** liegt südlich des benachbarten **Big Bear Lake**, wo während der Wintermonate Weißkopf-Seeadler in den Lüften kreisen. Gute Wander- und Radfahrmöglichkeiten bietet Big Bear im Sommer, im Winter liegt er unter Schnee begraben. Dann strömen Snowboarder und Skifahrer in die **Big Bear Mountain Resorts** *(Tel. 909/866-5766)*, die Kaliforniens beste Skipisten bieten. ■

Südkaliforniens sanfte Abendbrise und sein azurblauer Himmel beschwören eine mediterrane Atmosphäre herauf. Im Süden übt San Diegos Balboa Park besondere Anziehungskraft aus, im Norden lockt Santa Barbara mit ausgezeichneter Architektur und guter Küche.

Südkalifornien

Leuchtturm in Santa Barbara

Südkalifornien

TROTZ GELEGENTLICHER VERSUCHE, SÜDKALIFORNIEN EINEN BESSER MERKbaren (oder vermarktbaren) Namen zu geben, bleibt das riesige Gebiet, das sich von den Tehachapi Mountains bis zur mexikanischen Grenze erstreckt, unter diesem Namen bekannt.

Country (»Land«) ist das entscheidende Wort. »Land« in dem Sinne, wie man von Teilen des Südens als Faulkner-Land oder Teilen von Neu-England als Yankee-Land spricht. Es sei deshalb daran erinnert, dass der ursprüngliche Titel des auch heute noch besten Abrisses über die Entwicklung dieser Region, Carey McWilliams *Southern California: An Island on the Land (»Südkalifornien: Eine Insel an Land»)* zuerst *Southern California Country (»Das Land Südkalifornien«)* lautete.

Das etwa 440 Kilometer lange und bis zu 160 Kilometer breite Gebiet wird von den Tehachapi Mountains nördlich von Santa Barbara, den San Bernardino und San Jacinto Mountains im Osten und im Westen vom Pazifik begrenzt. Das aus dieser Lage resultierende Klima ist einzigartig auf dem amerikanischen Kontinent. McWilliams betont: »Südkalifornien ist eine vom Rest des Kontinents abgetrennte Klimainsel.« Es ist in der Tat eine Insel an Land.

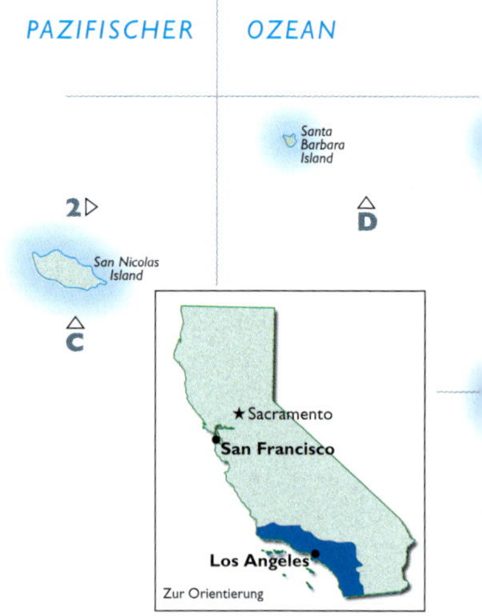

Wie schon angedeutet, handelt es sich bei den Insulanern zunehmend um eine bunte Mischung von Menschen aus allen Ecken der Welt. Ein aufmerksamer Besucher von Santa Barbara, Laguna Beach oder San Diego wird feststellen, dass es sich um eine gemischte Gruppe handelt, die sich das ideale Klima ausgesucht und dann hier niedergelassen hat. Ein Indiz hierfür ist, dass die meisten Sehenswürdigkeiten Naturphänomene sind: Gezeitentümpel, heiße Quellen, Badebuchten und Surfstrände, botanische Gärten und große ehemalige Ranches.

Die im Süden gelegenen Strände sind für Sonnenanbeter ein Paradies. Im Hinterland kann man zwischen unzähligen Vergnügungsparks (Disneyland, Knott's), einem neuen Weinbaugebiet (Temecula), Kunst- und Kultur-Palästen und wundervollen Obstgärten wählen. Nördlich von Santa Barbara spaziert man umher, widmet sich der Geschichte und isst anschließend gut. Im Binnenland gibt es ein idyllisches Fleckchen namens Ojai, wo Furchtlose die Wurzeln der hoch gepriesenen neuen Spiritualität der Region entdecken können. ■

Long Beach bei Nacht, die Silhouette der *Queen Mary* markieren Lichter

Long Beach

LONG BEACH HAT IMMER IM SCHATTEN VON LOS ANGELES gestanden, seiner glanzvolleren Schwester im Norden. Die frühen Siedler in Long Beach hatten viel Land, aber L. A. hatte Zugang zu den Mächtigen Spaniens, Mexikos und dann der Vereinigten Staaten. Bis zum Ende der 1930er hatte sich L. A. einen Ruf als die Pazifikstadt mit Palmen und Sonnenschein erworben. Long Beach aber, mit einem angelsächsischen Bevölkerungsanteil von 89 Prozent, war unter dem Namen »Iowa an der See« bekannt. Bis in die späten 70er Jahre hinein hatte es den Ruf eines heruntergekommenen Hafens erworben, wo sich ein buntes Volk mit teilweise derben Typen herumtreibt.

In den letzten Jahren hat sich Long Beach erholt. Es besitzt nun einen der besten Häfen der Welt, hohe Lebensqualität und viele Sehenswürdigkeiten. Im Mittelpunkt des neuerlichen Aufschwungs steht das neue Projekt Queensway Bay, das größte Erschließungsprojekt am Meer in der Geschichte Kaliforniens.

Das 1998 eröffnete einzigartige **Aquarium of the Pacific** verankert Queensway in der Stadt. Es präsentiert 1000 verschiedene Spezies in 19 großen Lebensräumen.

Vom Eingang des Aquariums aus können Sie den Wasserbus zur zweiten großen Attraktion in Long Beach nehmen, der **Queen Mary**. Dieser stolze Ozeandampfer, der 1936 auf Jungfernfahrt ging, ist gründlich renoviert und wieder in seine alte Art-déco-Pracht zurückversetzt worden. Im Eintrittspreis sind ein Rundgang und der Zugang zu Ausstellungsstücken wie »Das Russische U-Boot Scorpion aus der Zeit des Kalten Krieges« enthalten.

Long Beach
N 129 E3
Besucher-information
www.visitlongbeach.com
✉ 1 World Trade Center, 300
☎ 562/436-3645

Aquarium of the Pacific
www.aquariumofpacific.org
✉ 100 Aquarium Way
☎ 592/590-3100
$ $$$

Queen Mary
www.queenmary.com
✉ 1126 Queens Hwy.
☎ 562/435-3511
$ $$$

Anfassen ist erlaubt im Cabrillo Marine Aquarium

Wenn Sie einkaufen oder essen gehen wollen, kehren Sie in die Innenstadt zur **Pine Avenue** zurück. Oder aber Sie besuchen das **Long Beach Museum of Art**. Dieses Kleinod befindet sich in einem historischen Gebäude mit Blick auf den Ozean und präsentiert hervorragend kuratierte Ausstellungen zu westlichen Künstlern.

Ebenfalls in Long Beach liegt das **Museum of Latin American Art**, das sich der Kunst der hiesigen lateinamerikanischen Bevölkerung widmet.

Die **Acres of Books** *(240 Long Beach Boulevard)*, sehr treffend benannt, ermöglichen eine einzigartige bibliophile Erfahrung. Hier gibt es einige der besten Schnäppchen an der gesamten Westküste in einer Riesenauswahl.

In der gesamten Bucht ist **San Pedro** das lohnenswerteste, wenngleich oft übersehene Reiseziel. Einst schlug hier, wo japanische auf osteuropäische und kroatische Seeleute trafen, das Herz der maritimen Kultur in der Gegend von Los Angeles. Viele von ihnen sind heute noch in den urigen Einkaufsläden und örtlichen Fisch-Cafés zu finden. Das Hauptaugenmerk des **Cabrillo Marine Aquarium** liegt auf dem Leben an den lokalen Stränden und in den hiesigen Gewässern.

Wer zwischen März und August kommt, kann ein südkalifornisches Extra genießen. Wenn die Flut in die Nachtstunden fällt, veranstaltet das Museum Führungen zu den Stellen, wo bestimmte kleine Fische an den Stränden landen, sich zum Zweck der Paarung in den Sand eingraben und anschließend zurückziehen, um in den hiesigen Gewässern zu sterben.

Ein beliebter Ausflug ist die Fahrt nach **Catalina Island** – sei es mit dem Helikopter oder mit der Fähre. Die Insel liegt 35,5 Kilometer vor der Küste und war ein beliebter Rückzugsort des Kaugummi-Magnaten William Wrigley. Rund um die wilde Insel ist das Wasser klar und voll Meeresleben. Besucher können das 170 Quadratkilometer große **Catalina Island Conservancy** *(Tel. 310/510-2995)* besichtigen, in dem Füchse, Büffel und Weißkopfseeadler leben, auch der **Wrigley Memorial & Botanical Garden** ist interessant. Im Jugendstil-Kasino ist heute das **Catalina Island Museum** *(Tel. 310/510-7400)* mit einer sehenswerten archäologischen Sammlung untergebracht. ■

Long Beach Museum of Art
www.lbma.org
✉ 2300 E. Ocean Blvd.
☎ 562/439-2119
🕒 Geschl. Mo, Di
$ $

Museum of Latin American Art
www.molaa.com
✉ 628 Alamitos Ave.
☎ 562/437-1689
🕒 Geschl. So vormittags, Mo
$ $$

Cabrillo Marine Aquarium
www.cabrilloaq.org
✉ 3720 Stephen White Dr., San Pedro
☎ 310/548-7562
🕒 Geschl. Mo
$ $

Catalina Island Besucherinformation
www.catalina.com
✉ 1 Green Pier
☎ 310/510-7649

Disneyland Resort

Disneyland Resort
www.disneyland.com
✉ 129 F3
✉ 1313 Harbor Blvd., Anaheim
☎ 714/781-4565 oder 714/781-7290 (Zeiten je nach Saison)
$ $$$$$. Kinder unter 3 Jahren frei

DISNEYLAND IST FÜR VIELE DAS HAUPTREISEZIEL IN SÜDkalifornien. Dieser 1955 gegründete »Glücklichste Ort auf der Erde« ist in den letzten Jahren Thema so vieler kritischer Essays gewesen, dass man sich fragen musste, ob das fröhliche Gefühl der Unschuld und des Staunens verloren gegangen sei. Der Vergnügungspark ist angegriffen worden, weil seine Fahrgeschäfte angeblich nicht ausreichend sicher genug sind (es sind zahlreiche Haftungsklagen anhängig), weil es Diskriminierung praktiziert (was zu einer Debatte darüber geführt hat, ob Homosexuellen gestattet werden darf, in den konservativen, an Familien gerichteten Attraktionen des Parks zu tanzen, was letztlich bejaht wurde) und kulturellen Imperialismus betreibt (weil es seinen Comic-Figuren an »ethnischer Vielfalt« mangelt). Das Ergebnis? Die Leute kommen nach wie vor in Massen, geben eine Unmenge Geld aus und sind *happy happy happy!*

Es gibt Strategien, um bei einem Besuch des 34 Hektar großen Vergnügungsparks (siehe Kasten unten) mit dem **Disneyland Park** und dem **Disney's California Adventure Park** (siehe S. 136) das Vergnügen zu steigern und den Ärger in Grenzen zu halten. Ein Problem ist der Verkehr.

Der Park ist in acht »Länder« unterteilt, die jeweils spezifischen Themen gewidmet sind. Das erste ist **Main Street U.S.A.**, eine nachgebaute, typisch amerikanische Stadt der Zeit um 1890. Die verschiedenen Automatenspiele und die **Great Moments with Mr. Lincoln**, der in Form einer Animation seine be-

Der Schlachtplan

Verschaffen Sie sich am Abend vor dem Besuch einen Überblick darüber, was Ihre Familie absolut sehen muss. Die *website* von Disneyland ist sehr hilfreich, sie bietet Lagekarten, Informationen zu Hotels und Verpflegung und eine Liste der wegen Reparatur- oder Reinigungsarbeiten geschlossenen Attraktionen. Denken Sie dann darüber nach, was Sie essen wollen – Sie dürfen nichts in den Park mitbringen. Sie können in Erwägung ziehen, in einem der 450 Lokale von Anaheim ein reichliches Frühstück einzunehmen, bevor Sie in den Park gehen – was Sie möglichst früh tun sollten. Sobald Sie die Tore passiert haben, befinden Sie sich auch im Disney-Essland. Die Verpflegung ist nicht schlecht, aber auch nicht wirklich gut.

Der Tipp eines Fans: »Jedesmal, wenn wir in Disneyland sind, gehen wir sofort zum Blue Bayou Restaurant am New Orleans Square und reservieren einen Tisch für später. Dies ist das bequemste und appetitanregendste Restaurant mit Sitzmöglichkeit im ganzen Park, und es ist unschlagbar, wenn Sie acht Stunden auf den Füßen waren.« Eine andere Strategie besteht darin, sich während des Tages die Live-Shows anzusehen, einzukaufen und zu essen und sich die beliebtesten – und überlaufenen – Attraktionen für den Abend aufzusparen, an dem es etwas ruhiger zugeht. Schließlich sei auch erwähnt, dass es eine Reihe speziell für Familien mit kleinen Kindern gedachter Führer durch Disneyland gibt. ■

Gegenüberliegende Seite: Dornröschens Schloss im Fantasyland

Die Indiana Jones-Abenteuerfahrt

rühmteste Rede hält, sind die Hauptanziehungspunkte. Schauen Sie sich, während Sie in diesem »Land« sind, auch eine der zahlreichen kunstvollen Paraden an. Abends enden sie mit einem bemerkenswerten Feuerwerk.

Das **Adventureland** galt einmal als eine der ruhigeren Attraktionen, nicht zuletzt weil es weniger Technisches wie den **Enchanted Tiki Room** und die **Jungle Cruise** enthält. Der Charakter des Abenteuerlands ist durch das **Indiana Jones Adventure** jedoch grundlegend verändert worden. Dieses ultraschnelle Fahrgeschäft hat sehr gute Kritiken bekommen und verursacht die längsten Warteschlangen. Der späte Abend ist vermutlich die beste Zeit, um diese Fahrt zu machen.

Das **Fantasyland** genannte Märchenland verzaubert mit Sleeping Beauty Castle, **Peter Pan's Flight** und **Snow White's Scary Adventures**. Aus unerfindlichen Gründen erfreute sich **Mr. Toad's Wild Ride** in den 1960ern, wie auch heute wieder, bei Teenagern und jungen Erwachsenen großer Beliebtheit. Für Kinder gibt es zwei Fahrten, die man nicht auslassen sollte: **It's a Small World**, dessen Erkennungslied Sie sich einprägen werden, und **Dumbo the Flying Elephant**. Die **Matterhorn Bobsled** sind spektakulärer und schnell und nass. Machen Sie diese Schlittenfahrt nicht zu bald nach dem Essen.

Das **Tomorrowland**, Walt Disneys Vorstellung von der Zukunft, ist in den letzten Jahren völlig neu konzipiert und umgebaut worden. Das Schwergewicht liegt nun auf Action. Es gibt allerdings auch einige informative Elemente. In **Innoventions** zum Beispiel besteigen die Besucher ein langsam rotierendes Gefährt, bei dem Ausstellungsstücke in fünf thematischen Gruppen präsentiert werden: Verkehr, Gesundheit und Sport, Heim, Arbeit und Schule sowie Unterhaltung. Die Besucher können hier mit Hunderten von interaktiven Exponaten zu neuartigen Produkten und Technologien spielen. Das auf der erfolgreichen Filmreihe basierende **Honey, I Shrunk the Audience** (»Liebling, ich habe das Publikum geschrumpft«) ist typisch für Tomorrowland. Man sitzt in einem 500 Personen fassenden Saal und erlebt ein dreidimensionales abenteuerliches Spektakel, bei dem mit Spezialeffekten der Eindruck erweckt wird, dass der Saal auf die Größe eines Schuhkartons zusammenschrumpft. Für kleine Kinder mag dies etwas beängstigend sein. **Autopia** – wo eine zweite Generation schneller Autos herumfährt – versteht man am besten als eine mechanische Version der Comic-Welt Disneys.

Wenn Sie einen Eindruck von dem »alten« Disneyland gewinnen wollen, nehmen Sie die **Disneyland Monorail**.

Das **Critter Country** ist eine neuere Abteilung. Seine etwas langsamere Geschwindigkeit und ruhigere Atmosphäre machen es zu einem perfekten Ort für Knirpse und ausgelaugte Eltern. Witzig sind auch die **Many Adventures of Winnie the Pooh**. Ein weiterer ist der aufregendere **Splash Mountain**, eine

Der Astro Orbiter im Tomorrowland

Fahrt in ausgehöhlten Baumstämmen durch eine schicke Wasserrutsche. Man kann hier recht nass werden.

Das **Frontierland** ist eine der herkömmlicheren Abteilungen Disneylands. Hier gibt es Fahrgeschäfte wie das **Mark Twain Riverboat**, das **Raft to Tom Sawyer Island** und die **Frontierland Shootin' Exposition**. **Fantasmic!**, eine klassische Präsentation von Spezialeffekten und alten und neuen Disney-Figuren, ist hier ein neuer Glanzpunkt. Fantasmic! nimmt den Besucher mit auf eine Reise »durch Mickeys Fantasie« entlang den zahlreichen amerikanischen Flüssen. Die neueste Attraktion ist **Stars of Toy Story**, wo Kinder Stars wie Sheriff Woody, Jessie, dem Yodeling Cowgirl und anderen Figuren aus dem Kinofilm begegnen. Wenn Sie dies langweilt, machen Sie sich mit einer Fahrt auf der **Big Thunder Mountain Railroad** wieder wach.

Die am **New Orleans Square** zu findenden **Pirates of the Caribbean** sind vielleicht die bemerkenswerteste Attraktion. Die »Piratengäste« fahren in Booten, die

Die Mad Tea Party

sie, nach zwei haarsträubenden Sprüngen, in ein Land voller audioanimierter Piraten- und Frauenfiguren bringen. Eine Wartezeit von einer Stunde ist nichts Ungewöhnliches. Hier kann man auch in eine der vier Dampfeisenbahnen einsteigen und durch den Park fahren.

Mickey's Toontown, eine dreidimensionale Comicwelt, profitiert von den neuen Technologien und der Tatsache, dass sie von einer jüngeren und anspruchsvolleren Generation von Designern und Architekten entworfen worden ist. **Roger Rabbit's Car Toon Spin** ist ein altmodisches Fahrgeschäft in der Tradition von Mr. Toad. Sie können mit Ihrem Vehikel herumrotieren, während Sie durch verschiedene Comicwelten sausen. **Goofy's Bounce House, Donald Duck's Boat**, der **Jolly Trolley**, das **Chip 'n' Dale Treehouse** und der **Gadget's Go Coaster** sind weitere Attraktionen.

Zu den neuen Attraktionen zählt der **Disney's California Adventure Park**. Gründer Barry Braverman will seinen Gästen den kalifornischen Traum nahe bringen – mit Geschichten, schönen Plätzen und Abenteuern. Das erreicht er mit der Nachbildung einer Reihe kalifornischer Landschaften. Die Besucher können mittels Drachenflieger an einem virtuellen Segelflug über einen künstlichen Yosemite National Park teilnehmen oder das »Hollywood der Träume« anschauen.

2004 eröffnete die **Twilight Zone Tower of Terror**. Set ist das ehemalige glamouröse Hollywood Tower Hotel, das nun leer steht und nur noch von Geistergästen besucht wird. Adrenalinsüchtige können hier eine verhängnisvolle Nacht verbringen, in der das Licht ausfällt und ein verlassener Aufzugsschacht in die »Abgründe der Twilight Zone« führt.

Das **Downtown Disney** ist ein Restaurant-, Unterhaltungs- und Einkaufskomplex zwischen den Eingängen der beiden Themenparks und hat u. a. ein Kino mit zwölf Leinwänden. Wer dann erschöpft ist, kann sich ein Zimmer im Grand California nehmen. Das im Stil der Arts-and-Craft-Bewegung gebaute Hotel hat 751 Zimmer und ist eines von drei Hotels im Park. ■

Orange County

WENN SIE NACH IHREM BESUCH IM MAGISCHEN KÖNIGreich Disneyland noch Energie und Geld übrig haben sollten, können Sie weitere Sehenswürdigkeiten des Orange County erkunden.

Das **Bowers Museum of Cultural Art** in Santa Ana ist die lohnendste Adresse. Das Museum verfolgt das Ziel, Kunstwerke aus Amerika, aus Afrika und dem Pazifikraum zu erhalten, zu erforschen und auszustellen. Die Sammlung reicht von mexikanischen kupfernen Branntwein-Destillationsgeräten aus dem 18. Jahrhundert bis zu massigen Skulpturen aus Stahl von Betty Gold aus L. A. Ein Teil des Museums befindet sich in dem alten, im Missionsstil erbauten Haus von Charles Bowers, einem Zitronenzüchter des 19. Jahrhunderts.

Die **Crystal Cathedral** *(12141 Lewis Street, Garden Grove, Tel. 714/971-4000, geschl. So, außer während Gottesdiensten)* ist eine Bar aus 10 000 Glasplatten in einer prismenartigen Architektur. Sie entstand vor 30 Jahren als Freiluft-Kirche. Kontrastprogramm ist die **Richard Nixon Presidential Library & Birthplace**. Zu den ständigen Ausstellungen gehören Nixons Weg zur Präsidentschaft, die Ausstellung World Leaders (mit Geschenken großer Staatsmänner an Präsident Nixon) und die Berlin Wall Freedom Presentation. Dazu kommen noch Pat Nixons Rosengarten und das kleine Geburtshaus des Präsidenten.

Wenn Sie noch mehr Unterhaltung wünschen, versuchen Sie es mit **Knott's Berry Farm**. Ihre Anfänge liegen im Jahr 1934, als Cornelia Knott auf der Beerenfarm ihres Mannes eine Hühnerbraterei einrichtete. Heute steht hier ein Vergnügungspark mit unterschiedlichen Themen gewidmeten Abteilungen, High-Tech-Achterbahnen – und bis heute gibt's gute Brathühner. ■

Die mächtige Crystal Cathedral in Garden Grove

Bowers Museum of Cultural Art
www.bowers.org
✉ 2002 N. Main St., Santa Ana
☎ 714/567-3600
🕒 Geschl. Mo
$ $$

Richard Nixon Presidential Library & Birthplace
www.nixonlibrary.org
✉ 18001 Yorba Linda Blvd., Yorba Linda
☎ 714/993-3393
$ $$

Knott's Berry Farm
www.knotts.com
✉ 8039 Beach Blvd., Buena Park
☎ 714/220-5200
🕒 Öffnungszeiten erfragen
$ $$$

Strandleben in Newport

Küstenstädte

NÖRDLICH UND SÜDLICH VON LAGUNA BEACH LIEGT EINE Reihe von Städten mit herrlichen Stränden. Am Huntington Beach kann der Besucher die südkalifornische Surfszene aus nächster Nähe sehen. Rund um das Pier treffen sich die Nachwuchssportler. Man kann praktisch an jedem Morgen, und zwar je früher desto besser, einige der weltbesten Surfer beim Training in den Wellen beobachten. Später sollten Sie in den Läden für Surfbekleidung und in den Gesundheitskost-Cafés im alten Einkaufsbezirk hinter dem Pier stöbern. Es gibt sogar ein Surfmuseum.

Huntington State Beach
www.surfingmuseum.org
129 E3

International Surfing Museum
411 Olive Ave
714/960-3483
Geschl. im Winter

Newport Beach
129 F3
www.newportbeach-cvb.com
110 Newport Center Drive, Suite 120
949/719-6100

NÖRDLICH VON LAGUNA BEACH

Südlich des Zentrums von L.A. locken die breiten Strände des **Huntington State Beach** die Sonnenhungrigen. Ein Fahrradweg zieht sich den gesamten Strand entlang.

Wer sich für das Meeresleben und Wasservögel interessiert, kann die wenigen Kilometer zum **Bolsa Chica State Beach & Ecological Preserve** *(17851 Pacific Coast Highway, Tel. 714/377-5691)* fahren. Hier führt ein über zwei Kilometer langer Weg um eine Gezeitenbucht herum, in der man unter anderem Stachelrochen und Zwergdommeln sehen kann.

Noch weiter im Süden, in einem früher als »Die Goldküste« vermarkteten Gebiet, vernügt sich die schnelllebige, glamouröse und stark gebräunte Gesellschaft von **Newport Beach**. Die wesentliche Beschäftigung besteht hier darin, von dem »größten Hafen für Kleinschiffe in der Welt« mit dem Boot herauszufahren. Auch für diejenigen, die sich die Segelschuhe für 200 Dollar (ganz zu schweigen vom Segelboot) nicht leisten können, hält der Newport Harbor vielfältige Vergnügungen bereit, vom historischen Balboa Pavilion und einem altmodischen Vergnügungsbezirk bis hin zum **Newport Harbor Nautical**

Orange County

WENN SIE NACH IHREM BESUCH IM MAGISCHEN KÖNIGreich Disneyland noch Energie und Geld übrig haben sollten, können Sie weitere Sehenswürdigkeiten des Orange County erkunden.

Das **Bowers Museum of Cultural Art** in Santa Ana ist die lohnendste Adresse. Das Museum verfolgt das Ziel, Kunstwerke aus Amerika, aus Afrika und dem Pazifikraum zu erhalten, zu erforschen und auszustellen. Die Sammlung reicht von mexikanischen kupfernen Branntwein-Destillationsgeräten aus dem 18. Jahrhundert bis zu massigen Skulpturen aus Stahl von Betty Gold aus L. A. Ein Teil des Museums befindet sich in dem alten, im Missionsstil erbauten Haus von Charles Bowers, einem Zitronenzüchter des 19. Jahrhunderts.

Die **Crystal Cathedral** *(12141 Lewis Street, Garden Grove, Tel. 714/971-4000, geschl. So, außer während Gottesdiensten)* ist eine Bar aus 10 000 Glasplatten in einer prismenartigen Architektur. Sie entstand vor 30 Jahren als Freiluftkirche. Kontrastprogramm ist die **Richard Nixon Presidential Library & Birthplace**. Zu den ständigen Ausstellungen gehören Nixons Weg zur Präsidentschaft, die Ausstellung World Leaders (mit Geschenken großer Staatsmänner an Präsident Nixon) und die Berlin Wall Freedom Presentation. Dazu kommen noch Pat Nixons Rosengarten und das kleine Geburtshaus des Präsidenten.

Wenn Sie noch mehr Unterhaltung wünschen, versuchen Sie es mit **Knott's Berry Farm**. Ihre Anfänge liegen im Jahr 1934, als Cornelia Knott auf der Beerenfarm ihres Mannes eine Hühnerbraterei einrichtete. Heute steht hier ein Vergnügungspark mit unterschiedlichen Themen gewidmeten Abteilungen, High-Tech-Achterbahnen – und bis heute gibt's gute Brathühner. ■

Die mächtige Crystal Cathedral in Garden Grove

Bowers Museum of Cultural Art
www.bowers.org
✉ 2002 N. Main St., Santa Ana
☎ 714/567-3600
🕒 Geschl. Mo
$ $$

Richard Nixon Presidential Library & Birthplace
www.nixonlibrary.org
✉ 18001 Yorba Linda Blvd., Yorba Linda
☎ 714/993-3393
$ $$

Knott's Berry Farm
www.knotts.com
✉ 8039 Beach Blvd., Buena Park
☎ 714/220-5200
🕒 Öffnungszeiten erfragen
$ $$$

Laguna Beach

LAGUNA BEACH WURDE IN DEN 70ER JAHREN DES 19. JAHRhunderts von Mormonen besiedelt und entwickelte sich im ersten Jahrzehnt des 20. Jahrhunderts zu einem Künstler- und Urlaubsort. Der Ort übt seit langem eine unwiderstehliche Anziehungskraft auf Besucher und Einheimische aus, die Erholung von der Hitze und dem Lärm des Hinterlandes suchen. Hier ist die Luft frisch und die zerklüftete Landschaft urwüchsig.

Laguna Beach
129 F2
Besucher-information
www.lagunabeachinfo.org
252 Broadway
949/497-9229

Crystal Cove State Park
Nördlich von Laguna Beach, Abfahrt von Pacific Coast Hwy. (Calif. 1)
949/494-3539 oder 949/497-7647 (geführte Spaziergänge)
$

Vor der Stadt liegen einige beeindruckende Buchten, deren Wasser manchmal hellblau schimmert und manchmal düster, fast purpurrot ist. Aus dem Meer ragt eine Reihe wind- und wettergegerbter Felsen, die in ein kleines Bassin übergehen. Dahinter steigen die *cañyons de los lagunas*, die Canyons der Seen auf. Wasser, Sand, Schluchten – das waren die Elemente, welche die kalifornischen *plein air*-Maler anzogen, von denen sich zu Beginn des 20. Jahrhunderts viele hier niederließen. Auch wenn bald Leute aus Hollywood folgten, hat sich Laguna Beach seine Beziehung zu den Künsten bewahrt. Dies belegt etwa sein **Pageant of the Masters** *(Tel. 949/494-1145 oder 800/487-3378)*, ein Kunstfestival, das jährlich im Sommer stattfindet.

Der **Main Beach** am Fuß der Laguna Canyon Road ist das Zentrum des hiesigen Strandlebens und Heimat einer lebhaften Volleyball- und Skateboard-Szene. Die See ist hier häufig ruhig genug, um zu schwimmen. Der Strand liegt nicht fern vom Stadtzentrum, wo man in den Sommermonaten gut herumschlendern und einkaufen kann.

Wenn man ungefähr eineinhalb Kilometer nach Norden fährt, bietet die **Crescent Bay** ein beschaulicheres Stranderlebnis. Dieser Sandstrand ist für seine tollen Surfwellen und sein Angebot für Sonnenanbeter bekannt. Die im Norden gelegenen Gezeitentümpel sind leicht zu erforschen (bringen Sie ein paar alte Schuhe mit), und man kann unter Umständen die rote Seeanemone

sehen, die zuweilen größer als ein Boxhandschuh wird. Wer will, kann auch Schnorchelausrüstung und Tauchgerät ausleihen und zum **Seal Rock** hinausschwimmen, einem Schutzgebiet für die brüllenden, lebhaften kalifornischen Seelöwen.

Der relativ neue, nördlich vom Pacific Coast Highway gelegene **Crystal Cove State Park** widmet sich dem einzigartigen Ökosystem der Felsen von Laguna Beach. Der Park liegt in einem Gebiet ehemaliger Viehweiden, das in großem Stil mit einheimischen Gewächsen wieder aufgeforstet wurde. Eine hölzerne Promenade führt den Besucher durch den Park und zum Strand und dient gleichzeitig als Naturlehrpfad. Sie können hier unter Umständen auch Rotschwanzbussarde und Habichte beim Fliegen beobachten. Am Boden tollen kalifornische Erdkuckucke herum. Unten am Strand sollten Sie den Reef Point erkunden.

Das positive Ergebnis eines katastrophalen Feuers, das 1992 die Schluchten der Gegend verwüstete, ist der **Laguna Coast Wilderness Park**. Zwei Spazierwege lohnen die Mühe einer Reservierung. Der erste ist der etwa fünf Kilometer lange **Laurel Canyon Nature Trail** *(geschl. Mo–Fr)*, wo die Luft vom Duft wilden Salbeis und des Bergahorns geschwängert ist. Die wellige Felslandschaft ist noch so dramatisch wie zu Beginn des 20. Jahrhunderts, als Maler wie Guy Rose und Norman St. Clair die Gegend in ihren *plein air*-Gemälden verewigten.

Weiter die Laguna Canyon Road hinauf liegt das **James Dilley Greenbelt Reserve** *(geschl. Mo–Fr)*. Hier folgt der Besucher einem Weg durch Schilfrohr, Stachelbirne, Schierling und Ahorn. Auf dem Hauptsee im Norden (See Nummer 1) kann man häufig Reiher und Fischadler beobachten.

Unmittelbar nördlich vom Inn at Laguna Beach (einem populären Urlaubshotel) liegt die **Galerienstraße** am North Coast Highway. Die Arbeiten ansässiger Künstler, von denen einige eine Art *neo-plein-air*-Technik praktizieren, ist einen Besuch wert. Die Preise sind nicht überzogen für gute Wohnzimmerkunst. Einige der Originale, von denen sich die heutigen Künstler inspirieren lassen, kann man im **Laguna Art Museum** sehen. ■

Laguna Beach und seine Küste bei Nacht

Laguna Coast Wilderness Park

✉ 20101 Laguna Canyon Rd., nahe El Toro Rd.

☎ 949/855-7275

$ $

Laguna Art Museum

www.lagunaartmuseum.org

✉ 307 Cliff Dr.

☎ 949/494-8971

$ $

Strandleben in Newport

Küstenstädte

NÖRDLICH UND SÜDLICH VON LAGUNA BEACH LIEGT EINE Reihe von Städten mit herrlichen Stränden. Am Huntington Beach kann der Besucher die südkalifornische Surfszene aus nächster Nähe sehen. Rund um das Pier treffen sich die Nachwuchssportler. Man kann praktisch an jedem Morgen, und zwar je früher desto besser, einige der weltbesten Surfer beim Training in den Wellen beobachten. Später sollten Sie in den Läden für Surfbekleidung und in den Gesundheitskost-Cafés im alten Einkaufsbezirk hinter dem Pier stöbern. Es gibt sogar ein Surfmuseum.

Huntington State Beach
www.surfingmuseum.org
129 E3

International Surfing Museum
411 Olive Ave
714/960-3483
Geschl. im Winter

Newport Beach
129 F3
www.newportbeach-cvb.com
110 Newport Center Drive, Suite 120
949/719-6100

NÖRDLICH VON LAGUNA BEACH

Südlich des Zentrums von L.A. locken die breiten Strände des **Huntington State Beach** die Sonnenhungrigen. Ein Fahrradweg zieht sich den gesamten Strand entlang.

Wer sich für das Meeresleben und Wasservögel interessiert, kann die wenigen Kilometer zum **Bolsa Chica State Beach & Ecological Preserve** *(17851 Pacific Coast Highway, Tel. 714/377-5691)* fahren. Hier führt ein über zwei Kilometer langer Weg um eine Gezeitenbucht herum, in der man unter anderem Stachelrochen und Zwergdommeln sehen kann.

Noch weiter im Süden, in einem früher als »Die Goldküste« vermarkteten Gebiet, vergnügt sich die schnelllebige, glamouröse und stark gebräunte Gesellschaft von **Newport Beach**. Die wesentliche Beschäftigung besteht hier darin, von dem »größten Hafen für Kleinschiffe in der Welt« mit dem Boot herauszufahren. Auch für diejenigen, die sich die Segelschuhe für 200 Dollar (ganz zu schweigen vom Segelboot) nicht leisten können, hält der Newport Harbor vielfältige Vergnügungen bereit, vom historischen Balboa Pavilion und einem altmodischen Vergnügungsbezirk bis hin zum **Newport Harbor Nautical**

Museum an Bord des Schaufelraddampfers Pride of Newport.

Wer einkaufen will, findet auf Fashion Island *(Jamboree Road, neben dem East Pacific Coast Highway)* ultra-exklusive Geschäfte, die denen am Rodeo Drive Konkurrenz machen. Für Kulturinteressierte mag die ständige Sammlung kalifornischer Nachkriegskunst des **Orange County Museum of Art** interessant sein.

Weiter im Hinterland können sich Vogelliebhaber im **Upper Newport Bay Ecological Reserve & Regional Park** *(2301 University Drive; Tel. 949/923-2290)* erfreuen. Die Audubon Society schätzt, dass etwa 70 Prozent der noch bestehenden Population der Hellfüßigen Wasserralle in dieser üppigen, etwa 300 Hektar großen Marschlandschaft eine Heimat gefunden haben.

Wenn Sie wieder auf dem Pacific Coast Highway (Cal. 1) in südlicher Richtung fahren, werden Sie auf zwei bemerkenswerte Strände stoßen. Der erste, **The Wedge**, ist vor allem auf Grund seiner riesigen Wellen bekannt. Der **Corona del Mar State Beach** ist der Inbegriff des südkalifornischen Badestrandes – Wasser, in dem man herrlich schwimmen kann, erstklassiger Sand vor einem Hintergrund aus Palmen, Möwen und hin und wieder sogar ein Pelikan.

SÜDLICH VON LAGUNA BEACH

Die malerischen Buchten und zerklüfteten Felsen von Laguna Beach setzen sich in südlicher Richtung bis weit hinter die Stadtgrenzen fort. Alle diese Strände sind für die Öffentlichkeit zugänglich. Am **Dana Point** *(Pacific Coast Highway und Street of the Golden Lantern)* sind der Pier und der Yachthafen die Hauptattraktionen mit einigen Fischrestaurants und schönem Blick.

Im Hinterland liegt neben der I-5 die **Mission San Juan Capistrano**, vielleicht die schönste der 21 kalifornischen Missionsstationen. Von Pater Serra 1776 gegründet, ist ihr einfaches Adobe-Gebäude das einzige in der ganzen Kette der Missionsstationen, von dem man mit Sicherheit weiß, dass dieser große Mann hier die Messe gefeiert hat. Die Architektur im maurischen Stil, die polierten Glocken und Arkaden verleihen dem Gebäude eine romantiche Atmosphäre, während die Gärten zu einem Spaziergang einladen. Wanderschwalben kehren jedes Frühjahr hierhin zurück und werden mit einem eigenen Fest am 19. März begrüßt.

Nachdem Sie zum Pacific Coast Highway zurückgekehrt sind, haben Sie die Wahl zwischen drei Stränden: dem **Doheny State Beach**, **Capistrano Beach** und **San Clemente Beach**. Der Letztgenannte war Standort des »kalifornischen Weißen Hauses«, in das sich Präsident Nixon nach seinem Rücktritt begab. ■

Newport Harbor Nautical Museum
www.nhnm.org
✉ 151 E. Pacific Coast Hwy. (Calif. 1)
☎ 949/675-8915

Orange County Museum of Art
www.ocma.net
✉ 850 San Clemente Dr.
☎ 949/759-1122
🕒 Geschl. Mo
$ $$

Mission San Juan Capistrano
www.missionsjc.com
✉ Ortega Hwy., San Juan Capistrano
☎ 949/234-1300

Schattige Arkaden in der Mission San Juan Capistrano

Das Torrey Pines State Reserve

VON ALL DEN SÜDKALIFORNISCHEN NATURSCHUTZGEBIE-ten ist diese Zone mit Küste, Felsen und Buchten nördlich von La Jolla vielleicht die sinnlichste. Der Geruch von wildem Fenchel, von Salbei und Kiefer verbindet sich mit Sand, Sonne und Gischt zu einer berauschenden Mischung. Leider ist die Kiefernart, die diesem Schutzgebiet seinen Namen gibt, *pinus torreyana*, sehr selten; in den gesamten Vereinigten Staaten gibt es nur noch 9000 Exemplare dieses trockenheitsresistenten Baumes.

Torrey Pines State Reserve
129 G1
Carmel Valley Rd. Ausfahrt von der I-5
619/755-2063

Mount Palomar Observatory
129 G2
35899 Canfield, Mount Palomar
760/742-2119 oder 626/395-4033 (Führungen, Reservierung erwünscht

San Diego Wild Animal Park
129 G2
Calif. 78, Escondido
760/480-0100
$$

Temecula Besucher-information
www.temeculawines.org
909/699-3626

Gegenüber-liegende Seite: Felswände und *pinus torreyana*, der Namensgeber des Torrey Pines State Park

Beginnen Sie mit einer kurzen Wanderung (etwa einen Kilometer lang) entlang dem **Guy Fleming Trail** *(Broschüren beim Besucherzentrum)*. Es macht großen Spaß, sich die Pflanzenwelt an diesen erodierten Felsen und knorrigen Kiefern anzuschauen, besonders von Februar bis Mai, wenn die einheimischen kalifornischen Blumen in Rot-, Orange-, Purpur- und Grüntönen blühen.

In der Nähe des Grundes des **Broken Hill Trail** liegt der Aussichtspunkt auf Flat Rock, der in seiner Einfachheit dramatisch wirkt. Von Januar bis Ende März können Sie mit ein wenig Glück den kalifornischen Grauwal bei seiner alljährlichen Wanderung beobachten. Seehunde, Kormorane und Möwen tragen noch zu diesem Spektakel bei. Rothalsige Seetaucher und große Blaureiher können das ganze Jahr über beobachtet werden.

Der **Los Penosquitos Marsh** liegt am Nordrand des Parks. Früher gab es hier ein Indianerlager, heute handelt es sich um ein großes Wattenmeer, das Krabben und Muscheln eine Heimat bietet. Zugang auf Anfrage.

Der **Torrey Pines Golf Course** (siehe S. 386) gilt als einer der landschaftlich schönsten Golfplätze auf der Welt. Die Preise sind erschwinglich.

Andere Vergnügungen bietet der an der Mündung des Dieguito River gelegene Küstenurlaubsort **Del Mar** *(Besucherinformation – Tel. 858/755-4844)*. Auf der Pferderennbahn *(Tel. 858/755-1141)* können Sie gut einen langen Sommerabend verbringen. ■

Abseits der Küste

Nicht nur die Küste lädt zu Entdeckungen ein, auch das Hinterland. Das **Mount Palomar Observatory** *(California 76 zur Cardy Road, dann County Road 6)*, wo Genies vom Caltech das 500 cm-Hale-Teleskop bedienen, liegt in 2000 Meter Höhe in den Aquanga-Bergen.

Sie könnten auch das relativ neue Weinbaugebiet **Temecula** *(I-15 zur Rancho California Road, dann nach Osten)* besuchen. Seine Lage in gut 500 Meter Höhe sorgt für kühlere Nächte – und für einen interessanten Pettie Syrah. Versuchen Sie es auch mit der **Cilurzo Winery** in Rancho California *(41220 Calle Contento, Tel. 909/676-5250)*. In Temecula finden Sie das für Weinbaugebiete typische Unterhaltungsprogramm, von Ballonfahrten bis hin zu Golf *(Ballonfahrten Tel. 800/373-3359)*.

Im **San Diego Wild Animal Park** in der Nähe von Escondido fährt die Bush Line-Einschienenbahn durch den Park und ermöglicht einen Blick aus nächster Nähe auf Elefanten, Löwen und Nashörner. ■

La Jolla

LA JOLLA WURDE IM FRÜHEN 20. JAHRHUNDERT ALS EXKLUSIVER kalifornischer Vorort gegründet und glänzt mit der Essenz des guten Lebens. Die Häuser wurden von dem großen Architekten Clifford May in einer Fusion aus Modernismus und Missionsstil errichtet und sind dem sich stetig verändernden Himmel über dem Meer perfekt angepasst. Die Einkaufsarkaden an der sonnigen Prospect Street sind vage europäisch und beherbergen unter anderem Steakhouses und Bekleidungsgeschäfte mit dem letzten Schrei an Freizeitbekleidung. Das La Valencia *(1132 Prospect Street, Tel. 858/454-0771, www.lavalencia.com)* lockt mit einer Cocktailstunde auf der lateinamerikanisch gehaltenen Veranda samt einem tollen Blick auf die Bucht, bevor man sich ein Stück im La Jolla Playhouse ansieht.

Tagsüber zieht es viele Reisende zu den berühmten **La Jolla Caves** und der **La Jolla Cove** (entlang dem Coast Walk). Die Coves sind eine Gruppe von sieben natürlichen Meereshöhlen. Die La Jolla Cove sind unglaublich malerische, wenn auch winzige Strände, wo blaues Wasser viele Schnorchler anzieht.

Wieder zurück auf der Prospect Street sieht man das **Museum of Contemporary Art San Diego at La Jolla**. Es zeichnet sich durch eine klug zusammengestellte Sammlung der Nachkriegskunst aus, die von den riesigen Bildern eines Leon Golub bis hin zum eleganten Duktus der großen italienischen Designer reicht. Viele besuchen dieses Museum nur, um die Architektur von Irving Gill zu bewundern, der das gefällige, seinem Standort aber angemessene Gebäude entworfen hat. Die Sammlung mit Arbeiten von Ellsworth Kelly, Billy Al Bengston und Robert Irwin ist umfassend genug, um den Kunstkritiker der *L. A. Times*, William Wilson, zu großem Lob zu veranlassen. Er hat das Museum »einen Vorposten des Establishment von New York und einen Hafen der örtlichen Gegenwartskunst« genannt. Allein schon die hier gezeigten Arbeiten von Charles Eames, Ludwig Mies van der Rohe und Marcel Breuer sind Anlass genug für einen Besuch.

Literarisch Interessierte sollten zum **Windansea Beach** *(Neptune Place und Bonair Street)* hinüber-

La Jolla
129 G1
Besucherinformation
7966 Herschel Ave.
619/236-1212

La Jolla Playhouse
www.lajollaplayhouse.com
UCSD Campus
858/550-1010

Museum of Contemporary Art San Diego at La Jolla
700 Prospect St.
858/454-3541
Geschl. Mi
$

Links: Schattige Bogenarchitektur im Café in La Jolla

gehen, dem der Journalist Tom Wolfe mit seinem Essay *Die Pumpenhaus-Bande* Unsterblichkeit verliehen hat.

Das **Birch Aquarium at Scripps** *(nördlich auf der Torrey Pines Road zum Expedition Way)*, eine Zweigstelle des Meeresforschungsinstituts namens Scripps Institute of Oceanography, ist eine neue spektakuläre Einrichtung. Das Aquarium besteht aus einem interaktiven Lernzentrum, der Hall of Fishes und der Tide Pool Plaza.

Gehen Sie zuerst zur **Hall of Fishes**, wo in 33 hochmodernen Tanks das Leben im Pazifik präsentiert wird, von der Pazifik-Sardine über südkalifornische Quallen bis hin zu einem mexikanischen Seebarsch von 150 Pfund. Der große Tangwald in einem sonnendurchfluteten 200 000 Liter-Tank übt eine geradezu hypnotische Wirkung aus (selbst wenn seine Wellenmaschine gelegentlich beängstigt).

Das große **Lernzentrum** entspricht ebenfalls allen Erfordernissen mit interaktiven wissenschaftlichen Exponaten, einer »U-Boot-Fahrt«-Videoshow und der New Perspectives Gallery für wechselnde Ausstellungen, Feldübungen wie »Schnorcheln Sie mit Haien« (keine Menschenfresser) und einem »Gezeitentümpel für Knirpse«. Ein Besuch der **Tide Pool Plaza** mit ihrem Panoramablick auf die Küste ist ein beeindruckender Abschluss des Besuchs und eine ideale Vorbereitung auf Erkundungen der Gezeitentümpel (siehe S. 146 f). ■

Birch Aquarium at Scripps

www.aquarium.ucsd.edu

✉ 2300 Expedition Way

☎ 858/534-FISH oder 858/534-7336 (Veranstaltungen)

$ $$

Nebel zieht über den Klippen von La Jolla auf

In den Gezeitentümpeln

Der typische südkalifornische Gezeitentümpel besteht aus fünf Zonen, von denen jede ein ganz spezielles Ökosystem ist. Zuoberst liegt die Gischtzone. Nach unten schließen sich nun obere, mittlere und untere Gezeitenwechselzone an, in denen sich das meiste Leben abspielt. Die unterste ist die ständig von Wasser bedeckte Zone, die von vielen Tieren aufgesucht wird, wenn sie nicht gerade weiter oben nach Nahrung suchen.

Mit seinem warmen Wasser und dem leichten Zugang zu den an den Felsen gelegenen Tümpeln bietet La Jolla beste Voraussetzungen für die Erkundung der Gezeitenzone – doch erst nach dem Studium der örtlichen Gezeitentabellen (täglich in der Zeitung)! Denken Sie daran, dass es verboten ist, den Gezeitentümpeln Lebewesen zu entnehmen.

Obwohl es in La Jolla eine ganze Reihe geeigneter Plätze gibt, bietet die als Big Rock bekannte Stelle *(zu erreichen vom Camino de la Costa zwischen Cortez Place und Via del Norte)* die beste Gelegenheit, einige der seltensten und farbenfrohesten Arten zu sehen. Kommen Sie während der Ebbe – ohne allerdings die Brandung jemals aus dem Auge zu lassen.

Die am häufigsten aus dem Wasser ragende Zone, die Gischtzone, ist lebhaft bevölkert. Zu jenen Lebewesen, die am Big Rock häufig zu finden sind, gehören unter anderem die Strandschnecke und die gestreifte Strandkrabbe.

Die Bewohner der oberen Gezeitenwechselzone müssen in der Lage sein, viel Sonne und Luft zu ertragen. Eine ihrer Abwehrstrategien besteht darin, sich abzuschotten bzw. in einer Schale zu verstecken, um das Austrocknen zu verhindern. Darin haben es die am Big Rock in Massen vorkommende kalifornische Miesmuschel und der blättrige Rankenfüßer zu einer wahren Meisterschaft gebracht. Die Miesmuschel wächst bis zu einer Länge von 15 Zentimetern heran und ist braun bis purpur-schwarz. Sie heftet sich mit einem einzigen Fuß an die Felsen. Der Rankenfüßer wird bis zu 13 Zentimeter groß und klammert sich mit einer großen Anzahl graubrauner Beinchen fest, manchmal mehrere Tierchen übereinander.

Je mehr in der mittleren Gezeitenwechselzone der Kontakt mit der Luft abnimmt, desto stärker verwandeln Korallenalgen den graugrünen Sandstein in ein Wunderland aus Rosa- und Purpurtönen. In diese Oberfläche gräbt sich die Einsiedler-Assel ein, braun und knapp vier Zentimeter lang. Diese Relikte aus der Zeit der Dinosaurier verbringen ihr bis zu 20 Jahre dauerndes Leben damit, in den Sandstein zu kratzen. Die pockennarbige Oberfläche des Big Rock ist das Ergebnis.

Weil die untere Gezeitenwechselzone meist unter Wasser liegt, werden hier dauerhaftere »Behausungen« angelegt. Eines der prägnantesten ist das des Sandburgwurms. Etwa fünf Zentimeter lang, cremefarben, mit einer schwarzen Spitze und lavendelfarbenen Tentakeln, gräbt *Phragmatopoma californica* feine Sandtunnel (passen Sie auf, wohin Sie treten). Ein anderer Star dieser Zone ist die Große Grüne Anemone.

In der Unterwasserzone werden Sie heimische Fische und die größeren Seegrasarten dieser Gegend sehen. ■

LEGENDE ZUR ABBILDUNG

1 Raue Napfschnecke
2 Seesalat
3 Gestreifte Küstenkrabbe
4 Große Eulen-Napfschnecke
5 Gestreifte Meeres-Nacktschnecke
6 Kalifornische Miesmuscheln
7 Krustenbildende Korallenalgen
8 Vulkan-Rankenfüßer
9 Samtener Roter Schwamm
10 Spanische Meeres-Nacktschnecke
11 Blättriger Rankenfüßer
12 Gemeines Brandungsgras
13 Sandburg-Wurm
14 Felsenkraut
15 Große Grüne Anemone
16 Hopkins-Rose
17 Kalifornischer Seehase
18 Fledermausstern
19 Panamesischer Schlangenstern
20 Ockerfarbener Seestern
21 Warzige Seegurke
22 Seeigel
23 Felsenkrabbe
24 Languste
25 Schwarzes Seeohr
26 Sargasso-Kraut
27 Rote Korallenalgen
28 Große Schlüsselloch-Napfschnecke
29 Kastanien-Kaurischnecke
30 Asseln

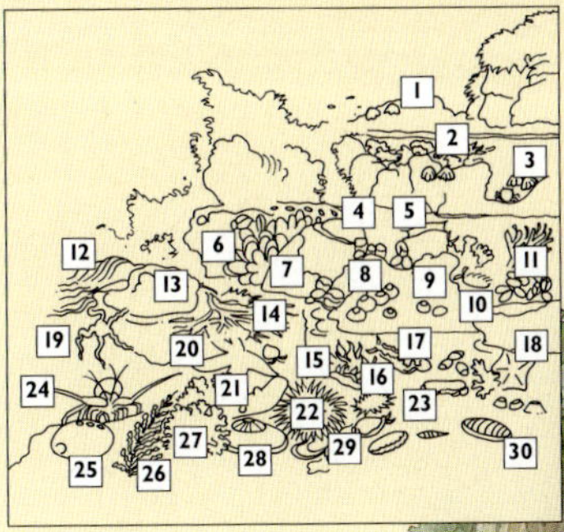

Blick über den Yachthafen von San Diego auf die Innenstadt

San Diego

SO WIE SEINE NACHBARIN IM NORDEN, LA JOLLA, ALS Synonym für kalifornisches Luxusdasein gilt, steht San Diego für das kalifornische Leben unter freiem Himmel. Mit dem großen Angebot an Wassersportmöglichkeiten, weitläufigen Kulturparks und dem größten Zoo der USA ist die Stadt ein gigantischer Spielplatz für Erwachsene. Die Tatsache, dass San Diego von Grenzland umgeben ist – der Wüste im Osten, Mexiko im Süden und dem Pazifik im Westen – , unterstreicht nur, dass sich die Stadt erst relativ spät entwickelt hat. Obwohl sie sich rasch ausbreitet, kann von wilder Wucherung (noch) keine Rede sein.

San Diego
129 G1
Besucherinformation
www.sandiego.org
1040 1/3 West Broadway
619/236-1212

Seit der Gründung als erste spanische Siedlung in Alta Kalifornien im Jahr 1769 ist die Entwicklung San Diegos dem Muster anderer großer kalifornischer Städte gefolgt. Die erste Missionswelle war so aggressiv, dass die Bekehrten im Jahr 1775 rebellierten und Pater Luis Jayme erschlugen, der damit zum ersten Märtyrer von Alta California wurde. Einer Zwischenphase der Vernachlässigung durch Mexiko und unkontrollierten englischen Pelzhandels folgte das Yankee-Unternehmertum, angezogen vom einzigartigen Klima und dem natürlichen Hafen.

Die Yankees blieben. Im Jahr 1870 begann Alonzo Horton, der als der Begründer des modernen San Diego gilt, die Stadt als ein Mekka des Fremdenverkehrs und der Gesundheit anzupreisen. Schließlich erbaute er eines der angesehensten Hotels seiner Zeit.

Bis 1915 hatte die Stadt genug Selbstbewusstsein entwickelt, um sich internationale Ausstellungen zuzutrauen. Man beauftragte den begabten Architekten Bertram Grosvenor Goodhue (den Erbauer des Caltech und der Zentralbibliothek von L.A.), mit der Gestaltung des Balboa Parks (siehe S. 150ff), in dem die Stadtväter 1915 die Panama-California International Exposition veranstalteten.

John D. und Adolph B. Spreckels, Söhne eines Zuckermagnaten, wurden ebenfalls vom Freiluft-Virus befallen und ließen im selben Jahr die größte Freiluft-Orgel der Welt errichten. Bis heute strömen Einheimische und Besucher an warmen Sonntagnachmittagen in Spreckels Organ Pavilion im Balboa Park. Hier sitzen sie dann auf einem Sandstrand, während Musik und Sonne sie langsam auflösen.

Um die Mitte des 20. Jahrhunderts erlebte San Diego einen Boom. Beträchtliche Investitionen der Regierung, die sich primär auf die zunehmende Bedeutung als Marinestützpunkt bezogen, ermöglichten es der Stadt, einige der Planungsfehler der nördlichen Nachbarstädte zu vermeiden, die vielfach gegen ihre eigenen Bebauungspläne verstießen, um neue Unternehmen anzusiedeln. In San Diego wird die Debatte über Wachstum traditionellerweise unter dem Motto »Schornsteine versus Geranien« geführt.

In jüngerer Zeit haben ein großer Bevölkerungszuwachs und ökonomische Verschiebungen (die Marine ist teilweise durch High Tech-Betriebe ersetzt worden) die planvolle Kontrolle dieser Entwicklung erschwert. Heute ist San Diego die sechstgrößte Stadt der USA. Unkontrollierte Ausdehnung, wie etwa in der Umgebung des Qualcomm Stadium, wird zu einem immer häufiger auftretenden Problem.

Gleichwohl dürfte kaum ein Besucher San Diegos sich davon deprimieren lassen. Der alte California Tower im Balboa Park glänzt in der Sonne und im abendlichen Scheinwerferlicht. Das alte San Diego wird mit dem neuen Tijuana in Mexiko durch ein effizientes und preiswertes Personennahverkehrssystem und die Bridge of the Americas verbunden. Jeden Abend gibt es Theaterstücke und Konzerte unter dem Sternenhimmel. Draußen in der Mission Bay hüpfen Wasserskifahrer wie verspielte Delphine über die Meeresdünung. ■

Junge Tänzerinnen in mexikanischer Tracht warten auf ihren Auftritt

Balboa Park
129 GI

San Diego Museum of Art
www.sandiegomuseum.com
1450 El Prado
619/232-7931
Geschl. Mo und Sept.
$$

Der Balboa Park

DIESES GELÄNDE IST DIE BESSER ERHALTENE UND KULTUrell vitalere der beiden »Ausstellungsstädte«, die 1915 anlässlich der Eröffnung des Panama-Kanals entstanden. Der Balboa Park beherbergt 18 Museen und Kunsteinrichtungen, drei Theater, formelle und weniger strenge Gärten, den größten Zoo der USA und mehr Gebäude aus der spanischen Kolonialzeit als irgendein anderer Ort in Kalifornien. Er ist, kurz gesagt, ein Vergnügungspark für Erwachsene – eine Art Disneyland im Spanien des 17. Jahrhunderts.

Springbrunnenfigur *Azteca Mujer* im Balboa Park

Gegenüberliegende Seite: Das Aerospace Museum und die Skyline von San Diego

Der Park wurde als eine Reihe von Plätzen entlang der Hauptstraße, El Prado, und mit einem als Wahrzeichen dienenden Turm angelegt. Die Gründer hofften, mit dem Bau einer gigantischen »Traumstadt am Pazifik« San Diego zu einem Anziehungspunkt für Schiffe zu machen, die den neu errichteten Kanal durchquert hatten. Gleichzeitig waren die Stadtväter bestrebt, mit der Vergabe der Parkgestaltung an den Architekten Bertram Grosvenor Goodhue, der für seinen auffälligen mediterranen Stil bekannt war, ihre Vorstellung einer Symbiose von Garten und Stadt zu realisieren.

Die offizielle Aufgabe des Balboa Parks bestand darin, »den Fortschritt und die Möglichkeiten der menschlichen Rasse zu illustrieren«. Der inoffizielle Zweck hingegen war dem heutiger raffinierter Wirtschaftsförderungsmaßnahmen nicht unähnlich, die dazu dienen, neue Unternehmen anzulocken. Diese Anstrengungen wurden 1935 noch verstärkt, als die Stadt eine weitere Weltausstellung veranstaltete und die Anlage durch maurische und italienische Elemente ergänzte.

Jedoch war es auch das beharrliche Engagement der kommerziellen Elite von San Diego, das den Balboa Park rettete und in seiner heutigen Form erhalten hat. Zwei Tage Besichtigung sollten Sie einplanen. Ein Ausweis für den Balboa Park ist in jedem seiner Museen erhältlich. Man kann damit jede Einrichtung einmal besuchen, und er ist für eine ganze Woche gültig. Parken Sie in der Nähe des Zoos und gehen Sie zu Fuß in den Park oder nehmen Sie die kostenlose Straßenbahn. Bitten Sie Ihre Hotelrezeption, Karten für eine Abendaufführung in einem der drei Theater des Parks zu reservieren. Tragen Sie am besten helle Baumwollkleidung und bequeme Schuhe.

DIE MUSEEN

Obwohl alle einen Besuch wert sind, verdienen drei Museen besondere Erwähnung. Das erste ist das **San Diego Museum of Art**, mit einer bedeutenden Sammlung spanischer Werke der Renaissance und der Folgezeit. Das berühmteste dieser Exponate ist *Quitte, Kohl, Melone und Gurke* (1602) von Juan Sanchez Cotan. Ebenfalls herausragend ist Bartolomé Murillos *Maria Magdalena*. Obwohl in Griechenland geboren, gehört El Greco hier zu den Spaniern, weil seine besten Arbeiten in Toledo entstanden. *Der reuige hl. Petrus* (1600) überrascht durch die Verwendung dramatischen Lichts, die an Rembrandts *Die Auferweckung des Lazarus* erinnert.

Das Museum hat außerdem eine bemerkenswerte Sammlung amerikanischer Künstler zusammengestellt, unter denen Thomas Eakins dominiert. Sein Bild *Porträt von Elizabeth Crowell mit Hund* (1871) wird jeden Tierfreund berühren.

Timken Museum of Art–Putnam Collection
www.timkenmuseum.org
1500 El Prado
619/239-5548
Geschl. Mo und Sept.

Mingei International Museum
www.mingei.org
1439 El Prado
619/239-0003
Geschl. Mo

Museum of Photographic Arts
www.mopa.org
1669 El Prado
619/238-7559

San Diego Historical Society Museum
1649 El Prado
619/232-6203
$

Reuben H. Fleet Space Theater & Science Center
www.rhfleet.org
1875 El Prado
619/238-1233
$$

San Diego Aerospace Museum
www.aerospacemuseum.org
2001 Pan American Plaza
619/234-8291
$$

San Diego Automotive Museum
www.sdautomuseum.org
2080 Pan American Plaza
619/231-2886
$$

Unmittelbar in Richtung Osten schließt sich das **Timken Museum of Art – Putnam Collection** an. Es ist im einzigen Gebäude des Balboa Park untergebracht, das nicht im spanischen Kolonialstil erbaut wurde, einem kühlen modernen Tempel aus Marmor und Glas. Die recht exzentrische Zusammenstellung europäischer und amerikanischer Meisterwerke wird von der noch ausgefalleneren Gegenüberstellung mit einer Sammlung russischer Bilder erster Qualität nochmals übertroffen. Die Holztafel *Der hl. Basileus der Große und Ereignisse aus seinem Leben* aus dem Russland des späten 16. Jahrhunderts ist voll von jener kraftvollen Ruhe, die jedes Heiligenbild ausstrahlen sollte. Aus dem Jahr 1838 stammt ein Gemälde von Jean Baptiste Camille Corot. Es trägt den Titel *Ansicht von Volterra* und ist eine meisterliche Wiedergabe des Blicks auf die alte etruskische Stadt Volterra, der sich dem von Siena kommenden Reisenden darbietet und den Corot erstmals während eines Sommeraufenthalts in Italien 1834 skizzierte. Der sinnliche Realismus der amerikanischen Malerei des 19. Jahrhunderts kommt in Martin Johnson Heades *Die Magnolienblüte* von 1888 zum Ausdruck.

Das **Mingei International Museum** zieht Wissenschaftler und Volkskunst-Liebhaber von überall her an, es zeigt historische und aktuelle Volkskunst aus aller Welt. Die Titel jüngerer Ausstellungen signalisieren die Vielfältigkeit: »Amerikanische Expressionen der Freiheit«, »Indien: Stammesdörfer, Rituelle Kunst«, »Volkstümliches Spielzeug aus aller Welt« und »Ein Hoch den Kunsthandwerkern«. Wenn Sie Glück haben, sehen Sie eine von Niki de Saint-Phalle gestaltete Ausstellung. Die in Frankreich geborene, in New York City aufgewachsene und einen Teil des Jahres in La Jolla lebende Künstlerin ist für ihre farbenfrohen und phantastischen Arbeiten bekannt, manche so groß wie ein kleines Haus.

Das **Museum of Photographic Arts** besitzt eine umfassende Bildauswahl der großen Fotografen des 20. Jahrhunderts. Das **San Diego Historical Society Museum** nennt eine ein wenig angestaubte Sammlung sein Eigen, aber seine wechselnden Ausstellungen dokumentieren das Engagement der Kuratoren. Das **Reuben H. Fleet Space Theater & Science Center** hat ein OMNIMAX-Kino. Das **San Diego Aerospace Museum** präsentiert ein gutes Sortiment historischer Flugzeuge und Exponate zur Luft- und Raumfahrt. Das **San Diego Automotive Museum** widmet sich Vehikeln, die von selbstfahrenden Wagen aus dem späten 19. Jahrhundert über mit Muskelkraft be triebene Wagen bis hin zu Autos unserer Zeit reichen. **Die San Diego Hall of Champions** *(2131 Pan American Plaza, Tel. 619/ 234-2544)* befasst sich mit San Diegos Beitrag zu über 40 Sportarten.

Das **Model Railroad Museum** *(Casa de Balboa, Tel. 619/696-0199, geschl. Mo)* präsentiert Modelleisenbahnaufbauten zu San Diego und Südkalifornien. Das **Museum of Man** *(1350 El Prado, Tel. 619/239-2001)* thematisiert die Entwicklung der Menschheit in kultureller und physischer Hinsicht.

Das **San Diego Natural History Museum** schließlich hat sich *(1780 El Prado, Tel. 619/232-3821, www.sdnhm.org)* auf die Geologie von Edelsteinen und Mineralien und auf Exponate spezialisiert, die Lebensräume wie die Wüste, den Ozean und die Küste erläutern.

DIE GÄRTEN UND DER ORGELPAVILLON

Spreckels Organ Pavilion *(unmittelbar südlich der Plaza de Panama auf El Prado)* erinnert an

eine einfachere Zeit, als die Honoratioren John D. und Adolph B. Spreckels 1915 die damals riesige Summe von 100 000 Dollar ausgaben, um die weltgrößte Freiluft-Orgel erbauen zu lassen. An Sonntagnachmittagen und manchen Sommerabenden probieren sich junge Musiker an diesen alten Klassikern. Im Sommer findet Mitte der Woche abends die Konzertreihe **Twilight in the Park** statt.

Östlich vom Orgelpavillon liegt der **Japanese Friendship Garden**, eine der jüngsten Einrichtungen im Park mit gewundenen Spazierwegen, Steinlaternen und geharkten Zen-Kieselgärten.

Das **Botanical Building & Lily Pond** *(zwischen Casa del Prado und Kunstmuseum)* entstammt einer anderen Zeit. Es wurde aus Redwood-Lattenwerk erbaut und beherbergt eine Vielfalt exotischer Pflanzen. Der große Lilienteich diente während des Zweiten Weltkriegs, als viele der Gebäude im Park als Militärkrankenhäuser genutzt wurden, als Regenerierungsbecken. Und im ungeheuer heißen Sommer des Jahres 1945 fungierte er als Schwimmbad für die Kinder der Stadt.

THEATER

Einige der besten Theateraufführungen an der Westküste finden in dem aus drei Spielstätten bestehenden Theaterkomplex im Balboa Park statt. Das **Old Globe Theatre** wurde für die 1935 abgehaltene California Pacific International Exposition errichtet und war auf gekürzte Shakespeare-Stücke spezialisiert. Nach einigen Bränden wurde das Globe dann in den heutigen Komplex integriert. Die **Cassius Carter Center Stage** und das **Lowell Davies Festival Theater** haben eine besondere Sitzanordnung (rund in dem einen und unter freiem Himmel in dem anderen Fall). 1984 wurden die Theater für die Qualität ihrer Aufführungen mit dem »Theater-Oscar«, dem Tony, ausgezeichnet. Sie haben seitdem mehrere neue Inszenierungen auf die Bühne gebracht. ■

Die Casa del Prado im Balboa Park wurde 1915 für die Panama-California-Ausstellung gebaut. Heute haben hier verschiedene Gruppen ihre Räume, darunter auch ein Jugendtheater

Balboa Park theaters
www.oldglobe.org
✉ El Prado
☎ 619/239-2255

Der Zoo von San Diego

DIESER TIERPARK WURDE 1916 VON DEM SEHR RÜHRIGEN Dr. Harry Wegeforth gegründet. Er hat seitdem selbst die kühnsten Träume seines Gründers überflügelt. Der Zoo im Nordteil des Balboa Parks beherbergt 3900 Tiere 800 unterschiedlicher Arten. Seine botanische Vielfalt (mehr als 6500 Pflanzenarten) ist nicht minder verblüffend. Wer nur ein wenig Phantasie mitbringt, scheint durch den Dschungel, die Tundra und den Regenwald zu spazieren. Viele kommen allein wegen dieser Attraktion nach San Diego. Das Einzige, was stört, ist die übertriebene Kommerzialisierung.

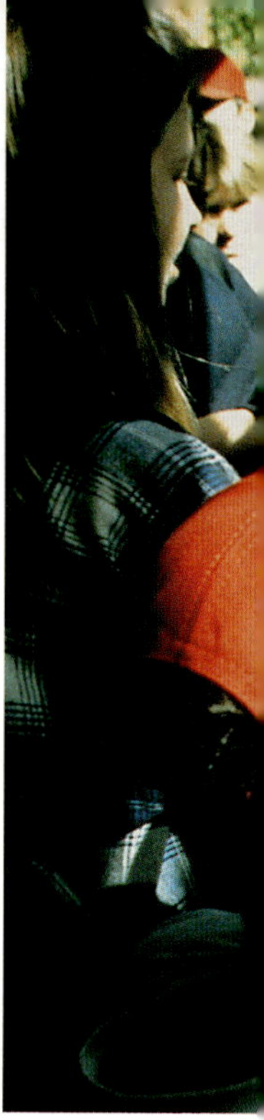

Drei Rundfahrten (mit dem Doppeldeckerbus, einer Schwebebahn oder dem »Känguru-Bus«) bieten drei unterschiedliche Perspektiven auf den Zoo und seine Bewohner. Die unmittelbar hinter der Bird und Primate Mesa in der Nähe des Eingangs gelegenen **Gorilla Tropics** gehören zu den spektakulärsten Anlagen. Diese Imitation des afrikanischen Regenwalds ist eine der Hauptattraktionen. Ein kurzer Spaziergang führt Sie zu seinem Kernstück, einem Gehege, in dem eine Familie westlicher Flachlandgorillas lebt. Im **Scripps Aviary** können Sie mehr als 200 afrikanische Vögel beobachten.

Unmittelbar hinter diesen Anlagen finden Sie an der Bonobo Road die **Zwergschimpansen**, die als die intelligentesten Primaten gelten. Diese langbeinigen und schlanken Menschenaffen mit ihrem eigenartigen Mittelscheitel sind in einem Gehege mit großen Felsen und Palmen untergebracht.

Weiter links kann der Besucher am **Hippo Beach** die interessanten, zwei Tonnen schweren Flusspferde durch eine Verbundglasscheibe sowohl im Wasser als auch an Land beobachten.

Wenn es heiß ist, verspricht der **Polar Bear Plunge** wohltuende Kühle. Diese 8100 m² große Anlage besteht aus arktischer Tundra – mit sibirischen Rentieren und Polarfüchsen – und einem Wasserbecken, in dem sich die verspielten Eisbären vergnügen. Ihre Unterwasserkapriolen können durch ein großes Fenster bestaunt werden.

Wenn Sie den Weg wieder zurückgehen, kommen Sie zur **Giant Panda Research Station**. Der Zoo bemüht sich um die Erhaltung der gefährdeten Tiere und ist stolz auf zwei Bärenjungen, die hier ge-

San Diego Zoo
www.sandiego.com
✉ 2920 Zoo Dr., Balboa Park
☎ 619/234-3153 (Reservierung von Führungen)
$ $$$

Beim Studium von Raupen

boren wurden. Um sicherzugehen, dass Sie sie auch sehen werden, sollten Sie unter 888/MY PANDA die Besuchszeiten erfragen.

Näher am Eingang fließt der beeindruckende **Tiger River**, dem der Besucher auf einem nebeligen Waldweg folgt, bevor er zu zehn Gehegen gelangt, in denen mehr als 100 Tiere (darunter burmesische Pythons, Kaimane und malaysische Tapire) leben. Die Tiger schleichen auf einem Grashügel herum. Ihre Erscheinung wirkt durch die Regenwald-Umgebung nur noch dramatischer.

Der Zoo hat sich in den letzten Jahren bemüht, die zentralen Bereiche seines Geländes in asiatische und afrikanische Wälder umzugestalten. **Absolutely Apes** zeigt Orang Utans und Siamangs (eine Gibbonart) in einer weitgehend naturnahen Umgebung. Die Besucher können die Affen hinter einer 33,5 m langen und 3,7 m hohen Glaswand beobachten.

Zwischen diesen Stationen gibt es Dutzende von Spezialgehegen, jedes von ihnen den spezifischen Bedürfnissen seiner Bewohner angepasst. Natürlich fehlen auch nicht die unvermeidlichen Kängurus, Elefanten, Nashörner und Giraffen.

Wenn Sie den Zoo betreten, stoßen Sie zur Linken auf einen außergewöhnlichen **Kinderzoo**. Er bietet unter anderem einen Regenwald-Bereich und die immer seltenere Galapagos-Schildkröte. Der Nighttime Zoo mit seinem besonderen Unterhaltungsprogramm öffnet während der Sommermonate. ■

Ein Flusspferd beäugt Besucher durch die Scheiben seines Beckens

Das William Penn Hotel im Gaslamp Quarter

Das historische San Diego

SAN DIEGO IST DIE ÄLTESTE SPANISCHE SIEDLUNG IN KALIfornien. Folglich finden sich hier und in der Umgebung zahlreiche historische Stätten von Bedeutung. Der Besuch mehrerer in der Nähe gelegener Sehenswürdigkeiten ist einfach: Es gibt eine zweistündige Bustour, bei der man beliebig zu- und aussteigen kann.

Junípero Serra Museum
- 2727 Presidio Dr.
- 619/297-3258
- Geschl. Mo–Do

Museum of Contemporary Art
www.mcasd.org
- 1001 Kettner Blvd.
- 619/234-1001
- Geschl. Mi
- $

Das wiederbelebte **Gaslamp Quarter** *(Broadway und 4th-6th Avenue)* ist eine der Attraktionen. Der Revolverheld Wyatt Earp betrieb hier einst ein solch unzüchtiges Etablissement, dass seine weniger toleranten Nachbarn wegzogen. Seit den 80er Jahren hat sich dieses Viertel zu einem bevorzugten Ort zum Essen und Einkaufen entwickelt. Der **Old Town State Park** bietet unter anderem das großartige **Junípero Serra Museum**, das Kunstwerke und andere Überbleibsel aus der ehemaligen Missionsstation präsentiert. Ganz in der Nähe erstrahlen die restaurierten viktorianischen Gebäude des **Heritage Park** *(2455 Heritage Park Row, Tel. 619/565-3600)* wieder in altem Glanz.

Der Bus bringt Sie nicht nur zum **Balboa Park** (siehe S. 150ff) und zur **Coronado Peninsula** (siehe S. 159), sondern er fährt auch an San Diegos Hafenviertel vorbei. Auf Freunde der christlichen Seefahrt wartet hier das alte Handelsschiff, ***Star of India***, das zum **Maritime Museum** *(1492 North Harbor Drive, Tel. 619/234-9153, www.*

sdmaritime. com) gehört. Ganz in der Nähe liegt das **USS Midway Aircraft Carrier Museum** *(Navy Pier, www.midway.og)*. Besucher können hier an virtuellen Flugexperimenten teilnehmen und sich Militärflugzeuge aus fünf Jahrzehnten anschauen.

Noch im Umbau und Umbruch ist die Wiederbelebung von Downtown San Diego, das zu einer lebendigen und attraktiven Wohnadresse werden soll. Dazu beitragen soll auch das **PETCO Park-Baseballstadion** mit seinen 46 000 Sitzen *(Tel. 888/697-2373, www.padres.com)*.

Mit Architekturpreisen ausgezeichnet wurde das **Horton Plaza Shopping Center** mit über 140 Geschäften und Cafés.

Das **Museum of Contemporary Art**, das Gegenstück zu jenem in La Jolla, liegt ebenfalls im Zentrum. Im **Children's Museum** *(200 West Island Avenue, Tel. 619/233-8792, geschl. Mo)* können Kinder zwischen interaktiven Exponaten herumtollen.

DAS LAND ERKUNDEN

Nehmen Sie von San Diego aus die Cal. 209 zum Cabrillo Memorial Drive und dem **Cabrillo National Monument** an der Spitze der Halbinsel Point Loma. Hier betrat Juan Rodriguez Cabrillo, der große portugiesische Entdecker im Dienste Spaniens, als erster Europäer kalifornischen Boden. Noch ansprechender als das Denkmal und das **Cabrillo Museum** ist die Parklandschaft, die sich durch einen großartigen Blick auf die Stadt und die Bucht sowie ausgedehnte Wanderwege auszeichnet. Sie können sich auch die unteren Räume des 150 Jahre alten **Old Point Loma Lighthouse**, nur einen kurzen Fußmarsch vom Denkmal entfernt, anschauen.

Wenn Sie die Stadt ostwärts auf der I-8 verlassen, erreichen Sie den Cleveland National Forest und den **Cuyamaca Rancho State Park**. Hier können Sie reiten, mit Mountainbikes fahren oder einfach nur wandern. Auf der Cal. 79 nach Norden geht es zur malerischen historischen Stadt **Julian**, wo im Oktober ein Apfelfest veranstaltet wird.

In Richtung Westen auf der California 78 liegt **San Pasqual Battlefield**, unmittelbar östlich von Escondido. Hier besiegten 1846 amerikanische Truppen aufständische Kalifornier. Um nach San Diego zurückzukommen, nehmen Sie die I-15 Richtung Süden.

Von San Diego aus geht es Richtung Norden auf dem Hwy. 821 in das stille Küstenstädtchen **Carlsbad**. Dort bietet **Legoland** *(Tel. 719/918-5346, www.legoland.com)* in seinem 52 Hektar großen Themenpark innovative Fahrgeschäfte und faszinierende Legomodelle. ■

Cabrillo Museum
www.nps.gov/cabr/
✉ 1800 Cabrillo Memorial Dr.
☎ 619/557-5450

Old Point Loma Lighthouse, Cabrillo National Monument

Die Mission Bay

Mission Bay
129 G1
Besucher-information
2688 Mission Bay Dr.
619/276-2071

SeaWorld Adventure Park
www.seaworld.com
500 Sea World Dr.
619/226-2901 oder 800/380-3203
$$$$

OBWOHL HIER DAS MEER DIE ATMOSPHÄRE PRÄGT, EMPFINDEN viele das Freiluft-Leben der glücklichen Mission Bay deutlich vom Flair des Mittleren Westens geprägt. »Glücklich« ist sie, weil dieser Wasserpark, in dem nahezu jede vorstellbare Aktivität auf und im Wasser betrieben wird, der Ort ist, der von Einwohnern San Diegos besucht wird, um sich fit zu halten und zu amüsieren. Viele Schulen bieten einführungsstunden im Wasserskifahren an – wahrscheinlich werden Sie auch schon nach weniger als einer Stunde über das Wasser flitzen. Es gibt Motorboote, Segelboote und vieles mehr zu mieten.

Die Schwertwal-Show in Sea World

25 Kilometer Strand in der Mission Bay sind der Öffentlichkeit zugänglich. Viele Strände sind Schauplätze schon lange bestehender Beach-Volleyball-Prestigeduelle, an denen sich auch die Cracks beteiligen. Im April eines jeden Jahres ist die Bucht Austragungsort der **San Diego Crew Classics**, einer ausgelassenen Regatta, die Universitätscrews aus den ganzen USA und aus Kanada anlockt. Im September ist dann die **World Series of Power Boat Racing** an der Reihe. Sogar derjenige, der sich nicht für den Bootssport interessiert, kann diese Veranstaltungen genießen, weil die zwanglos festliche Atmosphäre einfach angenehm ist.

Die **SeaWorld** ist das beliebteste Touristenziel in der Mission Bay. An der Südseite der Bucht hat diese Einrichtung ihren Spitzenplatz unter den maritimen Vergnügungsparks verteidigt. Man führt in diesem 60 Hektar großen Areal fünf große Shows vor und bietet eine Reihe wirklich ausgezeichneter interaktiver Exponate. *Penguin Encounter* (»Begegnung mit Pinguinen«) und *Shark Encounter* (»Begegnung mit Haien«) sind zwei der beliebtesten Shows. Es gibt auch Stellen, an denen man Delphine streicheln, Seesterne sammeln und sogar Stachelrochen aus der Bucht füttern kann.

Manatees leben in einem fast 1 Millionen Liter fassenden Süßwasserbecken, das so naturnah wie möglich gestaltet wurde. SeaWorld wirbt damit, die größte Artenvielfalt an Wasservögeln in den USA zu haben. Im hochmodernen Abenteuerpark kann man auch campen.

Zwei Schwebebahnen heben den Besucher weit über die den Park umgebende Bucht, die Coronado-Halbinsel und die Stadt. Das Panorama von hier oben ist zu jeder Jahreszeit unvergesslich. ■

Das viktorianische Hotel del Coronado nimmt immer noch Gäste auf, obwohl es inzwischen auch Touristenattraktion ist

Hotel del Coronado

Im Zentrum der 16,6 Quadratkilometer großen Silver Strand Peninsula, die San Diegos Hafen vom offenen Pazifik trennt, steht das viktorianische Hotel del Coronado *(1500 Orange Ave., Tel. 619/435-6611 oder 800/582-2595, www.hoteldel.com)*. Das Hotel ist seit seinem Bau 1888 durch Elisha Babcock, Jr. und H. L. Story eine Attraktion für sich.

Das Hotel mit seiner glänzend weißen Fassade zog seit jeher Blaublütige und Hollywoodgrößen an. Zu den Gästen zählten der Herzog und die Herzogin von Windsor, Henry James und L. Frank Baum. der Autor des *Zauberer von Oz*. Möglicherweise hat er seine Emerald City beim Blick aus seinem Hotelfenster entworfen. Marilyn Monroe machte das Hotel in ihrem Film *Manche mögens heiß* unsterblich.

Das Hotel ist immer noch eine viel besuchte Sehenswürdigkeit, bietet historische Führungen an und wird vor allem an den Wochenenden und während der Hochsaison von Reisebussen besucht.

Heute ist das »Hotel Del« oft voll und laut – ein Platz zum Gesehenwerden, aber nicht zur Erholung. Ein Drink in der mit Holz ausgestatten alten Lobby-Bar ist trotzdem eine nette Abwechslung, anschließend nimmt man den Trolley-Bus zurück nach San Diego und schaut sich ein Spiel im Balboa Park (siehe S. 150ff) an. ■

Bemaltes Pappmaché auf einem mexikanischen Markt

Mexikanische Volkskunst

Die mexikanische Stadt Tijuana liegt nur etwa 15 Autominuten südlich der Altstadt San Diegos entfernt. Heute kommen viele nicht mehr wegen verbotener Freuden – Alkohol, Frauen und Glücksspiel – in die einst raue Grenzstadt, sondern wegen der mexikanischen Volkskunst.

Die Ursprünge dieses Wirtschaftszweiges liegen im Mexiko des 18. Jahrhunderts, als Dorfpriester und Laienhandwerker begannen, Ornamente für neue Kirchen anzufertigen. Diese Stücke verbinden häufig farbenfrohe Elemente aus den präkolumbianischen Naturreligionen mit der traditionellen Ikonographie der Alten Welt. Das Ergebnis ist bäuerlich, halluzinatorisch, festlich und sogar provokativ.

Wenn Sie mit dem Auto nach Tijuana wollen, sollten Sie die I-5 oder die Cal. 805 in südlicher Richtung nehmen und an San Ysidro vorbei zur Zollstation fahren. Hier können Sie parken, die Grenze zu Fuß überqueren und auf der mexikanischen Seite ein Taxi nehmen. (Fragen Sie den Fahrer zuvor nach dem Preis für die Fahrt ins Stadtinnere.) Wenn Sie auf Ihr Fahrzeug nicht verzichten wollen, können Sie auf der mexikanischen Seite an verschiedenen Stellen eine Versicherung für einen Tag abschließen. Noch besser jedoch schaut man sich »TJ« mit dem Bus an, der des Öfteren in der Stadt hält. Rufen Sie bei San Diego Trolley *(Tel. 619/233-3004)* an, um zu erfahren, wo die nächstgelegene Haltestelle ist. Die preiswerte Fahrt dauert nur 45 Minuten. Vergessen Sie Ihren Reisepass nicht!

Alte und neue Volkskunst unterschiedlicher Qualität ist überall in Tijuana in den Einkaufsstraßen erhältlich. Tolan *(zwischen Calle 7 und Calle 8 auf der Avenida Revolucion, Tel. 011 52 66/88-3637)* ist eines der besseren Geschäfte. Es empfiehlt sich, zunächst diesen Laden aufzusuchen, um ein Gefühl für Spitzenqualität und Spitzenpreise zu bekommen und anschließend Alternativen zu erkunden.

Zu den populärsten Produkten gehören die *retablos*, bemalte Tafeln aus Holz und Blech, die als Votivbilder die kleinen Hausaltäre in ganz Mexiko zieren. Häufig stellen sie die Jungfrau von Guadalupe dar. Einige der Besten kommen aus dem Bundesstaat Oaxaca. Halten Sie auch nach *ceramicas festas* Ausschau, farbenfroher Keramik, die sich dem mexikanischen Fest Allerheiligen widmet. Darstellungen verschiedener mythischer Tiere stammen zumeist aus Metepec außerhalb von Mexico City. Sie werden auch *milagros* finden, Blechreproduktionen von Körperteilen, die in der Hoffnung auf wundersame Heilung an Heiligenstatuen geheftet werden.

Zu den Webwaren gehören die *sarapes* aus Nordmexiko und *rebozos* und *huipils*, Tuniken der Mixteken. *Huipils* und *quechquemitls* der Zapoteken oder Umhänge aus den 1920er und 1930er Jahren weisen häufig europäische Einflüsse von Escher und Miró auf. ■

Santa Barbara Pier bei Sonnenuntergang

Santa Barbara

IM NORDEN VON LOS ANGELES IST SANTA BARBARA DER BELIEBTESTE Ort für Wochenendausflüge. Fast das ganze Jahr über herrscht ein nahezu perfektes Klima mit blauem Himmel, einer frischen Meeresbrise und Temperaturen um 21 Grad. Freiluft-Enthusiasten kommen hierher, um die guten Reitmöglichkeiten zu nutzen, zu surfen, zu campen und Rad zu fahren. Man kann botanische Gärten erkunden, und interessante Weinbaugebiete. In der Innenstadt gibt es eine vitale Szene aus Studenten, Paaren im Urlaub und älteren Menschen, die die Brise am späten Nachmittag genießen. Santa Barbara wirkt im angenehmen Sinne ein wenig leichtlebig waren; man denkt an Nizza, Côte d'Azur, im Frühsommer.

Die Bewohner von Los Angeles kommen nach Santa Barbara, um über ihre kalifornische Identität zu erfahren. Das heißt nicht, dass Santa Barbara zu 100 Prozent authentisch ist; man liebt hier Dächer mit roten Ziegeln und Häuser im Stil des Mission-Revival. Doch das wirkt hier nicht kitschig, sondern seriös und stammt aus der Zeit vor dem allgegenwärtigen Fernsehen. Die Stadtväter des frühen 20. Jahrhunderts, auf die der heutige Stadtplan von Santa Barbara zurückgeht, waren noch durch Blutsbande mit der alten spanischen Stadt verknüpft. Das Ergebnis ist eine spanische Traumstadt aus der Zeit vor Disney. Santa Barbara hat seine spanischen Wurzeln so sehr gepflegt, dass man sich noch leicht wie ein stolzer Señor oder eine stolze Señora fühlen kann, während man in der Abenddämmerung die Promenade hinunterschlendert. Das aus der Sprache der Chumash stammende Wort *anacapa* (»schöne Illusion«), heute der Name der Hauptstraße, scheint dies treffend auszudrücken.

Santa Barbara
128 C4

Besucherinformation
www.santabarbaraca.com
1601 Anacapa St.
805/966-9222

Mission Santa Barbara
2201 Laguna St. (über Alameda Padre Serra)
805/682-4149

Die griechisch »klassische« Fassade der Missionskirche

DIE MISSION SANTA BARBARA

Die Mission Santa Barbara verdient die größte Aufmerksamkeit. Sie wurde 1786 gegründet, aber erst 1820 vollendet, und heißt auch die »Königin der Missionsstationen«. Ihre ionischen Säulen und die Fassade orientieren sich an den aus dem Jahr 27 v. Chr. stammenden Zeichnungen von Vetruv. Diese Orientierung an der römischen Antike geht auf die hl. Barbara, die Namensgeberin der Mission, zurück: eine frühe christliche Märtyrerin. Die Mission spielte auch in der jüngeren Geschichte der Stadt eine Rolle, als einige der führenden *hidalgos* (»Edelmänner«) und Amerikaner um die Mitte des 19. Jahrhunderts in der Jungen-

schule hier erzogen wurden. Im farberfüllten Inneren lohnt das Taufbecken einen Blick. Ein Spaziergang durch die Anlage lässt auf Wänden, in Ecken, dem Portikus und den Wandgemälden indianischen Einfluss erkennen. Die Patres der Mission betreuen immer noch die verbleibenden in der Region lebenden Chumash. Das Erinnerungssiegel für »Juana Maria«, eine Chumash-Frau, ist die einzige einer Indianerin gewidmete Tafel in allen Missionsstationen.

DIE STADT

El Paseo wurde 1922 im spanischen Stil erbaut. Der Platz erfüllt seine Funktion als Mittelpunkt sehr gut, vielleicht auch deshalb weil sein Herz im **De la Guerra Adobe** schlägt, das 1819 von José De la Guerra erbaut wurde. Dieser spanische *commandante* wurde zum wirtschaftlichen Führer der kleinen Siedlung, nachdem Kalifornien an Mexiko gefallen war. Das Haus ist heute ein Museum. Ein Blick auf das kostbare europäische Mobiliar, das die Carillo-Familie hier voller Liebe

De la Guerra Adobe

11–19 E. De la Guerra St.

805/965-0093

Geschl. vormittags und Mo, Mi

Die Gebäude der Mission Santa Barbara

Santa Barbara Museum of Art
www.sbmuseart.org
✉ 1130 State St.
☎ 805/963-4364
🕒 Geschl. So vormittags und Mo
$ $$

Santa Barbara County Courthouse
✉ 1100 Anacapa St.
☎ 805/962-6464
🕒 Führungen zweimal täglich

Santa Barbara Botanical Gardens
www.santabarbarabotanicgarden.org
✉ 1212 Mission Canyon
☎ 805/682-4726
$ $$

Santa Barbara Zoological Gardens
www.santabarbarabotanicgarden.org
✉ 500 Ninos Dr. (Abfahrt von Querstraße von Cabrillo)
☎ 805/963-5695
$ $$

Sea Center Marine Museum
✉ 211 Stearns Wharf
☎ 805/682-4711
$ $

angesammelt hat, lässt die frühen Zeiten dieses Gemeinwesens wieder lebendig werden.

In der unmittelbaren Umgebung finden sich weitere gut erhaltene Bauten der spanischen Zeit, darunter das **Hill-Carillo Adobe** (1825–26) in der East Carillo Street 11–15, das **Lugo Adobe** (1830) in der East De la Guerra Street 114 und das **Rochin Adobe** (1856) in der Santa Barbara Street 820. Fünf Blocks weiter östlich beherbergt die **Presidio Chapel** (1788) liegt das ursprüngliche Dekor der Festung aus dem 18. Jahrhundert.

Weiter im Norden nennt das ausgezeichnete **Santa Barbara Museum of Art** bedeutende Werke von O'Keeffe, Sargent und Hopper sein Eigen. Zwei Blocks weiter östlich liegt das Prunkstück der Renaissance des spanischen Kolonialstils: Das **Santa Barbara County Courthouse** (1929) gilt als eines der schönsten städtischen Bauwerke in den USA. Hier finden täglich Führungen statt.

Nördlich vom Mission District erstrecken sich die **Santa Barbara Botanical Gardens**. Etwa acht Kilometer Wanderwege durchziehen diese Anlage voller einheimischer Pflanzen. Unmittelbar östlich der Mission liegt der **Franceschi Park** *(1510 Mission Ridge Road)*. Die Panoramablicke und alten gepflasterten Wege durch die Aloe-Gärten machen diesen Ort zu einem der schönsten Refugien der Stadt. Südöstlich davon, näher am Strand, wurde mit den **Santa Barbara Zoological Gardens** ein kleiner Zoo im Garten eines alten Anwesens am Ozean eingerichtet – geradezu perfekt für ein Picknick. Weiter den Cabrillo Boulevard hinauf ertönen aus dem **Andrew Clark Bird Reuge** *(Los Patos Way, Ausfahrt Cabrillo der US 101)* die Schreie der Wasservögel. Hier können Sie auf einer Radtour die üppigen Gärten erkunden.

Viele der landschaftlich schönsten Strände liegen nördlich der Stadt, doch für einfache Strandvergnügen sind auch der **Leadbetter Beach** oder der **West Beach** in der Nähe der historischen **Stearns Wharf** geeignet. Die Werft ist eine Attraktion an sich. Sie beherbergt mehrere gute Fischrestaurants, eine Weinhandlung und das **Sea Center Marine Museum**. Sie könnten sich ein Fahrrad mieten und zum nahen **Chase Palm Park** fahren.

NÖRDLICH VON SANTA BARBARA

Um einen Eindruck vom Glanz der großen Ranches der spanischen Zeit Santa Barbaras zu bekommen, fahren Sie auf der US 101 in nordwestlicher Richtung. Sie kommen dabei an drei unter Naturschutz stehenden Stränden vorbei: **El Capitan**, **Refugio** und **Gaviota**. Die Ranger werden Ihnen sagen, wo genau Sie die alten **heißen Quellen** unmittelbar nördlich von der Vandenburg Road finden.

Von hier aus führt der alte Highway ins Hinterland und durch eine Eichen- und Lilien-Landschaft, die zu den schönsten im ganzen Bundesstaat gehört. An den **Nojoqui Falls** (neben der Alisal Road) kann man einen kurzen Spaziergang unternehmen hinauf zu den Wasserfällen. Weiter nach Norden über die California 246 gelangen Sie nach **Solvang** *(Besucherinformationen – 1511 Mission Drive, Tel. 800/468-6765, www.solvangusa.com)*, einem dänisch geprägten Dorf. Hier liegt auch die **Mission Santa Inés**, der Schauplatz eines Indianeraufstandes.

Fahren Sie weiter durch das Weinbaugebiet Santa Ynez, wo über 40 Weingüter abseits der US 101 besichtigt werden können, bevor Sie auf die landschaftlich reizvolle Cal. 154 biegen. In der kleinen Winzer-

Das im wiederbelebten spanischen Kolonialstil erbaute Santa Barbara Courthouse

Mission Santa Inés
www.missionsantaines.org
✉ 1760 Mission Dr., Solvang
☏ 805/688-4815

Chumash Painted Caves State Historical Park
✉ Painted Cave Rd.
☏ 805/733-3713

Casa del Herrero
www.casadelherrero.com
✉ 1387 E. Valley Rd.
☏ 805/565-5653
Besichtigung nur nach Vereinbarung Mi und Sa

Ventura
128 A2
Besucherinformation
www.ventura-usa.com
✉ 89C S. California St.
☏ 805/648-2075

Mission San Buenaventura
✉ Main St. & US 101, Ventura
☏ 805/643-4318

Murphy Auto Museum
www.murphyautomuseum.com
✉ 2340 Palma Dr.
☏ 805/654-0731
$ $$

stadt **Los Olivos** können Sie in Geschäften voller Antiquitäten und kalifornischer Kunst stöbern.

Auf der California 154, die parallel zur alten Postkutschen-Route verläuft, nach Santa Barbara zurück. Wenn Sie auf die Painted Cave Road abbiegen, können Sie sich an den leuchtenden Farben der indianischen Höhlenmalereien im **Chumash Painted Caves State Historical Park** erfreuen.

SÜDLICH VON SANTA BARBARA

Fahren Sie nun auf der US 101 nach Südwesten zu der exklusiven Enklave **Montecito**, wo Sie, nach Absprache, die **Casa de Herrero** besichtigen können, ein Privatanwesen mit einem Garten im spanisch-maurischen Stil. Schöne Antiquitätengeschäfte gibt es in den nahe gelegenen Orten Summerland und Carpinteria. Am Ende der Calle Ocho Road liegt ein Aussichtspunkt, wo die Chumash ihre Kanus mit dem örtlichen Strandteer abgedichtet haben.

Weiter südlich auf der US 101 liegt die Hafenstadt **Ventura**, die für ihre günstigen Antiquitäten und das Murphy Auto Museum bekannt ist. Dort werden Autos, die in den letzten 100 Jahren gebaut wurden, gezeigt. Wer noch Zeit hat, sollte die kleine Kirche **Mission San Buenaventura** anschauen. Sie wurde 1809 nach einem Brand neu errichtet. ■

Mission La Purisima Concepción

ES MAG SCHÖNERE MISSIONEN GEBEN ALS LA PURISIMA Concepcíon, ein bescheidener Adobe-Komplex. Aber kein Bauensemble dieser Art verkörpert das eigentliche Leben in den Missionsstationen des 19. Jahrhunderts besser. Die Mission wurde in den 30er Jahren vom Civilian Conservation Corps vollständig restauriert. So ist La Purisima – »Die Reinste« – ein perfekter Ort für einen kontemplativen Vormittag ohne Menschenmassen.

Der Glockenturm der Mission

Mission La Purisima Concepción
128 B5
2295 Purisima Rd., Lompoc (Von der Calif. 246 abfahren, 5 km nordöstlich vom Stadtzentrum von Lompoc)
805/733-3713
$

Nachdem das ursprüngliche Bauwerk dem Erdbeben 1812 zum Opfer gefallen war, wurde die Mission 1822 vollendet. La Purisima wurde auf diese Weise zu einem Reservoir der Kolonialgeschichte. Und obwohl diese Geschichte das Leid unterstreicht, das die Eindringlinge den Chumash brachten, ist sie doch auch geeignet, das stereotype Bild vom Indianer als einem passiven Bauern zu verändern.

Der **Friedhof** ist der erste Haltepunkt. Es wird immer noch über die Auswirkungen des Kolonialismus und darüber diskutiert, ob die Priester die Indianer beschützt oder ausgebeutet haben. Allein in La Purisima starben zwischen 1804 und 1807 mehr als 500 Chumash an den von den Europäern eingeschleppten Blattern und Masern.

An den Friedhof grenzt die **Kirche**, in der sich früher 1000 Gläubige zur Messe trafen. Ihr unebener Boden und ihre einfaches Dekor unterstreichen die Kargheit des Lebens in den Missionen. Das »Fluss-des-Lebens«-Muster auf den Haupttüren belegt, dass die Chumash offensichtlich ohne große Scheu ihre künstlerischen Traditionen in den Bau der Kirchen einfließen ließen.

Nicht weit von hier dokumentieren die **Soldatenquartiere**, die **Zimmermannswerkstatt** und die **Weberei** die unternehmerische Seite des Missionssystems. Es wurde erwartet, dass sich jede einzelne Station selbst versorgte. Auf der hinteren Terrasse wurde Korn gemahlen und Talg zu Seife verarbeitet. Die Nähe des **Schlafraums** der unverheirateten Indianerinnen zu den Unterkünften der Soldaten deutet an, worum es hauptsächlich ging. 1824 eskalierten zum Beispiel die Spannungen zwischen den Indianern und den Soldaten so sehr, dass die neuen Christen aus Purisima sich einem Aufstand anschlossen, der in der nahe gelegenen Mission Santa Inés (siehe S. 164) ausgebrochen war. Nach einem Monat erfolgreicher Belagerung wurde er jedoch niedergeschlagen. Das letzte bedeutende Gebäude beherbergt die **Quartiere der Padres**, ein **Kloster** und eine kleine **Kapelle**. Von hier aus dirigierte Pater Mariano Payeras das außergewöhnlich rege Wirtschaftsleben von La Purisima.

Er entwarf ein eigenes Bewässerungssystem und richtete einen Laden zum Verkauf von Kerzen, Wolle und Lederwaren ein.

Der Kräuter- und Blumengarten außerhalb des Gebäudes ist vollständig in seine alte Pracht zurückversetzt worden. Hier schufen die Chumash und die Pater die erste bikulturelle Apotheke. ■

Ojai

FÜR DIE JUNGEN EINWOHNER VON LOS ANGELES GIBT ES zwei völlig gegensätzliche Initiationsriten beim Eintritt in das Erwachsenenalter: eine Reise zu den Religionen, nach Ojali oder ein Besäufnis in den Bars von Tijuana.

In Ojai herrscht eine spirituelle Atmosphäre. Dabei hat dieser Ort kaum etwas gemein mit der New Age-Bewegung der 90er Jahre, wie ein Besuch im ehrwürdigen **Krotona Institute of Theosophy** demonstriert. Krotona wurde von den amerikanischen Anhängern von Annie Besant gegründet, einer im 19. Jahrhundert aktiven Verechterin der Theosophie, einer universalistischen Verbindung von hinduistischem und christlichem Gedankengut. Das Institut hatte sofort große Popularität, als Jeddu Krishnamurti, ein Schüler Besants, im Jahr 1932 erklärte, dass er kein »großer Führer«, sondern nur ein ganz normaler Bursche sei, der versuche, den Sinn des Lebens zu ergründen. Bis zu seinem Tod im Jahr 1986 zog »K«, wie seine Schüler ihn nannten, jedes Jahr Sinnsuchende an, die hören wollten, wie er die Scharlatane und Gurus der populären Religionen lächerlich machte und seine eigene, sehr rationalistische Version des Hinduismus propagierte. Unabhängig von der eigenen religiösen Orientierung hilft ein Besuch in Krotona dabei, das komplexere spirituelle Wesen unterhalb des Rufs der Oberflächlichlichkeit, der dieser Gegend anhaftete zu verstehen.

Die andere Szene in Ojai findet man in dem **Ojai Valley Inn & Spa** *(Tel. 805/646-5511, www.ojai resort.com)*. Das Hotel im Architekturstil des Mission-Revivals ist kürzlich erfolgreich renoviert worden. Es liegt eingebettet in eine spektakuläre Landschaft, die Sie mit einem Fahrrad erkunden können.

Hinterher sollten Sie sich etwas gönnen und in **The Oaks** *(122 East Ojai Avenue, Tel. 805/646-5572, www.oaksspa.com)*, einem ausgezeichneten Vollservice-Bad mit gutem Restaurant, etwas für Körper und Seele tun.

Wenn Sie richtig gut nach Ojai-Art essen wollen, ist das **Ranch House** *(South Lomita Avenue & Besant Road, Tel. 805/646-2360, Reservierung empfohlen)* ideal. ■

Das historische Postamt in Ojai

Ojai
128 C4

Krotona Institute of Theosophy
www.theosophical.org
46 Korona Hill
805/646-1139
Geschl. Mo

Der Channel Islands National Park

Channel Islands National Park
128 B3
Headquarters
1901 Spinnaker Dr., Ventura
805/658-5730

DIE VON RIESIGEN FLECKEN GLÄNZENDEN GRÜNEN TANGS umgebenen Channel Islands mit ihren blauen Buchten und geheimnisvollen Wracks längst versunkener Schiffe sind 1980 zu einem Nationalpark erklärt worden. Von Januar bis Ende März fügt die Natur noch eine weitere Sehenswürdigkeit hinzu: die Wanderung der Grauwale. Besucher haben eine gute Chance, diese bis zu 14 Meter langen Riesen dabei zu beobachten, wie sie, häufig mit Kälbern, in so genannten Schulen vorbeischwimmen und Wasserfontänen hoch in die Luft blasen. Immer mal wieder sieht man Weißkopfseeadler, die hier vor wenigen Jahren angesiedelt wurden.

Es bedarf einer gewissen Vorbereitung, wenn Sie die Wale aus größerer Nähe sehen oder einfach nur die dramatische Landschaft dieser fünf Inseln genießen wollen. Reservieren Sie zunächst ein Boot beim offiziellen Verleiher *(Island Packers, Tel. 805/642-1393, www.islandpackers.com)*.

Die Küste von Santa Cruz Island

Um die Insel **Anacapa**, die selbst aus drei Inseln besteht, gedeiht in den Wintermonaten frisches Grün. Halten Sie Ausschau nach den Walen und anderem Meeresgetier, darunter Große Tümmler, Seelöwen und See-Elefanten. Wenn Sie bei **Frenchys Cove** an Land gehen, sollten Sie zunächst die Gezeitentümpel erkunden und sich dann nach Anacapa begeben, wo Sie unmittelbar vor der Küste die Überreste der *Winfield Scott* betrachten können, die hier 1853 sank.

Santa Cruz Island ist die größte Insel des Archipels. Die Chumash lebten hier 6000 Jahre lang. Die Insel ist ein ökologisches Wunder und Lebensraum von 600 verschiedenen Pflanzenarten, von denen neun nur hier vorkommen.

Santa Rosa Island beherbergt fast 200 Vogelarten und Dinosaurierfossilien. 1994 entdeckten Forscher hier das Skelett eines Zwergmammuts.

Das große Kreuz in der Cuyler Bay von **San Miguel Island** erinnert an die Anwesenheit der Spanier. Man kann auf San Miguel einen wunderbaren Tag verbringen, indem man die Strände mit ihren Robbenfamilien und Seelöwen erkundet und die gut fünf Kilometer zum Wald wandert, wo es versteinerte Abdrücke alter Baumstämme und das riesige gelb blühenden Mädchenauge gibt.

Etwa 80 Kilometer südwestlich von hier liegt **Santa Barbara Island**. Es gibt gegenwärtig Versuche, der endemischen Flora, die fremden Gräsern zum Opfer gefallen ist, zu neuem Leben zu verhelfen. ■

Von Santa Cruz bis hinunter nach Cambria prägt der Pazifik Gesicht und Wesen der Central Coast: Das Märchenschloss Hearst Castle, Steinbecks Romane und Robinson Jeffers Gedichte üben ebenso ihren Reiz aus wie das behagliche Städtchen Carmel oder das eher nüchterne Salinas.

Central Coast

Wandgemälde in der Cannery Row, Monterey

Central Coast

EIN EINZIGES BILD STEHT STELLVERTRETEND FÜR DAS WESEN DER KALIFORnischen Central Coast: die Monterey-Zypresse. Einsam, archaisch und trotzig hebt sie sich vom blauen, von Wolkenfetzen durchsetzten Himmel über dem Pazifik ab. Dichte Nebelschwaden umhüllen Cypress Point am Pebble Beach. Die erstmals im Jahr 1885 von Carleton Watkins fotografierte Zypresse ist zum Sinnbild dieses spannungsreichen Küstenabschnitts geworden. John Steinbeck, der große Sohn dieser Region, sah das sicher ebenso.

Auf der Big Sur Bridge überquert die California I den Big Sur River

Die Faszination der Central Coast entspringt unmittelbar ihrer Geographie, insbesondere der engen Verbindung zum Meer. Zwischen Santa Cruz und Morro Bay erstreckt sich das größte Unterwasser-Naturschutzgebiet des Landes. Tief unten in der See zerklüftet der »Grand Canyon des Meeres«, der Monterey Canyon, den Grund. Die kalten, nährstoffreichen Strömungen bilden den Anfang der Nahrungskette, die bis zum Seeotter, dem See-Elefanten und dem Blauwal reicht. Hier wuchert auch eine der größten Seetangwiesen der Erde.

Dem Zusammenspiel von Land und Meer sind spektakuläre Naturszenarios zu verdanken: zum Beispiel in Big Sur, wo die Santa Lucia Range steil in den Pazifik abfällt, oder in Point Lobos mit seinen eichen- und zypressengespickten Klippen, den mit bizarren grau-grünen Moosen und Flechten überwucherten Bäumen und den gischtumspülten Felsen. Kein Wunder, dass den Fotografen Ansel Adams und Edward Weston hier ihre beeindruckendsten Aufnahmen gelangen (siehe S. 176f).

Doch auch geschichtsbewusste Reisende kommen hier nicht zu kurz: Die meisten historischen Sehenswürdigkeiten sind gut ausgeschildert und täglich geöffnet. Im 18. und 19. Jahrhundert spielte diese Region für Kalifornien eine große Rolle. 1770 siedelten sich hier die ersten spanischen Soldaten und Padres an; fünf Jahre später erhob ihr König Monterey zur Hauptstadt des spanischen Kalifornien. 1775 befahl Padre Junípero Serra die Rückführung einer Gruppe konvertierter Indianer, die aus seiner Mission in Carmel geflohen waren, um in den Diablo Mountains ihren alten »heidnischen« Praktiken zu frönen. Diese erzwungene Rückkehr von Ureinwohnern zur europäischen Kultur, die sie vielleicht letztlich für immer auslöschte, dürfte vermutlich Serras Heiligsprechung verhindert haben. Das historische Drama erlebte 1845/46 in Monterey seinen letzten Akt, als Thomas Larkin, der US-Konsul im mexikanischen Kalifornien, eine Serie von Intrigen spann, die dazu führten, dass dieser Staat ein Teil des US-Territoriums wurde.

Die Central Coast bietet Gelegenheit für eine Fülle von Freiluft-Aktivitäten: Golf in Pebble Beach, Tauchen in den Unterwasser-Canyons der Monterey Bay, Wandern in der Santa Lucia Range, Vogelbeobachtung in der berühmten Elkhorn Slough National Estuarine Reserve.

Aber es geht auch gemächlicher: So lockt etwa ein Besuch von Hearst Castle, dem einstigen Treffpunkt der Hollywood-Stars. Romantikern wird Carmel gefallen, eingebettet in ein kiefernbewachsenes Tal – hier erbaute der Dichter Robinson Jeffers am spektakulärsten Strand sein Tor House. Wenn es einen Ort der Inspiration gibt, dann ist es die Central Coast. ■

Hearst Castle

LA CUESTA ENCANTADA – DER VERZAUBERTE HÜGEL: DIEsen Namen wählte der Verlags-Tycoon William Randolph Hearst für sein rund 50 Hektar großes Anwesen. Schon als Junge hatte er seiner Mutter während einer Europareise verkündet, er werde eines Tages im Schloss Windsor wohnen und den Pariser Louvre kaufen. Er hielt sein Versprechen – fast jedenfalls: 1919 gab er sein *castello grande* in Auftrag: gut acht Kilometer im Hinterland, etwa 500 Meter über dem Meeresspiegel, oberhalb des Städtchens San Simeon gelegen. Er wollte eine Mischung von spanischer Renaissance und dem kalifornischen Stil. »Wäre es nicht besser«, schrieb er seiner Architektin Julia Morgan, »etwas anderes als alle anderen in Kalifornien zu machen, solange es nicht widersinnig ist?« Das Ergebnis: mediterraner Eklektizismus, beeinflusst von der kalifornischen Botanik und Topografie.

Hearst Castle
www.hearstcastle.com
171 B3
750 Hearst Castle Rd., San Simeon
805/927-2020; 800/444-4445 (Karteninformation; Reservierung empfohlen)
$$$$

Führungen
Besucher müssen zur Besichtigung eine der vier angebotenen Touren wählen: Führung 1 führt in das Erdgeschoss von Casa Grande, in die Gästehäuser, beide Schwimmbäder und einen Teil des Gartens. Die anderen Führungen zeigen die oberen Räume des Hauptgebäudes. Die Abendführungen in Frühling und Herbst werden von Schauspielern in 30er-Jahr-Kostümen geleitet.

Der Kooperation zwischen Hearst und Morgan entsprang **La Casa Grande**, das Kernstück des Anwesens. Julia Morgan schuf eine imposante neuartige Ästhetik, indem sie Elemente europäischer Ornamentik miteinander kombinierte – etwa spanisches und italienisches Chorgestühl, das sie als Wandtäfelung verwendete. »Eine Suggestion früher europäischer Schöpfungen, doch erbaut mit Hilfe modernster Techniken«, beschreiben es Hearst-Kuratoren heute.

La Casa Grande war Hearsts Salon; hier unterhielten er und Marion Davies Stars und andere Prominente. Die Gäste durften tun und lassen, was sie wollten, solange sie vier Regeln befolgten: sich des Abends im **Assembly Room** vor dem französischen Kamin aus dem 16. Jahrhundert zu versammeln, das Dinner im benachbarten **Refectory** einzunehmen, den allabendlichen Film im Theater anzusehen – und im Beisein ihres Gastgebers niemals das Wort »Tod« auszusprechen.

Die drei separaten Gästehäuser sind in einem duchgängig mediterranen Stil gestaltet: die **Casa del Mar**, die **Casa del Monte** und die **Casa del Sol**.

Den vielleicht nachhaltigsten Eindruck hinterlässt der **Neptune Pool**, ein 34 Meter langes, tiefblau gekacheltes Schwimmbecken vor einer gräko-romanischen Tempelfassade. Von hier bietet sich ein atemberaubender Blick aufs Meer. Im Haus gibt es ein weiteres Schwimmbecken, den kleineren, mit blattvergoldeten und venezianischen Kacheln ausgestatteten **Roman Pool**.

Hearst war von dem Gedanken beseelt, dass Kaliforniens einzigartiges Klima und die Topografie des Landes alles Mediterrane in kalifornische Stilelemente umwandeln würden. Die Panama-Pacific International Exposition, die 1915 in San Franscisco stattfand, bestärkte ihn in diesem Glauben. Der Landschaftsarchitekt dieser Ausstellung, John McLaren, hatte einen Teil des sumpfigen Hafengeländes der Stadt mit Hilfe zahlreicher Palmen in einen spanisch-italienischen Villengarten umgestaltet. Dies wollte Hearst noch übertrumpfen: La Cuesta sollte rund ums Jahr in atemberaubender Farbenpracht erstrahlen. Dazu ließ er fünf Gewächshäuser erbauen und stellte eine Heerschar von Gärtnern ein, die für die jährliche Bepflanzung etwa 500 000 Gewächse zogen. In die Gärten setzte er mehrere gigantische Eichen und ließ eine zwei Kilometer lange Pergola errichten.

Zur Dekoration seines Heims kaufte Hearst zahlreiche europäische Kunstwerke: antike Decken, griechische Vasen, Tapisserien und Wandpaneele. Adriaen Ysenbrandts *Madonna mit Kind* aus dem 16. Jahrhundert ziert eine Wand des Haupthauses. In der gotischen Suite befindet sich *La virgen de la Leche*, eine etwa 500 Jahre alte Holzstatue aus Spanien. Draußen sind vier kolossale steinerne Gottheiten mit Löwenantlitzen aus dem Ägypten des 13. Jahrhunderts v. Chr. zu bewundern. Doch auch zeitgenössische amerikanische Kunst sammelte Hearst: etwa einen Bronzeabguss von *Setting Sun* des Panama-Pacific-Künstlers Adolph A. Weinman. ■

Hearst Castle liegt eingebettet in der Santa Lucia Range

Rund um Hearst Castle

Über die California I südwärts gelangt man rasch zum **San Simeon State Park** *(Tel. 805/927-0235)* mit steinigem Vorgebirge und zerklüfteten Felsen. Der State Park umfasst die **Pa-Nu Cultural Preserve**, eine archäologisch interessante Ausgrabungsstätte, deren Alter auf über 6000 Jahre geschätzt wird. Das **National Geographic Theater Hearst Castle** *(Tel. 805/927-6811)* in San Simeon zeigt einen 40minütigen Film.

Etwas weiter südlich befinden sich zwei kleine, aber spektakuläre öffentliche Strände. Einer der beiden alten Vulkankegel von **Morro Bay** trägt den Beinamen »Gibraltar des Pazifiks« – hier nisten Wanderfalken und Blaureiher. Das Wattenmeer eignet sich wunderbar zum Vogelbeobachten.

Noch weiter südlich, bei Los Osos, erstreckt sich der **Montana de Oro State Park**. Hier führt der Bluff Trail zu interessanten Felsformationen und Gezeitentümpeln. Im Hinterland liegt die hübsche Universitätsstadt **San Luis Obispo** *(Besucherinformation, 1037 Mill Street., Tel. 805/781-2531)*. Die Weinanbaugebiete **Paso Robles** *(Besucherinformation, 1225 Park Street, Tel. 805/238-0506)* und **Edna Valley/Arroyo Grande** sind noch jung. **Pismo Beach** *(Besucherinformation, 760 Mattie Road, Tel. 805/773-7034)* ist ein Strandstädtchen, das im Oktober zur Venusmuschel-Hauptstadt der Westküste wird. ■

Mit dem Auto: Von Cambria nach Carmel

Die California 1 – auch bekannt als Highway No. 1 – fasziniert besonders zwischen Cambria und Carmel durch die kurvenreiche Streckenführung entlang der Hügel und atemberaubende Ausblicke. Höhepunkte dieses Abschnitts sind Big Sur und das bewaldete Hinterland sowie der Big Sur River, der von der beeindruckenden Big Sur Bridge überspannt wird.

Zu Beginn dieser Fahrt sollten Sie in **Cambria** ❶ *(Besucherinformation, 767 Main Street, Tel. 805/927-3624)* tanken und dann auf der Calif. I Richtung Norden fahren. Die Strecken zwischen den wenigen Städten sind lang.

Jenseits des Städtchens **Lucia**, des südlichsten Standorts der Redwood-Bäume, befinden sich die drei Nationalparks von Big Sur. Zuerst kommt der **Julia Pfeiffer Burns State Park** ❷ *(Tel. 831/667-2315)*, wo ein Pfad zum Saddle Rock führt; hier ergießt sich der einzige Wasserfall der Pazifikküste direkt ins Meer. Dahinter erhebt sich der **Anderson Peak**, mit 1249 Metern der höchste Punkt der Santa Lucia Range .

In der **Henry Miller Memorial Library** ❸ *(Tel. 831/667-2574, geschl. Mo und Di, www.henrymiller.org)*, einige Kilometer weiter nördlich gelegen, verbrachte der Schriftsteller gemeinsam mit anderen Künstlern die Nachkriegsjahre.

Ein Höhepunkt dieser Region ist der **Pfeiffer Big Sur State Park** ❹ *(Tel. 831/667-2315)*; der größte der drei Parks weist einen beachtlichen Redwood-Bestand auf.

Rund zehn Kilometer nördlich befindet sich der **Andrew Molera State Park** ❺ *(Tel. 831/667-2315)*. Das Mündungsgebiet des Big Sur River bietet hier Vögeln und anderen Tieren wie Graufüchsen und Waschbären einen idealen Lebensraum. Eine Gänsehaut überläuft einen an der **Point Sur Light Station** *(geführte Spaziergänge an Wochenenden, Tel. 831/625-4419)*, die 1889 nach zwei verheerenden Schiffbrüchen erbaut wurde – die aber leider nicht die letzten waren. Im Zweiten Weltkrieg wurde die *Macon*, ein lenkbares Luftschiff der Navy, samt ihrer zweiköpfigen Besatzung Opfer des legendären Nebels von Big Sur.

Die Gegend um Big Sur strotzt vor interessanten Unterkünften und Lokalen. Deetjens Big Sur Inn *(Castro Canyon, Tel. 831/ 667-2377)* besteht aus mehreren rustikalen Blockhütten, die nach literarischen Figuren benannt sind.

Nicht weit entfernt ist das Restaurant mit Bar namens Nepenthe *(Tel. 831/667-2345)*, was übersetzt »Keine Sorgen« heißt. Es wurde von einem Schüler Frank Lloyd-Wrights entworfen und einst von Orson Welles für Rita Hayworth gekauft. Genießen Sie Ihren Drink auf der Terrasse und den Blick auf den Pazifik.

Ein anderes Kaliber ist das Ventana Inn *(Tel. 831/667-2331)*, das lange als das ultimative Refugium in Big Sur galt. Die geräumigen, luxuriösen Blockhäuser verstecken sich zwischen Bäumen an einem sonnenbeschienenen Hang; die Massagen und Spa-Behandlungen sind hervorragend.

Im Loma Vista Café & Gardens *(Tel. 831/667-2818)* können Sie bei einem Kaffee den herrlichen Blick über die Santa Lucia Range genießen und exotische sowie heimische Pflanzen kaufen.

Kurz vor **Carmel** (siehe S. 178f) erreichen Sie die **Point Lobos State Reserve** ❻ *(Tel. 831/624-4909)*, eine beeindruckende Felslandschaft, deren Höhlen und Nischen die Lebensräume der Seelöwen, Seeotter und Pelikane bilden. Literaturwissenschafler glauben hier die Vorlage für Spyglass Hill aus Robert Stevensons Roman *Die Schatzinsel* gefunden zu haben; der Roman entstand 1879, nachdem Stevenson die Region bereist hatte. Zwei der in der sehr guten Park-Karte eingezeichneten Spaziergänge sind besonders empfehlenswert: Der **Sea Lion Point Trail** führt zu einem Punkt, von dem aus man Seelöwen beobachten kann; der **Cypress Grove Trail** umrundet einen alten, mit blaugrünem Moos bewachsenen Zypressenhain. Orchideen umranken die Stämme umgestürzter Bäume.

Ins Hinterland gelangen Sie, indem Sie in Carmel die County Road G16 ins Carmel Valley nehmen. Nach etwa 33 Kilometern biegen Sie rechts ab in die Tassajara Roadund und erreichen das überaus angenehme Zen-Hotel **Tassajara Hot Springs** ❼. Im Sommer kann man hier eine spartanische, aber äußerst beruhigende Übernachtung reservieren *(39171*

Point Lobos State Reserve

Tassajara Road, Carmel Valley, Tel. 415/431-3771). Weiter führt die G16 über die Arroyo Seco Road nach Greenfield. Nach einigen Kilometern auf dem US 101 folgt die Abzweigung zur County Road G14, die zu dem Städtchen **Jolon** führt, dem Schauplatz des John-Steinbeck-Romans *Der fremde Gott*. Etwas nördlich von Jolon stoßen Sie in einem stillen Tal auf die restaurierte **Mission San Antonio de Padua** 8, die 1771 von Padre Serra gegründet wurde.

Um einen Einblick in die einzigartige und vielfältige Pflanzenwelt dieser Region zu bekommen, kehren Sie über die **Nacimiento Fergusson Road** 9 zur Küste zurück. Hier, am Fuße der Santa Lucia Range, sind Sie besonders im Frühjahr umgeben von kalifornischen Wildblumen, Ampfer, Wildem Fenchel, weiß blühenden Königskerzen, leuchtend gelbgrünem Senf und Küsten-Agaven. ■

Siehe auch Karte Seite 171 B3
- Cambria
- 224 Meilen (ca. 360 Kilometer)
- 1 Tag
- Carmel

UNBEDINGT ANSEHEN
- Julia Pfeiffer Burns State Park
- Point Lobos
- Nacimiento Fergusson Road

Ökologie des Lichts, des Meeres und des Steins

Ansel Adams, Edward Weston und Robinson Jeffers

Insbesondere die physikalischen Elemente Licht, Meer und Stein lockten zahlreiche Künstler und Schriftsteller an die Central Coast. Der Flüchtigkeit des erstgenannten Elements, der Verheißung des zweiten und der harten Realität des dritten konnte sich in Big Sur keiner dieser Künstler entziehen. Die gemeinsame Präsenz und Kompromisslosigkeit der drei Elemente, so Ansel Adams, zwinge den Künstler zum »richtigen Sehen«.

Für den Fotografen Edward Weston verkörperte die Central Coast sowohl Flucht als auch Reifung. Der 1886 in Illinois geborene Weston galt bereits 1917 als führender Vertreter seiner Kunst; sein besonderer »weicher« Stil der Porträtfotografie verschaffte ihm selbst im elitären London *Salon of Photographie* Anerkennung. 1923 verließ Weston in einem gauguinhaften Moment seines Lebens seine Frau, um mit einer exotischen italienischen Schauspielerin zusammenzuleben; zu diesem Zeitpunkt ging Weston außerdem seine lebenslange künstlerische Liaison mit den mexikanischen »Radikalen« David Alfaro Siqueiros und Diego Rivera ein. Sein Stil wurde direkter, dokumentarischer, erotischer. Er verzichtete bewusst darauf, die Nacktporträts seiner zahlreichen Geliebten zu retuschieren. Zu Beginn der 30er Jahre ließ er sich in Carmel nieder. Gemeinsam mit Ansel Adams gründete er »f/64 Movement«, eine Bewegung, die dafür eintrat, dass die Fotografie auf immer von den beschränkenden Kritiken formalistischer Kunst ausgenommen werden solle.

Ansel Adams

Insbesondere eines von Westons zahlreichen Fotos zeigt »seine« Central Coast: *The Fishing Fleet Monterey*. Jeder kunstinteresserierte Reisende kann die Perspektive des Fotografen nachempfinden, wenn er am späten Nachmittag die Hafenpromenade von Monterey entlangschlendert. Im Vordergrund befindet sich ein kleiner Fels, auf dem sich Möwen sonnen; im Hintergrund tanzen Boote auf den Wellen. Dieser Moment erinnert weniger an Paul Gauguin als vielmehr an Camille Pissarro – ein exotischer und doch kontrollierter ästhetischer Augenblick.

Westons junger Freund Ansel Adams, ein herzlicher, begeisterungsfähiger Mann, wurde 1902 als Sohn einer einflussreichen Familie in San Francisco geboren. Adams' Direktheit spricht aus all seinen Bildern, von denen das des Half Dome im Yosemite National Park zu den bekanntesten zählt. Fahren Sie ebenso wie er hinunter an die Küste zur Point Lobos State Reserve (siehe S. 174) und sehen Sie die Central Coast mit seinen Augen. Adams' Fotografien von Big Sur wohnt eine Zen-gleiche Qualität inne. Sie entstanden im Augenblick und spiegeln ungeheure Direktheit wider – ein visuelles »Glaubensbekenntnis« an Fels und Wasser.

Vielleicht ist es Robinson Jeffers, dem es am besten gelang, Westons persönliche Sicht der Central Coast mit dem naturalistischen Ansatz Adams' zu vereinen. Der 1887 in Pennsylvania geborene Jeffers wuchs in Südkalifornien auf und zog 1914 mit seiner Frau Una nach Carmel. Auch wenn er sich schon zuvor in Los Angeles

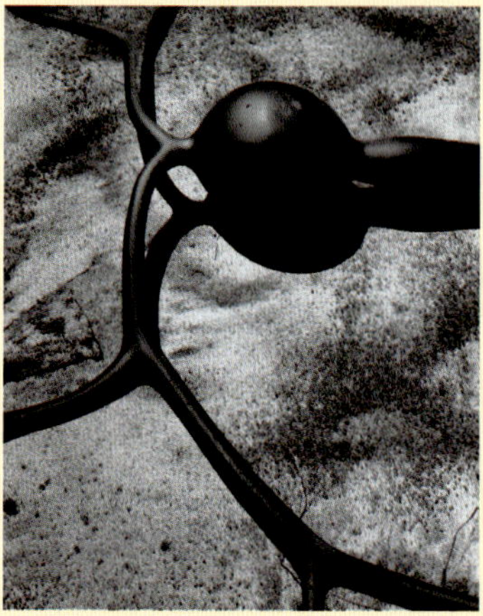

Links: Westons *Seetang-Muster im Sand*
Oben: Adams' *Herbstbäume vor den Cathedral Rocks* entstanden wie viele seiner Werke im Yosemite National Park

eine gewisse Bekanntheit als junger Dichter erworben hatte, war es doch sein erstes Werk über die Central Coast, das seinen Ruf als authentischer moderner Autor begründete – die Rede ist von dem 1925 erschienenen Buch *Roan Stallion*. Jeffers ging sogar noch weiter als Adams und Weston mit ihren aufs Wesentliche konzentrierten Fotografien: Bei ihm zählte *nur* die Natur – die Menschen betrachtete er als vorübergehende Erscheinung.

Die ursprüngliche Bevölkerung von Big Sur, in einem 1939 erschienenen Führer beschrieben als »Menschen, die zutiefst der Inzucht, der Leidenschaft, der Verdrießlichkeit und dem Misstrauen verhaftet« seien, füllten Jeffers' Prosa mit Leben. Das nördlich von Point Sur gelegene Bixby Creek Landing war der Schauplatz von *Thurso's Landing*. In dem Werk geht es um eine Frau, die den einzigen Freund ihres Mannes, einen Sprengmeister beim Straßenbau, zu ihrem Geliebten macht. ■

Carmel-by-the-Sea und Umgebung

VON ANFANG AN WAR CARMEL DAS, WAS WIR HEUTE EINE »Lifestyle Community« nennen – das reizvolle Städtchen ist eine Künstlergemeinde. Zu ihren ersten Bewohnern zählten der Dichter George Sterling sowie die Autorin Mary Austin, die sich für die Rechte der Frauen und Indianer einsetzte. In den 30er Jahren ließen sich der Radikale Lincoln Steffens und seine Frau Ella Winter hier nieder – in direkter Nachbarschaft zu dem immer konservativer werdenden Robinson Jeffers und seiner Gattin Una.

Carmel-by-the-Sea
171 A5
Besucher-information
San Carlos, 5th & 6th Sts.
831/624-2522

In Carmel spielte das Geschäftliche immer die zweite Geige hinter den Künsten – das musste sogar Clint Eastwood einsehen, nachdem sein Plan, das Städtchen ins moderne Business-Zeitalter zu hieven, kläglich gescheitert waren. Alles hier ist »nett« und »niedlich« – willkommen in der heilen Welt!

Gäste, die nach Carmel kommen, suchen die ruhige, friedliche Atmosphäre. Man kann die gediegene Szenerie bewundern, die Natur genießen, wandern oder durch eine der zahlreichen Galerien schlendern. Im Mediterrean Market *(Ocean Avenue/Mission Street)* kauft man sein Picknick ein, bevor man sich auf den Weg in den **Carmel City River State Park** macht *(nahe Scenic Road, südlich von Carmel Beach)*. Hier fallen die eichen- und pinienbewachsenen Hänge zu den blendend weißen Stränden hin ab – perfekt zum Wandern und Vogelbeobachten.

Sollten Sie irgendwann des Strandlebens müde sein, so sorgt ein Bummel über die **Ocean Street**, die mit ihren Traditionsgeschäften von echter Seemanskleidung bis hin zu handgearbeiteten Strickjacken und Schals alles zu bieten hat, für Abwechslung. Auf herzhafte Gerichte, serviert in einem freundlichen, familiärem Ambiente, hat sich das Little Napoli *(Dolores Street, nahe 7th Avenue, Tel. 831/626-6335)* spezialisiert.

Hektik ist ein Fremdwort in Carmel

Wie man es von einem Künstlerstädtchen erwarten kann, bietet Carmel einige außergewöhnliche kulturelle Highlights. Im Juli und August findet das **Carmel Beach Festival** *(Tel. 831/624-2046, www.bachfestival.com)* mit zahlreichen Konzerten und anderen themenorientierten Veranstaltungen statt.

Im Oktober lockt das **Carmel Performing Arts Festival** mit modernem Theater; das etablierte **Pacific Repertory Theater** *(Tel. 408/622-0100)* bietet rund ums Jahr Aufführungen. Ein Besuch lohnt auch die **Carmel Art Association** *(Dolores Street zwischen 5th und 6th Avenue, Tel. 831/624-0700)*, in der die Werke lokaler Künstler zu bewundern sind.

Da in der Lounge zu sitzen und vor behaglichem Kaminfeuer zu entspannen in Carmel zu den wichtigsten Ritualen zählen, sind zwei Inns empfehlenswert (siehe auch Seite 360f): zum einen das Quail Lodge *(8205 Valley Green Drive, Tel. 831/624-2888)* im Carmel Valley; zum anderen das Highlands Inn *(California 1, südlich von Carmel, Tel. 831/620-1234)*. Hier liegt ein Hauch von New-Age-Atmosphäre in der Luft – mit herrlichen Ausblicken, Heißwasserbädern und -quellen sowie mit echten Holzscheiten befeuerten Kaminen sind die Zimmer dieses Hotels eine Erfahrung, die man nicht so schnell vergisst.

In der Umgebung von Carmel kann man die **Mission Carmel** (siehe S. 180) und das **Tor House** (siehe S. 181) besichtigen; unbedingt empfehlenswert ist eine Fahrt auf dem atemberaubend schönen **17-Mile-Drive** – sie dauert rund drei Stunden und führt auf einer gebührenpflichtigen Straße über die Halbinsel Monterey *(auf Höhe der North San Antonio Road von der California 1 abbiegen)*. Hier bieten sich einige der schönsten Blicke und der beeindruckendsten Naturschauspiele der Monterey Bay dar: darunter der berühmte **Cypress Point**, dessen einsame, knorrige Zypresse der vielleicht meistfotografierte Baum der Welt ist (siehe S. 170), und der **Huckleberry Hill** inmitten des Del Monte Forest. **Spanish Bay** ist der südlichste Zipfel von Pacific Grove, den die Seefahrer als ersten Anlaufpunkt in der Neuen Welt erspähten. Die Broschüre, die man bei der Einfahrt erhält, erläutert alle Einzelheiten und verrät die spektakulärsten Aussichtspunkte. ■

Mission San Carlos Borromeo del Rio Carmelo
www.carmelmission.org
3080 Rio Rd., Carmel
831/624-1271

Mission Nuestra Señora de la Soledad
171 B5
Ft. Romie Rd., auf US 101, 3 Meilen südw. von Soledad
831/678-2586
Geschl. Di

Die Wandplakette in der Mission Carmel zeigt die Jungfrau Maria als himmlische Königin

Mission San Miguel Arcángel
www.missionsanmiguel.org
171 C3
775 Mission St.
805/467-3256

Drei Missionen

DIE ZWEITE VON DEM MALLORQUINISCHEN PADRE JUNÍPERO Serra erbaute kalifornische Mission, **San Carlos Borromeo del Rio Carmelo**, ist der historische Ausgangspunkt für fast alle modernen Diskussionen über das Missionssystem und sein Vermächtnis. Sie war der Mittelpunkt des mühevollen Strebens Serras, die spanische Kultur in der Neuen Welt zu etablieren. Zwischen 1770 und 1836 tauften er und seine Nachfolger hier mehr als 4000 Neophyten.

Zwei Jahre nach dem Tod Serras besuchte der Franzose Jean-Francois de la Perouse im Rahmen einer wissenschaftlichen Expedition die Mission Carmel; seine Tagebücher liefern uns einen lebendigen Eindruck von der Situation, die er vorfand. Die Hütten, in denen die indianischen Missionsangehörigen hausten, waren demnach die »schäbigsten, die man sich vorstellen kann ... acht oder zehn Strohbündel, notdürftig an Pfählen befestigt, sind der einzige Schutz gegen Wind und Wetter«. Die kärglichen Mahlzeiten, die sowohl die Priester als auch die Bekehrten zu sich nahmen, beschrieb de la Perouse als »eine Art Graupensuppe, für uns das schalste aller Gerichte«. Die körperlichen Züchtigungen kommentierte er so: »Viele Sünden, die man in Europa dem göttlichen Gericht überlässt, werden hier mit Stock und Ketten bestraft.« So stellte sich Serras spätmittelalterliches Experiment einem frühen Vertreter der Aufklärung dar.

Noch heute spiegelt die Statue, die im restaurierten **Old Quadrangle** zu besichtigen ist, die tiefe Verbindung zwischen Serra und dem kalifornischen Selbstbild wider. Die Skulptur namens *Serra Cenotaph* wurde 1924 von dem lokalen Künstler Jo Mora geschaffen; sie zeigt einen triumphierenden Serra, dem ein kalifornischer Grizzlybär zu Füßen liegt.

In der Basilika sind die Gründer der Mission begraben, auch Serra liegt hier. Das Grab wurde in den 80er Jahren des 19. Jahrhunderts geöffnet, um die Gerüchte, sein Leichnam sei gestohlen worden, ein für alle Mal zu widerlegen – der Padre war tatsächlich noch dort.

Serras Zelle wurde ebenfalls restauriert, wenngleich ihr Zustand nicht ganz originalgetreu ist: Man entfernte die ledernen Peitschen, mit denen sich die Padres selbst oder die Konvertiten geißelten – man wollte möglichen Falschinterpretationen der Besucher vorbeugen. Die Küche vermittelt einen Eindruck von dem einfachen Leben, das man hier führte; im Garten ist eine schöne Sammlung heimischer Pflanzen zu sehen, darunter ausladende Dahlienbüsche.

ANDERE MISSIONEN

Mit dem Auto gelangt man über den US 101 (Richtung Süden) zu zwei weiteren, jedoch weniger bekannten Missionen. Die erste ist die von Padre Lasuen 1791 an entlegener Stelle gegründete **Mission Nuestra Señora de la Soledad**. Hierher flüchteten sich 1818 Padres und Konvertiten aus anderen Missionen, die von dem französischen Pirat Hippolyte de Bouchard überfallen und geplündert worden waren. Zu sehen ist hier eine im spanischen Stil schwarz gekleidete trauernde Madonna.

Weiter südlich liegt die **Mission San Miguel Arcángel** aus dem Jahr 1797 mit original, von Konvertiten geschaffenen Kunstwerken, in denen sich der mittelalterliche Stil der Alten Welt und die Farbenfreude der Neuen Welt vereinen. ■

Tor House

DIE WOHL ORIGINELLSTE SEHENSWÜRDIGKEIT VON CARMEL ist das Tor House (Felshaus) mit dem angrenzenden Hawk Tower (Falkenturm), die der Dichter Robinson Jeffers zwischen 1914 und 1930 erbauen ließ. Jeffers und seine Frau Una statteten Carmel im Anschluss an ihre Flitterwochen einen Kurzbesuch ab und ahnten damals noch nicht, dass sie, wie Jeffers später schrieb, »an ihren schicksalhaften Ort gekommen waren«. In den folgenden 40 Jahren führten die Jeffers ein aktives Landleben mit Arbeit im Freien, Ausritten, Verfassen von Prosa und Besuchen bei führenden literarischen Persönlichkeiten wie Edna St. Vincent Millay, Sinclair und Edgar Lee Masters. Zu den zahlreichen Gästen der Familie zählten die Bühnenschauspielerin Dame Judith Anderson, die Humanistin Jane Addams, die Tänzerin Martha Graham und der Komponist George Gershwin.

Tor House & Hawk Tower

www.torhouse.org

✉ 26304 Ocean View Ave., Carmel (zwischen Stewart Way & Bay View Ave.)

☎ 831/624-1813

🕒 Foundation geöffnet Mo–Do, Führg. stdl. Fr–Sa keine Kinder unter 12. Nach Voranmeldung.

$ $$

Die Jeffers fühlten sich magisch angezogen von diesem Ort, einem *tor* oder Felshügel nahe der Mündung des Carmel River an einer der dramatischsten Küstenpartien. Die beiden aus großen Steinen erbauten Gebilde – ein Haus und der so genannte Falkenturm – spiegeln die Eigenheiten des Paares wider. Beide Gebäude enthalten zudem Steine, die sie von ihren Reisen mitbrachten.

Ein immer wiederkehrendes Motiv ist das Antlitz des Falken, der zentralen Ikone aus Jeffers' kraftvoller Prosa. Fast untrennbar mit den Elementen verbunden, denen es ausgesetzt ist – Jeffers Sohn Donnan erinnerte sich, wie er während eines Sturms von den Fenstern zurückgerufen wurde, als »wir die Elemente über uns hereinbrechen sahen« –, stellt das Tor House eine unvergessliche kalifornische Huldigung an Kreativität, Individualismus und Stärke dar. Wie Jeffers 1928 in *Tor House* schrieb: »Sorge dich nicht um meinen Geist; er ist sicher hier, jedoch ein dunkler, tief drinnen im Granitstein, keiner, der im Wind tanzt mit den verrückten Schwingen und dem Tagmond.« ■

Jeffers auf dem Hawk Tower, aus gesammelten Felsbrocken

Mit dem Auto: Zwei Touren durch das Land Steinbecks

Steinbecks Werk ist untrennbar mit dem weiten Salinas Valley und den Orten jenseits davon verbunden. Die beiden Touren vermitteln viel von der Atmosphäre des »Steinbeck-Landes«. Im Steinbeck Center ist eine Broschüre mit Tourenvorschlägen erhältlich.

1. TOUR: SALINAS UND DAS »LANGE TAL«

Der beste Ausgangspunkt für die Erkundung des »Steinbeck-Landes« ist Salinas ① *(Besucherinformation119 East Alisal Street, Tel. 831/424-7611)*. Einstimmen kann man sich im **National Steinbeck Center** *(1 Main Street, Tel. 831/796-3833, www.steinbeck.org)* inmitten der **Old Town**. Hier sind eine umfangreiche Sammlung von Andenken an Steinbeck sowie mehrere interaktive Exponate zu seinen wichtigsten Büchern und den jeweiligen realen Inspirationen zu sehen. Der neue Flügel »Valley of the World« befasst sich mit dem großen landwirtschaftlichen Erbe des Tals.

Von hier aus sind es nur wenige Schritte zur Central Road 132 und zum **Steinbeck House**, in dem der Autor geboren wurde und aufwuchs und wo man *(mit Reservierung, Tel. 831/424-2753)* zu Mittag essen kann. Andere Sehenswürdigkeiten sind die **Roosevelt School** *(120 Capitol Street)*, das Vorbild für die West End School in *Jenseits von Eden*. In der Main Street mitten in der Altstadt befinden sich weitere in dem Roman erwähnte Orte, etwa das San Francisco Chop House *(Nr. 116)*, Krough's Drug Store *(Nr. 156)* und Elk's Building *(Nr. 247)*. Auf dem **Garden of Memories Cementery** *(768 Abbott Street)* liegt der Autor begraben, ebenso wie einige Vorbilder der Romanfiguren: die Familie Hamilton, William J. Nesbitt (Sheriff Quinn) und Mary Jane Reynolds (Jenny).

Weiter geht es auf dem US 101 in Richtung Süden. Die Kleinstadt **Soledad** ② ist Schauplatz des Dramas *Von Mäusen und Menschen*; der Krämerladen existiert noch. Auf dem US 101 geht es Richtung Nordosten auf die County Road G13 nach **King City** ③; hier spielt *Der rote Pony*. Kehren Sie um auf den US 101 und wenden sich dann nach Westen auf die County Road 14. Dort fahren Sie in Richtung **Jolon** ④ fahren; die Kleinstadt ist der Schauplatz von *Der fremde Gott*.

Fahren Sie nun auf dem US 101 zurück nach Salinas und von dort über die California 68 Richtung Westen zum malerischen **Salinas River Basin** ⑤ – hier schwamm Steinbeck und jagte Kaninchen. Dahinter zeichnen sich die hügeligen Sihouetten von **Corral de Tierra** und Castle Rock ab. Letztere wurde 1794 von George Vancouver nach ihrem burgähnlichen Aussehen benannt und diente Steinbeck als Inspiration für *König Artus und die Heldentaten der Ritter seiner Tafelrunde*.

Sie bleiben auf der California 68 bis **Monterey** ⑥ (siehe auch Seite 184ff). Die bis 1953 als Ocean Avenue bekannte Cannery Row hat bei uns als *Straße der Ölsardinen* Ruhm erlangt. Ebenfalls dort spielen *Tortilla Flat* und *Wonniger Donnerstag*. Das Labor des tatsächlichen Ed Ricketts, Steinbecks Hauptfigur, Meeresbiologe und Erzähler der Geschichte, befindet sich in Cannery Row 800; Wing Chong's Market heißt heute schlicht »The Old General Store« und trägt die Hausnummer 835. La Ida's Café, ebenfalls in diesem Roman, findet man unter dem Namen »Kaliso's« in der Nr. 851. In der Alvarado Street kann man den Raum besichtigen, in dem *Die Perle* entstand *(399 Alvarado Street, 2. Stock)*. Von **Fisherman's Wharf** aus starteten Steinbeck und Ricketts zu ihrem Segeltrip in den Golf von Kalifornien – dies lieferte Inspiration für *Sea of Cortez*.

2. TOUR: DIE BADLANDS

Diese Fahrt führt durch weniger romanverbundene Orte, vermittelt aber ein gutes Bild von den »Badlands«, der Region, die Steinbecks Werke so stark prägte. Von Salinas fahren Sie auf dem US 101 nach Norden, dann auf der California156 nach Osten bis zur Abfahrt **San Juan Bautista** ①. In der restaurierten **Mission San Juan Bautista** *(Nordseite der Plaza, Tel. 831/623-2127)* ist ein Altarbild von Thomas Doak, dem ersten amerikanischen Siedler in Alta California, zu sehen. Sie fahren auf der California 156 weiter in Richtung Osten

Siehe auch Karte Seite 171 B5
Salinas
1. Tour: ca. 245 km
2. Tour: ca. 155 km
1. Tour: 5 Stunden
2. Tour: 3 Stunden
1. Tour: Monterey
2. Tour: Pinnacles NM

UNBEDINGT ANSEHEN

- National Steinbeck Center
- Cannery Row
- Fisherman's Wharf
- Fremont Peak
- Pinnacles National Monument

bis zur Abfahrt San Juan Canyon Road und dann zum **Fremont Peak** 2 *(Tel. 831/623-4255)*. Westlich davon liegt die Steinbeck-Ranch. Wieder unten geht es auf der California 156 weiter östlich, dann auf der California 25 nach Süden – zu den California Badlands. In dem Örtchen **Paicines** 3 kann man noch heute in dem Geschäft, in dem 1873 der berüchtigte *bandito* Tiburcio Vásquez sein letztes Opfer erschoss, ein Sodawasser kaufen. Das **Pinnacles National Monument** 4 *(Tel. 831/389-4485)* ist eine Ansammlung vulkanischer Felsformationen – Besichtigung nur zu Fuß möglich. ■

Der Hafen von Monterey

Historisches Monterey

DAS »ERSTMALS« 1542 VON JUAN CABRILLO ERBLICKTE Monterey wurde 1602 von dem Händler und Entdecker Sebastián Vizcaíno nach dem Grafen von Monte Rey benannt und 1770 von Portola und Serra für die spanische Krone beansprucht. Bis in die 50er Jahre des 19. Jahrhunderts fungierte Monterey als das politische, soziale und wirtschaftliche Herzstück – doch auch nachdem der Regierungssitz verlegt wurde, blieb Monterey eine bedeutende Wirtschaftsmetropole. Das Fischereigewerbe wurde nacheinander von italienischen, portugiesischen, chinesischen, japanischen und mexikanischen Einwanderern betrieben.

Monterey
171 A5
Besucher-information
www.montereyinfo.org
150 Olivier St.
831/649-1770

Monterey State Historic Park
20 Customs House Plaza
831/649-7118

Presidio of Monterey Museum
Corporal Ewing Rd., Bldg. 113
831/646-3456
Geschl. Di u. Mi

Heute locken Museen, Kunstgalerien und die weitläufige, wunderschön restaurierte Altstadt die Besucher an. Sie finden in **Fisherman's Wharf** zahlreiche Lokale und Geschäfte, die zu einem Bummel einladen.

Der **Monterey State Historic Park** erstreckt sich über mehr als 30 historische Stätten und hat sein Zentrum in der Nähe des Customs House. Folgen Sie dem ausgeschilderten *path of history*; der Rundgang beginnt beim **Customs House**, dem ältesten kalifornischen Regierungsgebäude, das entsprechend seinem Zustand von 1840 restauriert wurde und ein Museum beherbergt. Hier verkündete Commodore John Drake Sloat 1846, dass »Kalifornien fortan ein Teil der Vereinigten Staaten« sei.

Im **Larkin House**, einem zweistöckigen Adobe-Gebäude aus der mexikanischen Periode, wohnte Thomas Oliver Larkin, der erste und einzige kalifornische US-Konsul unter mexikanischer Herrschaft.

Eine der schönsten alten Adobe-Bauten ist sicher die **Casa Soberanes Adobe**, auch als House of the Blue Gate bekannt. Das von Rafael Estrada um 1840 erbaute und von 1860 bis 1922 von den Soberanes bewohnte Haus wurde hervorragend restauriert und mit Originalmöbeln ausgestattet.

1999 öffnete im **Pacific House** ein Museum seine Pforten; das Gebäude ist ein Beispiel des klassischen Monterey-Stils. Den vielleicht besten Einblick in das frühe Wirtschaftsleben von Monterey bietet das **Cooper Molera Adobe**, benannt nach dem Händler John Rogers Cooper, der in eine bedeutende mexikanische Familie einheiratete. Das Anwesen umfasst Scheunen und Stallungen, Hoftiere sowie Obst- und Gemüsegärten. **Colton Hall** ist ein weiteres herausragendes Beispiel der Monterey-Architektur – hier wurde die kalifornische Verfassung unterzeichnet; heute beherbergt das Gebäude ein Museum zur frühen kalifornischen Geschichte.

Das **Stevenson House** *(530 Houston Street)* wurde früher French Hotel genannt und verdankt seinen Ruhm dem schottischen Schriftsteller Robert Louis Stevenson, der sich hier im Herbst 1879 von schwerer Krankheit erholte; anschließend heiratete er und zog ins Napa Valley um.

Abseits des Historic Park gelangt man durch das **Presidio of Monterey** zu zwei wichtigen historischen Stätten: zu der Stelle, an der Vizcaíno 1602 an Land ging, und zu dem Ort, an dem Padre Junípero Serra 1770 seine erste Messe las. Jüngere Militärgeschichte zum Zweiten Weltkrieg und dem schillernden Inhaftierten, General E.O.C. Ord, vermittelt das **Presidio of Monterey Museum**. Im **Maritime Museum** ist die Allen-Knight-Sammlung mit Logbüchern, Seekarten und Fotos untergebracht.

Schon in frühen Tagen zog Monterey ambitionierte junge Künstler an; in den beiden Filialen des **Monterey Museum of Art** ist eine außergewöhnliche Sammlung ihrer Werke und der anderer Kalifornier zu sehen (Via Mirada und Civic Center). Es finden Werkschauen wie die von C.S. Price (1874–1950) statt, eines Landschaftskünstlers, der vom Impressionismus über Modernismus bis hin zum Expressionismus alle Stilrichtungen abdeckte. Zur Skulpturensammlung gehören Werke von Gordon Newhall, Alexander Weygers und George Rickey. Selbstverständlich dürfen Fotografien von Ansel Adams und Edward Weston nicht fehlen.

Monterey war Kulisse in rund 200 Kinofilmen, von *Clash by Night* mit Marilyn Monroe über *Play Misty for Me (Sadistico – Wunschkonzert für einen Toten)* mit Clint Eastwood. Eine dreistündige »Monterey Movie Tour« (Tel. 831/372-6278) führt zu den wichtigsten Schauplätzen. ■

Das zum Monterey State Historical Park zählende Customs House ist das älteste noch existierende Regierungsgebäude Kaliforniens

Maritime Museum
✉ 550 Calle Principal
☎ 831/372-2608
$ $

Monterey Museum of Art
www.montereyart.org
La Mirada
✉ 720 Via Mirada
☎ 831/372-3689
🕒 Geschl. Mo–Di
$ $$

Civic Center
✉ 559 Pacific St.
☎ 831/372-5477
🕒 Geschl. Mo–Di
$ $$

Monterey Bay Aquarium

DAS MONTEREY BAY AQUARIUM ZÄHLT ZU DEN MODERNSten Forschungs- und Bildungseinrichtungen seiner Art. Es dient der Erforschung des überaus reichen Unterwasserlebens der Monterey Bay, des größten Unterwasser-Naturschutzgebietes der USA, und macht es zugleich der Öffentlichkeit zugänglich. Einen halben Tag kann man hier mühelos verbringen; wenn Sie eine Vorführung wie etwa die Seeotter-Fütterung sehen möchten, sollten Sie sich zu Beginn Ihres Besuchs über die Zeiten informieren. Empfehlenswert sind das Restaurant (mit Austern-Bar) und das Café.

Monterey Bay Aquarium
www.montereybayaquarium.org
✉ 886 Cannery Row, Monterey
☎ 831/648-4888 oder 800/756-3737 (Ticketvorbestellung)
$ $$$

Das Aquarium bietet in erster Linie einen Überblick über die vier großen Lebensräume der Monterey Bay. Gleich nach dem Eingang links erwartet Sie der **Kelp Forest**. Das riesige Becken ist ein Meisterwerk moderner Technik und erlaubt die perfekte Simulation der Ökologie eines Seetangwaldes – mit Strömungen, durch die Wasseroberfläche brechenden Lichtstrahlen und einer Fülle von Unterwasserbewohnern, darunter große Schwärme golden schillernder Señorita-Fische, Kelp-Barsche, orange leuchtende Garibaldi-Fische und zahllose Sardellen. Im zweiten Stockwerk kann man die kleineren Seetangbewohner näher in Augenschein nehmen, etwa Turbanschnecken, Kelp-Krabben und filigrane Seesterne. Sehenswert sind die zweimal täglich stattfindenden Fütterungen, bei denen die Meereslebewesen Tauchern aus der Hand fressen.

Das Becken mit dem Namen **Deep Reefs** ist der weitgehend unbekannten Welt des sandigen Meeresbodens gewidmet, die sich in 30 bis 130 Meter Tiefe befindet. Hier leben blaue Schwämme, Aale, gepunktete Garnelen und leuchtend orangefarbene Korallen. Der Lebensraum **Sandy Seafloor** beherbergt unter anderem Krabben und die chamäleonartigen Plattfische. Das **Shale Reef** birgt unerwartete Schätze; aus echten Monterey-Bay-Felsen wurden die Tunnels und Höhlen nachgebildet, in die sich Seegurken, Schuppenwürmer und verschiedene Muscheln eingenistet haben.

Der küstennahe Lebensraum ist das Thema des nächsten Bereichs – hier werden interaktive Technologien eingesetzt. Im **Rocky-Shores**-Becken kann man winzige Lebewesen beobachten, deren Lebensraum die Felsküsten sind. Durch bizarre Unterwassergewächse pirschen sich Aale. Betätigt man eine Handkurbel, so entstehen Strömungen, die Barsche anlocken und die schlangenähnlichen Tentakeln der Seeanemonen in Bewegung bringen.

Unter dem Motto **Tide Pool Life** wird das Leben im Gezeitentümpel nachgestellt; künstlich erzeugte Wellen umspülen Einsiedlerkrebse, Seeskorpione, Seesterne und verschiedene Seeanemonen-Arten. Die Exponate **Slough Shore** und **Sandy Shore** stellen sieben miteinander verwandte Lebensräume von Gezeitenkanälen über Wattenmeer und Marschland bis hin zu Dünen und Sandstrand vor; sie bilden die außergewöhnlichen maritimen und ornithologischen Schätze des nahe gelegenen **Elkhorn Slough** (siehe S. 186) nach.

Auch wenn im Monterey Bay Aquarium keine Seehunde, Delphine oder Wale zu sehen sind, kann man diese Meeressäuger von der Aus-

sichtsplattform aus dann und wann im offenen Meer beobachten: Gemeine Seehunde, Kleine Tümmler, Weißseiten-Delphine, Orcas und See-Elefanten. Im **Sea Otter Tank** tummeln sich die verspielten, possierlichen Tierchen, die als Waisen hierher gebracht wurden.

Nehmen Sie sich auch für den letzten Bereich, die **Outer Bay**, ausreichend Zeit. Er beginnt etwa 160 Kilometer von der Küste entfernt – hier wird das Zusammenspiel von Licht, Temperatur und Salzgehalt untersucht. Die vielleicht spektakulärsten Meeresbewohner sind jene, die mit der Strömung treiben: von Plankton über Krabbenlarven bis hin zu den räuberischen Quallen. In dramatisch beleuchteten Becken erglühen seltene Quallen wie Juwelen in der Dunkelheit; eine violett gestreifte Art kann einen Durchmesser von bis zu 80 Zentimetern erreichen. Im riesigen **Swimmers**-Becken sind gewaltige Mondfische, Thunfische (einschließlich zwei Riesen-Blauflossenthunfischen) und Bonitos und sogar kalifornische Barrakudas zu sehen. ■

Ein Taucher füttert die Fische im Seetangwald des Monterey Bay Aquarium

Elkhorn Slough National Estuarine Research Reserve

Elkhorn Slough liegt an einem Gezeitenkanal, umfasst knapp 600 Hektar Wattenmeer und beheimatet rund 400 Arten von Wirbellosen, 80 Fisch- und 200 Vogelarten. Das Seichtwasser wird nicht selten von kleinen Haien und Rochen aufgesucht. Nachdem man den Vormittag im Naturschutzgebiet verbracht hat, bietet sich für einen Stopp das **Moss Landing** an, wo es zu vernünftigen Preisen antike kalifornische sowie Art-and-Crafts-Keramiken zu kaufen gibt. Außerdem werden im Cafe ausgezeichnete Austerngerichte serviert. Einen Besuch lohnt auch das örtliche Antiquariat. Im Frühling sollten Sie an einem der Straßenstände frische Artischocken genießen, denn das nahe gelegene Castroville gilt als Artischocken-Hauptstadt der Welt. ■

Elkhorn Slough National Estuarine Research Reserve

www.elkhornslough.org

✉ 1700 Elkhorn Rd., Elkhorn

☎ 831/728-2822

🕒 Geschl. Mo–Di

$ $

Santa Cruz und Umgebung

Santa Cruz
171 A6
Besucher-information
www.santacruz.org
1211 Ocean St.
831/425-1234 oder 800/833-3484

Santa Cruz Surfing Museum
Im Mark Abbott Lighthouse, 1305 E. Cliff Dr.
831/420-6289
Geschl. vormittags & Di (Winter: Di & Mi geschl.)

WER AUF SEINEN REISEN GERN MAL BOHEMIEN-ATMOsphäre schnuppert, wird sich in dem Strandstädtchen Santa Cruz wohl fühlen. Stadt und Umgebung haben sich inzwischen von den Auswirkungen des Loma-Prieta-Erdbebens von 1989 erholt; hier warten Unterkünfte zu vernünftigen Preisen, delikat zubereitete Meeresfrüchte und eine herrliche Kulisse auf Sie.

Die Hauptattraktion der Stadt ist der **Santa Cruz Beach Boardwalk** *(400 Beach Street, Tel. 831/423-5590)*, ein historischer Vergnügungspark direkt am Strand. Ganz in der Nähe liegt die **Frans Lanting Gallery** *(207 McPherson St., Tel. 831/429-1331, www.franslanting.com)*, die die Fotos des Naturfotografen zeigt. Der 8,5-Kilometer-Rundweg zu den Felsformationen am **Natural Bridges State Beach** *(2531 West Cliff Drive, Tel. 408/423-4609)* ist unvergesslich. Auf dem Rückweg kann man das **Santa Cruz Surfing Museum** besuchen, das eine Sammlung alter Boards und Fotos von Haiattacken präsentiert.

Sandburgen-Wettbewerb in Capitola

Mehrere Erdbeben haben einen großen Teil der architektonischen Vergangenheit von Santa Cruz vernichtet. Die **Mission Santa Cruz** *(126 High Street, Tel. 831/426-5686)* ist daher nur eine verkleinerte, aus dem Jahr 1936 stammende Reproduktion des Originals. In der Nähe fahren bei **Roaring Camp Railroads** *(Tel. 831/335-4400, www.roaringcamp.com)* Dampfeisenbahnen durch die Redwoodwälder zum Gipfel des Bear Mountain. In den Santa Cruz Mountains gibt es zahlreiche Überbleibsel früher Pioniergeschichte, beispielsweise die aus dem Jahr 1892 stammende **Felton Covered Bridge** im Herzen des San Lorenzo Valley *(California 9, 8,5 Kilometer nördlich der Stadt)*. Weiter nördlich, neben der California 9 nordwestlich von Boulder Creek, liegt der **Big Basin Redwoods State Park** *(Tel. 408/338-8860)*, wo man Zelthütten mieten kann *(Tel. 800/874-TENT)*.

Östlich wartet **Soquel** mit Wildwest-Romantik auf: Hier trieb der legendäre Postkutschenfahrer »Cock-Eyed Charley« Parkhurst sein Unwesen. Soquel gewinnt heute als Weinanbaugebiet immer mehr an Bedeutung *(Karten: Tel. 831/479-9463, www.scmwa.com)*; empfehlenswert ist die **Bargetto Winery** in Soquel *(3535 North Main Street, Tel. 831/475-2258, www.bargetto.com)*.

Nimmt man die California 1 in südliche Richtung, gelangt man nach **Capitola**, einer ehemaligen Thunfischfänger-Siedlung, die heute durch ihr romantisches Flair, die geschützte Lage in der Bucht und malerische Strandcafés bezaubert; von verschiedenen Pensionen hat man einen unvergesslichen Blick auf die nördliche Monterey Bay. ■

Los Angeles mag größer und spektakulärer sein, doch San Francisco ist immer noch die führende Stadt an der Pazifikküste. Seine Museen strotzen nur so vor Neuerwerbungen, die Stadt rühmt sich ihrer viktorianischen Architektur, und hre Küche verwöhnt den Gourmet.

San Francisco

Die San Francisco-Oakland Bay Bridge und ein Wagen der Cable Car Bahn bei Sonnenuntergang

San Francisco

SAN FRANCISCO IST GLEICHZEITIG WOHLHABEND UND UNKONVENTIONELL, weltstädtisch und provinziell, fröhlich und gehemmt, altväterlich und jugendlich. Es erinnert (mit seinem Kulturangebot) gleichzeitig an Florenz und (mit seinen endlosen ethnisch-politischen Diskussionen) an Boston. Die Stadt ist kompakt, elektrisierend, romantisch, exotisch. Um es in den Worten der Costano-Indianer auszudrücken, die vor 500 Jahren an der Bucht lebten: Es scheint so, als ob hier jeder »am Rand der Welt tanzt«.

Mit dem Goldrausch wurde die Stadt zum Schmelztiegel, dem eine einzigartige städtische Kultur entsprang. San Francisco wuchs von einem verschlafenen 500-Seelen-Nest im Jahr 1847 binnen zwei Jahren zu einem Hexenkessel mit 20 000 Menschen an. Männer (und es waren hauptsächlich Männer) aus aller Herren Länder kamen hierher, viele von ihnen mit lauteren Absichten, doch ebenso viele auch, um im Trüben zu fischen. Ihnen auf dem Fuße folgten Yankee-Kaufleute, die alles daran setzten, die Stadt, wie Richard Henry Dana schon vor vielen Jahrzehnten bemerkte, zu »dem Warenhaus einer neuen Welt« zu machen.

Das große Erdbeben von 1906 und das sich anschließende Feuer legten die Stadt in Schutt und Asche. Aber die Bewohner – die Hälfte von ihnen obdachlos – eilten sich nicht nur gegen-

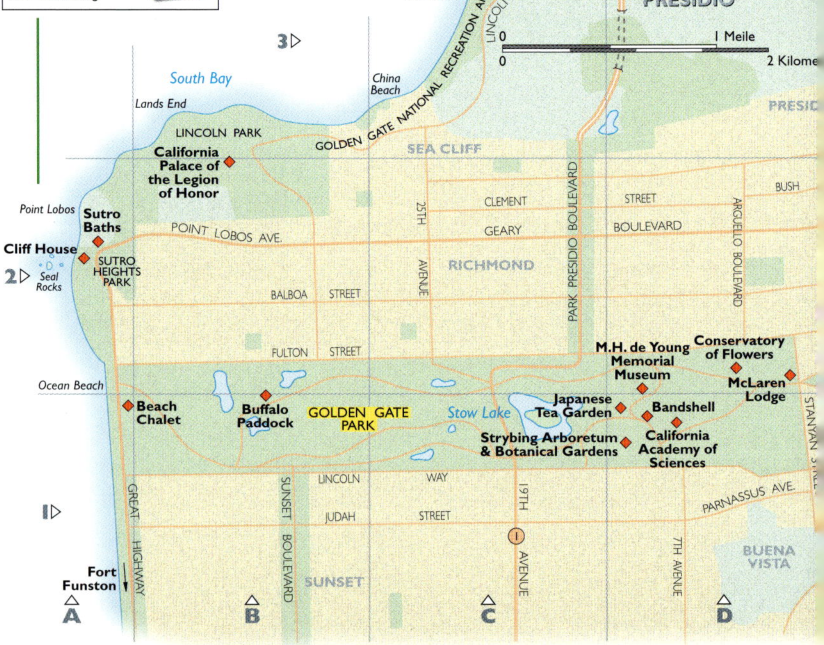

seitig zu Hilfe, sondern sie widmeten sich auch dem Wiederaufbau San Franciscos als führender Stadt am Pazifik. Der Erfolg der Panama-Pacific Exposition signalisierte im Jahr 1915, dass wieder mit San Francisco zu rechnen war.

Die Depression verstärkte den liberal-demokratischen Ruf der Stadt. Aber noch mehr belebten die Aids-Krise und ihre Folgen den toleranten Charakter der Stadt.

Den heutigen Besucher erwartet in San Francisco ein wahres Fest kultureller und kulinarischer Genüsse. Unter anderem auf Grund des Zuflusses von Geld aus dem Silicon Valley hat sich die Stadt zum Standort der experimentellsten Küche im ganzen Land entwickelt. Zu den bekannteren Restaurants gehören die von der genuesischen Küche beeinflussten Black Cat und Rose Pistola, das Jardinière mit seiner kalifornisch-provenzalischen Küche und das für seine Fisch- und Meeresfrüchtegerichte berühmte Farallon. Geld aus dem Silicon Valley hilft auch bei der Neukonzeption ehrwürdiger kultureller Einrichtungen der Stadt wie etwa dem Umzug des Asian Art Museum in das neue Civic Center. Auch die Museen im Golden Gate Park, die kalifornische, moderne, Renaissance- und Barockwerke zeigen, haben vom Bürgersinn profitiert.

Ein letzter Hinweis: San Francisco charakterisiert eine an den großen Boulevards orientierte Kultur – man zieht sich hier gewöhnlich gut an. ■

Die Brücke bei Sonnenaufgang und im Morgennebel

Golden Gate Bridge

OBWOHL SIE ERST VIELE JAHRE NACH DEM GLEICHNAMIGEN Park entstand, ist die Golden Gate Bridge das herausragende Symbol der Stadt. Die Brücke ist ein wahres Kunstwerk. Ihre eleganten, fast 3000 Meter aus Beton und Stahl werden von nur zwei genial gebauten Pfeilern getragen. Dieses architektonische Meisterwerk ist ein Denkmal für die Kraft eines gemeinsamen Willens, der das technische Können von Joseph Strauss, die Brillanz der Architekten Charles Ellis und Leon Moisseiff und die finanzielle Geschicklichkeit von A. G. Giannini, dessen Bank of America die Finanzierung sicher stellte, in sich vereinte. Als die Brücke im Jahr 1937 eingeweiht wurde, war sie das größte Bauwerk der Welt.

Am besten unternimmt man morgens, wenn es dunstig und kühl ist, einen erfrischenden Spaziergang über die Brücke, um sich einen Gesamteindruck von der Stadt und ihrer Lage zu verschaffen.

Sie ist von April bis Oktober immer und von November bis März von 6 bis 18 Uhr für Fußgänger geöffnet (nur östlicher Gehweg; Zugang vom Lincoln Boulevard). Möglicherweise erhellt im Nordwesten ein silbriger Schein das Festland des Marin County und lässt es in Purpur- und Grüntönen schimmern. Dahinter liegt der geheimnisvolle Mount Tamalpais (Mount Tam für Einheimische). Das lokale Wetter ist so wechselhaft, dass

Sie mitten auf der Brücke im einen Moment von Dunst umhüllt sein und im nächsten im gleißenden Sonnenlicht stehen können. Im Nordosten zeichnen sich schemenhaft in der Bucht Alcatraz Island und Angel Island ab. Auf der anderen Seite der Bucht liegen Berkeley und Oakland. In den Schatten der Brücke schmiegt sich das historische **Fort Point**, eine Festung aus der Zeit vor dem Amerikanischen Bürgerkrieg, die den damals noch jungen Handelshafen schützen sollte. Noch weiter im Osten taucht die Silhouette der Stadt selbst auf, vielleicht die beeindruckendste in den ganzen Vereinigten Staaten.

Die Brücke ist auch ein guter Ausgangspunkt für eine Erkundung der Küste von San Francisco (siehe S. 225 ff) oder von Marin County und der North Bay (siehe S. 242f). Viele Besucher nehmen einfach den Park Presidio Boulevard nach Osten, um zu einer der bekannten Sehenswürdigkeiten der Stadt zu gelangen, dem Golden Gate Park (siehe S. 194 ff) mit seinen Museen, historischen Bauwerken und Gärten. Der beste Ort, um die Skyline von San Francisco zu fotografieren, ist der treffend benannte Vista Point auf der Marin-County-Seite der Brücke. ■

Fort Point Visitor Center
www.nps.gov/fopo
190 C4
415/556-1693
Geschl. Mo–Do

Wie man in San Francisco herumkommt

Zum Glück besitzt die Stadt einen benutzerfreundlichen und erschwinglichen öffentlichen Personennahverkehr (siehe Innenseite der hinteren Umschlagklappe). Nachdem es am Anfang einige Probleme gab, gilt Bay Area Rapid Transit *(BART, Tel. 415/982-2278, www.bart.gov)* mittlerweile als ein elegantes und gepflegtes System in der an Erfolgen nicht gerade reichen Geschichte entsprechender Großprojekte. Das über 100 Kilometer lange Netz verbindet die Halbinsel mit ihren Schwesterstädten in der East Bay. Der Fahrplan reicht vom frühen Morgen bis Mitternacht. In den fünf BART-Filialen entlang der Market Street (Van Ness Avenue, Civic Center, Powell Street, Montgomery Street und Embarcadero) sind Mehrfahrtenscheine und Dauerkarten erhältlich.

Der Muni-Informationsservice *(Tel. 415/673-6864, Mo–Fr 6–20 Uhr, Sa–So 8–18 Uhr, www.sfmuni.com)* erteilt Auskünfte über das Muni-Busnetz und die für Sie geeigneten Linien.

Die historischen Cable Cars, die man nicht auslassen sollte (siehe S. 219), fahren an den Ecken Powell Street/Market Street und Powell Street/Van Ness Avenue ab. Sie verkehren von 6.30 Uhr bis 1 Uhr und führen zu oder in die Nähe von vielen Sehenswürdigkeiten. Fahrscheine, die auch für die Muni-Busse gelten, gibt es an den Kiosken der Muni. ■

Golden Gate Park

DIESE AUF 400 HEKTAR AUS SAND UND WINDGEPEITSCHTEN Dünen entstandene Grünanlage aus dem Jahr 1870 bleibt die beste Adresse für einen Besuch bei Tag. Hier finden sich mehrere Kunst- und Wissenschaftsmuseen oberster Güteklasse, Gärten mit Pflanzen und Tieren aus nah und fern sowie Picknick- und Wandergebiete.

Das M. H. de Young Memorial Museum organisiert Sonderveranstaltungen wie etwa diese Ausstellung zur tibetischen Sandmalerei

M.H. de Young Memorial Museum
www.thinker.org/deyoung
- 190 D1
- 50 Hagiwara Tea Garden Dr.
- 415/863-3330
- Geschl. Mo (1. Di im Mo frei)
- $$
- Bus 5, 21, 26, 42, 47

Die sehr abwechslungsreiche Landschaft – Hügel, Seen, Kuppen, kleine bewaldete Täler und Wiesen – ist hauptsächlich das Werk des energischen Schotten John McLaren, der den Park von 1887 bis 1943 leitete *(Parkführungen: Tel. 415/263-0991)*.

McLaren war der Nachfolger von William Hammond Hall, dem ersten Leiter des Parks, nachdem viele Mitglieder des Establishments von San Francisco sich über die Idee lustig gemacht hatten, eine Brache in einen Park umzuwandeln. McLaren experimentierte mit verschiedenen heimischen Gräsern und Bäumen und machte sogar der scheinbaren Tendenz des Parks zur Selbstzerstörung ein Ende. (Er überwand auch bürokratische Hindernisse: Einmal düpierte er seinen Ausschuss für öffentliche Arbeiten, indem er seine Mitarbeiter anwies, einen Parkplatz zu entfernen und das Gelände mit Eichen zu bepflanzen.) »Uncle John« war so beliebt, dass Versuche, ihn in den Ruhestand zu versetzen, einen kleinen Aufruhr verursachten, so dass die Stadtväter ihn von der entsprechenden Regelung ausnehmen mussten. Er starb 1943 im Alter von 96 Jahren.

Nichtsdestotrotz herrscht noch immer ein Mangel an Parkmöglichkeiten. Eine Konsequenz war die Verlegung des Asian Art Museum in sein neues Hauptquartier im Civic Center (siehe S. 206). Dies hat die Verkehrsprobleme zwar ein wenig gemildert, gleichwohl gibt es nach wie vor nur eine begrenzte Anzahl Parkplätze, so dass man den Park am besten zu Fuß erkundet. Tragen Sie bequeme Schuhe – die Anlage ist über fünf Kilometer lang!

DIE MUSEEN

Das 1895 gegründete Museum ist eines der zentralen Museen der Stadt. Im Oktober 2005 wurde es nach einer umfassenden Renovierung wieder neu eröffnet und ist nun auf dem neuesten Stand der Technik. Dank seiner hochkarätigen Ausstellungen, der faszinierenden Architektur (verantwortlich zeichneten die Schweizer Architekten Herzog & de Meuron und die ortsansässigen Architekten Fong & Chan) und des umliegenden Parks ist es eines der neuen Wahrzeichen der Stadt. Die Architekten verwendeten für den Neubau Kupfer, Stein, Holz und Glas und versuchten mit ihrem Entwurf eine Verbindung zum umliegenden Park zu schaffen. Die Fassade besteht aus mit unzähligen Löchern versehenen Kupferplatten, die innen den Eindruck erwecken sollen, das Licht falle durch Bäume ins Haus. Die Ausstellungen im Inneren werden durch einen Skulpturengarten, eine Terrasse und einen Kindergarten ergänzt. An der Nordostecke erhebt sich der markante 35 m hohe Education Tower, der spektakuläre Blicke über die ganze Bay Area bietet.

Das Museum zeigt auf rund 8000 Quadratmetern amerikanische Kunst vom 17. bis 20. Jahrhundert, dazu kommen Arbeiten der amerikanischen Ureinwohner, aus Afrika und dem Pazifikraum.

Die Abteilung **American Painting** zeigt eine der umfassendsten Sammlungen amerikanischer Kunst in den gesamten Vereinigten Staaten. Sie deckt mit ihren 1100 Arbeiten den Zeitraum von der Kolonialzeit bis in die Gegenwart ab. Zu den Schätzen zählt die Bronzebüste der Mrs. LaChaise (1912–17).

Es handelt sich um eine Arbeit des französischstämmigen amerikanischen Bildhauers Gaston LaChaise, der für Lalique arbeitete. Ein Highlight ist auch das Pantheon amerikanischer Künstler des 19. und frühen 20. Jahrhunderts, darunter Bill Copley, Paul Revere (Silberschmiedekunst), Frederic Remington, Winslow Homer, Grant Wood, John Singer Sargent und Mary Cassatt. Viele Werke befassen sich mit dem amerikanischen Westen, etwa Charles Nahls beunruhigendes Bild *Sacramento-Indianer mit Hunden* aus dem Jahr 1867 und Thomas Coles *Der gefesselte Prometheus* (1847), eine relativ neue Erwerbung. In diese Reihe gehört auch George Caleb Binghams *Bootsleute auf dem Missouri*, das man sich unbedingt ansehen sollte. William McCloskeys *Orangen in Seidenpapier* (1890) haben an sich nichts mit dem Westen zu tun, außer dass er sein Thema in einer Weite

John Singer Sargents *A Dinner Table at Night* (1884) wird in der Abteilung American Painting des De Young gezeigt

California Academy of Sciences
www.calacademy.org
191 G2
Nur bis 2008: 875 Howard St.
415/750-7145
$$

Strybing Arboretum & Botanical Garden
190 D1
9th Ave. & Lincoln Way
415/661-1316
Geführte Besichtigungen ein- oder zweimal täglich
$
Bus 5, 21, 26, 42, 47

behandelt, die den Bilder eines Jan Brueghel würdig wäre.

Viele dieser Gemälde sind von den aggressivsten kalifornischen Kapitalisten des späten 19. Jahrhunderts gestiftet worden. Man muss sich fragen, was sich eigentlich hinter der Schenkung von Whistlers Gemälden *Der Goldsucher* und *Ausbruch des schnöden Mammon* durch die Familie Spreckels verbirgt. Die Sammlung konzentriert sich auf den Mainstream. Arbeiten wie Maurice Prendergrasts *Der Urlaub* und Albert Pinkham Riders Bilder fangen die Überschwänglichkeit dieser Zeit ein. Aber die schrulligeren Exponate sind genauso aussagekräftig, etwa der seltsame *Engel und hl. Matthäus* eines anonymen amerikanischen Künstlers.

Vom de Young aus gesehen auf der anderen Seite des Platzes liegt die **California Academy of Science**, eines der größten Naturkundemuseen der Welt. Das andere Anliegen des de Young Museum wird in den Abteilungen **American Sculpture & Decorative Art**, **African Art**, **Oceanic Art, Art of the Americas** und **Textiles** deutlich. Sie spannen einen Bogen von den zentralasiatischen Türteppichen in der Wiedersperg Collection bis hin zu den Terrakottagefäßen aus dem mexikanischen Teotihuacan (7. Jh.). Alleine die Textilausstellung umfasst 11 000 Einzelstücke.

Gegenüber des de Young wird seit Ende November 2005 die **New California Acacemy of Sciences** *(Ersatzstandort: 875 Howard St.)* gebaut, die Wiedereröffnung ist für Ende 2008 geplant. Der Entwurf stammt von Renz Piano und soll eine Hügellandschaft nachbilden. Das Dach wird mit einheimischen Pflanzen begrünt, außerdem gibt es eine teilweise überdachte Piazza.

Das neue Gebäude birgt ein hochmodernes Aquarium, ein Planetarium auf dem neuesten Stand der Technik und das Natural History Museum, das zu den größten Naturkundemuseen der Welt zählt. Zu den Highlights gehören ein Regenwaldhabitat, in dem die Besucher den Stockwerkaufbau des Regenwaldes studieren können, und ein 8517 Liter großes Becken mit einem Korallenriff (das eines der größten weltweit sein wird). Die Academy wurde 1853 von sieben Naturkundlern gegründet und besitzt über 18 Millionen Pflanzen, Tiere, Fossilien und Artefakte für den naturwissenschaftlichen Unterricht.

Im Ausweichquartier in der Howard Street zeigt das Museum 5000 Tiere im Steinhard Aquarium – vom Seepferdchen bis zu einen Lungenfisch. Auch ein Korallenriff – eines der größten weltweit – ist zu sehen. Die Besucher können einen Blick hinter die Kulissen der riesigen 5,5 m hohen Becken werfen. Sehenswert ist auch einen Schlangen-Allee und Tiere, die in Wüsten, Lüftungsschlitzen und sonstigen unwirtlichen Lebensräumen überleben können.

DIE GÄRTEN

Ein Teil des Vermächtnisses von »Uncle John« McLaren besteht in über den gesamten Park verteilten speziellen Gartenwiesen. Zu ihnen zählen **Redwood Memorial Grove, Heros Grove, Rose Garden** und McLarens eigene **Rhododendron Dell**. Im Besucherzentrum des Parks sind Lagepläne der Gärten erhältlich.

Das **Strybing Arboretum & Botanical Gardens** ist eine spektakuläre Baumschule. Sie wurde 1937 mit Hilfe einer Schenkung von Helen Strybing gegründet. Sie interessierte sich besonders für die einheimische Botanik und Pflanzen mit einem medizinischen Nutzwert.

Einer der beeindruckendsten Gärten ist der **Cape Province Garden** mit Pflanzen von der Südspitze Afrikas. Die unterschiedlichen Heidekrautarten können das ganze

Jahr über blühen, weil ihre kleinen, nadelähnlichen Blätter die Hitze effizient verteilen. Sehenswert sind im Cape Province Garden auch diverse Arten der Aloe und der Eispflanze.

Eine der neueren Einrichtungen im Strybing Arboretum ist der **New World Cloud Forest**, eine Art Testlabor für eine Reihe tropischer Pflanzen, von denen viele in ihrer eigentlichen Heimat bedroht sind. Der Garten nutzt den auf natürliche Weise in der Bay Area häufig auftretenden Nebel, um die Bedingungen eines tropischen, von Wolken verhangenen Waldes wie etwa jenes in Chaipas in Mexiko möglichst genau nachzuahmen.

Am Nordeingang des Strybing Arboretum erstreckt sich der **Japanese Tea Garden**. Er wurde 1894 für die Midwinter Exposition erbaut. Verpassen Sie auf keinen Fall Nagao Sakurais **Zen Garden** aus dem Jahr 1953 mit seinen erstaunlichen Bonsai-Zypressen.

Das **Conservatory of Flowers** ist die größte Attraktion im Golden Gate Park. Das elegante viktorianische Treibhaus ist mit unzähligen tropischen Pflanzen aus den Nebelwäldern Costa Ricas, den Regenwäldern des

Der Japanische Teegarten in voller Blüte

Japanese Tea Garden
- 190 D1
- Hagiwara Tea Garden Dr.
- 415/752-1171 (Information)

Conservatory of Flowers
- 190 D1
- John F. Kennedy Dr.
- 415/666-7001
- Geschl. Mo
- $$
- Bus 5, 7, 21, 33, 44, 71; Streetcar N

McLaren Lodge
- 190 D2
- John F. Kennedy Dr. Höhe Stanyan St.
- 415/831-2700
- Geschl. Sa–So

Kongo, den grünen Inseln der Philippinen und anderen tropischen Regionen gefüllt. 1879 wurde das Glashaus im Golden Gate Park errichtet, in den 1990er Jahren bei einem 160 km/h starken Sturm jedoch schwer beschädigt und für acht Jahre geschlossen. Die Renovierung kostete alleine 25 Millionen US$. Heute werden hier Pflanzen (1500 Arten) aus über 48 Ländern unter dem großen Glasdach gezeigt.

Die Sammlung ist in fünf Abteilungen gegliedert: Beginnen Sie mit den tropischen Tiefländern, wo sie ein Wald von Palmen und Pflanzen mit riesigen Blättern erwartet. Sehenswert ist ein über 100 Jahre alter Philodendron. Gezeigt werden auch tropische Nutzpflanzen wie Kaffee, Schokolade und Vanille, aber auch Urpflanzen wie die Palmfarne, die schon vor dem Zeitalter der Dinosaurier wuchsen.

In der Abteilung Tropisches Hochland begeistern die Orchideen, die zwischen Farnen und Kletterpflanzen an knorrigen Bäumen wachsen. Berühmt ist die Sammlung an Dracula-Orchideen. Die Abteilung Wasserpflanzen zeigt u. a. riesige Lilien (eine Art hat bis zu 2 m lange Blätter) und schwimmende Pflanzen. Ergänzt werden die großen Abteilungen durch Topfpflanzen, saisonal blühende Pflanzen und Sonderausstellungen.

HISTORISCHE BAUTEN

Passenderweise ist das Hauptquartier des Golden Gate Park in der historischen **McLaren Lodge** untergebracht. »Uncle John« lebte bis zu seinem Tod im Jahr 1943 in diesem maurisch-gotischen Zuckerbäcker-Gebilde am Ostende des Parks.

Der heute als die **Bandshell** bekannte Spreckels Temple of Music befindet sich gegenüber dem Japanese Tea Garden. Dieses Gebäude wurde 1899 von der Familie Spreckels errichtet und ist die Heimat der ältesten ununterbrochen aktiven städtischen Kapelle der Vereinigten Staaten.

Die **Pioneer Log Cabin** nahe dem Stow Lake wurde 1911 aus den Stämmen ausgewählter Humboldt-Redwood-Bäume gebaut, die für die Association of Pioneer Women of California die Küste hinunter geflößt worden waren. Ein Beispiel für die Architektur des Works-Progress-Administration-Arbeitsbeschaffungsprogramms der 1930er ist die **Angler's Lodge** gegenüber dem historischen **Buffalo Paddock** mit seiner Herde großer Büffel.

Einen Abstecher in Westen ist auch das **Beach Chalet** *(415/751-2766)* auf dem Great Highway in der Nähe der Dutch Windmill. Im Café mit seinen Fresken aus der Zeit der Depression kann man gut essen. ■

Erholung im Golden Gate Park

Am Wochenende sind Straßen für Fahrradfahrer, Inline-Skater und Läufer gesperrt. Karten, die an den Sehenswürdigkeiten erhältlich sind, informieren über alle Möglichkeiten.

Reiten: Fast 20 Kilometer Reitwege. Die Golden Gate Park Stables verleihen Pferde *(35th Avenue, Tel. 415/668-7360)*.

Rad fahren: Man kann im Park Fahrräder und Inline-Skates ausleihen *(Tel. 415/668-6699)*.

Boot fahren: Tretboote, elektrisch angetriebene Boote und Ruderboote stehen am Stow Lake zur Verfügung *(Tel. 415/752-0347)*.

Golf: Ein verrückter Neun-Loch-Platz *(47th Avenue, Tel. 415/751-8987)*.

Tennis: 21 Plätze *(John F. Kennedy Drive, Tel. 415/753-7101)*.

Lawn Bowling: leicht zu erlernen, kostenlose Einführung am Mittwoch *(bei der Sharon Meadow und dem Karoussel, Tel. 415/487-8787)*. ■

Haight-Ashbury

Typischer Laden in der Haight Street

Dieses ehrwürdige alte Viertel war im 19. Jahrhundert ursprünglich eine gute Wohngegend außerhalb des innerstädtischen Trubels. In den 1930ern wurden die viktorianischen Häuser in Wohnungen aufgeteilt. In den 60er Jahren genoss Haight-Ashbury kurzfristig Berühmtheit, bevor es ein Jahrzehnt später zu einem müllstarrenden Ghetto mit leer stehenden Geschäften verkam.

Überraschenderweise gab es ein Comeback. Junge Geschäftsleute und Homosexuelle zogen in die restaurierten viktorianischen Häuser, und interessante Läden eröffneten (halten Sie Ausschau nach Secondhand-Kleidern und Schallplatten). Einen Blick lohnen die viktorianischen Häuser auf der Masonic Avenue oder die im Queen-Anne-Stil erbauten **Richard Spreckels Mansion** *(737 Buena Vista Ave. W, für die Öffentlichkeit nicht zugänglich).* Geht man die Buena Vista Avenue weiter hinauf zum **Buena Vista Park** (nur tagsüber) hat man einen wunderbaren Ausblick. Im südlichen Teil von Haight-Ashbury gibt es gute Einzelhändler und Fachgeschäfte. ■

Haight-Ashbury
191 E1

Castro District

Obwohl seine Blütezeit als »Schwulenhauptstadt der Welt« lange vorbei ist, hat der Castro District mit seinen vielen Cafés, Clubs und Bars immer noch einiges zu bieten. In den 1970ern begannen schwule Männer, sich offen zu ihrer Veranlagung zu bekennen. Harvey Milk war ihre Leitfigur – eine politisch brillante Persönlichkeit, die als erster Stadtrat San Franciscos aus ihrer Homosexualität keinen Hehl machte. Im November 1978 wurde er zusammen mit Bürgermeister George Moscone erschossen.

The Midnight Sun *(18th Street Höhe Castro Street)* und **Badlands** *(4121 18th St.)* sind zwei traditionelle Etablissements. Für Filmfans empfiehlt sich das **Castro Theater** *(429 Castro Street, Tel. 415/621-6120)* aus dem Jahr 1922 mit einer im Boden versenkbaren Wurlitzer-Orgel. ■

Viktorianer in der Bucht

Viele amerikanische Städte liebäugelten mit dem Viktorianismus, aber nur wenige vereinnahmten ihn so wie San Francisco. Die viktorianische Architektur war schließlich eine Synthese aus all dem, was die Neureichen der blühenden Stadt begehrten: Status (man orientierte sich an früheren europäischen Bewegungen); Konformität (der Viktorianismus betonte Moral, Überlegtheit und die Bibel); Häuslichkeit (die »Dame des Hauses« verkörperte Weisheit und Disziplin); Ordnung (jeder Raum diente einem bestimmten Zweck, ein Unterschied zu den Pensionen, die während des Goldrauschs die übliche Wohnform darstellten).

Aber gleichzeitig wirbelte – und wirbelt – keine andere Stadt viktorianische Stereotypen so durcheinander wie San Francisco. Ein Beispiel hierfür ist die Geschichte des heute als Queen Anne Hotel bekannten Gebäudes in der Sutter Street 1590. Äußerlich verkörpert es mit seinem grandiosen Kuppelturm, seinen spitzen Giebeln und den Lebkuchen-Ornamenten den Viktorianismus perfekt. Aber was geschah hinter seinen Wänden? Es wurde 1889 für Senator James G. Fair errichtet, einen der so genannten Comstock Lode Silver Kings und der treibenden Kraft hinter der Errichtung des heutigen Fairmont Hotel, des Wahrzeichens auf Nob Hill. Zu dieser Zeit hatte seine Frau den Senator bereits mehrfach wegen »gewohnheitsmäßigen Ehebruchs« verklagt, weiß Bob Bills, ein Historiker San Franciscos, zu berichten.

Es handelte sich offensichtlich nicht um ein glückliches Haus. Obwohl der Senator das Sorgerecht für seine beiden Söhne behielt, pflegten die Sprösslinge einen krass unviktorianischen Lebenswandel und wurden zu herausragenden Fällen familiärer Katastrophen.

Primäres Charakteristikum des Viktorianismus war seine Ornamentik. Hierfür standen dem typischen Einwohner von San Francisco etliche Stilelemente zur Verfügung, teils interessant, teils verschnörkelt und einige geradezu grell. Es gab etwa die als »Lebkuchen« und »Fischschuppen« bekannten Wandapplikationen, der die Dekoration der Fenster mit sich überlagernden Schichten von Vorhängen, die einen prachtvollen Effekt erzielen sollten. Eine Art italienisches Flair ließ sich einfach dadurch herbeiführen, dass ein halbrundes Mansardenfenster integriert wurde.

Farben dienten ebenfalls als soziales Barometer. Auch wenn das durchschnittliche Haus des 19. Jahrhunderts nicht so bunt wie manche heutige Exemplare gewesen sein dürfte, wurden doch häufig Farben verwendet, um bestimmte äußere Elemente hervorzuheben.

Von den 30er Jahren bis hinein in die Nachkriegszeit durchliefen die viktorianischen Gegenden eine Phase des Niedergangs. Viele Häuser wurden häufig nur noch von Monat zu Monat vermietet und von ihren Bewohnern bzw. Eigentümern vernachlässigt. Die vorherrschende Farbe war nun ein tristes Grau. Der Touristenführer Jay Gifford *(Tel. 415/252-9485)* schreibt der Hippie-Bewegung das Verdienst zu, den viktorianischen Reihenhäusern wieder zum Leben verholfen zu haben: »Die Tatsache, dass diese öden Gebäude in fröhlichen Farben angestrichen wurden, rettete sie, weil auf diese Weise das Interesse an all jenen verloren gegangenen und verblichenen Details wiederbelebt wurde, die so lange niemand bemerkt hatte.«

Die Kombination zweier gesellschaftlicher Trends trug ebenfalls zur Verwandlung »dieser

Viktorianische Architektur im San-Francisco-Stil
Ganz oben: Reihenhäuser am Alamo Square
Links: Dachschmuck im Stick-Stil
Oben: Geschnitzte Dachgiebel im Stil der Gotik auf dem Potrero Hill

öden Gebäude« bei und machte sie zu dem, was sie heute sind. Gemeint sind der Wiederaufstieg von San Francisco als ein Finanzzentrum und der wachsende Anteil homosexueller Geschäftsleute, die hier arbeiteten und Wohnraum benötigten. Der Autor Richard Rodriguez hat auf die Ironie hingewiesen, derzufolge »es ein zufälliger Aspekt der Marktwirtschaft war, dass sich die schwulen Männer in der architektonischen Metapher der Familie wiederfanden«.

Die späten 90er Jahre brachten den viktorianischen Häusern von San Francisco neue Veränderungen. Schrille Farben kamen aus der Mode, aber die boomende Börse manifestierte sich in der Verwendung von Blattgold zu ornamentalen Zwecken. ■

Mission District

AUCH WENN MAN IHN NACHTS MEIDEN SOLLTE – DIE FORTschritte der Revitalisierung des Mission District sind unverkennbar. Neue Einwanderer haben für entscheidende Veränderungen gesorgt. Ihre Pflanzengeschäfte, Blumenstände und Bauernmärkte sowie die große Auswahl an salvadorianischen, indischen, chinesischen und vietnamesischen Lokalen verwundern sogar Einheimische. Die Taqueria Cancun *(2288 Mission Street, Tel. 415/252-9560)* »serviert die besten vegetarischen Burritos in der Stadt – und ich komme von der Haight Street!«, schwärmte ein junger Kunde kürzlich. Inzwischen sind die Filmnächte von Foreign Cinema *(2534 Mission St., Tel. 415/648-7600)* eine künstlerische Institution. Während der Filmvorführung können die Gäste kalifornisch-mediterrane Küche des Hauses genießen.

Mission District
191 F1

Mission Dolores
16th St. Höhe Dolores St.
415/621-8203
Muni Light Rail, J car, Van Ness Station

Höhepunkt einer Besichtigung ist die **Mission Dolores**, benannt nach einem schon lange ausgetrockneten Bach, dem Arroyo de Nuestra Señora de los Dolores, wobei *dolores* »Trauer« bedeutet. Der richtige Name der Mission lautet nach dem Schutzpatron ihres Gründers, San Francisco de Asìs. Die Mission wurde fünf Tage vor der Unterzeichnung der Unabhängigkeitserklärung gegründet. Sie ist recht unauffällig und einfach, verdient jedoch Interesse, weil sie die Ästhetik der Alten Welt mit jener der Neuen Welt verschmilzt, von ihren farbenfrohen roten Dachbalken (ursprünglich von Ohlone-Indianern bemalt) bis hin zu der Statue des Erzengels Michael als indianischer Held. Der *reredos* oder Schmuckaltar wurde 1796 in San Blas in Mexiko hergestellt.

Der Friedhof verdient ebenfalls Aufmerksamkeit. In der Mitte steht eine Junìpero-Serra-Statue des kalifornischen Künstlers Arthur Putnam. Hier sind auch die sterblichen Überreste einiger der wichtigsten Personen aus der frühen Geschichte San Franciscos beigesetzt, darunter Don Luis Antonio Arguelle, der erste mexikanische Gouverneur von Alta California. ■

Das älteste Gebäude in San Francisco, das ursprüngliche Adobe-Gebäude der Mission Dolores

SoMa und Yerba Buena

Die Yerba Buena Gardens in der Wintersonne

SOMA IST DIE ALLGEMEIN GELÄUFIGE ABKÜRZUNG FÜR das südlich der Market Street (*So*uth of *Ma*rket Street) gelegene Stadtviertel. Yerba Buena liegt auf der Ostseite der ursprünglichen Siedlung des 19. Jahrhunderts, die heute von der Market Street, der 2nd, der 5th und der Folsom Street eingeschlossen wird: »Sie sagen, dass es ›gutes Kraut‹ bedeutet, aber wenn auf diesem Boden etwas Gutes gedeiht, müsste ich mich schon sehr täuschen«, lautete der Kommentar. Der Unternehmergeist machte die landwirtschaftlichen Defizite von Yerba Buena jedoch mehr als wett. Bis weit hinein in das 20. Jahrhundert war das Viertel das Zentrum von San Franciscos Handels- und Finanzwelt. In den späten 70er Jahren erbaute die Stadt hier das Moscone Center und leitete so eine neuerliche Blüte ein. Überzählige Fabriken und Lagerhäuser sind in Büros, Restaurants und Nachtclubs umgewandelt worden. Heutzutage können SoMa und Yerba Buena mit ihren Museen, Theatern, Galerien, einer Bowlingbahn und neuerdings auch dem neuen Stadion der San Francisco Giants locker mit dem Golden Gate Park und dem Hafenviertel konkurrieren.

SoMa & Yerba Buena

191 G2

Das herausragende neue Gebäude des San Francisco Museum of Modern Art

San Francisco Museum of Modern Art
www.sfmoma.org
✉ 151 3rd St.
☎ 415/357-4000
🕒 Geschl. Mi
$ $$. frei 1. Di im Monat
🚌 Bus 5, 9, 12, 14, 15, 30, 38, 45

Rooftop at Yerba Buena Gardens
✉ Zwischen Mission St. 3–4 und Howard St.

Yerba Buena Center for the Arts
www.yerbabuenaarts.org
✉ 701 Mission St.
☎ 415/978-2787
🕒 Geschl. Mo
$ $$$ für die Ausstellungen, 1. Di im Monat frei
🚌 Bus 9, 12, 14, 15, 30, 45, 76

Das **San Francisco Museum of Modern Art** übt die größte Anziehungskraft aus. Ein Teil des Museums ist in einem visionären rot-orangen Gebäude des Schweizer Architekten Mario Botta untergebracht, das 1995 eröffnet wurde. Hier werden herausragende Vertreter moderner und zeitgenössischer Kunst gezeigt.

Verbringen Sie die meiste Zeit im zweiten Stockwerk, das durch sein Atrium beleuchtet wird. Sehen Sie sich hier die ständige Ausstellung aus 250 Arbeiten an, die unter dem Motto »Von Matisse bis Diebenkorn« aus den 15 000 Stücken des Museums ausgewählt worden sind. Zwei Werke aus dem Jahr 1916 fallen schon gleich zu Anfang ins Auge: *Porträt Sarah Steins* und *Porträt Michael Steins* von Henri Matisse. Die Steins waren begeisterte Förderer des Künstlers in der Bay Area (Matisse sagte einmal über Sarah Stein, dass »sie meine Bilder besser als ich kennt«). Es ist das einzige bekannte Doppelporträt von Matisse, und viele Kunsthistoriker halten es für den Höhepunkt seines künstlerischen Schaffens.

Jedoch ist kein Gemälde (jedenfalls nicht in diesem Museum) so beeindruckend wie Max Beckmanns *Landschaft, Cannes* aus dem Jahr 1934.

Das Museum besitzt eine gute Auswahl mexikanischer Moderner von Kahlo bis zu Tamayo. Diego Riveras *Der Blumenträger* aus dem Jahr 1935 ist ein wahrer Triumph. Das Bild verbindet das abstrakte Interesse an der ursprünglichen Form mit der realistischen Darstellung körperlicher Funktionsweise. Obwohl man die Elemente in dem Gemälde fast zählen kann, wird jegliche geometrische Langeweile durch Riveras meisterliche Farbgebung zerstreut.

Das Museum nennt auch ausgezeichnete Arbeiten von Hockney, Lichtenstein und Diebenkorn sein Eigen. Das aus dem Jahr 1990 stammende Bild *Zwei betrunkene Maler* des Chinesen Liu Wie ist ein gutes Beispiel für einen unbekannten Maler. Ein weiteres ist eine Arbeit von Robert Colecott aus dem Jahr 1977 mit dem Titel *Farbiges TV*.

Das Kunstmuseum ist zwar das Flaggschiff der aufstrebenden Kulturszene von Yerba Buena, es bekam jedoch in puncto Beliebtheit mit dem auf der anderen Straßenseite gelegenen neuen **Rooftop at Yerba Buena Gardens** starke Konkurrenz. Vier Hektar Minigärten, Labyrinthe, Spielräume und sogar ein altes Karussell hinter Glas erwarten Sie auf dem Dach des **Moscone Center** und bieten tagsüber eine Unterhaltungspalette, die zu den besten der Stadt gehört. Das **Zeum** ist die neueste Attraktion in diesem Haus. Dieses interaktive, den bildenden und darstellenden Künsten gewidmete Museum eröffnet jungen Leuten die Möglichkeit, eigene kurze Zeichentrickfilme zu produzieren, 3-D-Modelle zu entwerfen und sich als Toningenieur zu versuchen. Auf dem Dach befindet sich darüber hinaus noch das **Yerba Buena Ice Skating & Bowling Center**.

In der Nähe steht das **Yerba Buena Center for the Arts**, das wechselnde Ausstellungen einheimischer Künstler veranstaltet und auch das **Center for Arts Theater** beherbergt. Es schließt sich ein guter Ort an, um zu picknicken und sich zu entspannen, die **Esplanade Gardens**. Geradenwegs auf der anderen Straßenseite steht die historische **St. Patrick's Church** *(756 Mission Street, Tel. 415/777-3211)*, in der mittwochs um 12.30 Uhr Konzerte *(Spende 5 US$)* stattfinden. Schauen Sie sich dort auch das **Martin Luther King Memorial** an.

Von den Esplanade Gardens aus nur die Straße hinunter liegt das **Cartoon Art Museum**. Es zeigt eine Auswahl seiner 6000 Originalcomics – zu sehen sind sowohl die *Peanuts* wie auch Zeichnungen von Walt-Disney-Comics. Zu den Highlights zählen die Zeichnungen für *Gertie the Dinosaur* (1914) vom »Vater aller Comiczeichner«, Windsor McCay und frühe Charakterstudien für *Schneewittchen*. Sie zeigen einige der sieben Zwerge, die es nicht in den Film geschafft haben, z. B. die Zwerge Jumpy und Baldy.

2008 bezieht das **Contemporary Jewish Museum** *(www.thecjm.org)* die Räume der ehemaligen Jessie Street Power Substation der Pacific Gas & Electric Company. Die Station entwarf Willis Polk 1909, 1998 wurde Architekt Daniel Libeskind mit der Neu- und Umgestaltung der Station beauftragt.

Die **California Historical Society** veranstaltet einige der besten historischen Ausstellungen überhaupt. Das Museum besitzt 450 Ölgemälde von Künstlern wie Albert Bierstadt und Thomas Hill, ganz zu schweigen von Drucken von Carleton Watkins, Eadweard Muybridge und Arnold Genthe.

Das **Museum of the African Diaspora** *(90 New Montgomery St., Tel. 415/358-7200, www.museumoftheafricandiaspora.org)* beschäftigt sich mit den in alle Welt gezogenen Afrikanern und ihren Errungenschaften.

Während Ihres Aufenthalts im SoMa-Viertel sollten Sie die Market Street zum **Rincon Center** hinaufgehen. In diesem Block aus Geschäften und Büros befindet sich das **Rincon Annex Post Office** aus den 30er Jahren. Der Architekt Gilbert Underwood, der auch die Ahwahnee Lodge im Yosemite National Park entwarf, erbaute die Post im modernen Art-déco-Stil. Die in den Jahren 1941 bis 1948 im Rahmen eines Works Progress Administration (WPA) genannten Arbeitsbeschaffungsprogramms von dem russischen Künstler Anton Refregier geschaffenen Wandgemälde stellen den Glanzpunkt dar. Diese Arbeiten waren derart kritisch gegenüber dem Establishment von San Francisco, dass Refregier 92 Änderungen vornehmen musste, um die jeweiligen Interessengruppen zu beruhigen. Die Bilder überstanden auch einen Angriff in der McCarthy-Ära, als man sie wegen ihrer »kommunistischen« Tendenzen vernichten wollte. ■

Die Exponate im San Francisco Museum of Modern Art sind schon eine genauere Betrachtung wert

Cartoon Art Museum
www.cartoonart.org
655 Mission St.
415/227-8666
Geschl. Mo
$$

California Historical Society
www.calhist.org
678 Mission St.
415/357-1848
Geschl. So–Do
$

California Academy of Sciences
bis 2008: 875 Howard St.
415/750-7145
$$
Infos über den Neubau siehe S. 196

Pioneer Monument und City Hall, Civic Center

Civic Center

DAS ZENTRUM DER STADTVERWALTUNG VON SAN FRANCISCO, das Civic Center, ist eine eindrucksvolle urbane Landschaft, die von den klassischen Säulen und dem glänzenden Dom der City Hall (von 1915) dominiert wird. Ganz in der Nähe gibt es wichtige Kultureinrichtungen: die Symphony Hall, das War Memorial Opera House und seit neuestem das Asian Art Museum, das Schätze aus vielen asiatischen Ländern birgt.

Civic Center

191 F2

City Hall

Polk St. zw. Grove St. & McAllister St. Führungen beginnen am Eingang Van Ness Ave.

415/554-6023

Geschl. So. Führungen Mo–Fr 10, 12, 14 Uhr, Sa 12.30 Uhr. Vorher telefonisch bestätigen lassen

Bus 5, 19, 21, 47, 49; BART Civic Center

Nach dem großen Erdbeben von 1906 und der anschließenden Feuersbrunst debattierte die Bevölkerung San Franciscos sehr intensiv die Neugestaltung ihrer Stadt. Die übersteigerten Hoffnungen auf eine »City Beautiful«, die der so genannte Burnham Plan es vorsah, wurden weitgehend zu Gunsten pragmatischer Überlegungen aufgegeben – mit einer Ausnahme: dem großartigen Civic Center (zwischen Market, McAllister und Gough Street). Hier trifft man auf eines der vollständigsten Ensembles an Beaux-Arts-Gebäuden in den gesamten USA. Weitläufige rote Plätze und Gebäude mit Goldkuppeln, dorischen Säulen und kalifornischem Granit symbolisieren das Selbstvertrauen San Franciscos nach dem Erdbeben. Mittlerweile wurde das Civic Center zu neuem Leben erweckt. Die Sanierung der City Hall für 300 Millionen US$ hauchte dem städtischen Tempel aus Granit, Marmor und vergoldetem Schmiedeeisen neues Leben ein.

Die 1995 errichtete **San Francisco Public Library** ist ein Entwurf von Pei Cobb Freed & Partners und zieht Besucher aller Altersstufen zu den Computerterminals (der Kartenkatalog ist online abrufbar). Einzelne Forschungszentren haben sich auf Amerikanische Ureinwohner, Schriftstücke zur africo-amerikanischen Kultur oder Homosexualität spezialisiert.

ASIAN ART MUSEUM

Die asiatische Kultur und Kunst wird hier in einem überraschendem Setting präsentiert: eine alte öffentliche Bibliothek, die von Brown and Bakewell im Stil der italienischen Renaissance gebaut wurde. 2002 wurde sie innen vom bekannten Architekten Gae Aulenta umgestaltet. Das Museum zeigt 15 000 Exponate. Die Kunstwerke kommen aus Indien, dem persischen Raum, Westasien, Südostasien, der Himalaya- und Tibet-Region, China, Korea und Japan. Die Ausstellungen befassen sich mit drei großen Themenblöcken: dem Buddhismus, dem Handels- und Kulturaustausch und mit lokalen Glaubensrichtungen.

Zu den Highlights gehören die religiösen Statuen, die Indiens viele Religionen veranschaulichen, und ein Ausstellungsteil, der die hinduistischen Tempel als Heilige Berge und Sitz der Götter beschreibt. Aus Thailand und der südostasiatischen Inselwelt stammen die reich verzierten Dolche (krises), die teilweise mit Edelsteinen besetzt sind. Kambodschanische Skulpturen zeigen die hohe Kunstfertigkeit der Tempelhandwerker der Khmer in Reich Angkor. Tibetanische Kunst ist mit Gebetsrollen aus Klöstern, vergoldeten Kultgegenständen aus dem 15. Jahrhundert und Lackarbeiten vertreten. Zu den Arbeiten aus Nepal gehören mystische Diagramme und Mandalas.

Die chinesische Abteilung zeigt Orakelknochen aus dem Neolithikum. Weiter geht es mit dem ersten bekannten chinesischen Buddha (338 n. Chr.), Keramiken, bemalten Fächern, Kalligrafien aus der Ming-Zeit und einer großen Sammlung an Jadestücken. Gezeigt werden aber auch Kleidungsstücke, Elfenbein-, Bambus- und Glasarbeiten.

Die koreanische Sammlung zeigt u.a. ein Schwert aus Schiefer, das aus der Bronzezeit stammt, gebranntes Steingut, vergoldete Buddhafiguren und Seidenmalerei. Zu der Sammlung japanischer Kunst zählen bemalte Wandschirme (aus dem 18. Jh. stammt ein Wandschirm, der eine Szene aus *Die Geschichte von Ise* aus dem 10. Jh. zeigt), Trockenlack-Figuren, glasiertes Steingut und Porzellan, rituelle Bronzeglocken, geschnitzte Holzfiguren *(netsuke)* und hängende Schriftrollen. ■

San Francisco Public Library
www.sfpl.lib.ca.us
✉ Civic Center, 100 Larkin St.
☎ 415/557-4400
🕒 Geschl. Fr u. Sa nachm., Beginn der Führungen telefonisch erfragen
🚌 Bus 5, 19, 21, 26, 47; BART Civic Center

Asian Art Museum
www.asianart.org
✉ 200 Larkin St.
☎ 415/581-3500
🕒 Geschl. Mo
$ $$. 1. Di im Monat frei
🚌 Bus 5, 19, 21, 26, 47; BART Civic Center

Die Himalayan Gallery des Asian Art Museum zeigt Gemälde, Bronzeskulpturen und seltene tibetanische Rollen

Financial District

IN DIESEM ZWISCHEN PINE, WASHINGTON, MONTGOMERY und Drumm Street gelegenen Bezirk befinden sich mehrere interessante Gebäude. Seit ihrem Entstehen in der Zeit des Goldrauschs hat San Franciscos Bankenwelt ein deutliches Profil gezeigt und dies ab den späten 60er Jahren in ihren Bauwerken auch sichtbar kundgetan.

Im Jahr 1969 war das **Bank of America Building** *(555 California St.)* mit seinen 52 Stockwerken der erste Wolkenkratzer. Es wurde schon bald, im Jahr 1972, von der auffälligen, fast 300 Meter hohen **Transamerica Pyramid** *(Clay & Montgomery Street)* übertroffen. Weitere bemerkenswerte Gebäude sind unter anderem die 1930 umgebaute **Pacific Exchange** *(301 Pine Street)* und die **Merchant's Exchange** *(465 California Street)* aus dem Jahr 1903. Das 1875 erbaute **Palace Hotel** *(2 New Montgomery Street, Führungen: Tel. 415/512-1111; siehe S. 365)*, das 1909 wieder errichtet wurde, ist vor allem als der Ort bekannt, an dem Präsident Warren Harding 1923

seinen letzten Atemzug tat. Das **Ferry Building** liegt am Fuß der Market Street.

Die Zentrale von **Charles Schwab & Co.** *(101 Montgomery St.)* gehört zu den erwähnenswerten modernen Gebäuden. Die Firma dürfte zusammen mit Fidelity Mutual aus Boston der wichtigste Innovator in der amerikanischen Finanzwelt sein. Ebenso sei das **Embarcadero Center** auf der Clay Street zwischen Drumm Street und Battery Street genannt, ein Einkaufszentrum mit öffentlichem Platz.

Der Zutritt zu vielen Gebäuden des Financial Districts ist eingeschränkt, aber es kostet nichts, sie sich von außen anzusehen. Gehen Sie nach einem doppelten Espresso zum **Jackson Square** hinauf, wo sich die wohl interessanteste Ansammlung von Bauwerken aus der Zeit des Goldrauschs konzentriert. Besichtigen Sie das **Golden Era Building** von 1852*(730–752 Montgomery St.)* und durchstöbern Sie anschließend die Antiquitätenläden am **Hotaling Place**. Das W. Graham Arader III genannte Geschäft *(435 Jackson Street)* ist bekannt für seine große Auswahl an alten Drucken und seltenen Karten.

Gehen Sie wieder die Montgomery Street hinunter und in das **Wells Fargo History Museum**, um zu sehen, wie die Erschließung des Westens finanziert wurde. Die hier aufbewahrten Wertsachen sind perfekt erhaltene Postkutschen aus der Mitte des 19. Jahrhunderts.

Am und um den **Union Square** tut sich eine andere Szenerie auf. Dies ist das historische Zentrum des innenstädtischen Einzelhandels. Exklusive Geschäfte und Boutiquen sowie Schneider bieten hier der aufstrebenden Finanzkaste der Stadt ihre Waren und Dienste an.

Ganz in der Nähe, auf der Powell und der Market Street, befindet sich der **Powell Street Cable Car Turntable**. Von hier aus können Sie ihre Erkundungstour nach Nob Hill, zur Fisherman's Wharf und nach Chinatown beginnen. ■

San Franciscos Financial District erhebt sich im Herzen der City

Wells Fargo History Museum

Karte S. 208
420 Montgomery St.
415/396-2619
Geschl. Sa–So
Cable Car California St.; Bus 1, 12, 15, 42

Chinatown
Karte S. 208
Cable car California St., Powell-Hyde, Powell-Mason; Bus 1, 9x, 15, 41, 45, 83

Chinese Culture Center
www.c-c-c.org
Holiday Inn, 750 Kearny St.
415/986-1822
Mo geschl.
Führungen tel. erfragen: Geschichtliche $$$; Kulinarische $$$$

In einer Kräuter-apotheke

Pacific Heritage Museum
608 Commercial St.
415/399-1124
Geschl. So–Mo

Old St. Mary's Church
660 California St.

Kong Chow Temple
855 Stockton St., 3. Stock

Chinatown

1848 BETRATEN DIE ERSTEN DREI CHINESISCHEN EINWANderer kalifornischen Boden. Es dauerte nicht lange, bis Chinatown gegründet wurde, das lange als historischer Prüfstein für die chinesisch-amerikanische Gemeinde der Stadt gedient hat, die heute gut integriert, aber kulturell selbstbewusst ist. Chinatown hat zweifellos ein wenig Patina angesetzt. Aber immer noch ist diese lärmende Gegend *(begrenzt von Broadway, Powell, Kearny und Bush Street)* ein lebhaftes und atmosphärisches Ausflugsziel.

Man betritt das Viertel durch das dekorative, grün gekachelte **Chinatown Gate** *(Bush Street & Grant Street)*. Wer gern einkauft, kann die vielen Kuriositätenläden entlang der historischen **Grant Avenue** aufsuchen. Freunde guten Essens sollten dagegen zur **Stockton Street** gehen, wo landwirtschaftliche Produkte das Angebot ausgezeichneter chinesischer Kräuterapotheken ergänzen.

Es lohnt sich, eine lokale Expertin zu konsultieren, wenn man Genaueres über das Essen in Chinatown erfahren will. Shirley Fong-Torres *(Tel. 415/981-8989)* veranstaltet eine ausgezeichnete kulinarische Führung und ist eine kenntnisreiche Gastgeberin und eine Garantie dafür, dass Sie nur das beste *dim sum* bekommen. Falls Sie lieber auf eigene Faust losziehenen möchten, so sind das House of Nanking *(919 Kearny Street, Tel. 415/421-1429)* und das Lucky Creation *(854 Washington Street, Tel. 415/989-0818)* zwei verlässliche Tipps.

Die Geschichte spielt in Chinatown eine große Rolle. Wenn Sie ein Gefühl für ihre Dimensionen, vom Goldrausch bis zur Zeit nach dem Massaker auf dem Pekinger Tiananmen, entwickeln wollen, besuchen Sie das **Pacific Heritage Museum**. Es ist im 1875 errichteten Gebäude der U.S. Subtreasury untergebracht, das wiederum am Ort der ursprünglichen Filiale der Münze der Vereinigten Staaten erbaut wurde. Wenn Sie unten im Gewölbe durch das Glas schauen, sehen Sie buchstäblich auf die Ursprünge des städtischen Finanzlebens: Hier liegen ein Karren und Kisten, die in den 1870er Jahren zum Transport von Goldbarren benutzt wurden, außerdem eine kleine Sammlung an wunderschönen Silbermünzen aus der Pionierzeit. Zweimal im Jahr zeigen Wechselausstellungen alte und moderne Werke von ortsansässigen und Obersee-Chinesen, die sowohl die künstlerische Kontinuität der chinesischen Kultur als auch ihre Assimilation in die westliche Kultur verdeutlichen.

Das **Chinese Culture Center** bemüht sich ebenfalls, wenn auch mit weniger Erfolg und Raffinesse, einheimische Kunst, Musik und andere Gegenstände zu zeigen. Seine wirkliche Spezialität besteht in seinen historischen Rundgängen, die ihr Geld wert sind.

Die historische **Old St. Mary's Church** *(Grant Avenue & California Street)* gehört zu den traditionellen Stationen. Sie ist eines der wenigen Gebäude Chinatowns, die 1906 Erdbeben und Feuer überstanden. Als erste katholische Kathedrale an der Westküste ist sie die Vorläuferin der modernistischen St. Mary's Cathedral auf der Gough Street (siehe S. 215). Im Park gegenüber vergnügen sich Mah-Jongg-Spieler unter den Augen von Sun Yatsen, einem Werk des einheimischen Künstlers Benjamin Bufano.

Die Straßen in Chinatown haben ihr ureigenes Flair

Der **Kong Chow Temple** birgt einen der ältesten taoistischen Schreine in den USA. An seinen rubinroten Wänden wacht eine kantonesische Statue der schützenden Gottheit Kuan Ti. Die Figur wurde aus der Asche des 1906 zerstörten ursprünglichen Tempels auf der Pine Street geborgen. Der Waverly Place ist gesäumt von Restaurants, Kirchen und Tempeln, darunter der **Tin How Temple**. Er wurde 1852 von Day Ju, einem der ersten chinesischen Einwanderer der Stadt, gegründet und ist der »Königin der Himmel und Göttin der sieben Meere« gewidmet. Der bemerkenswerte Altar »Leben des Konfuzius« galt von Anbeginn an als spiritueller und sozialer Mittelpunkt.

Das **Chinese Historical Society Museum** beschäftigt sich mit den Anfangszeiten von Chinatown. Das Museum ist in Julia Morgans Chinatown YWCA (von 1932) untergebracht. Ebenfalls an Chinatown erinnern die **Old Chinese Telephone Exchange** *(743 Washington St.)* und die **Chinese Six Companies** *(843 Stockton St.)*. ■

Tin How Temple
✉ 125 Waverly Pl.

Chinese Historical Society Museum
www.chsa.org
✉ 650 Commercial St.
☎ 415/391-1188
🕒 Geschl. Mo

Nob Hill

Nob Hill
Karte S. 208

ES ÜBERRASCHT KAUM, DASS NOB HILL ALS HÖCHSTER Punkt der Stadt (gut 110 Meter über dem Meeresspiegel) schon seit langem San Franciscos sichtbarer Indikator für Wohlstand und Status ist. Sein Name stammt vom Hinduwort *nabob* ab, das »hohes Tier« bedeutet. Der Hügel war der erwählte Wohnort von Geschäfts- und Wirtschaftsmagnaten des späten 19. Jahrhunderts wie Leland Stanford, Charles Crocker und Mark Hopkins. Männer wie diese stellten ihren Reichtum derart zur Schau, dass der irische Arbeiterführer Denis Kearny 1878 mitsamt einem wütenden, protestierenden Mob den Hügel hinaufzog. Nur das Erdbeben und die Feuersbrunst von 1906 beendeten das Protzertum. Die großen Anwesen wurden ersetzt – durch Luxushotels, Cityclubs und Kirchen.

Ein Portier des Mark Hopkins

Die Reichen haben sich zumeist in anderen Stadtteilen niedergelassen, aber Nob Hill ist noch so glanzvoll wie früher. Seine drei herausragenden Hotels – das **Mark Hopkins** *(1 Nob Hill, Tel. 415/392-3434)* aus dem Jahr 1926, das 1907 vom Architekten Stanford White aus den Trümmern des Erdbebens errettete **Fairmont** *(950 Mason Street, Tel. 415/772-5000)* und das **Huntington** *(California Street/ Ecke Taylor Street, Tel. 415/474-5400)*, ein in ein Hotel umgebautes Luxus-Apartmenthaus, beschwören allesamt die alten Zeiten herauf. Das Mark Hopkins und das Huntington sind ein Tipp für San-Francisco-Reisende, die auf ein besonderes Erlebnis aus sind. Im Vergleich zu ihren Preisen bieten diese betagten Nobelherbergen einen guten Gegenwert.

Nehmen Sie im Mark Hopkins den Aufzug hinauf zum **Top of the Mark** *(Tel. 415/616-6916)*, der großartigen, im Art-déco-Stil gehaltenen großen alten Dame der Hotelbars. Es gibt keinen besseren Ort, um das Panorama der ganzen Stadt zu genießen.

Sehen Sie sich auf der anderen Straßenseite im Fairmont, dem ältesten der drei Hotels, das großzügige und dekorative Foyer an. Das Hotel steht auf den Fundamenten des Anwesens, das »Tessie« Fair Oelrichs zum Gedenken an ihren Vater James G. »Bonanza Jim« Fair errichtete, einem Mitglied der Bande der »Räuberbarone«, wie die »Großen Vier« Crocker, Stanford, Hopkins und Collis P. Huntington. Das Foyer des Fairmont mit seinen florentinischen Spiegeln, dem roten Samt und dem Blattgold wurde aufwendig restauriert und ist ein angenehmer Ort für ein Frühstück. Auch der Laurel Court, der Venetian Room und die Fassade wurden renoviert.

Das lohnenswerte Restaurant des Huntington trägt im Gedenken an die alten Wirtschaftsmagnaten den Namen Big Four und rettet erfolgreich die besten Elemente dieser Zeiten in die Gegenwart. Sein Krabbenkuchen und das Lamm, ganz zu schweigen von den Büffel- und Antilopengerichten, sind genau das, was die »Großen Vier« heute bestellen würden.

Der renovierte Redwood Room im **Clift Hotel** *(495 Geary St., Tel. 415/775-4700)* ist eine »moderne« Cocktail-Lounge von 1934. Alles hier verwendete Holz stammt von einem einzigen Redwoodbaum. Inzwischen wurde die Bar mit einer verspiegelten Bar, »Digitalkunst« und gedämpftem Licht modernisiert. ■

Gegenüber: Dank seiner eleganten Restaurants und der Architektur galt Nob Hill über ein Jahrhundert als Synonym für das Dolce Vita in San Francisco

RAV4
3SRA544

Grace Cathedral

WENN SIE DIE BEZIEHUNGEN ZWISCHEN DEM MODERNEN und dem traditionellen San Francisco verstehen wollen, sollten Sie der Grace Cathedral *(California Street & Taylor Street)*, dem architektonischen Kleinod von Nob Hill, einen Besuch abstatten. An diesem Ort, an dem der traditionelle Episkopalismus der globaleren Ausrichtung der städtischen High Society begegnet, werden Sie auf den Brennpunkt einer einzigartigen modernen religiösen Kultur treffen.

Detail des Reliefs »Türen des Paradieses« an der Grace Cathedral

Grace Cathedral
www.gracecathedral.org
Karte S. 208
1100 California St. & Taylor St.
415/749-6300
Cable Car, alle Linien; Bus 1

William Ingraham Kip, ein Historiker aus Yale, war 1853 der erste offiziell eingesetzte Bischof in der Grace Cathedral. Obwohl er orthodox und im Stil der Ostküste weltmännisch war, sah Kip hier die einmalige Möglichkeit, den Episkopalismus an der Westküste zu etablieren. Er strebte an, einen orthodoxen aber offenen kalifornischen Episkopalismus zu etablieren, dessen Ursprung in der Vergangenheit, aber gleichzeitig, wie der Wissenschaftler Kevin Starr bemerkt hat, »durch den Futurismus ... und die Ästhetik der Gegenwart abgemildert« werden sollte.

Dass diese Doktrin letzten Endes den offenen und progressiven Geist, der so deutlich in der Grace Cathedral zum Ausdruck kommt, hervorbrachtete, würde Kip vermutlich erstaunen, wenn er heute noch am Leben wäre. Aber wahrscheinlich hätte er gegen diesen Geist nichts einzuwenden. Überall im Kircheninneren verbinden sich die Moderne und die Vergangenheit in mystischer Weise.

Einige Glanzpunkte der Kathedrale belegen dies. Die klassische Architektur der französischen Gotik (orientiert an Notre-Dame in Paris) wird an der Vorderseite durch bronzene **Eingangstüren** charakterisiert, Duplikate der originalen »Türen des Paradieses« von Lorenzo Ghiberti in der Kathedrale von Florenz. Unmittelbar hinter den Türen liegt rechter Hand die **AIDS Interfaith Chapel** mit dem Altarbild des verstorbenen Grafikers Keith Haring. Es gibt hier ebenfalls eine AIDS-Tafel aus unterschiedlichen Teilen, das universellste Monument für die Opfer der Krankheit.

Im Inneren der eigentlichen Kathedrale, direkt hinter dem **Meditation Labyrinth** (nach dem Vorbild desjenigen in Chartres), fällt der Blick auf eine wunderschön gearbeitete Franziskusstatue des einheimischen Künstlers Benjamin Bufano. Wenn Sie hier stehen und zurück zum Eingang blicken, werden Sie bemerken, auf welch interessante Weise der aus den 30er Jahren stammende Teil des Gebäudes mit demjenigen aus den 60er Jahren verbunden worden ist. Sie werden das **East Rose Window** sehen, eine Kopie des *Sonnengesangs* von Gabriel Loire aus Chartes. Dieses Bild ist von der franziskanischen Lobpreisung des Schöpfers und der Schöpfung inspiriert. Bei der Betrachtung des Bodens im Hauptschiff wird ihnen die Fortsetzung dieses Themas auffallen, diesmal in der Form des Chi Rho, des griechischen Monogramms für Christus. Im Sanktuarium kommt die religiöse Ästhetik der Kathedrale vielleicht am deutlichsten zum Ausdruck, und zwar in einzigartig kalifornischer und progressiver Form. Der Altar besteht aus **Granit** der Hochsierra und einem Teil eines 2000 Jahre alten Redwood-Baumes von der Küste. Die Altarkissen sind mit kalifornischen Wildblumen aus verschiedenen kalifornischen Diözesen bestickt.

Zu den vielen herausragenden Renaissance-Kunstwerken in der Kathedrale zählt auch die Plakette von Antonio Rosselliono direkt rechts vom Chorgestühl.

In der links davon gelegenen **Chapel of Grace Baptistry** finden sich die vielleicht unvergesslichsten und bewegendsten Stücke. Zwei 1990 von dem Maler Robert Lenz geschaffene Bilder wirken wie eine passende Coda zu einem Besuch der Kathedrale. Das erste Bild, zu Ihrer Linken, zeigt John Donne, den mystischen Dichter und Prediger aus dem 17. Jahrhundert, der auch Dekan von St. Paul's in London war. Das zweite stellt Maria Magdalena dar, mit einem Ei in der Hand, mit dessen Hilfe sie Kaiser Tiberius die Geschichte der Wiederauferstehung erklärt haben soll. Dieses Bild ist 1990 Barbara Harris gewidmet worden, der ersten Bischöfin in der Episkopalischen Kirche.

Im Foyer und Geschenkeladen sind Pläne und Broschüren für einen Rundgang erhältlich. ■

Die andere Kathedrale

Südlich von der Grace Cathedral, auf der Gough Street etwa auf halbem Wege zwischen Nob Hill und den Pacific Heights, liegt eine jüngere Vertreterin der sakralen Architektur San Franciscos, die Cathedral of St. Mary of the Assumption. Das 1970 fertig gestellte Gotteshaus ist eines der dramatischsten Gebäude in Kalifornien. Es nimmt zwei Häuserblocks ein und weist eine weit gespannte moderne Decke und im Innenraum herausragende Skulpturen von Mario Rudelli und Enrico Manfridi auf. Die bemerkenswerte Form des Gebäudes erinnert an den Optimismus des amerikanischen Katholizismus nach dem Zweiten Vatikanischen Konzil. ■

Beim Tai Chi im Park vor der Kathedrale

Die Lombard Street schlängelt sich durch ein Blütenmeer den Russian Hill hinunter

Zu Fuß: Telegraph Hill und Russian Hill

Telegraph Hill und Russian Hill sind für ihre grandiosen Aussichten auf die Bucht und die Stadt berühmt. Sie bieten eine ganze Reihe von Sehenswürdigkeiten (besonders die einzigartigen Serpentinen der Lombard Street), die recht gut zu Fuß erkundet werden können.

Der **Coit Tower** 1 ist das Schmuckstück der Gegend. Dieser fast 100 Meter hohe Turm wurde von dem Architekten Arthur Page Brown entworfen (der unter anderem auch für die City Hall und die Swedenborg Church verantwortlich zeichnet) und krönt den Telegraph Hill. Sein Bau wurde 1929 mit Mitteln finanziert, die die exzentrische Philanthropin Lillian Coit testamentarisch der Stadt hinterlassen hatte. Der Turm ist ihr Denkmal für die Feuerwehrleute San Franciscos. Eine geradezu obsessive Verehrung dieser Männer war ein Aspekt ihrer Exzentrik. Überall, wo sie sich blicken ließ, selbst auf eleganten Bällen, trug sie ein diamantbesetztes Feuerwehrabzeichen.

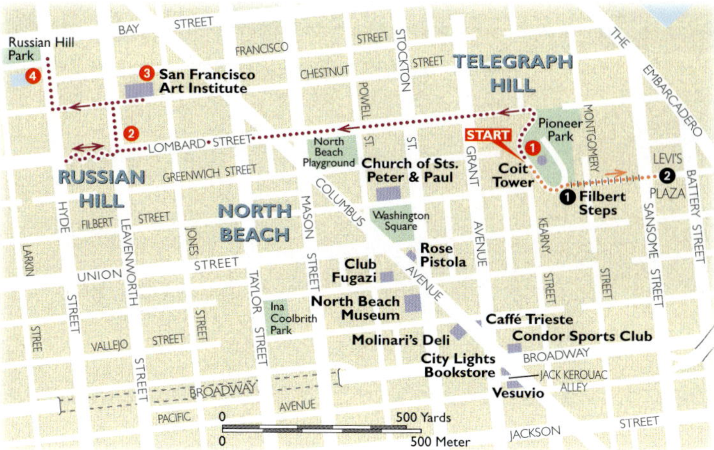

Neben der unvermeidlichen Fahrt mit dem Fahrstuhl zur Spitze des Gebäudes, von wo aus man eine superbe Aussicht auf die Stadt und die Bucht hat, sind die aus dem schon genannten Arbeitsbeschaffungsprogramm herrührenden **WPA-Wandgemälde** an den Innenwänden der zweite Höhepunkt. Das Werk mit dem Titel **Banken und das Gesetz**, 1933 bis 1934 von George Harris gemalt, ist besonders faszinierend.

Der ohnehin schon großartige **Pioneer Park**, der den Coit Tower umgibt, wurde durch ein mehrere Millionen Dollar kostendes Projekt attraktiver gestaltet. Er bekam eine Reihe neuer Terrassen und Aussichtspunkte, die den Park zu einem noch besseren Ort für ein Picknick gemacht haben (decken Sie sich dafür bei **Molinari's Deli** auf der Columbus Avenue ein).

Von diesem Punkt an haben Sie die Wahl zwischen zwei Erkundungsrouten. Die erste ist die traditionellere und führt in einem gemütlichen Spaziergang die **Lombard Street** 2 hinunter, über die Columbus Avenue und bergauf, immer noch auf der Lombard Street, zur Leavenworth Street. Von hier aus schraubt sich die Lombard Street in vielen Kurven und Kehren als angeblich »kurvenreichste Straße der Welt« nach oben.

Wenn Sie auf der Leavenworth Street rechts und dann noch in die Chestnut abbiegen, gelangen Sie zum **San Francisco Art Institute** 3 (siehe S. 219). Hier ist Diego Riveras *Schaffung eines Wandgemäldes* (1931) ein Höhepunkt. Doch auch das spanische Kolonialgebäude an sich ist sehenswert. Von hier geht es entlang der Chestnut Street zur Hyde Street und von dort nach rechts zum **Russian Hill Park** 4.

Die Alternative zu diesem beim Coit Tower beginnenden Spaziergang oder toller Abschluss eines Nachmittags auf dem Telegraph Hill ist der Abstieg über die östlich vom Turm gelegenen **Filbert Steps** 1. Diese Treppe beginnt an einem modernen Apartmentgebäude und führt durch eine Reihe von Terrassengärten, die allesamt vor Hortensien, üppigem Efeu und Magnolien nur so strotzen. Die Treppe endet auf **Levi's Plaza** 2 mit der Zentrale der legendären Jeansmarke, deren Berühmtheit von der Zeit des Goldrauschs bis in das Zeitalter der Globalisierung reicht. ■

S. auch Stadtteilkarte S. 191 G3
Coit Tower
1,8 km zum Russian Hill Park
2 Stunden
Russian Hill Park oder Levi's Plaza

UNBEDINGT ANSEHEN

- Coit Tower
- Lombard Street
- San Francisco Art Institute
- Filbert Steps

Im Caffè Trieste wird Kaffee verkauft und ausgeschenkt

North Beach

SEIT IN DER MITTE DES 19. JAHRHUNDERTS ITALIENISCHE und französische Einwanderer hier amerikanischen Boden betraten, besonders zu der Zeit als Zentrum der 50er-Jahre-Beat-Generation galt North Beach als unterhaltsame und unbeschwerte Bühne des Straßenlebens von San Francisco.

North Beach
191 G3

North Beach Museum
1435 Stockton St. in der U.S. Bank
Geschl. So
Bus 15, 30, 39, 45

San Francisco Art Institute
800 Chestnut St.
415/771-7020
Cable Car Powell-Hyde, Powell-Mason; Bus 30

Das Viertel North Beach wird im Süden vom Broadway, im Osten von der Montgomery Street, der Lombard Street im Norden und im Westen von der Mason Street begrenzt. Es verdankt seinen Charakter Italienern aus Genua, die sich hier im späten 19. Jahrhundert niederließen und das Gebiet nach dem Erdbeben und dem Feuer von 1906 für sich in Anspruch nahmen. Angeblich sollen die Italiener ihre Weinfässer aufgebrochen und mit deren Inhalt die Decken getränkt haben, mit denen sie ihre Häuser vor den lodernden Flammen schützten. Heute ist die italienische Präsenz im Viertel North Beach vor allem in Lokalen wie **Enrico's** *(504 Broadway)* und **Tosca** *(242 Columbus Avenue)* unübersehbar. Ein weiteres ist das **Caffè Trieste** *(601 Vallejo Street)*, in dem die Familie Giotta samstags Operetten aufführt.

Einer der relativen Neulinge in diesem genuesischen Ensemble ist gleichzeitig der größte kulinarische Anziehungspunkt für die örtlichen Kenner: das Rose Pistola (siehe S. 368). Hier serviert man eine große Auswahl norditalienischer Köstlichkeiten wie grüne ligurische *antipasti*, Barsch in *aqua pazzo* und Zabaione.

Die **Church of Saints Peter & Paul** ist das Gotteshaus der örtlichen italienischen Gemeinde. Hier heiratete der einheimische Baseball-Held Joe DiMaggio 1957 Marilyn Monroe. Die beiden Türme der Kirche blicken auf den **Washington Square**.

Wenn Sie eine reichhaltigere Kostprobe der Vergangenheit wünschen, sollten Sie das **North Beach Museum** besuchen, dessen umfassende Fotosammlung die Geschichte des Viertels dokumentiert. Das **San Francisco Art**

Institute (siehe S. 217), gleichzeitig Heimat der **Diego Rivera Gallery**, zeigt Arbeiten zeitgenössischer Künstler.

Für Literaturfreunde ist der **City Lights Bookstore** unmittelbar unter dem Broadway an der Columbus Avenue 261 eine wahre Wallfahrtsstätte. Die Buchhandlung gehört Lawrence Ferlinghetti, dem bekannten Dichter aus der so genannten *beat generation* der 50er Jahre (der als offizieller *poeta laureatus* der Stadt heute irgendwie selbst zum Establishment gehört). Der Laden führt ein breites Sortiment an Belletristik und politischer Literatur. Auf der anderen Straßenseite der Jack Kerouac Alley liegt ein weiteres Wahrzeichen, die immer noch lebhafte Bar **Vesuvio**.

Den **Broadway** säumen viele Clubs und Bars. Ein Spaziergang diese Straße entlang ist Pflicht, sei es auch nur, um sich im **Condor** umzusehen, wo im Jahr 1964, als sie noch Condor Club hieß, die üppig gebaute Carol Doda Amerika verblüffte, indem sie oben ohne tanzte. Im **Club Fugazi** *(678 Green Street, Tel. 415/ 421-4222)* wird Sie der musikalische Spaß *Beach Blanket Babylon* mit ausgelassener Satire und ausgefallenen Hüten zum Lachen bringen.

Die Antiquitätenläden in North Beach lohnen einen Besuch. Sie können aber auch ein paar Häuserblocks die **Grant Avenue** hinaufgehen, wo einige interessante Läden liegen. Hausnummer 1529B beherbergte die Werkstatt von Peter Macchiarini, einem ehemaligen WPA-Künstler, dessen Skulpturen und Schmuck immer noch an die besten Ideen dieser Ära modernistischer Volkskunst erinnern. Auf der anderen Straßenseite findet man im **Aria** Französisches – das Spektrum reicht von architektonischen Details und Heiligenfiguren bis hin zu antiken Spielen. ■

Unter der Straße verläuft ein Kabel, das von einem zentralen Kraftwerk angetrieben wird. Der »Greifer« an Bord des Wagens benutzt einen schraubstockartigen Mechanismus (oben im Bild ist sein Hebel blau markiert), um das Kabel zu ergreifen, das dann den Wagen zieht. Um den Wagen anzuhalten, löst er den Griff und setzt die Radbremsen ein. Auf den Schienen kann eine zusätzliche Notbremse eingesetzt werden

Cable Car Museum

Das Cable Car Museum *(Mason Street/Ecke Washington Street, Tel. 415/474-1887)* besitzt eine kleine, aber exquisite Sammlung zur Kabelbahn und ihrer Geschichte. Im mechanischen Zeitalter wurde die Kabelbahn ursprünglich geschaffen, um ein Verkehrsproblem zu lösen: Wie sollte man Menschen einen Hügel hinaufbefördern, der für Pferde zu steil ist? Andrew Hallidie, ein Industrieller aus San Francisco, kam auf die Idee, ein Zugkabel für den Antrieb öffentlicher Verkehrsmittel zu benutzen. Das System wurde am 2. August 1873 eingeführt – und funktioniert seitdem ununterbrochen.

Einige der alten Kabelbahnen hier stammen noch aus den 70er Jahren des 19. Jahrhunderts. Es lohnt sich, nach unten zu gehen, um sich das »Gehirn« des Systems anzusehen.

Heute fahren die Cable Cars an der Ecke Powell Street und Market Street sowie an der Ecke Powell Street und Van Ness Avenue ab. Sie fahren täglich von 6.30 Uhr bis 1 Uhr *(Tel. 415/673-6864)* ■

Zu Fuß: Pacific Heights

In den Jahren nach dem Erdbeben von 1906 und dem anschließenden Feuer verlagerte sich das Epizentrum des Wohlstands und der Macht in San Francisco nach Westen auf die heute unter dem Namen Pacific Heights bekannten Hügel. Hier konnten, einem WPA-Schriftsteller zufolge, »die Reichen umringt von Gärten und mit Blick auf das Golden Gate wohnen«. Sie werden auf der Nordseite von den urigen Geschäften auf der Union Street begrenzt, von der Divisadero Street im Westen, der Geary Street im Süden und der Van Ness Avenue im Osten, die Pacific Heights zeichnet architektonisch ein gewisser Eklektizismus aus.

Eine italienische Fassade an einer der viktorianischen Reihenhausfassaden in der Bush Street

Dieser Spaziergang führt an einer Reihe wundervoller Überraschungen und Höhepunkte vorbei.

Das **Spreckels Mansion** ❶ im Stil des französischen Barock liegt direkt westlich der Gough Street an der Washington Street 2080 und ist ein guter Ausgangspunkt. George Applegate, der Architekt des Palace of the Legion of Honor, baute das Haus 1912 für den Zuckermagnaten Adolph Spreckels. Heute lebt die Schriftstellerin Danielle Steel in dem »Zuckerbäckerschloss«.

Gehen Sie nun die Washington Street in westlicher Richtung hinauf und am **Phelan House** (vier Häuser weiter auf der rechten Seite) vorbei, wo Senator James D. Phelan im 19. Jahrhundert Hof hielt. Durchqueren Sie nun in südlicher Richtung den **Lafayette Park** ❷, von dessen Gipfel aus Sie einige der schönsten Ausblicke der Stadt genießen können. Flanieren Sie dann an der Südseite am **Atherton House** in der Octavia Street und California Street vorbei. Dies ist die wahrscheinlich wildeste Mischung unterschiedlicher viktorianischer Stilrichtungen, die es überhaupt gibt. Das **Wormser House** ❸ in der California Street 1834 wurde 1877 von dem Kaufmann Isaac Wormser aus San Francisco gebaut. Es ist auf Grund seiner Stilmischung sehr interessant: Die linke Haushälfte prägt der Queen-Anne-Stil, auf der rechten Seite verwirklichte man einen übertriebenen Stick-Stil. Das **Sloss Home** befindet sich in der California Street 1818. Es entstand 1876 im Auftrag eines reichen Pelzhändlers ebenfalls im Stick-Stil.

An der Franklin Street 1701 (und der California Street) liegt das **Edward Coleman House** ❹, das ein Bergbaumillionär aus Utah 1895 im Queen- Anne-Stil errichten ließ. Der ehemalige **Century Club** an der Franklin Street und der Sutter Street ist ein historisches Juwel. Er wurde von der bekannten Architektin Julia Morgan entworfen, die auch für Hearst Castle und das Claremont Hotel in Berkeley verantwortlich zeichnete. Heute hat sich das spanische Konsulat hier eingerichtet.

Gehen Sie auf der Sutter Street in westlicher Richtung zur Gough Street und dem **Majestic Hotel** ❺. In den 60er Jahren diente dieses viktorianische Kleinod aus dem Jahr 1905 eine Zeit lang als Bordell für homosexuelle Männer.

Laufen Sie Richtung Gough Street und biegen Sie nach Westen in die **Bush Street** 6 ein. Hier stehen einige der schönsten Beispiele der so genannten **Row house Victorians**: die Häuser der Mittelschicht zeigen einen Stilmix, der nicht nur von Haus zu Haus, sondern auch an einer Hausfassade sichtbar wird. Die Bandbreite reicht vom Queen-Ann-Stils bis zum Stick-Stil (eine Art Fachwerkstil).

Der **Ohabai Shalome Temple** 7 (»Liebe des Friedens«) ist eine architektonische Kuriosität. Diese Synagoge in der Nähe der Ecke Bush Street und Laguna Street wurde nach dem Vorbild des Dogenpalastes in Venedig gestaltet und besteht durchgehend aus Redwood-Holz.

Setzen Sie Ihren Spaziergang auf der Bush Street in westlicher Richtung fort und wenden Sie sich nach Norden Richtung Pierce Street. Während Sie nordwärts durch den **Alta Plaza Park** 8 und weiter nach Norden zur Kreuzung Pierce Street und Broadway gehen, werden Sie feststellen, dass diese Gegend von Pacific Heights zu den wohlhabenderen Stadtvierteln gehört. Mehrere Häuser auf dem Broadway sind sehr interessant. An der Kreuzung Pierce Street und Broadway liegt das Haus, das der Schauspielerin Mary Martin gehörte. Das wahre Glanzstück hier ist aber das **Case Bolt House** 9 *(2727 Pierce Street)*, das der Eisenwarenmagnat 1915 baute. Es sieht aus wie eine Art aufgeblasenes Sandsteinhaus aus Brooklyn, besteht aber tatsächlich vollständig aus geschnitztem Redwood-Holz. Seine Bewohner kamen aus New York und wollten sich heimisch fühlen. Kehren Sie nun zum Broadway zurück. In dem viktorianischen Haus mit der Hausnummer 2311 wurde die erfolgreiche TV-Show *Schularbeiten* gedreht, während das Gebäude an der Ecke Broadway und Steiner Street der Drehort für *Mrs. Doubtfire* (1993) war. Gehen Sie nun bis zur Gough Street nach Westen und biegen Sie nach Süden ab, um zu Ihrem Ausgangspunkt zu gelangen, dem Spreckels Mansion. ■

Siehe auch Karte der Stadtteile S. 191 G3
- Spreckels Mansion
- 5,1 km
- 2 Stunden
- Spreckels Mansion

UNBEDINGT ANSEHEN
- Spreckels Mansion
- Century Club
- Viktorianische Reihenhäuser

Umgebung der Pacific Heights

DER HISTORISMUS – DER VERSUCH, EINEN SPEZIELLEN Aspekt europäischer Geschichte wieder aufleben zu lassen – stellt die eine architektonische Richtung in San Francisco dar. Die andere ist der Naturalismus oder Bay-Area-Regionalismus.

Swedenborgian Church
www.sfswedenborgian.org
191 E3
Washington & Lyon Sts.
415/346-6466
Bus 3, 12, 22, 24

Haas-Lilienthal House
www.sfheritage.org
191 F3
2007 Franklin St.
415/441-3000
Geöffnet Mi, Sa u. So
$$
Bus 1, 12, 19, 27, 47 u. 49

Die **Swedenborgian Church** ist das herausragende Beispiel für diesen Stil. Dieses kleine Gebäude wurde 1894 für die Anhänger von Emmanuel Swedenborg gebaut, einem Schweden aus dem 18. Jahrhundert, der die »Verehrung des Göttlichen in der Natur« predigte. Obwohl es sich nach den gewaltigen Maßstäben der damaligen Zeit um ein eher unwesentliches Projekt handelte, lag den führenden Handwerkern dieser Epoche sehr viel daran. Zu ihnen zählten A. C. Schweinfurth und sein Chef Arthur Page Brown (der die City Hall baute), die Künstler Bruce Porter und William Keith sowie der Architekt Joseph Worcester, der zufällig auch als Pastor der neuen Kirche fungierte. Bernard Maybeck, der Architekt des Palace of Fine Arts, gab weitere wichtige Impulse.

Der schlichte Eingang zur Swedenborgian Church

Bei einem Spaziergang durch das Gebäude und seine Anlagen offenbart sich ein zentrales Thema: »die Interpretation des Geistes und der Natur, des Sichtbaren und des Unsichtbaren«, wie der Historiker Kevin Starr bemerkt. Der Garten ist mit Olivenbäumen, Libanon-Zedern, Ulmen, Kiefern, Pflaumenbäumen und Holzapfelbäumen bepflanzt, »einer Allegorie der Welten der Bibel, Europas, Amerikas und des Fernen Ostens«.

Die Deckenstützen aus Bärentrauben-Bäumen, eine Idee des jungen Maybeck, sind die wichtigsten Elemente. Sie verstärken den Zen-artigen bäuerlichen Charakter dieser Kirche.

Wenn Sie von der Kirche aus nach Norden gehen, bieten die **Lyon Street Steps** eine gute Möglichkeit für ein Foto von der Bucht. Liebhaber viktorianischer Architektur sollten sich das klassische, 1866 erbaute **Haas-Lilienthal House**, nicht entgehen lassen. Weiter südlich bildet das **Japan Center** *(1730 Geary Blvd.)* das historische Herz der japanischen Gemeinde dieser Gegend, das man aufsuchen sollte, wenn man mehr über japanische Kultur und Kunst erfahren oder die japanische Küche genießen will.

Nach einem Tag, den man dem Spazierengehen und dem Einkaufen gewidmet hat, gibt es kaum etwas Erfrischenderes als ein Bad in dem altmodischen japanischen Badehaus an den **Kabuki Springs & Spa** *(1750 Geary Street, Tel. 415/922-6000)*. *Shiatsu*-Massage und Abreibung sind nach Vereinbarung möglich. ■

Palace of Fine Arts

DIESER KOMPLEX IST MIT SEINEN BRÄUNLICHEN KORINTHISCHEN Säulen, die sich im See neben der Lyon Avenue spiegeln, eine einsame aber großartige Erinnerung an die Panama-Pacific Exposition von 1915. Der Palast lohnt einen morgendlichen Besuch, und sei es nur, um eine Vorstellung davon zu bekommen, wie San Francisco zu Beginn des 20. Jahrhunderts seine Zukunft sah. Der von der Naturmystik Swedenborgs beeinflusste Archtitekt Bernard Maybeck war überzeugt, dass San Francisco in der Lage sei, anderen Weltstädten vorzuführen, wie sich Kunst, Natur und Stadtplanung effizient vereinen ließen. Dass er letzten Endes in seinem Bemühen, nach dem Erdbeben der ganzen Stadt seine Ästhetik aufzuprägen, erfolglos blieb, war eine große Enttäuschung für ihn.

Palace of Fine Arts & Exploratorium

www.exploratorium.edu

- 191 E4
- 3601 Lyon Ave.
- 415/561-0360
- Geschl. Mo, außer an einigen Ferientagen
- $$. frei 1. Mi im Monat
- Bus 22, 28, 30, 41, 43, 45

Palace of Fine Arts

Das Exploratorium
Oben: Beim Spiel mit Spiegeln
Unten: Ein Exponat in der Abteilung Sehen, Farben und Licht

Die Einwohner San Franciscos sind überaus stolz auf den gegenwärtigen »Bewohner« des Palastes, das **Exploratorium**. Diese Einrichtung wurde 1969 von dem Physiker Frank Oppenheimer gegründet und setzt alle nur erdenklichen Instrumente technologischer Zauberei ein, um junge Menschen für die Naturwissenschaften zu begeistern. Zu den 800 interaktiven Objekten, Exponaten und Kunstwerken gehören ein computersimulierter Flug über die Stadt, ein Raum mit Zerrspiegeln, die Kinder größer als ihre Eltern erscheinen lassen und sogar ein Anti-Schwerkraft-Spiegel. Ein riesiges Prisma illustriert die Prinzipien der Lichtbrechung, während die Besucher etwas über die Dynamik von Wasser lernen können, indem sie ihren eigenen Strudel in einem Plexiglasbecher von zwei Metern erzeugen.

In den letzten Jahren ist das Exploratorium zu einem Liebling der Medien geworden. Die Wissenschaftsredaktion von *Newsweek* hat es zu einem absoluten Knüller erklärt.

Gleichwohl ist das Exploratorium vielleicht doch nicht für alle Besucher geeignet. Erwachsene ohne Kinder sollten eine unter Umständen nicht sofort ersichtliche Tatsache bedenken, bevor sie das Museum betreten: Hier geht es laut zu. ■

Am Meer

Stammgäste auf dem Seal Rock beim Cliff House

ES GAB EINE ZEIT, DA WAR DIE FAST 35 KILOMETER LANGE Küste San Franciscos mit einem Spaziergang und einem Einkaufsbummel auf dem kommerzialisierten Pier 39 gleichbedeutend. Das gilt heute nicht mehr.

Der größte Teil der am Meer gelegenen Sehenswürdigkeiten befindet sich auf dem Gebiet der **Golden Gate National Recreation Area**. Dieser aus Strand, Wald, Grasland und Vorgebirgen bestehende Park erstreckt sich von **Fort Funston** *(Tel. 415/239-2366)* im Süden, wo Drachenflieger von den urzeitlichen zerklüfteten Felsen abheben, bis nach **Fort Mason**, wo die Stadt eine Reihe ambitionierter Minimuseen und kultureller Institutionen eingerichtet hat.

Das historische und inzwischen renovierte **Cliff House** ist ein guter Startpunkt. Von hier aus kann man den Blick auf den Ozean genießen, den Seelöwen und Pelikanen auf den vor der Küste liegenden **Seal Rocks** zuschauen und einen langen Spaziergang durch die Fundamente der alten Sutro Baths unternehmen. Dieses einstmals größte überdachte Salzwasserbad entstand gegen Ende des 19. Jahrhunderts auf Betreiben des rührigen Adolph Sutro. Der **Coastal Trail** führt Sie durch eine spektakuläre Landschaft und zum ideal für ein Picknick geeigneten China Beach.

Kunstliebhaber sollten, während sie sich in diesem als Land's End bekannten westlichen Teil des Parks aufhalten, den **California Palace of the Legion of Honor** besuchen, den die gesellschaftliche Doyenne Alma Spreckels der Stadt 1924 schenkte. Er beherbergt eine große Sammlung alter Meister, darunter Rembrandt, Rubens und Watteau, impressionistische Gemälde von Monet und Cézanne, Arbeiten von Picasso und Matisse

The Waterfront
190 A2–191 G4

Golden Gate National Recreational Area Visitor Center
www.nps.gov/goga
Fort Mason, Bldg. 201
415/561-4700

Cliff House
www.cliffhouse.com
1090 Pt. Lobos Ave.
415/386-3330
Bus 18, 38

Fisherman's Wharf und die Skyline des Stadtzentrums bei Sonnenuntergang

California Palace of the Legion of Honor
www.thinker.org/legion
✉ Lincoln Park Höhe 34th Ave. und Clement St.
☎ 415/863-3330
🕒 Geschl. Mo
$ $$; Di frei
🚌 Bus 1, 18, 38

Fort Mason
✉ Marina Blvd. & Laguna St.
☎ 415/441-3400; 415/441-3687 (Theaterinformation)

Museum of Craft & Folk Art
✉ Bldg. A, Fort Mason, Franklin St.
☎ 415/775-0991
🕒 Geschl. Mo
$ $

Mexican Museum
www.mexicanmuseum.org
✉ Bldg. D, Fort Mason, Franklin St.
☎ 415/202-9700
🕒 Geschl. So–Di
$ $

Museo Italo-Americano
www.museoitaloamericano.org
✉ Bldg. C, Fort Mason, Franklin St.
☎ 415/673-2200
🕒 Geschl. Mo–Di
$ $

sowie Werke Auguste Rodins. Das Triptychon **»Jüngstes Gericht«** eines unbekannten Tiroler Meisters etwa aus dem Jahr 1500 ist ein besonders spektakuläres Werk. Hinzu kommen eine exquisite Antiquitätensammlung sowie eine vollständige spanische Zimmerdecke aus dem 15. Jahrhundert.

Der **Presidio** ist das Glanzstück der Recreation Area: 600 Hektar idyllischer Wald, Wanderwege, Camping- und Angelplätze und historische Stätten. Der Presidio war 1776 von den Spaniern ursprünglich angelegt worden, um die Russen an einer Landung zu hindern. Wie üblich bedeutete dies für die Ohlone-Indianer, die 5000 Jahre lang in dieser Gegend gelebt hatten, eine Katastrophe.

Nachdem die Amerikaner das Gebiet 1846 in Besitz genommen hatten, bemühte sich die US-Army, den Standort zu stabilisieren. Die Pioniere schafften Hunderttausende Zypressen aus Monterey und Tausende Eukalyptusbäume aus Australien herbei. Das Ergebnis ist ein großartiger städtischer Wald. Der gut drei Kilometer lange **Ecology Loop Walk** beginnt am **Presidio Museum** *(Lincoln Avenue & Funston Avenue, Tel. 415/561-4323, um eine Liste der Spazierwege anzufordern)*, wendet sich auf der Funston Avenue nach Südwesten, führt an der Pershing Hall vorbei, weiter zum Inspiration Point sowie El Polin Spring und wieder zurück über die Lover's Lane.

Die Geschichte, besonders jene des Militärs, ist im Presidio allgegenwärtig. **Fort Point** *(beim Lincoln Blvd., Tel. 415/556-1693)*, das die US-Army Mitte des 19. Jahrhunderts erbaute, schützte die enge Einfahrt in die Bucht von San Francisco.

Der Marina District weist weitere militärische Relikte auf. **Fort Mason**, eine ehemalige Armeekaserne am Meer, ist heute ein lebhaftes Kulturzentrum mit drei herausragen-

den Theatern und mehreren kleinen Museen. Am interessantesten sind das **Craft & Folk Art Museum**, das **Mexican Museum**, das **Museo Italo-Americano**, und die **African American Historical & Cultural Society**.

Ein Höhepunkt von Fort Mason ist das **Greens Restaurant**, in dem die Küchenchefin Annie Somerville vegetarische Gerichte kreiert, die für vielen zu den besten der Welt zählen (siehe S. 370).

Der **San Francisco Maritime National Historical Park** und das **Maritime Museum** dokumentieren die große maritime Vergangenheit der Region. Zu den im Park ausgestellten historischen Schiffen gehören die aus dem Jahr 1886 stammende *Balclutha* (im Kap-Hoorn-Stil), die im Jahr 1895 erbaute *C. A. Thayer* (ein Holzschoner) und die letzte Schaufelrad-Fähre der Stadt, die *Eureka* aus dem Jahr 1890. Der **Yachthafen** mit einem kleinen Park unmittelbar am Meer und dem **Hyde Street Pier** sind nette Orte zum Herumschlendern.

Weiter östlich liegt die knallbunte und kommerzielle **Fisherman's Wharf**. Von hier aus legen Fähren nach Sausalito, Tiburon, Alcatraz und Angel Island (siehe S. 228) ab. Noch weiter im Osten ist **Pier 39** (Jefferson Street) mit Läden, Fahrgeschäften und Lokalen bestückt. In der **Underwater World** *(Tel. 415/623-5300)* führt ein Laufband durch einen transparenten Tunnel, und Haie sowie andere Meerestiere gleiten über Ihrem Kopf durchs Wasser.

Der **Ferry Plaza Farmers' Market** *(Ferry Bldg., Market Steet beim Embacadero; Tel. 415/291-3276, Di, Do, Sa u. So)* bietet Vergnügungen für Erwachsene. Hier finden Sie jede Art von Obst und Gemüse: purpurrote Tomaten, frischen Lavendel, Ziegenkäse und riesige Sonnenblumen. ■

African American Historical & Cultural Society

- ✉ Bldg. C, Fort Mason, Franklin St.
- ☎ 415/441-0640
- 🕒 Geschl. Mo–Di
- $ $

San Francisco Maritime National Historical Park & Museum

- ✉ Aquatic Park Höhe Polk St.
- ☎ 415/561-7100 (Museum), 415/447-5000 (historische Schiffe)
- $ $$ (Zugang zu den Schiffen)
- 🚌 Cable Car Powell-Hyde, Powell-Mason; Bus 30, 41, 45; Streetcar: Linie F

Die Inseln

Alcatraz
231 B3

Angel Island
231 B4
Fähre; Buchungen 415/435-1915

Tiburon
231 B4
Besucher-information
96B Main St.
415/435-5633

EIN BESUCH VON ALCATRAZ IST ZU EINEM WICHTIGEN Programmpunkt für jeden Besucher geworden, der erstmals nach San Francisco kommt. Auch wenn es reizvoll sein mag, auf den Spuren von Al Capone und »Maschinengewehr Kelly« zu wandeln, wird dies freilich nach einigen Stunden doch etwas langweilig. Ein Gefängnis bleibt schließlich ein Gefängnis, selbst wenn auf der Insel ein Film mit Nicolas Cage (The Rock) gedreht worden ist.

Um einen Tag in der Bucht zu planen, sollten Sie einen der Insel-Ausflüge der **Blue and Gold Fleet** *(Tel. 415/705-7555, Reservierung empfohlen)* buchen. Die Fähren legen mehrmals täglich vom Pier 41 an der Fisherman's Wharf ab.

Die Führer auf **Alcatraz** erzählen mit großem Geschick die vielen Geschichten über Intrigen, Ausbruchsversuche (fast alle waren erfolglos) und die verschiedenen prominenten Kriminellen, die auf dieser etwa fünf Hektar großen Insel eingesessen haben. Zu ihnen gehörten Robert Stroud, der ursprüngliche »Vogelmann von Alcatraz«, Al Capone, dessen fünfjährige Einzelhaft ihn für den Rest seines Lebens zum psychischen Wrack machte, und die Gebrüder Anglin, die sich durch die Wand ihrer Zelle den Weg in die Freiheit gruben und nie gefasst wurden. 1887 saß hier der indianische Rebell Kaetena, der im gleichen Jahr einen Aufstand gegen die Regierung von Arizona angezettelt hatte. Die Veranstalter bieten verschiedene thematische Führungen an.

Sehen Sie zu, dass Ihnen noch Zeit für einen Spaziergang auf dem **Agave Trail** durch das Vogelschutzgebiet der Insel bleibt. Die Pelikane, nach denen Alcatraz benannt ist, dominieren, die verschiedenen Jahreszeiten bringen aber auch Dutzende anderer Vogelarten hierher.

Im Gegensatz zu Alcatraz ist **Angel Island** wenig touristisch geblieben. Mit ihrer Größe von knapp zwei Quadratkilometern ist sie die größte Insel in der Bucht. Angel Island ist für die **Immigration Station at China Cove** bekannt, die um die Jahrhundertwende von Hunderttausenden asiatischer und russischer Einwanderer passiert werden musste. Die Insel bietet kilometerlange schöne Wanderwege und ein interessantes Fort mit einem Camp aus dem Bürgerkrieg.

Die Blue and Gold Fleet veranstaltet auch Kreuzfahrten nach **Tiburon** (siehe S. 242), einer urigen ehemaligen Eisenbahnstadt auf der anderen Seite der Bucht. Hier gibt es einen ausgezeichneten Radwanderweg. (Räder kann man am Pier 41 mieten.) Eine Kreuzfahrt an der Küste entlang, vorbei an Wahrzeichen wie dem Palace of Fine Arts, dem Cliff House und der Golden Gate Bridge, ist eine Alternative. ■

Alcatraz bildet den Hintergrund für viele Sehenswürdigkeiten San Franciscos, in diesem Fall die Hyde Park Cable Car

Die Bay Area hat für ihre Besucher einiges zu bieten: die Muir Woods in Marin County oder die Küste von Point Reyes, Berkeley mit seiner Mischung aus Verrücktheit und Professionalität und einer bemerkenswerten Straßenszene, Oakland mit einem großartigen Museum und Silicon Valley mit weit mehr als nur technologischen Wunderwerken.

Bay Area

Eine Robbe bei Point Reyes

Bay Area

WÄHREND SAN FRANCISCO IN ALLE RICHTUNGEN ZU WIRKEN SCHEINT, SIEHT es so aus, als sei das Umland (obwohl es groß ist und weit reicht) voll und ganz auf die Stadt ausgerichtet, so als ob dies seine einzige Existenzberechtigung sei. Der Eindruck entspricht keineswegs der Realität, ganz im Gegenteil: Die Besonderheiten der einzelnen Gegenden haben den Charakter der Stadt geprägt.

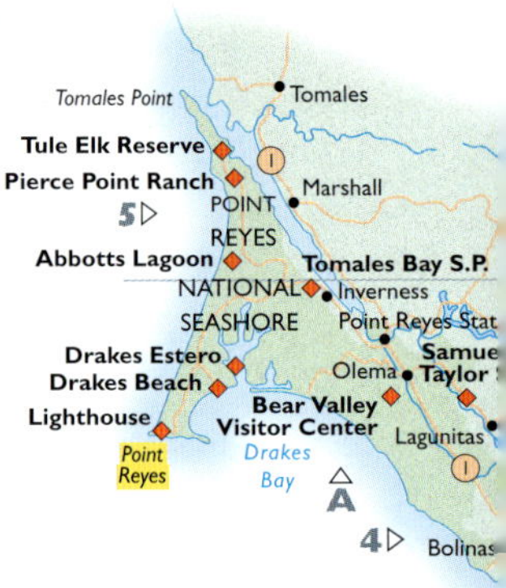

Ein Großteil der politischen, künstlerischen und literarischen Geschichte der Region hat ihren Ursprung im Osten. Oakland gab der Welt Jack London (dessen Hütte am Yukon heute in dem an der Bucht liegenden Einkaufszentrum steht) und viele der großen *plein air*-Maler (deren Arbeiten im Oakland Museum of California hängen). Die viel geschmähte Nachbarstadt Berkeley (der Kolumnist Herb Caen hat ihr den Spitznamen »Berserkeley« verliehen) sendet immer noch einen revolutionären Impuls in die Welt hinaus. Heute ist dieser allerdings weniger ein politischer als eher ein kulinarischer, wie er z.B. von Alice Waters' Restaurant Chez Panisse ausgeht. Und noch immer ist die nach George Berkeley, 1685 bis 1753, einem englischen Bischof und Philosophen (»Der Kurs auf ein Weltreich weist nach Westen ...«) benannte Universität ein großes Beispiel für Toleranz, Gelehrsamkeit und intellektuelle Unvoreingenommenheit.

Angesichts der Schönheiten, die der raue Norden bietet – etwa die Muir Redwood-Wälder und die Marin Headlands –, lässt sich die der Region eigene Begeisterung für die Natur

Die südlich von San Francisco gelegene Gray Whale Cove bei Sonnenuntergang

nachvollziehen. Hier, zwischen den mystischen Meeresnebeln und dem Dunst, von vielen Punkten in der Stadt aus sichtbar, wird die Natur für alle erhalten ... und auch sinnvoll genutzt. Der Reisende findet hier einige der besten landwirtschaftlichen Erzeugnisse im Lande: die berühmten, in Restaurants in den gesamten USA zubereiteten Austern aus der Tomales Bay, den Käse der Point Reyes Station und *seafood* vom Marin Farmers' Market.

Im Süden ist die Technologie König. Das Technology Museum of Innovation ist entsprechend die neueste Attraktion der Stadt, und die beliebtesten Rundfahrten führen unter anderem an der riesigen Intel Corporation vorbei, dem weltweit führenden Unternehmen der Halbleiterbranche.

Das in der Nähe gelegene Palo Alto rühmt sich demgegenüber, Sitz einer der größten Privatuniversitäten der westlichen USA, der Stanford University, zu sein. Mit Hilfe eines beim Eisenbahnbau angehäuften Vermögens im 19. Jahrhundert gegründet, ist dieser kleine Campus eine vornehmere Version von Berkeley. ■

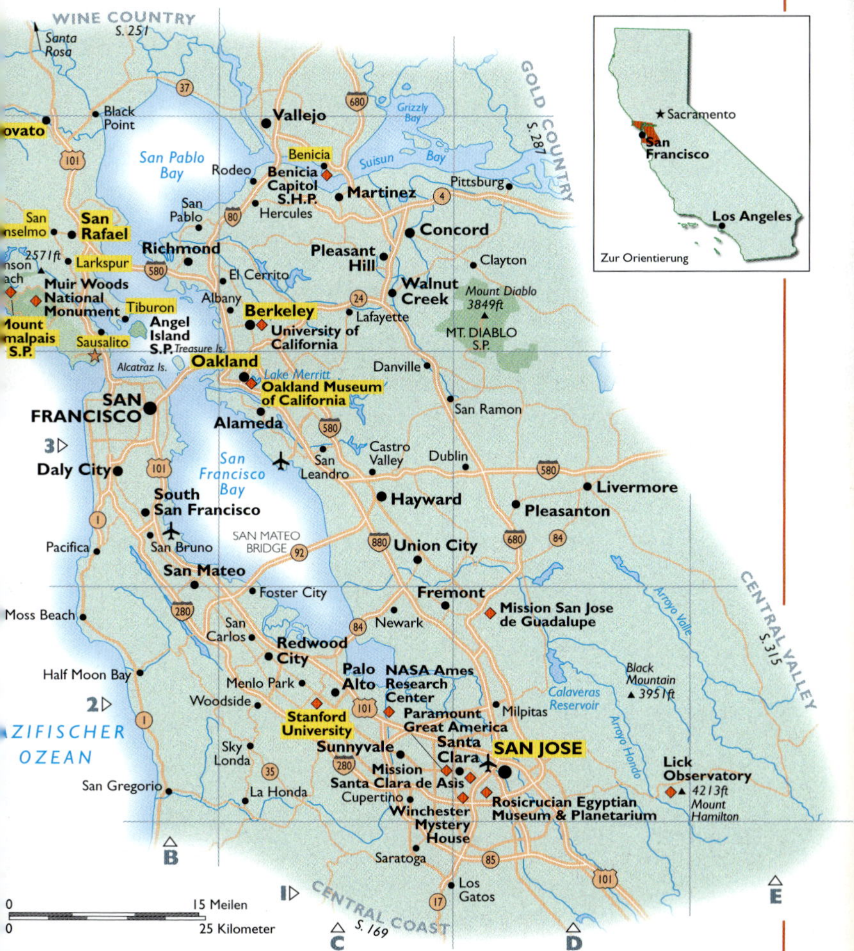

Oakland

OAKLAND HATTE LANGE ZEIT MIT GERTRUDE STEINS UNglücklichem Scherz zu kämpfen – dass »es dort kein *dort* gibt«. Die Stadt besitzt jedoch mehr als den üblichen Anteil der klassischen amerikanischen Eigenschaften. Oaklands Charakter wurde durch seine Geschichte geprägt: Im Jahr 1869 akzeptierten die Stadtväter eine Offerte der Central Pacific, die westliche Endstation dieser Strecke zu werden – etwas, gegen das ihre hochnäsigeren Nachbarn im Westen mit allen ihnen zur Verfügung stehenden Mitteln gekämpft hatten.

Oakland
231 C3
Besucher-information
www.oaklandcvb.com
463 11st St.
510/839-9000

In gewisser Hinsicht bestand Oaklands Talent darin, aus den in San Francisco unerwünschten Einrichtungen eine der dynamischsten Industriestädte an der Westküste zu machen, eine Position, welche die Stadt bis weit nach dem Zweiten Weltkrieg innehatte. Wenn ein Stahlwerk, eine Chemiefabrik oder eine neue Werft den feinen Herrschaften auf der anderen Seite der Bucht zu dreckig war, wurde sie in Oakland errichtet. Selbst heute noch sind die Häfen der Stadt und die zahlreichen Gewerbegebiete von Geschäftigkeit erfüllt. Doch Oakland ist unter seinem neuen Bürgermeister Edmund G. »Jerry« Brown, dem ehemaligen Gouverneur von Kalifornien, wieder auf dem Vormarsch.

Der durch Jack London bekannt gewordene Heinhold's First and Last Chance Saloon

Jack London: Der Ruf der Wildnis

Jack London war nicht nur ein Meister des Abenteuerromans, sein Stil beeinflusste auch andere Gattungen. Seine späteren Sport-Reportagen sind durch die für ihn charakteristische Sympathie für die Arbeiterschaft charakterisiert, wie etwa der folgende Auszug aus *Die Geburt der Nacht* (1913) zeigt:

»Er hörte ein großes Brüllen, wie das des Meeres, und er sah Danny Ward mit seinem Gefolge aus Trainern und Sekundanten den Mittelgang hinunterkommen. Jeder jubelte ihm zu. Jeder war für ihn. Sogar Riveras eigene Sekundanten empfanden etwas wie Freude, als Danny sich schwungvoll durch die Seile zwängte und den Boxring betrat. Auf seinem Gesicht breitete sich ein nicht enden wollendes Lächeln aus, und wenn Danny lächelte, dann lächelte er mit seinem ganzen Gesicht, mit den Lachfalten in seinen Augenwinkeln und sogar seinen Augen selbst. Noch nie hatte es so einen freundlichen Boxer gegeben. Sein Gesicht war eine einzige Reklame für Wohlwollen und Kameradschaft. Er scherzte und lachte und grüßte seine Freunde durch die Seile. Diejenigen, die weiter weg standen, riefen ›Mensch, Du, Danny!‹ Es war eine fröhliche Ovation der Zuneigung, die volle fünf Minuten dauerte.« ■

Um einen Eindruck vom neuen Oakland zu bekommen, sollte man, besonders freitagvormittags, den **Oakland Farmers' Market** *(Tel. 510/745-7100)* im Bereich des alten Oakland aufsuchen. Eine typische Standzeile besteht etwa aus einem armenischen Olivenölproduzenten aus Modesto, einem Stand für Süßkartoffel-Pasteten und anderem afroamerikanischen Gebäck, einer in kräftiges Rot gekleideten Frau vom Stamm der Hmong, die frischen Ingwer und frisches Zitronengras anbietet und einem jungen Vietnamesen, der glitschige Schrimps und glänzenden Schnäpperfisch verkauft.

Am südlich vom Broadway auf dem Embarcadero gelegenen **Jack London Square** *(Tel. 510/814-6000)* sieht man ein Stück Historie. Er wurde 1876 geboren, wuchs in Oakland auf und erlangte später als eine Art Abenteuerschriftsteller für die Arbeiterklassen Berühmtheit *(Ruf der Wildnis* und *Wolfsblut)*. Daneben verfasste er jedoch auch politisch motivierte Werke *(Die Eiserne Ferse)*. Es gelang ihm nie wirklich, diese beiden Aspekte seines Schaffens miteinander zu verbinden. Der 40-jährige trank sich in einer Hütte in Sonoma County zu Tode.

Seine **Hütte am Yukon** aus der Zeit des Klondike-Goldrauschs wurde nach Oakland gebracht. Man kann auch den **Heinhold's First and Last Chance Saloon** *(56 Jack London Sq., Tel. 510/839-6791)* besuchen, bis heute eine Bar. Sie hat als Folge des Erdbebens von 1906 noch immer einen schiefen Boden. In der Nähe liegt die **USS *Potomac*** *(Tel. 510/839-8256)*, am **FDR Pier** vor Anker.

Der **Lake Merrit** im Zentrum von Oakland ist am Wochenende gut besucht. An seinem Nordufer zieht sich der **Lakeside Park** *(Tel. 510/238-7275)* entlang, der Wildgänse und andere Wasservögel anlockt. Am See werden Boote verliehen, die Gondolieri von Gondola Servicio *(Tel. 510/663-6603)* fahren Besucher in Gondeln über den See.

In den dicht bewaldeten Oakland Hills stehen riesige Redwoods. Einen Teil der Hills nimmt der **Joaquin Miller Park** *(Tel. 510/531-9597)* ein, er bietet Wander- und Reitwege und ein Amphitheater, in dem im Sommer Konzerte stattfinden. ■

Das Oakland Museum of California

Oakland Museum of California
www.museumca.org
1000 Oak St.
510/238-2200 oder 888/625-6873
Geschl. Mo–Di
$$

IM JAHR 1969 WURDEN DIE SAMMLUNGEN DREIER ÄLTERER Einrichtungen zum Oakland Museum of California zusammengelegt. Auf diese Weise entstand eines der besten Regionalmuseen im Lande. In einem weitläufigen, aber einfach gehaltenen Komplex untergebracht und von blühenden Gärten und Teichen umgeben, macht es seine Besucher auf intelligente Art und Weise mit der Ökologie, Geschichte und Kunst Kaliforniens vertraut. Es herrscht eine entspannte Atmosphäre und das Personal ist hilfsbereit und kenntnisreich.

Reservieren Sie den größten Teil Ihrer Zeit für das dritte Stockwerk, die **Gallery of California Art**. Obwohl das Museum etwa 80 000 Werke kalifornischer Künstler besitzt, werden jeweils nur etwa 500 ausgestellt. Diese sind chronologisch und nach Kunstgattungen angeordnet, wobei das Schwergewicht auf der Malerei und dem Kunsthandwerk liegt. Die Sammlung illustriert die Vielfalt und die Leistung der kalifornischen Kunstszene, die in weniger als 200 Jahren den Kolonialismus, die Industrialisierung, die Eroberung der Wildnis, die Weiterexistenz der Indianer und die Herausbildung der ersten »endgültigen« Grenze verarbeitete.

Exponate in der Cowell Hall of California History

Viele dieser Themen finden unmittelbar Ausdruck in besonders herausgestellten Werken wie Domenico Tojettis *Amerikas Fortschritt*, einer Allegorie aus dem Jahr 1875 im Stil des italienischen Klassizismus, Thomas Hills *El Capitan* (1866), das schon auf den impressionistischen Stil seiner späteren Arbeiten vorausweist, George Inness' brillantem, frühen Gemälde *Kalifornien, 1894* oder den frühen *plein air*-Arbeiten von J. H. E. Partington und seinem Bild *Lake Temescal* (1890). Eine besonders interessante Abteilung ist der so genannten Society of Six gewidmet, einer in den 20er Jahren aktiven Gruppe von Malern aus Oakland, deren Stil eine kühne und lose Pinselführung auszeichnet. In dem Bestreben, die »Freude des Sehens« durch ein Arrangement abstrakter Elemente zu vermitteln, befassten sich Künstler wie William H. Clapp *(Nepenthe Beach)* und Maurice Logan *(Point Richmond)* voller Begeisterung mit den Primärfarben des Himmels und der Erde Kaliforniens. Der große Millard Sheets erkundete in Bildern wie *Gebiet in den Chino Hills* (1931) stärker die menschliche Dimension dieser Ästhetik.

Was das Museum so sympathisch macht, ist unter anderem die Tatsache, dass auch weniger berühmte Künstler aus der Vergangenheit Kaliforniens Aufnahme gefunden

haben. Viele von ihnen gewinnen erst jetzt an Bedeutung und Marktwert. Einer von ihnen ist Rinaldo Cuneo, dessen faszinierendes *Erdmuster* (1932) für immer Ihre Wahrnehmung der zerfurchten Agrarlandschaft Kaliforniens verändern wird. Die Kunsthandwerk- und Keramiksammlung hält weitere sehenswerte Exponate bereit, etwa die *Teekanne* (1941) von Sargeant Johnson aus der berühmten Magnini-Werkstatt.

Die umfassende Sammlung von Fotos von Dorothea Lange ist für Fotoliebhaber von besonderem Interesse. Ihre Arbeit *Herumwandernde Mutter* aus dem Jahr 1936 – die größte Annäherung an die Figur der Madonna in der amerikanischen Kunst – wird besonders diejenigen faszinieren, die sich für die künstlerische Verarbeitung der Weltwirtschaftskrise der 30er Jahre interessieren. Die Galerie findet ihre Krönung in einer bedeutenden Auswahl von Arbeiten der kalifornischen Moderne, die von Richard Diebenkorn und Wayne Theibaud bis hin zu den weniger bekannten Werken von David Park wie *Frau in einer Landschaft* (1958) und M. Louise Stanleys Bild *Die funktionelle Familie (nach Velazquez)* aus dem Jahr 1993 reicht.

Ein Stockwerk tiefer befindet sich die **Cowell Hall of California History**, die in chronologischer Folge die Geschichte des Bundesstaats illustriert. Hierbei kommt ein riesiges Sortiment an Exponaten zum Einsatz, darunter echte Planwagen, Goldgräberausrüstungen und einige der ersten Briefe von Pionieren an ihre »Leute daheim«. Manche Daguerreotypien sind besonders unterhaltsam, wie etwa Gabriel Harrisons *Nachrichten aus Kalifornien* aus dem Jahr 1848, die die enthusiastische Reaktion von Zeitungslesern in den Oststaaten auf die Nachricht von den Goldfunden in Sutters Creek festhält.

Noch ein Stockwerk tiefer befindet sich die **Hall of California Ecology**, eine großzügige (etwa 13 000 Quadratmeter große) Ausstellung der herausragenden Merkmale der kalifornischen Landschaft, und die **Aquatic California Gallery**. ■

Die Cowell Hall of California History

Berkeley

OBWOHL SICH DIE URSPRÜNGE DER STADT BERKELEY BIS zu der Auflösung einer der mächtigsten Ranches Kaliforniens im 19. Jahrhundert zurückverfolgen lassen, trat die Stadt bis zum frühen 20. Jahrhundert nicht aus dem Schatten San Franciscos heraus. Dann aber trugen zwei Ereignisse zur Entstehung der heutigen großartigen Universitätsstadt bei. Das erste war das Erdbeben von 1906, das viele Bewohner San Franciscos nach einer neuen Heimat und einer neuen Existenz suchen ließ – was in der kleinen Stadt auf der anderen Seite der Bucht einfach zu finden war. Der zweite Faktor war Phoebe Apperson Hearst, die Mutter William Randolph Hearsts. Es war Hearsts Geld, das Berkeley zu einer führenden Universitätsstadt machte.

Berkeley
230 C4
Besucher-information
www.berkeleycvb.com
2015 Center St.
510/549-7040

Berkeley Art Museum
2626 Bancroft Way
510/642-0808
Geschl. Mo–Di
$$

University Botanical Garden
Centennial Dr., ab Stadium Rimway
510/642-3682
$

Lawrence Hall of Science
Centennial Dr., ab Stadium Rimway
510/642-5132
$$

Es war ebenfalls Hearsts Geld, das die University of California at Berkeley zu einem architektonischen Kleinod machte, indem Meister wie John Galen Howard, Julia Morgan und Bernard Maybeck mit dem Bau der wichtigsten Gebäude beauftragt wurden. Howard hinterließ mit seinem Hang zu karolingischer Architektur und Monumentalem den größten Eindruck.

Ein Spaziergang über den Campus, den man am Eingang Telegraph Avenue beginnen kann, führt den Besucher an der **Sproul Hall** und dem **Sather Gate** vorbei, in den 60er Jahren Schauplatz zahlreicher Demonstrationen für die Redefreiheit. Nördlich hiervon steht das Wahrzeichen der Universität, der Sather Tower, der auch als der **Campanile** bekannt ist. Dieses 1914 von Howard errichtete Bauwerk soll nach dem Vorbild des Turmes auf dem Markusplatz in Venedig geschaffen worden sein. Noch weiter im Norden liegt das majestätische **Hearst Mining Building**, das Howard 1907 erbaute. Östlich davon steht das **Hearst Greek Theater**, in dem Theodore Roosevelt 1903 bei der Abschlussfeier eine Ansprache hielt. Im Westen liegt das **Life Sciences Building**, ein massiger Betonbau mit hübschen Verzierungen in Form von Fischen, Reptilien und Säugetieren. Den Rundgang über den Campus kann man mit einem entspannenden Spaziergang zur **Faculty Glade** zwischen Stephen's Union und dem Men's Faculty Club (von Maybeck erbaut) ausklingen lassen. Dieses Fleckchen lädt mit Eichen, Zedern und Grünflächen zum Verweilen ein – genau das Richtige für ein Picknick und ein Nickerchen.

Die drei Universitätsmuseen sind ebenfalls einen Besuch wert. Das **Berkeley Art Museum** wurde 1967 von dem abstrakt-expressionistischen Maler Hans Hoffmann gegründet und später in seinem heutigen ansprechenden, fächerförmigen Gebäude untergebracht.

Der **University Botanical Garden**, die 13 Hektar große Anlage, beherbergt mehr als 13 000 botanische Arten, darunter eine Vielzahl exotischer Pflanzen, die die Universität seit Beginn ihrer Sammlertätigkeit im Jahr 1890 zusammengetragen hat. Wenn Sie hinterher die Küste von Mendocino besuchen wollen, sollten Sie sich unbedingt den **Pygmäenwald** ansehen, um die wissenschaftliche Sicht auf das im Van Damme State Park (siehe S. 270) so häufig anzutreffende Phänomen kennenzulernen. Wenn Sie sich für Astronomie interessieren, sollten Sie die **Lawrence Hall of Science** aufsuchen, wo die führenden Forscher dieser Disziplin Planetarien-Shows organisieren. Das Museum mit seinen Workshops macht die Wissenschaft verständlich und sogar vergnüglich. Von den Hügeln bieten sich spektakuläre Ausblicke über die Bucht bis hin zu den Farallon Islands – sie liegen 48 km vor der Küste.

Das **Hearst Museum of Anthropology** demonstriert die Lösung eines der größten anthropologischen Rätsel der modernen Zeit: Wie wurde der einsame Mann namens Ishti, der letzte bekannte Vertreter des steinzeitlichen Volks der Yahi, 1911 in der im Central Valley gelegenen Stadt Oroville entdeckt? Für diejenigen, die nicht unbedingt zwischen Buchläden und den Cafés auf der Telegraph Avenue herumschlendern wollen, ist der **Tilden Park** *(nördlich der Universität, Tel. 510/562-7275)* genau das Richtige. Hier gedeihen vor allem einheimische Pflanzen. Romantiker werden von dem alten Karussel und den Dampflokomotiven *(im Winter Mo-Fr geschl)* begeistert sein. ■

Hearst Museum of Anthropology

✉ 103 Kroeber Hall, Bancroft Way & College Ave.

☎ 510/642-3682

🕒 Geschl. Mo–Di

Studenten am Sather Gate der University of California in Berkeley

Die kalifornische Küche

»Alles, was ich wollte, war ein Ort, um mich mit meinen Freunden hinzusetzen, gut zu essen und die aktuellen politischen Ereignisse zu diskutieren. Und ich war der Überzeugung, dass ich selbst kochen musste, um Essen zu bekommen, das so gut war, wie ich es in Frankreich kennen gelernt hatte.« So begann die Karriere der in kulinarischen Kreisen heute weithin bekannten Alice Waters, der Gründerin des berühmten Restaurants Chez Panisse.

Jeder, der sich wirklich für Kochkunst interessiert, weiß, dass Alice Waters ihr bescheidenes Ziel weit übertroffen hat: Rund dreißig Jahre nach der Gründung des Chez Panisse *(1517 Shattuck Avenue, Tel. 510/548-5525 Restaurant oder -5049 Café)* gilt sie gemeinhin als diejenige, der die kalifornische Küche ihre große Popularität verdankt.

Alice Waters betont stets, wie wichtig die Verwendung frischer Zutaten ist

Alice Waters' Erfolg beruht auf klassischen, französischen Rezepten (allerdings geht sie sparsamer mit Fett um), die mit den frischesten Zutaten aus der Umgebung, die überhaupt zu haben sind, kombiniert werden. Ein von ihr kreiertes Frühlingsmenü etwa besteht aus wilden Champignons auf Croutons, dünnen Nudeln mit Frühlingsgemüse, Lachs vom Holzkohlegrill mit roten Zwiebeln sowie Buchweizen-Crepes mit Mandarinen, glasierter Fruchtbutter und Branntwein. Als Sommermenü serviert sie eine Suppe aus gelbem Fruchtsaft und Blüten, ein gegrilltes Rinderfilet mit frittierten Zwiebelringen und Honigeis mit Lavendel. Im Herbst gibt es Mousse aus geräucherter Forelle mit Kerbelbutter und Champagner-Sauerkraut. Und im Winter? Versuchen Sie Austern aus der Schale mit Champagner-Würstchen und frisch gemachter Reseda-Sauce.

Alice Walters sagt, »Essen ist für mich die ideale Möglichkeit, die Menschen aufzuwecken und ihre Sinne zu schärfen. Ich habe ein Restaurant eröffnet, damit jedermann kommen und essen kann.«

Wenn Sie im Chez Panisse essen wollen, müssen Sie im Voraus einen Tisch reservieren. Sie können zwischen dem Restaurant und dem weniger kostspieligen Café wählen.

Es gibt in Berkeley zwei weitere ausgezeichnete Restaurants, die die häufig unvermeidliche Wartezeit wert sind. Das Café Rouge *(1782 4th Street, Tel. 510/525-1440)* serviert einige der besten Bistro-Gerichte in der gesamten Gegend. Kosten Sie das Steak, den Lachs oder auch die Hamburger. Im Bette's Oceanview Diner *(1807 4th Street, Tel. 510/644-3230, abends geschl.)* stehen die Einheimischen für das herausragende Hausmacher-Frühstück Schlange. Anschließend können Sie durch den Fourth Street Shopping District schlendern und einige der besten Gartenshops, Koch- und Designerboutiquen aufsuchen. ■

Oben: Thunfisch-Pfeffersteak mit Lauch-Coulis im Restaurant Domaine Chandon
Unten: Die Küche im Chez Panisse

In der Umgebung von Berkeley

ES IST KEINE GROSSE ÜBERRASCHUNG, DASS AUF DEN Hügeln und in den Tälern von Berkeley mehrere architektonisch großartige Bauwerke stehen. Ein Grund dafür ist die kreative und freizügige Atmosphäre, die die akademische Gemeinschaft der Stadt schon seit langer Zeit prägt. Hinzu kommt das Geld: Hier lebten immer schon wohlhabende Leute, die über die Mittel verfügten, um Aufträge an Top-Architekten zu vergeben. Phoebe Apperson Hearst etwa machte Berkeley gleichsam zu einer Bühne für die Spitzenarchitekten ihrer Zeit, als sie im frühen 20. Jahrhundert den Ausbau der University of California at Berkeley unterstützte.

Julia Morgans »spätmittelalterlicher« Berkeley City Club

Zwei Beispiele finden sich an der Ecke Dwight Way und Bowditch Way. Während viele Architekten die Swedenborgian Church (siehe S. 222) als das herausragende Dokument der einheimischen Arts and Crafts-Bewegung ansehen, halten andere Berkeleys **First Church of Christ Scientist** für den besseren Anwärter auf diesen Titel. Die 1910 erbaute Kirche wurde von dem auch an der Swedenborgian Church beteiligten Visionär Bernard Maybeck entworfen. In der Kirche werden zwei Aspekte sichtbar, die Maybeck besonders beschäftigten: die »Vorliebe für Erhabenheit, Stimmung und Atmosphäre« und »die Sorge für die handwerkliche Arbeit und das Rustikale«.

Gegenüber liegt die **Berkeley Baptist Divinity School**, die 1918–19 von der für ihr Hearst Castle bekannten Architektin Julia Morgan gebaut wurde. Mit ihrem Schieferdach, Erker und Eckturm ist die Schule eines der frühesten amerikanischen Beispiele für den Versuch, England nachzuahmen.

Der **Berkeley City Club** *(2315 Durant Avenue)* ist ein weiteres Beispiel der Arbeit von Julia Morgan. Ursprünglich war dies der Berkeley Women's City Club. Das Bauwerk wurde 1929 im, wie es Julia Morgan nannte, »spätmittelalterlichen Stil« errichtet und wies einen etwa 9 mal 25 Meter großen Pool auf. In den Worten der Historikerin Sara Holmes Boutelle: »Jeder Aspekt des Aufenthalts an einem Pool wurde bedacht und in die Planungen einbezogen; Umkleiden, Schwimmen, Beobachten, Sonnenbaden. Julia Morgans Umkleideräume erstrahlen im Vergleich zu den schimmeligen Kerkern, die häufig für diesen Zweck vorgesehen sind, geradezu in hellem Glanz.«

Das **Claremont Resort Hotel** *(Ashby Avenue & Domingo Avenue, Tel. 510/843-3000, www.claremontresort.com)* ist zwar kaum von gleichem Rang, aber in jedem Falle monumental. Das riesige weiße Schloss vor den grünen Hügeln bietet einen großartigen Blick auf die Bucht. Sein gutes Restaurant, Jordan's, lohnt einen Besuch. Die dazu gehörige Paragon Martini Bar bietet eine moderne Atmosphäre und guten Livejazz. ■

Benicia

Das Old State Capitol in Benicia

NORDÖSTLICH VON SAN FRANCISCO UND ÖSTLICH DER Einfahrt zur malerischen Straße von Carquinez liegt Benicia, ein ruhiger Ort mit frischer Seeluft, viel Geschichte und Kleinstadtflair.

Der **Benicia Capitol State Historic Park** *(115 West G Street)* ist ein Stück kalifornischer Geschichte. Das als Rathaus errichtete Gebäude war von Februar 1853 bis Ende Februar 1854, als Sacramento an die Stelle von Benicia trat, Sitz des Parlaments des Bundesstaats. Vallejo, der den Stadtgründern das Land nur unter der Bedingung verkauft hatte, dass die neue Stadt nach seiner Frau Francesca benannt würde, war einer der Parlamentarier. Später entschieden sich die Stadtväter für ihren Zweitnamen Benicia, um Konflikte mit der wachsenden Nachbarstadt zu vermeiden.

In den Geschäften des **1st Street Antiques District**, der sich von der F bis zur C Street erstreckt, kann man typisch amerikanische Gegenstände kaufen. Wer sich für Militärisches interessiert, wird im **Benicia Camel Barn Museum** Gegenstände aus der Stadtgeschichte und der Geschichte des Zeughauses der US Army ansehen. Die Kamele waren hierher gebracht worden, um Soldaten durch die Wüste zu transportieren. ■

Benicia
231 C4
Besucherinformation
www.beniciachamber.com
601 1st St.
707/745-2120

Benicia Camel Barn Museum
2060 Camel Rd.
707/745-5436
Geschl. vormittags und Mo–Di
$

Ein Grab und eine tragische Romanze

Auf dem St. Dominic-Friedhof findet sich der Grabstein von Schwester Dominica: Maria Concepcion Arguello, die Tochter des Militärkommandanten von San Francisco, verliebte sich einst in Graf Nicolai de Rezanov, einen Russen, der hier zu Besuch war. Ihr Vater war gegen die Verbindung, aber Maria handelte einen Kompromiss aus: Wenn der Graf in Rom die Erlaubnis des Papstes erhalten würde, sollten sie heiraten dürfen. Der Graf eilte los, starb bei der Durchquerung Sibiriens aber an Unterernährung und Malaria. Maria litt zehn Jahre lang in Ungewissheit. Im Jahr 1816 wurde offiziell sein Tod festgestellt. Maria wurde Nonne und starb 1857, »die erste Einheimische«, so ihr Grabstein, »die in Kalifornien dem Orden der Dominikanerinnen beitrat«. ■

Mit dem Auto: Von den Marin Headlands zum Mount Tamalpais

Nebelschwaden, üppige Redwood-Wälder und die umtoste Felsküste machen die Marin Headlands zu einem beliebten und gleichzeitig noch unverdorbenen Ausflugsziel.

Wenn Sie von der Golden Gate Bridge aus auf der US 101 die Marin Headlands erreichen, fahren Sie auf der Bunker Road in westlicher Richtung zum **Marin Headlands Information Center** 1 für die **Golden Gate National Recreation Area** *(Tel. 415/561-4700)*. Ganz in der Nähe befinden sich die Ausgangspunkte für eine Reihe von Wanderungen entlang den **Miwok Trail**, die durch das ehemalige Stammesgebiet der Miwok führen.

Vogelliebhaber fahren südlich nach **Tiburon** *(Besucherinformation – 96B Main Street, Tel: 415/435-5633)*, eine Kleinstadt, die für ihre Hausboote bekannt ist, die an Land gezogen und in Geschäfte und Restaurants umgebaut worden sind. Das **Richardson Bay Audubon Center & Sanctuary** *(376 Greenwood Beach Road, Tiburon, Tel. 415/388-2524)* bietet Wanderungen durch vogelreiche Feuchtgebiete an.

Wenn Sie wieder auf der US 101 nach Norden fahren, nehmen Sie die Calif. 1, den dramatischen **Shoreline Highway**, in westlicher Richtung, vorbei an dem berühmten **Green Gulch Farm Zen Center** *(1601 Shoreline Highway, Tel. 415/383-3134)*. Dieses liefert einigen der weltbesten Restaurants Gemüse und Inspiration. Man bietet auch Kurse an.

Ein Stück weiter auf der Calif. 1 können Sie am **Muir Beach Overlook** 2 *(Tel. 415/388-2596)* Ihren ersten Blick auf das Meer und, von Ende Januar bis März, unter Umständen sogar auf wandernde Grauwale werfen. Fahren Sie nun nach Norden zum **Stinson Beach** 3 (Tel. 415/868-0942), der in den Sommermonaten bei Surfern sehr beliebt ist.

Wenn Sie noch genug Zeit haben, sollten Sie die Küstenstraße Calif. 1 nehmen und weiter nach Norden zum **Point Reyes** 4 (siehe S. 244f) fahren. Vogelfreunde sollten die **Audubon Canyon Ranch** *(Tel. 415/868-9244)* besuchen, wo zahlreiche Reiher brüten.

Vom Stinson Beach aus erstreckt sich der **Mount Tamalpais State Park** 5 *(Tel. 415/388-2070)* ins Landesinnere. Sein Name rührt von dem Miwok-Wort für »Berg in der Bucht« bzw. »Küstenberg« her. Mount Tam, wie die Einheimischen ihn nennen, ist ein fast 800 Meter hoher, mit immergrünen Eichen bedeckter, zerklüfteter Berg, der vielen Tieren, vom Rotschwanzbussard bis zum Maultierhirsch, Lebensraum bietet. Sie können über den Panoramic Highway, der gut eineinhalb Kilometer südlich vom Stinson Beach von der Calif. 1 abgeht, und den Ridgecrest Boulevard den östlichen der beiden Gipfel des Mount Tam erreichen. Der gut drei Kilometer lange und treffend benannte **Pantoll Easy**

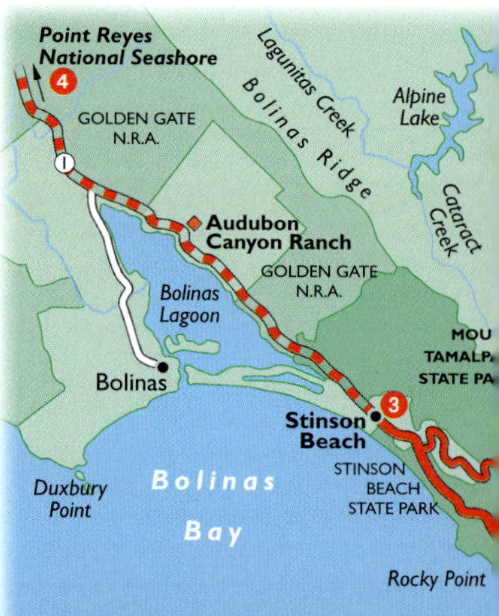

Der Eingang zu den Muir Woods

Grade Trail ist perfekt für eine kleine Wanderung.

Reisende, die nicht viel Zeit haben, fahren einfach auf dem Panoramic Highway am Mount Tam vorbei und direkt zum Star der Redwood-Wälder, dem **Muir Woods National Monument** 6 *(Tel. 415/388-2595)* neben dem Highway auf der Muir Woods Road. William Kent vermachte im Jahr 1908 dieses Waldgebiet dem Staat und bestand darauf, dass es nach dem Umweltschutz-Pionier John Muir benannt wird. Ein Naturlehrpfad führt Sie durch das Ökosystem des Redwood-Waldes und informiert Sie über die Lachse und die Regenbogenforelle des Redwood Creek.

Nehmen Sie von Muir Woods aus den Panoramic Highway zur Calif. 1 und fahren Sie zurück nach San Francisco, wobei Sie noch einen Abstecher in die urige Küstenstadt **Sausalito** 7 *(Besucherinformation – 780 Broadway Ave., Tel. 415/332-0505)* machen sollten. Genießen Sie den Blick auf die Bucht von den steilen Straßen aus. Das **San Francisco Bay Model** *(2100 Bridgeway Street, Tel. 415/332-3871)*, ein detailliertes, mehr als einen halben Hektar großes hydraulisches Modell (mit Gezeiten und Meeresströmungen), ist eine ganz besondere Attraktion. ■

S. auch Übersichtskarte S. 231 B3
- Golden Gate Bridge
- 68 Kilometer
- 2 Stunden
- Golden Gate Bridge

UNBEDINGT ANSEHEN
- Muir Beach Overlook
- Mount Tamalpais
- Muir Woods National Monument

Die Marin Headlands

Point Reyes
230 A4
Besucher-information
Bear Valley Visitor Center, Bear Valley Rd. (Abfahrt Calif. 1 in Olema)
415/464-5100

Point Reyes Lighthouse
Sir Francis Drake Blvd.
415/669-1534
Geschl. Di–Mi

Point Reyes

IM HERZEN DER 30 000 HEKTAR GROSSEN POINT REYES National Seashore stellt sich ein geologisches Rätsel: Wie kommt es, dass die Felsen dieser Küste mit den fast 500 Kilometer entfernt liegenden Tehachapi Mountains im Süden zusammenpassen? Die Lösung Point Reyes liegt auf dem Ostrand der großen Pazifikplatte, die sich pro Jahr etwa fünf Zentimeter nach Nordwesten bewegt. Wenn man diese Zahl mit Millionen von Jahren multipliziert, ist die Entfernung zu den Tehachapi Mountains kein Wunder mehr. Im Bear Valley Visitor Center können die Besucher dieser herrlichen Landschaft genau auf der Stelle stehen, wo die Halbinsel während des Erdbebens von 1906 buchstäblich sechs Meter nach Nordwesten sprang. Ein guter Aussichtspunkt auf die Sankt-Andreas-Spalte, die die Vergangenheit und die jüngere Geschichte Kaliforniens so sehr geprägt hat.

Die geologischen Gegebenheiten sind nicht die einzige Attraktion an diesem Ort, auf den der englischen Entdecker Sir Francis Drake im Jahr 1579 erstmals stieß. Später wurde er für die englische Krone beansprucht, ohne dass die Miwok-Indianer, die Drake dabei geholfen hatten, sein Schiff, die *Golden Hind*, wieder mit Vorräten einzudecken, dies gewusst hätten.

Am Nordende von Point Reyes liegt die historische **Pierce Point Ranch**. Sie wurde 1858 gegründet und ist vermutlich die älteste Milchfarm in Kalifornien. Heute verwaltet der Staat den noch original erhaltenen Bauernhof und unterhält dort einen Lehrpfad. Nicht weit entfernt liegt das **Tule Elk Reserve**, wo der Wapiti nach einem Jahrhundert an der Grenze zur Ausrottung gegenwärtig ein Comeback erlebt. Südlich hiervon liegt die **Abbotts Lagoon**, wo Vogelfreunde von Kanus aus Wasservögel intensiv beobachten können. Hier zeigen sich im Herbst Schwärme besonders seltener Zugvögel.

Wenn Sie den großen Bogen der Drake Bay sehen möchten, sollten Sie zum **Point Reyes Lighthouse** pilgern. Der ehemalige Leuchtturm, der eine in Frankreich hergestellte, drei Tonnen schwere Linse besaß, ist 1870 errichtet worden, um die Schiffe wegen der berüchtigten Nebel in dieser Gegend vor Schiffbruch zu bewahren. Das **Drakes Estero** *(Pierce Point Road, Kanuverleih Tel. 415/669-2600 oder 415/ 663-1743)* genannte Mündungsgebiet, wo der Entdecker sein Schiff repariert haben soll, ist von Wanderwegen durchzogen. Einige führen an Austernbänken vorbei. Bringen Sie im Winter ein Fernglas mit, um den Horizont nach wandernden Grauwalen abzusuchen.

Point Reyes wirbt für seine Fischprodukte. Im Jahr 1994 begann **Tomales Bay Foods** *(Tel. 415/ 663-9335)* mit der Vermarktung von in der Region angebautem Gemüse und anderen Erzeugnissen. Ein Schlüssel zum Erfolg dieses Unternehmens ist die Zusammenarbeit mit einem der ältesten biologisch-dynamischen Milchbetriebe im Bundesstaat, der **Strauss Familiy Dairy**. Tomales Bay Foods hat diesen Betrieb zu neuer Blüte geführt (verschiedene Weichkäsesorten, die man am Ort kaufen kann). Ebenfalls in der Nähe von Point Reyes, in der Point Reyes Station, befindet sich die **Bovine Bakery** *(Tel. 415/663-9420)*, wo man großartiges Brot und tollen Nachtisch erstehen kann. ■

POINT REYES PICNICS

Michael Bauer, Restaurantkritiker beim San Francisco Chronicle empfiehlt vier Plätze fürs Picknick. Sie liegen weniger als eine halbe Fahrtstunde von der Point Reyes Station entfernt: **Chimney Rock** an der Straße zum Leuchtturm; **Heart's Desire Beach** im Tomales Bay State Park; **Drakes Beach** südwestlich von Inverness am Sir Francis Drake Boulevard und **Samuel P. Taylor State Park**, nahe Olema, mit Picknicktischen im Schatten von Redwood-Bäumen. ■

Die Küste am Point Reyes

Hausboote in Sausalito, einem beliebten Ferienort in Marin County

Marin County und Umgebung

DIE LEUTE AUS MARIN HAVE, FRÜHER HIPPIES, HEUTE YUPpies, haben sich im Lauf der letzten Jahrzehnte den Ruf erworben, trendy, gesundheitsbewusst, egozentrisch und politisch korrekt zu sein. Eine Konsequenz sind die zahlreichen Bauernmärkte, Boutiquen, New Age-Galerien und Heilbetriebe, die alle für einen angenehmen und anregenden Ausflug gut sind (gleichgültig, ob Sie die dahinter stehende Philosophie teilen oder nicht). Viele der Städte in dieser Gegend besitzen darüber hinaus historische und architektonische Sehenswürdigkeiten. Und die Leute legen hier Wert auf gutes Essen.

San Rafael
www.sanrafaelchamber.com
231 B4
817 Mission Ave.
415/454-4163

Marin County Besucherinformation
www.visitmarin.org
Larkspur Landing Circle, Larkspur
415/499-5000

SAN RAFAEL

Die zwanzigste Missionsstation in Kalifornien, die **Mission San Rafael** *(5th Street & Court Street, Tel. 415/454-8141)*, wurde im Jahr 1817 gegründet, als der spanische Hauptmann Gabriel Moraga die Patres der Mission San Francisco davon überzeugen konnte, dass sie den kränkelnden unter den neu bekehrten Christen erlauben sollten, in das wärmere und trockenere Klima von San Rafael zu ziehen. (Moraga hatte diesen Ort im Jahr zuvor den dort ansässigen Tamal abgerungen.) Die angeschlagenen Neu-Christen erholten sich und die Bewohner von San Francisco hatten fortan einen Zufluchtsort, um ihrem Winter (und ihrem Sommer) zu entkommen. Besuchen Sie einen der wöchentlichen **Bauernmärkte** *(Civic Center Do u. So; 4th Street im Sommer Do)*, es lohnt sich.

Die urtümliche Atmosphäre, die in dieser Kleinstadt herrscht, fiel auch dem einheimischen George Lucas auf, der die Stadt als Hintergrund für seinen Filmklassiker *American Graffiti* nutzte. Die geologischen

Oben rechts: Das von Frank Lloyd Wright entworfene Marin County Civic Center in San Rafael

San Anselmo
231 B4
Besucherinformation
415/454-2510

Larkspur
231 B4
Besucherinformation
415/412-8192

Novato
231 B4
Besucherinformation
807 DeLong Ave.
415/897-1164

Formationen dieser Gegend inspirierten den Architekten Frank Lloyd Wright, der sie als »eine der schönsten Landschaften, die ich jemals gesehen habe«, bezeichnete, zu einem seiner letzten großen Projekte. Das erst nach seinem Tod vollendete **Marin County Civic Center** *(3501 Civic Center Drive, Tel. 415/499-6646)* war als »Brücke zwischen Hügeln« konzipiert worden und illustriert die Harmonie, die Wright zwischen seinem Medium und, wie er es ausgedrückt hätte, »der Natur mit einem großen N« schaffen wollte.

SAN ANSELMO

Der Ort wurde 1875 gegründet. Die New Age-Bewegung manifestiert sich in Läden wie Paper Ships Books and Crystals *(630 San Anselmo Avenue)*. Das Geschäft Cedarchest Textile Arts for the Home *(603 San Anselmo Avenue)* verkauft hervorragende Handarbeit.

LARKSPUR

Die von historischen Backsteinhäusern gesäumte **Magnolia Avenue**, eine farbenfrohe Einkaufsstraße in dem Städtchen Larkspur, steht auf der Liste des National Register of Historic Places. Larkspur weist außerdem einen bemerkenswerten Architekturmix, der von viktorianischen Gebäuden über Holzhütten bis hin zum Mission-Stil reicht. Die meisten Besucher kommen jedoch aus einem anderen Grund: des **Lark Creek Inn** wegen *(234 Magnolia Avenue, Tel. 415/924-7766, www.larkcreekinn.com)*, des weltberühmten Restaurants des Küchenchefs Bradley Ogden. Nachdem Sie eines seiner brillanten Menüs im Stil der Neuen Amerikanischen Küche genossen haben, sollten Sie einen Spaziergang zur Nordgrenze der Stadt machen, um sich die Überreste der historischen **Escalle Winery** anzusehen.

NOVATO

Das im Norden des Marin County gelegene Novato konkurriert San Rafael. Es bietet, von einer **Altstadt** bis hin zu einem **Bauernmarkt** am Dienstagabend, ganz ähnliche Attraktionen. Für den Reisenden besonders sehenswert sind jedoch die Relikte aus der Indianerzeit. Eine Lehmziegelwand unmittelbar außerhalb der Altstadt gehörte einst zum Haus von Camillo Ynitia, dem letzten Häuptling der Camillo. Ynitia soll von seinem Bruder ermordet worden sein, weil er den Ertrag für den Verkaufs des Landes an eine Pionierfamilie nicht mit ihm geteilt haben soll. Das **Marin Museum of the American Indian** *(Miwok Park, 2200 Novato Boulevard, Tel. 415/897-4064, geschl. Mo)* ist Pflicht für jeden, der sich für die Vergangenheit der Gegend interessiert. ■

Die Ecktürme, Türme und Fenster des berühmten Winchester Mystery House

San Jose
🅐 231 D2
Besucher-information
✉ 150 W. San Carlos, Suite 1000
☎ 408/295-9600

Technology Museum of Innovation
www.thetech.org
✉ 201 S. Market St.
☎ 408/294-8324
🕒 Geschl. Mo
$ $$$

Intel Museum
✉ 2200 Mission College Blvd., Santa Clara
☎ 408/765-0503
🕒 Geschl. So

San Jose

OBWOHL SEINE GESCHICHTE BIS IN DAS JAHR 1777 ZURÜCK-reicht, als die Spanier versuchten, in der Nähe des Guadelupe eine Mission und einen landwirtschaftlichen Vorposten zu etablieren, hat San Jose erst zu einem viel späteren Zeitpunkt wirkliche Bedeutung erlangt. Für das ehemalige Agrargebiet, das heute als Silicon Valley bekannt ist, kam dieser Zeitpunkt im Jahr 1939, als zwei Stanford-Absolventen, David Packard und William Hewlett, in einer Garage in Palo Alto an etwas herumbastelten, das sie einen Audio-Oszillator nannten. Ihr Durchbruch führte zur Gründung des Unternehmens Hewlett Packard, mit dem das stete Wachstum dieser Hochburg amerikanischer Technologieunternehmen seinen Anfang nahm.

Für eine ganze Weile floss der neue Reichtum in Städte wie San Francisco ab. Erst in den letzten Jahren hat sich mit der Gründung mehrerer neuer Kultureinrichtungen und Museen in San Jose in dieser Hinsicht etwas verändert. Das glanzvollste ist das **Technology Museum of Innovation**. Diese Einrichtung mit ihren mehr als 250 Exponaten, einem interaktiven Medienlabor und einem IMAX-Kino spricht den Technik-Freak in uns allen an. Vier Ausstellungen erläutern die technischen Aspekte des modernen Lebens – zum einen die grundsätzlichen Abläufe/Funktionen und zum anderen ihre Auswirkungen auf das Zusammenleben der Menschen. Angesichts des hohen Eintrittspreises mag ein Besuch im kostenlosen **Intel Museum** für den Normalbürger ausreichen. Dieses kleine Haus ermöglicht den Besuchern, bei der Herstellung von Chips in einem der »Reinräume« zuzusehen.

Während Sie sich in der Gegend von Santa Clara aufhalten, können diejenigen, die sich für die kalifornischen Missionsstationen interessieren, die **Mission Santa Clara de Asis** auf dem Campus der Santa Clara University besuchen. Von dem ursprünglichen Bauwerk aus dem Jahr 1777 ist nichts mehr erhalten, aber man kann die später errichteten Gebäude ebenso wie einen schönen Nachbau der Originalkirche besichtigen. Viele der alten Rosen im Garten – unter anderem ein kastilischer Rosenbusch aus dem Jahr 1822 – können nach Expertenmeinung als »Antiquitäten« gelten. Die **Mission San Jose de Guadalupe** liegt im Nordosten der Stadt in der Nähe von Fremont. Sie beherbergt eine interessante Ausstellung über die einstigen Ohlone-Indianer.

Im eigentlichen San Jose sind drei Museen einen Besuch wert. Das bei weitem beste ist das **San Jose Museum of Art**, das im ehemaligen Postgebäude untergebracht ist. Das Museum konzentriert sich auf Arbeiten von Künstlern aus der Bay Area seit 1980.

Das Gebäude des **Rosicrucian Egyptian Museum & Planetarium** ist »architektonisch vom Tempel von Amon in Karnak inspiriert«. Das Museum rühmt sich der größten ägyptischen Sammlung im Westen der Vereinigten Staaten. Es zeigt eine reiche Auswahl an Menschen- und Tiermumien, die Rekonstruktion eines Grabmahls für einen ägyptischen Adligen, Wände voller Hieroglyphen und eine Sammlung koptischer Stoffe.

Das **San Jose Museum of Quilts & Textiles** *(110 Paseo de San Antonio, Tel. 408/971-0323, www.sjquiltmuseum.org, geschl. Mo)* besitzt eine international ausgerichtete Sammlung von Textilien und bietet wechselnde Ausstellungen sowie einen tollen Andenken- und Buchladen.

Eine Cyberparty in San Jose

Die Hauptattraktion, deretwegen die meisten Touristen in die Gegend von San Jose kommen, ist das **Winchester Mystery House** *(525 South Winchester Boulevard, Tel. 408/247-2000, www.winchestermysteryhouse.com)*. Dieses viktorianische Haus ist auf Grund seiner Absurditäten in der ganzen Welt bekannt: Es besitzt 160 Zimmer sowie Treppen, Korridore und Türen, die nirgendwohin führen. Die einstige Besitzerin Sarah Winchester, die Erbin des großen Schusswaffenimperiums, war davon überzeugt, sterben zu müssen, wenn das Haus jemals beendet würde – also wurde fast 40 Jahre lang an dem Gebäude herumgebaut.

An der Raumfahrt interessierte sollten in San Jose auch das berühmte **Lick Observatory** auf dem über 1280 Meter hohen Mount Hamilton und das **NASA Ames Research Center** *(Moffett Field, Tel. 650/604-6274, www.arc.nasa.gov)* besuchen. Wer den Adrenalinstoß braucht, kann den 40 Hektar großen Themenpark **Paramount's Great America** *(Tel. 408/988-1776)* besuchen. ■

Mission Santa Clara de Asìs
✉ Santa Clara University
☎ 408/554-4023

Mission San Jose de Guadalupe
✉ Calif. 238 Höhe Washington Blvd.
☎ 510/657-1797

San Jose Museum of Art
✉ 110 S. Market St.
☎ 408/271-6840
🕒 Geschl. Mo
$ $$

Rosicrucian Egyptian Museum & Planetarium
✉ Naglee & Park Aves.
☎ 408/947-3636
$ $$

Die Stanford University

Stanford University
www.stanford.edu
231 C2
Besucherinformation
Memorial Hall
650/723-2560

Cantor Arts Center
Museum Dr.
650/723-4177
Geschl. Mo–Di

STANFORD, EINE DER RUHMREICHSTEN AKADEMISCHEN EINrichtungen der Welt, wurde 1887 in Palo Alto von dem Eisenbahnbaron Leland Stanford und seiner Frau Jane im Gedenken an ihren Sohn Leland jr. gegründet, der im Alter von 16 Jahren an Typhus gestorben war. Von Anfang an setzte sich die Universität hohe Ziele. Laut der vor kurzem erschienenen Geschichte Kaliforniens von Kevin Starr wollte David Starr Jordan, ein früher Präsident der Universität, »Stanford zu einer utopischen Verkörperung der kalifornischen Möglichkeiten entwickeln, von der aus reformerische Energie in alle Richtungen ausstrahlen sollte«. Die durch großartige romanische Architektur, rote Ziegeldächer und weitläufige Backsteinplätze charakterisierte Hochschulanlage brachte diesen Ehrgeiz zum Ausdruck. Wenn Sie den Campus besuchen wollen, bietet der Besucherservice der Universität täglich kostenlose einstündige Rundgänge an, die an der Memorial Hall starten.

Von den vielen interessanten historischen Sehenswürdigkeiten verdient die **Stanford Memorial Church** *(Central Quad)* besondere Erwähnung. Sie wurde 1891 vollendet, musste nach dem Erdbeben von 1906 aber wieder aufgebaut werden. Die Kirche war Jane Stanford ein besonderes Anliegen. Sie beauftragte Maurizio Camerino höchstpersönlich, den großen Meister zahlreicher Mosaiken des 19. Jahrhunderts, eine Reproduktion von Cosimo Rosellis Fresko des Letzten Abendmahls in der Sixtinischen Kapelle im Vatikan anzufertigen. Als es 1903 fertiggestellt wurde, war es das größte Mosaik in den USA. Nach der Zerstörung durch das Erdbeben baute Camerino es noch einmal, jetzt oberhalb des Marmoraltars .

Der Haupteingang zur im neoromanischen Stil erbauten Stanford University

Das sehr gelungene **Cantor Arts Center** ist eine neuere Einrichtung (1999). In ihm sind mehrere ältere Sammlungen der Universität – die unter anderem Werke von Goya, Piranesi und Delacroix umfassten – mit jüngeren Erwerbungen zusammengeführt worden. Das Herzstück ist die Cantor collection, die weltweit umfangreichste Sammlung von Skulpturen Auguste Rodins.

Das einflussreiche **Hoover Institution on War, Revolution and Peace**, das nach seinem Gründer, einem ehemaligen Absolventen und späteren US-Präsidenten, benannt ist, gehört ebenfalls zur Stanford University. Es handelt sich um ein weltberühmtes Archiv mit Bibliothek, die Herbert Hoovers 150 000 Stücke umfassende Manuskriptsammlung und Dokumente zur internationalen Politik beherbergt. Der Turm, das 90 Meter hohe Wahrzeichen, ist von Bakewell and Brown entworfen worden, das für sein San Francisco War Memorial Opera House bekannt ist. ■

Hoover Institution on War, Revolution, & Peace
Galvez & Serra Sts.
650/723-1754
Geschl. Sa–So

Zwei smaragdgrüne Täler, das Napa und das Sonoma Valley, bilden die Toskana Nordamerikas, wo der Wein gedeiht und eine einfache Lebensweise vorherrscht. Im Westen, im Russian River-Gebiet, finden Sie die Ruhe, die das hektische moderne Leben so oft vermissen lässt.

Wine Country

Reben auf Buntglas in Calistoga

Wine Country

OBWOHL SICH SCHON VIELE AUTOREN MIT DEM WEINLAND BEFASST HABEN, hat keiner seine Großartigkeit so gut erkannt wie Robert Louis Stevenson, der im Sommer 1880 das Weingut Jacob Schrams, eines der ersten Winzer, besuchte. »In dieser wilden Gegend spürte ich nicht die Erhabenheit des schon lange betriebenen Anbaus«, schrieb Stevenson. »Sie war noch roh; und doch erzeugten das belebende Sonnenlicht, die wachsenden Trauben und die Bottiche und Flaschen im Keller eine angenehme Musik für den Geist. Hier ... wurde die Sahne der Erde abgeschöpft und gespeichert, und die Kunden können hier wahrhaftig den intensiven Geschmack der Erde dieses grünen Tals kosten.«

Heutzutage, da das kalifornische Weinland mehr und mehr zu einem Vergnügungspark für Weinliebhaber wird, kann man leicht die Freuden vergessen, die das Land selbst zu bieten hat. Eine gewisse Vorausplanung zahlt sich aus. Zunächst: Wann soll man kommen? Kaliforniens Weinland erkundet man am besten im Spätherbst oder zu Anfang des Winters, wenn die Menschenmassen nachlassen und das sich verfärbende Laub einen spektakulären Anblick bietet. Zweitens: Wohin? Ziehen Sie in Erwägung, sich vom Haupttrubel fernzuhalten, und zu einem ruhigeren Ort, etwa Calistoga, zu fahren, wo das Essen ausgezeichnet und die Zimmerpreise angemessen (wenn auch nicht billig) sind. Reservieren Sie vorher einen Tisch, wenn Sie in einem der Spitzen-Restaurants essen wollen. Und schließlich: Frischen Sie Ihre Weinkenntnisse auf. Zwar ist es selbst für Unerfahrene schwer, hier eine Flasche schlechten Weins zu kaufen, aber ein paar Hintergrundinformationen sind doch hilfreich.

Wein selbst herstellen

Im Weingut **Stryker Sonoma** *(5110 California 128, Sonoma Valley, Tel. 707/433-1944, Vorausbuchung erforderlich)* wird Ihnen nicht nur gezeigt, wie man Trauben pflückt, sondern man lässt Sie sie auch zerstampfen. Im **Hope-Merrill Inn** *(21253 Geyserville Ave., Geyserville, Tel. 707/ 857-3356)* können Sie Trauben pflücken, mit einer Handpresse zu Saft verarbeiten, in ein Fass abfüllen und im Frühling zu einer Probe Ihres Weines zurückkehren. Weinbautheorie bietet das interaktive **Napa Valley Museum** in Yountville *(55 Presidents Circle, Ausfahrt Veterans' Home der California 29, Tel. 707/944-0500, geschl. Di).* ■

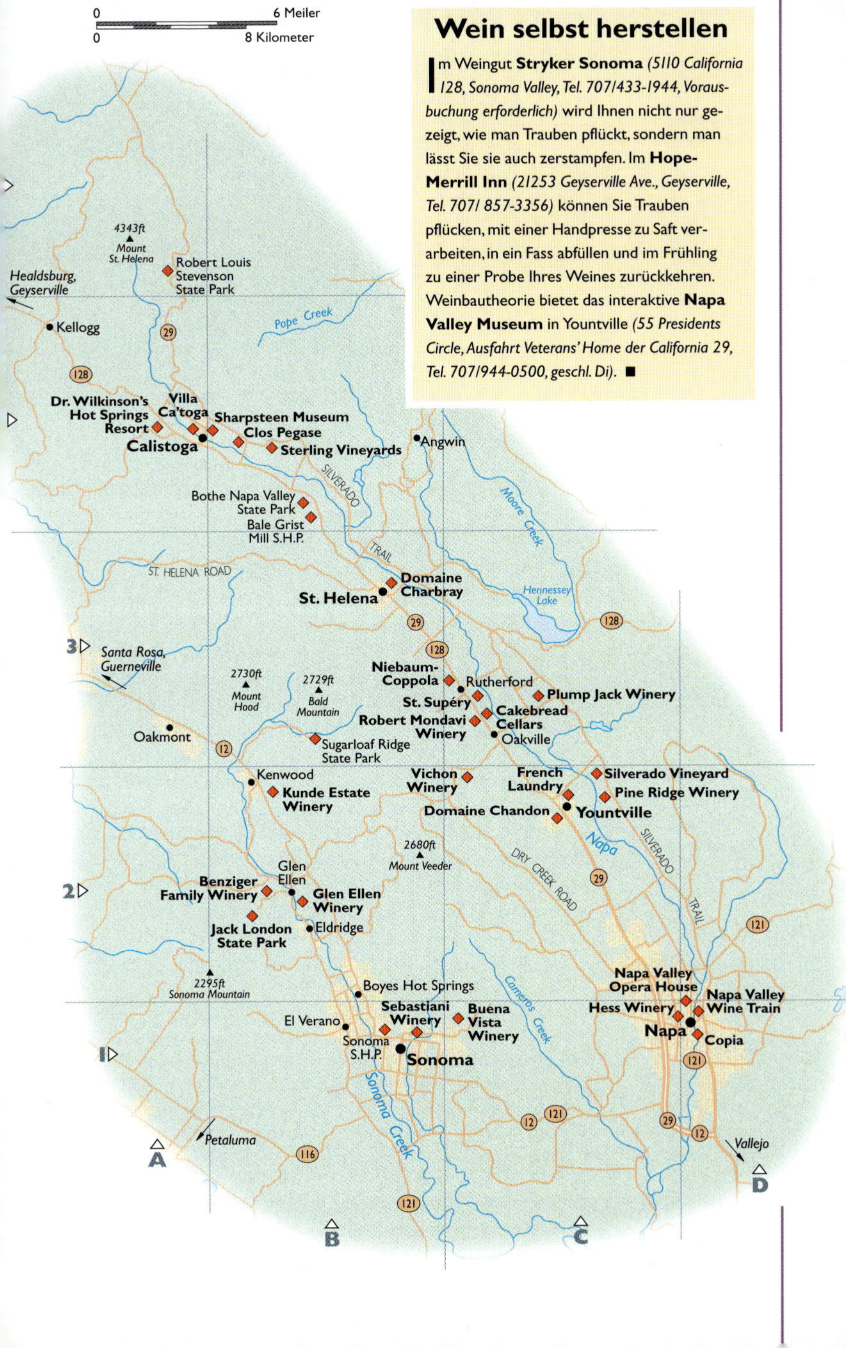

Calistogas Hauptstraße

Napa Valley

DAS HERZSTÜCK DES KALIFORNISCHEN WEINLANDS LIEGT in Napa, etwa eine Autostunde nördlich von San Francisco. Abgesehen von seinem Gerichtsgebäude ist Napa eine unauffällige Stadt. Einst war es ein blühender Hafen, bis die Eisenbahn kam. Obwohl die Stadt erst 1848 offiziell gegründet wurde, hatte sie sich schon in den 60er Jahren des 19. Jahrhunderts zum Zentrum des Weinbaus in der Region entwickelt. Die Vulkanerde und das günstige Klima zogen seit der Mitte des 19. Jahrhunderts Winzer an. Die Welt sollte aber erst ein ganzes Jahrhundert später die Weine aus Kalifornien schätzen lernen. Heute befinden sich in dem Tal, das sich von Napa bis zu dem alten Kurort Calistoga, knapp 50 Kilometer weiter nordwestlich, erstreckt, mehr als 200 Weinbaubetriebe. Einige von ihnen sind weltberühmt und haben sich inzwischen auf die Besucher eingestellt (siehe S. 256ff).

Napa
www.napavalley.com
253 D2
Besucher-information
1310 Napa Town Center
707/226-7459

Culinary Institute of America
www.chiachef.edu
2555 Main St., St. Helena
1-800/333-9242

Silverado Museum
1490 Library Ln., St. Helena
707/963-3757
Geschl. Mo

Im Herz dieser Oase, in **St. Helena**, hat das **Culinary Institute of America** eine passende Heimat gefunden; es ist in dem historischen Greystone Mansion aus dem Jahr 1880 untergebracht. Mit seinem duftenden Kräutergarten und der ganz auf Kulinarisches konzentrierten Atmosphäre wäre diese Einrichtung schon alleine eine Reise wert. Dass es hier auch noch ein Restaurant gibt, macht sie zu einem wahren Paradies für Gourmets. Dort können Sie einen halben Tag nur mit Essen, Trinken und Ausspannen verbringen. Das mit den Jahreszeiten wechselnde Menü ist mediterran beeinflusst. Die Zutaten und der Wein stammen selbstverständlich aus der Region.

Das gute Leben geht in dem Luxus-Ferienpark **Meadowood** *(900 Meadowood Lane, St. Helena, Tel. 707/963-3646, www.meadowwood.com)* weiter, ein einhundert Hektar großes Areal.

Ganz in der Nähe von St. Helena verbrachte der Schriftsteller Robert Louis Stevenson 1880 seine Flitterwochen. Das **Silverado Museum** erinnert an seinen Aufenthalt.

»Auf einem dünnen Film über einem kochenden unterirdischen See« befindet sich , nach Stevensons Worten, der Kurort **Calistoga**. Das Städtchen bietet gute *bed-and-breakfast*-Unterkünfte, zahlreiche Cafés, Boutiquen und Restaurants. Versuchen Sie es mit Brannan's Grill *(Tel. 707/942-2233)*.

Calistoga wartet überdies mit einer Reihe von Kurbetrieben auf. In **Dr. Wilkinson's Hot Spring Resort** *(1507 Lincoln Avenue, Tel. 707/942-4102, www.drwilkinson.com)* bietet der »Doc«: Massage, Salzabreibungen und ein Vollbad in einer Mischung aus warmer Vulkanasche und heißen Quellwasser. Die Geschichte des Tals beschreibt das **Sharpsteen Museum** in Calistoga, das z.T. 200 Jahre alte Exponate zeigt. Der in Italien geborene Künstler Carlo Marchiori hat ganz in der Nähe das alte Rom in der **Villa Ca'toga** *(Tel. 707/942-3900)* auferstehen lassen. Samstagvormittag finden Führungen statt. Am Südende des Tals zeigt das **Napa Valley Opera House** *(Tel. 707/226-7372)* Aufführungen des American Conservatory Theater. ■

Bis zum Hals im heilkräftigen Schlamm von Calistoga

Calistoga
253 B4
Besucher-information
1458 Lincoln Ave.
707/942-6333

Sharpsteen Museum
www.sharpsteen-museum.org
1311 Washington St., Calistoga
707/942-5911

Das Restaurant French Laundry

Das in Yountville gelegene Restaurant French Laundry *(6640 Washington Street, Tel. 707/944-2380, www.frenchlaundry.com)* ist der Traum eines jeden Gourmets. Viele halten es für das beste Restaurant im ganzen Lande. Was an Köstlichkeiten so auf den Tisch kommt, demonstriert das kürzlich angebotene Festpreismenü: Zabaione von Perlen-Tapioka mit pochierten Malpeque-Austern und Osetra-Kaviar; neue Kartoffeln und französische Wintertrüffel; in Butter gedünsteter Maine-Hummer mit gedörrtem Blattspinat und Safran-Vanille-Sauce.

Obwohl die Portionen bei den einzelnen Gängen klein sind, gibt es so viele, dass, wie ein Gast kürzlich bemerkte, »es wie in dem Film *Und täglich grüßt das Murmeltier* war. Jedesmal, wenn wir dachten, dass jetzt Schluss sei, kam der Kellner mit noch einem weiteren Gang!«

Machen Sie aus Ihrem Besuch einen Festtag. Reservierungen sind jeweils nur zwischen 10 und 19 Uhr möglich, wobei Sie zwei Monate Wartezeit einkalkulieren müssen. Das heißt, Sie müssen unter Umständen einen Tisch reservieren, bevor Sie Ihre Reise buchen. Aber es lohnt sich. ■

Die Weingüter des Napa Valley

WENN MAN HEUTZUTAGE IN EINEM DER VIELEN PRÄCHTIGEN, doch gleichzeitig rustikalen Probierräume oder Restaurants im Napa Valley sitzt, kann man sich nur schwer vorstellen, dass noch vor wenigen Jahrzehnten die Idee, dass kalifornische Weingüter jemals mehr als eine bloße Fußnote in der Geschichte des Weinbaus sein könnten, geradezu als Witz galt. Die Fußnote ist heute ein dicker Wälzer.

Um das Napa Valley-Phänomen zu verstehen, muss man nur die **Robert Mondavi Winery** in Oakville besuchen. Die Errichtung dieses Weinguts, zu der eine stilvolle Landvilla gehört, war die Idee Robert Mondavis, dessen Geschichte heute geradezu legendär ist. 1966 verließ Mondavi nach einem Streit mit seinem Bruder Peter die Charles Krug Winery, das Familienunternehmen, das seit 17 Jahren im Besitz der Familie Mondavi war. Mondavi hatte erkannt, dass die Weine aus der Region, im Wesentlichen wenig aufregende Sauternes, das ungeheure Potenzial des reichen Bodens und herausragenden Klimas kaum nutzten.

In Frankreich erlernte er die Techniken des Weinbaus und brachte neue Ideen mit nach Hause. Er experimentierte, modifizierte das Erlernte, scheiterte und hatte schließlich doch Erfolg. In den 70er Jahren gewann er bei Weinwettbewerben in Paris mehrere wichtige Preise. Mondavi – und das Napa Valley – traten nun auch international in Erscheinung. Heute bieten die Mondavis eine der (zu Recht) beliebtesten Führungen im Tal an.

Während die Mondavis die typische Napa-Familie darstellen, scheinen die Coppolas auf den ersten Blick überhaupt nicht in das bäuerliche Ambiente des Napa Valley zu passen. Schließlich siedelte sich der Regisseur Francis Ford Coppola hier erst an, nachdem er mit zwei Hollywood-Filmen, *Der Dialog* und *Der Pate*, große Erfolge gefeiert hatte. 1975 kaufte er einen Teil des Niebaum-Anwesens, das seit 1872 Wein anbaute. Drei Jahre später produzierte er seinen ersten Jahrgang Rubicon.

Heute ist **Niebaum-Coppola** als Produzent ausgezeichneter Weine bekannt, die von den Rubicons (die von *Wines and Spirits* als »dicht, reich, luxuriös – sogar wenn sie jung sind« bezeichnet worden sind), dem Markenzeichen des Weinguts, bis hin zu den jüngeren Rosso- und Bianco-Sorten der einfacheren Rebsorten reichen. Gleichzeitig treffen sich hier Hollywood und das Napa Valley. Es gibt nicht nur ein Weinmuseum und eines zu Coppolas Filmen (unter den Exponaten befinden sich ein Original-Tucker-Auto und Don Corleones Schreibtisch), sondern auch einen Andenkenladen.

Ein weiteres, in der Gegend von Rutherford gelegenes Weingut, **St. Supéry**, veranstaltet ebenfalls empfehlenswerte Weintouren. Das Pope Valley, das den Kern dieses Betriebs darstellt, wurde im 19. Jahrhundert erschlossen, als andere Gebiete dieser Region von der Reblaus Phylloxera befallen waren. Bis 1982 lag das Land wieder brach. Dann aber kaufte die französische Familie Skalli die 600 Hektar, die unter dem Namen Dollarhide Ranch bekannt waren. Fünf Jahre lang mühte sich die Familie damit ab, das einzigartige Mikroklima dieser Ranch zu verstehen, und experimentierte mit unterschiedlichen Spaliermethoden und Bodenbearbeitungspraktiken. Bei der Führung auf St. Supéry wird auch das viktorianische Atkinson

Robert Mondavi
www.robertmondavi winery.com
253 C3
7801 St. Helena Hwy. (Calif. 29), Oakville
888/766-6328

Niebaum-Coppola
www.niebaum-coppola.com
253 C3
1991 Calif. 29, Rutherford
707/968-1161

St. Supéry
www.stsupery.com
253 C3
8440 Calif. 29, Rutherford
707/963-4507 oder 800/942-0809

House (1881) besucht. Das Haus ist heute ein »Living Museum«.

Das Weingut **Silverado Vineyard** wurde in den 70er Jahren von der Familie Walt Disneys gegründet. Es liegt an dem landschaftlich reizvollen Silverado Trail, einer Bergbaustraße durch das Napa Valley aus dem 19. Jahrhundert. Die Merlots und Cabernets gedeihen in der kühlen Luft der San Pablo Bay besonders gut und sind für ihren »abgerundeten« Geschmack und ihre seidige Textur bekannt. Hier wachsen auch gute Sangiovese-Reben, und das Weingut produziert überdies weißen Sauvignon und Chardonnay. Die Tour durch das Weingut führt den Besucher auch ins Esszimmer, wo Originale kalifornischer Maler, etwa von Thomas Hill und William Keith,

Im Ballon über den Weinbergen im Napa Valley

Winzer und Gärtner

Pflanzenfreunde sollten sich keinesfalls die Gemüsegärten der **Cakebread Cellars** *(8300 California 29, Rutherford, Tel. 707/963-5222)*, den Landschaftsgarten der **Sterling Vineyards** *(1111 Dunaweal Ln., Calistoga, Tel. 800/726-6136)* und den Tomatenanbau auf der **Robert Mondavi Winery** *(siehe S. 256)* entgehen lassen. **Copia: The American Center for Wine, Food & The Arts** *(500 First St., Napa, Tel. 707/265-5950, www.copia.org)* betreibt einen 1,4 Hektar großen Bio- und Obstgarten. ■

Domaine Carneros, ein französisches Schloss im Napa Valley

hängen. Von der hinteren Terrasse des Hauses aus hat man einen beeindruckenden Blick auf den Mount St. Helena im Nordwesten und das Umland.

Nicht viel weiter auf dem Silverado Trail liegt die **Pine Ridge Winery**, deren hoch gelobte Führungen sich auf die verschiedene Aspekte des Wachstumsprozesses konzentrieren. Auf einen Besuch der unter Hügeln gelegenen Kellereien folgt eine Weinprobe der Cabernets, Merlots und Chardonnays, die Pine Ridge produziert.

Calistoga (siehe S. 255) markiert das nördliche Ende des Silverado Trail. Das hier beheimatete, junge Weingut **Clos Pegase** wurde erst 1987 von Jan und Mitsuko Shrem gegründet, denen damit buchstäblich ein Hattrick – Kunst, Wein und Architektur – gelang. Zwar schockierte das von Michael Graves entworfene und mit Preisen geehrte Haupthaus zunächst die traditioneller eingestellten Winzer im Tal. Doch haben die Shrems auch viele traditionelle Elemente integriert, etwa die Keller mit den alten Holzfässern, die sich unter einer nahe gelegenen Felskuppe befinden. Die andere Leidenschaft des Paares ist überall zu sehen: Skulpturen von Henry Moore, Richard Serra und Anthony Caro. Der Betrieb bietet jeden Tag kostenlose »Große Führungen« an, außerdem jeden dritten Samstag im Monat außer im Dezember und Januar eine Führung speziell von Jan Shrem.

Die großartigste Kunstsammlung gehört aber der Hess Collection Winery, die in den Hügeln westlich von Napa liegt. Das 1896 gegründete Weingut wurde vom Schweizer Unternehmer Donald Hess auf dem Farmgelände der Brüder Christian gegründet. Das Weingut selbst ist ein 100 Jahre altes Steingebäude, das in eine Seite des Mt. Veeder gebaut wurde. Der Rundgang (ohne Führung) beginnt in einem Vorführraum, wo ein Film Hess' traditionelle Burgunderproduktion vorstellt. Die Ausstellungen in den anderen Stockwerken zeigen auf über 1200 Quadratmetern über 120 Kunstwerke, darunter auch Arbeiten von Francis Bacon und Franz Gertsch.

In den letzten Jahren haben sich viele Kellereien mit Spirituosen beschäftigt und produzieren nun Grappa, Portweine und verschiedene Schnäpse. Das Familienunternehmen **Domaine Charbay Winery & Distillery** liegt hoch in den Bergen außerhalb von St. Helena. Die jugoslawischen Besitzer haben ihre

Silverado Vineyard
www.silveradovineyards.com
✉ 6121 Silverado Trail
☎ 707/257-1770

Pine Ridge Winery
www.pineridgewinery.com
✉ 5901 Silverado Trail
☎ 707/252-9777 oder 800/575-9777

Clos Pegase
www.clospegase.com
✉ 1060 Dunaweal Ln., Calistoga
☎ 707/942-4981
$ Weinprobe $

Carneros Alambic Distillery
✉ 1250 Cutting Wharf Rd., Napa
☎ 707/253-9055

Der Weinbau ist arbeitsintensiv, man setzt aber, wo möglich, Maschinen ein

Schnäpse mit verschiedensten Aromen verfeinert. So bekommt man dort einen Apfelbrandy, einen Walnusslikör und preisgekrönte Frucht-Wodkas. Besitzer und Meister-Destillateur Miles Karakasevic hat uralte Familientraditionen wiederbelebt und ist sehr erfolgreich damit. Viel versprechend sind auch der weltweit einzige Chardonnay-Dessertwein, der erste kalifornische Pastis, ein kalifornischer Wermut und ein Schnaps, der aus den Wurzeln der Sonnenblume gewonnen wird. Die Familie lebt auf »Still on the Hill« am Spring Mountain oberhalb des Napa Valley und arbeitet mit zwei kupfernen Alambic-Geräten. Familienmitglieder bieten gegen eine kleine Gebühr Führungen an. ■

Unterwegs essen

Wie nicht anders zu erwarten, ist das Picknicken im Napa Valley eine eigene Kunstform. Bei der **V. Sattui Winery** *(1111 White Lane, California 29, Tel. 707/963-7774, www.vsattui.com)* mit ihrem guten Delikatessengeschäft und einer netten Picknickzone bekommen Sie leckeres, kaltes Huhn, Salat und Käse sowie natürlich Wein. Die Vichon Winery in Oakville (mit Boccia-Feld) und die Picknicktische an der Plump Jack Winery, auf halbem Wege den Oakville Grade hinauf, sind unter Insidern als die besten Stellen für ein Picknick im Napa Valley bekannt.

Die berühmte **Oakville Grocery** *(7856 St. Helena Hwy., Oakville, Tel. 707/944-8802)* ist zwar teuer, bietet dafür aber hervorragende Spezialitäten. Das kommerziellere (aber sehr angenehme) **Dean & DeLuca** *(607 St. Helena Hwy., St. Helena, Tel. 707/967-9980)* hat eine eigene Metzgerei. In Calistoga sollten Sie sich im **Palisades Market** *(1506 Lincoln Avenue, Tel. 707/942-9549)* mit Leckereien eindecken, und in Yountville ist **Gordon's** *(6770 Washinton St., Tel. 707/944-8246)* der beste Tipp.

Alternative: **Napa Valley Wine Train** *(1275 McKinistry Street, Napa, Tel. 707/253-2111, www.winetrain.com)*. Dieser restaurierte Pullman-Speisewagen aus dem Jahr 1917 fährt Sie gemächlich durch das Weinland, während Sie einen Brunch, ein Mittag- oder ein Abendessen zu sich nehmen. ■

Hess Collection Winery
www.hesscollection.com
✉ 4411 Redwood Rd., Napa
☎ 707/255-1144

Domaine Charbay Winery & Distillery
www.charbay.com
✉ Spring Mtn., St. Helena
☎ 800/634-7845

Die Anatomie eines perlenden Weins

Obwohl es heutzutage relativ einfach ist, sich in den USA über die Weinherstellung zu informieren, gilt dies nicht für Champagner oder Perlwein. Seine Produktion ist noch immer eine europäische Angelegenheit. In den letzten Jahren gab es sogar eine erbitterte Auseinandersetzung darüber, ob der Name »Champagner« überhaupt für Weine verwendet werden darf, die nicht in der französischen Champagne produziert worden sind. Im Napa Valley gibt es jedoch einen Ort, an dem man lernen kann, wie das Getränk hergestellt wird, das, wie es Woody Allen so schön ausgedrückt hat, »die Zunge kitzelt, während es das Gehirn übel zurichtet«. Bei diesem Ort handelt es sich um das Domaine Chandon *(1 Calif. 29, Ausfahrt Yountville-Veterans' Home, Tel. 707/944-2280, www.chandon.com)*. Hier entsteht unter Anwendung der alten und ehrwürdigen *méthode champenoise*, die zuerst von einem Mönch namens Dom Pérignon im 17. Jahrhundert entwickelt wurde, der perlende Wein.

Der erste Schritt bei diesem Verfahren besteht im Zerstoßen bzw. Pressen. Perlwein bedarf einer leichteren Hand als normaler Wein, um den Anteil an Tannin – oder Gerbsäure – aus den Schalen der Trauben, geringer zu halten. Der Saft gärt anschließend in Tanks aus rostfreiem Stahl. Als nächstes werden unterschiedliche Traubensäfte vorsichtig kombiniert, um den angestrebten Geschmack zu erzielen. Der Winzer fügt diesem *cuvée* den *liqueur de triage* zu, eine Mischung aus Hefe und Zucker, die einen weiteren Gärungsprozess in Gang bringt. Dieser findet in den Flaschen statt, in die die Flüssigkeit nun abgefüllt wird. Das Kohlendioxid, das nun produziert wird, verursacht die für Champagner charakteristischen Bläschen. Nun werden die Flaschen, je nach *cuvée*, zwei bis fünf Jahre gelagert.

Während dieses Zeitraums entwickelt der Wein seine einzigartigen Charakteristika – seinen Geschmack, seine Textur und seine Farbe. Um das Hefesediment zu sammeln, werden die Flaschen mehrmals am Tag gedreht. Im Domaine Chandon geschieht dies maschinell durch eine *gyropallette* oder von Hand. ■

Oben rechts: Traubenernte
Unten rechts: Die erste Gärung findet in Stahltanks statt
Unten: Beim Genuss des Ergebnisses

Das Sonoma Valley

WÄHREND DAS NAPA VALLEY GLEICHSAM ALS FLORENZ DES amerikanischen Weinbaus gelten kann – voller Talent, Pomp und Reichtum –, entspricht das westlich gelegene Sonoma Valley seinem Wesen nach eher Siena; ist es doch ein Ort, an dem die Weinherstellung einen ebenso hohen Stellenwert hat, ohne dass darum so viel Aufhebens gemacht würde. Was die Anzahl an Weingütern angeht (siehe S. 264ff), wird es ohne Zweifel von seinem Nachbarn übertroffen. Aber was Landschaft und Ehrgeiz betrifft, ist es ebenbürtig.

Sonoma Valley
www.sonomavalley.com
252 C1
Besucher-information
453 1st St. E., Sonoma
707/996-1090

Sonoma Barracks
20 E. Spain St., Sonoma
707/939-9420

Lachryma Montis
Spain Höhe 3rd Sts., Sonoma
707/938-9559

Mission Solano
E. Spain St., Sonoma
707/938-9560

Sonoma Cheese Factory
www.sonomajack.com
2 W. Spain St., Sonoma
707/996-1931

Auf der **Central Plaza** von Sonoma befindet sich das **Bear Flag Monument**, das die Stelle markiert, an der am 14. Juni 1846 ein zusammengewürfelter Haufen von Pelzjägern und Leuten aus den Bergen das Quartier des mexikanischen Generals Mariano Vallejo angriff, ihn gefangen nahm und eine seltsame Flagge hisste, die einen Stern, einen Grizzlybär und die Worte »Republik Kalifornien« aufwies. Doch die Republikaner waren keinen Monat unabhängig. Am 9. Juli erklärte der US-Offizier John C. Frémont sie zu einem Teil der Vereinigten Staaten. Die **Sonoma Barracks**, die von Indianern für die mexikanische Armee erbaut und später von den Amerikanern genutzt wurden, stehen ebenfalls an diesem Platz, genauso wie das für Vallejo 1852 im Stil der Neugotik erbaute Haus **Lachryma Montis**. Das Haus wurde in der Nähe einer Mineralquelle errichtet. Sein Name bedeutet »Tränen des Berges«.

Unmittelbar neben der Plaza liegt die **Mission Sonoma**, die als letzte in der Kette kalifornischer Missionsstationen erbaut wurde. Die 1819 gegründete Mission repräsentierte den Ehrgeiz ihres Gründers Pater Jose Altamira. Er hoffte, von dort aus das Regiment über die weiter südlich gelegenen Missionen Dolores und San Rafael zu erlangen. Seine Pläne wurden jedoch vereitelt.

Das **El Dorado Hotel** *(405 1st Street N., Tel. 707/996-3030, www.hoteleldorado.com)* aus der Zeit des Goldrauschs ist wunderschön restauriert. Es besitzt ein gutes Restaurant – das Piatti –, das Gerichte aus

Das einfache Adobe-Gebäude der Mission Solano

den unterschiedlichen Regionen Italiens serviert. Besuchen Sie auch die **Sonoma Cheese Factory**, wo Sie durch ein großes Fenster bei der Herstellung des berümten Käse Sonoma Jack zusehen können.

Fahren Sie das Tal hinauf nach **Glen Ellen**, wo die Olivenöl-Industrie, als Nebeneffekt zur Vormachtstellung der kalifornischen Küche, in den letzten Jahren neuen Aufschwung erlebte. Die **Olive Press** *(14301 Arnold Dr., Tel. 707/939-8900)* ist eine Probier-Bar und eine Schau-Ölmühle, die von Oktober bis Anfang Februar in Betrieb ist.

Wenn Sie von Sonoma aus Richtung Glen Ellen fahren, ist das **Sonoma Mission Inn** an den Boyes Hot Springs (siehe S.376) eine empfehlenswerte Unterkunft. Das ehemalige Badehaus aus dem 19. Jahrhundert ist renoviert worden. Das Hotel ist sowohl ein guter Ausgangspunkt für Ausflüge nach Sonoma und Glen Ellen als auch nahe genug am **Jack London State Historic Park** *(Tel. 707/938-5216)*, der in der Straße gleichen Namens liegt. Der Schriftsteller verbrachte hier seine letzten Lebensjahre. Er baute ein Haus, das niederbrannte, bevor es überhaupt bezogen werden konnte. Besuchen Sie Londons Grab und ein kleines Museum in dem von seiner Witwe erbauten Haus, das Andenken an den Autor präsentiert. Dem Sonoma Valley hinterließ er einen Spitznamen: *Mondtal*, auch Titel eines seiner Bücher.

Am nordwestlichen Ende des Sonoma Valley sollten Sie das historische Städtchen **Santa Rosa** besuchen. Das dortige **Charles Schulz Museum** widmet sich dem Leben und Werk des berühmten Karikaturisten und »Vater« der Peanuts. Statten sie auch **Luther Burbank Home & Gardens** einen Besuch ab. Hier experimentierte der berühmte kalifornische Gärtner 50 Jahre lang praktisch mit allen Pflanzen unter der kalifornischen Sonne.

Das **Wine Center** liegt 11 Kilometer südlich von Santa Rosa und bietet eine gute Einführung in das Weinland. ■

Weinberge im Sonoma Valley

Santa Rosa
www.visitsantarosa.com
252 C2
Besucherinformation
9 4th St.
707/577-8674

Charles Shulz Museum
www.shulzmuseum.org
One Snoopy Place
707/579-4452
$$

Luther Burbank Home & Gardens
www.lutherburbank.org
Santa Rosa St. u. Sonoma St., Santa Rosa
707/524-5445

Wine Center
www.sonomawine.com
5000 Roberts Lake Rd, Rohnert Park
707/586-3795

Weingüter des Sonoma Valley

Eine Feier in der Viansa Winery

IN DEN LETZTEN JAHREN IST DEN WEINGÜTERN DES SONOMA Valley auf Grund der Vielfalt ihrer Geschmacksrichtungen und -nuancen verstärkt Aufmerksamkeit zuteil geworden. Die gute Qualität des Weins ist vermutlich auf das Klima, das von den Mayacamas Mountains beeinflusst wird, und den zumeist vulkanischen Boden zurückzuführen. Ins Sonoma Valley kommen die Leute, wenn sie schöne Natur erleben und ein Glas guten kalifornischen Weins genießen möchten.

Benziger Family Winery
www.benziger.com
Karte S. 253
1883 London Ranch Rd., Glen Ellen
707/935-3000 oder 888/490-2739

Beginnen Sie Ihre Fahrt durch das Sonoma Valley mit der **Benziger Family Winery** in der Nähe von Glen Ellen und dem Jack London State Park (siehe S. 263). Dieses bietet, um die angesehene Zeitschrift *Wine Spectator* zu zitieren, »eine der zehn besten Weingutführungen in Kalifornien«. Das 1868 errichtete Anwesen auf dem Sonoma Mountain diente Julius Wegner, dem Tischler von General Mariano Vallejo, als Heimstatt. Wegner und die nachfolgenden Bewohner legten umfangreiche Pflanzungen an, und weite Teile der an den Hängen angelegten Terrassen wurden in den 70er Jahren des 19. Jahrhunderts von chinesischen Einwanderern geschaffen.

Das heutige Weingut wurde 1980 von Mike Benziger gegründet, einem gebürtigen New Yorker, der, wie er sagt, »auf der Suche nach seinem Traum: Skifahren und Surfen an einem einzigen Tag« nach Westen gekommen war. Benziger, dem sich später sein Vater und seine Kinder anschlossen, hat sich seither auf einen anderen Traum verlegt: die Schaffung eines Bodens der Spitzenklasse. »Wir erkannten, dass wir eine einzigartige Lage, einen einzigartigen Boden und ein einzigartiges Klima besaßen«, sagt Benziger. »Wir wussten, dass wir aus dieser Mischung eine immense Vielfalt an Geschmacksrichtungen schaffen konnten, weshalb wir das einprägsame Motto ,Farming for Flavors (Anbau wegen des Geschmacks) prägten.«

Die kostenlose Besichtigungstour führt durch eine unvergleichliche

Weinlandschaft mit einem Redwood-Hain und illustriert auf brillante Weise die Berufung der Benzigers. Innovative Spalier-Techniken ermöglichen eine optimale Regulierung des Sonnenlichts, die das Weingut wiederum in die Lage versetzt, 25 Rebsorten und 350 verschiedene Geschmacksrichtungen zu produzieren. In der Zuchtstätte finden sich reblausresistente Stöcke.

In der Region Sonoma darf man auf keinen Fall die historische **Buena Vista Winery** im Carneros Valley östlich der Stadt Sonoma auslassen. Ihr Gründer Agostin Haraszthy, ein ungarischer Adliger, kam auf der Suche nach Land nach Sonoma. Nach einer bewegten Zeit als Beamter der US-Münze in San Francisco (Vorwürfe der Untreue erwiesen sich später als haltlos) hatte Haraszthy bis 1860 mehr als 2400 Hektar erstklassigen Talbodens zusammengekauft. Mit den einheimischen Reben unzufrieden, kehrte er 1861 nach Europa zurück und schickte mehr als 200 000 Ableger von 1400 Rebsorten zurück. Darunter waren auch resistente Sorten, die die aufstrebende Wein-Industrie in den folgenden Jahren immer wieder vor dem Untergang bewahren sollte. Die Früchte seiner Arbeit, die heute an vielen Stellen zu sehen sind, haben ihm unangefochten den Titel des Vaters des kalifornischen Weinbaus eingetragen.

Buena Vista ist Sonomas traditionsreichstes Weingut, das größte im Tal mit 320 Hektar ist hingegen die **Kunde Estate Winery**. Die Führung hier umfasst einen fast einen Kilometer langen Rundgang durch die unter den Hügeln gelegenen Keller, die von Russell Clough gebaut wurden, der für San Franciscos BART-Untergrundbahn (siehe S. 193) »den Tunnel grub«. Kosten Sie die Spezialität des Hauses, den Viognier, einen Weißwein aus einer französischen Rebart. Wenn Sie Glück haben, ist auch der Zinfandel vorrätig, der aus 114 Jahre alten Reben gewonnen wird.

Die **Sebastiani Winery** liegt im südlichen Teil des östlichen Sonoma Valley. Die Führung hier ist von der Zeitschrift *Wine Spectator* hoch gelobt worden. ■

Die Buena Vista Winery ist das älteste Weingut im Sonoma Valley

Buena Vista Winery
www.buenavistawinery.com
Karte S. 253
18000 Old Winery Rd., Sonoma
707/265-1472 oder 800/926-1266

Kunde Estate Winery
www.kunde.com
Karte S. 253
10155 Sonoma Hwy.
707/833-5501

Sebastiani Winery
www.sebastiani.com
Karte S. 253
389 4th St., East Sonoma
707/933-3230 oder 800/888-5532

Der Russian River

Guerneville
www.russianriver.com
252 B2
Besucher-information
16209 Ist St.
707/869-3533

Korbel Champagne Cellars
www.korbel.com
13250 River Rd., Guerneville
707/824-7000

E. & J. Gallo
www.gallosonoma.com
3387 Dry Creek Rd., Healdsburg
707/431-5500

Ferrari-Carano Winery
www.ferrari-carano.com
8761 Dry Creek Rd., Healdsburg
707/433-6700 oder 800/831-0381

Stryker Sonoma
www.strykersonoma.com
5110 Calif. 128, Geyserville
707/433-1944

Trentadue Winery
www.trentadue.com
19170 Geyserville Rd., Geyserville
707/433-3104 oder 888/332-3032

DIESES GEBIET IST SCHON SEIT EINEM JAHRHUNDERT DAS bei den Einwohnern der Bay Area bevorzugte Ziel für Wochenendausflüge. Das landschaftliche schöne Flusstal eignet sich für zahlreiche Aktivitäten an der frischen Luft.

Der Russian River bietet ideale Bedingungen für Kajakfahrten

Guerneville, die größte Stadt in der Gegend, bietet eine der interessantesten Weingutführungen, die durch die **Korbel Champagne Cellars** geht. Dieser Betrieb wurde vor rund 110 Jahren von den Gebrüdern Korbel am Standort ihres Sägewerks (aus dem ein Großteil der Lebkuchen-Ornamente stammte, die die viktorianischen Häuser San Franciscos schmücken) gegründet – ein Stück Wirtschaftsgeschichte.

Weiter im Norden, im Dry Creek Valley, liegt das Anwesen der Weingiganten **E. & J. Gallo**. In der Tradition der kalifornischen Landwirtschaft stehend (die manche durchaus erschrecken mag!) haben die Gallos die Landschaft praktisch völlig umgestaltet, historische Brücken neu errichtet und Eichenhaine umgepflanzt. Immerhin praktizieren sie organischen Anbau. Man sollte an dem Anwesen dieses Familienclans zumindest vorbeifahren, auch wenn es keine Führungen gibt.

Die Familie Gallo bietet sehr gute Weinproben in ihrem neuen Probierraum im hübschen **Healdsburg** *(320 Center St., Tel. 707/433-2458)* an.

Fahren Sie anschließend weiter zur **Ferrari-Carano Winery**. Sowohl der Wein als auch der zwei Hektar große Garten mit seinen 18 000 im Frühjahr blühenden Tulpen sind herausragend.

Wiederum im Norden von Santa Rosa liegt das **Alexander Valley**, eine dicht bewachsene Region in der Umgebung von Geyserville. Im Sommer finden in den **Stryker Sonoma** zahlreiche Wein- und kulinarische Feste statt. Fragen Sie auch nach dem Terminplan für die Abendkonzerte. Im Übrigen ist allein schon die Landschaft die Fahrt wert. Die **Trentadue Winery**, die 1969 von dem Italo-Amerikaner Leo Trentadue gegründet wurde, ist für ihren ausgezeichneten Sangiovese bekannt. ■

Kühl, niederschlagsreich, grün und gesegnet mit Naturwundern – der Norden Kaliforniens ist für Naturliebhaber ein wahres Paradies. Im Redwood National Park stehen die imposanten Redwoods, während der Lassen Volcanic National Park mit heißen Quellen, dampfenden Felsspalten, kristallklaren Seen und endlosen Wiesen aufwartet.

Der Norden

Flößerei in Scotia

Der Norden

AUCH WENN KALIFORNIEN IM ALLGEMEINEN ALS MEDITERRAN GILT, GLEICHT der kalifornische Norden eher frostigeren Regionen. Es ist ein Landstrich, den russische Siedler im frühen 19. Jahrhundert vergeblich zu erobern versuchten, ein Landstrich, in dem Finnen und Schweden Fischerei und Schiffsbau beherrschten. Hier befindet sich das Zentrum des so genannten Aleutischen Tiefs, das eisige Winde vom Golf von Alaska mitbringt.

Der kalifornische Norden besticht durch seine großartige Natur, durch dicht bewaldete Regionen und Häfen, die Generationen von Fischern Zuflucht und Schutz vor dem rauen Pazifik geboten haben.

Vieles ist hier heute noch so wie früher. In und um Mendocino beherrschen noch immer hohe Nadelbäume die küstennahen Regenwälder. Weiter nördlich, oberhalb von Eureka, durchbrechen die gigantischen Redwoods das Blätterdach der dschungelähnlichen Wälder des Redwood National Park. Im Dämmerlicht der unteren Bereiche lassen riesige Farne und wilde Orchideen eine Art Traumwelt entstehen. Im Hinterland, am Mount Shasta, trifft man auf die Manzanita mit dem typischen roten Stamm und der lockeren Laubkrone.

Außerdem gibt es unzählige Wasserfälle; Theodor Roosevelts Lieblingswasserfall trägt den Namen McArthur-Burney.

Der Norden ist das unbekanntere, das ursprünglichere Kalifornien. In den Trinity Alps kann man unter hohen, von feinem weißen

Das Old Red Schoolhouse Museum in Orick im Redwood National Park

Schnee überzuckerten Kiefern spazieren gehen. Etwas weiter östlich befindet sich der Lassen Volcanic National Park. Aus vulkanischen Felsspalten strömen hier heiße Dämpfe empor; in herrlicher Abgeschiedenheit kann man durch Wildblumenwiesen streifen und in einer der altmodischen Sommer-Lodges übernachten, die oft Thermen besitzen.

Nahe der Grenze zu Oregon befindet sich das Lava Beds National Monument, wo einst Schlachten zwischen amerikanischen Ureinwohnern und Siedlern tobten.

Und was bietet der Nordosten? Alturas ist die kalifornische Hochburg der Vogelliebhaber; in den nahen Sumpf- und Seengebieten lässt sich hervorragend Birdwatching betreiben. ■

Van Damme State Park

DER WEICHE, FEDERNDE WALDBODEN IST MIT FARNEN UND Rindenstücken der Redwoods übersät; an den Wegen laden Holzbänke zur Rast ein. Unterbrechen Sie die lange, kurvenreiche Fahrt von San Francisco nach Mendocino für einen Stopp im Van Damme State Park. Hier, direkt neben der Calif. 1, wächst typisch nordkalifornischer Regenwald. Der Park bezaubert durch die vielen wilden Rhododendren sowie durch Pygmäen-Kiefern.

Am besten folgen Sie dem **Fern Canyon Trail**, der am Eingang beginnt. Der ebene, gut ausgeschilderte Weg diente bereits gegen Ende des 19. Jahrhunderts als Holztransportroute. 1936 erbaute der Civilian Conservation Corps neun Brücken und Uferbefestigungen entlang der Flüsse. In einem Bericht von damals werden die Schwierigkeiten beim Bau deutlich: »Dies ist das heikelste Vorhaben überhaupt ... Die Wände des Canyons sind steil und dicht bewaldet, und zu dieser Jahreszeit dringt die Sonne kaum in die Abschnitte des Canyons vor, in denen die Männer arbeiten.«

Im nahe gelegenen **Little River** entdeckt man mit etwas Glück silbern schimmernde Coho-Lachse – früher waren sie hier so zahlreich, dass man sie mit bloßen Händen fangen konnte, doch mit zunehmender Versalzung des Flusses reduzierten sich die Bestände. Nimmt man sich etwas Zeit, kann man die Fische in einem der drei folgenden Zustände sehen: Im Winter laichen die ausgewachsenen Weibchen; sie wühlen sich im flachen Flusskies ein und legen ihre Eier, bevor sie sich ins Meer treiben lassen, um dort zu sterben. Im Frühjahr schlüpft die Brut; die Jungen schließen sich zu dichten Schwärmen zusammen und wachsen im Lauf des Sommers zu zehn bis 15 Zentimeter langen Fischen heran. Im folgenden Frühjahr sind sie reif für die Wanderung zum Meer. Dann färbt sich ihre Haut silbern und sie ändern ihr Freßverhalten, um im Salzwasser zu überleben. Nach zwei Jahren im Ozean kehren sie in den Little River zurück und setzen den Zyklus fort.

Fällt Ihr Besuch in die Monate Mai oder Juni, werden Sie Zeuge eines anderen Naturschauspiels: der Rhododendron-Blüte. In vielen herrlichen Rosatönen erscheinen die großen Blütentrauben der pazifischen Arten. Sie haben sich den Bedingungen perfekt angepasst: In der sommerlichen Hitze beispielsweise rollen sich die Blätter zusammen, damit möglichst wenig Wasser verdunstet.

Der **Pygmy Forest**, den man über die alte Holzroute erreicht, ist die Hauptattraktion des Parks. Ein Lehrpfad führt durch dieses Wunderland der Zwerggehölze; die Zypressen, Bolander- und Bischofskiefern sind nur mannshoch, obwohl sie älter als 40 Jahre sind. Die speziellen geologischen Gegebenheiten, die ausgiebigen Regenfälle und der nährstoffarme Boden führen zu diesem Zwergwuchs: Aus der Humusschicht ausgespülte Nährstoffe bleiben dicht unter der Erdoberfläche als harte Schicht stehen, die die Wurzeln nicht durchdringen können; auf Grund des Nährstoffmangels kommt es zu dem »Pygmäen-Effekt«.

Auch zahlreiche Sträucher wachsen hier: insbesondere die Heidelbeere und eine Verwandte der Bärentraube. Wenn Sie alle Wege ablaufen, werden Sie sicher mehr als genug außergewöhnliche Fotomotive finden. In Mendocino kann man Mountain-Bikes mieten. ■

Van Damme State Park

268 B1

Östlich der Calif. 1, 5 km von Mendocino

707/937-5804

Die Flora im Norden

Vier Kiefern- und zehn Zypressen-Arten mit geschlossenen Zapfen lassen sich unterscheiden; ihnen ist gemeinsam, dass sie auch in unfruchtbarem Boden gedeihen. Sie kommen zwar in ganz Kalifornien vor, doch hier im Norden, zwischen dem Van Damme State Park und Humboldt County, besonders zahlreich. Am häufigsten trifft man auf die Bischofskiefer, die Douglasie, die Mendocino-Zypresse und die Bolander-Kiefer. Ihre Zapfen öffnen sich nur bei intensiver Sonneneinstrahlung oder im Feuer.

Bärentrauben *(Arctostaphylos spec.)*: Von dem bizarren, langsam wachsenden Strauch mit rotem Stamm und lockerer Laubkrone existieren zahlreiche Arten. Im Hinterland, etwa bei den McArthur-Burney-Wasserfällen, findet man eine grünlaubige Art, die oft neben duftenden Zedern wächst. An der Küste trifft man eher die niedrigeren, so genannten Fort-Bragg-Manzanitas oder die treffend bezeichneten Haar-Manzanitas an.

Beifuß *(Artemisia)*: Auch wenn dieses Kraut in ganz Kalifornien anzutreffen ist, kommt es doch insbesondere in den höheren Regionen des Nordostens vor. In der Ebene überwiegen niedrigere, buschige Arten, während man im östlichen Teil der Sierra hohe Arten vorfindet. Alle Beifuß-Arten sind sehr aromatisch und werden sowohl in der Heilkunde der Ureinwohner als auch in der New-Age-Medizin verwendet. ■

Pazifische Rhododendron-Arten bedecken den Boden unter den hoch aufragenden Redwoods

Mendocino & Fort Bragg
268 B1
Besucher-information
www.mendocinocoast.com
332 N. Main St., Fort Bragg
707/961-6300

Mendocino und Umgebung

DIE BEREITS 9500 V. CHR. VON DEN TALBEWOHNENDEN Pomo-Indianern besiedelte Region wurde im 16. Jahrhundert von spanischen Siedlern nach Antonio Mendosa, dem Vize-König Neu-Spaniens, benannt. An der Mündung des Big River errichteten die ersten Yankee-Pioniere eine Sägemühle, in der 1853 pro Tag rund 50 000 Fuß Holz verabeitet wurden. Nach und nach wuchs eine Stadt heran, und die reizvolle Neu-England-Szenerie sowie die atemberaubende Landschaftskulisse zogen nicht nur Holzbarone, sondern auch Touristen und Künstler an.

Heute bietet das herausgeputzte Städtchen in liebevoll restaurierten, viktorianischen Häusern zahlreiche gute Bed-and-Breakfast-Pensionen. Es gibt viele Restaurants, doch gehobene Küche gibt es nur im **Café Beaujolais** *(961 Ukiah St., Tel. 707/937-5614)*. Die Galerien an und in der Nähe der Hauptstraße verkaufen lokales Kunsthandwerk, aber auch Landschaftgemälde von landesweit bekannten Künstlern. Die hiesigen Künstler zeichnen sich durch die Verwendung natürlicher Materialen wie Holz und Stein aus.

Das Hinterland von Mendocino lässt sich hervorragend per Kanu erforschen; Kanus mieten und außer-

dem schön wohnen kann man im Stanford Inn (siehe S. 378). Die Kanus sind mit Stabilisatoren ausgestattet, so dass auch Anfänger damit umgehen und den wunderschönen **Big River** erkunden können. Auf dem Weg zu den **Mendocino Woodlands**, einer höher gelegenen Waldregion, kommt man an mehreren atemberaubenden Canyons, Salzsümpfen und Flussbetten vorbei, die Kanadareihern, Fischadlern und sogar Seehunden als Heimat dienen.

In der Region gibt es einige State Parks. Im Winter sollte man den **Mendocino Headlands State Park** *(südlich der Stadt an der Calif. 1)* besuchen, denn von hier aus kann man Grauwale sehen. Im Norden bietet der **Russian Gulch State Park** *(Tel. 707/937-5804)* rund 58 Kilometer Küstenwanderwege sowie die einzigartige »Devil's Punch Bowl«, eine eingestürzte Meereshöhle, in der sich die Wellen brechen. Im Sommer sollte man sich das **Mendocino Music Festival** nicht entgehen lassen – wo sonst kann man Don Giovanni am Strand erleben?

REDWOOD WINE COUNTRY

Südöstlich von Mendocino befindet sich entlang der Calif. 128 das Weinanbaugebiet der Region, das sich durch unterschiedliche Mikroklimata auszeichnet und anerkannten Chardonnay, Pinot Noir sowie Sauvignon Blanc hervorbringt. Viele der 300 Winzerbetriebe liegen am landschaftlich reizvollen Navarro River; die Winzerei **Navarro Vineyards** *(5601 Calif. 128, Philo, Tel. 707/895-3686)* hat in den letzten Jahren mit ihrem Pinot Gris viel Ruhm eingeheimst. Sehr interessant ist auch der *verjus*, ein herber grüner Traubensaft, den die Franzosen in der Küche als Ersatz für Essig und Zitronensaft verwenden.

Empfehlenswert ist ein Picknick im **Navarro River Redwoods State Park** *(dem Wegweiser von der Calif. 128 weg folgen)*, den Ortsansässige als einen 18 Kilometer langen »Redwood-Tunnel zum Meer« beschreiben.

FORT BRAGG

Fort Bragg wurde 1857 gegründet; noch heute wird hier Holzverarbeitung betrieben. Fort Bragg liegt am Rande eines Redwood-Waldes zwischen zwei Flussmündungen, der

des Noyo Rivers im Süden und der des Pudding Creek im Norden. Eine reizvolle Art, das Hinterland zu erkunden, bietet die alte **Skunk Train Railroad**. Auf der von den Holzbaronen in den 80er Jahren des 19. Jahrhunderts angelegten Bahnstrecke bringen alte Züge die Passagiere in gemächlichem Tempo durch dichte Redwood-Wälder nach **Willits**, wo der berühmt-berüchtigte Ganove Black Bart zwischen 1875 und 1883 27 Kutschen ausraubte, bevor er sich im Gefängnis von Marin Conty »zur Ruhe setzte«.

An der Küste südlich von Fort Bragg befinden sich die **Mendocino Coast Botanical Gardens**. Der 1961 gegründete Park besticht durch verschiedene farbenprächtige Rhododendronarten und -sorten, Heide, Dahlien, Kamelien und Efeu-Arten. ■

Mendocino, vom Meer aus gesehen;

Bild rechts: Eine moderne Ziegenhirtin

Skunk Train Railroad
www.skunktrain.com
✉ Laurel St., Fort Bragg
☎ 707/964-6371
$ $$$$$

Mendocino Coast Botanical Gardens
www.gardenbythesea.org
✉ 18220 N. Calif. 1, Fort Bragg
☎ 707/964-4352
$ $$

Eureka und Umgebung
268 A4
Besucherinformation
www.redwoodvisitor.org
1034 2nd St., Eureka
707/443-5097 oder 800/346-3482

Humboldt Bay Harbor Cruise
Beginn der C St., Eureka
707/445-1910
Fahrplan tel. erfragen
$$$

Humboldt Bay Maritime Museum
1410 2nd St., Eureka
707/444-9440

Blue Ox Millworks Historic Park
www.blueoxmill.com
1 X St., Eureka
707/444-3437
Geschl. So
$$

Fort Humboldt Museum & State Historic Park
3431 Fort Ave., Eureka
707/445-6567

Fortuna Depot Museum
3 Park Pl., Fortuna
707/725-7645
Geschl. Mo–Mi im Winter

Ferndale
268 A3
Besucherinformation
707/786-4477

Eureka und Umgebung

EUREKA STELLT SEIT ENDE DES 19. JAHRHUNDERTS DAS ZENtrum der nordkalifornischen Holzindustrie dar und ist eine typische, amerikanische Kleinstadt: schnell wachsend, ohne echten Kern, an manchen Stellen hübsch, an anderen hässlich. Dennoch haben Eureka (griechisch für »Ich habe es gefunden«) und seine Umgebung einiges zu bieten; nicht zuletzt ist Eureka ein idealer Standort für alle, die ein paar der nahe gelegenen nordkalifornischen Naturparks besuchen oder aber einfach nur gut essen wollen.

In **Old Town** findet man drei liebevoll restaurierte und viel fotografierte viktorianische Häuser. Das außergewöhnliche **William Carson Mansion** *(143 M St., nicht öffentlich zugänglich)* wurde 1884 von einem reichen Holzbaron erbaut und ist heute ein Privatclub; es ist eine Mischung aus Queen-Anne-, italienisch inspiriertem und Stick-Eastlake-Stil. Das schon seinerzeit als exotisch geltende Haus ist hauptsächlich aus Redwood-Holz erbaut, Akzente setzen Materialien wie Onyx und weißes Mahagoni.

Weitere Sehenswürdigkeiten in Old Town sind das **J. Milton Carson House** *(202 M St., nicht öffentlich zugänglich)*, das William Carson 1889 für seinen Sohn erbaute, sowie das **Clark Museum** *(240 E St., Tel. 707/442-1947)*, das 1888 für den Bürgermeister William Clark, erbaut wurde.

Schreiner und Schnitzkünstler der Yurok in Eureka

Bevor Sie Ausflüge in die Umgebung planen, sollten Sie die **Humboldt Bay Harbor Cruise** (75 Min.) auf der alten **Madaket**, einer Fähre aus dem Jahr 1910, unternehmen. Das **Humboldt Bay Maritime Museum** stellt zahlreiche Gegenstände aus, die bei Schiffbrüchen vor der Küste geborgen wurden. Im **Blue Ox Millworks Historic Park** können Sie sehen, wie man mit alten Maschinen Ingwerbrot herstellt. Besuchen Sie auch das **Fort Humboldt Museum & State Historic Park** – dabei werden Sie mehr über den 1854 in Eureka stationierten Ulysses S. Grant erfahren.

Südlich von Eureka, unweit des US 101, liegen mehrere interessante Orte, etwa **Fortuna**: Im Bahnhof aus dem Jahr 1893 ist heute das **Fortuna Depot Museum** mit Exponaten zu den Themen Eisenbahn, Fischerei und Holzverarbeitung untergebracht. Westlich des US 101 liegt das hübsche Städtchen **Ferndale**, wo man sich in einer alten Pferdekutsche durch die weitgehend erhaltene Altstadt vom Ende des 19. Jahrhunderts fahren lassen kann. Weiter südlich auf dem US 101 lädt in **Scotia** die weltweit größte, noch tätige Redwood-Sägemühle, die **Pacific Lumber Mill** *(125 Main St., Tel. 707/764-2222, an Wochenenden geschl.)*, zu einem Besuch ein. Noch weiter südlich, auf halber Strecke zwischen Eureka und Fort Bragg, liegt die Kleinstadt **Garberville**. Hier findet man weitere Beispiele

von Hotels im Stil der Jahrhundertwende-Architektur. Unbedingt anschauen sollten Sie das **Benbow Inn** im Tudor-Stil (siehe S. 376), in dem Stars wie Spencer Tracy, Clark Gable und Joan Fontaine abstiegen.

Auf der Eureka gegenüber liegenden Seite der Humboldt Bay befindet sich das **Samoa Cookhouse** *(79 Cookhouse Ln., Samoa, Tel. 707/442-1659)*, das letzte, noch existierende Küchengebäude eines Holzcamps im Westen der USA. Hier kann man eine deftige Mahlzeit zu sich nehmen; das angrenzende Museum zeigt Exponate zur Holzgewinnung.

An der Nordseite der Bucht liegt **Arcata**. Im **Arcata Railroad Museum** sind historische Landkarten und Eisenbahngegenstände zu besichtigen; im **Arcata Marsh & Wildlife Sanctuary** kann man Küstenvögel beobachten. Etwas weiter nördlich trifft man auf das spektakulär gelegene Strandstädtchen **Trinidad**.

In der Nähe befindet sich **Sumeg Village**. In dem aus dem Jahr 1990 stammenden nachgebauten Dorf gibt es ein funktionierendes traditionelles Saunahaus. Die früher hier an der Küste ansässigen Indianer waren die Yurok; das Hinterland bewohnten Hoopa. Heute leben in der **Hoopa Indian Reservation**, rund 95 Kilometer von Eureka entfernt im Hinterland, 2000 Stammesangehörige. Das **Hoopa Tribal Museum** zeigt Einbäume und Kultgegenstände, außerdem veranstaltet es Touren zu nahe gelegenen Dörfern und zeremoniellen Stätten. ■

Lokale Spezialitäten

Davon gibt es viele. In der **Loleta Cheese Factory** *(252 Loleta Dr., Tel. 707/ 733-5470)* im nahe gelegenen Loleta kann man bei der Produktion des mehrfach preisgekrönten Käses zusehen und diesen auch probieren. Lohnenswert ist auch die **Lost Coast Brewery** in Eureka *(617 4th St., Tel. 707/ 445-4480)*, die fünf verschiedene prämierte Biere zu bieten hat. Die **Humbold Brewing Co.** *(856 10th St., Arcata, Tel. 707/826-1734)* kredenzt ihre preisgekrönten Nectar-Ales plus »Biergerichte« in einem Pub voller Fußballmemorabilien. ■

Die Hügel oberhalb von Garberville

Arcata Railroad Museum
✉ Jacoby's Storehouse, 791 8th St., Arcata
☎ 707/822-2434

Arcata Marsh & Wildlife Sanctuary
✉ 600 S. G St., Arcata
☎ 707/826-2359

Sumeg Village
✉ 4150 Patrick Point Dr., Patrick Point State Park
☎ 707/677-3570
$ $$

Hoopa Tribal Museum
✉ Calif. 96, Hoopa Shopping Center
☎ 530/625-4110
🕒 Geschl. So

Arcata Besucherinformation
www.arcatachamber.com
✉ 1635 Heindon Rd.
☎ 707/822-3619

Redwood Information Centers

✉ 1111 Second St., Crescent City; US 101, südl. von Orick

☎ 707/464-6101 (Information für alle Readwood-Parks)

Redwood National Park

EIN CARTOON DES PULITZER-PREISTRÄGERS UND ZEICHners der *L. A. Times* Paul Conrad aus dem Jahr 1968 zeigt eine Karawane kofferbeladener Autos, die sich durch einen Tunnel quält, der durch den Stamm eines gigantischen Redwood-Baumes führt. Am Baum hängt ein Schild: »Redwood National Park«. Jahrelang war Conrads Vision nicht weit von der Realität entfernt – viele der Besucher hielten es nicht für nötig auszusteigen, um die majestätischen Bäume zu bewundern. Und wenn, dann nur, um schnell ein Familienfoto vor dem Hintergrund eines zernarbten Stamms zu schießen – der ganz Baum passt ja schließlich nicht aufs Bild.

Dank der neu entflammten Vorliebe für Freiluftaktivitäten erfreuen sich die Redwoods heute wieder größter Beliebtheit. Das Interesse ist so groß, dass man die Zahl der Wanderer und ihre Aktivitäten in der freien Natur im Auge behalten und gegebenenfalls sogar einschränken muss. Die vier größten nordkalifornischen Nationalparks befinden sich nahe der Küste oberhalb von Orick, unweit vom US 101 entfernt zwischen Eureka und der Grenze zu Oregon. Der **Redwood National Park** (1968) ist

der größte und jüngste unter ihnen. Gemeinsam mit drei weiteren Redwood-Nationalparks – dem **Prairie Creek** (1923) im Süden, dem **Del Norte Coast** (1925) in der Mitte und dem **Jedediah Smith** (1929) im Norden – ist er sowohl ein Welterbe als auch ein internationales Naturreservat.

Zuerst sollten Sie das **Redwood Information Center** in Orick besuchen. Hier gibt es Karten, Bücher, Übersichtspläne und hilfsbereite Ranger. (Campingplatz-Reservierungen sollten allerdings schon einige Monate im Voraus vorgenommen werden, besonders für die Sommermonate.)

Zur Besichtigung des **Tall Trees Grove**, wo der mit 112 Metern höchste Baum der Welt steht, benötigen Sie eine der limitierten Genehmigungen – dafür empfiehlt es sich, schon frühmorgens in der Besucherinformation zu sein. Für den Rundweg benötigt man etwa vier Stunden; hat man weniger Zeit zur Verfügung, gibt es weniger zeitaufwendige Alternativen, die ebenfalls Natur- und Wandererlebnisse bieten. Den **Lady Bird Johnson Grove** erreicht man über einen steil ansteigenden Pfad, der durch alte Wälder führt und in einem 1968 von der damaligen First Lady der Öffentlichkeit übergebenen Hain endet. Es gibt auch einen weniger steilen Weg,der südlich des Prairie Creek Parks in Richtung Norden zum **Lost Man Creek** führt. In dem farn- und moosbewachsenen Wald kann man außergewöhnliche Regenwaldflora bewundern. ■

Oben: Der Wanderer im Redwood National Park wirkt wie ein Zwerg unter Riesen. Unten: Der Diademhäher

Fauna und Flora der Redwoods

Zuerst das Wichtigste über die Redwoods: Der Küsten-Redwood *(Sequoia sempervirens)* ist der höchste Baum der Welt, doch weder der dickste noch der älteste – diese Superlative gebühren der Riesen-Sequoia oder auch Mammutbaum der Sierra *(Sequoia giganteum)* bzw. der Borstenzapfen-Kiefer *(Pinus longaeva)*, die ebenfalls im Landesinneren vorkommt.

Auch wenn einige Exemplare nachweislich ein Alter von mehr als 2000 Jahren erreicht haben, bringen es die Küsten-Redwoods auf durchschnittlich 500 bis 700 Jahre. Sie sind weitgehend resistent gegen Krankheiten und Schädlinge und bilden überaus verzweigte Wurzelsysteme aus, die den Baumriesen Halt geben. Die Vermehrung erfolgt über Jungtriebe und Samen; niedergebrannte oder abgeholzte Stümpfe treiben oft wieder aus.

Die Redwoods lieben den Nebel: Das milde, feuchte Klima sicherte über Jahrmillionen ihr Überleben, auch wenn heute die Luft, die aus dem Hinterland in Richtung Pazifik strömt, etwas wärmer ist als früher. Über den aus dem arktischen Eismeer stammenden Strömungen kühlen sich die warmen Winde ab – so entsteht der Nebel.

Das feuchte Klima und die nährstoffreiche Erde bilden ein Ökosystem, in dessen bodennahen Regionen kleinere, doch ebenso faszinierende und seltene Pflanzen gedeihen: Hirschzungen- und Schwertfarne, rare Ampfer- und Veilchenarten sowie das Dreiblatt. Auch Pfifferlinge und andere Pilze trifft man hier an.

Der Roosevelt-Wapiti zählt zu den am häufigsten anzutreffenden Tieren, außerdem der Chinook-Lachs und die stattliche Bananen-Schnecke, die sich der feuchten Umgebung erfreut. Vogelliebhaber können nach verschiedenen Seevogelarten und blau schillernden Hähern Ausschau halten. ■

Prairie Creek Redwoods State Park

268 B4

Ausfahrt US 101 am Newton B. Drury Scenic Parkway

707/464-6101 Nbst. 5300

Drei Redwoods State Parks

DIE REDWOODS STATE PARKS PRAIRIE CREEK (IM SÜDEN), Del Norte (in der Mitte) und Jedediah Smith (im Norden gelegen) erstrecken sich gemeinsam mit dem Redwood National Park (siehe S. 276f) entlang der nordkalifornischen Küste. Sie alle bieten dem Wanderer zahlreiche Attraktionen. Denken Sie daran, dass die küstennahen Regenwälder fast immer feucht und neblig sind und dass es hier oft regnet – dies sind die klimatischen Bedingungen, die die Baumriesen so prächtig gedeihen lassen. Sie sollten sich also nicht vom Wetter abhalten lassen, die Redwoods zu erforschen.

Der **Prairie Creek Redwoods State Park** bietet etwa 112 Kilometer Wanderwege in allen Schwierigkeitsstufen. Die **Cal-Barrel Road** ist ein landschaflich schöner, fünf Kilometer langer Autoweg, den Ihnen der Ranger sicher gerne zeigt. Der **Revelation Trail** ist eine Attraktion, die speziell für sehschwache und blinde Besucher eingerichtet wurde.

Eine Besonderheit am Prairie Creek sind die Roosevelt-Wapitis, die auf der **Elk Prairie** und dem **Gold Bluffs Beach** grasen. Der Wapiti ist ein naher Verwandter des europäischen Rothirsch, wird aber

Das indianische Jerusalem

Nördlich von Prairie Creek, in der Nähe von Klamath beim **Klamath Overlook**, kann man den Geburtsort eines bezaubernden indianischen Mythos besuchen. Gehen Sie an duftendem Wilden Fenchel vorbei den Hügel hinunter und lassen Sie auf der obersten Stufe einer alten Holztreppe mit Blick auf die Mündung des Klamath River folgende Geschichte Revue passieren:

Nach mündlicher Überlieferung der Klamath befand sich die Flussmündung vor langer Zeit zehn Kilometer weiter nördlich; der Fluss schlängelte sich eingezwängt zwischen zwei spitzen Felsketten in Richtung Meer. Eines Tages erschien der Messias der Klamath, ein Mann namens Po-Lick-O-Quare-Ick. Der Weise, als der er bekannt war, hatte eine lange, fruchtbare Mission bei seinem Volk zu erfüllen, das ihn achtete und liebte.

Nachdem seine Aufgabe erfüllt war, betrauerten alle seinen Abschied – er schwamm auf dem Fluss in Richtung Meer. Auf diesem Weg befahl er den beiden Felsketten zurückzuweichen und dem Fluss einen geraderen Lauf zu ermöglichen. Dann entschwand Po-Lick-O-Quare-Ick in den goldenen Strahlen der pazifischen Sonne. Seitdem folgt der Klamath seinem jetzigen Lauf. ■

Die US 199 führt durch den Jedediah Smith Redwoods State Park.

viel größer. Er hat einen ganz anderen Brunftschrei, denn er röhrt nicht, sondern pfeift. Sein Bestand zählt rund 2000 Tiere. Halten Sie Abstand und benutzen Sie den gut beschilderten **Elk Prairie Trail**, einen 2,5 Kilometer langen Rundweg, der den östlichen Zipfel der Elk Prairie streift.

Hier beginnen zahlreiche Wanderwege *(Karten sind im Visitor Center am Eingang des Parks erhältlich)*. Für eilige Besucher eignet sich der **Five Minute Trail**, der direkt hinter dem Visitor Center anfängt. Entlang des Weges sind von Feuer ausgehöhlte Bäume zu sehen, und wenn man diese genauer betrachtet, entdeckt man an den Stämmen menschliche Spuren: eingeritzte Initialen, Aushöhlungen und abgewetzte Sitzplätze. Hier lebten während der großen Wirtschaftskrise zahlreiche Familien.

Der knapp einen Kilometer lange **Fern Canyon Loop** führt zu einem Canyon, dessen Felswände sich gewaltige 18 Meter hoch über den bemoosten Boden erheben. Hier findet man zahlreiche Farn-Arten (etwa Hirschzungen-, Frauenhaar- und Schwertfarne), die in dieser feuchten, schattigen Umgebung prächtigst gedeihen.

Einer der schönsten Wanderwege ist der **South Fork – Rhododendron – Brown Creek Loop**. Der etwa fünf Kilometer lange Rundweg führt den Wanderer vorbei an bizarren, moos- und flechtenbewachsenen Redwoods, mit roten, grünen, orangefarbenen und gelben Pilzen bedeckten, umgestürzten Baumstämmen und spiegelglatt daliegenden, verwunschen anmutenden Seen. Für Mountain-Biker gibt es einen speziell ausgewiesenen, 30 Kilometer langen **Bicycle Trail**, der an der Gabelung der Elk Prairie Campingplatzstraße und dem Jogging-Pfad beginnt.

Camping
Nahe Elk Prairie gibt es einen Zeltplatz. Tel. 800/444-7275 für Reservierungen.

Del Norte Coast Redwoods State Park
268 B5
US 101, 21 km nördl. von Klamath
707/464-6101 Nbst. 5120

DEL NORTE COAST REDWOODS STATE PARK UND UMGEBUNG

Der rund 2500 Hektar große Park erstreckt sich südlich von Crescent City, der nördlichsten kalifornischen Küstenstadt, über eine Strecke von rund 13 Kilometern entlang der pazifischen Küste. Die Küstenlinie dieses Parks ist von schroffer Wildheit und

Crescent City Besucher-information
1001 Front St.
707/464-3174 oder 800/343-8300

Jedediah Smith Redwoods State Park
268 B5
US 199 (Abzweig von US 101)
707/464-6101 Nbst. 5112

in weiten Teilen unzugänglich – ganz abgesehen von dem Nebel. Fast die Hälfte der Fläche ist mit altem Baumbestand bewachsen. Das dichte Unterholz bietet zahlreichen Tierarten Lebensraum – von Rotluchsen und Koyoten bis hin zu Bären und Hirschen. Im Visitor Center in Orick (siehe S. 276) sowie im großen Hauptinformationszentrum der Redwoods State Parks in Crescent City sind Karten und Führer für diesen und die anderen Parks erhältlich.

Eine von einem Erdbeben in Alaska ausgelöste Flutwelle zerstörte 1964 in **Crescent City** einen Großteil der historischen Altstadt, die früher das Zentrum der umliegenden Goldminen darstellte.

Mit dem Auto gelangt man von Crescent City an die etwa drei Kilometer südlich der Stadt gelegenen Strände **Crescent Beach** und **Enderts Beach**. Im Visitor Center erhalten Sie eine Karte des Küstenweges, der unter dem Namen »Damnation Trail« bekannt ist. Am **Enderts Beach** finden im Sommer Führungen entlang der Gezeitentümpel statt, in denen sich ein abwechslungsreiches Meeresleben abspielt.

JEDEDIAH SMITH REDWOODS STATE PARK

Nach dem Pionier und Forscher des 19. Jahrhunderts, der einen Verbindungsweg nach Oregon schuf, ist der östlich von Crescent City gelegene Jedediah Smith Redwoods State Park benannt, der nördlichste Redwood-Park Kaliforniens. Auf Grund seiner geschützten Lage einige Kilometer im Landesinneren scheint hier oftmals die Sonne, wenn an der Küste dichter Nebel herrscht. Dennoch überwiegt auch hier feuchtes, kühles Wetter, deshalb ist das **Hiouchi Information Center** an der US 199 nur während der Sommermonate geöffnet.

Auch Jedediah Smith bietet zahlreiche Wanderwege. Ein beliebter, nur einen Kilometer langer Weg ist der **Simpson-Reed Discovery Trail**. Ein anderer Weg beginnt am Scheitelpunkt dieses Pfades und führt zum **Stout Grove**, wo man 1500 bis 2000 Jahre alte Küsten-Redwoods sehen kann.

Man kann den Park auch im Rahmen einer geführten Kajak-Tour auf dem **Smith River** erkunden. Angler schätzen diesen Fluss wegen der Chinook-Lachse und Forellen, doch er lädt auch zum Schwimmen und zur Ausübung anderer Wassersportarten ein. Flöße, Kajaks und Fahrräder können in Hiouchi gemietet werden; das Städtchen liegt hoch oben im kalifornischen Norden, wo die US 199 über den Smith River führt. ■

Redwood-Souvenirs

Kettensägen-Kunst – das etwas andere lokale Kunsthandwerk – findet man hier überall. Stolze Adler aus Redwood, niedliche Biber aus Eiche und eine große Auswahl an Hasen, Hirschen, Schlangen und den wichtigsten historischen Persönlichkeiten sind in Orick in zahlreichen Läden erhältlich. Wer sich unbedingt beim Durchfahren eines Torbogens, der durch einen der gigantischen Redwoods führt, ablichten lassen möchte, kann sich diesen Wunsch am **Klamath Tour Thru Tree** *(Terwer Valley-Ausgang bei Klamath)*, am **Shrine Drive-Thru Tree** *(Avenue of Giants-Ausgang bei Myers Flat)* oder am **Chandelier Tree** neben dem US 101 im Städtchen Leggett erfüllen. ■

Gegenüber: Durch den 2400 Jahre alten Chadelier Tree in Leggett kann auch ein Auto durchfahren

Chandelier Tree
Height 315 ft. Diameter 21 ft.
Maximum Age 2400 yrs.
DRIVE-THRU TREE PARK Leggett CA
4FAA050

Mit dem Auto: Mount Shasta

Der weite Norden Kaliforniens bietet einige der schönsten Naturkulissen des Staates sowie mehrere, touristisch noch weitgehend unentdeckte Parks. Allerdings ist auch die Infrastruktur weniger gut entwickelt, und die Entfernungen, die man zwischen den Sehenswürdigkeiten zurücklegen muss, sind recht groß. Eilige Besucher sparen den hohen Norden deshalb meist aus. Andererseits können Besucher, die auf der Suche nach wirklich spektakulärem Naturerlebnis und unberührten Landschaften weitab der ausgetretenen Touristenpfade sind, hier fündig werden – selbst in den Sommermonaten, wenn der Yosemite National Park und das Napa Valley übervölkert sind. Mit der hier vorgeschlagenen Rundfahrt, die Sie an den schönsten Punkten des Nordens vorbeiführt, können Sie gut eine Woche zubringen. Sie spart allerdings die Region nördlich des Mount Shasta aus. Bei jedem Einzelstopp können Sie übernachten und essen.

Ausgangspunkt ist die Kleinstadt **Red Bluff** 1 *(Visitor Information, 100 Main St., Tel. 800/655-6225)*, die man vom Süden über die I-5 oder vom Westen über die Calif. 36 erreicht, die über den landschaftlich wunderschönen South Fork Trinity River führt. (Wenn Sie von der Küste kommen, müssen Sie für diese Strecke einen ganzen Tag einplanen. Vor der Abfahrt sollten Sie die Bremsen Ihres Wagens prüfen.) Red Bluff liegt am Sacramento River; da sich hier verschiedene Routen kreuzen, war der Ort schon immer ein Knotenpunkt für Reisende.

Nehmen Sie die I-5 in Richtung Norden und legen Sie etwa 1,6 Kilometer nördlich von Red Bluff einen Stopp im **William B. Ide State Historic Park** *(21659 Adobe Rd., Tel. 530/529-8599)* ein. Ide zählte zu den ersten Siedlern; er war Unternehmer und einer der Anführer der Bear-Flag-Revolte, die sich 1846 in Sonoma zutrug (siehe S. 262). In Red Bluff betätigte er sich in wechselnden Rollen als Richter, Büroschreiber, Ankläger und Verteidiger in Prozessen um Pferdediebstahl. Pferdediebe verurteilte er prinzipiell zum Tod durch den Strick. Sein Haus ist noch heute zu sehen, ebenso wie weitere interessante Relikte der »Ranch-Kultur« aus der Mitte des 19. Jahrhunderts.

Durch Anderson *(Besucherinformation, 1699 Hwy. 273, Tel. 530/365-7500, www.shastacascade.org)*, wo der Fish and Wildlife Service die Aufzuchtstation **Coleman National Fish Hatchery** *(Tel. 530/365-8622)* betreibt und Redding hindurch führt die I-5 durch landschaftlich immer interessantere Gegenden. Unterwegs wird ein Ausläufer des **Lake Shasta** 2, das größte Wasserreservoir Kaliforniens, überquert. Wenn Sie Zeit für einen Abstecher haben, sollten Sie die **Lake Shasta Caverns** aufsuchen *(Fähre von der Lakeview Marina, Ausfahrt E of O'Brien vom I-5 an der Shasta Caverns Rd., Tel. 530/238-2341)*. In der Höhle am Ostufer des Sees sehen Sie Tropfsteine und Eisformationen.

Weiter nördlich in Dunsmuir befindet sich der **Castle Crags State Park** *(Tel. 530/235-2684)*. Hier fand im Jahr 1855 eine Schlacht zwischen Siedlern und Modoc-Indianern statt. Die Modoc erlitten große Verluste und mussten aus dem Gebiet fliehen.

Der 4316 Meter hohe **Mount Shasta** 3 ist fast immer schneebedeckt. Da der Vulkan erst vor 200 Jahren zum letzten Mal ausbrach, wird er noch immer als aktiver Vulkan betrachtet. Den Naturforscher John Muir verbanden schlechte Erinnerungen mit dem Mount Shasta: Die Erfrierungen, die sich der große Kalifornier dort in bitterer Kälte zuzog, hatten zur Folge,

Siehe auch Übersichtskarte S.269 C3

Red Bluff

700 Kilometer

3-4 Tage

Red Bluff

UNBEDINGT ANSEHEN

- Shasta Lake
- Gebiet um den Mount Shasta
- Lava Beds National Monument
- Modoc National Wildlife Refuge
- McArthur-Burney Falls Memorial State Park
- Lassen Volcanic National Park

Dorris
Lower Klamath N.W.R
Lower Klamath Lake
Tule Lake N.W.R
Tulelake
Hill Road
Tule Lake
Clear Lake Reservoir
Macdoel
Montague
Klamath
Goosenest 8280ft
Cascade Range
Lava Beds National Monument
Captain Jacks Stronghold
Visitor Center
Modoc National Forest
Tennant
Mount Hoffman 7913ft
Tionesta
Alturas,
Modoc N.W.R, Goose Lake
The Whaleback 8528ft
National Forest
Weed
Mount Shasta 14162ft
8378ft Ash Creek Butte
Canby
Pit
Mount Shasta
Shasta National Forest
McCloud
Bartle
Castle Crags S.P
Dunsmuir
McCloud River Falls
Lookout
Adin
Sacramento
McCloud
Bieber
Modoc National Forest
5342ft North Fork Mountain
Big Bend
McArthur
Pollard Flat
McArthur-Burney Falls Memorial S.P.
Fall River Mills
Lakeshore
Little Valley
Whiskeytown Shasta Trinity N.R.A
Shasta Lake
Lake Shasta Caverns
Burney
Montgomery Creek
Shasta Lake
Lassen National Forest
8683ft Crater Peak
7354ft Harvey Mountain
Bella Vista
Whitmore
Old Station
Palo Cedro
Redding
Manzanita Lake
Lassen Volcanic National Park
Shingletown
10457ft Lassen Peak
Summit Lake
Juniper Lake
Battle Creek
Anderson
Cottonwood
Bumpass Hell
Drakesbad
Lassen Peak
Paynes Creek
Westwood
William B. Ide S.H.P
Red Bluff
START
Lassen National Forest
Greenville
Sacramento
Los Molinos
Paxton
Flournoy
0 20 Meilen
0 30 Kilometer
Quincy
Corning
Plumas National Forest
161 139 136 97 15 5 89 299 91 404 44 36 32 99

dass er zeitlebens hinkte. Als Ort zum Übernachten bietet sich, insbesondere im Sommer, das Holzverarbeitungsstädtchen **McCloud** 4 an, das einige Meilen östlich der I-5 an der Calif. 89 liegt *(Visitor Information 205 Quincy St., Tel. 530/964-3113)*. Das restaurierte McCloud Hotel (siehe S. 378) bietet Bed-and-Breakfast in ausgesprochen hübschen Zimmern. In jedem Fall sollten Sie die drei umliegenden Wasserfälle besuchen; dort können Sie schwimmen, picknicken und einfache Wanderungen unternehmen *(Karten sind im Hotel erhältlich)*. Das Abendessen sollten Sie im **Shasta Sunset Dinner Train** einnehmen, der Sie während des Dinners zur Aussicht **MacIntosh Vista** fährt. Auch um den Mount Shasta ranken sich viele verschiedene Mythen und Legenden.

In McCloud haben Sie die Möglichkeit, die Rundfahrt abzukürzen. Anstatt die nördliche Richtung einzuschlagen, fahren Sie von McCloud aus auf der Calif. 89 nach Südosten und setzen die Besichtigungstour mit den McArthur-Burney Falls fort.

Die Hauptroute führt über die I-5 weiter in Richtung Norden zu der Kleinstadt **Weed**. Auf der US 97 geht es von hier aus nach Nordosten, wo man die **Cascade Range**, eine Bergkette vulkanischen Ursprungs, die in British Columbia beginnt, überquert. Das **Modoc Plateau**, eine trockene, mit Wacholder und Salbei bewachsene, flache Hochebene, gehört zum Great Basin. Das **Klamath Basin** erstreckt sich bis über die Grenze zu Oregon und bietet einigen seltenen Vogelarten Lebensraum.

Kurz vor der Staatsgrenze biegen Sie auf die Calif. 161 und fahren in östliche Richtung. Empfehlenswert ist der Besuch des **Lower Klamath National Wildlife Refuge** 5 *(Tel. 530/667-2231)*, ein Sumpfgebiet, das unter der Verwaltung des Fish and Wildlife Service steht. Dieses Gebiet sowie das nahe gelegene **Tule Lake National Wildlife Refuge** *(Tel. 530/667-2231)* sind für Vogelliebhaber wahre Eldorados. In den Sümpfen und flachen Seen halten sich im Winter Weißkopfseeadler und mehr als eine Million zuwandernde Gänse, Enten und Schwäne auf. Zur Brutzeit trifft man hier verschiedene Reiher, Ohrenscharben und Zimtenten an.

Gleich südlich des Tule Lake befindet sich das **Lava Beds National Monument** 6 *(an der Hill Rd. S von der Calif. 161 abbiegen, Tel. 530/667-2282)*. Hier erwarten Sie Extreme: gleißend heiße Tage und klirrend kalte Nächte. Direkt neben dem Visitor Center finden Sie die berühmten Lavaröhren. Diese 30 000 Jahre alten Relikte vulkanischer Aktivität bildeten sich, weil das Äußere der Lavaströme schneller erkaltete und erstarrte als das Innere; im Inneren der Röhre konnte sich nach Versiegen des Lavastroms die noch flüssige Lava weiter voranschieben, bis sie die Röhre verließ. Im Innern dieser Röhren kann man farbenprächtige Flechten bewundern. In jedem Fall sollten Sie sich warm kleiden, festes Schuhwerk tragen und mit Helm sowie Taschenlampe ausgerüstet sein (die beiden letzteren Gegenstände erhalten Sie im Visitor Center). Seien Sie vorsichtig und gehen Sie niemals allein. Die Park Rangers bieten auch Führungen an, sie zeigen Ihnen außerdem Petroglyphen, alte Felsschnitzereien der amerikanischen Ureinwohner.

Bevor Sie den Park auf der Calif. 139 verlassen, sollten Sie noch einen Abstecher zu einem weitgehend unbekannten Kriegsschauplatz machen, dem des Modoc War. Die Festung **Captain Jacks Stronghold** ist nach jenem Modoc-Krieger benannt, der 1872 hier die U.S. Army besiegte. Zwei kurze Wege führen um die Festungsanlagen des Captain.

Ein Abstecher, der sich für Naturliebhaber lohnt, ist der Ort **Alturas** 7 *(siehe Karte S. 269)*, den man über die Calif. 299 östlich von Canby erreicht. Hier kann man Vögel und viele andere Tiere beobachten. Eine empfehlenswerte Unterkunft ist die Bed-and-Breakfast-Pension Dorris House Inn (siehe S. 377) am Ufer des Dorris Lake. Die Pension war 1912 das Heim der Stadtgründer Presley und Carlos Dorris, und auch die heutigen Besitzer kennen die Region wie ihre Westentasche. Eine gute, herzhafte Mahlzeit bekommt man im Brass Rail (siehe S. 377) – das Lokal ist bekannt für seine riesigen Portionen in familiärer Umgebung.

Die große Attraktion im Umland von Alturas ist das **Modoc National Wildlife Refuge** *(Visitor Information, 800 W. 12th St., Alturas, Tel. 530/235-2684)*, ein Reservat für Wasservögel. Unterschätzen Sie die Beliebtheit dieses Parks nicht – obwohl er am Ende der Welt zu sein scheint, wird er von vielen Ornithologen besucht. Der Grund: Hier gibt es 246 Vogelarten, darunter 40 Zugvögel, etwa die

Oberhalb der Farm in der Nähe des Städtchens Weed leuchten die Schneefelder auf dem Mount Shasta

Kanadagans, die Krickente, die Stockente und die nordamerikanische Pfeifente, die im Frühjahr und Herbst woanders leben. Im Sommer finden hier Stelzvögel wie beispielsweise der Schlammtreter, der Säbelschnabler und verschiedene Möwen- und Reiherarten ihren Lebensraum. Mit etwas Glück erspäht man im Winter Weißkopfseeadler.

Wer sich für die Geschichte der Pioniere und ersten Siedler interessiert, sollte nördlich von Alturas einen Abstecher von der US 395 zum **Goose Lake** machen. Hier, ganz in der Nähe der Stelle, wo Oregon, Kalifornien und Nevada aneinander stoßen, trafen sich zwei Siedler-Trails. Der erste, der so genannte **Applegate Trail**, wurde 1846 von einem aus 15 Menschen bestehenden Treck geschaffen, die kartografischen Informationen aus den 20er Jahren des 19. Jahrhunderts folgten. Der zweite, der so genannte **Lassen Trail**, wurde 1848 zum ersten Mal von einem Treck befahren; nach einem harten, entbehrungsreichen Winter wurde der Treck 40 Meilen nördlich von Sacramento von Peter Burnett gerettet, der später als erster kalifornischer Gouverneur in die Geschichte einging. Die Mitarbeiter des Modoc National Wildlife Refuge Information Center geben Ihnen gerne Auskunft über diese Trails.

Wenn Sie diesen Abstecher nicht unternehmen, folgen Sie der Calif. 299 nach Südwesten und dann der Calif. 89, die zum Eingang des **McArthur-Burney Falls Memorial State Park** **8** *(Tel. 530/335-2777)* führt. Der knapp 40 Meter hohe Wasserfall, den Theodor Roosevelt als das »achte Weltwunder« proklamierte, ist mühelos über einen Fußweg zu erreichen. Mit den beeindruckenden Naturschönheiten, die der Park aufzuweisen hat, ist er geradezu ein Geheimtipp. Die kleinen Motels und Pensionen rund um den Park bieten gute Übernachtungsmöglichkeiten.

Weiter geht es auf der Calif. 89 in Richtung Süden zum **Lassen Volcanic National Park** **9**, der weitere Naturwunder hat (siehe S. 286). Die durch den Park führende Calif. 89 ist im Winter geschlossen und manchmal – bei extrem schlechtem Wetter – sogar im Sommer. Erkundigen Sie sich im Voraus bei der Parkverwaltung.

Über die Calif. 89 gelangen Sie auf die Calif. 36; in Richtung Westen geht es zurück nach Red Bluff. Im Winter nehmen Sie die Calif. 44 nach Redding und dann die I-5. ■

Lassen Volcanic National Park

EINES DER BESTGEHÜTETEN GEHEIMNISSE DES NORDwestens Kaliforniens ist dieser 40 460 Hektar messende, ungezähmte Landstrich. Ein traumhafter Ort für all jene, die den nordkalifornischen Sommer in unberührter Natur abseits des von Besuchermassen überlaufenen Yosemite National Parks verbringen möchten.

Lassen Volcanic National Park Besucherinformation
www.nps.gov/lavo
269 D3
State Route 36 East, Mineral
530/595-4444
Besucherinformation Geschl. nachm. und Sa–So

Das Zentrum des Parks befindet sich auf und um den 3187 Meter hohen **Lassen Peak**, einem Vulkan, der zuletzt 1915 ausbrach, das Umland mit riesigen Staubwolken bedeckte und unter Schlammmassen begrub. Noch heute, mehr als 90 Jahre später, sind die Folgen zu sehen, vor allem dort, wo die Calif. 89 (oder Lassen Park Road) die so genannte **Devasted Area** nördlich des Peak kreuzt.

Der Lassen Peak spiegelt sich auf der ruhigen Oberfläche des Lake Helen

Der Park gleicht einer bizarren Vulkanlandschaft mit heißen Quellen, blubbernden Schlammlöchern und dampfenden Erdspalten, insbesondere im südwestlichen **Bumpass Hell**. Doch auch kristallklare, blaugrün schimmernde Kraterseen, dichte Wälder und (vor allem im Frühjahr) wunderschöne, bunt blühende Wiesen findet man hier. Die vom National Park Service angelegten Wege ermöglichen den Besuchern die Entdeckung all dieser Naturschätze. Verlassen Sie die Wege nicht, denn die kochenden Quellen und heißen Dampf verströmenden Spalten tauchen oft unerwartet auf und können durchaus gefährlich sein.

Im Park stehen sechs Campingplätze zur Verfügung; die meisten befinden sich in unmittelbarer Nähe zu einem der Naturschauspiele wie etwa dem **Manzanita Lake** im Nordwesten, dem **Juniper Lake** im Osten oder dem **Summit Lake** in der Mitte.

Komfortabler übernachtet man allerdings in der Drakesbad Guest Ranch (siehe S. 377), einer in den 60er Jahren des 19. Jahrhunderts von deutschen Einwanderern in der Nähe heißer Quellen erbauten Pension. Die späteren Besitzer errichteten ein Schwimmbecken, das von umliegenden heißen und kalten Quellen gespeist wird und die Besucher mit einer angenehmen Temperatur von gut 35 Grad verwöhnt – ein wunderbarer Ort zum Betrachten des nächtlichen Sternenhimmels. Im Haupthaus von Drakesbad kann man in rustikalen Zimmern übernachten (trotz der beschränkten Menge an Elektrizität ist es sehr komfortabel). Die schönsten, beeindruckendsten Stellen dieses Parks kann man zu Fuß über die Wanderwege oder aber in geführten Touren auf dem Pferderücken erkunden.

Im »Lassen Park Guide« finden Sie eine Pensionsliste. ■

Das Gold Country bildet in historischer – und auch dramatischer – Hinsicht das Herz Kaliforniens. Doch kommen die Leute heutzutage nicht mehr des Goldes, sondern seiner großen Weine und beeindruckenden Landschaft wegen hierher. In Grass Valley und in Sonora gibt es eine lebhafte Kunstszene. Mark Twain (seine Hütte liegt hier) hätte seine Freude.

Gold Country

Am Ende des Regenbogens

Gold Country

DAS GOLD COUNTRY MIT SEINER KETTE MALERISCHER STÄDTE, DIE ZWIschen Mariposa und Nevada City entlang der Calif. 49 liegen, ist für den Reisenden ein wahrer Traum. Sie können es auf einer Tagestour oder, besser, eine ganze Woche lang erkunden. Anders als der tiefe Norden zeichnet sich das Gold Country durch eine sehr gute Fremdenverkehrs-Infrastruktur (mit den vielleicht besten und am günstigsten gelegenen Besucherzentren überhaupt), relativ geringe Entfernungen zwischen den wichtigen Punkten und (in der Saison) ein angenehm warmes Klima aus.

Bei der Goldwäsche im Columbia State Historic Park

Die Region hat eine Geschichte epischen Ausmaßes. Am 24. Januar 1848 entdeckte James Marshall, ein in einem Sägewerk am American River arbeitender Einwanderer aus New Jersey, ein linsengroßes Stück gelben Erzes in der Grube des Sägewerks. Er hob es auf. War es Pyrit oder Gold? Er schlug mit Steinen darauf ein. Es war weich. Es war also Gold. Die Neuigkeit verbreitete sich – über die gesamte Bucht, in den Osten der USA und schließlich über die ganze Welt. Kalifornien veränderte sich radikal. Bis 1850 wuchs seine Bevölkerung von 15 000 auf fast 100 000 an. Wie der Historiker J. S. Hallidie schreibt: »Die Welt rauschte herein.«

Die verfeinerte Version der Geschichte fügt Nuancen, tragische Elemente und farbige Ausschmückungen hinzu. Der Goldrausch bedeutete für so manchen einen Triumph, eine Katastrophe jedoch für die Indianer, die ihres Landes beraubt und mit den Krankheiten des weißen Mannes infiziert wurden. In gewisser Weise markierte der Goldrausch auch das Ende des lateinamerikanischen Kaliforniens, weil er viele angelsächsische Protestanten und Yankee-Reformer ins Land brachte. Es entstand eine multikulturelle Welt, in der Chinesen, Peruaner, Farbige, Schweden und Leute aus den Bergen zusammentrafen.

Wenn man sich diese Tatsachen und Ereignisse vor Augen führt, gewinnt ein Besuch des Gold Country an Tiefe. Eine jede der Städte besitzt ihre eigene interessante und abwechslungs-

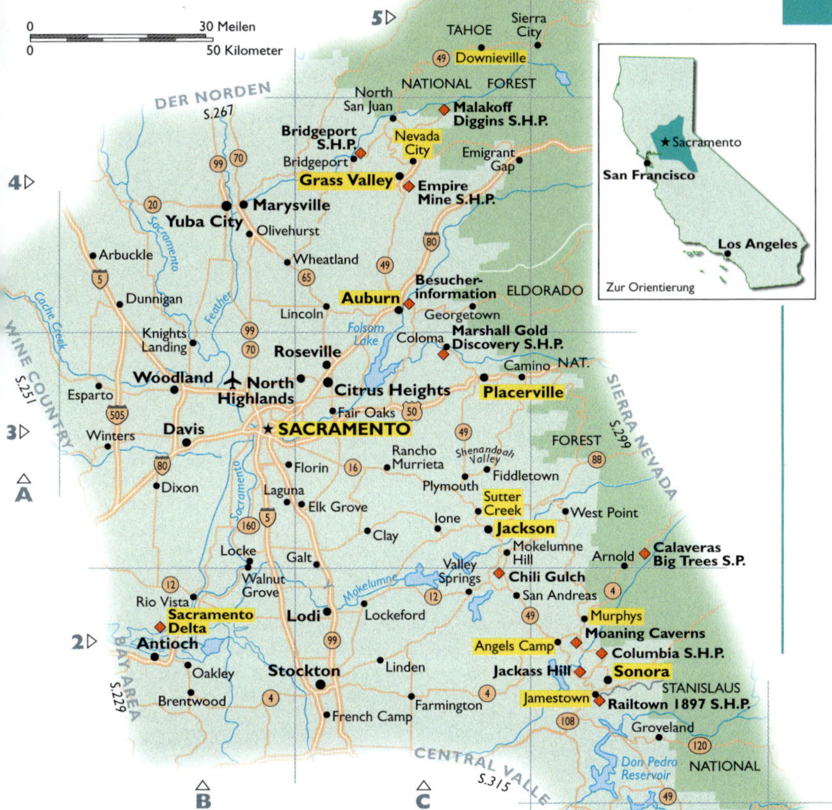

reiche Geschichte, die sich dem Besucher auf einem Spaziergang durch ihre Straßen erschließt.

Das Gold Country ist darüber hinaus ein passender Auftakt für einen Besuch des Yosemite National Parks (siehe S. 302ff). Ihre Fahrt durch das Gold Country könnte so aussehen: Die erste Nacht verbringen Sie in Grass Valley mit seinen guten Restaurants und Hotels. Am nächsten Tag sollten Sie die berühmte Empire Mine erkunden, bevor Sie nach Süden zum Marshall Gold Discovery State Historic Park fahren. Übernachten Sie dann in Jackson, Sonora oder Murphys, bevor Sie in Mariposa Station machen. ■

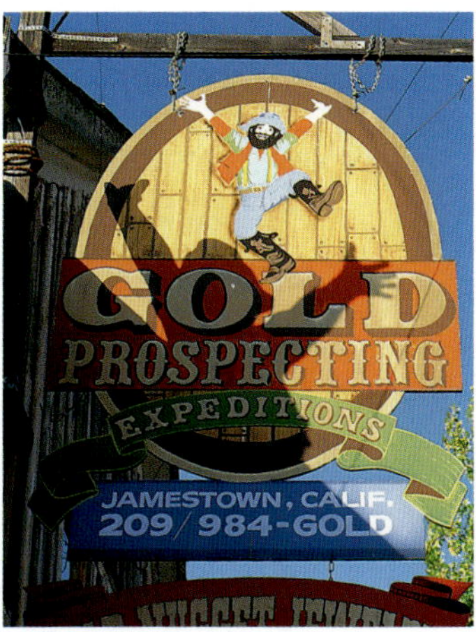

Reklame fürs Schürfen in Jamestown

Sacramento

Sacramento
289 B3
Besucher-information
www.sacramentocvb.org
1608 I St.
916/808-7777

Sutter's Fort State Historic Park
27th Höhe L Sts.
916/445-4422
$

State Capitol
10th St. &Höhe Capitol Mall
916/324-0333

Crocker Art Museum
www.crockerartmuseum.org
216 O St.
916/264-5423
Geschl. Mo
$$

DIE HEUTIGE HAUPTSTADT KALIFORNIENS WURDE 1839 von dem aus der Schweiz stammenden Unternehmer Johann Augustus Sutter gegründet. Die Stadt begann ihre postkoloniale Existenz als Ergebnis des Ehrgeizes dieses Mannes, sich sein eigenes landwirtschaftliches Feudalreich aufzubauen. Dieser Versuch scheiterte jedoch. Als der Goldrausch ausbrach, verließen Sutters Arbeiter – die aus aller Herren Länder stammten – ihren Herrn. Im Jahr 1850 war Sutter, den ein Siedler den »gastfreundlichen, visionären, jedoch unklugen Landbaron von Sacramento« nannte, bankrott.

Zahlreiche Überreste von **Sutter's Fort**, dem Mittelpunkt seiner Neuschweizer Kolonie, können heute im Rahmen einer Audio-Führung durch den Sutter's **Fort State Historic Park** besichtigt werden. Man kommt dabei durch eine Reihe von Ausstellungsräumen, darunter die Werkstätten eines Kupferschmieds und eines Schmieds, eine Bäckerei, ein Gefängnis und ein Speisezimmer.

Das aus dem 19. Jahrhundert stammende klassizistische **State Capitol** ist das eleganteste Gebäude Sacramentos. Einige seiner Räume sind der Öffentlichkeit zugänglich, darunter jener, in dem die Staatsversammlung tagt (wenn gerade Sitzungsperiode ist). Obwohl das gesellschaftliche Leben Sacramentos von Politik beherrscht wird, existiert auch eine vitale Kunstszene. Verpassen Sie auf keinen Fall das in einem Gebäude aus dem 19. Jahrhundert untergebrachte **Crocker Art Museum**. Der Richter Edwin Crocker und seine Frau hatten in den Jahren 1870–72 eine Europareise unternommen, auf der sie zahlreiche Kunstwerke kauften. Das Museum besitzt neben Werken europäischer Maler, von Dürer bis Goltzius, auch Bilder kalifornischer Künstler.

Zu neuem Leben wurde **Old Sacramento** erweckt. Dieses etwa zehn Hektar große Gebiet am Ufer des Sacramento River war in der Zeit

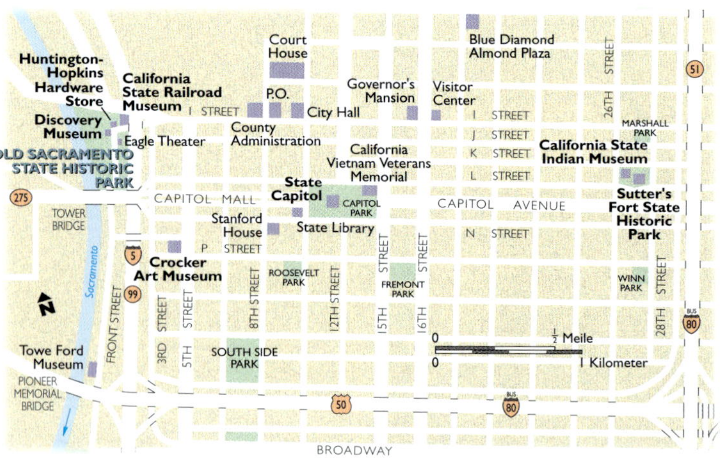

des Goldrauschs das Wirtschaftszentrum. Die hölzernen Bürgersteige vor den historischen Gebäuden verleihen der Stadt eine Wild-West-Atmosphäre. Ein absolutes Muss ist hier das **California State Railroad Museum**, das größte Museum zur Eisenbahngeschichte Nordamerikas. 21 Lokomotiven finden sich hier ausgestellt, die nach der Restaurierung wieder im Glanz des 19. Jahrhunderts erstrahlen. Im Sommer gibt's eine zehn Kilometer lange Zugfahrt.

Der **Huntington-Hopkins Hardware Store** *(125 I Street, Tel. 916/323-7234; rufen Sie vorher an)* ist der geschichtsträchtige Ort, wo die Großen Vier den Bau der Transcontinental Railroad vereinbarten.

Um den Sacramento hautnah zu erleben, können Sie eine Fahrt auf einem alten Boot machen *(Tel. 800/433-0263)*.

Besuchen Sie auch das **Discovery Museum**, das mit interaktiver Computertechnolgie die Geschichte Sacramentos lebendig werden lässt. Das **California State Indian Museum** vermittelt eine etwas andere Perspektive auf die Regionalgeschichte. ■

Das Sacramento-Delta

Viele der Städte im Delta des Sacramento sind von asiatischen Einwanderern gegründet worden, die wegen der guten landwirtschaftlichen Bedingungen hierher kamen. Der »Kartoffel-König« George Shima, ein im 19. Jahrhundert eingewanderter Japaner, errichtete im Deltagebiet, ein Kartoffel-Reich.

Die kleine Stadt Locke an der Calif. 160 war das erste Gemeinwesen in den USA, das ausschließlich von Chinesen für Chinesen errichtet wurde. Früher eine raue Wild-West-Stadt, geprägt von Alkohol, Prostitution und Opium, ist der Ort heute sehr malerisch und stellt ein lebendiges Stück Geschichte dar. ■

Das State Capitol in Sacramento

California State Railroad Museum
www.californiastaterailroadmuseum.org
✉ 125 I St.
☎ 916/445-6645
$ $$

Discovery Museum
www.thediscovery.org
✉ 101 I St.
☎ 916/264-7057
$ $$

California State Indian Museum
✉ 2818 K St.
☎ 916/324-0971
$ $

Das nördliche Gold Country

Downieville
289 C5

Downieville Museum
330 Main St.
530/289-3423
Geschl. im Winter

Nevada City
289 C4
Besucher-information
www.nevadacitychamber.com
132 Main St.
530/265-2692

Malakoff Diggins State Historic Park
289 C4
23579 Bloomfield Rd.
530/265-2740
$

DIE STÄDTE IM NÖRDLICHEN GOLD COUNTRY SIND DURCH ein kühleres Klima als im Süden charakterisiert. Sie zeichnen sich ferner durch ein stärkeres Gemeinschaftsgefühl und den Stolz auf ihre historische Kontinuität aus, die bis etwa 1850 zurückreicht.

Wenn man seine Tour im Norden auf der Calif. 49 beginnt, trifft man auf die 1851 von Major William Downie gegründete Stadt **Downieville**, der man einen Besuch abstatten sollte. Unter der Stadt befand sich so viel Gold, dass einer Legende zufolge ein Mann, der einen hier gefangenen Fisch kochte, hinterher Goldstaub auf dem Boden des Topfes fand. Im Stadtzentrum befindet sich auf der Main Street das Gerichtsgebäude der Stadt, das **Sierra County Courthouse** von 1855. Das **Downieville Museum** präsentiert ein weites Spektrum an Gegenständen aus der Zeit des Goldrauschs. Amateur-Goldgräber können bei Sierra Hardware *(305 Main Street, Tel. 530/289-3582)* die nötige Ausrüstung erstehen.

Weiter in Richtung Südwesten auf der Calif. 49 liegt **Nevada City**. Die Stadt wurde 1849 von Goldsuchern gegründet, die die ergiebigen Kieselfelder des Lost Hill-Gebiets durchkämmten und dabei in zwei Jahren Goldstaub im Wert von acht Millionen Dollar fanden. Das hiesige **National Hotel** *(211 Broad Street, Tel. 530/265-4551)* beansprucht, »das älteste, ohne Unterbrechung betriebene Hotel westlich der Rockies« zu sein. Nevada City bietet sich als Ausgangspunkt für Goldwäsche-Touren auf dem South Yuba River *(Tel. 560/432-2546)* und für einen Besuch des **Malakoff Diggins State Historic Park** im Nordosten an. Die zerstörte Landschaft in diesem Park dokumentiert den rücksichtslosen Charakter der

frühen (und glücklicherweise nur kurzlebigen) Praxis der hydraulischen Goldsuche. Ein Kontrastprogramm nach diesem bedrückenden Erlebnis sind die wunderbaren Wildblumen am **Brideport Buttermilk Bend Trail** neben der Pleasant Valley Road.

Grass Valley gilt als die reichste Bergbaustadt Kaliforniens. Hier wurde in den der Stadtgründung 1849 folgenden hundert Jahren Gold im Wert von mehr als 400 Millionen Dollar gefördert. Die Stadt ist außerdem der Geburtsort von Josiah Royce (1855 geboren), einem Harvard-Wissenschaftler, der für seinen Idealismus und seine Betonung der Bedeutung des Einzelnen bekannt ist. Royces Elternhaus, in dem sich heute die Stadtbibliothek befindet, liegt auf der Mill Street.

Ganz in der Nähe steht das 1852 erbaute Haus, das die Tänzerin Lola Montez bewohnte; Bekanntheit erlangte diese auf Grund ihres »Spinnentanzes« und der Tatsache, dass sie sich von ihrem Mann scheiden ließ, weil er ihren »zahmen« Bären erschoss, als dieser ihn angriff.

Das historische **Holbrooke Hotel** *(212 West Main Street, Tel. 530/273-1353)* in dem schon Mark Twain, Bret Harte und mehrere Präsidenten der Vereinigten Staaten abstiegen, hat ein empfehlenswertes Restaurant, das die Wildhüter der umliegenden Parks im Herbst mit Champignons und Lattich versorgen.

Außerhalb der Stadt befinden sich der **Empire Mine State Historic Park** mit der ältesten, reichsten Mine in Kalifornien und der **Bridgeport State Historic Park**, der eine der letzten überdachten Brücken im Bundesstaat aufweist, die 1862 gebaut wurde, um die Goldminen zu versorgen.

Wenn Sie auf der Calif. 49 in Richtung Süden fahren, ist **Auburn**, an der Kreuzung mit der I-80, die nächste größere Siedlung. Die Stadt ist von Obstplantagen umgeben, die die vielen Stände am Straßenrand in der Saison mit ausgezeichneten einheimischen Erzeugnissen versorgen.

Das Bourne Cottage im Empire Mine State Historic Park

Grass Valley
289 C4
Besucherinformation
248 Mill St.
530/273-4667

Empire Mine State Historic Park
Abzweig von Calif. 49 östl. von Grass Valley
530/273-8522
$$

Bridgeport State Historic Park
17660 Pleasant Valley Rd., Bridgeport
530/432-2546
$

Auburn
289 C4
Besucherinformation
13411 Lincoln Way
530/887-2111

Das Volunteer Firehouse (»Haus der Freiwilligen Feuerwehr«) im historischen Auburn

Marshall Gold Discovery State Historic Park
Back St., Abzweig von Calif. 49, Coloma
530/622-3470
$

Die unter dem Namen Wood's Dry Diggins im Jahr 1848 gegründete Stadt liegt an einem Rinnsal namens Auburn Ravine, an dem es einst reiche Goldminen gab. Das **Placer County Courthouse** *(10791 East Empire Street)*, ein stattliches Gebäude aus dem 19. Jahrhundert, beherrscht die Altstadt; es beherbergt auch ein Museum *(Tel. 530/ 889-6500)*, das mehrere interessante historische Ausstellungsstücke bietet.

Coloma, weiter südlich an der Calif. 49 gelegen, ist jener Ort, an dem James Marshall den ersten Goldfund machte. Dieses legendäre Ereignis wurde im Tagebuch eines Kollegen Marshalls wie folgt festgehalten: »Montag, der 24. Heute wurde in dem aufgewühlten Boden ein Metall gefunden, das wie Gold aussieht. Es wurde zuerst von James Martial, dem Boss des Sägewerks, entdeckt.« Besuchen Sie den **Marshall Gold Discovery State Historic Park** und verbringen Sie dort einen schönen Nachmittag mit Picknick, Wandern und der Erkundung der historischen Stätten. Der **Monument Trail Hike**, ein etwa 2,5 Kilometer langer Rundwanderweg, der am Marshall Monument and Gravesite beginnt, wird Sie zur Gold Discovery Site (»Stelle des Goldfundes«) und anschließend, den flachen American River entlang, zur **Sutter's Mill** und schließlich zum **Bekeart's Gun Shop** führen, wo Sie sich als Goldwäscher versuchen können.

Die **Apple Hill Farms** sind eine Ansammlung von Höfen, die Obst, Gemüse und Wein produzieren. Man kann sie auch auf direkterem Weg von **Placerville** aus über die US 50 erreichen. Wieder in Richtung Süden auf der Shenandoah School Road liegt die Amador Flower Farm *(Tel. 209/245-6660)* unweit der Stadt Plymouth. Sie hat sich auf Zierpflanzen spezialisiert.

Sutter Creek spielte in der Geschichte des Goldrauschs eine Schlüsselrolle; die Stadt zog eine Reihe von Investoren an, die auf den Goldfeldern Widman, Lincoln und Central Eureka nach Gold suchten. Das letztgenannte, das Leland Stanford schon fast aufgegeben hatte, bescherte ihm schließlich die Mittel, die er in die Central Pacific Railroad investierte. Sutter Creek ist heute das Zentrum eines blühenden kleinen Weinbaugebiets, etwa mit der **Sutter Ridge Winery** *(14110 Ridge Road, Tel. 209/267-1316)*.

An Sommerwochenenden kann man die ergiebige **Kennedy Mine** *(Tel. 209/223-9542)* erkunden. ■

Kunst und Kultur im Gold Country

Was Sie nicht übersehen sollten: Das Gold Country bietet mehr als nur die Möglichkeit, historische Feldstudien zu betreiben, zu reiten oder zu entspannen. Es bietet darüber hinaus jede Menge Kunst und Kultur. Das Angebot reicht von Musikfestivals bis hin zu Theateraufführungen und engagierten Kunstausstellungen. Besonders zu erwähnen ist **Nevada City**, das, ebenso wie seine Nachbarstadt **Grass Valley**, sehr viel auf Kunst und Kultur hält. Probieren Sie es mit der klassischen Veranstaltungsreihe »Musik in den Bergen« *(Tel. 560/265-6124, www.musicinthemountains.org)* oder dem Sierra Shakespeare Festival *(Tel. 888/ 730-8587, www.foothill theatre.org)*.

Wenn Sie Informationen zu kulturellen Veranstaltungen in dieser Gegend wünschen, sollten Sie es zunächst unter www.ncgold.com versuchen. Es informieren auch die einzelnen Besucherzentren. ■

Das südliche Gold Country

Die Hauptstraße in Angels Camp

IM SÜDLICHEN GOLD COUNTRY SCHLUG DER ANFÄNGLICH friedliche Goldrausch schon bald in Gewalt um. Hier sollen die blutigen Plünderungen des »mexikanische Robin Hood«, Joaquín Murieta, seine Anfänge genommen haben. Hier wurden die ersten Fehden zwischen chinesischen Banden geführt; hier sollen Sklaven verkauft worden und Rassenkämpfe über Schürfrechte ausgebrochen sein. Heute gibt es in den ruhigen, malerischen Straßen des südlichen Gold Country – von »Moke Hill (Mokelumne Hill)« bis nach Mariposa – keine Hinweise mehr auf dieses gewaltvolle Kapitel der Geschichte.

Die 1850 gegründete Stadt **Jackson** war einst ein wichtiger Haltepunkt auf dem alten Carson Emigrant Trail (»Carson-Einwanderer-Weg«). Heute kreuzen sich hier die von Norden nach Süden führende Calif. 49 und die von Osten nach Westen verlaufende Calif. 88. Die Argonaut Mine südlich der Calif. 88 erreichte eine für die damalige Zeit unglaubliche Tiefe von mehr als 1500 Metern. Jackson rangierte kurze Zeit als Hauptstadt von Calaveras County, nachdem ehrgeizige Bürger die Regierungsarchive des nahe gelegenen Double Springs geplündert hatten. Sie wurden aber schon im folgenden Jahr von der Nachbarstadt »Moke Hill« überlistet, die sich diesen Titel aneignete. Heute ist Jackson eine geschäftige Kleinstadt mit vielen Cafés, italienischen Restaurants und zahlreichen Buchhandlungen (siehe S. 298).

Mokelumne Hill, weiter südlich an der Calif. 49 gelegen, wurde 1849 als mexikanisches Goldgräbercamp angelegt. Einst war es eine der wildesten Goldgräberstädte, in der Schießereien an der Tagesordnung waren. Fragen Sie im Hotel Leger *(Calif. 49 & Calif. 26, Tel. 209/286-*

Jackson
289 C3

Oben: Unterweisungen in der Goldsuche im Columbia State Historic Park

Calaveras County Besucherinformation
www.gocalaveras.com
✉ 1192 South Main St., Angels Camp
☎ 209/736-0049 oder 800/225-3764

Calaveras County Museum & Visitor Center
✉ 30 N. Main St.
☎ 209/754-1058

1401, www.hotelleger.com) nach einer Übersichtskarte, wenn Sie einen Rundgang machen wollen. Dieser wird der ereignisreichen Vergangenheit der Region allerdings kaum gerecht. Das unmittelbar südlich gelegene French Hill ist beispielsweise die Stelle, an der 1851 der so genannte »Französische Krieg« geführt wurde, als amerikanische Goldgräber buchstäblich ihre Spitzhacken erhoben, um aggressive französische Neulinge zu vertreiben. Gehen Sie von hier aus auf der Calif. 49 ein Stück nach Süden zur **Chili Gulch**, wo 1849 der so genannte »Chilenische Krieg« ausgefochten wurde. In diesem Fall wurden Amerikaner von Chilenen in die Flucht geschlagen, die über Versuche, ihnen ihre Schürfrechte streitig zu machen, erzürnt waren.

San Andreas, ein 1848 errichtetes weiteres mexikanisches Camp, gilt als Standort jener Taverne, die Mark Twain in *Der berühmte Springfrosch von Calaveras County* (siehe S. 39f) porträtierte. Im **Calaveras County Museum & Visitor Center** können Sie viele Relikte aus der Zeit des Goldrauschs besichtigen, unter anderem die Schärpe des Banditen Joaquín Murieta (siehe unten Murphys). Das Museum zeigt außerdem Erinnerungen an die Miwok-Indianer, die einst dieses Gebiet besiedelten.

Ein anderer Anwärter, der Mark Twain zu der Kneipenszene im *Springfrosch* inspiriert haben soll, ist **Angels Camp**. (»Ich fand Simon Wheeler vor, wie er gemütlich neben dem Kneipenofen der heruntergekommenen Schenke in dem im Niedergang begriffenen Goldgräbercamp von Angel's ...«) Heute ist Angels Camp ein eher unauffälliger Ort mit mehreren Boutiquen, ein paar Cafés und einem Museum, das sich mit dem Goldrausch befasst. Tanken Sie hier auf und fahren Sie dann weiter nach **Murphys**, neben der Calif. 49 an der Calif. 4 gelegen. Die 1848 von den Brüdern John und

Daniel Murphy gegründete Stadt soll der Ort gewesen sein, in dem Joaquín Murieta seine Verbrecherkarriere begann.

Heute ist Murphys eine der am besten erhaltenen Goldgräberstädten. Sehen Sie sich das **Murphys Historic Hotel** *(457 Main Street, Tel. 209/728-3444)* an. Schließlich schliefen hier schon Mark Twain und der US-Präsident Ulysses S. Grant. Die Aufführungen der Calaveras Classic Artists *(Tel. 209/754-1774)* werden von so bekannten Musikern wie dem Stanford String Quartet und dem Harfenisten Alfredo Rolando Ortiz bestritten.

Wenn Sie ein Naturerlebnis der besonderen Art suchen, sollten Sie von Murphys aus die Calif. 4 in nordöstlicher Richtung zum in der Nähe der Kleinstadt Arnold gelegenen **Calaveras Big Trees State Park** *(Tel. 209/795-2334)* hinauffahren. Die riesigen Mammutbäume hier geben eine Ahnung davon, was Sie im Yosemite National Park erwartet.

Von Murphys aus lässt sich auch gut das Weinbaugebiet Calaveras erkunden, insbesondere die schönen **Ironstone Vineyards** *(Six Mile Road, Tel. 209/728-1251)*. Dieses Weingut ist in einem beeindruckenden Gebäude untergebracht, das einer Goldprägefabrik aus dem 19. Jahrhundert nachempfunden ist. Versorgen Sie sich in dem Delikatessenladen von Ironstone mit Proviant für ein Picknick und fahren Sie auf der Parrotts Ferry Road nach Süden zum **Columbia State Historic Park** *(Tel. 209/532-0150)*. Hier werden Sie in die Zeit des Goldrauschs zurückversetzt. Nicht nur die Gebäude erinnern an die 50er Jahre des 19. Jahrhunderts – eine Postkutsche, kostümierte Führer, Goldwäscher, Theater und Musik in historischen Salons lassen die Zeit wiederauferstehen, als Columbia so bedeutend war, dass es als ernst zu nehmender Rivale Sacramentos im Rennen um die Vergabe der Hauptstadt galt.

Mag es zwar Meinungsverschiedenheiten zur Lokalisierung von Mark Twains *Springfrosch* geben, bezweifelt doch niemand den Entstehungsort dieser Geschichte – eine kleine, verfallene Holzhütte in einem stillen Eichenhain auf dem **Jackass Hill** *(biegen Sie von der Calif. 49 auf die Jackass Hill Road ab; südlich von Carson Hill, nördlich von Turtletown)*. Hier verfasste Twain seine Erzählung.

Sonora wurde 1848 von Bergleuten aus dem gleichnamigen mexikanischen Bundesstaat gegründet und in den ersten Jahren seines Bestehens von politischen Intrigen geschüttelt. Im Jahr 1850 kam es beinahe zu einem Aufstand, als die neue amerikanische Regierung nichtamerikanischen Goldgräbern eine Steuer in Höhe von 20 Dollar auferlegte. Die Mexikaner flohen schließlich, allerdings erst, nachdem ein Trupp angelsächsischer Siedler aufmarschiert war und seine Kriegsbe-

Angels Camp
289 C2
Besucherinformation
1211 Main St.
209/736-0049

Angels Camp Museum
753 S. Main St., Angels Camp
209/736-2963
Geschl. Mo–Mi
$

Murphys
289 D2
Besucherinformation
230 Big Trees Rd.
800/225-3764

Sonora
289 D2
Besucherinformation
542 Stockton Rd.
209/533-4420

Tuolumne County Museum & History Center
Bradford Ave., neben Washington St., Sonora
209/532-1317

Railtown 1897 State Historic Park
5th Ave., Jamestown
209/984-3953
Keine Züge im Winter

Mariposa
289 D1
Besucherinformation
Calif. 49 & Calif. 140
209/966-7081

Mariposa Museum & History Center
511 Jessie St.
209/926-2924

California State Mining & Mineral Museum
Neben Calif. 49 S of Mariposa
209/742-7625

reitschaft demonstriert hatte. Heute ist Sonora eine lebhafte, kleine Stadt mit zahlreichen Cafés, Restaurants, Geschäften und einem großen Angebot an kulturellen Ereignissen wie dem im August stattfindenden Bluesfestival *(Tel. 209/533-3473)*. Besuchen Sie in Sonora auch das **Tuolumne County Museum & Historic Center** mit Erinnerungsstücken an den Goldrausch.

Das 1849 von Colonel George James gegründete **Jamestown** ist heute eine kleine Stadt mit vielen schicken Geschäften. Die Hauptattraktion ist der **Railtown 1897 State Historic Park**, eine Filiale des California State Railroad Museum in Sacramento (siehe S. 291) mit alter Dampflok.

Mariposa ist als eines der Einfalltore in den Yosemite National Park bekannt. Die Stadt liegt noch etwa 50 Kilometer entfernt. Nehmen Sie sich aber auch Zeit für Mariposa selbst, das ein interessantes altes Gerichtsgebäude besitzt. Spannende Details aus Mariposas Zeit als Zentrum der Goldgräberei und des Eisenbahnbaus werden in zwei Museen präsentiert, dem **Mariposa County History Center** und dem **California State Mining & Mineral Museum**. In Mariposa lebte auch John C. Frémont mit seiner Frau, der Schriftstellerin Jessie Frémont, nachdem er 1858 den Kampf um die Präsidentschaft verloren hatte. Ihr Haus liegt an der Calif. 140, neben der Old Fellows Hall. ■

Einkaufen im Goldland

Obwohl es im Goldland viele sehr schicke Geschäfte gibt, existiert auch eine große Auswahl an erfrischend bodenständigen Einkaufsmöglichkeiten.

Die **Creekside Shops** (Main Street, Sutter Creek) sind ein exzellentes »Antiquitäten-Kollektiv«. Hier bekommen Sie alles, von einer McCoy-Vase bis hin zu einer Erstausgabe einer Bret Harte-Biografie von 1896. Unter Sammlern von kalifornischen Erinnerungsstücken sind zwei Dinge besonders beliebt: Stereografien (3-D-Fotos) aus der Zeit der Wende zum 20. Jahrhundert und alte Postkarten, von denen viele die krakelige Schrift der damaligen Wanderarbeiter tragen. **Antiques Etcetera** (South Washington Street, Sonora) hat sich auf Geschirr und Besteck aus dem frühen 20. Jahrhundert spezialisiert.

Kunst: Im Gold County leben viele talentierte Künstler, die sich ihren Ruf in San Francisco verdient haben. **Holbroke Hotel** in Gras Valley zeigt Drucke von Peggy Swan. Weitere lokale Talente zeigt die **Calaveras County Arts Council Gallery** in San Andreas. **The Vault** *(42 S. Washington St., Sonora)* zeigt einige der Maler, die in und um Sonora groß geworden sind. Sehenswert sind z. B. die Speckstein-Skulpturen von Constance Shields.

Bücher: Unter den hervorragenden Second-Hand-Buchläden ist auch **Hein & Company** *(Main St., Jackson)*. Die Besitzer haben ein gutes Auge für Sammelwürdiges: So kann man hier ein Maxfield-Parrish-Album von 1930 finden oder seltene Hardcover-Ausgaben.

Lebensmittel: Die Apple Hill Growers Association in Camino verkauft lokale Produkte. Im Herbst lohnt ein Besuch der **Mill View Ranch** *(Upper Hill Ave., Tel. 503/644-1396)*, die Cider, Birnen und Honig verkauft. **Boa Vista Orchards** *(2952 Carson Rd., Placerville, Tel. 530/622-5522, www.boavista.com)* bietet Obst, Wein, Pies und Gebäck. ■

Ein traditionelles Ladenschild in Columbia

Die Berge in Kaliforniens Sierra Nevada verkörpern das wilde Kalifornien. Der Yosemite National Park, die Sequoia und Kings Canyon Nationalparks und der Lake Tahoe bieten überwältigende Naturerlebnisse. Niemand verlässt diese Gegend, ohne eine Ahnung von der Macht der Natur bekommen zu haben.

Sierra Nevada

Morgennebel im Yosemite National Park

Sierra Nevada

DIE 640 KILOMETER LANGE SIERRA NEVADA-BERGKETTE VERLÄUFT VOM MOUNT Lassen bis zum Sequoia National Park. Sie entstand vor etwa 130 Millionen Jahren durch gewaltige, vulkanische Aktivitäten. Heute ist der Gebirgszug ein Paradies mit tiefen Wäldern, eisblauen Seen, von Gletschern zerfurchten Tälern und schneebedeckten Berggipfeln.

Reisende, die sich für die Flora und Fauna der Region (und natürlich für das Klima) interessieren, sollten zunächst Grundlegendes zur Topografie der Sierra erfahren. Eine Überquerung der Bergkette ist mit einer Reise in die arktische Tundra zu vergleichen, wobei 300 Meter Höhendifferenz etwa einer Distanz von 500 Kilometern in nördlicher Richtung entsprechen.

Man kann die Sierra in vier ökologische Zonen unterteilen. Der gemischte Nadelbaumgürtel (etwa 1000 bis 2000 m) ist eine Zone häufiger Niederschläge und dichter Vegetation. Mammutbäume, Kiefern und Fichten bieten Hirschen, Bären und anderen Waldsäugetieren Schutz und Lebensraum. Der Kiefer-Fichten-Gürtel (etwa 2000 bis 2800 m) ist eine Region schattiger Wälder, zunehmenden Schneefalls und feuchter Bergwiesen – perfekt für Kiefern und Bergwacholder. Im subalpinen Gürtel (etwa 2800 bis 3200 m) beginnt sich die Landschaft unter der Einwirkung von Schnee und Wind zu verändern. Die Vegetation ist bodennah und häufig verdreht und knorrig. Der alpine Gürtel (von etwa 3200 m an aufwärts) markiert den Beginn der Baumgrenze. Die Niederschlagsmenge geht drastisch zurück, und die Vegetation ist spärlich. Eine interessante Umweltanpassung der Pflanzen hier besteht darin, dass sie keinen Duft verströmen. Das Duften verbraucht knappes Wasser. Der fehlende Duft wird jedoch durch visuelle Reize wettgemacht. Viele der Pflanzen bringen etwa besonders große Blüten hervor, die Pollenverteiler anlocken sollen.

Der Yosemite National Park ist die Hauptattraktion eines Besuchs der Sierra. Aber in den letzten Jahren haben sich auch die beiden anderen Nationalparks – Kings Canyon und Sequoia – zu erstklassigen Reisezielen entwickelt. Der im Norden liegende Lake Tahoe übte schon immer große Anziehungskraft aus, besonders auf Besucher, die sich auch für Las Vegas in Nevada interessieren. ■

El Capitan in der Morgendämmerung vom Merced River aus

Der Yosemite National Park

MEHR ALS 9000 JAHRE LANG SIEDELTEN INDIANER IM YOSEMITE Valley. Während der letzten tausend Jahre fanden die Miwok, ein Unterstamm der Ahwahneechee, hier eine Heimat. *Ahwahnee* bedeutet »Tal, das wie ein geöffneter Mund aussieht«, eine sehr treffende Beschreibung dieses von Gletschern zerfurchten Einschnitts in die Sierra.

Die Lower Yosemite Falls im Frühling

Yosemite National Park
www.nps.gov/yose oder
www.yosemitepark.com
301 A/B4/5
209/372-0200
24-Stunden-Service für Wetter- und Wegeberichte sowie Camping-Information
800/436-7275 (Camping-Reservierungen)

Bei der Verfolgung eines Indianertrupps in die Berge betraten 1851 die Soldaten das magische Tal. Sie waren die ersten Nicht-Indianer, die es zu Gesicht bekamen. Der große Naturkundler John Muir (1838–1914) erlag der Faszination des Yosemite Valley und verbrachte einen Großteil seines Lebens damit, es zu schützen, und das mit Erfolg: 1890 gründete der Kongress den Yosemite National Park.

Heute wird der Park jährlich von über vier Millionen Menschen besucht. Im Jahr 1984 wurde der Nationalpark von der UNESCO in die Liste des schützenswerten Kultur- und Naturerbes der Welt aufgenommen. Das im Zentrum des Parks liegende, von Gletschern geformte Tal wird vom Merced River durchschnitten. Zu beiden Seiten erheben sich Ehrfurcht gebietende Gipfel: der 2695 Meter hohe **Half Dome** (»Halbe Kuppel«), dessen andere Hälfte von Gletschern überlagert wurde, der **El Capitan** (über 2300 m) am Westende des Tals, der größte, frei stehende Granitfelsen der Welt, und der **Glacier Point**, der auf 980 Meter Höhe über dem Tal »schwebt«.

Die Besucher strömen ins Tal, um sie zubestaunen, was zu Verkehrsstaus, Umweltverschmutzung und all den üblichen unerfreulichen Begleiterscheinungen führt. Das gut zehn Kilometer lange und etwas über 1,5 Kilometer breite Tal ist jedoch nur ein kleiner Teil des über 15 000 Quadratkilometer großen Nationalparks.

Die **Tioga Pass Road** *(im Winter und Frühling geschl.)* durchquert den Park von Crane Flat aus, das sich unweit des Big Oak Flat Entrance befindet. Die Straße führt ins Hochland der Sierra hinauf und über die blumenbewachsenen **Tuolumne Meadows** zum Tenaya Lake, weiter zu dem auf einer Höhe von 3031 Metern gelegenen Tioga Pass und schließlich zum Osteingang des Parks. Dies ist ein nur für geübte Wanderer geeignetes Terrain.

Insgesamt gibt es fast 1300 Kilometern ausgeschilderte Wanderwege. Man kann die Natur des Yosemite in all ihren Facetten sowohl auf einem einfachen Spaziergang zum **Mirror Lake** als auch auf dem strapaziösen Aufstieg zu dem höchsten Wasserfall der Vereinigten Staaten erkunden, den in 739 Metern Höhe gelegenen **Yosemite Falls**.

Der Park ist bemerkenswert besucherfreundlich und bietet im Yosemite Village, in Wawona und an den Tuolumne Meadows Informationsstationen.

Folgende Wanderungen lassen sich ohne allzu große Mühen bewältigen: Der **Valley Floor Trek** ist ein flacher, etwa acht Kilometer langer Rundgang durch den beliebtesten Teil des Parks. Fahren Sie dann mit dem kostenlosen Bus bis zur Haltestelle Yosemite Falls. Vom Fuß des Wasserfalls gehen Sie wieder bergab zur **Cook's Meadow**, einer der schönsten Wiesen im ganzen Park. Von hier aus schauen Sie auf den Half

Half Dome
10845ft
Tuolumne Peak
10850ft
Mount Hoffmann
Tioga Pass Entrance Station
TIOGA ROAD
(closed in winter)
Tenaya Lake
Porcupine Flat
Yosemite Creek
Big Oak Flat Entrance Station
Cascade Creek
YOSEMITE
Snow Creek
Tenaya Creek
Yosemite Village
7542ft
North Dome
Yosemite Falls
Ahwahnee Hotel
Royal Arches
8842ft
Half Dome
Swinging Bridge
Curry Village
Merced
Big Oak Flat Entrance Station
7569ft
El Capitan
Yosemite Valley
Happy Isles
Emerald Pool
Pohono Bridge
140
7038ft
Sentinel Rock
7214ft
Glacier Point
Vernal Fall
Cathedral Beach
Bridalveil Fall
Cathedral Rocks
8122ft
Sentinel Dome
9092ft
Mount Starr King
Arch Rock Entrance Station
Bridalveil Creek
Illilouette Creek
NATIONAL
41
GLACIER POINT ROAD
Badger Pass
Chinquapin
Yosemite West
Mammutbäume
WAWONA ROAD
Buena Vista Crest
9709ft
Buena Vista Peak
9754ft
Moraine Mountian
South Fork Merced
Alder Creek
Turner Ridge
John Muir
6903ft
Wawona Dome
Wawona
PARK
South Fork Merced
Wawona Hotel
0
4 Meilen
0
6 Kilometer
South Entrance Station
Mariposa Grove
41

Dome, den Glacier Point, den **Sentinel Rock** und die **Cathedral Rocks**. Für die Wildblumen ist das Frühjahr die beste Jahreszeit. Manchmal kann man Greifvögel – Falken und sogar Steinadler – über dem Tal auf der Jagd beobachten.

Wenn Sie, den Merced River zu Ihrer Linken, weitermarschieren, kommen Sie zur **Leidig Meadow**, eine der größten Wiesen im Tal. Folgen Sie dem Radweg zum Rand der Wiese und zum Fluss, wo Sie das beeindruckende Spiegelbild der **Sentinel Falls** im klaren Wasser sehen können.

Der Weg führt dem Nordrand der Wiese entlang zum **Rocky Point**, von dort aus gehen Sie weiter zum Fluss und zu einem weitläufigen, bewaldeten Gebiet.

Der Fluss leitet Sie zum **Indian Swamp**. Im Frühjahr ist die Wiese hier stets überflutet und spiegelt Cathedral Rocks and Spires. Von der **El Capitan Meadow** sehen Sie den hoch aufragenden, glattwandigen Granitfelsen. Auf der anderen Seite des Tales liegt der **Bridalveil Fall**, im Frühling ein herrlicher, fast 190 Meter hoher Sturzbach. Begeben Sie sich weiter am Ufer entlang zu den **Gates of the Valley**.

Überqueren Sie den Fluss auf der **Pohono Bridge**, Sie erreichen dann die **Fern Spring**. Von hier aus können Sie entweder dem Weg zum Grund des Wasserfalls folgen oder am Merced River entlang zurück und durch ein Tor zum **Cathedral Beach** gehen. Der sich bietende Ausblick auf die

Der Blick das Yosemite Valley hinauf: links El Capitan, rechts der Bridalveil Fall und dahinter der Half Dome

Half Dome vom Olmstead Point aus

Three Brothers ist absolut einzigartig. Gehen Sie weiter zur **Swinging Bridge**.

Die zweite Wanderung (Dauer: hin- und zurück ca. 2 Std.) führt von Happy Isles zur Vernal Falls Foodbridge. Nehmen Sie den Bus nach Happy Isles und laufen Sie den Weg unterhalb des Glacier Point zum **Mist Trail**. Nach einem 50minütigen Anstieg kommt die Brücke in Sicht. Von dort ist der 96 m hohe **Vernal Fall** erstmals in seiner vollen Pracht zu sehen. Nun können Sie den Bus nach Happy Isles nehmen oder weiter zum Aussichtspunkt beim **Emerald Pool** laufen. Von dort geht es auf dem **John Muir Trail** zurück.

Die dritte Wanderung, der **Mariposa Grove Trail** (8 km), sollte man sich auf der Fahrt Richtung Süden nicht entgehen lassen. Der Weg beginnt kurz bevor die Calif.41 den Park verlässt und führt zum Fallen Monarch. Interessant sind die flachen Wurzeln des Baumes. Nun wird klar, warum ein heftiger Sturm solche Riesen umstürzen lassen kann. Beim Punkt Mile 1 kommt der **Grizzly Giant** in Sicht, er soll 2700 Jahre alt sein und ist damit eine der ältesten *sequoia gigantea* überhaupt. Der Weg führt dann an den Baumriesen **Faithful Couple** und **Clothespin Trees** vorbei. Eine Schleife ganz oben führt zu einem Holz-Museum (nur im Sommer geöffnet) und dann zum Hauptweg zurück. ■

Wichtige Besuchertipps

Der Park hat mehrere Eingänge. Der Südeingang *(Calif. 41)* ist der beliebteste. In der Hochsaison können Sie Zeit und Nerven sparen, wenn Sie eines der drei westlichen Tore benutzen: Arch Rock *(neben der Calif. 140)*, Big Oak Flat *(neben der Calif. 120)* oder Hetch Hetchy *(nördlich von Mather auf der Hetch Hetchy Road)*. Der Tioga Pass *(neben der Calif. 120 in östlicher Richtung)*, ist im Winter und Frühjahr gesperrt.

Die wichtigsten Informationen über den Park erhalten Sie an den Eingängen und in Besucherzentren.

Zelten ist nur auf den dafür vorgesehenen Campingplätzen gestattet. In der Hochsaison müssen Sie bereits drei Monate im Voraus reservieren, wenn Sie sichergehen wollen, auch den gewünschten Platz zu bekommen. Es gibt ebenfalls eine Reihe von Plätzen, bei denen keine Vorausbuchungen möglich sind. In diesen Fällen bucht man am Parkeingang.

Die drei Hotels im Park (siehe S. 380) sind das Ahwahnee Hotel jenseits des Yosemite Village, das Wawona Hotel in der Nähe des Südeingangs und die Yosemite Lodge in der Nähe der Yosemite Falls. In allen drei Fällen empfiehlt sich eine Reservierung, für das Ahwahnee sogar mehrere Monate im Voraus. ■

Sequoia und Kings Canyon National Parks

Ein Schneelager am Bullfrog Lake im Kings Canyon National Park

ZWEI WEITERE ATEMBERAUBEND SCHÖNE NATIONALPARKS nehmen die gesamte Westseite des Kamms der Sierra Nevada östlich von Fresno ein. Sie sind fast so dramatisch wie der Yosemite Park im Nordwesten, aber nicht annähernd so bekannt. Ein Grund ist die hohe Lage. Das Parkgelände liegt zumeist oberhalb von 3350 Metern, etwa 1200 Meter höher als die höchste Straße. Für alle, die nicht so gerne wandern, gibt es mehrere Straßen durch den Park, mit zahlreichen Aussichtspunkten. Aber wie auch im Yosemite besteht der beste Weg, diese 345 000 Hektar zu erkunden, darin, auszusteigen und ein wenig zu schwitzen.

Die Hauptattraktion in beiden Parks sind zweifellos die gigantischen Mammutbäume (Sequoias). Von den weltweit 75 Sequoia-Hainen liegen nur acht nördlich des Kings River, sie sind über mehr als 320 Kilometer verteilt. Der Rest steht eng beieinander in einem knapp 100 Kilometer langen Streifen südlich des Flusses. Das Ökosystem des Sequoia und des Kings Canyon National Parks – die große Niederschlagsmenge, die Höhenlage und die Böden – ist so günstig für diese Bäume, dass die Giganten nicht an Krankheiten, Trockenheit oder Schädlingen sterben, sondern weil sie umfallen – sie werden einfach zu groß!

Wenn Sie auf der Calif. 99 von Süden her kommen, nehmen Sie die Calif. 198 nach Nordosten zum Sequoia Park oder, von Fresno aus, die Calif. 180 in östlicher Richtung zum Kings Canyon Park. Wie in fast allen Nationalparks der USA können Sie an den Eingängen Karten und detaillierte Informationen über die Wege und das Wetter bekommen.

Sequoia & Kings Canyon National Parks

✉ 301 C2/3

Besucher-information

www.nps.gov/seki

✉ Three Rivers

☎ 559/565-3134 oder 559/565-3341

Der Sequoia National Park ist so angelegt, dass alle Besucher, auf ihre Kosten kommen. Nur das **Lodgepole Camp** *(Tel. 800/365-2267)* erfordert eine Vorausbuchung. Der Campingplatz bietet Bildungsangebote und Veranstaltungen am Lagerfeuer. **Wuksachi** *(Tel. 888/252-5757)* ist eine attraktive Übernachtungsoption und wurde aus Zedernholz und Stein gebaut.

Wenn Sie den Sequoia National Park von Three Rivers aus auf der Calif. 198 (Generals Highway) erreichen, gelangen Sie zum **Amphitheater Point**. Hier bietet sich Ihnen ein großartiger Blick auf das San Joaquin Valley. Fahren Sie weiter, um sich die erstaunlichen Mammutbäume im **Giant Forest** anzusehen. Diese Gegend ist der amerikanischen Umweltbewegung ein besonderes Anliegen. John Muir, der den Giant Forest erforschte und ihm seinen Namen gab, schrieb darüber: »Als ich in diese erhabene Wildnis eintrat, neigte sich der Tag seinem Ende zu, die rosigen, glühenden Gesichter der Bäume schienen still und nachdenklich, als ob sie in bewusster religiöser Abhängigkeit auf die Sonne warteten. Man wandelte unwillkürlich möglichst lautlos und voller Ehrfurcht unter ihnen.« Heute ist die Wirkung nicht weniger beeindruckend.

Wenn der Besucher seine Wanderung am **General Sherman Tree**, mit über 16 000 Kubikmetern das größte (wenn auch nicht das höchste) Lebewesen der Erde, beginnt, kann er den gut drei Kilometer langen Congress Trail nehmen, der an allen sehenswerten Giganten vorbeiführt, darunter die **House- und Senate-Gruppe**, der **President-** und der **McKinley-Baum**.

Das **Giant Forest Village** ist der Startpunkt einer etwa fünf Kilometer langen Straße, die Sie, entweder zu Fuß oder (im Sommer) mit einem Pendel-Service, zu zwei herausragenden Sehenswürdigkeiten bringt. Nach etwa drei Kilometern kommen Sie zu einem steilen, etwa 400 Meter langen Steig den **Moro Rock** hinauf. Von der Spitze dieses Granitblocks aus hat man, besonders bei Sonnenuntergang, einen spektakulären Blick. Unten erstreckt sich der blaugrüne Kaweah River, während man im Westen über das San Joaquin Valley hinaus bis zur Küste sehen kann. Am Ende dier Straße liegt die **Crescent Meadow**, eine idyllische Wiese, auf halber Höhe gelegen. Hier befand sich die Behausung des Pioniers Hale Tharp, in der John Muir 1875 mehrere Nächte verbrachte. Später nannte er diese Wiese das »Juwel der Sierra«. Wenn Sie nun der Ehrgeiz packt, kön-

Die Yokut-Indianer

Noch ein kurzes Wort zu den ursprünglichen Bewohnern des Kings Canyon, den Yokut-Indianern. Obwohl sie die weißen Pioniere um die Mitte des 19. Jahrhunderts freundlich empfingen, waren es eben diese, die die Yokut bis 1862 in das karge Hinterland abdrängten. Gleichzeitig litten die Yokut mehr und mehr unter den von den Weißen eingeschleppten Krankheiten – Blattern, Masern und Scharlach. Zu erwähnen bleibt eine besonders ergreifende Szene, die sich 1864 abspielte, als der Häuptling der Yokut den Anführer der Pioniere, Hale Tharp, bat, die Gegend zu verlassen. Als Tharp sich weigerte, »setzten sich – zeitgenössischen Berichten zufolge – der Häuptling und seine Krieger hin und weinten«.

Bis zum folgenden Jahr hatten sich alle Yokut in die entfernter liegenden Canyons zurückgezogen, wo sie nur noch ein Schattendasein fristeten. ■

nen Sie hier den **High Sierra Trail** beginnen. Er endet über 110 Kilometer weiter am **Mount Whitney**, dem mit 4418 Metern höchsten Berg der USA, ohne Alaska.

Etwa sieben Kilometer vom Giant Forest entfernt liegt das Lodgepole Camp. Hier beginnt der **Tokopah Falls Trail**. Er führt stetig bergauf, am großartigen Marble Fork Kaweah River vorbei und weiter zu dem etwa drei Kilometer vom Startpunkt aus gelegenen Tokopah Canyon.

Die **Crystal Cave**, ein System unterirdischer Höhlen, liegt nur eine kurze Autofahrt vom Lodgepole Camp entfernt.

Im Norden und Westen führt der Generals Highway zum **Kings Canyon National Park** und erreicht dann die **Grant Grove**. Der riesige Mammutbaum mit dem Namen **General Grant Tree** ist mit über 12 800 Kubikmetern der weltweit drittgrößte Baum. Nach den Worten des Park Service handelt es sich um einen »anerkannten nationalen Schrein« und »das einzige lebende Denkmal für all die, die ihr Leben für die Freiheit hingaben«.

Vom gut zwei Kilometer langen **North Grove Loop** aus kann man die Bäume genauer in Augenschein nehmen. Einige relativ leicht zu bewältigende Wanderwege haben hier ihren Ausgangspunkt. Der **Redwood Canyon Trail**, der am Redwood Saddle beginnt, bietet zwei leichtere, knapp zehn Kilometer lange Rundwanderungen durch die Mammutbaum-Haine. Der **Sugarloaf Trail** an der Sunset Meadow ist ein relativ einfacher Wanderweg von etwa drei Kilometern Länge, der an einem, von einem Gletscher geschaffenen Canyon entlangführt.

Wenn Sie auf der Calif. 180 (dieser Straßenabschnitt ist nur im Sommer geöffnet) erst nach Norden und dann nach Osten fahren, gelangen Sie in den **Sequoia National Forest** und weiter zur **Cedar Grove**.

Wegen der abgeschiedenen Lage ist es in diesem Hain und seiner Umgebung angenehm ruhig, sogar in der Hauptsaison. Sehenswert ist auch der etwa 1,5 Kilometer hinter dem Cedar Grove Village befindliche **Canyon View**. Etwa 1,5 Kilometer weiter in östlicher Richtung liegt der Eingang zu den **Roaring River Falls**, wo Sie ein Spaziergang von etwa fünf Minuten zu einem Wasserfall führt, der durch eine enge Schlucht strömt. Zwei Kilometer weiter östlich liegt die **Zumwalt Meadow**. ■

Gigantische Mammutbäume im Sequoia National Park

Crystal Cave

✉ 19 km westl. vom Lodgepole Visitor Center

$ $ (45-Minuten-Tour; Karten am Lodgepole oder Foothills Visitor Centers)

Mono Lake und Mammoth Lake

OBWOHL NACH MEILEN IN EINIGER ENTFERNUNG ZUR kalifornischen Wüste gelegen kann man den Mono Lake dennoch als wüstenähnliches Ökosystem ansehen. Seit 1941 hat die Wasserwirtschaft Südkaliforniens, die nach dem Wasser dürstete, um neue Vororte versorgen zu können, die Frischwasserflüsse umgeleitet, die diesen alten See einst speisten. Dies hat dazu geführt, dass der Wasserspiegel um fast 15 Meter gefallen ist und der ohnehin schon hohe Salzgehalt noch zugenommen hat. Er ist jetzt zweieinhalb Mal so hoch wie im Ozean. Eine Folge davon ist das völlige Verschwinden vieler einheimischer Vögel, Fische und Pflanzen.

Mono Lake
301 B5
Besucher-information
US 395 in Lee Vining
760/873-2408

Ancient Bristlecone Pine Forest Besucherzentrum
Inyo National Forest, White Mountain Rd. neben Calif. 168, nordöstl. von Big Pine
760/873-2500
Geschl. im Winter

Durch das Absinken des Wasserspiegels sind bizarre geologische Formationen, so genannte Tuffsäulen, zum Vorschein gekommen. Diese Stalagmiten ähnelnden Türme – sie entstehen, wenn die Kalzium enthaltenden, unterirdischen Frischwasserquellen sich mit dem karbonatreichen Wasser des Sees vermischen – sehen aus wie die Skyline einer Stadt vor dem Hintergrund schneebedeckter Berggipfel. Sie sind eines der seltsamsten und beeindruckendsten Phänomene im gesamten Bundesstaat. Einige der großartigen Exemplare werden im **Mono Lake Tufa State Reserve** konserviert.

Einige Wat- und Wasservogelarten haben sich erfolgreich dieser ungewöhnlichen Umgebung angepasst, so dass auch Vogelfreunde hier auf ihre Kosten kommen. Zwischen August und April ist am See eine der größten Populationen an Schwarzhalstauchern auf der gesamten nördlichen Halbkugel anzutreffen. Die Audubon Society schätzt, dass es bis zu 800 000 Exemplare sind. Schneeregenpfeifer, Säbelschnäbler und Wassertreter überwintern ebenfalls hier. Im Frühling und Sommer brütet hier eine große Population von Indianermöwen.

ANCIENT BRISTLECONE PINE FOREST

Es ist ein wenig mühsam, diesen entlegenen Wald zu besuchen, der tief im südlich vom Mono Lake befindlichen **Inyo National Forest** verborgen liegt. Aber die Mühen werden

durch die aufregende Erfahrung entlohnt, die ältesten lebenden Bäume auf der Erde gesehen zu haben.

Es gibt zwei Haine, die man besichtigen sollte. Der erste ist die 4000 Jahre alte **Schulman Grove**, die nach dem Naturkundler Julius Schulman benannt ist, der 1958 als Erster das hohe Alter dieses Hains feststellte. Vom Forest Service wurde der **Discovery Trail** neben der White Mountain Road angelegt, der Sie an Dutzenden dieser Bäume vorbeiführt. Eine der beeindruckendsten Eigenarten des Hains ist seine Farbintensität, die durch die klare Bergluft noch verstärkt wird: zimtrote Baumstämme vor tiefblauem Himmel, beige Stämme mit pechschwarzer Maserung, intensiv rot-oranges Holz und purpurschwarze Baumspitzen.

Der zweite Hain ist der **Patriarch Grove**. Er liegt einige Kilometer weiter auf der White Mountain Road, unmittelbar südlich von der White Mountain Natural Area. Hier befindet sich der ehrwürdige **Methuselah Tree**, dessen Alter auf über 4700 Jahre geschätzt wird.

Die Langlebige Kiefer *(Pinus longaeva)* wird 5 bis 15 Meter hoch und erreicht einen Stammdurchmesser von bis zu 2,5 Metern. Sie hat sich ihrer Umgebung eindrucksvoll angepasst und dabei eine verdrehte und verkümmerte Form angenommen. Der Baumstamm wächst nur in hauchdünnen Schichten, der Baum unterdrückt ein starkes Wachstum und bildet sehr dichte Zellen und viel Harz aus, die zum Überleben in der unwirtlichen Situation beitragen.

MAMMOTH LAKES

Mammoth zählt zu den aktivsten vulkanischen Zonen Nordamerikas. Die Region liegt 32 Kilometer südlich des Mono Lake. Die Seen mit ihrem kristallklaren Wasser sind ein Angelparadies, im Sommer blühen die Wildblumen, die Städter sind dann mit ihren Mountainbikes unterwegs. Im Winter kommen die Leute mit Skiern, Motorschlitten oder nehmen an einer Abenteuertour mit Schlittenhunden teil. Das **Tamarack Cross-Country Ski Center** *(Tel. 760/934-2442)* bietet 72 Kilometer Loipen. Nach der Skitour lädt das **Mammoth Ski Museum** *(Tel. 760/934-3781)* zu einem Besuch ein. Der Highway 203, der vom Highway 395 abzweigt, führt zum Devil's Postpile National Monument. Die massive Basaltsäule ist auch mit einem Shuttlebus erreichbar. Nördlich der Seen erhebt sich der Obsidian Dome. ■

Die Kalziumkarbonatsäulen im Mono Lake

Mammoth Lakes Besucherinformation

www.visitmammoth.com

✉ Hwy. 203, Mammoth Lakes

☎ 760/924-5500

Eine alte Bristlecone-Kiefer

Lake Tahoe

DEUTSCHE SKIFAHRER HABEN IHREN EIGENEN NAMEN FÜR den Lake Tahoe geprägt: »der Blaue« heißt er bei ihnen. Häufig wird er als einer der schönsten Seen in der ganzen Welt gepriesen. Sogar der griesgrämige Mark Twain äußerte sich begeistert, als er erstmals »die Berge auf seiner Oberfläche abgebildet« sah »… mit Sicherheit das schönste Bild, das die Erde zu bieten hat«.

Die Skifahrer fangen hier früh an

Lake Tahoe
301 A6
Besucherinformation
www.bluelaketahoe.com
1156 Ski Run Blvd., South Lake Tahoe
530/544-5050 oder 800/AT-TAHOE

***Tahoe Queen* Raddampfer**
www.laketahoecruises.com
900 Ski Run Blvd., South Lake Tahoe
530/541-3364 oder 800/238-2463
$$$

Heavenly Valley Aerial Tram
Heavenly Ski Resort
775/586-7000

Gegenüberliegende Seite: Der See wird auch »Der Blaue« genannt

Damit diese Frage geklärt ist: Die bemerkenswert blaue Farbe des Sees entsteht durch die Kombination Wetter, Höhe und Tiefe. Der Lake Tahoe ist etwa 500 Meter tief, damit gehört er zu den zehn tiefsten Binnengewässer der Welt. Der See existiert seit etwa zwei Millionen Jahren, ist heute etwa 35 Kilometer lang und etwa 19 Kilometer breit. Seine Umgebung ist unbestreitbar schön. Im Sommer kann man hier Golf spielen, angeln, Wasserski und Boot fahren, Radtouren unternehmen und schwimmen. Ski-, mit dem Schneemobil und Snowboardfahren sind die üblichen Beschäftigungen im Winter (Informationen zum Skifahren siehe S. 387). Mitten durch den See verläuft die Grenze zwischen Kalifornien und Nevada. Das etwa 115 Kilometer lange Seeufer bietet für jeden Geschmack etwas: von stillen Wäldern auf der kalifornischen Seite bis hin zu den Spielkasinos in Nevada.

Der Besucher, der Frieden und Stille sucht, wird im Frühjahr oder im Herbst hierher reisen, niemals im Hochsommer oder im Winter. Im Sommer kommen bis zu 100 000 Besucher, so dass das Ufer vor Touristen nahezu überquillt. Wer jedoch Spaß und Betriebsamkeit sucht, wird in der Hochsaison anreisen. Er kann dann unter den 36 öffentlichen Stränden wählen oder einen der sechs Golfplätze aufsuchen. Und unmittelbar hinter der Grenze erwarten ihn die bacchantischen Freuden im Bundesstaat Nevada …

Das Seeufer auf der kalifornischen Seite bietet eine Reihe von staatlichen Parkanlagen, historischen Stätten und Skigebieten. **South Lake Tahoe**, die größte Stadt in der Region, ist ein guter Ort für einen ersten Überblick. Hier kann man an Bord des alten Schaufelraddampfers *Tahoe Queen* gehen, zur Emerald Bay und wieder zurück fahren und dabei den Blick auf das weite Ufer und die Berge genießen. Viele Besucher verbringen hier ihren ersten Tag und fahren auf dem **72-Mile-Drive** einmal um den See herum. Wenn Sie Informationen benötigen, sollten Sie die zweistündige Audiokassette »Drive Around Lake Tahoe« (»Eine Fahrt um den Lake Tahoe«) erwerben, die man bei der South Lake Tahoe Chamber of Commerce *(3066 Lake Tahoe Blvd., Tel. 530/451-5255, www.laketahoeinfo.com)* bekommt. Die Kasette bietet viele Informationen, außerdem Geschichten und Legenden über die Gegend. Eine andere Möglichkeit, sich zu orientieren, besteht in einer Fahrt mit der **Heavenly Valley Aerial Tram** im Heavenly Ski Resort, die Sie bis auf eine Höhe von

Tallac Historic Site
Calif. 89
530/541-5227
Geschl. Okt.–Mai

Emerald Bay State Park
530/541-3030
Geschl. Okt.–Mai
$

Ehrman Mansion
Folgen Sie dem Schild Sugar Point
530/525-7982
Geschl. Okt.–Mai

etwa 600 Metern zum Monument Peak-Restaurant hinaufträgt.

Wenn Sie sich über die Sehenswürdigkeiten in dieser Gegend informieren wollen, sollten Sie zunächst an einem der Besucherzentren (siehe S. 312) anhalten. Es gibt am See viele lohnenswerte Orte. Die **Tallac Historic Site**, nordwestlich von South Lake Tahoe an der Calif. 89 gelegen, weist zahlreiche Häuser aus dem späten 19. Jahrhundert auf, die sich reiche Bewohner San Franciscos als Ferienhäuser erbauten.

Gut 15 Kilometer nördlich von South Lake Tahoe liegt am Seeufer der **Emerald Bay State Park**. Sie können hier das exzentrische **Vikingsholm** besichtigen, eine brillante und perfekte Reproduktion einer norwegischen Festung aus dem 10. Jahrhundert. Man kann sie über einen kurzen Wanderweg (oder mit dem Boot) erreichen.

Weiter das Ufer entlang finden sich noch zwei Parkanlagen. Die erste, etwa fünf Kilometer nördlich von der Emerald Bay gelegen, ist der **D. L. Bliss State Park**. Er bietet malerische Wanderwege, Aussichtspunkte und den schönen **Lester Beach**. Noch weiter im Norden liegt der **Sugar Pine Point State Park**. Auch er wartet mit den obligatorischen Wanderwegen und einigen Sehenswürdigkeiten auf, darunter das aus dem Jahr 1903 stammende **Ehrman Mansion**, ein Leuchtturm und eine Holzhütte. Hier beginnt auch ein Radweg nach Tahoe City.

Wer sich nach Ruhe, Abgeschiedenheit und ungezähmter Natur sehnt, sollte sich zur **Desolation Wilderness** (»Trostlosigkeits-Wildnis«) aufmachen, ein über 25 000 Hektar großes Seengebiet, das nur zu Fuß, per Rad oder zu Pferd durchstreift werden kann *(Genehmigungen und Instruktionen Tel. 530/644-6048)*. Wenn Sie Natur erleben, jedoch das Auto nicht missen wollen, sollten Sie zum **Foresthill Road District**, den mit dem Auto zu erschließenden Teil des **Tahoe National Forest** *(Tel. 530/265-4531)*, fahren. An diesem historischen Streckenabschnitt, einst von den Indianern, später von den Gold- und Silbersuchern in ihren Planwagen benutzt, liegen viele historische Stätten. ■

Truckee und Donner Memorial State Park

Das urige kleine Städtchen **Truckee** *(Calif. 267, neben der I-80)* hat sich in den letzten Jahren zu einem lebhaften Auflugsziel entwickelt. Der Ort besitzt einen netten historischen Einkaufsbezirk und mehrere gute Lokale. Die Stadt wurde im 19. Jahrhundert zunächst als Postkutschenstation gegründet. Sie diente dann den Eisenbahnarbeitern, die die Transcontinental Railroad warteten, als Heimat. Später entwickelte sich die Stadt zu einem Zentrum des Holz- und Eishandels.

Im frühen 20. Jahrhundert lebte der Schauspieler Charlie Chaplin kurze Zeit in Truckee, als er hier seinen Film *Der Goldrausch* drehte; er wohnte in dem historischen **Truckee Hotel**. Eine Reihe historischer Gebäude ist noch erhalten, darunter der **Chinesische Kräuterladen** sowie das **Old Truckee Jail** *(Tel. 530/582-0893)*, heute Museum.

Etwa fünf Kilometer weiter südlich liegt der **Donner Memorial State Park** *(neben der I-80, Tel. 530/582-7892)* am schönen Donner Lake. Hier finden Sie das **Emigrant Trail Museum** und das **Donner Party Memorial**. Unter den Museumsexponaten befindet sich ein Gewehr, das einer der Männer des tragischen Trupps von 1846 benutzte – die Mitglieder des Trupps wurden auf Grund des schlechten Wetters zu Kannibalen – um einen Grizzly-Bären zu erschießen. ■

Heiß, trocken – und nochmals heiß und trocken: Kaliforniens Brotkorb, die weltweit größte, zusammenhängende landwirtschaftliche Nutzfläche, belohnt einen für die Strapazen, sich der Hitze auszusetzen. Man lernt eine faszinierende, eng mit der Landwirtschaft verwobene, bäuerliche Kultur kennen. Nehmen Sie in Fresno den Blossom Trail, um den Bauern bei der Arbeit zu sehen.

Central Valley

Erdbeeren aus dem Central Valley

Der Blossom Trail in Fresno führt durch die Obstplantagen

Central Valley

VIELE BESUCHER EMPFINDEN IM CENTRAL VALLEY DAS GLEICHE WIE EINST die Spanier, die sich vor seiner »großen Hitze und Trostlosigkeit fürchteten«. Also halten sie hier einfach nicht an. Offen gesagt, spricht durchaus einiges für diese Haltung. Im Central Valley ist es häufig »so heiß, dass der August kein Monat, sondern eine Heimsuchung ist«, um die hier geborene Joan Didion zu zitieren. Der September, der in den meisten Teilen der zivilisierten Welt den Beginn des Herbsts markiert, ist häufig sogar noch heißer.

Im Winter und Frühling jedoch ist das Tal berauschend und einzigartig. Dann, wenn die Temperatur erträglich ist und geheimnisvolle Nebel aufsteigen, zeigen Erde und Himmel, wie es der hier geborene Dichter William Everson ausdrückt, »eine einzigartige Farbgebung«. Die Menschen im Tal sind ein Kulturen-Mix. Hier treffen Mexikaner, Stammesmitglieder der Hmong sowie Portugiesen der vierten und Japaner der fünften Generation aufeinander. Die Beschreibung Gerald Haslems, dem führenden Schriftsteller im Tal, vermittelt ein gutes Gefühl für diese Kultur, wenn es heißt »Kekse und Bratensoße zum Frühstück oder *chorizo con huevos para desayuno* (»Paprikawurst mit Eiern zum Frühstück«)…«

Das Central Valley nimmt flächenmäßig einen großen Teil des Bundesstaates ein – insgesamt sechs Millionen Hektar. Es erstreckt sich über eine Länge von etwa 690 Kilometern und misst an seiner breitesten Stelle 120 Kilometer. Es birgt ein enormes wirtschaftliches Potenzial. Das Tal ist das Zentrum der kalifornischen Agrarindustrie, die einen Jahresumsatz von 25 Milliarden Dollar erwirtschaftet. Heutzutage wird hier in einem Jahr mehr Geld mit Rosinen, Erdbeeren, Mandeln und Ähnlichem verdient als mit der gesamten Fördermenge aller Goldminen des Bundesstaates seit 1848. ■

Salat aus dem Central Valley wird in alle Welt exportiert

GOLD COUNTRY
S.287
Zur Orientierung
Sacramento
San Francisco
Los Angeles
0 30 Meilen
0 40 Kilometer
Oakdale
Riverbank
Waterford
La Grange
Ceres
Snelling
Turlock
Winton
Atwater
Livingston
Merced
Planada
Le Grand
Coarsegold
Raymond
San Luis N.W.R.
Merced N.W.R.
Los Banos S.W.R.
Chowchilla
Daulton
Los Banos
Dos Palos
Millerton Lake
Prather
SIERRA NEVADA
S.299
Madera
Ripperdan
Firebaugh
Clovis
Forestiere Underground Garden
Roeding Park
FRESNO
Kearney Mansion
Kerman
Mendota
Squaw Valley
Sanger
Orange Cove
Panoche
San Joaquin
Raisin City
Fowler
Selma
Reedley
Dinuba
Helm
Kingsburg
Riverdale
Five Points
Woodlake
Goshen
Visalia
Lake Kaweah
Hanford
Lemoore
Exeter
Mooney Grove Park
Oilfields
Huron
Stratford
Tulare
Lindsay
Coalinga
Corcoran
Tipton
Porterville
Kettleman City
Tulare Lake
Avenal
Angiola
Colonel Allensworth S.H.P.
Pixley
Terra Bella
Earlimart
Allensworth
Kern National Wildlife Refuge
3125ft Orchard Peak
Delano
Woody
McFarland
Lost Hills
Wasco
Shafter
CENTRAL COAST
S.169
Buttonwillow
Rosedale
Oildale
BAKERSFIELD
McKittrick
Lamont
Buena Vista Lake Bed
Arvin
Taft
Carrizo Plain
Maricopa
Mettler
DIE WÜSTE
S.323
New Cuyama
SÜDKALIFORNIEN
S.127
California Aqueduct
San Joaquin Valley
Fresno
Merced
Tuolumne
Stanislaus
Kings
Tule
Kern
Cuyama

Fresno

DIE GESCHICHTE FRESNOS, DER ROSINEN-HAUPTSTADT UND der größten Stadt im Tal, führt wieder mal vor Augen, wie oft Erfolg von Zufällen abhängt. Die 1872 als eine Station an der Southern Pacific-Eisenbahnlinie gegründete Stadt übte auf ihre ursprünglichen Siedler nur wenig Reiz aus. Sie nannten sie Fresno, spanisch für »trockene Asche«. Der Obstanbau war relativ erfolgreich, aber die Marktposition des Hauptprodukts, Rosinen, war so erbärmlich, dass viele Bauern sie lieber unter zweifelhaften spanischen Etiketten verkauften.

Die Fresno City Hall

Fresno
317 C5
Besucher-information
www.fresnocvb.org
848 M St.
559/233-0836 oder 800/788-0836

Mennonite Quilting Center
1012 G St., Reedley
559/638-3560
Geschl. So

Dann, im Jahr 1915, sah ein Direktor des California Raisin Exchange (»Kalifornische Rosinen-Genossenschaft«) »zufällig eine junge Frau, die ihr lockiges tiefschwarzes Haar unter einer roten Haube im Vorgarten ihres Hauses in Fresno trocknete«, schreibt Kevin Starr in *Die Erfindung des Traumes.* »[Der Direktor] erkannte, was einmal eines der berühmtesten Markenzeichen in der Geschichte sein sollte … das Sonnenmädchen *(Sun Maid)*, ein Werbeträger, der so erfolgreich Gesundheit, Überfluss und ländliche Reize verkörperte, dass die Genossenschaft sich 1920 offiziell in Sun Maid umbenannte.« Der Rest ist Geschichte, wie ein Blick in die Regale jedes beliebigen Supermarkts zeigt. Fresno ist der erfolgreichste Produzent erstklassiger Landwirtschaftserzeugnisse.

Fresno hat sich im Lauf der letzten Jahrzehnte zu einem lohnenden Reiseziel entwickelt. Eine Attraktion ist der **Blossom Trail**, eine fast hundert Kilometer lange Strecke *(Lagekarten in der 848 M Street, Tel. 800/788-0836)* durch Obstplantagen, Weinberge und Wildblumenhaine. Für eine Fahrt auf dem Trail ist der März der beste Monat. Auf dem Weg liegen zahlreiche Plantagen wie etwa die **Simonian Farm** *(South Clovis Street, neben der Calif. 99, Tel. 559/237-2294)*, auf der mehr als hundert verschiedene Obst- und Gemüsesorten angebaut werden. Man kommt auch durch die urtümliche kleine Stadt *Reedley*, die nach dem Weizenmagnaten Thomas Law Reed benannt ist. Hier sollten Sie an dem **Mennonite Quilting Center** anhalten, wo Sie bei der Herstellung der wunderschönen – und seltenen – Decken zusehen und eine kaufen können.

Fresno selbst besitzt einige (teilweise exzentrische) historische Stätten. Die sehenswerteste ist der **Forestiere Underground Garden**, ein Teil der unter dem Erdboden liegenden Wohnstatt des Baldasare Forestiere. Zwischen 1906 und 1950 schuf sich Forestiere dieses unterirdische Heim mit Schlafzimmern, einer Küche, einer Bibliothek und sogar einem Aquarium. Noch außergewöhnlicher sind die riesigen, unterirdischen, vom Tageslicht beschienenen Gärten und Obstplantagen, die er nicht nur zur Selbstversorgung nutzte, sondern deren überschüssige Erträge er auch verkaufte. Weit konventioneller ist das **Kearney Mansion**. Dieses zwischen 1900 und 1903 von dem Rosinenkönig Theodore Kearney gebaute Haus im Stil der Französischen Renaissance, findet sich im National Register of Historic Places aufgelistet. Heute ist es ein Museum.

Eine weitere Vorstellung vom Leben im Fresno des 19. Jahrhunderts bietet das restaurierte **Meux Home Museum**. T. R. Meux, sein Besitzer, war ein konföderierter Armeearzt. Der Schriftsteller William Saroyan (siehe Kasten) wurde im Haus El Monte Avenue 3204 geboren und verbrachte viele seiner produktivsten Jahre im Haus West Griffith Way 2729. Das **Fresno Metropolitan Museum** besitzt eine gute Sammlung von Erinnerungsstücken an Saroyan. Einen Besuch lohnt auch das **Fresno Art Museum**, das mexikanische und impressionistische Arbeiten ausstellt. ■

William Saroyan

Saroyan (1908-81), in Fresno geboren und von armenischer Herkunft, hatte das seltene Glück, noch zu Lebzeiten viele seiner Stücke und Romane als Aufführungen am Broadway *(Menschliche Komödie)* und als Verfilmungen *(Ein Leben lang)* zu sehen. Er wuchs im ländlichen Fresno auf, wo die Einwanderersprachen und kuriose Typen eine einzigartige kleinstädtische Welt schaffen, wie etwa in dem folgenden Auszug aus *Der Granatapfelbaum*:

»Eines Abends führte mein Onkel ein Ferngespräch. Der Händler, D'Agostino, sagte meinem Onkel, dass niemand Granatäpfel kaufen wolle.

›Wie viel verlangen Sie pro Kiste?‹ rief mein Onkel ins Telefon.

›Einen Dollar‹, rief D'Agostino zurück.

›Das ist nicht genug‹, schrie mein Onkel. ›Ich verkaufe nur für fünf Dollar pro Kiste und für keinen Cent weniger.‹

›Sie wollen sie ja noch nicht einmal für einen Dollar pro Kiste‹, rief D'Agostino.

›Warum nicht‹, rief mein Onkel.

›Sie wissen nicht, was es ist‹, rief D'Agostino.

›Was für ein Geschäftsmann sind Sie denn bloß‹, schrie mein Onkel. ›Es sind Granatäpfel. Ich will fünf Dollar pro Kiste.‹

›Ich kann sie nicht verkaufen‹, rief der Händler. ›Ich habe selbst einen gegessen und ich weiß nicht, was so toll an ihnen sein soll.‹

›Sie sind verrückt‹, rief mein Onkel. ›Es gibt auf der ganzen Welt keine Frucht wie den Granatapfel.‹

›Was soll ich mit ihnen anfangen? Ich kann sie nicht verkaufen. Ich will sie nicht.‹

›Ich verstehe‹, flüsterte mein Onkel. ›Schicken Sie sie zurück. Schicken Sie sie als Eilsendung zurück.‹

Der Telefonanruf kostete meinen Onkel 17 Dollar.

Also kamen die elf Kisten zurück.

Mein Onkel und ich haben die meisten Granatäpfel gegessen.« ■

Forestiere Underground Garden
www.undergroundgardens.com
✉ 5021 W. Shaw Ave., 2 Blöcke östl. der Calif. 99
☎ 559/271-0734
🕒 Geschl. Mo–Di
$ $$

Kearney Mansion
✉ Kearney Blvd., 11 km westl. der Altstadt
☎ 559/441-0862
🕒 Geschl. vormittags & Mo–Do
$ $

Meux Home Museum
www.meux.mus.ca.us
✉ Tulare & R Sts.
☎ 559/233-8007
🕒 Geschl. Mo–Do, & Jan.
$ $

Fresno Metropolitan Museum
www.fresnomet.org
✉ 1555 W. Van Ness Ave.
☎ 559/441-1444
🕒 Geschl. Mo
$ $$

Fresno Art Museum
www.fresnoartmuseum.org
✉ 2333 N. 1st St.
☎ 209/441-4221
🕒 Geschl. Mo
$ $

Chaffee Zoological Gardens
www.chaffeezoo.org
✉ Olive Ave.
☎ 559/498-2671
$ $$

Nördlich von Fresno

DER NÖRDLICH VON FRESNO GELEGENE TEIL DES CENTRAL Valley bietet kalifornische Kleinstädte und einige sehenswerte Tierschutzgebiete, die insbesondere Vogelfreunden gefallen werden.

Die 1870 von der Central Pacific Railroad gegründete Stadt **Modesto** inspirierte George Lucas zu seinem Film *American Graffiti*, dem amerikanischen Filmklassiker. Lucas, der hier aufwuchs, zeichnete mit den bekannten Straßenkreuzer-Szenen die Teenager-Szene von Modesto nach. Der **Modesto Arch** ist eines der wenigen noch erhaltenen Zeugnisse des Bürgerstolzes des frühen 20. Jahrhunderts. Sein Motto »Wasser, Wohlstand, Zufriedenheit, Gesundheit« fasst den Traum seiner Väter prägnant zusammen. Modesto ist außerdem ein Paradies für Gourmets – weniger seiner Restaurants als vielmehr seiner Obstgärten, Weinberge und landwirtschaftlichen Erzeugnisse wegen. Vorzügliches Olivenöl stellen **Nick Sciabica & Sons** *(2150 Yosemite Street, Tel. 800/551-9612)* her. Schon seit vier Generationen baut die Familie Oliven an und presst feinstes Öl. Hausgemachter Cidre, Apfelkuchen und Apfelklöße sind die Spezialitäten der **Pure Joy Bakery** *(501 Bangs Ave., Modesto, Tel. 209/525-3663)*. Ebenfalls einen Besuch wert sind die **Hilmar Cheese Company** *(9001 North Lander Street, Hilmar, Tel. 209/656-1116)* und der **Blue Diamond Growers Store** *(4800 Sisk Road, Salida, Tel. 209/545-6229)*, wo Sie die hier produzierten Mandeln kosten können.

Südlich von Modesto liegt die Stadt **Merced**. Die meisten Besucher kennen sie als Eingang zum Yosemite National Park. Was die meisten Besucher nicht wissen, ist, dass sich unmittelbar westlich der Stadt einige interessante Tierreservate befinden, die Sie unbedingt besuchen sollten, wenn die Temperaturen angenehmer sind. Der **San Luis National Wildlife Complex** *(zwischen Merced und Gustine südlich der Calif. 140)* besteht aus drei verschiedenen Tierschutzreservaten, die insgesamt fast 16 000 Hektar Grasland und Feuchtgebiete in der Umgebung des San Joaquin River umfassen. Das **Merced National Wildlife Refuge** ist ein Schutzgebiet für Schneegänse und Kanadakraniche. Ähnliches gilt für die beiden weiter westlich gelegenen Reservate, das **San Luis Reservoir National Wildlife Refuge** und das **Kesterson National Wildlife Refuge**. Im **Los Banos State Wildlife Refuge** *(18110 West Henry Miller Avenue, Los Banos, Tel. 209/ 826-0463)* sind überwinternde und brütende Reiher zu sehen. ■

Modesto
316 A6
Besucher-information
720 W. 16th St.
209/384-2791

San Luis National Wildlife Complex
947 W. Pacheco Blvd., Suite C., Los Banos
209/826-3508

Links: Das County Courthouse in Merced

Um den Lebensraum der Schneegänse wieder herzustellen, müssen die Felder geflutet werden

Südlich von Fresno

SÜDLICH VON FRESNO GIBT ES WEITERE TIERSCHUTZgebiete. Aber es ist die Geschichte, die die Besucher in diese heiße Gegend fahren lässt, in der die Landwirtschaft vorherrscht und sich Städte um Agrarunternehmen herum entwickelt haben.

Die ruhige Atmosphäre und die schmucken Gebäude aus dem 19. Jahrhundert würden niemals vermuten lassen, dass das kleine **Hanford** *(von der Calif. 99 in westlicher Richtung auf die Calif. 198)* einst Schauplatz einer blutigen Auseinandersetzung war. Der Konflikt begann im Mai 1880, als sich eine Gruppe von Siedlern aus dem nahe gelegenen Mussel Slough, die verständlicherweise annahmen, dass das Land, das sie selbst urbar gemacht hatten, auch ihnen gehörte, zur Wehr setzte, als die Southern Pacific Railroad beschloss, mehrere Parzellen quasi unter ihren Füßen weg zu verkaufen. Als die Siedler sich weigerten abzuziehen, beschloss die Eisenbahngesellschaft, sie gewaltsam entfernen zu lassen. Auf beiden Seiten kamen daraufhin Feuerwaffen zum Einsatz, sieben Männer starben, unter ihnen zwei Vertreter der Eisenbahngesellschaft. Fünf Siedler wurden verhaftet und zu acht Monaten Haft im Gefängnis von San Jose verurteilt. Nach ihrer Entlassung feierte man sie als Helden. Auch Frank Norris verklärte den Mussel-Slough-Konflikt in seinem gegen das Establishment gerichteten Roman *Die Goldene Fracht*. In dem Bemühen, die Allmacht der kalifornischen Eisenbahnbarone einzugrenzen, stellte diese Auseinandersetzung jedenfalls einen wichtigen Wendepunkt dar.

Heute ist von der aufregenden Vergangenheit nichts mehr zu spüren. Sehenswert in Hanford sind die Überreste des einstmals blühenden Chinatown. Sie können die **China Alley** und den historischen **Taoist**

Hanford Carnegie Museum
109 E. 8th St., Hanford
559/584-1367
Geschl. vormittags & So–Di

Tulare County Museum
Mooney Ave., Visalia
559/733-6616

Chinese Cultural Center
500 Akers Rd., Visalia
559/625-4545
Geschl. Mo–Di

Colonel Allensworth State Historic Park
4099 Douglas, neben Calif. 43 NW von Delano
661/849-3433

Kern County Museum/Lori Brock Children's Discovery Center
www.kcmuseum.org
3801 Chester St., Bakersfield
661/852-5000

Buck Owens' Crystal Palace
www.buckowens.com
2800 Buck Owens Blvd.
661/328-7560
An Wochenenden kleine Gebühr fürs Gedeck

Temple aus dem Jahr 1893 besichtigen, wenn Sie die Hanford Visitor Agency *(Tel. 559/582-5024)* kontaktieren. Das **Hanford Carnegie Museum**, das sich auf die örtliche Geschichte und lokale Bräuche konzentriert, ist ebenfalls ein lohnender Haltepunkt.

Einige Kilometer östlich von Hanford an der California 198 liegt **Visalia**. Die Stadt wurde 1852 von einem Bärenjäger namens Nathaniel Vise gegründet. Der von der Landwirtschaft geprägte Ort spielte in dem Mussel-Slough-Konflikt ebenfalls eine wichtige Rolle – er bot den »Rebellen« Zuflucht vor den Sheriffs und den Schlägern der Eisenbahngesellschaft. Seit dieser Zeit hat sich Visalia in einer für das Central Valley typischen Form entwickelt. Abpackbetriebe, Unternehmen der Nahrungsmittelindustrie und die Obst- und Gemüsezüchter sind die entscheidenden Wirtschaftsfaktoren. Ein Besuch des hier ansässigen **Tulare County Museum**, das viele Gegenstände aus der Kultur der Yokut besitzt, ist sehr zu empfehlen. Das gilt auch für das **Chinese Cultural Center**. Dieses präsentiert mehrere hervorragende Sammlungen zur chinesischen Kunst und Kultur und ist vor allem wegen seiner beiden jeweils 12 Tonnen schweren marmornen Tzu-Shih-Löwen bekannt.

Ein beliebter Ausflug (und eine gute Methode, um der Hitze zu entgegnen) ist eine Fahrt zum **Lake Kaweah** *(auf der Calif. 198 in östlicher Richtung)*, der in den Bergausläufern westlich vom Sequoia National Park liegt.

Ein Utopia findet sich weiter im Süden, westlich der Calif. 99 in der Nähe von Delano (wo Cesar Chavez den bekanntesten Streik der United Farm Workers initiierte). Die 1908 von Colonel Allen Allensworth, dem höchstrangigen farbigen Armeeoffizier seiner Zeit, gegründete Stadt **Allensworth** war ursprünglich als eine »sich selbst verwaltende« Stadt konzipiert, wo freigelassene Farbige ein produktives Leben ohne Diskriminierung führen können sollten. Für eine kurze Zeit, von 1909–19, blühte Allensworth und zog viele gebildete Farbige an. Ende 1950 war es eine Geisterstadt. In den 70er Jahren begann eine Gruppe von Denkmalschützern, die Überreste der Stadt zu restaurieren. Heute befindet sich hier der **Colonel Allensworth State Historic Park**. Bei einem Rundgang können Sie das Haus des Colonels mit dem ursprünglichen Mobiliar, die Schule und die Bibliothek von Allensworth besichtigen.

Vogelbegeisterte werden auf keinen Fall das **Kern National Wildlife Refuge** *(30 km westlich von Delano, neben der California 155, Tel. 661/725-2767)* südwestlich von Allensworth auslassen wollen. Dieses Feuchtgebiet im San Joaquin Valley bietet vielen Küstenvögeln Schutz und Lebensraum.

Die am weitesten im Süden gelegene größere Stadt ist **Bakersfield**, das 1862 gegründet wurde. Die Stadt wechselte von der Landwirtschaft zum Bergbau, weiter zur Ölförderung und dann wieder zurück zur Landwirtschaft. Bakersfields Stolz ist der Museumskomplex, der das **Kern County Museum** und das **Lori Brock Children's Discovery Center** umfasst. Darin werden restaurierte und wieder aufgebaute historische Bauwerke und Gegenstände aus der indianischen Kultur präsentiert. Aber der wahre Grund, warum man nach Bakersfield kommen sollte, ist die Country Music. Für Musikliebhaber ist Bakersfield das Memphis des Westens. Buck Owens ist der Star der Szene. In seinem **Buck Owen's Crystal Palace** gibt es Live-Musik und bodenständige Küche. Wenn Sie Bucks Küche nicht mögen, versuchen Sie es in dem berühmten Chateau Basque *(101 Union Street, Tel. 661/325-1316, geschl. Mo)*. ■

Die heißen Wüsten Kaliforniens ziehen spirituelle und ökologische Abenteurer gleichermaßen an und sind mittlerweile viel besucht. Im Joshua Tree National Park blüht die Wüste sogar, und Palm Springs erinnert in manchem an die reichen Städte in arabischen Scheichtümern.

Die Wüste

Im Coachella Valley

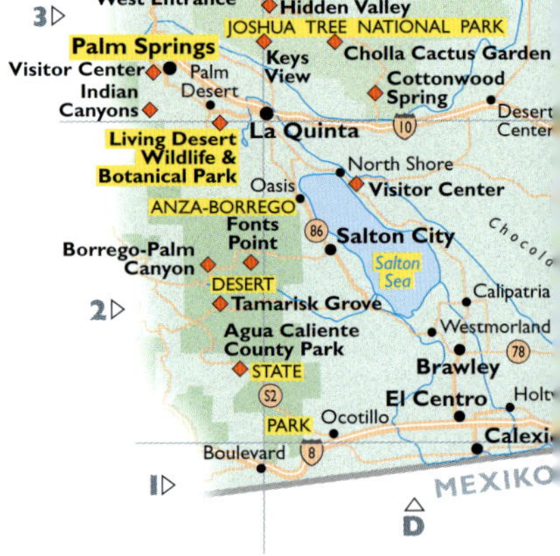

Joshua–Bäume in der Wüste

Der Wind formt die Dünen im Death Valley zu dramatischen Landschaften

Die Wüste

DAS RIESIGE GEBIET, DAS DIE MEISTEN KALIFORNIER EINFACH NUR ALS »DIE Wüste« kennen, besteht tatsächlich aus zwei Wüsten. Die nördliche, die das Death Valley (»Tal des Todes«) und die Mojave-Wüste bilden, ist deshalb so trocken, weil sie im Regenschatten der Sierra im Westen liegt. Die südliche Wüste, die den Joshua Tree National Park und den Anza-Borrego Park umfasst, ist ein kleiner Teil der Colorado-Wüste, die wiederum zur Sonora-Wüste gehört.

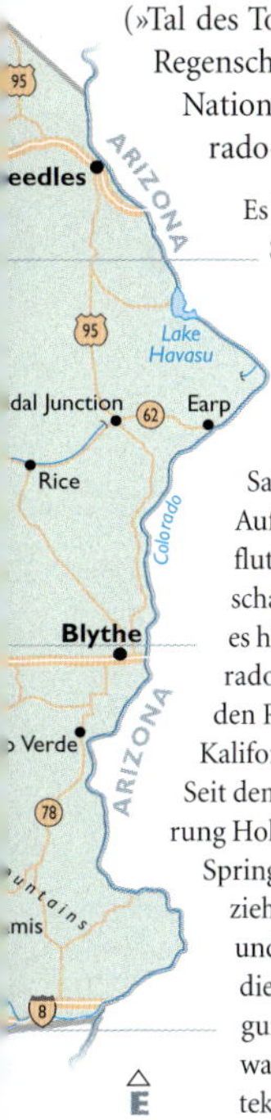

Es ist ein Land der Extreme. Im Sommer erreichen die Temperaturen tagsüber 43 bis 49 Grad Celsius, nachts sinken sie auf vier bis zehn Grad ab. Heftige Winde formen in nur einer Saison riesige Dünenschluchten. Außer im Frühjahr, wenn Sturzfluten über Nacht ganze Landschaften umformen können, gibt es hier so gut wie kein Wasser. Paradoxerweise haben diese Extreme den Reiz, den die Wüste auf die Kalifornier ausübt, nur noch erhöht. Seit den 20er Jahren hält die Begeisterung Hollywoods für die Oase Palm Springs nun schon an. Palm Springs zieht nicht mehr nur die Reichen und Berühmten an, sondern auch die Jünger der New-Age-Bewegung und eine kleine , aber stetig wachsende Gruppe von architekturinteressierten Touristen.

Die Extreme der Wüste haben ein vielfältiges Ökosystem hervorgebracht. Weit im Norden liegt das Owens Valley, der blasse feine Staub ist das Ergebnis von Austrocknungsmaßnahmen, um Los Angeles' Bedarf an billigem Wasser zu decken. Superlativen begegnet der Besucher im Death Valley National Park, ebenso im Joshua Tree National Park.

Die Grundregeln für eine Tour in der Wüste kann man nicht oft genug wiederholen. Wenn Sie in der Wüste übernachten wollen, tragen Sie sich auf einer der Tafeln ein, die gewöhnlich an den Besucherzentren und den Startpunkten der einzelnen Routen zu finden sind. Nehmen Sie mindestens fünf Liter Trinkwasser pro Person und Tag mit; wenn Sie sich größere Anstrengungen vorgenommen haben, bis zu zehn Liter. Falls Sie die bekannten Wege verlassen wollen, müssen Sie unbedingt eine Karte und einen Kompass mitnehmen. Im Frühjahr und Winter sollten Sie sich an den Stationen der Ranger über Flutwarnungen informieren.

Sternbildkarten und Pflanzenführer sind in den größeren Besucherzentren erhältlich. ■

Felsen nördlich vom Death Valley

In Richtung Death Valley

DIE STÄDTE UND ORTSCHAFTEN, DIE ÜBER DIE MOJAVE Desert verstreut liegen, während Sie die US 395 in südlicher Richtung befahren, sind Beispiele unglaublicher Hartnäckigkeit. Indepence, Lone Pine, die Alabama Hills, Black Rock, Cerro Gordo, Owens Dry Lake – sie alle zeugen vom unbeirrbaren Pioniergeist derjenigen, die unter Strapazen hierher kamen und das Gebiet zu Beginn des 19. Jahrhunderts besiedelten. Denn hier »geht das Schreckliche mit dem Schönen eine Verbindung ein«, wie es Ambrose Pierce so trefflich formuliert. Das unwirtliche Terrain erlaubt den Bau von nur wenigen Straßen. Der unerschrockene Reisende mit Zeit für Erkundungen findet hier zahlreiche Möglichkeiten für unvergessliche Wanderungen.

Mojave Desert Besucherinformation
- ✉ 2796 Tanger Way, Barstow
- ☎ 760/253-4782

Edwards Air Force Base
- ✉ 1 S. Rosamound Blvd.
- ☎ 661/277-8050 (Museum), 661/227-3517 (Führungen)
- 🕒 Geschl. Mo

Antelope Valley California Poppy Reserve
- ✉ Lancaster Rd.
- ☎ 661/724-1180

Die Stadt Mojave ist das Einfallstor zur gleichnamigen Wüste, rund um die Stadt liegen einige interessante Attraktionen. Die **Edwards Air Force Base** ist der Geburtsort des Supersonic (Überschallflugzeug) und anderer Flugpremieren. Das zur Basis gehörende Air Force Flight Test Center Museum gibt einen faszinierenden Rückblick, das NASA Dryden Flight Research Center *(Tel. 661/258-3446)* bietet Führungen an. Im Frühjahr ist das 7 Quadratkilometer große **Antelope Valley California**

Poppy Reserve (48 km südwestlich der Stadt) ein Paradies: dann blühen dort unzählige Wildblumen.

Der Highway 14 führt nordwärts in den Death Valley National Park (siehe S. 328f), auf dem Weg dorthin liegt der **Red Rock Canyon State Park**, eine archäologische Fundgrube und Set einiger Szenen aus dem Kinohit Jurassic Park. Beim Opal Canyon können Sie sich selbst im Graben nach Opalen versuchen.

Independence, die Hauptstadt von Inyo County, liegt unweit der Ruinen des alten Fort Independence. In dieser Gegend gab es in den 60er Jahren des 19. Jahrhunderts wiederholt Aufstände der Paiute-Indianer. Das Fort wurde 1872 aufgegeben, nachdem die Paiute vernichtend geschlagen worden waren. Hauptattraktion der Stadt ist das **Eastern California Museum**. Es beherbergt eine umfassende Sammlung zur Geschichte der Pioniere und der Indianer sowie ein nachgebautes Dorf.

Südlich von Independence lag einst das Manzanar Relocation Camp, wo nach dem japanischen Überfall auf Pearl Harbor 10 000 japanischstämmige Amerikaner in den Jahren 1942 bis 1945 interniert waren. Die **Manzanar National Historic Site** markiert die Überreste dieser dunklen Periode der Geschichte der USA.

Die in den 50er Jahren des 19. Jahrhunderts gegründete Kleinstadt **Lone Pine** ist Ausgangspunkt für viele Bergsteiger und Skifahrer, die auf den **Mount Whitney** wollen. Das mehrere Kilometer westlich von Lone Pine gelegene **Whitney Portal** ist der Startpunkt mehrerer Wanderwege. Das in Lone Pine jährlich im Oktober stattfindende Filmfestival, auf dem alte Cowboy-Filme vorgeführt werden *(Tel. 760/876-9103)*, werden Filmfreunde kennen.

Um zum Death Valley (siehe S. 328f) zu kommen, müssen Sie unmittelbar südlich von Lone Pine von der US 395 nach Osten auf die Calif. 136 abbiegen. In der Nähe dieser Kreuzung liegt der trockene **Owens Lake**, ein ursprünglich von Eiszeitgletschern geschaffener Binnensee. Heute enthält er einige der weltweit größten Vorkommen an Natriumsilikat.

Auf Ihrem Weg zum Death Valley kommen Sie auf der Calif. 136 an mehreren Geisterstädten vorbei.

Keeler ist eine noch bewohnte, ehemalige Minenstadt mit einem Museum und verlassenen Minen, die man besichtigen kann. Die **Cerro Gordo Ghost Town** *(Tel. 760/876-1860; www.cerrogordo.com)* war einst als Kaliforniens Comstock bekannt. Hier wurden im 19. Jahrhundert mehr als 4,5 Millionen Unzen Silber, Blei und Zink produziert. ■

Lone Pine
324 A6
Besucherinformation
www.lonepinechamber.org
126 S. Main St.
760/876-4444

Red Rock Canyon State Park
Calif. 14, Ridgecrest
661/942-0662

Independence
324 A6

Eastern California Museum
155 N. Grant St.
760/878-0364
Geschl. Di

Der Death Valley National Park

WAHRSCHEINLICH WIRD SIE DIE FAHRT DURCH DIE STAUbigen Panamint Mountains die Calif. 190 hinunter ins Death Valley mehr beeindrucken als sämtliche geologischen Sehenswürdigkeiten. Auf der grandiosen Fahrt können Sie den gesamten Bogen des Death Valley National Park würdigen.

Die beste Reisezeit ist von Februar bis Mitte April, wenn die wilden Wüstenblumen blühen und die Temperaturen noch erträglich sind. Wer im Sommer reist, benötigt ein Auto mit Klimaanlage, ausreichende Wasservorräte und einen Zeitplan: Nur ganz früh und ganz spät am Tag kann man sich hier zu Fuß fortbewegen.

In **Furnace Creek** ist das Besucherzentrum des Death Valley mit Unterkünften, Restaurants und einem Geschäft. Im Norden des Death Valley liegt Mosquito Spring. Nördlich davon, an einer scharfen Kurve der Calif. 267, kann man ein Beispiel für die oft exzentrische Einwanderer-Architektur sehen. **Scottys Castle** wurde in den 20er Jahren von Albert Johnson, einem Versicherungsmagnaten aus Chicago und seinem Kumpel Walter »Scotty« Scott, der »Wüstenratte«, erbaut. Kostümierte Führer berichten anschaulich von den Erbauern des Schlosses. Einige Kilometer weiter westlich liegt der **Ubehebe Crater**, der vermutlich durch vulkanische Aktivität entstand.

Im Umkreis von Furnace Creek finden sich weitere beliebte, gut ausgeschilderte Naturwunder, etwa der **Devils Golf Course**, eine riesige Salzpfanne, deren klumpige weiße Oberfläche wie zertrampelter Schnee aussieht. Weiter im Osten liegt die **Artists Palette** (»Malerpalette«), eine Hügelkette, die in vielen unterschiedlichen, mineralischen Farben schimmert, und der ähnlich beeindruckende **Golden Canyon**.

Wenn Sie Zeit haben und es nicht zu heiß ist, sollten Sie den knapp sechs Kilometer langen **Gower Gulch Loop** erkunden, einen Weg durch farbenfrohes Ödland, vielfarbige Schluchten und alte Borax-Minen. Obwohl ihm die romantische Aura von Silber und Gold fehlt, war Borax – eine Chemikalie, die sich absetzt, wenn alkalische Seen verdunsten – eine der wenigen wertvollen Ressourcen im Death Valley. Es wurde hier von den 80er Jahren des 19. Jahrhunderts an gefördert. Im **Borax Museum** in Furnace Creek wird die Geschichte der Minen dokumentiert. Der **Harmony Borax Works Interpretive Trail** – ein Weg von lediglich 400 Metern Länge – beginnt am Parkplatz der Borax Works nördlich von Furnace Creek.

Verlassen Sie Death Valley nicht, ohne einen seiner spektakulären Aussichtspunkte besucht zu haben, am besten bei Sonnenauf- oder -untergang. **Zabriskie Point**, der Schauplatz des gleichnamigen Films des italienischen Regisseurs Antonioni (1970), bietet einen unvergesslichen Blick.

Gut 30 Kilometer südlich von Furnace Creek liegt **Dantes View** mit einem herrlichen Blick über das gesamte Tal. Von hier können Sie auch zwei topografische Extreme sehen: den fast 4420 Meter hohen Gipfel des in der Ferne liegenden Mount Whitney und das **Badwater Basin**, den tiefsten Punkt in den gesamten USA (86 m unter dem Meeresspiegel). Im Westen steigt das Land steil an und erreicht auf dem nur einige Kilometer entfernten **Telescope Peak** eine Höhe von fast 3370 Metern. ■

Death Valley National Park
324 B6
Besucher-information
Calif. 190, Furnace Creek
760/786-3200

Scottys Castle
760/786-2392
$$

Borax Museum
Furnace Creek Ranch, Harmony Borax Works Rd., westlich der Calif. 190
760/786-2331

Nachmittägliche Stimmung im Death Valley

Singender Sand

Das **Mojave National Preserve** *(Tel. 760/255-8801)* mit seinen so anschaulich benannten Stätten wie dem Cowhole Mountain (»Kuhloch-Berg«) und den Blind Hills (»Blinde Hügel«) liegt südlich von der I-15 und südöstlich vom Death Valley.

Sie sollten Sie sich auf jeden Fall die einzigartigen Sandformationen der **Kelso Dunes** ansehen, die südlich der I-15 in der Nähe von Kelso liegen. Dieses Meer von zarten, vom Wind geschaffenen Sandskulpturen erstreckt sich am Fuß des Providence Mountain. Gold-rosa schimmern die Quartzkörner, die im Verlauf von 25 000 Jahren vom Afton Canyon heruntergeweht wurden. Noch bemerkenswerter ist das unverwechselbare, laute Geräusch, das der von den steilen Dünen herunterrutschende lockere Sand verursacht. Einige Anthropologen haben eine Verbindung zwischen den unterhalb der Hörgrenze liegenden Wellenlängen dieser Dünengeräusche und den religiösen Erfahrungen der Indianer hergestellt.

Dieser Teil der Mojave-Wüste enthält noch weitere einzigartige geologische Stätten. Nördlich von Kelso, an der Kelso Cima Road, befinden sich große urzeitliche Lavaströme mit Fossilien von Röhrenwürmern. Diese Straße führt Sie zum **Cima Dome**, einem Felsen, knapp 500 Meter oberhalb des Wüstenbodens. Der **Amboy Crater** ist ein 76 Meter hoher Aschekegel. ■

Wasser, Wasser

Es gibt unbestritten viel davon: Jedes Jahr fällt in Kalifornien eine durchaus beträchtliche Menge an Niederschlag, zwei Drittel davon in der Nordhälfte des Bundesstaates. Und hier liegt das Problem. Der Niederschlag fällt an der falschen Stelle, verdunstet oder fließt dorthin, wo niemand es haben will. Und das größte Bevölkerungswachstum findet im Süden statt, wo es wenig Flüsse und noch weniger Seen und Bäche gibt. Der Soziologe Carey McWilliams hat es vor mehr als 50 Jahren sehr treffend ausgedrückt: »Gott wollte nie, dass Südkalifornien etwas anderes ist als eine Wüste … Der Mensch hat es zu dem gemacht, was es ist«.

Aquädukte schienen die Lösung des Problem. Um 1900 sorgte sich eine Gruppe von Geschäftsmännern aus Los Angeles um die Auswirkungen der Trockenheit auf die Bodenpreise und überzeugte eine geschockte Öffentlichkeit, für den Bau eines 370 Kilometer langen Kanals zum Owens Lake zu zeichnen. William Mulholland, Visionär und Ingenieur, baute das Aquädukt, dessen Wasser sofort dazu verwandt wurde, die im San Fernando Valley gelegenen Anwesen der schon erwähnten Geschäftsleute zu bewässern. Einige wenige profitierten also, die Masse benötigte aber nach wie vor Wasser. Eine neue Studie wurde in Auftrag gegeben und ein neues Aquädukt gebaut, dieses Mal nach Sacramento. Mehr Wasser. Weiter wachsende Vorstädte. Die Geschichte wiederholte sich wieder und wieder.

Und so geht es bis in die heutige Zeit, wenngleich nicht ohne Kritik und Zweifeln. Man denke nur an die Metropole Los Angeles: Heute leben hier 45 Prozent der Bevölkerung des Bundesstaates auf nur sechs Prozent seiner bewohnbaren Fläche, auf die wiederum nur 0,06 Prozent des Wasseraufkommens entfallen. Angesichts der Prognosen, dass die Einwohnerzahl in den nächsten Jahrzehnten von 16 auf 24 Millionen anwachsen wird, scheint die Zeit für ein weiteres öffentliches Großprojekt reif zu sein.

Eine Dürreperiode, die im Jahr 1987 einsetzte, erzwang den Wandel. Eine Dürreperiode, die im Jahr 1987 einsetzte, erzwang den Wandel. 1990 wurde die schon drei Jahre andauernde Dürre noch bedrohlicher. Zum ersten Mal verordnete der Metropolitan Water District eine Wasserrationierung. »Die Reaktion war enorm«, so Martha Davis von der VCLA, die sich mit Fragen der Wasserversorgung und der Umwelt befasst. Im Jahr 1990 lag der Wasserverbrauch auf einem Allzeithoch; 1993 war er auf wenig mehr als die Hälfte zurückgegangen … Wir haben für den Süden Kaliforniens die Wasserverbrauchskurve grundlegend verändert. Wir versorgen mehr Menschen mit weniger (nicht mit mehr) Wasser.«

Aber kann diese Politik wirklich die Wasserversorgung der zukünftigen Einwohner von Los Angeles sicherstellen? Letzten Endes werden derartige Fragen nicht von Planern, sondern von Politikern beantwortet, die eine Balance zwischen den kurzfristigen Wünschen ihrer Wähler und den langfristigen Bedürfnissen aller herstellen müssen. Für gewöhnlich setzen sich die Erstgenannten durch.

Allerdings beginnt eine aufgeklärte Öffentlichkeit, die Wasserpolitik zu ändern. Ein gutes

Auswirkungen des Wassers auf die Topografie Kaliforniens

In seiner ungebändigten Form hatte das Wasser große Auswirkungen auf die Topografie Kaliforniens. Vier interessante Manifestationen sind wie folgt: **Unterirdische Flüsse** (Mojave-Wüste): Sie entstanden vor 15 000 Jahren, als sich Sedimentablagerungen auf überirdischen Flüssen verhärteten und einen sandigen »Deckel« bildeten. **Angeschwemmte Fächer** (Death Valley): Sie wurden geformt, als wiederholte Niederschläge Geröll von Hügeln ablösten und es heruntertrugen, wodurch fächerförmige Formationen entstanden. Die sich ebenfalls in Wüsten findenden *Bajados*, sind ausgebreitete, großflächige angeschwemmte Fächer.
Ödland (im gesamten Bundesstaat): Hier handelt es sich um Spuren –, die vom Oberflächenwasser in den weichen Sandstein eingegraben wurden.
Unterirdische Höhlen (in den Parks der Sierra Nevada): Sie entstehen dadurch, dass Grundwasser durch lösliche Felsen sickert. ■

Beispiel ist die Tatsache, dass der Los Angeles River zu einem politischen Streitpunkt geworden ist. Während er Jahrzehnte hindurch mehr oder weniger als ein riesiger Abwassergraben benutzt wurde, ist er in den letzten Jahren zum Mittelpunkt einer intensiven Debatte über die städtische Wasserversorgung geworden. Eine Gruppe namen Friends of the Los Angeles River (FOLAR) hat sich erfolgreich dafür eingesetzt, Teile des Flusses in seinen natürlichen Zustand zurückzuversetzen. Das Ergebnis ist beeindruckend. An manchen Stellen »sieht er tatsächlich wie ein Fluss aus, mit Enten und allem Drum und Dran!«, erklärte kürzlich ein Kolumnist in der *L.A. Times*. ■

Unten: Im Death Valley hinterlässt die Verdunstung eine Salzpfanne.
Rechts: Die El Pakina Cave in den Mitchell Caverns in den Providence Mountains

Der Joshua Tree National Park

OBWOHL ES IN DIESEM RIESIGEN NATIONALPARK VIEL INteressantes zu sehen gibt, wurde doch über keine andere Sehenswürdigkeit so viel geredet, wurden so viele Vermutungen angestellt und sogar Gedichte verfasst wie über den Joshua Tree, eine so künstlerisch wirkende Pflanze, dass sie auch von dem verstorbenen Keith Haring stammen könnte.

Joshua Tree National Park
325 C3
Besucherinformation
www.nps.gov/jotr
Oasis Visitor Center, Calif. 62 & Adobe Rd., Twentynine Palms
760/367-5500

Captain John C. Frémont, der erste Englisch sprechende Reisende, der vom Joshua Tree berichtete, sprach von »seiner steifen und nicht anmutigen Form … der abstoßendste Baum im ganzen Pflanzenreich«. Auf die kalifornischen Mormonen, die in den 50er Jahren des 19. Jahrhunderts nach Utah zogen, wirkten die Äste des Baums, die vom Stamm abstehen und sich wie im Gebet gen Himmel richten, wie prophetische Zeichen. Sie benannten den Baum prompt nach dem Propheten Josua.

Heutzutage scheint für viele Reisende die hagere Silhouette des Joshua Tree vor dem Hintergrund des fleckigen purpurnen Abendhimmels das zu verkörpern, was sie im Park suchen.

Der naturkundlich wichtigste Aspekt des Parks besteht wahrscheinlich darin, dass er zwei ganz unterschiedliche Wüsten miteinander verbindet: die heiße, trockene Colo-

Auf einem Wanderweg im Joshua Tree National Park

rado-Wüste an seinem Ostende und die etwas feuchtere und kühlere Mojave-Wüste im Westen. In der Colorado-Wüste wachsen der bodennahe Kreosotstrauch und der Ocotillo-Strauch. In der Mojave-Wüste gedeihen unzählige Joshua Trees, außerdem gibt es einige Fächerpalmen-Haine. Der Park war einst Schauplatz starker geologischer Aktivitäten. Die Steinformationen, die angeschwemmten Fächer und die »lackierten« Felsen wirken auf manche wie eine Art Wüstenmosaik.

Die meisten Besucher verbringen ihre Zeit in dem (etwas) kühleren Westteil. In der Nähe des Nordeingangs liegt die **Oasis of Mara**. Hier lebte der Stamm der Chemehuevi, bevor die Oase im 19. Jahrhundert zu einem beliebten Zwischenstopp für Goldgräber wurde. Später trafen Viehzüchter ein. In den 20er Jahren kamen Siedler und Kaktuswilderer. Die Wilderei nahm derartige Ausmaße an, dass eine prominente Bürgerin Pasadenas, M. H. Hoyt, eine Kampagne startete, um die Pflanzen unter den Schutz der Regierung zu stellen. Dieses Ziel wurde 1936 erreicht, als die Roosevelt-Regierung das Joshua Tree National Monument schuf. 1994 wurde das Gebiet zu einem Nationalpark erklärt.

Wenn Sie zelten wollen – was viele im Frühjahr tun – ist vor allem der Zeltplatz in der Nähe der **Indian Cove** *(Tel. 800/365-2267)* zu empfehlen. Er ist auch das Zentrum für die wachsende Zahl begeisterter Felsenkletterer *(Joshua Tree Rock Climbing School, Tel. 760/366-4745)*. Nicht weit entfernt liegt neben der Canyon Road die **Fortynine Palms Oasis**. Von der Straße aus führt ein knapp 2,5 Kilometer langer Weg zu dieser Wüstenoase, die mit Fächerpalmen und Tieren, die im seltenen Schatten ihren Durst stillen, ganz und gar der Vorstellung einer Oase entspricht.

Am Westeingang auf dem Park Boulevard beginnt eine weitere beliebte Fahrt bzw. Wanderung. Gehen Sie vom Eingang aus nach Süden und weiter zum **Hidden Valley**, einst Zufluchtsort für Viehdiebe und andere Taugenichtse. Weiter südlich zweigt der Weg zur **Lost Horse Mine** ab, die etwa drei Kilometer entfernt liegt. (Betreten Sie weder diese noch irgendeine andere Mine!) Noch weiter im Süden treffen Sie auf den knapp 2000 m hohen **Keys View**, der einen herrlichen Blick auf das Tal und die Bergkette bietet. In dieser Gegend beginnt auch eine Reihe anspruchsvollerer Wanderungen *(Karten im Besucherzentrum)*. Man erkundet den Joshua Tree National Park am besten zu Fuß. Für Autofahrer gibt es die gut ausgeschilderte **Geology Road Tour**, eine 29 Kilometer lange Strecke durch einige der dramatischsten Felsformationen des Parks.

Wenn Sie genug Zeit haben, sollten Sie auch den östlichen Teil und das Herz des Parks erkunden, das einen seltenen Blick auf eine Übergangszone zwischen zwei Wüsten ermöglicht.

Der **Cholla Cactus Garden** ist ein guter Zwischenstopp. Hier wächst die Teddybär-Cholla, auch »Springende Cholla« genannt. Der Kaktus trägt diesen Namen, weil seine Stacheln, wenn man mit wenig Abstand an ihm vorbeigeht, überspringen.

Die **Cottonwood Spring** *(auch von der I-10 aus zugänglich)* liegt südlich vom Cholla Cactus Garden. Diese Oase ist eines der am besten gehüteten Geheimnisse des Parks. Die vor Urzeiten durch ein Erdbeben geschaffene Quelle wurde lange von den Indianern genutzt. Ihre Mörser, Tontöpfe und andere verschiedene Überbleibsel sind über das gesamte Gebiet verstreut. Im Cottonwood Wash kann man häufig Dickhornschafe sehen. Der **Lost Palm Oasis Trail** entschädigt den, der die 13 Kilometer lange Wegstrecke absolviert hat, großzügig durch einen beeindruckenden Blick und den größten Fächerpalmen-Hain des ganzen Parks. ■

Palm Springs

Palm Springs Desert Resorts
325 C3
Besucherinformation
www.palmspringsusa.com
401 S. Pavilion Way
760/778-8415

Palm Springs Aerial Tramway
www.pstramway.com
1 Tramway Rd., Palm Springs
760/325-1391 oder 888-515-TRAM
$$$$

Palm Springs Air Museum
www.air-museum.org
745 North Gene Autry Trail, Palm Springs
760/778-6262
$$

Palm Springs Desert Museum
www.psmuseum.org
101 Museum Dr., Palm Springs
760/325-0189
Geschl. Mo
$$

McCallum Adobe
221 S. Palm Canyon Dr., Palm Desert
760/323-8297
Geschl. Juni–Sept.

DIE URSPRÜNGE DIESER ULTIMATIVEN AMERIKANISCHEN Oase liegen im Jahr 1885, als ein Anwalt aus San Francisco dort, wo seit jeher die Heimat der Cahuilla-Indianer war, einen Kurort gründete. In den 20er Jahren als Zufluchtsort für Prominente etabliert und später zum ständigen Wohnsitz der Ultrareichen avanciert, verdankt Palm Springs seine unwiderstehlichen Reize einer einzigen simplen Tatsache: Es besitzt Wasser, Wasser vom Mount San Jacinto, Flusswasser aus dem Colorado und heißes Wasser aus unterirdischen Mineralquellen – die Quellen, denen die Stadt ihren Namen verdankt. Kein Wunder, dass die frühen englischen Siedler diesen Ort als exotisch empfanden und Bücher mit Titeln wie *Unser Arabien: Palm Springs und der Garten der Sonne* über ihn schrieben.

Heute ist Palm Springs nach einer Phase der Vernachlässigung wieder voller Lebenslust. Die Anziehungspunkte der Oasenstadt lassen sich in fünf Worten zusammenfassen: Sonne, Pool, Spa, Golf und noch mehr Golf. Insgesamt warten über 110 smaragdgrüne Golfplätze in Palm Springs und den umliegenden sieben Gemeinden des Coachalla Valley. Die Kulisse könnte nicht eindrucksvoller sein: malvenfarbige Berge, die im Winter von einer weißen Schneekappe gekrönt werden. Ein sechster Grund zu kommen könnte das Shoppen sein: **Palm Canyon Drive** und **El Paseo** sowie das in der Nähe liegende **Palm Desert** sind alle qualitativ hochwertige Shoppingzentren.

Eine der wenigen offensichtlichen Touristenfallen in Kalifornien, die man aber dennoch nicht auslassen sollte, ist die **Palm Springs Aerial Tramway**. Diese von Francis Crocker, einem jungen Manager und Ingenieur der California Electric Power Company, ersonnene Schwebebahn überspannt die vier Kilometer zwischen dem Wüstenboden und dem Gipfel des Mount San Jacinto. Der Legende zufolge kam Crocker die Idee zum Bau während einer langen heißen Autofahrt nach Banning im Jahr 1932, als er den frostigen Berggipfel sah und sich vorstellte, wie schön es wäre, in die kühlen Berge zu fahren. Crocker arbeitete 30 Jahre an der Realisierung dieses Traums. Die Gondelbahn mit nur einem einzigen Kabel wurde 1963 fertiggestellt. Sie ist klimatisiert und ermöglicht fantastische Blicke auf die Wüste und die Berge. An ihrem Endpunkt, auf 2595 Meter Höhe, liegt der **Mount San Jacinto State Park & Wilderness** *(Tel. 760/ 323-3107)* mit mehr als 86 Kilometern Wanderwegen und einem neuen Restaurant mit traumhaftem Blick.

Das **Palm Springs Air Museum** ist eine relativ neue Einrichtung. Es ist »der Erhaltung, Präsentation und Erklärung der Luftwaffe des Zweiten Weltkriegs …« gewidmet und besitzt eine der größten Sammlungen noch flugtüchtiger Flugzeuge aus dem Zweiten Weltkrieg sowie seltene und originelle Kriegsfotos und eine umfassende Sammlung von Gegenständen, Uniformen und Erinnerungsstücken an den Zweiten Weltkrieg. Es finden auch regelmäßig Flugdemonstrationen statt.

Es ist ein altes Klischee, dass das erste, was in der Wüste austrocknet, die Kultur ist. Zwei Einrichtungen in Palm Springs widerlegen diese These. Die eine ist das **Palm Springs Desert Museum**, ein privat finanziertes und national

Palm Springs, eine Oase in der Wüste

anerkanntes Kunst- und Naturkunde-Museum mit einer ausgezeichneten Kunstsammlung (siehe S. 337) und guten Ausstellungen sowie interessanten indianischen Gegenständen.

Die andere ist das **McCallum Adobe**, das von dem Siedler John Guthrie McCallum erbaut wurde. Das **McCallum Theater for the Performing Arts** im **Bob Hope Cultural Center** ist ebenfalls nach McCallum benannt. Das Theater bietet ein abwechslungsreiches Programm an Theater- und Musikaufführungen (Klassik und Pop).

Der landschaftlich reizvolle Highway 111 verbindet Palm Springs mit Nachbargemeinden wie **La Quinta**, das für seine hervorragenden Golfplätze bekannt ist. Hollywoodgrößen zieht es in das **La Quinta Resort & Club**, einem illustren Spa. ■

Bob Hope Cultural Center

✉ 73000 Fred Waring Dr., Palm Desert

☎ 760/340-2787

Glamour in der Wüste

Es gab eine Zeit, da verband man mit dem Namen Palm Springs nicht Reichtum und Glanz, sondern vielmehr das Angestaubte, Überholte und etwas Heruntergekommene. Aber seit den späten 1980ern, als der bekannte Sänger Sonny Bono zum Bürgermeister gewählt wurde, hat Palm Springs ein beeindruckendes Comeback erlebt.

Der Grund: Eine neue Generation von Stadtmenschen hat die Vorteile der Wüste entdeckt, die Stille, die urtümliche Umgebung und den entspannten Lebensstil, den man vielleicht »Wüsten-Zen« nennen könnte. Hinzu kommt das wachsende Interesse an modernistischer Architektur der Nachkriegszeit.

Jim Moore, ein Designer aus New York, kaufte 1993 ein heruntergekommenes Haus, das der bekannte Architekt Donald Wexler in den 1960ern erbaut hatte. Dieses an der Nordgrenze der Stadt gelegene Gebäude entwickelte sich zum perfekten Beispiel für eine Sanierung nach Art der Wüste, dem viele folgten. Noch im gleichen Jahr wurde das in der protzigen Wohngegend Las Palmas gelegene Kaufmann-Haus, das 1946 von dem großen Richard Neutra erbaut worden war, von zwei Geschäftsleuten aus Newport Beach gekauft und restauriert. Eine Schöpfung des verstorbenen Albert Frey zog ebenfalls die Aufmerksamkeit auf sich. In der Nähe des Kaufmann-Hauses steht eines seiner einnehmendsten Werke, das Loewy-Haus, das 1946 für Raymond Loewy, den Designer der Coca Cola-Flasche, errichtet wurde.

Palm Springs lebt in starkem Maße von seinen berühmten Einwohnern. Hier leben noch viele Prominente aus der alten Zeit, und zwar so viele, dass ein ehemaliger Bürgermeister der Stadt sie »Gottes Wartezimmer« genannt hat. Bob und Dolores Hope sind die Monarchen der Wüste. Ihr 1979 errichtetes Haus wurde von dem Architekten John Lautner entworfen, ein relativ unbekanntes Genie des kalifornischen Modernismus. Frank Sinatras erstes Haus in Palm Springs, an der Alejo Road, ist durch zwei Palmen markiert, die der Sänger als Erkennungszeichen für seine Freunde eingepflanzt hatte. Das von Stewart Williams entworfene Gebäude ist heute unter dem Namen Twin Palms bekannt.

Es gibt hier außerdem jede Menge Häuser von Prominenten vergangener Tage. Die einheimi-

Links: Die Palm Spring Follies sind ein jährlich stattfindendes Ereignis
Oben: Viele Straßen in Palm Springs sind nach Prominenten benannt
Rechts: Gary Cooper in Reitkluft am El Mirador in Palm Springs im Dezember 1932

schen Experten (siehe unten) werden die wirklich Neugierigen unter Ihnen gerne zu einigen führen, wie etwa zum Haus von Greta Garbo, das 1930 für die zurückgezogen lebende Schauspielerin entstand. Das restaurierte Gebäude, das heute magnetische Anziehungskraft auf Garbo-Fans ausübt, liegt an der Raquet Club Road *(Führungen Tel. 760/318-2541)*. Fragen Sie auch nach Elvis Presleys restaurierter Oase.

Die jüngere Garde – Chris O'Donnel, Donatella Versace – strömt zu Orten wie der Korakia Pension, ein einstiger Zufluchtsort für Hollywoods Prominenz in den 1920ern. Das Miracle Manor in Desert Hot Springs *(Tel. 760/ 329-6641)* wird ebenfalls von den jüngeren Prominenten frequentiert. Dieses niedrig gebaute Motel aus den 1940ern ist kürzlich von dem bekannten Architekten Michael Rotondi und der Designerin April Greiman gekauft und umgebaut worden. Es ist mit seiner Spachtelfarbe, den Böden aus lackiertem Sperrholz und Beton und den hauchfeinen Baumwollstoffen vielleicht die kargste Version des Wüsten-Zen. Statt der für ein Motel üblichen Ausstattungsgegenstände (TV, Telefon, Uhren), bietet es eine von einer natürlichen heißen Quelle gespeiste Heißwasserwanne, einen Massage-Service und reichlich großartige Wüstenlandschaft und Stille.

Auch kulturelle Ereignisse gibt es in Palm Springs reichlich, obwohl ein Großteil den Einheimischen vorbehalten bleibt. Zum Glück ermöglicht das Palm Springs Desert Museum (siehe S. 335) einen Einblick in die Sammelleidenschaft dieser Klasse der Ultrareichen mit westamerikanischer und indianischer Kunst. Die Sammlung umfasst unter anderem einige schöne Beispiele von Arbeiten der Taos Artists Society. Auch Werke von Maynard Dixon und Charles M. Russell finden sich im Museum. Ein ganz besonderer Leckerbissen sind die Arbeiten des Schauspielers George Montgomery, der eine bemerkenswerte Sammlung aus Skulpturen und Möbeln geschaffen hat.

Wie nicht anders zu erwarten, ist es durchaus ein wenig aufwendig, sich all die schicken Dinge von Palm Springs anzusehen. Das Palm Springs Desert Resorts Visitors Bureau (siehe S. 334) ist ein guter Anlaufpunkt. Das Personal hier weiß ungeheuer viel über die Architektur und die Geschichte der Stadt. Palm Springs Celebrity Tours *(Tel. 888/805-2700)* bietet eher konventionelle Führungen zu den Häusern der Prominenten. Die Publikation *Palm Springs Architectural Highlights* informiert über die interessanten Gebäude der Region und ist im Palm Springs Visitors Bureau und bei der Palm Springs Historical Society *(Tel. 760/ 323-8297)* erhältlich. ■

Der Living Desert Botanical Park präsentiert eine grüne Wüste

Der Living Desert Wildlife and Botanical Park

WÜSTEN MÖGEN VIELE REISENDE FASZINIEREN, WIRKEN jedoch kaum anregend auf diejenigen, die Zoos und botanische Gärten konzipieren. Der Living Desert Wildlife and Botanical Park bildet eine der seltenen Ausnahmen.

Living Desert Wildlife & Botanical Park
www.livingdesert.org
325 C2
47900 Portola Ave., Palm Desert
760/346-5694
$$

Dieser 1970 gegründete Park, der sich zu einem der meistbesuchten zoologischen Gärten in den USA entwickelte, hatte sich bei der Errichtung ein ganz spezielles Ziel gesetzt: die vollständige Integration in das Ökosystem Wüste. Der Zoo erstreckt sich über 300 Hektar der Colorado-Wüste, die wiederum ein Teil der bis nach Mexiko hineinreichenden Sonora-Wüste bildet. Der Park umfasst mehr als 400 Tierarten und eine große Auswahl an Wüstenflora. Der Besucher passiert auf gut ausgeschilderten Wegen eine Reihe von Stationen. Obwohl sich der **Discovery Room** in der Nähe des Eingangs in erster Linie an Kinder wendet, bietet er für alle Altersklassen gute, grundlegende Informationen über das Leben in der Wüste. Die Tiere sind über verschiedene Gärten verteilt, darunter das **Palo Verde Garden Center**, der **Cahuilla Indian Ethnobiological**

Der Duft der Wüstenbäume

Obwohl immer wieder vor allem von der Frühjahrsblüte der Wüstenblumen die Rede ist, rührt ein Großteil des intensiven Dufts, der sie begleitet, von der Blüte der Wüstenbäume im Frühling und Frühsommer her. Die häufiger anzutreffenden Arten sind allesamt im Living Desert Wildlife and Botanical Park vertreten.

Die **Grüne Akazie** *(cercidium floridium)* besitzt einen blassgrünen Stamm, stachelige olivgrüne Zweige und ein karges (oder gar kein) Blattkleid. Der Baum ist klein und gertenschlank und wächst häufig an Bächen und Flussufern. Er ist wichtig zur Vermeidung von Erosion. Einmal im Jahr bringt er eine leuchtende, gelbe Blüte hervor.

Der **Wüsten-Perückenbaum** *(dalea spinosa)* ist einer der großen landschaftlichen Schätze der Region Palm Springs. Er verdankt sein mystisches Aussehen – ein wirres Gespinst aus filigranen Ästchen – seinem vergänglichen Blätterkleid. Bis zu seinem dritten Lebensjahr sind die Zweige dieses Baumes von dichten grauen Haaren besetzt, was seine geisterhafte Erscheinung vor allem bei Mondlicht erklärt. Er blüht in der größten Sommerhitze, genau dann, wenn die Touristen fort sind.

Das Holz des **Wüsten-Trompetenbaums** *(chilopsis linearis)* wurde einst für die Herstellung von Jagdbogen verwendet. Der Baum ist passenderweise auch als Bogenweide bekannt, besitzt lange, dünne, hellgrüne Blätter und sieht wie eine Weide aus. Er steht – oder bückt sich vielmehr – häufig über ausgewaschenen Kanälen und Gräben in der Colorado-Wüste. Seine bemerkenswerten rosa Blüten haben weiße und gelbe Punkte. Später im Sommer beginnen sie einen schweren Duft zu verbreiten, der an süße Veilchen erinnert.

Der **Eisenholzbaum** *(olneya tesota)* macht seinem Namen alle Ehre. Mit der ihm eigenen hohen Dichte geht er im Wasser sogar unter. Seine bemerkenswerte rot-braune Rinde schält sich in langen Streifen. Die Blätter sind grau. Wenn Sie die Wüste im Frühsommer besuchen, können Sie seine auffällige Blüte erleben, ein Ausbrechen von Tausenden indigoblauer und rosa-purpurner Blüten mit einem feinen Duft.

Der **Algarrobabaum** *(prosopis juliflora)* gehört zu den in der Colorado-Wüste vorherrschenden Pflanzen. Der Baum hat eine dunkle, rötlich-braune Rinde und dünne glatte Zweige, die sich wie Ranken am Meeresboden wiegen. Seine große Bedeutung für diverse Wüstenbewohner ist legendär. Die südwestlichen Indianerstämme benutzten sein starkes Holz für die Errichtung ihrer Häuser. Ihre Kinder stellten aus ihm hölzerne Bälle her. Und die Älteren machten aus seiner zuckrigen Frucht einen verheerend wirkenden Schnaps. Die Spanier fütterten ihr Vieh damit, und Süßwarenhersteller brauchten sie für ihr Kaugummi. Die US-Kavallerie wiederum benutzte sie als Pferdefutter. Dennoch ist diese Pflanze nie wirklich ausreichend gewürdigt worden, wahrscheinlich weil sie in der Wüste so weit verbreitet ist. Ihr Geruch – nach Kiefer und Rauch – ist der typische Geruch der Wüste. ■

Ganz oben: Der filigran anmutende Wüsten-Perückenbaum
Oben: Das in der Wüste lebende Dickhornschaf

Garden (nicht auslassen!) und der **Upper Colorado Garden**. Im Osten befindet sich ein Abschnitt, der der afrikanischen Wüste gewidmet ist.

Die größte Attraktion ist der **Eagle Canyon** mit Wanderwegen, Bächen und einheimischen Tieren, etwa dem Puma, dem Luchs, dem mexikanischen Wolf und dem Steinadler. Auf Ihrem Rundgang durch den Park können Sie sich außerdem das Phänomen des Sankt-Andreas-Graben erklären lassen. ■

Die Indian Canyons

AUSSERHALB DER STADT PALM SPRINGS GIBT ES VIER SPEKtakuläre Canyons. Hier lebte einst ein sehr ausdauerndes Volk, der Agua Calienta-Stamm der Cahuilla-Indianer. Ihre Spuren finden sich in Piktogrammen, die heilige Stätten kennzeichnen; auch Steinmörser gibt es noch, in denen sie Nüsse, Samen und Beeren mahlten, die für Jahrhunderte ihre Nahrung bildeten. Ihre Nachfahren managen das als heilig betrachtete Tal – und haben einen Großteil des 20 Hektar großen Museumskomplexes Agua Caliente Cultural Museum *(Tel. 760/778-1079, www.aguacaliente.org)* finanziert, der bei den Indian Canyons gebaut werden soll. Die Besucherinformation vom Tahquitz Canyon *(Tel. 760/416-7044)* informiert darüber, welche der Täler und Wanderwege wegen Wetter oder aus Naturschutzgründen geschlossen sind.

***Washingtonia*-Palmen im Coachella Valley Preserve**

Bei allen vier Canyons gibt es einen von steilen Felsen umgebenen Bach und sie liegen inmitten von Hügeln. Der 24 Kilometer lange **Palm Canyon** ist der größte. Der riesige aus *Washingtonia*-Palmen bestehende Hain im Palm Canyon ist einer der größten der Welt. Ein alter Brauch der Cahuilla bestand darin, den unteren Teil des Stammes der Lieblingspalme eines verstorbenen Stammesmitglieds anzubrennen, um sicherzustellen, dass die Beeren des Baumes mit dem Dahingeschiedenen in den Himmel kamen.

Wenn Sie den **Trading Post** (»Handelsposten«) besucht haben, nehmen Sie den leicht abschüssigen Weg in den Canyon, der dort an einem hübschen Bach endet. Der Trading Post verkauft Wanderkarten, indianischen Schmuck, Töpferwaren und Webwaren.

Herden wilder Pferde streifen durch den nahe gelegenen **Murray Canyon**. Hier zeigen Ihnen einheimische Führer *(Desert Safaris, Tel. 760/218-0502)* alte indianische Piktogramme und Steinmörser. In dieser Gegend leben auch viele Dickhornschafe und Hirsche. Auch der **Andreas Canyon** wartet mit einem *Washingtonia*-Palmenhain auf. Der **Tahquitz Canyon** schließlich, in dem sich ein Amphitheater befindet, liegt unterhalb des **Tahquitz Peak**. Die Abflüsse von seinem Gipfel sorgen für eindrucksvolle Wasserfälle. ■

Der Anza-Borrego Desert State Park

Die Anza-Borrego-Wüste zur Blütezeit

DIE TATSACHE, DASS DIESER PARK IN EINEM DER ENTLEgensten Teile des Bundesstaats liegt, hält Tausende von Wildblumenfreunden nicht von ihrer Pilgerfahrt im Frühjahr ab. Kein Wunder, ist doch Anza-Borrego die Hauptstadt der Wüstenbotanik. Die Blütezeit beginnt im Februar.

Der **Borrego-Palm Canyon Trail** (Beginn am Borrego-Palm Canyon westlich von den Borrego Springs) gehört zu den Attraktionen, die man unbedingt besuchen sollte. Der Weg windet sich zunächst durch einen Bambus-Hain, bevor er an einem Wasserfall und einem Hain mit 800 Fächerpalmen endet. Die **Tamarisk Grove** *(Calif. 78 und Yaqui Pass Road)* weist eine Reihe von Palmencanyons und spektakulären Schluchten auf.

Der **Agua Caliente County Park** *(City Road S-2, südlich der Calif. 78)* ist eine ehemalige Siedlungsstätte der alten Kumeyaay-Kultur und bietet den Dickhornschafen und anderen Wüstenbewohnern Lebensraum. Fragen Sie im Besucherzentrum nach Führungen zu den archäologischen Ausgrabungsstätten.

Für diejenigen, die in Borrego Springs übernachten, ist die einstündige Rundfahrt nach Osten ins Borrego-Ödland ein absolutes Muss. Vor allem bei Sonnenuntergang ist der Blick vom **Fonts Point** ein unvergessliches Erlebnis,. Wenn Sie die Wüste wirklich kennenlernen wollen, organisiert der Naturkundler Paul Johnson (ansprechbar über das Besucherzentrum) für Sie hervorragende Führungen. ■

Anza-Borrego Desert State Park

325 C2

Besucherinformation

200 Palm Canyon, Borrego Springs

760/767-5311

Hallo! Ist Blütezeit?

Drei Organisationen informieren aktuell über die Frühjahrsblüte: das Besucherzentrum des Anza-Borrego Desert State Park (siehe oben), die Living Desert Wildflower Hotline (Tel. 760/767-4684) und die Payne Foundation (Tel. 818/768-1802).

Der Salton Sea

Salton Sea
325 C2
Besucher-information
100-225 State Park Rd., North Shore
760/393-3052

KNAPP 50 KILOMETER SÜDLICH VON PALM SPRINGS LIEGT einer der bizarrsten Orte Kaliforniens. Der Salton-See entstand 1905, als der Colorado aus schlecht konstruierten Bewässerungskanälen im nahe gelegenen Yuma, Arizona, ausbrach und fast zwei Jahre lang ungehindert in ein Wüstenbecken ohne natürlichen Abfluss lief. Als die Wüstenhitze das Wasser verdunsten ließ, blieb das Salz, das der Fluss mit sich führte, zurück. Als weiteres Flusswasser nachlief und wieder verdunstete, kam es zu einer immer höheren Salzkonzentration. Dies hat zu dem ungeheuer hohen Salzgehalt des Salton-Sees geführt, der erheblich über dem des Pazifik liegt.

Das einzigartige Ökosystem des Salton-Sees hat bemerkenswerte Auswirkungen. Auf der einen Seite ist er mit seiner großen Population an Pelikanen und Reihern sowie weiteren Arten zu einem der beliebtesten Ziele für Vogelkundler geworden. Die Vögel kommen wegen der gleichermaßen großen Fischpopulation und ernähren sich besonders von Buntbarschen, die so zahlreich sind, dass Angler schon bei einer Angelfahrt mehrere Hundert von ihnen fangen können. (Es gibt keine Fangbeschränkung.)

Die Saltonebene

Auf der anderen Seite gibt es enorme ökologische Probleme. Die Salzkonzentration steigt weiter. Schon mehrere Sommer lang hat man große Mengen verendeter Fische und Vögel gefunden. Eine Theorie besagt, dass Düngemittel nahe gelegener Farmen, die mit den abfließenden Niederschlägen in den See gelangen, zu einer enormen Algenblüte geführt haben. Wenn diese farbenfrohen (und übel riechenden) Blüten sterben, entziehen sie dem Wasser enorme Mengen an Sauerstoff und töten so unzählige Fische. Die toten Fische verfaulen, was zu Nahrungsmittelvergiftungen führt, an denen wiederum die Vögel zu Grunde gehen. Allein an einem Tag im Jahr 1996 wurden am Seeufer 650 tote Vögel gefunden.

Nichtsdestoweniger bleibt der See ein unter Anglern, Wasserskifahrern und Campern beliebtes Ziel. Der Winter ist für Camper und Wanderer die beste Jahreszeit. Der Campingplatz am **Mecca Beach**, der etwa 1,5 Kilometer südlich vom Hauptquartier des Parks liegt, ist eine perfekte Basisstation für begeisterte Angler.

Die Buntbarsche und die anderen Fische im See sind sehr schmackhaft. Erstere sind vor allem in der chinesischen Küche beliebt. Für Vogelfreunde sind die Monate von Oktober bis Ende Mai eine wahre Freude. Zu dieser Zeit kommen etwa vier Millionen Zugvögel an den See. Der Zeltplatz am Salt Creek Beach, der auf der Karte des Parks deutlich markiert ist, ist die unter Vogelliebhabern beliebteste Anlaufstelle. ■

Reise-informationen

Abendlicher Berufsverkehr

REISEINFORMATIONEN

REISEPLANUNG

REISEZEIT

Kalifornien kann man jederzeit besuchen, es kommt nur darauf an, in welchen Teil des Landes man fahren möchte. Planen Sie eine Reise in den Norden des Landes, eignen sich vor allem die Sommermonate für einen Besuch. Wenn Sie nach Südkalifornien fahren möchten, könnte es im August und September zu heiß sein, so dass sich hier ein Besuch vor allem im Frühling oder Herbst bzw. während der Wintermonate empfiehlt. Während der Hauptreisemonate trifft man natürlich auf sehr viele Touristen. Eine Alternative wäre, die Nebensaison auszunutzen (beispielsweise das Frühjahr für das Wine Country).

VERANSTALTUNGEN UND FESTIVALS

Kalifornien bietet eine Unmenge an kulturellen Veranstaltungen: Landwirtschaftsausstellungen und -feste, Musikfestivals, Sport- und Minderheitenveranstaltungen. Die aktuellen Termine können Sie entweder über die Internetseiten oder Visitor Information Bureaus der jeweiligen Städte erfragen. Einige Höhepunkte werden im Folgenden aufgelistet:

Januar: Am ersten Januar verwandelt sich Pasadena mit der Tournament of Roses Parade und dem Footballspiel der Collegemannschaften in eine große Partystadt (Tel. 626/449-7673); die Wagen des Blumenkorsos können bis zum 3. Januar im Sierra Madre Park bestaunt werden.

Februar: San Franciscos Chinese New Year Parade (Tel. 415/982-3000) übertrifft diejenige von Los Angeles (Tel. 213/617-0396) bei weitem.

März: Mit großer Begeisterung und viel Bier wird das Mendocino Whale Watch Festival (Tel. 800/726-2780) gefeiert.

April: In Benicia findet alljährlich der romantische Ramona-Umzug statt, bei dem die Namensgebende und ihr Liebhaber Alessandro sich als Romeo und Julia des 19. Jahrhunderts präsentieren (Tel. 800/645-4465).

Mai: Fans von Mark Twain hätten ihre wahre Freude am Jumping Frog Jubilee in Angels Camp, Gold Country (Tel. 209/736-2561), das vor allem ein großes Bierfest ist.

Juni: Die Napa Valley Wine Auction vermittelt richtige Wine-Country-Atmosphäre (Tel. 707/963-3388).

Juli: Das angesehene Carmel Bach Festival (Tel. 831/624-1521) und das Gilroy Garlic Festival (Tel. 408/842-1625) sind zwei Höhepunkte an der Central Coast.

August: *Ee-ho-lay! Yi yi yi!* Beim Old Spanish Days Fiesta im historischen Santa Barbara (Tel. 805/962-8101) kann sich jeder verkleiden und für einen Tag Hidalgo spielen.

September: Das Russian River Jazz Festival (Tel. 510/655-9471) konkurriert in diesem Monat mit dem San Francisco Blues Festival (Tel. 415/826-6837) – beide sind empfehlenswert.

Oktober: Das Tor House Poetry Festival in Carmel (Tel. 831/624-1813) feiert vor allem ehemalige Berühmtheiten Kaliforniens.

November: Dieser Monat eignet sich gut für einen Besuch des Death Valley. Dann findet in Erinnerung an die erste Durchquerung des Tales ein Musik- und Theaterfestival im Death Valley 49er Encampment statt (Tel. 760/786-2331).

Dezember: Wenn Sie richtig gutes bodenständiges Theater erleben wollen, besuchen Sie das Stück *La Virgen Del Tepayac* des El Teatro Campesino in der Mission Juan Bautista (Tel. 831/ 623-2444).

UNTERWEGS IN KALIFORNIEN

FLUGHÄFEN

Die Kalifornier haben für den Flughafen-Shuttle-Verkehr den Gebrauch kleiner, wendiger Passagiertransporter eingeführt. Es gibt an allen Flughäfen eine ganze Anzahl von Privatfirmen, die diese Dienste anbieten (Shuttle Vans, Freeway Flyers usw.). Die meisten sind zuverlässig, pünktlich und kundenfreundlich. Sollten Sie in einem der Hotels übernachten, die in der Nähe des Flughafens liegen, werden sie aller Wahrscheinlichkeit nach einen kostenlosen Transportservice von/zum Flughafen nutzen können. Darüber hinaus bieten alle größeren Autoverleihfirmen einen freien Shuttle-Bus zu ihren Niederlassungen an. Super Shuttle Services (Tel. 800/554-3146) bietet sogar einen Service direkt von Haus zu Haus innerhalb von Los Angeles (Tel. 310/782-6600) und San Francisco (Tel. 415/558-8500).

John Wayne Orange County Airport, Santa Ana (Tel 949/252-5200). Dieser aufstrebende Regionalflughafen stellt eine gute Alternative zum Flughafen von Los Angeles dar, wenn man plant in den Süden des Landes zu reisen.

Los Angeles International Airport (Tel 310/646-5252). Eine Taxifahrt ins Zentrum kostet ca. 30 $, nach Beverly Hills 25 $.

Oakland International Airport (Tel 510/577-4000). Eine Taxifahrt nach Oakland Zentrum kostet ca. 22 $.

Palm Springs (Tel 760/318-3800). Taxi ins Zentrum ca. 12 $.

Sacramento (Tel. 916/929-5411). Taxi ins Zentrum ca. 25 $.

San Francisco International Airport Tel 650/821-8211). Einfache Taxifahrt ins Zentrum ca. 25-30 $.

San Jose Airport (Tel 408/277-4759). Wenn Sie vor allem im Geschäftszentrum zu tun haben, ist dies der geeignete Flughafen. Einfache Fahrt ins Zentrum ca. 8 $.

MIT DEM AUTO

Kalifornien lässt sich eigentlich nur mit dem Auto richtig entdecken. Wenn Sie ihren Aufenthalt also nicht gerade auf San Francisco beschränken, brauchen Sie unbedingt ein eigenes Fahrzeug. Der am besten ausgestattete und hilfsbereiteste Automobilclub ist die California State Automobile Association (Tel. 415/565-2012, www.csaa.org). Auf den meisten Autobahnen in Kalifornien ist die linke Spur den schnelleren Fahrern vorbehalten. Es gibt eine große Anzahl an Autovermietern, wobei die Palette der angebotenen Autos von sehr einfachen und günstigen bis zu luxuriösen Fahrzeugen reicht. Sollten Sie auf ein Billigangebot hin einen Vermieter aufgesucht haben, nur um festzustellen, dass keines der angebotenen Autos mehr zur Verfügung steht, fragen Sie einfach nach einer kostenlosen Höherstufung. Die meisten Agenturen werden dies gerne tun, alleine schon um Ihr Vertrauen zu gewinnen.
Avis: Tel 800/331-1212
Budget: Tel 800/527-7000
Dollar: Tel 800/800-4000
Hertz: Tel 800/654-3131

ÖFFENTLICHE VERKEHRSMITTEL

Amtrak (Tel. 800/872-7245), das nationale Bahnunternehmen, hat in letzter Zeit wieder an Ansehen gewonnen und ist bei jenen Reisenden beliebt geworden, die das Land in Ruhe sehen wollen. Dies betrifft insbesondere die Strecke von Los Angeles nach San Diego. Das Busunternehmen Greyhound Lines (Tel. 800/231-2222) bedient die meisten Städte, auch wenn die Fahrten immer etwas länger dauern.

Das MUNI-Bussystem in San Francisco wird ebenfalls geschätzt (Tel. 415/673-6864). BART, das berühmte und schnelle Bahnsystem (www.bart.gov) , bringt Sie bequem vom Zentrum in den Osten, Norden und Süden der Stadt. Nähere Auskünfte zu Fahrplänen und Karten bekommen Sie im Visitor Bureau.

Das DASH-Bussystem in Los Angeles bedient nahezu die gesamte Stadt (Tel. 213/808-2273). Das U-Bahnsystem, das zurzeit noch relativ klein ist, wird gerade ausgebaut (Tel. 800/COMMUTE).

PRAKTISCHE TIPPS

- Kalifornien gilt nach wie vor als relativ sicher; aber auch hier gibt es natürlich schwarze Schafe. Verhalten Sie sich angemessen; laufen Sie nicht allein durch Ihnen unbekannte Gegenden; tragen Sie wertvollen Schmuck oder Ausrüstung nicht zu offen.
- Bezeichnen Sie San Francisco nicht als »Frisco«.
- Vermeiden Sie Namen wie »The Big Orange«, »La La Land«, »Tinseltown«, oder »El-Lay«.
- Benutzen Sie ihren gesunden Menschenverstand. Ziehen Sie kein Geld am Geldautomaten, wenn Sie nachts alleine unterwegs sind.
- Erwarten Sie nicht, dass jeder in dieser Stadt Englisch spricht; dies gilt insbesondere für die interessanteren Gegenden in San Francisco und Los Angeles.
- Benutzen Sie keine eindeutigen Fingerzeichen gegenüber anderen Autofahrern, egal wie schlecht diese gefahren sein mögen.
- Nehmen Sie in keinem Fall Anhalter an der Autobahn mit und halten Sie, außer vielleicht in extremen Notfällen, niemals am Straßenrand an, um jemandem zu helfen, wenn Sie nicht noch einen Beifahrer dabei haben, der jederzeit die Notfallnummer (911) wählen kann.
- Besorgen Sie sich gutes Kartenmaterial.
- Nehmen Sie Trinkwasser im Auto mit.

IM NOTFALL

Überall im Land ist die Rufnummer 911 für alle Notfälle reserviert. Sollten Sie einmal Opfer eines Verbrechens werden, können Sie sich jederzeit an die Crime Victims' Hotline (Tel. 800/ 842-8467) wenden.

EINRICHTUNGEN FÜR BEHINDERTE

Der kalifornische Staat hat mit einer großen Anzahl von Gesetzen Restaurants, Universitäten, öffentliche Einrichtungen und alle Verkehrsmittel zu einer behindertengerechten Ausstattung verpflichtet. Auskünfte bekommen Sie unter der Telefonnummer 510/644-2555. Hörgeschädigte bekommen Informationen unter der Nummer 800/735-2922.

BESUCHER-INFORMATION

Erste Anlaufstelle für Informationen ist die California Division of Tourism (1102 Q Street, Suite 6000, Sacramento, CA 95814, Tel. 916/444-6798, www.visitcalifornia.com), die eine Vielzahl nützlicher Broschüren und Veranstaltungskalender veröffentlicht. Die Internetseite listet eine Reihe regionaler Besucherinformationen und bietet Links zu Hunderten von Hotels, Restaurants und Sehenswürdigkeiten. Die California Division of Tourism unterhält insgesamt elf eigene Büros im ganzen Staat.

Eine herausragende Informationsquelle ist auch der National Parks Service mit einer informativen Internetseite (www.nps.gov).

Die drei größten Visitor Information Bureaus befinden sich in Los Angeles (Tel. 213/624-7300), San Diego (Tel. 619/232-3101) und San Francisco (Tel. 415/974-6900). Diejenigen von San Francisco und San Diego sind am bes- ten zu erreichen; nutzen sollten Sie allerdings alle drei wegen ihrer aktuellen Informationen.

HOTELS & RESTAURANTS

Kalifornien bietet eine Fülle an hervorragenden Restaurants, wobei die zwei größten Städte auf der Gourmetleiter ganz oben stehen. Wohlhabende Gemeinden wie Hollywood im Süden und das Silicon Valley im Norden haben dazu beigetragen, dass sich Weltklasseköche hier niederließen. Gourmeterlebnisse hat man aber auch in den Restaurants, die von Immigranten der ersten Generation aus Asien und dem Mittleren Osten geführt werden. Dort sind die Zutaten frisch, der Umgangston familiär und die Preise normal.

Die Hotels, Gasthöfe und Bed-and-Breakfast-Pensionen Kaliforniens bieten eine große Vielfalt an Stilrichtungen und Ausstattungen, vom superschicken Peninsula in Beverly Hills oder dem traditionellen Mark Hopkins in San Francisco bis zum ruhigen und erholsamen Manka's Inn im kleinen Inverness. Sie können eine Menge Geld sparen – manchmal bis zu 50 Prozent –, wenn Sie in der Sonntagsausgabe der *L.A. Times* nach Wochenend- oder Tagesangeboten der Hotels Ausschau halten (online unter www.latimes.com).

WAS SIE ERWARTEN KÖNNEN

Die meisten kalifornischen Hotels bieten ihre Zimmer nach »amerikanischer Art« an, d.h. Frühstück ist im Preis nicht inbegriffen. Inklusive sollten allerdings ein aufmerksamer und angenehmer Service, und kundiges Personal sein sowie eine Fülle von Informationen über lokale und regionale Restaurants kulturelle, künstlerische und sportliche Veranstaltungen. Alle im Folgenden aufgelisteten Hotels und Gasthöfe sollten dies bieten können, wobei die Bereitschaft des Personals wirklich alles für den Gast zu tun, sehr stark variieren kann. Guter Service wird selbst in den teuersten Hotels heute immer seltener.

Die aufgelisteten Adressen umfassen sowohl Hotelketten als auch hervorragende eigenständige Häuser. Die meisten der hier aufgeführten Hotelketten bieten einen guten Standard bezüglich Ausstattung, Service und Leistungen. Die besseren Bed-and-Breakfast-Pensionen sind oft eine gute Alternative; Sie bekommen in der Regel dafür aber netteres Personal und vor allem auch ein Frühstück. Die Nummern diverser Zusammenschlüsse von Bed-and-Breakfast-Pensionen werden im Folgenden aufgeführt.

HOTELKETTEN UND GRUPPEN

Doubletree Hotels: Tel. 800/222-8733
Hilton Hotels: Tel. 800/445-8667
Holiday Inn: Tel. 800/465-4329
Hyatt Hotels: Tel. 800/633-7313
Marriott Hotels: Tel. 800/944-9002
Ramada: Tel. 800/272-6232
Sheraton: Tel. 800/325-3535
Westin: Tel. 800/228-3000
Wyndham Hotels: Tel. 800/996-3426

BED-AND-BREAKFAST-VERBÄNDE

California Association of Bed & Breakfast Inns: Tel. 831/462-0402
Professional Innkeepers Association: Tel. 916/925-2915

KREDITKARTEN

AE American Express, DC Diners Club, MC Mastercard/Eurocard, V Visa.

Parken

Hat ein Hotel oder Restaurant seinen eigenen Parkplatz, ist dies im jeweiligen Eintrag mit einem P gekennzeichnet. Einige Hotels und Restaurants bieten einen besonderen Service: Der Wagen wird vom Personal zum Parkplatz gefahren; der Hinweis lautet dann: P Service. Bei Lokalitäten auf dem Lande gibt es in der Regel genug Parkplätze am Ort.

PREISKATEGORIEN

HOTELS
Preiskategorien für ein Doppelzimmer pro Nacht ohne Frühstück:

$$$$$	über $280
$$$$	$200–$280
$$$	$120–$200
$$	$80–$120
$	unter $80

RESTAURANTS
Preiskategorien für ein Drei-Gänge-Menü ohne Getränke:

$$$$$	über $80
$$$$	$50–$80
$$$	$35–$50
$$	$20–$35
$	unter $20

RESTAURANTS

Die Öffnungszeiten an Sonntagen und während der Ferien variieren von Jahr zu Jahr.
M = Mittags
A = Abends

Trinkgeld

Von seltenen Fällen (z. B. größeren Gesellschaften) abgesehen, ist das Geben von Trinkgeld in kalifornischen Restaurants theoretisch völlig freiwillig. Tatsächlich wird jedoch erwartet, dass Sie etwa 15 Prozent des Nettopreises (ohne Steuer) als Trinkgeld geben. Sollten Sie jedoch einmal mit der Qualität oder dem Service wirklich unzufrieden sein, können Sie durchaus auf das Trinkgeld verzichten.

HOTELRESTAURANTS

Auf hervorragende Restaurants in den Hotels wird separat hingewiesen. Bei der Beschreibung der Hotels steht dann ein Querverweis. Sollte ein Restaurant einen höheren Standard haben als das dazugehörige Hotel, wird dem Restaurant dasselbe Symbol verliehen wie dem Hotel. Darüber hinaus wird das Restaurant in der Einleitung erwähnt. Es wird allerdings kein Hinweis auf ein Hotelrestaurant gegeben, wenn dieses keinen besonderen Status hat.

RAUCHEN
In kalifornischen Restaurants ist das Rauchen grundsätzlich nicht gestattet. Per Gesetz müssen die Hotels Nichtraucherzimmer und -bereiche in der Lobby ausweisen. Einige erlauben das Rauchen überhaupt nicht; darauf wird im Eintrag hingewiesen.

In der folgenden Auswahl stehen unter dem jeweiligen Ort bzw. der Region zunächst die Hotels, sortiert nach ihrer Preiskategorie; innerhalb einer Preiskategorie sind die Hotels alphabetisch angeordnet. Auf die Hotels folgen in gleicher Weise die Restaurants.

LOS ANGELES

AIRPORT—LAX

RADISSON
$$$
6225 W. CENTURY BLVD., 90045
TEL. 310/670-9000
FAX 310/337-6555
Liegt dem Flughafen am nächsten und bietet sich für jeden an, der unbedingt in der Nähe des Flughafens bleiben will. Es besitzt schalldichte Fenster, geräumige Aufenthaltsräume und renovierte Zimmer.
580 Alle gängigen Kreditkarten

VOM STRAND AUS

MARINA DEL REY

RITZ CARLTON MARINA DEL REY
$$$$$
4375 ADMIRALTY WAY, 90212
TEL. 310/823-1700
FAX 310/823-8421
Ein Hotel der Luxusklasse mit hervorragendem Zimmerservice, geschmackvoll eingerichteten Zimmern und ruhigem, einwandfreiem Service. Das Ritz hat den zusätzlichen Vorteil eines erstklassigen Restaurants mit französisch-provençalischer Küche.
306 Alle gängigen Kreditkarten

VENICE

JOE'S RESTAURANT
$$$
1023 ABBOT KINNEY BLVD.
TEL. 310/399-5811
Das Joe's wird gern von Einheimischen besucht und bietet eine ausgewogene Mischung aus kalifornischer und französischer Küche mit einem Schwerpunkt auf den im Westen der USA bevorzugten leichten Speisen. Zu empfehlen sind der langsam geröstete Lachs mit Pastinakenpüree, der Spargel mit Friseesalat und die *pancetta* in Tomatensauce.
90 Alle gängigen Kreditkarten

ROSE CAFÉ
$
220 ROSE AVE. (BEI MAIN ST.)
TEL. 310/399-0711
Eine große, luftige Cafeteria mit gutem Cappuccino, ausreichenden Frühstücksportionen und diversen kalten Salaten, die vor allem bei der lokalen Schickeria beliebt zu sein scheinen.
150 AE, MC, V

SANTA MONICA

SHUTTERS ON THE BEACH
$$$$$
1 PICO BLVD., 90405
TEL. 310/458-0030
FAX 310/458-4589
www.shuttersonthebeach.com
Sonnendurchflutetes und intimes Luxushotel am Strand. Die Zimmer sind sehr geräumig und hell und ähneln in ihrer Art den stilvollen Strandhäusern der 30er Jahre. Der Santa Monica Pier und andere Sehenswürdigkeiten lassen sich vom Hotel aus gut zu Fuß erreichen. Im One Pico Restaurant treffen sich Filmgrößen wie Anne Bancroft und Mel Brooks. Wenn Sie in L.A. in exklusivem Ambiente übernachten möchten, dann ist dies der richtige Ort.
198 Service Alle gängigen Kreditkarten

LOEWS SANTA MONICA
$$$$$
1700 OCEAN AVE., 90401
TEL. 310/458-6700
FAX 310/458-6761
Ein weiteres Luxushotel am Strand mit sonnendurchfluteten Innenhöfen, geschmackvoll eingerichteten Zimmern und allen Serviceleistungen für Geschäftsreisende. Das Restaurant im Loews, das Lavende (siehe unten), ist sehr empfehlenswert.
240 / Alle gängigen Kreditkarten

FAIRMONT MIRAMAR HOTEL
$$$$
101 WILSHIRE BLVD., 90401
TEL. 310/576-7777
www.fairmont.com
Ein sehr traditionelles und absolut ruhiges Hotel, das sich auf einem ehemaligen Landgut befindet (der ehemalige Präsident Clinton übernachtet hier, wenn er sich in L.A. aufhält). Die Bungalows sind modern und luxuriös eingerichtet, die Zimmer in den oberen Stockwerken bieten phantastische Ausblicke auf die Küste.
202 Alle gängigen Kreditkarten

CHINOIS ON MAIN
$$$$
2709 MAIN ST.
TEL. 310/392-3038
www.wolfgangpuck.com
Hotel mit lockerer Atmosphäre, immer gut besucht. Wolfgang Pucks familiäre Küche ist am Strand kaum von anderen Restaurants zu schlagen. Der gebratene Thunfisch vermittelt einen guten Eindruck von Pucks Fertigkeiten bei der Zubereitung von Saucen.
100 Service Geschl. Sa.–Di M Alle gängigen Kreditkarten

LAVENDE
$$$$
HOTEL LOEWS SANTA MONICA, 1700 OCEAN AVE.
TEL. 310/576-3180
Eines der vielgelobten neuen Restaurants in L.A. Es hat sich auf die Zubereitung von Speisen im provençalischen Stil spezialisiert. Beispiele sind Gerichte wie geröstete Ente mit Lavendelhonig-Glasur oder auch die vielen Fischsuppen mit geröstetem Knoblauch.
P Alle gängigen Kreditkarten

VALENTINO
$$$$
3115 PICO BLVD.
TEL. 310/829-4313
Seit 25 Jahren wird das Valentino als Institution von L.A. verehrt. Das Flagschiff von Piero Selvaggio wird regelmäßig als eines der Besten der Besten ausgezeichnet. Die Weinkarte umfasst auch kleine, besondere Weinproduzenten.
240 P Service Geschl. So Alle gängigen Kreditkarten

RÖCKENWAGNER
$$$-$$$$
2435 MAIN ST. (ZWISCHEN OCEAN PARK & PICO BLVD.)
TEL. 310/399-6504
www.rockenwagner.com
Wird regelmäßig als eines der Spitzenrestaurants von Los Angeles ausgezeichnet. Seit kurzem ist es ein Restaurant und eine Grill-Brasserie, die kalifornische Küche mit deutschem Akzent anbietet (z.B. Kalbsgoulasch mit Spätzle, Koteletts mit Apfelkraut und Kartoffelmus).
120 P Geschl. So–Mo & Di–Sa M; Brasserie mittags geschl. Alle gängigen Kreditkarten

BORDER GRILL
$$$
1445 4TH ST.
TEL. 310/451-1655
www.bordergrill.com
Moderne Gerichte mit mittelamerikanischen Elementen. Geführt von Mary Sue Milliken und Susan Feniger, Moderatorinnen der nationalen TV-Sendung *Too hot to handle*. Die mit diversen gewürzten Fleischsorten gefüllten Tacos und der Kokosnusskuchen sind besonders zu empfehlen.
246 P Service Alle gängigen Kreditkarten

JIRAFFE
$$$
502 SANTA MONICA BLVD.
TEL. 310/917-6671
Eine weitere gute Adresse mit französisch-kalifornischer Küche gleichbleibender Qualität. Besonders begehrte Gerichte sind geröstetes Kaninchen in Basilikumpolenta und das Fischragout mit Mais. Unter den Cocktails ist auch einer mit Kumquats.
85 P Service Geschl. M Alle gängigen Kreditkarten

BROADWAY DELI
$$
1457 3RD ST. PROMENADE
TEL. 310/451-0616
Vielseitige und bodenständige Deli-Küche mit guten Nudelgerichten, Steaks und Salaten. Ein guter Platz an Sommerabenden zur Beobachtung von Menschen. Zum Mitnehmen für ein Picknick am nahe gelegenen Strand gibt es eine Vielzahl an Süßem, diverse Käse-, Fleisch- und Brotsorten.
150 P Alle gängigen Kreditkarten

MALIBU/SANTA MONICA MOUNTAINS

GRANITA
$$$$$
23725 W. MALIBU RD., MALIBU (MALIBU COLONY PLAZA)
TEL. 310/456-0488
www.wolfgangpuck.com
Was passiert mit einem österreichischen Chefkoch auf seinem Weg zum Strand, wenn er das berühmteste Wohngebiet an der Meeresküste passiert? Wolfgang Puck eröffnet ein elegantes, helles Restaurant und serviert so ausgefallene Gerichte wie sautiertes Kalbsbries mit püriertem Mais und karamellisierten Zwiebeln und eine Büffel-Ricotta.
120 P Geschl. Mo, Di–Fr M Alle gängigen Kreditkarten

GEOFFREY'S
$$$$
27400 PACIFIC COAST HWY., MALIBU (4 MEILEN NÖRDLICH DER MALIBU CANYON RD.)
TEL 310/457-1519
Kalifornische Küche, serviert in einem der schönsten Restaurants am Meer.
150 P Alle gängigen Kreditkarten

INN OF THE SEVENTH RAY
$$$
128 OLD TOPANGA CANYON RD., TOPANGA
TEL. 310/455-1311
Das ultimative Erlebnis eines New-Age-Restaurants. Man sitzt draußen an einem sprudelnden Bach und genießt gute vegetarische Gerichte und sonstige frisch zubereitete Spezialitäten.
200 P Alle gängigen Kreditkarten

SADDLE PEAK LODGE
$$$
419 COLD CANYON, CALABASAS (ÖSTLICH VON MALIBU CANYON)
TEL. 818/222-3888
www.saddlepeaklodge.com
Das versteckt in den Bergen liegende vornehme Restaurant gilt als das Non plus ultra für Liebhaber der rustikalen kalifornischen Küche. Hervorragend sind Büffel-Tartar mit einem besonderen Senf und gebratenes Elchfleisch. Sonntags gibt es zum Brunch über Apfelholz geräucherten Schinken und Waffeln.
180 P Service Geschl. M & Mo–Di AE, MC, V

WESTWOOD & WEST L.A.

HOTEL BEL AIR
$$$$
701 STONE CANYON RD.,
BEL AIR, 90077
TEL. 310/472-1211
FAX 310/476-5890
www.hotelbelair.com

Sie können auch einfach nur einen Drink in der Terrace Bar zu sich nehmen, um die Atmosphäre zu genießen; am besten eignet sich dafür der frühe Abend, wenn die Gärten wundervoll illuminiert werden.

92 Alle gängigen Kreditkarten

W LOS ANGELES
$$$-$$$$$
930 HILGARD AVE.
WESTWOOD, 90024
TEL. 310/208-8765
FAX 310/824-0355
www.starwood.com

Dieses kalifornische Hotel mit spanischen Elementen eignet sich hervorragend für diejenigen Besucher, die die Nacht an der Westside von L.A. verbringen und am Tag Touren ins Landesinnere unternehmen wollen. Das Hotel liegt gegenüber vom UCLA und bietet ein luxuriöses Spa, geräumige Suiten und eine schöne Lobby-Bar.

102 Suiten, 12 Bungalows
Alle gängigen Kreditkarten

VINCENTI
$$$$$
11930 SAN VICENTE BLVD.,
BRENTWOOD
TEL 310/207-0127

Der Chefkoch Nicola Mastronarti wird als einer der besten italienischen Köche in L.A. gehandelt. Die Attraktion ist das Kochen des frischen ganzen Fisches über glühender Kohle. Dazu gibt es *Penne rapini* und leicht zubereiteten Thunfisch und andere Spezialitäten. Wer guanciale (Schweinbacke) liebt, ist hier richtig.

90 Geschl. M außer Fr & jeden So AE, MC, V

PASTINA
$$
2260 WESTWOOD BLVD., WEST L.A.
TEL. 310/441-4655

Leckeres italienisches Essen mit großen Portionen Nudeln, Gnocchi und Pizzen.

86 Service Geschl. Sa M & So AE, MC, V

DER BESONDERE TIPP

BOMBAY CAFÉ

Die Kunst dieses berühmten Restaurants besteht darin, traditionelle indische Basisgerichte mit modernen Zubereitungsmethoden aufzuwerten. Das Resultat ist eine relativ fettarme und schmackhafte Küche. Probieren Sie mittags die leckeren Burritos. Weitere Favoriten sind knusprige Tandooris und geräucherte bharta (Aubergine).

$$
12021 W. PICO BLVD., WEST L.A.
TEL. 310/473-3388

112 Geschl. Sa & So M Alle gängigen Kreditkarten

ASAKUMA
$$
11701 WILSHIRE BLVD.,
WEST L.A.
TEL. 310/826-0013

Ein großes Sushi-Lokal, meistens gut besucht von lokalen japanischen Geschäftsleuten und Leuten vom UCLA. Die Sushi werden frisch und gekonnt zubereitet.

103 Service Alle gängigen Kreditkarten

LA BRUSCHETTA
$$
1621 WESTWOOD BLVD., WEST L.A.
TEL. 310/477-1052

Nettes und gut besuchtes Restaurant mit hervorragender norditalienischer Küche und ausgesuchten guten Weinen.

78 Service Geschl. Sa M & jeden So AE, MC, V

APPLE PAN
$
10801 PICO BLVD.,
WESTWOOD
TEL. 310/475-3585

Dieses altmodische Lokal mit dem klassischen Tresen in U-Form ist immer gut mit Leuten gefüllt, die auf ihre Hamburger, Pommes Frites und Apfelkuchen warten. Eignet sich vor allem für eine schnelle Stärkung nach einem langen Einkauf.

23 Geschl. Mo
Nur Barzahlung

JOHN O'GROATS
$
10516 PICO BLVD., RANCHO PARK (NAHE BEVERLY GLEN)
TEL. 310/204-0692

Eines der besten kleinen Frühstückscafés im Westen von L.A. Es ist vor allem bei Studenten der nahe gelegenen UCLA beliebt, die sich hier an selbst gemachtem Kuchen und Pommes Frites satt essen.

65 Geschl. So–Di A MC, V

MAURICE'S SNACK N' CHAT
$
5549 W. PICO BLVD.
(ZWISCHEN FAIRFAX ST. & LA BREA AVE.), WEST L.A.
TEL. 323/931-3877

Gute und einfache Gerichte, die in großen Portionen serviert werden. Am beliebtesten ist hier gegrilltes Huhn im *southern style*. Probieren Sie die Kokusnusscremetorte!

200 MC, V

CENTURY CITY

WESTIN CENTURY PLAZA HOTEL & SPA
$$$$-$$$$$
2025 AVE. BEI THE STARS, 90067
TEL. 310/277-2000
FAX 310/551-7532
www.starwood.com

Elegantes Hotel, das wie eine Stadt in einer Stadt wirkt. Präsident Reagan war hier früher häufig zu Gast. Das Haus liegt zwischen Beverly Hills

und den Einkaufszentren sowie nahe Theatern und dem Getty.
1046 · Alle gängigen Kreditkarten

LA CACHETTE
$$$
10506 SANTA MONICA BLVD.
TEL. 310/470-4992
Dieses Restaurant hat sich auf südländisch-französische Küche spezialisiert und wird vom früheren Chef des L'Orangerie, Jean-Francois Meteigner, geführt. Spezialitäten sind Kartoffelgerichte, Fleischragouts und Gänseleberpastete.
120 · Geschl. Sa M und So M · Alle gängigen Kreditkarten

LUNARIA
$$$
10351 SANTA MONICA BLVD.
TEL. 310/282-8870
Elegantes, gut besuchtes Bistro im klassisch französischen Stil mit kalifornischer Küche. Abends gibt es Live-Jazz.
340 · Geschl. Sa M & So · Alle gängigen Kreditkarten

VON BEVERLY HILLS AUS

BEVERLY HILLS

PENINSULA BEVERLY HILLS
$$$$-$$$$$
9882 LITTLE SANTA MONICA BLVD., 90212
TEL. 310/551-2888
FAX 310/788-2319
http://beverlyhills.peninsula.com
Ohne Zweifel das eleganteste Hotel in L.A. Zimmer mit allem Luxus, großen Badewannen und geschmackvoller Einrichtung. Direkt außerhalb befinden sich das berühmte CAA-Verwaltungsgebäude von I.M. Pei und viele Geschäfte und Boutiquen. Das Restaurant Belvedere ist ebenfalls von herausragender Qualität.
196 · Service · Alle gängigen Kreditkarten

BEVERLY HILLS HOTEL ON SUNSET BOULEVARD
$$$$
9641 SUNSET BLVD., 90210
TEL. 310/276-2251
www.thebeverlyhillshotel.com
Der Sultan von Brunei ließ das Hotel vor kurzem renovieren, und seitdem erstrahlt es in neuem Glanz. Luxusanlage in tropischen Gärten mit sehr gutem Service und Zimmern, die mit allen Annehmlichkeiten ausgestattet sind. In der Polo Lounge lässt sich vor allem zwischen 13 und 14 Uhr gut essen.
203 · Service · Alle gängigen Kreditkarten

THE MERIDIEN AT BEVERLY HILLS
$$$$
465 S. LA CIENEGA BLVD., 90048
TEL. 310/247-0400
www.lemeridien.com
Wenn Sie ein Perfektionist sind, ist dies das richtige Hotel für Sie. Das Servicepersonal ist sehr aufmerksam; die Zimmer vereinen japanische Praktikabilität und Askese mit westlichem Luxus und guter Ausstattung. Es gibt sogar einen Meditationsgarten in der Lobby. Das Restaurant Pangaea ist ein stiller Rückzugsort.
297 · Alle gängigen Kreditkarten

MOSAIC HOTEL
$$$-$$$$
125 S. SPAULDING DR., 90212
TEL. 310/278-0303
www.mosaichotel.com
Das renovierte Boutique-Hotel wirbt mit viel Eleganz und ist sehr komfortabel. Der Service ist gut, das Hotel hat schon einige Preise für seinen Luxus gewonnen. Das Tapas-Restaurant beim Pool serviert gut gemachte internationale Gerichte.
46 · Alle gängigen Kreditkarten

BELVEDERE
$$$$
PENINSULA BEVERLY HILLS HOTEL, 9882 LITTLE SANTA MONICA BLVD.
TEL. 310/551-2888
Das Belvedere ist nicht nur für seine feine kalifornische Küche bekannt, sondern auch für einen hervorragenden Brunch. Schönes Ambiente, dabei ruhig.
85 · Service · Alle gängigen Kreditkarten

MATSUHISA
$$$$
129 N. LA CIENEGA BLVD.
TEL. 310/659-9639
Renommiertes japanisches Sushi-Restaurant – keine Sushi-Bar, sondern schon beinahe ein Denkmal. Chef Nobu serviert außergewöhnliche Meeresfrüchte und -gerichte wie Seeigel oder seltene Muscheln.
76 · Service · Geschl. Sa M & So M · Alle gängigen Kreditkarten

SPAGO BEVERLY HILLS
$$$$
176 N. CANON DR.
TEL. 310/385-0880
Als das große amerikanische Abenteuer gilt dieses Restaurant, das zu den fünf besten der Stadt gezählt wird. Meisterkoch Wolfgang Puck läuft hier zu seiner Höchstform auf und serviert zusammen mit seinem Koch Lee Hefter phantastische Kreationen wie z.B. Krebsragout mit Austern und schwarzen Trüffeln, gebratene Gänseleber und Taube in Preiselbeer-Quitten-Chutney, Osso Buco und mit knusprigem Schweinefleisch gefüllte Knödel.
300 · Service · Geschl. So M · DC

HOLLYWOOD/WEST HOLLYWOOD

MONDRIAN
$$$$$
8440 SUNSET BLVD., WEST HOLLYWOOD, 90069
TEL. 323/650-8999
www.mondrianhotel.com

Kalifornischer Schick zieht die Reichen und Schönen in das glamouröse und etwas surreale Hotel von Ian Schrager. Die überwältigende Lobby mit ihren transparenten Vorhängen und Kunstwerken verleiht dem Ganzen einen urbanen Touch, gleiches gilt für die Unterhaltungszentren und die ausgewählte Literatur (anstatt der Bibel) in den Gästezimmern. Das Restaurant Asia de Cuba wird hoch gelobt.
237 Service Alle gängigen Kreditkarten

SUNSET MARQUIS
$$$$$
1200 N. ALTA LOMA RD., WEST HOLLYWOOD, 90062
TEL. 310/657-1333
www.sunsetmarquishotel.com
Bekannt für seinen ruhigen und zuvorkommenden Service. Das Sunset Marquis wird vor allem von gutbetuchten Geschäftsleuten aufgesucht, die hier auch ihre Familien einquartieren, wenn Sie geschäftlich in der Stadt zu tun haben. Das Marquis ist im kalifornisch-südländischen Stil gehalten. Die Zimmer eignen sich hervorragend zum Frühstücken, vielleicht nach einer Runde im hoteleigenen Außenschwimmbad.
102 Zimmer, 12 Bungalows Alle gängigen Kreditkarten

CHATEAU MARMONT
$$$
8221 SUNSET BLVD., WEST HOLLYWOOD, 90046
TEL. 323/656-1010
www.chateaumarmont.com
Wenn Sie ein wenig Hollywoodatmosphäre schnuppern möchten, ist dies der richtige Platz zum Übernachten. Erbaut im Jahr 1929, hat dieses schlossähnliche Hotel mit nur 63 Zimmern in seiner Zeit einige der berühmtesten Hollywoodgrößen beherbergt. Das Hotel strahlt viel Charme und Eleganz aus; die Zimmer sind komfortabel und sehr geschmackvoll ausgestattet, wenn auch manchmal etwas altmodisch. Die Bar Marmont ist ein beliebter Treffpunkt.
63 Alle gängigen Kreditkarten

HOLLYWOOD ROOSEVELT
$$-$$$
7000 HOLLYWOOD BLVD., HOLLYWOOD, 90028
TEL 323/466-7000
Auch das Roosevelt war einst eine bei den Stars von Hollywood beliebte Adresse. Es ist eine preisgünstigere Alternative zum Chateau Marmont. Das Haus wurde vor kurzem im Stil der 20er Jahre wieder hergerichtet – mit Deckengemälden, kunstvollen Holzvertäfelungen und Zwischengeschossen mit Balkonen. Die Zimmer sind zum Teil etwas klein, aber sehr komfortabel ausgestattet.
333 Service Alle gängigen Kreditkarten

LE PARC SUITE HOTEL
$$-$$$
733 W. KNOLL DR., WEST HOLLYWOOD, 90069
TEL. 310/855-8888
FAX 310/659-5230
www.leparcsuites.com
Jedes Appartement dieses städtischen, aber gemütlichen Hotels verfügt neben einem tiefer gelegten Wohnraum und einem offenen Kamin über viele weitere Annehmlichkeiten. Mit seinem Chauffeurdienst, sehr guten Preisangeboten und der ruhigen Lage ist es ein perfekter Ort, um das Land zu erkunden.
154 Appartements Alle gängigen Kreditkarten

ASIA DE CUBA
$$$$
MONDRIAN HOTEL.
8440 SUNSET BLVD.
WEST HOLLYWOOD
TEL. 323/848-6000
Jeffrey Chodorows unglaubliche latino-asiatische Küche ist Grund genug, hier zu essen. Doch das hippeste Lokal am Strip zieht auch wegen der Diven, der Rockstars und der Hollywoodidole die Gäste an. Zur Wahl stehen geräumige Speisesäle und eine elegante Terrasse mit einem Baum, der von großen Topfpflanzen eingefasst wird. Probieren Sie das mit Chili gewürzte Schwein mit Tamal (gefüllte Maisteigtaschen) und die knusprigen, mit Yuccablättern umwickelten Mahi-mahi (Goldmarkrelen) in rotem Misowein. Wer dann noch Appetit hat, kann das Essen mit einem Banana Split abschließen.
425 Service AE, MC, V

AGO
$$$
8478 MELROSE AVE., WEST HOLLYWOOD
TEL. 323/655-6333
Robert De Niro und andere Hollywoodgrößen sorgen dafür, dass dieser Italiener immer gut besucht ist.
170 Service Geschl. Sa & So Alle gängigen Kreditkarten

MAROUCH
$
4905 SANTA MONICA BLVD., WEST HOLLYWOOD
TEL. 323/662-9325
Dieses sehr beliebte Restaurant serviert ausgefallene Gerichte, die Elemente der armenischen, libanesischen und arabischen Küche vereinen. Die Portionen sind groß, das Pita-Brot immer frisch gebacken und die Atmosphäre locker. Genießen Sie auch diesen Teil der Kochkultur in L.A. zu moderaten Preisen.
70–80 Geschl. Mo Alle gängigen Kreditkarten

MUSSO & FRANK GRILL
Siehe Hollywood S. 80

MELROSE AVENUE & AROUND

CAMPANILE
$$$$
624 LA BREA AVE.
TEL. 323/938-1447
Das Campanile ist ein Traum für Gourmets; es gehört mit seinen außergewöhnlichen Kreationen zu den beliebtesten Restaurants in der Stadt. An Donnerstagen holt die Chefköchin Nancy Silverton ihre altmodische italienische Panini-Presse heraus und zaubert umwerfend leckere gegrillte Käsesandwichs. Ein Himmel auf Erden!
160 Service Geschl. So A Alle gängigen Kreditkarten

CHIANTI/CHIANTI CUCINA
$$$
7383 MELROSE AVE.
TEL. 323/653-8333
Das Chianti ist bereits 60 Jahre alt und noch immer eines der bestbesuchten Lokale der Stadt. Trotz hektischen Treibens auf der Melrose Avenue hat es sich viel von seinem alten Charme bewahrt. Die einfachen Gerichte norditalienisch-amerikanischer Küche – Kalb *scaloppini, pappardelle* in Pilzsauce und Ravioli – können hier gut neben dem Angebot leichter Schnellgerichte in der benachbarten Chianti Cucina bestehen.
Beide Lokale sind einen Besuch wert.
Cucina: 40/Chianti: 50 115 Geschl. Sa M Alle gängigen Kreditkarten

LUCQUES
$$$
8474 MELROSE AVE.
TEL. 323/655-6277
Die bodenständige Küche in diesem noch sehr jungen Restaurant trägt die Handschrift von Suzanne Goin, einstmals Chefin im Campanile, die ein Faible für frische Zutaten hat, die sie auf den lokalen Bauernmärkten ersteht. Sogar in der *L.A. Times* wurde sie für ihre Gerichte wie Spargel in gebackenem Ei und Parmesan und Toskanische Gemüsesuppe hochgelobt. Beenden Sie ihr Menü mit dem hervorragenden Blutorangensorbet.
110 Service Geschl. So & Mo M AE, MC, V

ANGELI CAFÉ
$$
7274 MELROSE AVE.
(WESTLICH VON LA BREA AVE.)
TEL. 323/936-9086
Eine kleine Trattoria, in der Besitzer Angeli persönlich authentische und moderne süditalienische Spezialitäten serviert. Chefkoch Evan Kleiman, ein bekannter Kochbuchautor, backt phantastisches Brot und Pizzen. Die täglich wechselnden Antipasti und die *arrancini* (Risotto-Bälle) sind hervorragend; die Sandwiches sind vor allem etwas für das Mittagessen.
150 Geschl. So M Alle gängigen Kreditkarten

TOMMY TANG'S
$$
7313 MELROSE AVE.
TEL. 323/937-5733
Ein sehr beliebtes thailändisches Lokal. Die malaiischen Muscheln in würzigen Minz-Nudeln sind besonders empfehlenswert.
75 Geschl. Mo A Alle gängigen Kreditkarten

HANCOCK PARK & KOREATOWN

CHAN DARA
$$-$$$
310 N. LARCHMONT BLVD., HANCOCK PARK
TEL. 323/467-1052
Dieses thailändische Restaurant gilt als das Beste im Hancock Park. Die *Mee krob* sind altbewährt und sehr gut. Gleiches gilt für die Vorspeisen wie z. B. Krebse in Zitronengras.
115 Geschl. Sa M & So M Alle gängigen Kreditkarten

WOO LAE OAK
$$
623 S. WESTERN AVE.
(ZWISCHEN 6TH ST. UND WILSHIRE BLVD.)
TEL. 213/384-2244
Dieses traditionelle koreanische Grillrestaurant, in dem Sie ihr Fleisch und ihr Gemüse selber am Tisch grillen, ist ein guter Einstieg, um die aufstrebende Seoul-Küche in Koreatown kennenzulernen.
285 Alle gängigen Kreditkarten

LOS FELIZ-GRIFFITH PARK

KATSU
$$-$$$
8636 W. 3RD ST.
TEL. 310/273-3605
Einst Trendsetter der neuen Sushi-Küche, serviert das Katsu immer noch die frischesten Sushi in L.A.
Zu empfehlen sind die Thunfischgerichte (sowohl *Toro* als auch *Maguro*) und der fangfrische Seeigel.
48 Service Geschl. Sa M & So Alle gängigen Kreditkarten

TRATTORIA FARFALLA
$-$$
1978 HILLHURST AVE.
TEL. 323/661-7365
Klein, gemütlich und bekannt für seine konstant guten Gerichte süditalienischer Küche. Sowohl gebratenes Huhn als auch die Nudeln in Tomaten-Zwiebel-Sauce und das Tiramisu sind empfehlenswert. Reservierungen werden nicht entgegengenommen, die Gäste müssen auf einen freien Tisch warten.
50 Geschl. So M Alle gängigen Kreditkarten

OSTERIA NONNI
$-$$
3219 GLENDALE BLVD. (NÖRDLICH VOM GRIFFITH PARK EINGANG RIVERSIDE), BEIM WATER VILLAGE
TEL. 323/666-7133
Sie müssen schon gut Ausschau halten nach dem rostigen Neon- und Metallschild dieses guten Lokals auf der östlichen Seite des Boulevards. Hier gibt es eine große Auswahl frischer süditalienischer Gerichte. Hervorragend sind der geröstete Seebarsch, der *Insalata forte* und die Pizzen.
64 Geschl. Sa–Mo M AE, MC, V

CHA CHA CHA
$
656 N. VIRGIL AVE. (NAHE DER MELROSE AVE.)
TEL. 323/664-7723
Seit einem Jahrzehnt gibt es dieses Lokal mit karibischer Küche, inmitten des beliebten Silverlake-Los Feliz gelegen und nur einen Katzensprung vom eleganten Griffith Park entfernt. Seit langem gelten das geschnetzelte Huhn, das St.-Bart's-Krebscurry und die *Rasta wrap* als Highlights des Restaurants.
90 Alle gängigen Kreditkarten

FAIRFAX DISTRICT

CANTER'S
$
419 N. FAIRFAX AVE.
TEL. 323/651-2030
In dem rund um die Uhr geöffneten Lokal gibt es einfache, akzeptable Deli-Gerichte.
450 MC, V

KOKOMO CAFE
$
FARMER'S MARKET, 6333 W. 3RD ST. (BEI DER FAIRFAX AVE.)
TEL. 323/933-0773
Gerichte der südlichen Küche in fröhlicher und angenehmer Atmosphäre. Hier können Sie sowohl Berühmtheiten als auch einfache Angestellte des gegenüberliegenden Theaters treffen. Einer der besten Plätze im Farmer's Market.
120 AE, MC, V

SAN FERNANDO VALLEY

SHERATON UNIVERSAL HOTEL
$$$$
333 UNIVERSAL TERRACE PKWY., UNIVERSAL CITY, 91608
TEL. 818/980-1212
www.sheraton.com
Das Hotel liegt direkt auf dem Universal-Gelände. Es ist vor allem ein Hotel für Geschäftsreisende und besitzt geräumige Zimmer und eine große Lobby, in der man sich beispielsweise gut mit Freunden treffen kann, bevor man Ausflüge unternimmt.
436 Service Alle gängigen Kreditkarten

BEVERLY GARLAND'S HOLIDAY INN
$$-$$$
4222 VINELAND ST., N. HOLLYWOOD BLVD., 91602
TEL. 818/980-8000
www.beverlygarland.com
Trotz seiner Größe gilt dieses Hotel als sehr gemütlich. Es liegt auf einem großen Stück Land und bietet die üblichen Annehmlichkeiten eines Holiday Inn, inklusive Tennisplatz. Freier Transport zu den Universal Studios.
1135 Alle gängigen Kreditkarten

SUSHI NOZAWA
$$$
11288 VENTURA BLVD. (UNWEIT DER VINELAND ST.)
TEL. 818/508-7017
Gekonnte Fischkreationen von Lachs über Muscheln bis zu Krebsen. Der Chefkoch ist für seine delikaten Geschmacksvariationen bekannt, wie z. B. Lachs auf Seegrasnudeln oder Muscheln in Reissuppe.
30 Geschl. Sa–So MC, V

BISTRO GARDEN AT COLDWATER
$$$
12950 VENTURA BLVD., STUDIO CITY
TEL. 818/501-0202
Einer der schönsten Plätze im Valley. Das Lokal serviert hervorragend zubereitete italienische Bistrogerichte. Zu den Spezialitäten des Hauses zählen das Osso Buco und die Ravioli.
300 Geschl. Sa M & So M Alle gängigen Kreditkarten

MISTRAL
$$-$$$
13422 VENTURA BLVD., SHERMAN OAKS
TEL. 818/981-6650
Hervorragende provenzalische Küche mit all ihren bekannten Gerichten. Ein elegantes Lokal, in dem das Essen sein Geld wert ist.
55 Service Geschl. Sa M & So Alle gängigen Kreditkarten

LE PETIT BISTRO
$$
13360 VENTURA BLVD., SHERMAN OAKS
TEL. 818/501-7999
Einfache und authentische französische Küche in einer netten Umgebung. Probieren Sie sowohl den außergewöhnlichen Auberginen- als auch den Tomatenkuchen.
80 Service Geschl. Sa M & So AE, MC, V

PINOT BISTRO
$$
12969 VENTURA BLVD., STUDIO CITY
TEL. 818/990-0500
Sogar die Fans von Joachim Splichal's berühmtem Patina (siehe S. 351) kommen hierher, wenn Sie mal ein schnelles und einfaches Gericht wünschen. Insbesondere die Tagesmenüs können empfohlen werden.
150 Service Geschl Sa M & So Alle gängigen Kreditkarten

INNENSTADT

LITTLE TOKYO

NEW OTANI HOTEL
$$$-$$$$
120 S. LOS ANGELES ST., 90012
TEL. 213/629-1200
www.newotani.com
Das Hotel im Herzen des historischen Stadtviertels Little Tokyo bietet je nach Wunsch entweder Zimmer im japanischen Einrichtungsstil mit Futons, Tatami-Matten und großen Badewannen oder große, gemütliche Zimmer im europäischen Stil.
434 Alle gängigen Kreditkarten

R-23
$$$
923 E. 2ND ST.
TEL. 213/687-7178
Bitten Sie das Hotelpersonal um eine genaue Anfahrtsbeschreibung, denn Sie können es nur per Auto erreichen. Es ist bekannt für seine guten Sushi, die in einem geschmackvollen Ambiente serviert werden. Die Räumlichkeiten bestechen durch ihre postmoderne Ausstattung, die zum Verweilen einladen.
48 Geschl. Sa M & So Alle gängigen Kreditkarten

DER BESONDERE TIPP

FUGETSU-DO-KONFEKT

Lassen Sie sich in jene Zeit zurückversetzen, als japanische Immigranten traditionelle japanische Süßigkeiten wie *manju* herstellten, sie in handgeschnitzte Holzförmchen und anschließend in Ahornblätter oder Farn verpackten. Das Fugetsu-do produziert seine pastellfarbigen Reissüßigkeiten noch heute wie vor hundert Jahren. Ein wirklich außergewöhnliches Souvenir und köstlich!
315 E. 1ST ST.
TEL. 213/625-8595
Keine Kreditkarten akzeptiert

CHINATOWN

EMPRESS PAVILION
$-$$
988 N. HILL ST., 1. STOCK
TEL. 213/617-9898
Die Miniaturform eines riesigen Restaurants in Hong Kong ist für das beste Frühstück und Dim-sum-Mittagessen in Chinatown berühmt. Man sollte nur wegen des Dim sum kommen, das Abendessen lohnt sich nicht.
700 Alle gängigen Kreditkarten

MONKEE
$-$$
679 N. SPRING ST.
TEL. 213/628-6717
Das Lokal ist vor allem für seine Fischspezialitäten berühmt. Da keine Reservierung möglich ist, müssen Sie mit Wartezeiten rechnen.
140 Service AE, MC, V

UMGEBUNG VON MOCA

HILTON CHECKERS HOTEL
$$$$
535 S. GRAND AVE., 90071
TEL. 213/624-0000
www.hiltoncheckers.com
Ein kleines, luxuriöses und ruhiges Hotel, das einen Kontrast zu den Megahotels der Innenstadt bildet. Die Zimmer sind klein, aber individuell und schön eingerichtet. Der Service gilt als einer der besten der Stadt, eine Tatsache, die in diesen Tagen eher die Ausnahme ist. Die Küche des hoteleigenen Restaurants ist gut; probieren Sie die Krabbenkuchen.
188 Service Alle gängigen Kreditkarten

OMNI LOS ANGELES HOTEL
$$$-$$$$
CALIFORNIA PLAZA,
251 S. OLIVE ST., 90012
TEL. 213/617-3300
www.omnihotels.com
Das Riesenhotel liegt direkt neben dem MOCA und bietet trotzdem viel Luxus. Die Zimmer sind großzügig, im Restaurant Noe kocht man moderne amerikanische Küche mit einem japanischen Einschlag.
443 Service Alle gängigen Kreditkarten

MILLENIUM BILTMORE HOTEL
$$$
506 S. GRAND AVE., 90071
TEL. 213/624-1011
www.millenniumhotels.com
Wenn Sie ein Hotel mit Geschichte und Eleganz suchen, ist dies das Richtige für Sie. Gebaut 1923 galt das Biltmore seinerzeit als eines der Besten der Stadt. Es wurde von Grund auf restauriert und beherbergt ein japanisches Spitzenrestaurant, das Sai Sai. Das Hotel hat schön eingerichtete Gästezimmer mit einem Hauch Luxus, u. a. ein alter Brunnen im Inneren und Rokoko-Stilelemente an der Fassade.
694 Service Alle gängigen Kreditkarten

WESTIN BONAVENTURE
$$$
5TH & FIGUEROA STS., 90071
TEL. 213/627-6879
www.starwood.com
Das Westin Bonaventure ist in seiner Funktion als großes Konferenzhotel bislang unübertroffen. Es liegt in der Nähe vieler Sehenswürdigkeiten und offeriert schön ausgestattete und freundliche Zimmer. Wie alle Hotels in der Innenstadt hat auch das Bonaventure ein eigenes Nachtleben, da die Nachbarschaft nachts nicht 100 Prozent sicher ist. Gute Bar und großartige Ausblicke.
1354 Alle gängigen Kreditkarten

KAWADA HOTEL
$$
200 S. HILL ST., 90012
TEL. 213/621-4455
www.kawadahotel.com
Das Kawada liegt in der Nähe von Chinatown, dem MOCA und verschiedenen kulturellen Sehenswürdigkeiten und ist eine preisgünstige Alternative zu den anderen Hotels. Die Zimmer sind mit Fernsehen, Video und je zwei Telefonen ausgestattet. Das Restaurant Epicenter bietet sich für einen Besuch vor einem Konzert an. Der Shuttledienst des Hotels ist sehr hilfreich, wenn man nicht selber fahren möchte.
116 P Alle gängigen Kreditkarten

PATINA
$$$$
WALT DISNEY CONCERT HALL, 141 SOUTH GRAND AVE.
TEL. 213/972-3331
Viele halten die Kreationen von Chefkoch Joachim Splichal für die besten in Los Angeles. Hier trifft moderne kalifornische auf die französische Küche. Beispiele sind die Gänsestopfleber mit Wild, die Mascarpone-Polenta und die Quittensauce. Das gebratene Kaninchen und die Kartoffelgerichte zählten zu den Lieblingsgerichten der Gastronomiekritiker. Empfehlenswert ist das Probiermenü.
160 P Geschl. Sa M & So Alle gängigen Kreditkarten

CIUDAD
$$$
445 S. FIGUEROA ST.
TEL. 213/486-5171
Susan Feniger und Mary Sue Milliken haben Los Angeles' Version der Südwest-Küche erfunden. Das neue Restaurant bekommt immer wieder gute Kritiken für seine spanische und südamerikanische Küche.
230 P Geschl. Sa M & So M Alle gängigen Kreditkarten

WATER GRILL
$$$
544 S. GRAND AVE. (OSTSEITE DER BIBLIOTHEK)
TEL. 213/891-0900
Hier sind Sie richtig, um Fisch zu essen: Thunfisch-Tartare, gegrillter Steinbarsch (in Fenchel) und Schwarzmeerbarsch.
140 P Geschl. So M Alle gängigen Kreditkarten

ORIGINAL PANTRY
$
877 S. FIGUEROA ST.
TEL. 213/972-9279
Ein Original in der Innenstadt, ununterbrochen in Betrieb seit 1924. Es gehört jetzt dem Millionär Richard Riordan, dem Bürgermeister von L.A., der hier oft mit Wählern und Angestellten isst. Die Speisekarte umfasst einfache Gerichte wie große Pfannkuchen, Omeletts, Steaks und ein täglich wechselndes Tagesmenü. Bringen Sie einen guten Appetit mit!
64 P nur Bargeld

ZU FÜSSEN DER BERGE

PASADENA

RITZ-CARLTON HUNTINGTON
$$$$
1401 S. OAK KNOLL, 91106
TEL. 626/568-3900
www.ritzcarlton.com
Pasadena hat eine lange Tradition als Winterquartier der Ostküsten-Millionäre. Der Standard dieses 85jährigen Hotels ist daher traditionell sehr hoch: Die Zimmer sind geräumig und mit Marmorbädern und kleinen Ankleidezimmern ausgestattet; der Service ist tadellos. Weitere Annehmlichkeiten wie kostenlose Motorräder, ein Schwimmbad in olympischer Größe und hervorragend gepflegte Tennisplätze sorgen für einen ungetrübten Aufenthalt. Genießen Sie nach einem Spaziergang in der schön angelegten Parkanlage mit ihren überdachten Holzbrücken ein gutes Essen im Restaurant, der Brunch ist hervorragend.
392 P Service Alle gängigen Kreditkarten

WESTIN PASADENA
$$$
191 N. LOS ROBLES AVE., 91101
TEL. 626/792-2727
www.westin.com/pasadena
Dieses Hotel, das vor allem von Geschäftsreisenden besucht wird, liegt perfekt inmitten des Plaza Los Flores. Gut ausgestattete Zimmer und das hervorragende Restaurant, das Oaks, sorgen für einen angenehmen Aufenthalt.
350 P Alle gängigen Kreditkarten

PASADENA HILTON
$$-$$$
150 S. LOS ROBLES AVE., 91101
TEL. 626/577-1000
www.hilton.com
Das Hotel ist vor allem während des Neujahrsfestes gut besucht, da hier die Parade des Tournament of the Roses vorbeizieht. Die übrige Zeit des Jahres wird das Hotel von den üblichen Geschäftsreisenden frequentiert und für Messen und Kongresse genutzt.
296 P Alle gängigen Kreditkarten

NICK'S
$$$
1009 EL CENTRO AVE. (ZWISCHEN DIAMOND UND MERIDIAN STS.)
TEL. 626/441-7910
Hier kann man hervorragende, typisch kalifornische und frische Bistro-Gerichte zu sich nehmen.
95 P Geschl. So M Alle gängigen Kreditkarten

SHIRO
$$$
1505 MISSION ST.
TEL. 626/799-4774
Das Shiro gilt als eines der besten Restaurants in L.A. und ist vor allem für seine französisch-japanische Küche bekannt.
75 P Geschl. M & Mo & Di AE, MC, V

TWIN PALMS
$$-$$$
101 W. GREEN ST.
TEL. 626/577-2567
Unter zwei großen Palmen und einem großen Zeltdach wird hier die kalifornische Version eines französischen Marktes nachempfunden. Serviert werden kalifornische Gerichte mit einem leichten provenzalischen Hauch. Die Salate sind hier hervorragend. Sehr schöne Atmosphäre, wozu auch der Livejazz am Abend beiträgt!
500 P Service Alle gängigen Kreditkarten

ARIRANG
$$
114 W. UNION ST.
TEL. 626/577-8885
Kühl, gediegen und elegant – gerade das Richtige für heiße Sommernächte in Pasadena. Arirang serviert traditionelle koreanische Küche in seiner reinsten Form – direkt an Ihrem Tisch. Die Vorspeisen sind auch nicht zu verachten – insbesondere der Lauch- und der Zwiebelkuchen.
280 P Service Alle gängigen Kreditkarten

LA FORNARETTA
$$
39 S. RAYMOND AVE. (GLEICH SÜDLICH DER COLORADO ST.)
TEL. 626/585-9088
Das beste italienische Restaurant in Pasadena. Die Familie DeLorenza hat sich auf süditalienische Küche spezialisiert – *sficioni* (große sizilianische Nudeln in *agrodulce*), Salate mit Fenchel und Radicchio, Nudelgerichte mit Ricotta und Auberginen. Die Weinkarte umfasst zwar nur wenige, dafür aber sehr gute Weine. Probieren Sie einen Wein aus den Abruzzen.
60 P Geschl. Mo Alle gängigen Kreditkarten

SALADANG
$-$$
363 S. FAIR OAKS AVE. (ZWISCHEN CALIFORNIA BLVD. & DEL MAR AVE.)
TEL. 626/793-8123
Das moderne thailändische Lokal serviert traditionelle thailändische Gerichte wie Currys und Krabbensalat.
94 P Alle gängigen Kreditkarten

ALL INDIA CAFÉ
$
39 S. FAIR OAKS AVE. (GLEICH SÜDLICH DES COLORADO BLVD.)
TEL. 626/440-0309
Indische Gerichte, gewürzt mit traditionellen indischen Ölen und Gewürzen. Das beste Preis-Leistungs-Verhältnis finden Sie bei den Gerichten der Mittagskarte. Hier findet sich ein halbes Dutzend sättigende Currys, Tandooris und Thalis.
45 P Alle gängigen Kreditkarten

RESTAURANT DEVON
$$$
109 E. LEMON ST., MONROVIA
TEL. 626/305-0013
Das Lokal, das sich in einem Lagerhaus von 1890 befindet, offeriert gutbürgerliche Gerichte mit moderner Note. Zu den Favoriten zählen gebratene Gänseleber mit Mango, Ravioli mit Schildkrötenfleisch, Mönchsfisch in Tomaten-Grand-Marnier-Sauce. Die Portionen sind zwar klein und die Weine relativ teuer, aber Gerichte dieser Art werden Sie woanders so nicht finden.
70 P Geschl. Mo & So M Alle gängigen Kreditkarten

DER BESONDERE TIPP

EUROPANE BAKERY
Der ehemalige Chefkoch des Spago, Sumi Chang, hat eine Vorliebe für besondere Zutaten, frische Früchte und traditionelle Backmethoden. Die Bäckerei wirkt eher bescheiden, ist aber sehr beliebt. Probieren Sie die Brioches oder ein Stück vom berühmten Birnengewürzkuchen.
950 E. COLORADO BLVD.
TEL. 626/577-1828
20 P Keine Kreditkarten

MONTEREY PARK-ALHAMBRA

Siehe auch S. 122f.

EMPRESS HARBOR
$$
111 N. ATLANTIC BLVD. 201, MONTEREY PARK
TEL 626/300-8833
Dim sum, gedämpfter fangfrischer Fisch, und *juk* (Reisbrei) sind so gut, dass sogar Leute von der Westside das Lokal im Hong-Kong-Stil aufsuchen.
336 P Alle gängigen Kreditkarten

OCEAN STAR SEAFOOD
$$
145 N. ATLANTIC BLVD., 201, MONTEREY PARK
TEL. 626/308-2128
Das Lokal ist immer vollbesetzt und gilt als eines der besten Fischrestaurants. Am Wochenende sollten Sie die große dim-sum-Platte mit *shui Mai* (Krabbenklöße) und gedämpftem Gemüse probieren. Serviert werden die Gerichte direkt am Tisch.
800 P AE, MC, V

AN LAC
$
1281 E. VALLEY BLVD., ALHAMBRA
TEL. 626/282-8033
Eines von vielen vietnamesischen Straßenrestaurants im

Tal, die sich *pho* (Suppe) *shops* nennen. Dieses Lokal hat sich auf traditionelle Kaffeehausgerichte spezialisiert: Huhn mit rotem Reis, gigantische Mengen von dampfenden *pho*-Nudeln und *Cha Gio* (Frühlingsrollen) mit Gemüse und Chilisauce.

40 P Nur Bargeld

DER BESONDERE TIPP

SMILING FACE KKS FOODS

Direkt unterhalb des Ocean Star Seafood gelegen, serviert Grace Wong im kleinen Lokal außergewöhnliche Snacks wie gesalzene Pflaumen, Trockenfisch-Stangen und Süßigkeiten aus Ziegenmilch.

$
141 N. ATLANTIC BLVD. #106, MONTEREY PARK
TEL. 626/308-9689
20 P AE, MC, V

SÜDKALIFORNIEN

LONG BEACH

HOTEL *QUEEN MARY*

$$
1126 QUEEN'S HWY., 90802
TEL 562/435-3511
www.queenmary.com

Seinerzeit, eröffnet wurde es 1936, setzte das Queen Mary den Standard für Art-déco-Luxushotels. Heute passiert mit dem Hotel nicht mehr viel, was vor allem auf die Denkmalschützer zurückzuführen ist. Die Gästezimmer haben schiffstypische Badezimmer, Holzvertäfelung und Möbel aus jener Epoche. Fragen Sie immer nach den Zimmern mit Blick nach außen und den kleinen Bullaugenfenstern!

365 P Alle gängigen Kreditkarten

FRENCHY'S BISTRO

$$$
4137 E. ANAHEIM ST.
TEL. 562/494-8787

Ein gutes französisches Restaurant ohne die für diese Lokale so typische Arroganz. Die Einheimischen lieben es und geben die Empfehlung auch nicht gerne weiter. Sehr lecker ist das Kalbsbries.

40 P Geschl. So, Mo & Sa M Alle gängigen Kreditkarten

ALLEGRIA CUCINA LATINA

$$
115 PINE ST.
TEL. 562/436-3388

Das Lokal lebt von der geselligen Atmosphäre mit Live-Flamencomusik und Tanzveranstaltungen und den guten Tapas. Allen mit großem Appetit sei die Paella empfohlen.

175 P Service Alle gängigen Kreditkarten

CATALINA

HOTEL & RISTORANTE VILLA PORTOFINO

$$-$$$$
111 CRESCENT AVE.
AVALON, 90704
TEL. 310/510-0555 ODER 888/510-0555
www.hotelvillaportofino.com

Das Portofino bietet alle modernen Annehmlichkeiten in einer komfortablen Umgebung. Hinter dem klassisch-mediterranen Äußeren verbergen sich Zimmer in europäischer Eleganz. Das hervorragende Restaurant bietet schöne Blicke aufs Wasser.

34 P Alle gängigen Kreditkarten

ANAHEIM

DISNEYLAND HOTELS

$$-$$$$
www.disneyland.com

Wenn Sie die Disneyland-Atmosphäre nicht missen wollen, sollten Sie in einem der Hotels der Walt Disney Company übernachten. Zur Auswahl stehen drei Hotels: Das **Disneyland Hotel** (1150 Magic Way, 92802, Tel. 714/778-6600) liegt direkt an der Monorail. Das **Hotel Paradise Pier** (1717 South Disneyland Dr., 92802, Tel. 714/999-0990) hat eine Therme, Geschäfte und ein Sushi-Lokal. Das **Grand Californian Hotel** (1600 S. Disneyland Dr., Tel. 714/635-2300) ist im Stil der Arts-and-Craft-Bewegung gebaut worden. Es gibt gute Pauschalangebote für kombinierte Park- und Hotelbesuche.

P Alle gängigen Kreditkarten

NEWPORT BEACH

FOUR SEASONS

$$$$
690 NEWPORT CENTER DR., 92660
TEL. 949/759-0808
www.fourseasons.com/newportbeach

Große Zimmer mit luxuriöser Ausstattung und hervorragendem Service. Das Pavilion Restaurant gilt als eines der besseren Lokale an der Küste; zu empfehlen sind die Tagesmenüs.

285 P Alle gängigen Kreditkarten

AUBERGINE

$$$$
508 29TH ST.
TEL. 949/723-4150

Das kleine französische Restaurant ist berühmt für seine Erbsensuppe, die Kalbsgerichte und seinen Mönchsfisch mit kleinen *cippoline*-Zwiebeln.

50 P Geschl. Mo & M Alle gängigen Kreditkarten

PASCAL

$$$
1000 BRISTOL ST. N.
TEL. 949/752-0107

Das Lokal gilt zumindest bei Stammgästen als das beste französische Restaurant im Orange County. Zu empfehlen sind Seebarsch, Gänseleber und andere Spezialitäten.

100 P Geschl. Sa M & So Alle gängigen Kreditkarten

COSTA MESA

GUSTAF ANDERS
$$$
3851 BEAR ST., S. COAST PLAZA VILLAGE
TEL. 714/668-1737
Der Chefkoch gleichen Namens verleiht seinen hervorragenden Fischgerichten eine eigene ungewöhnliche skandinavisch-kalifornische Note. Die Inneneinrichtung des Lokals ist elegant, der Fisch perfekt zubereitet und der geräucherte Lachs phantastisch.
100 P Geschl. Mo & So M Alle gängigen Kreditkarten

TROQUET
$$$
3333 BRISTOL ST., S. COAST PLAZA VILLAGE
TEL 714/708-6865
Gilt als eines der schönsten Restaurants im Orange County. Das Troquet setzt den Schwerpunkt auf deftige Zutaten (Schweinsfüße, Entenmagen, Kalbsleber) und klassische und täglich frische Zubereitung. Probieren Sie das Côte du Bœuf für zwei Personen.
100 P Geschl. So A Alle gängigen Kreditkarten

LAGUNA BEACH

INN AT LAGUNA BEACH
$$$-$$$$$
211 N. COAST HWY., 92651
TEL. 949/497-9722
www.innatlagunabeach.com
Ein romantisches Strandhotel, wie man es sich vorstellt. Das Restaurant im Haus offeriert fantastische Ausblicke, die zu den besten in Südkalifornien zählen. Von den Zimmern aus kann man den Morgennebel über das Wasser ziehen sehen und herrliche Sonnenuntergänge genießen.
70 P Alle gängigen Kreditkarten

DIZZ'S AS IS
$$
2794 S. COAST HWY. (BEIM NYES PLACE)
TEL. 949/494-5250
Das beste kleine Restaurant in Laguna serviert solide, gute Küche. In einer sehr schönen, freundlichen und hellen Atmosphäre können Sie perfekt zubereiteten gegrillten Fisch, Lammkeulen und Pfeffersteak genießen. Keine Reservierung möglich.
50 P Geschl. Mo Alle gängigen Kreditkarten

DANA POINT

RITZ CARLTON LAGUNA NIGUEL
$$$$$
1 RITZ CARLTON DR., 92629
TEL. 949/240-2000
www.ritzcarlton.com
Hier können Sie die wohlhabenden Senioren bei ihren Schwimmübungen beobachten und dann einen Tee inmitten der gediegenen Eleganz des Ritz genießen.
393 P Service Alle gängigen Kreditkarten

SAN DIEGO–LA JOLLA

HILTON LA JOLLA TORREY PINES
$$$$
10950 N. TORREY PINES RD., LA JOLLA, 92037
TEL. 619/558-1500
www.hilton.com
Das Hotel liegt in der Nähe des Golfplatzes Torrey Pines und des Torrey Pines State Reserve und ist die erste Wahl hinsichtlich Ausstattung, Service und Lage. Die Gästezimmer haben alle Butler-Service, so dass kein Gast auf etwas verzichten muss. Das Café ist perfekt für einen Lunch nach dem Golfen und bietet aromatische Salate und verschiedene Burger an.
394 P Alle gängigen Kreditkarten

LOEWS CORONADO BAY RESORT
$$$$
4000 CORONADO BAY RD., CORONADO, 92118
TEL. 619/424-4000
www.loews.com
Mit seiner spektakulären Lage direkt am südlichen Ende der Bucht von San Diego besticht das Hotel durch seine elegante Ungezwungenheit. Das Restaurant Azurra Point gehört zu den besten der Stadt. Probieren Sie den Hummer und den Ziegenkäse *chile relleno*.
440 P Alle gängigen Kreditkarten

W HOTEL
$$$$
421 WEST B ST. SAN DIEGO, 92101
TEL. 619/231-8220
www.starwood.com
Das W ist eine nette Übernachtungsmöglichkeit in Downtown San Diego, denn es liegt in unschlagbar guter Lage, ist geschmackvoll möbliert und mit allen denkbaren High-tech-Annehmlichkeiten ausgestattet. Dazu kommt ein hervorragendes Personal. Das elegante Restaurant Rice serviert asiatisch-lateinamerikanische Fusion-Küche.
293 P Alle gängigen Kreditkarten

L'AUBERGE DEL MAR RESORT & SPA
$$$-$$$$
1540 CAMINO DEL MAR, DEL MAR, 92014
TEL. 858/259-1515
www.laubergedelmar.com
Der geeignete Ort zum Übernachten, wenn Sie nicht genug bekommen können vom Torrey Pines State Reserve oder der nahe gelegenen Rennstrecke. Es herrscht eine ruhige Atmosphäre, das Personal ist immer hilfsbereit.
120 P Service Alle gängigen Kreditkarten

DER BESONDERE TIPP

LA VALENCIA

Das Valencia, erbaut im traditionellen spanischen Stil, liegt oberhalb der La-Jolla-Bucht und war einst der Sommersitz von Charlie Chaplin und anderen Berühmtheiten. Es ist immer noch herrlich zum Übernachten, die Zimmer sind zwar altmodisch eingerichtet, aber gemütlich; die Lounge und die Bar haben sich etwas von ihrem alten Charme erhalten. Und die Aussicht ist unübertroffen.

$$$-$$$$
1132 PROSPECT ST., LA JOLLA, 92037
TEL. 858/454-0771
www.lavalencia.com
117 P Alle gängigen Kreditkarten

MILLE FLEURS

$$$$
6009 PASEO DELICIAS, RANCHO SANTA FE
TEL. 619/756-3085
Das Mille Fleurs ist ein Genuss für diejenigen, die es honorieren, wenn der Chefkoch Wert auf frische Zutaten und einwandfreie Zubereitung legt. Der Fisch – egal ob gekocht, gebraten oder gedünstet – ist hervorragend. Ebenso zu empfehlen sind die Wildgerichte. Die Weinkarte ist gut sortiert.
120 P Alle gängigen Kreditkarten

STAR OF THE SEA

$$$$
1360 N. HARBOR DR. SAN DIEGO
TEL. 619/232-7408
Der perfekte Ort für den Sonnenuntergang – entsprechend beliebt ist das Restaurant mit seiner Terrasse am Wasser. Hier werden die preisgekrönten Meeresfrüchtegerichte mit einer innovativen Note serviert. Zu den kulinarischen Highlights gehören ein Soufflé mit schwarzen Muscheln in einer Safran-Muschel-Crème und das Hummer-Pfifferling-Risotto mit glasiertem rotem Gemüse und einer Madeira-Reduktion.
110 P Service Geschl. M Alle gängigen Kreditkarten

LAUREL

$$$
505 LAUREL AVE., SAN DIEGO
TEL. 619/239-2222
Hier dominiert südfranzösische Küche die Speisekarte. Gut gewürzte Fischgerichte und kalte Fischvorspeisen sind hier die Highlights. Sehr gute Weinkarte und einfache, aber ausgefallene Nachspeisen.
130 P Service Geschl. M Alle gängigen Kreditkarten

BERTA'S LATIN AMERICAN RESTAURANT

$
3928 TWIGGS ST., OLD TOWN SAN DIEGO
TEL. 619/295-2343
Zu San Diego gehört auch die lateinamerikanische Küche, und falls Sie nicht Richtung Süden weiterfahren, sollten Sie hier einen Halt einlegen. Große Portionen, erstaunlich niedrige Preise und eine umfangreiche Speisekarte. Probieren Sie eines der Lammgerichte.
45 P Geschl. Mo AE, MC, V

SANTA BARBARA UND UMGEBUNG

FOUR SEASONS BILTMORE

$$$$$
1260 CHANNEL DR., MONTECITO, 93108
TEL. 805/969-2261
www.fourseasons.com
Spanisch-mediterrane Eleganz, kalifornische Liebenswürdigkeit und historische Größe machen diese 8,5 Hektar große Anlage zur ersten Adresse für Leute aus Los Angeles. Die Gärten, die *mariachis* in der Sunset Lounge und der Pazifik locken die Gäste aus ihren sehr gut ausgestatteten Zimmern ins Freie. Auch wenn Sie hier nicht übernachten, sollten Sie zumindest auf der Terrasse des Restaurants La Marina zu Mittag essen.
213 P Alle gängigen Kreditkarten

TEMECULA CREEK INN

$$$$$
44501 RAINBOW CANYON RD., TEMECULA, 92592
TEL. 909/694-1000
www.temeculacreekinn.com
Genießen Sie die grüne Atmosphäre des Golfplatzes im Herzen des südkalifornischen Weinlandes. Die Lodge bietet geräumige Zimmer mit viel Südwest-Dekoration, es fehlt weder an gemütlichem Komfort noch an modernen Annehmlichkeiten.
130 P AE, MC, V

SAN YSIDRO RANCH

$$$$-$$$$$
900 SAN YSIDRO LN., MONTECITO, 93018
TEL. 805/969-5046
www.sanysidroranch.com
Am Fuß der Montecito-Berge gelegen, kann man hier dem Luxus frönen. Die kleinen Gästehäuser sind sehr schön eingerichtet und verfügen über offenen Kamin und eigenen Garten. Sie können in Ihrem Zimmer zunächst eine Massage genießen, um anschließend Hummer mit Kartoffelsoufflé in Safran im Restaurant Stonehouse zu genießen.
38 P Alle gängigen Kreditkarten

EL ENCANTO HOTEL

$$$-$$$$
1900 LASUEN RD. SANTA BARBARA, 93103
TEL. 805/687-5000
www.elencantohotel.com
Ein charmantes Hotel mit Blick auf die Stadt. Gemütliche Gästehäuser und sonnen-

durchflutetes Restaurant, in dem klassische kalifornische Küche serviert wird. Die Salate und Suppen im Sommer sind einfach, aber lecker und werden aufwendig serviert.
83 P Alle gängigen Kreditkarten

SANTA BARBARA INN
$$-$$$
901 E. CABRILLO BLVD., SANTA BARBARA, 93103
TEL. 805/966-2285
FAX 805/966-6584
Gutes Preis-Leistungsverhältnis. Große Zimmer und guter Service. Nach Überquerung der Straße geht es direkt zum Strand. Das Restaurant Citronelle (siehe unten) liegt im oberen Stockwerk.
71 P Service Alle gängigen Kreditkarten

CITRONELLE
$$$$
SANTA BARBARA INN, 901 E. CABRILLO BLVD., SANTA BARBARA
TEL 805/963-0111
Die Strandversion von Chefkoch Michel Richards berühmten Citrus in L.A. Zu empfehlen sind hier vor allem die Nachspeisen.
P Alle gängigen Kreditkarten

HITCHING POST
$$$
406 E. CALIF. 246 (ABZWEIG VON US 101), BUELLTON
TEL. 805/688-0676
Eine gute Wahl, wenn Sie das Hinterland von Santa Ynez mit seinen Weingütern besuchen wollen. Stellen Sie sich das Restaurant als ein Steak House vor, ergänzt um frische Zutaten, scharf gewürzte *Chuilkes* und einfache Nachspeisen (Mandelkuchen mit frischer Beerensauce). Die köstlichen Steaks sind riesig groß und die Pommes Frites unschlagbar.
125 P AE, MC, V

ARIGATO SUSHI
$$-$$$
11 W. VICTORIA ST., SANTA BARBARA
TEL. 805/965-6074
Ein kleines und unauffälliges Lokal, dessen Ambiente dem einer Sushi-Bar im älteren Teil von Tokyos Stadtteil Ginza ähnelt. Zu empfehlen ist hier vor allem der Fisch, insbesondere die diversen Sushis.
40 P DGeschl. M AE, MC, V

DOWNEY'S
$$-$$$
1305 STATE ST., SANTA BARBARA
TEL. 805/966-5006
Im eleganten Downey's wird eine Mischung aus hervorragender kalifornischer mit einem Hauch französischer Küche serviert. Probieren Sie die Ragouts, Entrecôtes und lokalen Fischgerichte.
48 P Geschl. Mo AE, MC, V

OJAI

OJAI VALLEY INN
$$$$
905 COUNTRY CLUB RD., 93023
TEL. 805/646-5511
www.ojairesort.com
Das 1930 erbaute Gebäude im Stil der Mission-Revival-Architektur wurde in den 1980er Jahren restauriert. Die Gästezimmer sind gemütlich und gut ausgestattet, einige sogar mit Antiquitäten. Die schöne Umgebung, das Spa und das gute Essen im Restaurant Maravilla tragen zum Charme bei.
304 P Alle gängigen Kreditkarten

THE RANCH HOUSE
$$$
S. LOMITA AVE.
TEL. 805/646-2360
Das rustikale Lokal ist für seine Kreationen moderner kalifornischer Küche bekannt. Favoriten sind Lammkeule und Artischockensalat. Sehr schöne Gartenanlagen.
140 P Geschl. Mo & M (außer So) Alle gängigen Kreditkarten

CENTRAL COAST

DER SÜDEN

MORRO BAY

INN AT MORRO BAY
$$-$$$
60 STATE PARK RD., MORRO BAY, 93442
TEL. 805/772-5651
www.innatmorrobay.com
Das Gasthaus liegt ruhig oberhalb der felsigen Küste der Morro Bay, wo der berühmte Morro Rock aus dem Meer herausragt. Die Gästezimmer sind mit dem üblichen Komfort ausgestattet; das Restaurant Paradise bietet Fischgerichte zu akzeptablen Preisen.
98 P Alle gängigen Kreditkarten

PASO ROBLES

BISTRO LAURENT
$$
1202 PINE ST.
TEL. 805/226-8191
Hier erleben Sie die Atmosphäre des alten Cowboy-Weinlandes. Die Küche ist rustikal französisch mit frischen lokalen Zutaten. Hervorragend ist zum Beispiel das gebratene Huhn in Knoblauch und Rosmarin.
50 P Geschl. So MC, V

SAN LUIS OBISPO

APPLE FARM
$$-$$$
2015 MONTEREY ST., 93401
TEL. 800/544-2040
www.applefarm.com
Gemütlichkeit durch offene Kamine, Himmelbetten und Blumenarrangements erwartet den Besucher. Das im viktorianischen Stil erbaute Hotel liegt

direkt am San Luis Obispo Creek mit seinen Sycamore-Bäumen und Eichen. Das Apple Farm Restaurant bietet bezüglich der Gerichte ein gutes Preis-Leistungsverhältnis. Hervorragend ist das hausgemachte Eis.
103 P AE, MC, V

SYCAMORE MINERAL SPRINGS RESORT
$$-$$$
1215 AVILA BEACH DR., 93405
TEL. 805/595-7302
www.sycamoresprings.com
Eine klassische Kuranlage mit mediterraner Architektur, Mineralbädern im Park (für ein Bad unter dem Sternenhimmel) und Luxusapartments mit offenem Kamin. Die Gartenanlage des Restaurant Avila ist romantisch.
55 P AE, MC, V

SHELL BEACH

THE CLIFFS RESORT
$$$
2757 SHELL BEACH RD., 93449
TEL. 805/773-5000
www.cliffsresort.com
Das beliebte Wochenendziel liegt auf einem Felsen und bietet pazifische Eleganz in einem ruhigen Ambiente. Viele Gästezimmer haben einen herrlichen Meerblick.
165 P Alle gängigen Kreditkarten

TEMPLETON

IAN MCPHEE'S GRILL
$$
416 MAIN ST.
TEL. 805/434-3204
Wer vom Besuch des kleinen Rückzugsortes von Mr. Hearst ermüdet ist, wird in Ians modernem Grill-Restaurant mit hervorragender kalifornischer Küche verwöhnt. Das Fleisch von in der Umgebung gezüchteten Tieren wird zu guten Steaks in verschiedenen Varianten verarbeitet.
100 P MC, V

MITTE

BIG SUR

POST RANCH INN
$$$$$
CALIF 1, AUF DER ANDEREN SEITE VOM VENTANA, P.O. BOX 219, 93920
TEL. 831/667-2200
www.postranchinn.com
Das Hotel ist das Gegenteil vom Deetjen's (siehe der Besondere Tipp), angefangen von seiner Zen-Architektur bis zur kalifornischen Küche im beliebten Sierra-Mar-Restaurant. Das Hotel bietet allen denkbaren Komfort: Dampfbäder, Massagen auf dem Zimmer, Badezimmer aus indischem Schiefer und fantastische Aussicht auf das Meer.
30 P AE, MC, V

VENTANA INN
$$$$-$$$$$
VENTANA, 93920
TEL. 831/667-2331
www.ventanainn.com
Vor der Post-Ranch-Bewegung galt dieses Hotel als der Inbegriff des Big-Sur-Luxus; viele Leute sehen es immer noch so. Sehr große Zimmer mit voll ausgestatteten Küchen, wundervollen Dachterrassen und heißen Bädern sowie ein gutes Restaurant. Der Zimmerservice gilt als nicht so gut, das Frühstück und der Nachmittagswein mit Käseplatte dagegen sind hervorragend.
60 P Alle gängigen Kreditkarten

BIG SUR LODGE
$$-$$$
CALIF. 1 (NORDSEITE), P.O. BOX 190, 93920
TEL. 831/667-3100
www.bigsurlodge.com
Altmodische und einfache Familienunterkunft in einer malerischen Umgebung, mit schönen Redwoods und Kiefern. Es stellt eine erschwingliche und schöne Alternative zu den teuren Hotels dar. Kein Fernsehen vorhanden.
61 P AE, MC, V

DER BESONDERE TIPP

DEETJEN'S BIG SUR INN

Deetjen's gilt als der Inbegriff eines Landhotels. Es besteht aus einer Ansammlung von Hütten (mit Holzöfen) inmitten eines Redwood-Waldes. Für Romantiker ist die Lokalität ein Muss; nachts hören die Gäste das Rauschen der Bäume und können in alten Büchern schmökern. Das Frühstück ist sehr gut.

$$-$$$
CALIF. 1, SÜDLICH VON BIG SUR, 93920
TEL. 831/667-2377
www.deetjens.com
20 P Alle gängigen Kreditkarten

CARMEL

PARK HYATT CARMEL HIGHLANDS INN
$$$$-$$$$$
CALIF. 1 (4 MEILEN SÜDLICH VON CARMEL), 93921
TEL 831/620-1234
www.highlandsinn.hyatt.com
Wunderschöne Umgebung, malerisch oberhalb der Steinküste von Point Lobos gelegen, wo sich die Seehunde auf den Felsen räkeln und der Nebel entlang der Küste zieht. Die großen Gästezimmer haben alle fantastische Ausblicke; Whirlpools in den Zimmern sorgen für den richtigen Ausgleich nach einer anstrengenden Tageswanderung in der Umgebung. Der Zimmerservice könnte besser sein, aber das Restaurant Pacific's Edge sucht seinesgleichen. Probieren Sie Kammmuscheln mit Kartoffel- und Basilikumsalat.
142 P Alle gängigen Kreditkarten

LA PLAYA HOTEL
$$$$
8TH AVE. & CAMINO REAL, P.O. BOX 900, 93921
TEL. 831/624-6476
www.laplayahotel.com
Gediegene Eleganz und wundervoll gepflegte Gärten sowie Ausblicke auf die Küste von Carmel finden Sie in diesem 60 Jahre alten charmanten Hotel. Es wurde ursprünglich von Christopher Jorgensen für seine Braut gebaut, die aus der berühmten Ghirardelli-Schokoladendynastie stammte.
75 Zimmer, 5 Cottages P Alle gängigen Kreditkarten

QUAIL LODGE RESORT & GOLF CLUB
$$$$
8205 VALLEY GREENS DR., CARMEL VALLEY, 93923
TEL. 831/624-2888
www.quaillodge.com
Luxusherberge mit gutem Service und hervorragendem Essen im Covey Restaurant. Hier findet der Golffanatiker alles, was er braucht. Das Hotel hat eine traumhafte Lage inmitten rauer Berge und grüner Täler.
100 P Alle gängigen Kreditkarten

ANTON & MICHEL
$$$
MISSION & 7TH STS.
TEL. 831/624-2406
Klassische und elegante europäische Küche, verfeinert mit frischen Zutaten. Das Restaurant ist eines der bevorzugten Adressen der Küstenbesucher. Die Weinkarte deckt verschiedene Weingüter ab und wurde in den letzten Jahren immer mehr erweitert.
90 P Alle gängigen Kreditkarten

FRENCH POODLE
$$$
5TH ST. AT JUNIPERO ST.
TEL. 831/624-8643
Mit seiner ansprechenden Innenausstattung gilt dieses Lokal seit 20 Jahren als eines der besten im Ort (probieren Sie die Ente und eines der Fischgerichte). Die kalten Nachspeisen sind ein Gedicht.
36 P Geschl. So
AE

MEDITERRANEAN MARKET
$
OCEAN AVE. & MISSION ST.
TEL. 831/624-2022
Ein Deli, das schon Millionen von Picknicks bestückt hat. Es bietet alles, was für einen solchen Anlass benötigt wird. Die gute Auswahl an kalten Speisen, Süßigkeiten, Brotwaren und Weinen – nicht zu vergessen den hundert Jahre alten riesigen Käselaib, der im Schaufenster hängt.
P AE, MC, V

TUTTO MONDO'S TRATTORIA
$
DOLORES ST. (ZWISCHEN 7TH & OCEAN AVES.)
TEL. 831/624-8977
Nach einem Strandspaziergang bietet sich die gemütliche und professionelle Trattoria im alten Kern von Carmel für ein Mittagessen an. Die Fischsuppen und traditionellen Nudelgerichte sind ihren Preis wert, der sympathische Service lässt Sie auch zum Abendessen wiederkommen!
70 P Alle gängigen Kreditkarten

MONTEREY

LODGE AT PEBBLE BEACH
$$$$
17 MILE DR., 92953
TEL. 831/647-7500
www.pebblebeach.com
Die luxuriöse Unterkunft setzt seit 1919 den Standard für die gehobene Weltelite des Golfs. Die Zimmer sind extravagant ausgestattet, haben ein blank poliertes Interieur und sind tadellos. Das Restaurant Club XIX wurde von Hubert Keller eröffnet und serviert erstklassige französische Küche. Die Stillwater Bar & Grill ist zwar etwas langweiliger (Anzug vorgeschrieben), aber berühmt für seine Fischgerichte.
161 P Alle gängigen Kreditkarten

SEVEN GABLES INN
$$$-$$$$
555 OCEAN VIEW BLVD., 93950
TEL. 831/372-4341
www.7gables-grandview.com
Der Blick aufs Meer, die europäischen Antiquitäten und das vergoldete Interieur machen die Ansammlung von gelb gestrichenen Giebelholzhäusern zu einem sehr beliebten Erholungsort.
14 P MC, V

MONTRIO
$$-$$$
414 CALLE PRINCIPAL
TEL. 831/648-8880
www.montrio.com
Hier kocht Chefkoch Tony Baker leckere Gerichte mit abgestimmten Zutaten für alle diejenigen, die inzwischen genug haben von der New American Cuisine. Probieren Sie den Krabbenkuchen oder die Rib-Eye-Steaks.
200 P Geschl. So M
Alle gängigen Kreditkarten

TARPY'S ROADHOUSE
$
2999 MONTEREY-SALINAS HWY.
TEL. 831/647-1444
Die Beschreibung »amerikanische Küche« würde diesem Lokal nicht gerecht werden. Im Inneren des mit Efeu bewachsenen Steinhauses bekommen Sie hervorragende Gerichte, darunter gebratenes Kaninchen und eine auf Pecankernen geröstete Ente. Auch die Nachtische sind empfehlenswert.
300 P Alle gängigen Kreditkarten

PACIFIC GROVE

GREEN GABLES INN
$$$-$$$$
104 5TH ST., 93950
TEL. 831/375-2095
www.foursisters.com
Ein Zwitter zwischen Hotel und B&B mit großzügigen Zimmern im Nebenhaus und »historischen« Zimmern im Haupthaus.
11 P AE, MC, V

FANDANGO
$$-$$$
223 17TH ST.
TEL. 831/372-3456
Eine gute Alternative im mittleren Preisspektrum zu den in letzter Zeit so in Mode gekommenen »französischen« Restaurants. Das Fandango mit seiner leckeren mediterranen Küche (die Bandbreite reicht von spanischer Paella bis zu marokkanischem Couscous) ist immer gut besucht, vor allem von Einheimischen. Probieren Sie Osso Buco mit einem Glas Wein.
140 P Alle gängigen Kreditkarten

DER NORDEN

APPLE LANE INN
$$-$$$
6265 SOQUEL DR., 95003
TEL. 831/475-6868
www.applelaneinn.com
Dieses 1870 erbaute Farmhaus liegt im ländlichen Hinterland, wo der Wind durch die hohen Kiefern und Eichen rauscht. Das Frühstück ist so gehaltvoll, dass Sie danach gestärkt eine Wanderung unternehmen können.
5 P Geschl. M
MC, V

BITTERSWEET BISTRO
$$$
787 RIO DEL MAR
TEL. 831/662-9799
Eine Mischung aus Bistro und mediterranem Restaurant in angenehmer Atmosphäre. Die Lammgerichte sind ein Gedicht.
17 P AE, MC, V

CHEZ RENEE
$$$
9051 SOQUEL DR.
TEL. 831/688-5566
Wahrscheinlich das beste Lokal in der Gegend von Santa Cruz. Bei Chez Renee gibt es nicht nur ausgezeichnete französisch-kalifornische Gerichte, sondern diese auch noch zu einem angemessenen Preis in einer netten und freundlichen Atmosphäre.
70 P Geschl. Sa–Di M & So–Mo A MC, V

CAPITOLA

INN AT DEPOT HILL
$$$-$$$$
250 MONTEREY AVE.
TEL. 831/462-3376
www.innatdepothill.com
Depot Hill hat zwölf geschmackvoll möblierte Zimmer, die jeweils im Stil einer anderen Region eingerichtet wurden – das Spektrum reicht von mediterranem bis hin zu altenglischem Stil.
12 P Alle gängigen Kreditkarten

SANTA CRUZ

INN AT PASATIEMPO
$$-$$$
555 CALIF. 17, 95060
TEL. 831/423-5000
www.innatpasatiempo.com
Das schöne Landhotel liegt direkt am Pasatiempo Golf Course und bietet schöne Gartenanlagen, einen guten Service und Zimmer mit offenem Kamin und Whirlpool. Das Hollins House Restaurant (am Golfplatz) mit Panoramaausblicken auf die Monterey Bay serviert köstliche regionale amerikanische Gerichte.
54 P Alle gängigen Kreditkarten

SAN FRANCISCO

San Francisco ist hinsichtlich seiner großen Auswahl an Hotels, Gasthäusern, B&Bs und Restaurants schwer zu schlagen. Besucher können sich im San Francisco Convention & Visitors Bureau (Tel. 415/391-2000, www.sfvisitor.org) informieren. Es zählt zu den besten seiner Art im Land und hält eine Vielzahl an kostenlosen Übernachtungs- und Restaurantführern bereit, die ständig aktualisiert werden.

GOLDEN GATE UND UMGEBUNG

RESTAURANT CLEMENTINE
$$$-$$$$
126 CLEMENT ST.
TEL. 415/387-0408
Kulinarische Erlebnisse reichen hier vom legeren Abendessen bis zum luxuriösen Festtagsmenü mit kalifornisch-französischen Zutaten wie Muschel- und Orangensuppe mit Fenchel und Safran, Lammeintopf und Mönchsfisch in Honig. Dies ist das geeignete Lokal für Gourmets. Reservierung sollte zwei bis drei Wochen im Voraus erfolgen.
100 P Service
Geschl. Mo & L
MC, V

HAMA-KO
$$$$
108B CARL ST.
TEL. 415/753-6808
Das Restaurant liegt mitten im Haight-Viertel, die Sushi zählen zu den frischesten, die es in der Stadt zu essen gibt (probieren Sie Yellowtail und die Große Klammmuschel). Traditionelle japanische Gerichte werden ebenfalls serviert.
22 P Geschl. M & Mo MC, V

KABUTO SUSHI
$$$
5121 GEARY BLVD.
TEL 415/752-5652

Obwohl dieses Restaurant in seiner Ausstattung minimalistisch ist, gilt der hiesige Chefkoch als einer der besten Sushi-Meister der Stadt. Er zaubert fantastische *fettige toro* und salzige *uni*, die man in dieser Art woanders kaum findet.
31 P Geschl. M
AE, MC, Visa

TON KIANG
$$$
5821 GEARY ST.
TEL. 415/387-8273
Eines der besten chinesischen Restaurants in der Stadt. Das Ton Kiang ist vor allem für seine schmackhaften dim sum, die vegetarischen *»pot stickers«* mit Chilisauce und die gedämpften Schweineknödel mit Zitronengras bekannt.
90 P Alle gängigen Kreditkarten

MISSION DISTRICT

LA TRAVIATA
$$
2854 MISSION ST. (ZWISCHEN 24TH & 25TH STS.)
TEL. 415/282-0500
Ein Geheimtipp der jüngeren Generation, die diese Gegend neu entdeckt hat. La Traviata serviert erschwingliche, klassisch-italienische Küche.
60 P Geschl. M & Mo AE, DC

PANCHO VILLA TAQUERIA
$
3071 16TH ST. (ZWISCHEN VALENCIA & MISSION STS.)
TEL. 415/864-8840
Ein freundlicher Vertreter der mexikanischen Küche mit Spezialitäten wie gegrillten Schweine-Burritos, herrlichen Garnelen-Tacos und anderen Tex-Mex-Gerichten.
90 Alle gängigen Kreditkarten

LA TAQUERIA
$
2889 MISSION ST.
(HÖHE 25TH ST.)
TEL. 415/285-7117
Eine sehr gute Wahl: leckere mexikanische Küche mit fantastisch frischen Salaten und Tacos, von denen Sie am liebsten einige mit ins Hotel nehmen würden. Schneller Service. Ein guter Stopp nach einem Besuch der Mission.
70 Keine Kreditkarten

RUSSIAN HILL

LA FOLIE
$$$$$
2316 POLK ST.
TEL. 415/776-5577
La Folie gehört zu den besseren Lokalen und ist dafür bekannt, dass es die so genannte »Nouvelle Cuisine« anbietet. Die Ausstattung des Lokals ist sehenswert, der Service perfekt – alles sozusagen ein »Muss«.
62 P Service Geschl. M & So Alle gängigen Kreditkarten

CIVIC CENTER

DER BESONDERE TIPP

JARDINIÈRE
Ein elegantes und lebhaftes Lokal, das von der jungen Tracy Des Jardins geführt wird. Jedes Detail der Küche ist perfekt, vom gegrillten Huhn mit Pfifferlingen bis hin zu den Nudelgerichten. Berühmt sind auch die erfrischenden Sorbets und Torten.
$$$$
300 GROVE ST.
TEL. 415/861-5555
www.jardiniere.com
200 P Service Geschl. M Alle gängigen Kreditkarten

FINANZVIERTEL

PALACE HOTEL
$$$$$
2 NEW MONTGOMERY ST., 94015
TEL. 415/512-1111
FAX 415/543-0671
www.sfpalace.com
Ein anderes klassisches Hotel in San Francisco, das gewaltige Mahagonimöbel, altmodisches Ambiente und große, helle Zimmer mit modernem Komfort verbindet. Das Palace hat sogar ein Hallenschwimmbad für kalte Sommertage. Essen kann man im Restaurant Garden Court mit Glasdach.
552 P Alle gängigen Kreditkarten

PAN PACIFIC HOTEL
$$$$$
500 POST ST., 94102
TEL. 415/771-8600
FAX 415/398-0267
www.panpacific.com
Ein idealer Ort zum Übernachten, mitten im Theater Distrikt. Das Pan Pacific verbindet zeitgemäßen Komfort mit den Leistungen eines Geschäftshotels (Autos ect.). Die Zimmer sind in ruhigen Farben gehalten, die Mittagsmenüs im Restaurant Pacific sind lecker und abwechslungsreich. Erkundigen Sie sich nach speziellen Wochentagsangeboten.
329 P Alle gängigen Kreditkarten

CLIFT HOTEL
$$$$
495 GEARY ST., 94102
TEL. 415/775-4700
FAX 415/441-4621
www.ianschragerhotels.com
In diesem Klassiker unter den Hotels trifft sich Tradition mit einem elegantem Stil. Zu verdanken ist das Ian Schrager und seinem Designer Philippe Starck. Genießen Sie einen Cocktail im Redwood Room, der aus dem Holz eines einzigen Redwood-Baumes gefertigt wurde (heute würde das wohl nicht mehr erlaubt werden ...).
374 P Service Alle gängigen Kreditkarten

HOTEL NIKKO
$$$$
222 MASON ST., 94102
FAX 415/394-1159
www.hotelnikkosf.com

Gehobener Service, geräumige Gästeapartments, eine hervorragende Lage und das prämierte Restaurant Anzu machen das Hotel zu einer beliebten Adresse. Nutzen Sie auch das Wellness-Center – eine Erholung nach einem langen Flug.
532 P Alle gängigen Kreditkarten

PRESCOTT HOTEL
$$$$
545 POST ST., 94102
TEL. 415/563-0303
www.prescotthotel.com
Feudale, aber kleine Zimmer, eine sehr hilfsbereite Rezeption und eine großartige Lage machen dieses Hotel zu einer beliebten Unterkunft, insbesondere bei Geschäftsreisenden. Das Beste ist der Zimmerservice des im Erdgeschoss gelegenen Restaurants Postrio. Die Clubatmosphäre wird noch durch den offenen Kamin in der Lobby und viel dunkles Holz verstärkt.
164 P Service Alle gängigen Kreditkarten

WESTIN ST. FRANCIS
$$$$ (TURM $$$$$)
335 POWELL ST., 94102
TEL. 415/397-7000
FAX 415/774-0124
www.westin.com
Das schöne, innenstadtnah gelegene Hotel ist ideal für all diejenigen, die gerne durch Downtown streifen wollen. Die Lobby ist beeindruckend, die Zimmer gemütlich eingerichtet (manche sogar mit original viktorianischem Mobiliar). Die Restaurant-Bar Compass Room hat Tageslicht, Marmorsäulen und ist mit exklusiven Holzmöbeln ausgestattet.
1192 P Alle gängigen Kreditkarten

HOTEL TRITON
$$$
342 GRANT AVE., 94108
TEL. 415/394-0500
FAX 415/394-0555
www.hoteltriton.com

Ein weiteres Boutique-Hotel mit außergewöhnlicher Inneneinrichtung, kleinen, aber geschmackvoll eingerichteten Zimmern, gutem Service und einer optimalen Lage direkt am alten Chinatown-Tor.
140 P Service Alle gängigen Kreditkarten

HOTEL VINTAGE COURT
$$$
650 BUSH ST., UNION SQ., 94108
TEL. 415/392-4666
FAX 415/433-4065
www.vintagecourt.com
Ein gemütliches und fröhliches Boutique-Hotel, das einem das Gefühl vermittelt, sich mitten im Weinanbaugebiet zu befinden. Dies ist besonders am späten Nachmittag der Fall, wenn die Besitzer ihre neuen Errungenschaften aus dem Napa Valley servieren. Kaminfeuer, gemütliche Sitzecken und Zugang zu einem Fitnessclub können Sie zu erschwinglichen Preisen buchen – probieren Sie auch das Restaurant Masa's, das hervorragende kalifornisch-französische Küche serviert (siehe weiter unten), im Hotel.
107 P Service Alle gängigen Kreditkarten

PETITE AUBERGE
$$-$$$
863 BUSH ST., 94108
TEL. 415/928-6000
FAX 415/775-5717
www.jdvhospitality.com
Ein weiteres Hotel mit persönlichem Ambiente, diesmal mit französischem Akzent. Obwohl die Zimmer sehr klein sind, sind sie gemütlich. Kein umfangreicher Service, aber das im Preis enthaltene Frühstück und der Nachmittagswein mit Käse (kostenlos) sind hervorragend.
26 P Service Alle gängigen Kreditkarten

POSTRIO
$$$$$
PRESCOTT HOTEL,
545 POST ST.
TEL. 415/776-7825
www.postrio.com
Das stilvolle Restaurant von Wolfgang Puck steht seinen Restaurants in Los Angeles in nichts nach. Im imposanten Speisesaal können Sie Spezialitäten wie gebratenes Lamm in Knoblauch mit Chili und Mintsauce, Peking-Ente in scharfer Mangosauce und Nudelgerichte probieren.
180 P Service Alle gängigen Kreditkarten

MASA'S
$$$$-$$$$$
HOTEL VINTAGE COURT,
648 BUSH ST., UNION SQ.
TEL. 415/989-7154
Hier im Masa's erreicht die kalifornisch-französische Küche ihren Höhepunkt. Die Exklusivität der Zutaten zeigt sich in Gerichten wie Wildbret auf karamellisierten Äpfeln oder tagesfrischen Garnelen mit frischen Erbsen in Preiselbeersauce. Die Weine, Nachspeisen und die Käseplatte sind ebenso gut.
120 P Service
Geschl. M, So–Mo, die ersten zwei Wochen im Jan. & 1.–7. Juli Alle gängigen Kreditkarten

AQUA
$$$$
252 CALIFORNIA ST.
TEL. 415/956-9662
Wie der Name nahe legt, serviert das Lokal in San Francisco vor allem Fischgerichte, mit denen es sich einen Namen gemacht hat. Die Tagesmenüs sind zu empfehlen – wenn Sie etwas Glück haben, bekommen Sie auch Muschelsoufflé in Knoblauch oder die mit Kartoffeln überbackene Idaho-Forelle serviert. Auch der Nachtisch ist sehr gut!
180 P Service
Geschl. Sa–So M Alle gängigen Kreditkarten

CAMPTON PLACE
$$$$
340 STOCKTON ST., UNION SQ.
TEL. 415/978-5555
www.camptonplace.com
Hervorragende Kreationen der »New American Cuisine« sind die Spezialität dieses romantischen und ruhigen Restaurants. Das Campton wartet mit außergewöhnlichen Gerichten wie *Rippchen* mit Trüffelkartoffeln oder geröstetem Fisch in Ingwer-Portwein-Sauce auf. Das Frühstück und der Brunch sind ebenso zu empfehlen.
75 Service DGeschl. So M Alle gängigen Kreditkarten

FARALLON
$$$$
450 POST ST.
TEL. 415/956-6969
Die Inneneinrichtung des Restaurants ist maritim geprägt und es wimmelt nur so vor ozeanischen Requisiten. Allein dies spricht schon für einen Besuch – und wenn nur für einen Drink an der Jellyfish Bar. Es ist etwas laut, aber das Essen ist erstklassig, insbesondere die Austerngerichte. Die Konditoren sind zu den besten der Stadt gewählt worden.
225 Service Geschl. So M Alle gängigen Kreditkarten

FLEUR DE LYS
$$$$
777 SUTTER ST., UNION SQ.
TEL. 415/673-7779
www.fleurdelyssf.com
Dies ist der optimale Ort, um »La Grande Cuisine« zu genießen. Der Raum ist atemberaubend und wirkt königlich mit seinen Fleur-de-Lys-Stoffen und eleganten Spiegeln. Das Essen kann mit dem hervorragender Lokale in Paris konkurrieren, angefangen bei delikaten Fischgerichten bis hin zu herzhaften Spezialitäten aus dem Elsass. Ein kulinarisches Erlebnis!
80 Service Geschl. M & So Alle gängigen Kreditkarten

MILLENNIUM
$$$$
580 GEARY ST.
TEL. 415/345-3900
www.millenniumrestaurant.com
Hier bekommen Gourmets gesunde Gerichte serviert – u.a. veganische Gerichte wie der marokkanische scharf gebratene Champignons und gebackener Mandel-Tofu mit Knoblauch-Maispürree.
150 Service Geschl. M Alle gängigen Kreditkarten

GRAND CAFÉ
$$$-$$$$
HOTEL MONACO,
501 GEARY ST.
TEL. 415/292-0101
Auch wenn das Essen nur mäßig ist, lohnt die Einrichtung einen Abstecher. Ein eleganter Ort, der den schönen Künsten wieder zur Ehre gereicht. Probieren Sie den Kalbsbries, wenn er angeboten wird, und lassen Sie nicht die leckeren Desserts aus.
244 Service Alle gängigen Kreditkarten

LE COLONIAL
$$$
20 COSMO PL.
TEL. 415/931-3600
www.lecolonialsf.com
Die Atmosphäre erinnert an das Vietnam der 1920er Jahre. Das elegante Lokal kocht französisch-vietnamesisch, darunter Köstlichkeiten wie Frühlingsrollen, die mit Jakobsmuschel und Ingwer gefüllt sind, oder mit Granatapfel glasierte Peking-Ente. Lebhafter geht es ein Stockwerk höher in der Cocktail-Lounge zu, dort werden kleine Appetithappen serviert.
320 Service Geschl. M Alle gängigen Kreditkarten

ANJOU
$$–$$$
44 CAMPTON PL.
TEL. 415/392-5373
Authentische Bistroküche in einer ruhigen Allee abseits des Union Square. Die hübsche Dekoration und die hervorragenden Tagesgerichte sorgen für ein volles Haus.
Geschl. So–Mo DC, MC, V

CHINATOWN UND TELEGRAPH HILL

HOUSE OF NANKING
$$
919 KEARNY ST.
TEL. 415/421-1429
Hier gibt es nicht viel zu sehen und die Bedienung ist schnell und kurz angebunden, aber Sie bekommen hier viele Köstlichkeiten der Szechuan-Küche serviert: scharfe Suppen, noch schärferes, gedünstetes Gemüse und vieles mehr. Es ist so gut, dass Einheimische sogar ihre Freunde von außerhalb hierher bringen, um Ihnen zu zeigen, dass San Franciscos Chinatown noch immer einige hervorragende Lokale aufweisen kann.
45 MC, V

HENRY'S HUNAN
$
924 SANSOME ST.
(HÖHE BROADWAY)
TEL. 415/956-7727
674 SACRAMENTO ST.
(ZWISCHEN KEARNY ST. UND MONTGOMERY ST.)
TEL. 415/788-2234
Sehr sehr scharfe Gerichte – das ist es, was Sie in diesem sehr populären Lokal zu serviert bekommen und was charakteristisch für die Küche der Provinz Hunan ist. Liebhaber kommen hierher, um Platten mit gedünstetem Chili-Tofu und grätenlosem geschmortem Tilapia-Fisch zu essen.
AE, MC, V

LUCKY CREATION
$
854 WASHINGTON ST.
TEL. 415/989-0818
Glücklich kann sich der Vegetarier schätzen, der bei Chefkoch Kwok Lom speist. Probieren Sie die diversen fleischlosen »Fleischgerichte«

wie Gans, Schwein, Huhn – sie sind alle gut. Puristen halten sich an die Knödel aus Pilzen und Wurzeln oder den Brokkoli mit geräucherten Austern.
40 P Geschl. Mi
MC, V

PEARL CITY
$
641 JACKSON ST.
TEL. 415/398-8383
Wenn Sie in der Nähe des Jackson Square sein sollten, probieren Sie eines der stadtbesten Dim-sum-Lokale, das immer gut besucht ist. Zu empfehlen sind die mit Krebsfleisch gefüllten Frühlingsrollen und die Teigklöße mit Krabbenfleisch.
200 P MC, V

NOB HILL

DER BESONDERE TIPP

THE HUNTINGTON
Eines der besten Hotels in San Francisco und sein Geld wert. Die Angestellten sind hilfsbereit, die Zimmer groß, luxuriös und ruhig und die zusätzlichen Extras umfangreich. Das Spa hat ein großes Innenbecken und elegante Behandlungsräume. Das Restaurant Big Four kocht sehr gut.
1075 CALIFORNIA ST., 94108
TEL. 415/474-5400
FAX 415/474-6227
www.huntingtonhotel.com
135 P
Alle gängigen Kreditkarten

RITZ-CARLTON SAN FRANCISCO
$$$$$
600 STOCKTON ST., 94108
TEL. 415/296-7465
FAX 415/291-0288
www.ritzcarlton.com/hotels/san_francisco
Sehr teuer, aber in fast jeder Hinsicht eines der besten Hotels der Welt. Es besticht durch viel Pracht: Kronleuchter, Ölgemälde in Museumsqualität, Blumenbouquets und persönliche Betreuer. Die Angestellten sind hilfsbereit, ruhig und stilvoll. Der Dining Room (siehe unten) verdient ähnliche Kritiken.
336 P Service
Alle gängigen Kreditkarten

STANFORD COURT
E $$$$$
905 CALIFORNIA ST., 94108
TEL. 415/989-3500
FAX 415/391-0513
www.renaissancehotels.com/sfosc
Das Hotel liegt auf dem Gelände des Herrenhauses von Leland Stanford und nimmt seine historischen Wurzeln sehr ernst. Es hat eine elegante und große Lobby, hohe Decken und eine Kuppel mit Glasmalereien. Die Zimmer sind geschmackvoll eingerichtet; das Restaurant Fournou's Ovens serviert sehr gute Gerichte der amerikanischen Küche.
393 P Service
Alle gängigen Kreditkarten

FAIRMONT
$$$$-$$$$$
950 MASON ST., 94108
TEL. 415/772-5000
FAX 415/391-4833
www.fairmont.com
Unter allen Hotels in Nob Hill beschwört das Fairmont mit seiner Lobby und seinen geschwungenen Treppenaufgängen noch am ehesten das Goldene Zeitalter der Stadt herauf. Die Zimmer sind im Anbau etwas größer. Der völlig skurrile Tonga-Raum ist eine Besichtigung wert.
600 P Service
Alle gängigen Kreditkarten

MARK HOPKINS INTER-CONTINENTAL
$$$$-$$$$$
999 CALIFORNIA ST., 94108
TEL. 415/392-3434
FAX 415/421-3302
www.markhopkins.net
Gebaut von einem der großen vier Eisenbahn-Barone und wiederbelebt durch eine Finanzspritze der Inter-Continental-Gruppe, hat sich das Hotel viel von seiner Eleganz, dem Service und der Atmosphäre erhalten, die so typisch für das alte San Francisco waren. Die Lobby ist grandios und gut besucht, der Service höflich. Die Aussichten auf die Stadt von der Mark-Cocktailbar sind unschlagbar.
380 P
Alle gängigen Kreditkarten

NOB HILL LAMBOURNE
$$$
725 PINE ST., 94108
TEL. 415/433-2287
FAX 415/433-0975
Das Mittelklassehotel Lambourne verbindet die guten Qualitäten eines Geschäftshotels – E-mail, Fax und Computer – mit der Ausstattung einer Lodge samt Spa. So werden Körpermassagen und opulente Frühstücksbüffets angeboten. Die Betten sind sehr bequem. Rauchen ist nicht gestattet.
20 P Service
Alle gängigen Kreditkarten

RITZ-CARLTON DINING ROOM
$$$$$
600 STOCKTON ST.
TEL. 415/773-6168
www.ritzcarlton.com/hotels/san_francisco/dining
Die wunderbare und hoch gelobte »Nouvelle Cuisine« (große Auswahl an Trüffeln, Gänseleber) im Ritz-Carlton machen dieses Lokal zu einem der besten an der Westküste, wenn nicht sogar in ganz Kalifornien. Probieren Sie den heißen Wildpilzstrudel und den Jungvogel mit Salbei und *pancetta*. Exquisite Inneneinrichtung und ein perfekter Service.
75 P Service Geschl. So & Mo Alle gängigen Kreditkarten

ACQUERELLO
$$$$
1722 SACRAMENTO ST.
TEL. 415/567-5432
www.acquerello.com
Das Acquerello im Stile eines römischen Restaurants serviert gute und sehr moderne italienische Küche, darunter Gerichte mit so außergewöhnlicher Zusammensetzung wie Lachs mit Zitronen-Oregano-Öl, schwarzen Oliven und sizilianischem Salat. Probieren Sie unbedingt das hausgemachte Eis.
55 P Geschl. M & So–Mo Alle gängigen Kreditkarten

CHARLES NOB HILL
$$$
1250 JONES ST.
TEL. 415/771-5400
www.charlesnh.com
Hier werden Gerichte serviert, bei der klassisch-leichte kalifornische Gerichte mit traditionellem französischem Stil kombiniert werden. Beispiele sind Lamm in Pistazienkruste mit Curry-Risotto, Huhn mit Zitronengrass-Spinat und als neue Spezialität chinesische Fünf-Kräuter-Kartoffeln.
40 P Service Geschl. M & Mo Alle gängigen Kreditkarten

NORTH BEACH

HOTEL BOHEME
$$$
444 COLUMBUS AVE., 94133
TEL. 415/433-9111
FAX 415/362-6292
Das gut geführte altehrwürdige Hotel im Zentrum des historischen North Beach vermittelt Beat-Generation-Atmosphäre. Was Sie hier bei den Zimmerpreisen sparen, können Sie getrost in das Essen investieren, vielleicht im Rose Pistola auf der Columbus Avenue oder im Black Cat auf dem Broadway.
15 P Alle gängigen Kreditkarten

ENRICO'S
$$$
504 BROADWAY
(HÖHE KEARNY ST.)
TEL. 415/982-6223
www.enricossidewalkcafe.com
Der Schlüssel zum Erfolg des Enrico's ist die Verwendung perfekter Zutaten. Probieren Sie Hummer mit Fenchel und Erbsen auf Risotto, gedünsteten Chicorée in Rhabarber-Chutney oder hausgemachte Schweinesteaks mit sahniger Polenta. Gutes Preis-Leistungsverhältnis und nette, angenehme Atmosphäre.
110 P Service Alle gängigen Kreditkarten

DER BESONDERE TIPP

ROSE PISTOLA
Der Lieblingsitaliener des Autors in San Francisco. Im Rose Pistola werden leichte, aber geschmackvolle ligurische Gerichte serviert, u. a. den besten gegrillten Fisch der Stadt. Die Vorspeisen reichen von Garbanzo-Brot bis zu scharfen Oliven und Sarsone-Platten. Die pappa al pomodoro (Tomatenbrotsuppe) lässt Sie immer wieder zurückkehren.
$$$
532 COLUMBUS AVE.
TEL. 415/399-0499
FAX 415/474-6227
135 P Service Alle gängigen Kreditkarten

JIANNA
$$–$$$
1548 STOCKTON ST.
TEL. 415/398-0442
Die neue und moderne North-Beach-Küche zieht eine bunte Kundschaft an. Auf der Karte finden sich als Vorspeisen köstlicher Spargel, Ziegenkäse und viele Fisch- und Fleischgerichte.
P Service Alle gängigen Kreditkarten

MARIO'S BOHEMIAN CIGAR STORE
$
566 COLUMBUS AVE.
TEL. 415/362-0536
Das Mario's liegt direkt gegenüber vom Washington Square und ist ein klassisches italienisches Kaffeehaus. Die Foccacia-Sandwichs sind genauso gut wie der Cappuccino.
65 MC, V

MO'S GOURMET BURGERS
$
1322 GRANT AVE.
TEL. 415/788-3779
Die gleichnamigen Burger zählen zu den besten in San Francisco, gleiches gilt für Huhn und Steaks.
40 MC, V

PACIFIC HEIGHTS & JAPANTOWN

HOTEL DRISCO
$$$$
2901 PACIFIC AVE., 94115
TEL. 415/346-2880
FAX 415/567-5537
www.hoteldrisco.com
Das Hotel, das es schon seit 1903 gibt, liegt im Herzen von Pacific Heights: Die Blicke auf die Stadt, die Bucht und die Golden Gate Bridge sind grandios. Elegante Zimmer und Suiten, aber keine Parkmöglichkeiten.
48 Alle gängigen Kreditkarten

MAJESTIC
$$$-$$$$
1500 SUTTER ST., 94109
TEL. 415/441-1100
FAX 415/673-7331
www.thehotelmajestic.com
Das im edwardianischen Stil gebaute Majestic liegt in den Cathedral Heights, einem Viertel zwischen Japantown und Pacific Heights. Zwischen viktorianischen Gebäuden gelegen und im Stil des französischen Kaiserreiches eingerichtet, erinnert das Hotel an das alte San Francisco. Der Service entspricht dem einer Bed-and-Breakfast-Unterkunft.
57 P Alle gängigen Kreditkarten

LAUREL INN
$$$
444 PRESIDIO AVE., 94115
TEL. 415/567-8467
FAX 415/928-1866
www.thelaurelinn.com
Wohneinheiten mit Küchenzeile, kostenlose überdachte Parkplätzen und eine elegante, aber minimalistische Einrichtung machen aus dem Laurel Inn etwas ganz Besonderes. Das Hotel liegt am Rand von Pacific Heights. Zum Hotel gehört die schicke Cocktail Lounge G Bar.
49 Alle gängigen Kreditkarten

RADISSON MIYAKO
$$$
1625 POST ST., 94115
TEL. 415/922-3200
FAX 415/921-0417
www.miyakohotel.com
Ein idealer Kompromiss zwischen einer Bed-and-Breakfast-Unterkunft und der Mega-Hotel-Szene. Das mittelgroße Hotel hat Zimmer im japanischen Stil (jeweils mit eigenen Dampfbad) und Zimmern im traditionell europäischen Stil.
218 P Service Alle gängigen Kreditkarten

CAFÉ KATI
$$
1963 SUTTER ST.
TEL. 415/775-7313
www.cafekati.com
Die Gerichte dieses Lokals lassen sich weder der kalifornischen, noch der pazifischen oder asiatischen Küche eindeutig zuschreiben. Welche Küche auch immer es sein mag, die Leute kommen hierher wegen der weißen Zitronengrasbutter, des gebratenen Lachses mit gegrillten Champignons und der *Crème Brûlée*.
65 P Geschl. M & Mo AE, MC, V

MAKI
$$-$$$
1825 POST ST. (HÖHE WEBSTER ST.)
TEL. 415/921-5215
Das Maki ist ein Favorit bei den Liebhabern der ländlichen japanischen Küche. Probieren Sie die *wappa meshi* oder eine der Grillplatten.
17 P Geschl. Mo AE, MC, V

BETELNUT PEJIU WU
$$
2030 UNION ST.
TEL. 415/929-8855
Viele Gourmets sind der Ansicht, dass dieses Lokal das einzige in der Stadt ist, das gute asiatische Küche bietet. Beim Betelnut geht es sehr laut zu; es hat sich auf asiatische Garküchengerichte spezialisiert: Sardellen mit Chilis und Erdnüssen; saftige Zitronengras-Suppen und hervorragende Nudeln und Entengerichte.
138 P DC, MC, V

ISOBUNE SUSHI
$$
1737 POST ST., JAPAN CENTER
TEL. 415/563-1030
Ein »Fun-Restaurant«, in dem kleine Holzboote in einem winzigen künstlichen Bach verschiedene rohe Fischdelikatessen zu den Tischen transportieren. Schneller Service. Wenn es am späten Nachmittag ruhiger wird, serviert der Chefkoch persönlich die Hausspezialitäten.
33 P MC, V

JUBAN
$$
1581 WEBSTER ST.
TEL. 415/776-5822
Dieses japanische Grillrestaurant ist dafür bekannt, dass die Gäste sich ihr herrliches Kobe-Steak selbst am Tisch braten.
128 P AE, MC, V

HAFENVIERTEL

ARGONAUT HOTEL
$$$$
495 JEFFERSON ST., 94109
TEL. 415/563-0800
FAX 415/563-2800
www.argonauthotel.com
Das Hotel im alten Backstein-Kaufhaus Del Monte ist im nautischen Stil eingerichtet, entsprechend fehlt es nicht an Bullaugenfenstern und blauen Teppichböden in den Zimmern. Ruhige Lage an der Fisherman's Wharf.
252 P Service

HARBOR COURT
$$$$
165 STEUART ST., 94105
TEL. 415/882-1300
FAX 415/882-1313
www.harborcourthotel.com
Ein mittelpreisiges Hotel für Geschäftsreisende mit Dienstleistungen wie freiem Fahrerservice im Viertel, einem Fitnessclub und einem Schwimmbad mit Sauna. Die Zimmer sind angenehm und von mittlerer Größe.
131 P Alle gängigen Kreditkarten

MANDARIN ORIENTAL
$$$$
222 SANSOME ST., 94104
TEL. 415/276-9888
FAX 415/433-0289
www.mandarinoriental.com
Das Mandarin thront in den obersten elf Stockwerken der First Interstate Bank und bietet einen schönen Blick über die gesamte Stadt. Das Hotel wurde von vielen Geschäftsreisenden für seinen Komfort und Service gelobt.
158 P Alle gängigen Kreditkarten

PARK HYATT AT EMBARCADERO
$$$$
333 BATTERY ST., 94111
TEL. 415/392-1234
FAX 415/421-2433
www.parkhyatt.com
Ein weiteres Hotel der bekannten Kette mit geräumigen Zimmern, einer kompetenten Rezeption und einer Vielzahl von Serviceleistungen für Geschäftsreisende.
360 P Service Alle gängigen Kreditkarten

HOTEL GRIFFON
$$$–$$$$
155 STEUART ST., 94105
TEL. 415/495-2100
FAX 415/495-3522
www.hotelgriffon.com
Dieses Hotel ist ideal für Leute, die weder den Zimmerservice eines großen Hotels noch Bed-and-Breakfast benötigen.
62
Alle gängigen Kreditkarten

TUSCAN INN
$$$
425 NORTH POINT ST., 94133
TEL. 415/561-1100
FAX 415/561-1199
www.tuscaninn.com
Lassen Sie sich nicht vom einfachen Äußeren abschrecken. Innen bietet das Hotel viel Charme mit modernen Zimmern im italienischen Stil, kostenlosen Weinen und Nachmittagstee. Zimmerservice erfolgt durch das benachbarte Café Pescatore.
221 Service
Alle gängigen Kreditkarten

RESTAURANT GARY DANKO
$$$$$
800 NORTH POINT ST.
TEL. 415/749-2060
www.garydanko.com
Kalifornisch-französische Küche und frische Zutaten machen aus dem Gary eines der besten Adressen der Stadt. Auf der Karte finden sich Lachs mit Meerrettichkruste und Dillgurken, Zitronenhühnchenbrust mit Entenhaschee und Rhabarberkompott.
65 Service Alle gängigen Kreditkarten

BOULEVARD
$$$$
1 MISSION ST., EMBARCADERO
TEL. 415/543-6084
www.boulevardrestaurant.com
Das Boulevard besticht durch eine wunderschöne Inneneinrichtung und unvergessliche Ausblicke auf die Bucht. Es gilt als eine der besten Brasserien der Stadt. Mittags sollten Sie den Tagesfisch, insbesondere dann, wenn es sich um den gegrillten Seebarsch handelt, bestellen. Allein die Vorspeisen lohnen einen Abstecher: der Kartoffelkuchen Napoleon ist lecker und kunstvoll zubereitet.
150 Geschl. Sa & So M Alle gängigen Kreditkarten

DER BESONDERE TIPP

GREENS

Es gilt als das Mekka des modernen Vegetariers und als eines der besten seiner Art in der Bay-Region. Chefköchin Annie Somerville hat das Greens zu einem der beliebtesten Lokale mit neuer vegetarischer Küche gemacht. Beispiele sind die Pfannkuchen mit Mais, Tomaten, Crème Fraîche und Tomatensauce; Melone und Feigen mit Ziegenkäse und Vinaigrette sowie die Desserts wie Kirschkuchen mit Honigeiscreme. Wenn Sie nicht länger verweilen wollen, nehmen Sie sich ein Brötchen oder Sandwich mit. Fantastische Ausblicke auf die Hafenfront.
$$$
BLDG. A, FORT MASON, OFF MARINA BLVD.
TEL. 415/771-6222
200 Geschl. So A & Mo M MC, V

IL FORNAIO
$$$
1265 BATTERY ST.
TEL. 415/986-0100
Italienische Ofengerichte, exzellente Pizzen, gut zubereitete Nudelgerichte und gegrillte Fleischgerichte. Probieren Sie auch die leckeren Nachspeisen.
148 Service Alle gängigen Kreditkarten

THE SLANTED DOOR
$$$
FERRY BLDG., MARKET ST. BEIM EMBARCADERO
TEL. 415/861-8032
www.slanteddoor.com
Chefkoch Charles Phan kocht scharfe vietnamesische Küche. Dazu gehören Gerichte wie »shaking beef« (frittiertes Filet Mignon mit Knoblauch – unwiderstehlich gut), pfeffrige chinesische Tintenfische mit Senfkörnern und ein im Lehmtopf in einer Karamellsauce gekochtes Huhn auf den Tisch.
150 Service
AE, MC, V

PIPERADE
$$$
1015 BATTERY ST.
TEL. 415/391-2555
www.piperade.com
Gerald Hirigoyens baskische Gerichte werden zwischen Weinfässern und glänzenden Stoffen serviert. Probieren Sie den Eintopf mit Meeresfrüchten und die Muscheln in einer roten Pfeffersauce. Auch der Lammbraten oder das Kalbsbries mit Madeira sind ein Gedicht.
60 Geschl. Sa M & So
Alle gängigen Kreditkarten

BEACH CHALET
$$
1000 GREAT HWY.
TEL. 415/386-8439
www.beachchalet.com
Nach einem Spaziergang entlang des landschaftlich schönen Ocean Beach bietet sich das renovierte historische Lokal für einen Abstecher an – sei es für ein Bier oder eine kleine Mahlzeit. Es geht hier relativ laut zu, was aber dem Ambiente keinen Abbruch tut, denn der Ausblick ist unvergesslich! Im angeschlossenen Park Chalet ist man am Feuer.
140 MC, V

BAY AREA

EAST BAY AREA

BENICIA

JEFFERSON STREET MANSION
$$
1063 JEFFERSON ST.
TEL. 707/746-0684
www.claremontresort.com
Hier muss man auf alle Fälle reservieren. Warum? Das

Hotel Restaurant Zimmer Sitzplätze Parkplätze Geschlossen Lift

Jefferson zählt zu den drei besten B&Bs in den USA.
6 P Alle gängigen Kreditkarten

BERKELEY

CLAREMONT RESORT
$$
41 TUNNEL RD., 94623
TEL. 510/843-3000
www.claremontresort.com
Das elegante und luxuriöse Hotel in einem großen weißen Schloss bietet fantastische Ausblicke auf die Bucht. Ursprünglich erbaut Anfang des 20. Jahrhunderts, wurde das Hotel durch die Restaurierung zu einem der besten Hotels in der Bay Area. Sein Restaurant Jordan's rundet diesen Eindruck noch ab.
239 P Alle gängigen Kreditkarten

BANCROFT HOTEL
$$
2680 BANCROFT WAY, 94704
TEL. 510/549-1000
www.bancrofthotel.com
Das historische Hotel, das ursprünglich als Frauenclub Anfang 1920 gebaut wurde, hat nur 22 Zimmer und entsprechenden Charme und Eleganz. Gutes Preis-Leistungsverhältnis.
22 P Alle gängigen Kreditkarten

DER BESONDERE TIPP

CHEZ PANISSE
Gilt als das Mekka moderner kalifornischer Küche. Seit 30 Jahren bietet das Chez Panisse beste Küche. Es ist legendär für seinen Perfektionismus und die Verwendung frischester Zutaten. Die Enten kommen aus dem Sonoma-Gebiet, die Meyer-Zitronen aus Ventura, das Lamm und das Olivenöl aus dem San Joaquin Valley.
$$$$
1517 SHATTUCK AVE.
TEL. 510/548-5525
50 Geschl. So Alle gängigen Kreditkarten

CAFÉ ROUGE
$$$
1782 4TH ST.
TEL. 510/525-1440
Lebhafte Atmosphäre und eine gut frequentierte Bar empfangen den Besucher in diesem Lokal auf der wiedererweckten 4th Street. Im Café Rouge gibt es große Steaks, Austern und andere Bistrogerichte. Freundlicher Service.
85 P Geschl. Mo A AE, MC, V

JORDAN'S AT THE CLAREMONT
$$$
41 TUNNEL RD.
TEL. 510/843-3000
Herrliche Ausblicke und ein sehr guter Service lohnen einen Besuch dieses Restaurants am Abend – Sie können sich auch das Hotel ansehen, es lohnt einen Blick. Die New American Cuisine ist sowohl angenehm fürs Auge als auch reichlich (in Umfang und Geschmack).
175 P Alle gängigen Kreditkarten

BETTE'S OCEANVIEW DINER
$
1807 4TH ST.
TEL. 510/644-3230
Die klassische 1950er-Jahre-Atmosphäre einschließlich Jukebox sind zwei der Gründe für die Beliebtheit des Restaurants. Während des Frühstücks müssen Sie sich anstellen für hausgemachtes Rinderhaschee und Rührei, Pfannkuchensoufflé oder sogar Käseomelett. Wenn Sie es nicht abwarten können, gehen Sie einfach um die Ecke zur Bäckerei und gönnen Sie sich ein paar hervorragende Muffins.
50 P Geschl. A MC, V

OAKLAND

WATERFRONT PLAZA
$$$
10 WASHINGTON ST., 94607
TEL. 510/836-3800
www.waterfrontplaza.com
Gut ausgestattetes modernes Hotel mit sehr geräumigen, hellen Gästeapartments, einige davon mit offenem Kamin, viele mit wundervollen Ausblicken über die Bucht.
154 P Service Alle gängigen Kreditkarten

JACK LONDON INN
$-$$
444 EMBARCADERO W., JACK LONDON SQ., 94607
TEL. 510/444-2032
www.jacklondoninn.com
Ein winziges Gasthaus mitten im Zentrum neben dem Yoshi's (siehe weiter unten). Freundliche Angestellte kümmern sich um die gemütlichen Zimmer.
110 P Alle gängigen Kreditkarten

BAY WOLF
$$$$
3853 PIEDMONT AVE.
TEL. 510/655-6004
Seit 20 Jahren serviert das Bay Wol (ein geschmackvoll umgebautes Wohnhaus) gute mediterrane Küche. Probieren Sie die länderspezifischen Spezialgerichte.
80–90 P Geschl. Sa M & So M AE, MC, V

CITRON
$$$
5484 COLLEGE AVE.
TEL. 510/653-5484
Ein freundliches Bistro mit gutem Service und leckeren, sättigenden Gerichten. Probieren Sie das geröstete Huhn mit Kichererbsen, weißen Rüben und Erbsenschösslingen oder die kunstvoll angerichteten Salate wie Kopf- und Selleriesalat mit Schinken und Apfelscheiben.
68 Geschl. M Alle gängigen Kreditkarten

MILANO'S
$$–$$$
3425 GRAND AVE.
TEL. 510/763-0300
Hierher kommen die Einheimischen, um kalifornisch-mediter-

rane Gerichte mit einer ungewöhnlichen Note zu genießen. Rote Backsteinwände und viel moderne Kunst schaffen ein glanzvolles Ambiente. Zu den Spezialitäten zählen Cioppino (eine Meeresfrüchtesuppe), Risottos und Holzofenpizzen. Köstlich sind auch die gegrillten Garnelen, die mit Provelone (Käse) gefüllt und in Spinatblätter und Pancetta (Bauchspeck) gewickelt sind.
120 P Geschl. Sa & So M Alle gängigen Kreditkarten

YOSHI'S
$$–$$$
510 EMBARCADERO WEST
TEL. 510/238-9200
Die beste Jazz-Adresse der Bay Area ist ein Top-Restaurant mit einer klassischen modernen Einrichtung. Setzen Sie sich auf die traditionellen Tatamis, um frische Sushis und andere japanische Klassiker zu genießen. Anschließend beginnt die Show.
330 P Alle gängigen Kreditkarten

NAN YANG
$$
6048 COLLEGE AVE.
TEL. 510/655-3298
Nan Young ist das richtige Lokal, um hervorragende chinesische Küche mit exzellenten Zutaten zu genießen. Ein Muss sind die Spinatnudeln mit Knoblauchtomaten und Kurkuma. Die Salate sind ebenfalls sehr gut.
20 P Geschl. Mo MC, V

LE CHEVAL
$$
1007 CLAY ST.
TEL. 510/763-8957
Die hervorragend zubereiteten französisch-vietnamesischen Gerichte werden in einem lebhaften einfachen Lokal serviert. Und das zu günstigen Preisen! Probieren Sie die unglaublich guten Singapur-Nudeln oder die Garnelen in vietnamesischer Currysauce. Den Abschluss bildet ein geeister vietnamesischer Kaffee.
385 P Service W Alle gängigen Kreditkarten

WALNUT CREEK

LARK CREEK CAFÉ
$$$
1360 LOCUST ST.
TEL. 925/256-1234
Bei einem Besuch der East Bay sollten Sie nicht das Lark Creek Café auslassen. Hier dominiert amerikanische Küche – der gegrillte Lachs mit Maisbrot ist besonders beliebt.
125 P AE, MC, V

HAVANA
$$
1516 BONANZA ST.
TEL. 925/939-4555
Das lebhafte kubanische Restaurant serviert herzhafte leckere Gerichte, darunter auch ein Mango-Gazpacho, Krebskuchen auf Havanna-Art mit Ananas-Knoblauch-Sauce. Lecker ist auch das mit Knoblauch gespickte Schwein mit Mojo-Sauce, pürrierten Yuccas und schwarzen Bohnen. Die Latino-Rhythmen sorgen für die richtige Stimmung, um sich ein paar Killer-Mojitos oder kubanische Cocktails zu genehmigen.
100 Geschl. Sa und So M Alle gängigen Kreditkarten

NORTH BAY

INVERNESS

MANKA'S INVERNESS LODGE
$$$$
ARGYLE ST. & CALLANDER ST.
TEL. 415/669-1034
www.mankas.com
Im ländlichen Restaurant mit romantischer Atmosphäre und Blick auf die Tomales Bay serviert Chefkoch Benjamin Grade amerikanische Küche. Auf den Tisch kommen über Holzfeuer gebratene Wildspezialitäten.
14 80 P Geschl. Feb.–März Mo–Fr A AE, MC, V

LARKSPUR

DER BESONDERE TIPP

LARK CREEK INN
Das kleine gelb-weiß gestrichene Lokal, ist immer noch eines der besten Lokale in der Bay Area. Vielleicht liegt es an der Lage (zwischen Redwood-Bäumen) oder an den Angestellten, mit Sicherheit aber am Essen: Yankee-Schmorfleisch mit Ravioli, letztere mit Mangold und Schinken gefüllt; im Ofen geröstete Dungeness-Krebse mit Limonenbutter oder Steak auf Endivie.
$$$$
234 MAGNOLIA AVE.
TEL. 415/924-7766
www.larkcreek.com
185 P Geschl. Sa M Alle gängigen Kreditkarten

MILL VALLEY

BUCKEYE ROADHOUSE
$$$
15 SHORELINE HWY.
TEL. 415/331-2600
Hier halten die Gourmets der Stadt ihre Parties ab! Das Roadhouse serviert herzhafte, gut gewürzte und einwandfreie Gerichte der New American Cuisine. Die Bar, an der Sie das so genannte Oysters Bingo essen können, ist meistens gut besucht.
40 P MC, V

FRANTOIO
$$$
152 SHORELINE HWY.
TEL. 415/289-5777
Irgendjemand hat die Gerichte von Chefkoch Giovanni Perticone »italienisches Soul-Essen« genannt – eine treffende Beschreibung. Auf den Tisch kommen gebratene Muscheln in Thymian-Tomaten-Brühe oder Risotto mit Champignons und hausgemachter Gänseleber.
196 P Geschl. M & Mo Alle gängigen Kreditkarten

POINT REYES

FERRANDO'S HIDEAWAY
$$-$$$
31 CYPRESS RD., POINT REYES STATION, 94956
TEL. 415/663-1966
www.ferrando.com
Das Hotel liegt inmitten haushoher Pinien an der Küste und hat gemütliche Zimmer und Gärten.
6 P MC, V

SAN RAFAEL

GERSTLE PARK INN
$$$
34 GROVE ST., 94901
TEL. 415/721-7611
www.gerstleparkinn.com
Das Gasthaus war eines der ersten Gebäude in dieser Gegend und liegt inmitten herrlicher Gärten und einem Hain aus Redwood-Bäumen. Die Suiten sind mit schönen Stoffen und Antiquitäten möbliert.
12 P AE, MC, V

INDIA VILLAGE
$
555 E. FRANCISCO BLVD.
TEL. 415/456-2411
Einer der besten Inder in der Bay Area. Auf den Tisch kommen hervorragend zubereitete Klassiker wie zesty, saftige Tandoori-Garnelen und fettarmes chicken tikka masala.
85 P Geschl. So M AE, DC

SAUSALITO

INN ABOVE THE TIDE
$$$-$$$$
30 EL PORTAL, 94965
TEL. 415/332-9535
www.innabovethetide.com
Sausalito ist entspannend und ruhig. Das gilt auch für das im Hafenviertel gelegene Hotel, das den Charme eines B&B hat, aber die professionellen Dienstleistungen eines Hotels (Massage, Hausmeister, Tageszeitung) anbietet.
30 P Alle gängigen Kreditkarten

POGGIO
$$$$
CASA MADRONA HOTEL, 801 BRIDGEWAY BLVD.
TEL. 415/332-7771
Von den Fenstern dieses wiederbelebten amerikanischen Lokals haben Sie die weitesten Panoramablicke auf die Bucht. In der klassischen italienischen Trattoria serviert Chefkoch Chris Fernandez über Holz gebratene Muscheln mit Safran-Tomaten-Sauce, Taschenkrebs mit gebuttertem Spinat und pochierten Kartoffeln mit Zitronen-Kapern-Sauce.
120 P Service Alle gängigen Kreditkarten

CHRISTOPHE
$$
1919 BRIDGEWAY BLVD.
TEL. 415/332-9244
Pure Romantik in einem wunderschönen alten Haus, das mit Jugendstilmöbeln eingerichtet ist. Hier wird französische Küche zu erschwinglichen Preisen serviert. Wer früh kommt, kann günstiger essen.
35 P Geschl. Sa–Mo M & Mo A MC, V

SOUTH BAY

PALO ALTO

VICTORIAN ON LYTTON
$$$
555 LYTTON AVE., 94301
TEL. 650/322-8555
www.victorianonlytton.com
Große, helle Zimmer mit unspektakulärer Möblierung; auf Wunsch großes Frühstück.
10 P Alle gängigen Kreditkarten

ELBE
$$
117 UNIVERSITY AVE.
TEL. 650/321-3319
Hier wird deutsche Küche serviert. Wildschweingulasch und Wiener Schnitzel gehören zu den Favoriten.
75 Geschl. Sa M & So M AE, DC

EMPIRE GRILL & TAP ROOM
$$
651 EMERSON ST.
TEL. 650/321-3030
Unspektakulär und praktisch wie es ist, serviert das Empire einfache amerikanische Gerichte zu erschwinglichen Preisen und ist gleichermaßen bei Professoren und Studenten der Stanford Universität beliebt. Die Burger werden aus allerbestem Rindfleisch hergestellt.
150 P Alle gängigen Kreditkarten

SAN JOSE

FAIRMONT HOTEL
$$$$
170 S. MARKET ST., 95113
TEL. 408/998-1900
www.fairmont.com
Wenn Sie den luxuriösen Service im San Francisco Fairmont mochten, dann werden Sie auch diese San-Jose-Version des Hotels mögen.
551 P Service Alle gängigen Kreditkarten

HOTEL DE ANZA
$$$
233 W. SANTA CLARA ST., 95113
TEL. 408/286-1000
www.hoteldeanza.com
Wer geschäftlich im Silicon Valley ist, sollte hier einmal einkehren. Die Atmosphäre ist entspannt, die Art-déco-Möbel sind schön und für ausreichend Kommunikationstechnologie ist auch gesorgt.
100 P Service Alle gängigen Kreditkarten

EMILE'S
$$$
545 SOUTH 2ND ST.
TEL. 408/289-1960
Chefkoch Emile Mooser hat sich auf die Verfeinerung klassischer italienischer Rezepte spezialisiert: *Osso Buco, Rosmarin-Lamm* und Kuchen.
180 P Service Geschl. M & So–Mo Alle gängigen Kreditkarten

Klimaanlage Hallenbad Schwimmbad Fitnessclub Kreditkarten

SARATOGA

RESTAURANT GERVAIS
$$$
14560 BIG BASIN WAY
TEL. 408/867-7017
Ein mit Holz beheizter Kamin sorgt für eine warme Atmosphäre, gekocht werden moderne europäische Gerichte wie Lammkoteletts mit Morchelrisotto und karamellisierten Schalotten. Den Abschluss bildet ein Eis.
75 & 20 draußen
Service Geschl. M & So–Mo Alle gängigen Kreditkarten

WEST BAY

BURLINGAME

KULETO'S TRATTORIA
$$$
1095 ROLLINS RD., BURLINGAME
TEL. 650/342-4922
Die Trattoria von Restaurateur und Designer Pat Kuleto (Boulevard, Jardinière, Farallon) ist jeden Abend voll besetzt mit Liebhabern seiner köstlichen Pizzen, den Gemüse-Knoblauch-Combos und den gerösteten Fischgerichten. Die Weinkarte ist auch nicht zu verachten.
250 Geschl. Sa M & So M Alle gängigen Kreditkarten

HALF MOON BAY

ZABALLA HOUSE
$$
324 MAIN ST., 94019
TEL. 650/726-9123
www.zaballahouse.net
Fast gänzlich umgeben von üppigen Pflanzen und Blumen, liegt das umgewandelte Farmhaus in einer kleinen friedlichen Stadt an der Küste.
23 AE, MC, V

PRINCETON-BY-THE-SEA

PILLAR POINT INN
$$$
380 CAPISTRANO RD., 94018
TEL. 650/728-7377
www.pillar-point.com
Hier können Sie die Ruhe und das Klima des Pazifiks genießen. Das Pillar Point zählt zu den besten und luxuriösesten B&Bs an der Küste. Alle Zimmer haben offenen Kamin, Federkernmatratzen und eine Menge romantischer Extras.
11 AE, MC, V

BARBARA'S FISH TRAP
$
282 CAPISTRANO RD.
TEL. 650/7287049
Direkt am Pier gelegen und ideal für eine schnelle Zwischenmahlzeit.
38 Keine Kreditkarten

WOODSIDE

BELLA VISTA
$$$
13451 SKYLINE BLVD., WOODSIDE
TEL. 650/851-1229
Dieses kleine ländliche Lokal direkt an der Calif. 84 serviert gute französisch-italienische Küche.
180 Geschl. M & So–Mo Alle gängigen Kreditkarten

WINE COUNTRY

Das Wine Country verfügt über so viele Gasthäuser, Hotels und B&Bs, dass viele Besucher ihre Reservierungen über Buchungsstellen abwickeln. Dies ist insbesondere während der Hauptreisezeit (spätes Frühjahr bis Herbst) zu empfehlen: Einheimische Fachkräfte helfen Ihnen dann gegen eine kleine Gebühr, aus der Vielzahl der angebotenen Unterkünfte das Richtige zu finden. Zu den Büros zählen: Bed & Breakfast Inns of Napa (Tel. 800/251-6272, www.napavalleyreservations.com); Napa Valley Reservations Unlimited (Tel. 800/251-6272, www.napavalleyreservations.com) und Wine Country Concierge (Tel. 707/252-4472, www.winecountryconcierge.com).

NAPA VALLEY

CALISTOGA

MOUNT VIEW HOTEL
$$$
1457 LINCOLN AVE., 94515
TEL. 707/942-6877
www.mountviewhotel.com
Das Mount View ist ein Ort, an dem Sie sich verwöhnen lassen können. Die Zimmer in diesem historischen Gebäude sind groß, gemütlich und geschmackvoll eingerichtet. Im beliebten Restaurant Catahoula wird »Southern Calistoga American Cuisine« serviert, eine Mischung aus kalifornischer und Cajun-Küche.
32 AE, MC, V

DR. WILKINSON'S HOT SPRINGS RESORT
$$–$$$
1507 LINCOLN AVE., 94515
TEL. 707/942-4102
www.drwilkinson.com
Ein wundervolles Motel im Stil der 1950er Jahre, das eigene warme Quellen, Schlammbäder in Vulkanasche und ausgiebige Wellness-Möglichkeiten anbietet. Spezialangebote nur unter der Woche.
42 Zimmer, 17 Cottages AE, MC, V

BRANNAN'S
$$$
1374 LINCOLN AVE.
TEL. 707/942-2233
Leckere und großzügige Portionen. Probieren Sie die in Ingwerhonig gedünsteten Rippensteaks mit Kürbisrisotto.
190 Alle gängigen Kreditkarten

NAPA

OAK KNOLL INN
$$$$$
220 E. OAK KNOLL AVE., 94558
TEL. 707/255-2200
www.oakknollinn.com

Riesige und grandiose Zimmer mit Gewölbe, Messingbetten, offenem Kamin und Marmorbadezimmern. Das Frühstück ist herzhaft und lässt die Herzen von Gourmets höher schlagen.
4 MC, V

SILVERADO RESORT
$$$$$
1600 ATLAS PEAK ROAD, 94558
TEL. 707/257-0200
www.silveradoresort.com
Im 486 Hektar großen Grundstück steht ein von weißen Säulen getragenes Herrenhaus, das die Eleganz vergangener Tage mit Kultiviertheit verbindet. Einfach möblierte Cottages gruppieren sich um Swimmingpools und stehen an den Fairways des renommierten Golfplatzes. Das Restaurant Royal Oak serviert gegrillte Prime Steaks und frische Meeresfrüchte.
280 Alle gängigen Kreditkarten

LA BOUCANE
$$-$$$
1778 2ND ST.
TEL. 707/253-1177
Das Restaurant befindet sich in einem tadellos restaurierten viktorianischen Gebäude und serviert mittelpreisige, gute französische Küche in einer einladenden und eleganten Atmosphäre.
58 Geschl. M & So MC, VSun. MC, V

MUSTARDS GRILL
$$-$$$
7399 ST. HELENA HWY.
TEL. 707/944-2424
www.mustardsgrill.com
Das Mustards gilt als die Wiege der »Napa California Cuisine« und serviert seit 24 Jahren herzhafte Gerichte wie die beliebte geräucherte Peking-Ente, Rippchen mit Maispüree und Hamburger.
60 DC, MC, V

RUTHERFORD

DER BESONDERE TIPP

MEADOWOOD
Vermutlich Kaliforniens luxuriösestes Hotel, inmitten von Redwood- und Fichtenhainen gelegen. Eine Übernachtung in Meadowood gehört zu den Ereignissen, die man so leicht nicht wieder vergisst. Abgesehen von seinen großen Gästehäusern bietet es den Gästen ein Wellness-Center, Tennisplätze, einen Golfplatz und sogar einen professionellen Krocket-Platz. Das Restaurant wird als eines der zehn besten des Bundesstaates gehandelt.
$$$$$
900 MEADOWOOD LN., 94574
TEL. 707/963-3646
www.meadowood.com
100 Alle gängigen Kreditkarten

AUBERGE DU SOLEIL
$$-$$$$
180 RUTHERFORD HILL RD., 94573
TEL. 707/963-1211
www.aubergedusoleil.com
Das elegante und mit vielen Blumen geschmückte Hotel gleicht einem Landgut und bietet provenzalische Küche mit Ausblick auf weitläufige Olivenhaine.
52 Alle gängigen Kreditkarten

ST. HELENA

WINE COUNTRY INN
$$$
1152 LODI LN., 94574
TEL. 707/963-7077
www.winecountryinn.com
Das Hotel liegt auf einem Hügel und versetzt den Besucher mit seinem alten Steinturm in die Atmosphäre eines Romans von Robert Louis Stevenson.
24 & 5 Cottages Geschl. 3 Wochen im Jan. MC, V

EL BONITA MOTEL
$$-$$$
195 MAIN ST., 94574
TEL. 707/963-3216
www.elbonita.com
Das Motel stellt eine preiswerte Alternative für diejenigen dar, die Ihr Geld lieber für Wein als für ein luxuriöses Apartment ausgeben wollen. Beim El Bonita handelt es sich um ein gut geführtes altes Motel, von dem aus viele Weingüter zu Fuß erreichbar sind.
41 Alle gängigen Kreditkarten

TRA VIGNE
$$$
1050 CHARTER OAK AVE.
TEL. 707/963-4444
Hier finden Sie ein Ambiente und eine Küche vor, die Sie sonst nur in einen der besseren toskanischen Restaurants Italiens finden würden: viele frische Zutaten, Fisch, Suppen und hauchdünnes Brot. Die Weinkarte ist Weltklasse.
65 DC, MC, V

WINE SPECTATOR GREYSTONE
$$$
2555 MAIN ST.
TEL. 707/967-1010
Ein absolutes Muss, sowohl im Hinblick auf das Essen als auch auf den Wein. Das Restaurant befindet sich im alten Weingut der Brüder Christian, in einer Art Weinkeller des alten Herrenhauses. Hier zu essen kommt dem Tafeln in einem Schloss gleich. Probieren Sie seine pochierten Birnen! Es gibt auch Aperitifs, die fast ausschließlich im Valley hergestellt sind.
125 Service Alle gängigen Kreditkarten

YOUNTVILLE

YOUNTVILLE INN
$$$-$$$$
6462 WASHINGTON ST., 94599
TEL 707/944-5600 oder 800/972-2293
www.yountvilleinn.com

Ein ländliches Gasthaus, nur wenige Minuten von vielen guten Restaurants im Valley entfernt. Das Gasthaus bietet einige luxuriöse Annehmlichkeiten und eigene Patios.
51 Alle gängigen Kreditkarten

DER BESONDERE TIPP

FRENCH LAUNDRY

Das Restaurant wurde vor einigen Jahren von einem besonders wählerischen Kritiker der New York Times zum besten Restaurant der USA gekürt. Das hat dazu geführt, dass Sie bereits zwei Monate, bevor Sie dort essen gehen wollen, reservieren müssen (10–19 Uhr; es werden keine Ausnahmen gemacht). Feinschmecker nehmen diese Unannehmlichkeit gerne in Kauf. Für den Genuss des Festpreismenüs (etwa 80 $) sollten sie einen ganzen Nachmittag bzw. Abend einplanen. Die kalifornisch-französische Küche bietet Vorspeisen wie gebratenes Kaninchen auf Kürbisrisotto und weiße Trüffelsauce. Wenn Sie nicht zwei Monate vorher reservieren können, aber trotzdem die Gerichte von Chefkoch Thomas Keller probieren wollen, gehen sie einfach in das nahe gelegene und ebenso gelobte Lokal Le Bouchon (Tel. 707/944-8037), das eine Auswahl der Gerichte des French Laundry anbietet.
$$$$
6640 WASHINGTON ST.
TEL. 707/944-2380
www.frenchlaundry.com
62 Service
Geschl. Mo–Do M
AE, MC, V

BISTRO JEANTY

$$$
6510 WASHINGTON ST.
TEL. 707/944-0103
Phillippe Jeanty, der hiesige Chefkoch, hat bereits viele gute Kritiken für seine neuen Kreationen guter Bistrogerichte erhalten. Besonders beliebt sind Kaninchen und Ragout.
50 MC, V

SONOMA VALLEY

BOYES HOT SPRINGS

FAIRMONT SONOMA MISSION INN & SPA

$$$-$$$$
18140 CALIF. 12, 95416
TEL. 707/938-9000
www.fairmont.com/sonoma
Ein aufstrebendes, modernes Hotel im Missionsstil mit viel gelobtem Sap und gemütlichen und geschmackvoll eingerichteten Zimmern. Das Haus ist eine gute Ausgangsbasis für Besichtigungen im Sonoma Valley. Rauchen ist nicht gestattet.
198 Alle gängigen Kreditkarten

GLEN ELLEN

GAIGE HOUSE INN

$$$$
13540 ARNOLD DR., 95442
TEL. 707/935-0237
www.gaige.com
Ein Inn der gehobenen Klasse mit gutem Service und Liebe zum Detail. Von hier aus lassen sich die umliegenden Weingüter und der Jack London State Historic Park besuchen.
14 & 4 Cottages AE, MC, V

BELTANE RANCH

$$$-$$$$
11775 SONOMA HWY., 95442
TEL. 707/996-6501
www.beltaneranch.com
Dies ist der geeignete Ort für all diejenigen, die »zurück zur Natur« wollen. Bei der Beltane Farm handelt es sich um eine noch arbeitende Rinderfarm mit Weinbau. Das Anwesen steht auf einem Gelände mit vielen Wanderwegen, die von Eichen gesäumt werden. Die Farm gehört einer Familie, die vor allem während der langen Siestas auf der alten umlaufenden Terrasse eine wunderbare Atmosphäre verbreitet. Rauchen ist hier nicht gestattet.
5 + 1 Cottage
Keine Kreditkarten

HEALDSBURG

MADRONA MANOR

$$$-$$$$
1001 WESTSIDE RD. (NAHE MILL ST.), 95448
TEL. 707/433-4231
www.madronamanor.com
Das dreistöckige Herrenhaus aus dem späten 19. Jh. steht auf einem 3,2 Hektar großen, mit Bäumen und Blumen bewachsenen Gelände. Die meisten Gäste bevorzugen die Zimmer im Haupthaus, da hier auch das Restaurant untergebracht ist.
23 AE, MC, V

BISTRO RALPH

$$$
109 PLAZA ST. (BEI DER HEALDSBURG AVE.)
TEL. 707/433-1380
Ein weiteres aufstrebendes kalifornisches Bistro mit Gerichten, die eine asiatische Note tragen. Probieren Sie als Vorspeise gepfefferte Shrimps.
50 MC, Visa

KENWOOD

KENWOOD RESTAURANT

$$-$$$
9900 CALIF. 12
TEL. 707/833-6326
Durch seine Lage mitten im Valley zieht das Restaurant viele Einheimische an. Das Lokal überzeugt durch die Verwendung lokaler Zutaten und spektakuläre Ausblicke.
150 Geschl. Mo–Di MC, V

SANTA ROSA

LOS ROBLES LODGE

$$-$$$
1985 CLEVELAND ST., 95401
TEL. 707/545-6330
www.losrobleslodge.com
Das Los Robles ist mehr ein Motel mit allem Service als eine Lodge, aber was soll's? Es ist sein Geld wert und liegt inmitten einer herrlichen Landschaft. Außer einem eigenen Restaurant gibt es auch einen

Coffee Shop, ein Schwimmbad und sogar einen Nachtclub! Ein guter Zwischenstopp auf dem Weg ins Valley.
104 | Alle gängigen Kreditkarten

SONOMA

EL DORADO
$$-$$$
405 1ST ST. W., 95476
TEL. 707/996-3030
RESTAURANT: TEL. 707/996-2351
www.hoteleldorado.com
Das tadellose Hotel bietet Ausblick auf die Plaza Sonoma. Mit großen Zimmern und reichlichem Frühstück ist es eine gute Wahl. Im Restaurant Piatti wird leckere italienische Küche serviert.
26 | AE, MC, V

FOOTHILL CAFÉ
$$$
J&P SHOPPING CENTER, 2766 OLD SONOMA RD. (HÖHE FOOTHILL RD.)
TEL. 707/252-6178
Das Café befindet sich in einem Einkaufscenter und ist wegen seiner guten amerikanischen Barbecue-Küche beliebt.
45 | Geschl. M & Mo–Di | AE, MC, V

LA CASA
$
121 E. SPAIN ST.
TEL. 707/996-3406
Mexikanisches Restaurant unweit der Plaza Sonoma.
180 | Alle gängigen Kreditkarten

DER NORDEN

ALBION

ALBION RIVER INN
$$$-$$$$$
3790 CALIF. 1, 95410
TEL. 707/937-1919
www.abionriverinn.com
Ein Highlight an der Küste von Mendocino. Das Hotel bietet fantastische Ausblicke auf die Küste, luxuriöse Annehmlichkeiten und ein sehr gutes Restaurant, das sowohl von Einheimischen als auch Besuchern hoch gelobt wird.
22 | Alle gängigen Kreditkarten

ALTURAS

DER BESONDERE TIPP

DORRIS HOUSE INN
Das alte Haus im Farmstil am Ufer des Dorris Lake wurde 1912 von den Nachkommen der Gründer von Alturas, Presley und Carlos Dorris, gebaut. Karol und Mary Woodward können dem Besucher verraten, wo sich Herden von wilden Gabelböcken (pronghorns) oder Scharen kanadischer Wildgänse aufhalten.
$
CTY. RD. 57, DORRIS LAKE, 96101
TEL. 530/233-3786
20 | Keine Kreditkarten akzeptiert

BRASS RAIL
$
305 LAKEVIEW HWY.
TEL. 530/233-2906
Große Steaks, Lammkeulen, gebratene Hähnchen, rote Bohnen, spanischer Reis, Garbanzo-Bohnen, Ravioli … Für einen erstaunlich niedrigen Gesamtpreis bekommen Sie hier außerdem Wein, hausgemachtes Brot, Suppe, Salat, Kaffee oder Tee und zum Abschluss Eiskrem.
200 | Geschl. Mo | MC, V

BOONVILLE

BOONVILLE HOTEL
$$-$$$$
14050 CALIF. 128 (BEI LAMBERT LN.), P.O. BOX 326, 95415
TEL. 707/895-2210
www.boonvillehotel.com
Wenn Sie im Hinterland unterwegs sind, sollten Sie hier einen Übernachtungsstopp oder eine Mittagspause einlegen. Der Chefkoch bereitet würzige mexikanische Speisen mit einem Hauch neuer amerikanischer Küche zu.
10 | Geschl. Jan. & einige Tage im Feb. | MC, V

CHESTER

DER BESONDERE TIPP

DRAKESBAD GUEST RANCH
Drakesbad ist die letzte Country Lodge des 19. Jahrhunderts. Sie liegt mitten im Lassen Volcanic National Park neben natürlichen heißen Quellen. Die Besitzer versprechen einen erholsamen Aufenthalt in ungezwungener Atmosphäre und drei Mahlzeiten pro Tag (im Preis eingeschlossen). Angeboten wird Reiten, Volleyball und Wandern – wenn Sie sich nicht gerade in einem der Thermalbecken aufhalten. Letzteres können sie übrigens auch bei Nacht unter einem grandiosen Sternenhimmel tun.
$$$
WARNER VALLEY RD., 96020
TEL 530/529-1512
www.drakesbad.com
20 | Geschl. Nov–Mai | MC, V

EUREKA

CARTER HOUSE
$$$$
301 L ST., 95501
TEL 707/444-8062
www.carterhouse.com
Hier können Sie in einem Hotel, einem B&B oder einem separaten Ferienhaus (drei Zimmer) übernachten. Das preisgekrönte Carter ist eine der beliebtesten Unterkünfte an der Nordküste. Die Inneneinrichtung ist sehr geschmackvoll und mit Möbeln aus verschiedenen Epochen ausgestattet. Die großen Zimmer bieten alle Annehmlichkeiten, die Sie sich wünschen, angefangen beim Whirlpool bis zu riesigen Betten. Rauchen ist nicht gestattet.
33 | Alle gängigen Kreditkarten

Klimaanlage | Hallenbad | Schwimmbad | Fitnessclub | Kreditkarten

RESTAURANT 301
$$$$
301 L ST.
TEL. 707/444-8062
Eines von Eurekas besten Restaurants. Im mit Kerzenlicht beleuchteten Speisezimmer werden hervorragend zubereitete Speisen aufgetischt – z. B. lokaler Fisch, der punktgenau gedünstet und mit Pfifferlingen zubereitet wird. Sie werden von einem Ranger im nahe gelegenen National Forest gesammelt.
45 P Geschl. M
Alle gängigen Kreditkarten

GARBERVILLE

BENBOW INN
$$$–$$$$
445 LAKE BENBOW DR., 95542
TEL. 707/923-2124
www.benbowinn.com
Beliebte Unterkunft bei Hollywoodstars wie Charles Laughton oder Joan Fontaine. Das Benbow mit seiner grandiosen Tudor-Architektur und der ländlichen Lage wurde von Grund auf restauriert. Die Gästezimmer sind gemütlich und voller Antiquitäten; das Restaurant serviert gehobene regionale Küche. Angeboten werden Freizeitaktivitäten wie Boot fahren, Tennis, Golf, Schwimmen und Wandern.
55 P Geschl. Jan–März Alle gängigen Kreditkarten

GUALALA

WHALE WATCH INN
$$$-$$$$
35100 CALIF. 1, 95445
TEL. 800/942-5342
www.whalewatchinn.com
Große und moderne Zimmer in einem modernen architektonischen Komplex. Das Hotel wurde auf einer Klippe gebaut und bietet fantastische Ausblicke auf den Pazifik. Über einen Fußweg gelangen Sie zu einem einsamen Strand. Im Winter können Sie die vorbeiziehenden Wale beobachten.
18 P AE, MC, V

MCCLOUD

MCCLOUD HOTEL
$$–$$$
408 MAIN ST., 96057
TEL. 530/964-2822
www.mccloudhotel.com
Große, helle Zimmer mit viktorianischem Dekor, Erbstücken und eigenen Whirlpools machen das Hotel zu einem einzigartigen Platz, von dem aus sich gut das Shasta Country entdecken lässt.
17 P Alle gängigen Kreditkarten

MENDOCINO

DER BESONDERE TIPP

STANFORD INN
Die Stanford-Familie, die dieses Hotel baute, gilt als tatkräftig und kreativ. Sie hat ein wunderschönes Hotel geschaffen – mit moderne Zimmern und einem vegetarischen Restaurant. Stanford Inn liegt an der Mündung des Big River, einem unberührten Ästuar, wo Blaureiher, Fischadler und Seehunde zu Hause sind.
$$$–$$$$$
CALIF. 1 & COMPTCHE-UKIAH RD., 95460
TEL. 707/937-5615
www.stanfordinn.com
41 P Alle gängigen Kreditkarten

CAFÉ BEAUJOLAIS
$$$
961 UKIAH ST. (ZWISCHEN EVERGREEN ST. & SCHOOL ST.)
TEL. 707/937-5614
Seit vielen Jahren zieht das ländliche Cottage in der malerischen Altstadt von Mendocino Gourmets aus dem ganzen Land an. Die kalifornische Landküche – mit lokalen Weinen, Kräutern, Gemüse und Wild – ist wunderbar; die Umgebung trägt ihren Teil zu einer persönlichen und unvergesslichen Atmosphäre bei.
60 P Geschl. M
Alle gängigen Kreditkarten

GOLD COUNTRY

Vielleicht nicht so gut organisiert wie San Francisco oder das Wine Country, hat das Gold Country aber genau so freundliche und informative Touristiker in allen kleinen Städten. Nicht nur die großen Städte wie Sacramento haben eine Besucherinformation, auch ganz kleine Orte wie Angels Camp, Sutter Creek und Sonora bieten eigene kleinen Büros, die während der ganzen Woche besetzt sind. Sie brauchen nur den Schildern »Gold Country« zu folgen.

SACRAMENTO

DELTA KING
$$$–$$$$$
1000 FRONT ST., 95814
TEL. 916/444-5464
www.deltaking.com
Von den 44 wunderschön restaurierten Zimmern auf diesem alten Flussschiff sind diejenigen Richtung Heck die besten, sie bieten guten Ausblick und elegante Möbeln. Frühstück ist im Preis inbegriffen.
44 P Service
Alle gängigen Kreditkarten

AMBER HOUSE BED & BREAKFAST
$$$–$$$$
1315 22ND ST., 95816
TEL. 916/444-8085
www.amberhouse.com
Hier wurden drei architektonische Stile – Missions-, mediterraner und Kolonialstil – sowie drei separate Häuser zu einem sehr schönen historischen Komplex zusammengefügt. Einige der Zimmer haben Dampfbad und einen offenen Kamin.
14 P Alle gängigen Kreditkarten

HYATT REGENCY AT CAPITOL PARK
$$$-$$$$
1209 L ST., 95814
TEL. 916/443-1234
www.sacramento.hyatt.com

Hotel Restaurant Zimmer Sitzplätze P Parkplätze Geschlossen Lift

Die Zimmer sind luxuriös ausgestattet und groß, der Service hervorragend und die Lage direkt gegenüber vom malerischen Capitol phantastisch.
500 Alle gängigen Kreditkarten

BIBA
$$-$$$
2801 CAPITOL AVE.
TEL. 916/455-2422
Biba Caggiano, Kochbuchautorin und Fernsehgast, ist verantwortlich für die delikaten und geschmacklich hervorragenden Nudelgerichte in diesem Lokal. Ihre gebratenen Fleischgerichte und die Wildgerichte sind ebenfalls sehr zu empfehlen.
100 Geschl. Fr–Sa M & So Alle gängigen Kreditkarten

NÖRDLICHES GOLD COUNTRY

GRASS VALLEY

HOLBROOKE HOTEL
$-$$
212 W. MAIN ST., 95945
TEL. 530/273-1353
www.holbrooke.com
Die Zimmer sind spärlich eingerichtet, aber ordentlich und sauber. Das Essen im Restaurant Arletta ist rustikal, geschmackvoll und reichlich – New American Cuisine mit Schwerpunkt auf lokalem Wild und Früchten (Heidelbeeren, Holunder).
28 Alle gängigen Kreditkarten

NEVADA CITY

THE PARSONAGE
$-$$
427 BROAD ST., 95959
TEL. 530/265-9478
FAX 530/265-8147
Das viktorianische Gebäude erstrahlt nach einer umfassenden Restaurierung wieder im alten Glanz der Goldrausch-Ära. Das Frühstück ist herzhaft. Familien können ein Cottage mieten.
6 Geschl. Jan MC, V

COUNTRY ROSE CAFÉ
$$$
300 COMMERCIAL ST.
TEL. 530/265-6248
Gut ist das Essen in diesem einzigartigen Bistro mit französischem Einschlag. Die Terrasse ist schön und ruhig.
55 Alle gängigen Kreditkarten

ZENTRALES GOLD COUNTRY

COLOMA

COLOMA COUNTRY INN
$$$-$$$$
345 HIGH ST., 95613
TEL. 530/622-6919
www.colomacountryinn.com
Das Inn ist ein wunderschön restauriertes viktorianisches Gebäude von 1852 und liegt auf einem 2 Hektar großen Anwesen. Es ist möbliert mit Antiquitäten und Stilmöbeln. Das Frühstück ist grandios; die Angebote für Ballon- und Wildwasserfahrten sind ihr Geld wert.
5 Keine Kreditkarten

PLACERVILLE

ZACHARY JACQUES
$$$
1821 PLEASANT VALLEY RD.
TEL. 530/626-8045
Jacques serviert ein denkwürdiges herzhaftes französisches Menü. Der Lammbraten ist hervorragend.
55 Geschl. M & Mo–Di AE, MC, V

PLYMOUTH

AMADOR HARVEST INN
$$
12455 STEINER RD., 95669
TEL. 209/245-5512
www.amadorharvestinn.com
Das Inn liegt in direkter Nachbarschaft zum Weingut Deaver und einem tiefblauen See. Im Zimmerpreis ist ein gutes Frühstück enthalten.
4 AE, MC, V

SUTTER CREEK

FOXES BED & BREAKFAST
$$-$$$
77 MAIN ST., 95685
TEL. 209/267-5882
www.foxesinn.com
Mit seinem eleganten Frühstücksservice, den verzierten Betten und den hohen Decken lässt sich erahnen, wie es hier zu Goldrauschzeiten abging.
7 MC, V

SÜDLICHES GOLD COUNTRY

MURPHYS

DUNBAR HOUSE 1880
$$-$$$$
271 JONES ST., 95247
TEL. 209/728-2897
www.dunbarhouse.com
Das historische Gebäude quillt über mit Andenken aus der viktorianischen Ära. Das Dunbar hat einen einwandfreien Service. Der gerade erst begonnen Weinanbau hat schon einen trinkbaren Wein hervorgebracht.
5 AE, MC, V

SIERRA NEVADA

LAKE TAHOE

INN BY THE LAKE
$$-$$$$
3300 LAKE TAHOE BLVD.,
S. LAKE TAHOE, 96150
TEL. 530/542-0330
www.innbythelake.com
Das hochpreisige Motel liegt ganz in der Nähe eines Badestrandes. Die Gäste können an einer kostenlosen Überfahrt zu den Kasinos auf der anderen Seite des Sees teilnehmen.
100 Alle gängigen Kreditkarten

GRAHAM'S
$$$
1650 SQUAW VALLEY RD.,
OLYMPIC VALLEY, 96146
TEL. 530/581-0454

Klimaanlage Hallenbad Schwimmbad Fitnessclub Kreditkarten

Das Graham's glänzt mit einer gemütlichen intimen Atmosphäre; der mit Pinienholz vertäfelte Speisesaal wird von einem Holzfeuer erwärmt. Die kalifornisch-mediterrane Speisekarte bietet zum Beispiel getrockneten Ahi-Thunfisch mit Nudeln oder Elchlende mit Pfefferkruste und halbgefrorenen Preiselbeeren. Die umfangreiche Weinkarte bietet Weine von allen Kontinenten.
125 Geschl. Mo–Di AE, MC, V

RESTAURANT GLISSANDI
$$$
RESORT AM SQUAW CREEK, 400 SQUAW CREEK RD., OLYMPIC VALLEY
TEL. 530/581-6621
Viele kommen zunächst einmal vor allem wegen des Ausblicks auf die Sierra Nevada, dann aber nur noch wegen der guten Küche. Die Köche haben sich viel Lob von renommierten Kritikern eingeheimst, allen voran Chefkoch Randall Kliewer für seinen delikat gewürzten Fisch. Probieren Sie den Hummer mit Ingwer oder die Jakobsmuscheln mit Fenchel und Pfeffer. Die Weinkarte ist ebenfalls preisverdächtig gut.
75 Geschl. So–Mo; saisonal geschl. (tel. nachfragen) Alle gängigen Kreditkarten

MAMMOTH LAKES

MAMMOTH MOUNTAIN INN
$$$–$$$$$
ONE MINARET RD., 93546
TEL. 760/934-2581
FAX 760/934-0700
Die auf 2740 Metern gelegene Berg-Lodge bietet eine gemütliche moderne Einrichtung, viel Komfort, Gemütlichkeit und moderne Annehmlichkeiten – und das alles in Sichtweite der Skilifte. Die Dry Creek Bar ist perfekt für den Après Ski.
213 AE, MC, V

OAKHURST

DER BESONDERE TIPP

CHATEAU DE SUREAU & ERNA'S ELDERBERRY HOUSE

Erna's Elderberry House liegt in der Nähe des French Laundry und serviert kalifornisch-französische Küche mit Spezialitäten der Besitzerin Erna Kubin. Der Speisesaal ist elegant und ungewöhnlich, mit dunklen Strahlern auf weißen Wänden und Kerzen in den Fenstern. Das Essen ist hervorragend. Das Chateau de Sureau gehört den gleichen Besitzern und ist äußerst luxuriös: Die Gäste schlafen unter Daunendecken, es gibt zudem Steinkamine.
$$$$
48688 VICTORIA LN., 93644
TEL. 559/683-6860, 559/683-6800 (RESTAURANT)
www.chateaudusureau.com
12 Restaurant geschl. Mo M & Di M AE, MC, V

SEQUOIA NATIONAL PARK

CEDAR GROVE LODGE
$
P.O. BOX 909, CEDAR GROVE, 93633
TEL. 559/565-0100
Ordentlich und funktional ist diese Lodge, die inmitten eines der schönsten und spektakulärsten Bereiche des Waldes liegt. Die kleine Lodge ist ideal, wenn Sie nur ein Bett suchen und mit einem Burger zufrieden sind.
18 Geschl. Mitte Nov–Mai MC, V

YOSEMITE NATIONAL PARK

AHWAHNEE HOTEL & RESTAURANT
$$$$
1 AHWAHNEE WAY, YOSEMITE NATIONAL PARK, 95389
TEL. 209/372-1407
TEL. 209/372-1489 (RESTAURANT)
www.yosemitepark.com
Für diese schöne Berg-Lodge aus den 1920er Jahren müssen Sie bereits mehrere Monate im Voraus reservieren. Die Lodge ist eine Konstruktion aus Stein und Holz und voller Kunstwerke einheimischer Künstler. Die gemütlichen Zimmer bieten einen fantastischen Ausblick auf die umliegenden Wiesen und den Half Dome. Wer im schönsten Speisesaal Kaliforniens – dem atemberaubenden und hellen Ahwahnee Restaurant – dinieren will, muss ebenfalls lange vorher reservieren. Hervorragende amerikanische Küche und guter Service (Abendessen nur für Gäste des Hotels) machen das Essen zu einem einzigartigen Erlebnis.
127 Alle gängigen Kreditkarten

TENAYA LODGE
$$$
1122 CALIF. 41 (SÜDLICH DES YOSEMITE SÜDEINGANGS), P.O. BOX 159, FISH CAMP, 93623
TEL. 888/514-2167
www.tenayalodge.com
Die große, professionell geführte Lodge bietet gemütliche Zimmer und das, was die Gäste erwarten: einen komfortablen Rückzugsort, der alle Annehmlichkeiten bietet. Hier kann sich jeder ausruhen und entspannen. Das Restaurant Sierra ist für seine gute amerikanische Küche berühmt.
244 Alle gängigen Kreditkarten

WAWONA HOTEL & DINING ROOM
$$–$$$
CALIF. 41 (AT WAWONA EXIT), 95389
TEL. 209/375-6556 oder 559/252-4848
www.yosemitepark.com
Etwas einfacher als das Ahwahnee, aber genauso charmant. Das Hotel besteht aus einer Ansammlung von langen, weiß getünchten Holzhäuschen mit wundervollen Veranden und Ausblicken auf die Bergwiese. Verbringen Sie den Tag mit

Wanderungen und kommen Sie abends ins Restaurant, um leckere gegrillte Forellen und Steaks zu genießen. Die Zimmer sind nüchtern, aber komfortabel gehalten.
104 Geschl. Nov.–April So Alle gängigen Kreditkarten

YOSEMITE LODGE
$$
YOSEMITE VALLEY, 95389
TEL 559/252-4848
www.yosemitepark.com
Die Lodge liegt im Yosemite Valley unweit der Yosemite Falls und bietet Motelzimmer und rustikale Hütten.
245 Alle gängigen Kreditkarten

CENTRAL VALLEY

BAKERSFIELD

DOUBLETREE HOTEL
$$
3100 CAMINO DEL RIO COURT, 93308
TEL. 661/323-7111
FAX 661/323-0331
Ein einfaches Kettenmotel, aber dennoch mit kompetentem Personal und praktischen und modernen Zimmern.
262 Alle gängigen Kreditkarten

CHALET BASQUE
$
200 OAK ST.
TEL. 661/327-2915
Viele Leute machen extra einen Umweg, um hier das wundervoll zubereitete Lamm mit rosa Bohnen zu essen. Unvergessliche baskische Küche in familiärer Atmosphäre.
100 Geschl. Sa–So M & Mo AE, MC, V

FRESNO

PICCADILLY INN SHAW
$$–$$$
2305 W. SHAW AVE., 93711
TEL 559/226-3850
www.piccadilly-inn.com
Der Riesenpool ist an heißen Tagen sehr willkommen. Die großzügig geschnittenen Gästezimmer (mit Kühlschrank) sind nett, wenn auch etwas nüchtern. Nur Nichtraucher.
194 Alle gängigen Kreditkarten

KIM'S VIETNAMESE RESTAURANT
$
5048 N. MAROA ST.
TEL. 559/225-0406
In diesem kleinen, gleichbleibend guten, vietnamesischen Café können Sie sich satt essen. Sehr zu empfehlen ist das Chili-Rindfleisch mit Mintsauce.
10 Geschl. So MC, V

HANFORD

IRWIN STREET INN
$–$$
522 N. IRWIN ST.
TEL. 559/583-8000
www.irwinstreetinn.com
Schön restauriertes, von Bäumen beschattetes viktorianisches Gebäude. Es ist ideal für einen Halt auf dem Weg nach Norden oder Süden.
30 Geschl. So A & Mo Alle gängigen Kreditkarten

VISALIA

SPALDING HOUSE
$$
631 N. ENCINA ST., 93291
TEL. 559/739-7877
www.spaldinghouse.com
Ein weiteres restauriertes viktorianisches Gebäude. Es ist mit einer Bibliothek, einem großen Klavier und gemütlichen Sitzgruppen ausgestattet. An langen Abenden können Sie Limonade und Eis auf der malerischen Holzterrasse genießen. Ein großes Frühstück ist im Preis enthalten.
3 MC, V

DIE WÜSTE

Nennenswerte Hotels und Lokale sind eher selten in der Wüste, eine Ausnahme bildet die Region um Palm Springs. Sie ist für ihre Vielzahl an Spa-Resorts, trendigen Boutique-Hotels und privaten Unterkünften (die Spannweite reicht von Eigentumswohnungen amGolfplatz bis hin zu luxuriösen Villen) bekannt. Besucher sollten sich an die spezialisierten Online-Agenturen wenden, z. B. an Quinta Villa Rentals (Tel. 800/ 839-9874, www.laquintavillarentals.com), Vacationhomes. com (www.vacationhomes.com) oder Vacation Palm Springs (www.vacationpalmsprings.com). Die Mitarbeiter der Palm Springs Desert Resorts Convention & Visitors Authority (Tel. 760/770-9000, www.palmspringsusa.com) können ebenfalls helfen.

DEATH VALLEY

FURNACE CREEK INN
$$$$
CALIF. 190, 92328
TEL. 760/786-2345
www.furnacecreekinn.com
In diesem historischen Inn, dessen Schwimmbad von einer natürlichen Quelle gespeist wird, können Sie sich hervorragend abkühlen. Das Essen ist an das Klima angepasst und der Golfplatz mit einer Vielzahl von erfrischenden Wassersprenkelanlagen und Getränkeständen ausgestattet.
66 Alle gängigen Kreditkarten

DESERT HOT SPRINGS

TWO BUNCH PALMS RESORT & SPA
$$$–$$$$
67 TWO BUNCH PALMS TRAIL, 92240
TEL. 760/329-8791
www.twobunchpalms.com

Hier drehte der Regisseur Robert Altman eine Szene für seinen Film The Player. Two Bunch ist ein luxuriöser und ruhiger Ort mit erstklassigen Massagen und Schlammbädern. Die Zimmer sind stilvoll und ruhig. die französisch-kalifornische Küche im kleinen Speisesaal deliziös.
K45 P Geschl. 2 Wochen Ende Aug. AE, MC, V

INDIAN WELLS

LE ST. GERMAIN
$$-$$$
74985 CALIF. 111
TEL. 760/773-6511
In diesem romantischen Bistro wird kalifornisch-französische Küche serviert. Das Lokal hat in letzter Zeit eine Vielzahl guter Kritiken von namhaften Kritikern bekommen. Allein schon das Grand-Marnier-Soufflé ist einen Abstecher wert.
250 P Alle gängigen Kreditkarten

PALM DESERT

CUISTOT
$$$$
73111 EL PASEO DR.
TEL. 760/340-1000
Das Menü wird offiziell als kalifornisch-französisch bezeichnet, trifft aber nicht ganz die vielen ungewöhnlichen Kreationen, die hier entstehen. Probieren Sie Wachtel in Morcheln und Weißweinsauce, um eine Ahnung von der Vielseitigkeit der Kochkünste des Chefkochs zu bekommen. Die Nachspeisen sind ebenfalls einzigartig, interessant, lecker und sättigend.
290 P Geschl. So M & Mo Alle gängigen Kreditkarten

PALM SPRINGS

LE PARKER MERIDIEN
$$$$$
4200 E. PALM CANYON DR., 92264
TEL. 760/770-5000
www.leparkermeridien.com
Unter den derzeitigen Deluxe-Wellness-Centern in der Wüste hat das Le Parker viele Auszeichnungen erhalten, wobei vor allem die bescheidene Eleganz und das gute Essen des Hotels gelobt wurden. Die seriöse Atmosphäre wird noch unterstrichen durch die Tatsache, dass das Hotel ausdrücklich keine Einrichtungen für Kinder anbietet.
93 P Alle gängigen Kreditkarten

ELEVATIONS
$$$$
ONE TRAMWAY RD.
TEL 760/327-1590
Im Lokal auf dem Berg (Zufahrt mit der Palm Springs Aerial Tram) hat Chefkoch Anthony Gusich das Sagen. Er zaubert köstliche Fushion-Gerichte (kalifornisch-französisch-asiatisch), z. B. gegrilltes Filet Mignon mit Süßkartoffelkuchen und Setchuan-Pfeffersauce. Der Ausblick ist grandios.
125 P Alle gängigen Karten

RANCHO MIRAGE

LODGE AT RANCHO MIRAGE
$$$$
68900 FRANK SINATRA DR., 92270
TEL. 760/321-8282
www.rockresorts.com
Direkt auf einem Plateau in den Bergen gelegen, gehört dieses moderne Resort-Hotel zu den Favoriten in der Wüste. Die Lodge bietet allen Luxus und Komfort mit dem entsprechenden Publikum.
240 P Alle gängigen Kreditkarten

LAS CASUELAS NUEVAS
$
70050 CALIF. 111
TEL. 760/328-8844
Ein beschwingtes kalifornisch-mexikanisches Lokal mit allem, was die Einheimischen so mögen: Mariachi-Musik (live), mexikanisches Bier (vom Fass), herzhafte mexikanisch-amerikanische Küche (Burritos, Tacos, *Quesadilles*) und einige typisch mexikanische Gerichte (Suppen, *carne asadas*). Kommen Sie rechtzeitig, um die gute Plätze zu erwischen.
450 P Alle gängigen Kreditkarten

TWENTYNINE PALMS

29 PALMS INN
$$
73950 INN AVE., 92277
TEL. 760/367-3505
www.29palmsinn.com
Nach einem langen Klettertag im Joshua Tree National Park gibt es keinen besseren Platz zum Entspannen und Abkühlen als dieses Inn. Jedes Zimmer hat eine eigene Terrasse, Dampfbad und offenen Kamin. Das Inn liegt auf dem Gelände des berühmten Oasis of Mara, es ist eine gute Alternative zu einem abendlichen Trip nach Palm Springs.
19 P Alle gängigen Kreditkarten

LA QUINTA

LA QUINTA RESORT & CLUB
$$$$$
49499 EISENHOWER DR., 92253
TEL. 760/564-4111
www.laquintaresort.com
Die legendäre Hacienda in der Wüste zieht seit über einem halben Jahrhundert die Prominenten an, die hier Ruhe und Abgeschiedenheit suchen und finden. Die großen, trotzdem aber gemütlichen und eleganten Unterkünfte sind kalifornisch eingerichtet und bieten u. a. kuschelige Frottee-Bademäntel. Auf dem grünen Gelände befinden sich sage und schreibe 41 Swimmingpools und 23 Tennisplätze, die Gäste können jeden Abend in einem anderen Restaurant essen gehen.
800 P Alle gängigen Kreditkarten

EINKAUFEN

»Shopping« gilt in Kalifornien auch bei den Einheimischen als Freizeitbeschäftigung. Die folgende Übersicht enthält Läden, in denen Sie etwas Ungewöhnliches, Besonderes oder Preiswertes finden können.

LOS ANGELES

ANTIQUITÄTEN

Rose Bowl Flea Market, Rose Bowl, Pasadena. Jeder 2. So im Monat. Alles vom Kitsch bis zu Juwelen.

BÜCHER UND MUSIK

Bodhi Tree Bookstore, 8585 Melrose Ave., Tel. 310/659-1733. Bücher, Schmuck und sonstiges.
Book Soup, 8818 Sunset Blvd., West Hollywood, Tel. 310/659-3110. Alles vom Klassiker bis zum Kriminalroman.
Rhino Records, 1720 Westwood Blvd., West L.A., Tel. 310/474-8685. Heute schon hören, was nächstes Jahr aktuell ist.

ESSEN UND TRINKEN

Grand Central Market, 317 S. Broadway, Tel. 213/624-2378. Lateinamerikanische Spezialitäten.
Pasadena Farmers' Market, Washington St. & Sierra Madre St., Sa 9–12.30 Uhr.
Santa Monica Farmers' Market, Mi 9.30–14 & Sa 8.30–13 Uhr.

FABRIKVERKAUF

The Grove, 189 The Grove Dr., Los Angeles, Tel. 323/900-8080.

HOLLYWOOD-SOUVENIRS

Frederick's of Hollywood, 6608 Hollywood Blvd., Hollywood, Tel. 323/957-5953.
Western Costume, 11041 Vanowen Blvd., N. Hollywood, Tel. 818/760-0900.

KUNST

Gagosian Gallery, 456 N. Camden Dr., Beverly Hills, Tel. 310/271-9400. Moderne Kunst.
L.A. Louver Galleries, 45 N. Venice Blvd., Venice Beach, Tel. 310/822-4955. Zeitgen. Kunst.
Latin American Masters, 264 N. Beverly Dr., Beverly Hills, Tel. 310/271-4847. Moderne Kunst aus Lateinamerika.
Margo Leavin Gallery, 812 N. Robertson Blvd., Tel. 310/273-0603. Zeitgenössische Kunst.

KUNSTHANDWERK

Gamble House Bookstore, 4 Westmoreland Pl., Pasadena, Tel. 626/449-4178.
Jack Moore Craftsman Furniture 1419 N. Lake St., Pasadena, Tel. 626/577-7746.

LANDESTYPISCHES

Arte de Mexico, 5356 Riverton Ave., N. Hollywood, Tel. 818/769-5090.

MODE

Aardvark's, 7579 Melrose Ave., Tel. 323/655-6769. Kleidung in Spitzenqualität.
American Rag Company, 150 S. La Brea Ave., Melrose District, Tel. 323/935-3154. Secondhand-Kleidung und Accessoires.
California Market Center, 910 S. Los Angeles St., Tel. 213/488-1153. Ein Zentrum der amerikanischen Textilindustrie. Lohnt schon allein wegen der vielen Sonderangebote.
Maxfield, 8825 Melrose Ave., Tel. 310/274-8800. Designerkleidung.
Tyler Trafficante, 7290 Beverly, Melrose District, Tel. 323/931-9678. Ein phantastischer Schneider.
Y-Que, 1770 N. Vermont Ave., Tel. 323/664-0021. Kitsch und Kleidung in mexikanischem Stil.

MÖBEL UND DESIGNERWAREN

Futurama, 446 N. La Brea Ave., Tel. 323/937-4522. Hier sind die 50er Jahre noch lebendig!
Pacific Design Center, 8687 Melrose Ave., Melrose District, Tel. 310/657-0800. Hier sehen Sie, was gerade im Trend liegt.
Sonrisa, 7609 Beverly Blvd., Melrose District, Tel. 323/935-8438.

ZUM VERWÖHNEN

Beverly Hot Springs, 308 N. Oxford Ave., Koreatown, Tel. 323/734-7000.
Burke Williams Spas, Tel. 310/587-3366. Vier Filialen: 1358 4th St., Santa Monica; 39 Mills Place, Pasadena; 8000 Sunset Blvd. und 15301 Ventura Blvd., Sherman Oaks.
Frederic Fekkai Beauté de Provence, 444 N. Rodeo Dr., Tel. 310/777-8700.

SÜDKALIFORNIEN

ANTIQUITÄTEN

Michael Haskell Antiques, 539 San Ysidro Rd., Santa Barbara, Gegenstände und Objekte aus der spanischen Zeit.

BÜCHER

Acres of Books, 240 Long Beach Blvd., Long Beach, Tel. 562/437-6980.

ESSEN UND TRINKEN

Julian Pie Company, 2225 Main St., Julian, Tel. 760/765-2449. Im Herbst sind vor allem die Äpfel ein Verkaufsschlager.
Amber's Sweet Cherries, Tel. 661/270-9545. Frühsommer.

KUNST

California Art Gallery, 305 N. Coast Hwy., Laguna Beach, Tel. 949/494-7270.
Laguna North Gallery, 376 N. Coast Hwy., Laguna Beach, Tel. 949/494-4324.
Mingei International Folk Art Museum Gift Store, Balboa Park, San Diego, Tel. 619/239-0003.
Santa Barbara Contemporary Arts Forum, 653 Paseo Nuevo, Tel. 805/966-5373.
Scott White Gallery, 2400 Kettner Blvd., San Diego, Tel. 619/501-5689.

MODE

San Diego Factory Outlet, Center 4498 Camino de la Plaza, San Ysidro, Tel. 619/690-2999.

OLYMPISCHES

Arco Olympic Training Center, 2800 Olympic Pkwy., Chula Vista, Tel. 619/656-1500. Merchandiser für olympische Artikel und Sammelstücke. Bietet auch kostenlose Führungen.

CENTRAL COAST

ANTIQUITÄTEN

Keller & Scott Antiques, Dolores Ave. zwischen 5th St. & 6th Sts., Carmel, Tel. 831/624-0465. Orientalisches.

ESSEN UND TRINKEN

Casa de Fruta, 10021 Pacheco Pass Hwy., Hollister, Tel. 408/842-7282. Spargel.
Pezzini Farms Produce, Hwy. 1 & Nashua Rd., Castroville, Tel. 831/757-7434. Artischocken.

FABRIKVERKAUF

American Tin Cannery Factory Outlets, 125 Ocean View Blvd., Monterey, Tel. 831/372-1442.

FUNK

San Juan Bautista Peddlers Fair Mission San Juan, Tel. 831/623-2454. Sonntag.

WEINFÜHRER UND KARTEN

Chateau Julien Winery, 8940 Carmel Valley Rd., Carmel, Tel. 831/624-2600.

SAN FRANCISCO

BÜCHER

California Historical Society Bookstore, 678 Mission St., Tel. 415/357-1848.
City Lights, 261 Columbus Ave., North Beach, Tel. 415/362-8193. Der Dichter Lawrence Ferlinghetti gründete diese herausragende literarische Buchhandlung.
Green Apple Books, 506 Clement St., Tel. 415/387-2272. Riesenauswahl an neuen und gebrauchten Büchern.
Museum Books, S. F. Museum of Modern Art, Tel. 415/357-4035. Kunstbücher, Poster und Souvenirs.

ESSEN UND TRINKEN

Ferry Street Farmers' Market, Green St. & Embarcadero, Financial District, Tel. 415/353-5650. Sa vormittags.
Ghirardelli Chocolate, 900 N. Point St.,Ghirardelli Sq., Tel. 415/775-5500. Schlaraffenland für Schokoladenfreunde!
Molinari Delicatessen, 373 Columbus Ave., North Beach, Tel. 415/421-2337.
San Francisco Farmers' Market, 100 Alemany Blvd., Bernal Heights, Tel. 415/647-9423. Sa 6–18 & Do 15–20 Uhr.
ScharffenBerger Chocolates, 250 S. Maple St., Nos. C & F, S. San Francisco, Tel. 650/866-3300. Edelste Schokolade.
Super Koyama, 1790 Sutter St., Tel. 415/921-6529. Fisch für Sushi und andere Fischgerichte.
Swan Oyster Depot, 1517 Polk St., Polk Gulch, Tel. 415/673-1101. Seit 1912, Meeresfrüchte- und Fischgerichte.

FUNK

Aria, 1522 Grant Ave., Tel. 415/433-0219. Mobiliar und Kunsthandwerk.
Columbine Design, 1541 Grant Ave. , North Beach, Tel. 415/434-3016. Ausgestopfte Tiere, Schmuck und Blumen.

KUNST UND ANTIQUITÄTEN

Gump's; 135 Post St., Union Sq., Tel. 415/982-1616. U.a. Antiquitäten aus Asien.
Hang Gallery, 556 Sutter St., Tel. 415/434-4264. Junge Künstler aus der Bay Area.
Isak Lindenauer Antiques, 4143 19th St., Tel. 415/552-6436. Amerikanisches Kunsthandwerk.
Kuromatsu, 722 Bay St., Tel. 415/474-4027. Kunst und Antiquitäten aus Japan.
Peter Macchiarini, 1529B Grant Ave., Tel. 415/982-2229. Schmuck und moderne surrealistische Skulpturen.
Montgomery Gallery, 353 Sutter St., Tel. 415/788-8300. Kunst aus Kalifornien.
W. Graham Arader III, 435 Jackson St., Tel. 415/788-5115. Karten, Drucke und Bücher.

MODE

Diesel, 101 Post St., Downtown, Tel. 415/982-7077. Hochwertige Jeans und italienische Mode.
Jeremy's, 2 South Park, South of Market, Tel. 415/882-4929. Labels wie Prada, Barney's und Armani zu Diskountpreisen.
M.A.C., 1543 Grant Ave., North Beach, Tel. 415/837-1604. Elegante Mode und Accessoires.
Union Square. Internationale Marken, z. B. Hermès, Gucci, Cartier, Celine etc.
Wasteland, 1660 Haight St., Haight-Ashbury, Tel. 415/863-3150. Edle Secondhand-Kleidung, nicht gerade preiswert.

ZUM VERWÖHNEN

Elizabeth Arden Spa, 126 Post St., Tel. 415/989-4888.

BAY AREA

ANTIQUITÄTEN UND KUNST

Alameda Flea Market, Alameda Point, Alameda, Tel. 510/420-1972. Vielleicht finden Sie ja hier ein hübsches Stück für Ihre Sammlung. Jeder 1. So im Monat.
Imari Gallery, 40 Filbert Ave., Sausalito, Tel. 415/332-0245. Japanische Schirme.
Oriental Corner, 280 Main St., Los Altos, Tel. 650/941-3207. Artikel aus dem Orient.
Oveda Maurer Antiques, 34 Greenfield Ave., San Anselmo, Tel. 415/454-6439. Amerikanisches.
Telegraph Avenue Berkeley. Weltbekannte Straße mit Läden und Straßenverkäufern: Antiquitäten, Kunst, Schmuck und Kleidung.
Traywick Gallery, 1316 10th St., Berkeley, Tel. 510/527-1214. Spezialisiert auf Landschaftsansichten.

BÜCHER

Cody's, 2454 Telegraph Ave., Berkeley, Tel. 510/845-7852.

ESSEN UND TRINKEN

Civic Center Farmers' Market, Marin Civic Center, San Rafael. Do & So.
Downtown Farmers' Market Festival, 4th St., San Rafael, Tel. 415/457-2266. April–Okt. Do 18–20 Uhr.

Johnson's Oysters, Near Point Reyes Lighthouse (auf die Beschilderung achten), Tel. 415/669-1149.
Paul Marcus Wines, Rockridge Market Hall, 5655 College Ave., Oakland, Tel. 510/420-1005. Alle Weine können auch versandt werden.
Oakland Farmers' Market, 9th St. zwischen Broadway & Clay, Tel. 510/745-7100. Fr 8–14 Uhr.
Tomales Bay Foods und Cow-girl Creamery, 80 4th St., Point Reyes Station, Tel. 415/663-9335. Frischer Käse aus biodynamischer Produktion.

FUNK
Berkeley Flea Market, 1837 Ashby Ave., Tel. 510/644-0744.
San Jose Flea Market, 1590 Berrysessa Rd., San Jose, Tel. 408/453-1110.

MUSIK
Amoeba Music, 2455 Telegraph Ave., Berkeley, Tel. 510/549-1125. Tausende von Titeln von Klassik bis Hip-hop.

WINE COUNTRY

ESSEN UND TRINKEN
Jimtown Store, 6706 Calif. 128, Healdsburg, Tel. 707/433-1212. Alles vom Brie bis zum Baguette.
Oakville Grocery, 7856 St. Helena Hwy., Oakville, Tel. 707/944-8802. Käse aus der Region.
Sciambra French Bakery, 685 S. Freeway Dr., Napa, Tel. 707/252-3072.
Sonoma Cheese Factory, 2 W. Spain St., Sonoma, Tel. 707/996-1931.
Sonoma Country Farm Trails, P.O. Box 6032, Santa Rosa, 95606, Tel. 707/571-8288.
Vella Cheese Company, 315 2nd St. E., Sonoma, Tel. 707/938-3232. Verschiedene Käsesorten.

FABRIKVERKAUF
Napa Premium Outlets, 629 Factory Stores Dr., Napa, 64958, Tel. 707/226-9876.
St. Helena Premium Outlets, 3111 N. St. Helena Hwy., St. Helena, Tel. 707/963-7282.

WEIN
Bayview Cellars, 1202 Main St., Napa, Tel. 707/226-2044.
Napa Cellars, 7481 St. Helena Hwy., Yountville, Tel. 707/944-2565.
The Wine Room, 9575 Sonoma Hwy., Kenwood, Tel. 707/833-6131.

WEINFÜHRER UND KARTEN
Napa Valley Vintners' Association, 900 Meadowood Ln., St. Helena, Tel. 707/963-0148.
Sonoma Valley Vintners' Association, 17964 Sonoma Hwy., Tel. 707/963-3388.

DER NORDEN

ESSEN UND TRINKEN
The Apple Farm, 18501 Greenwood Rd., Philo, Tel. 707/895-2461.

HOLZ UND KERAMIK
The Melting Pot, Main St. & Lansing St., Mendocino, Tel. 707/937-0173. Produkte von bewährten Handwerkern aus der Region.

WEINFÜHRER UND KARTEN
Mendocino Winegrowers Alliance, P.O. Box 1409, Ukiah, 95482, Tel. 707-468-9886.
Navarro Vineyards 5601 Calif. 128, Philo, Tel. 707/895-3686.

GOLD COUNTRY

Siehe auch die Einkaufstipps auf S. 298.

ANTIQUITÄTEN
Creekside Shops Antiques Collective, 22 Main St., Sonora, Tel. 209/267-5520. Vor allem kalifornische Stücke.

BLUMEN
Amador Flower Farm, 22001 Shenandoah School Rd., Plymouth, Tel. 209/245-6660. Hat sich auf Lilien spezialisiert – insgesamt stehen 650 verschiedene Arten zur Auswahl.

KUNST
The Vault, 42 S. Washington St., Sonora, Tel. 209/533-1384. Vorwiegend Künstler aus der Umgebung.

OBST
Boa Vista Orchards, 2952 Carson Rd., Placerville, Tel. 530/622-5522. Obst, Wein, Pasteten und Kuchen.

WEIN
Sutter Ridge Winery, 14110 Ridge Rd., Sutter Creek, Tel. 209/267-1316.

CENTRAL VALLEY

OBST UND GEMÜSE
Sciabica and Sons, 2150 Yosemite Blvd., Modesto, Tel. 800/551-9612. Oliven und Olivenöl.
Simonian Farms, 2629 S. Clovis Ave., Fresno, Tel. 559/237-2294. Über hundert Obst- und Gemüsesorten.

DIE WÜSTE

ANTIQUITÄTEN
Bandini Johnson, 895 N. Palm Canyon Dr., Palm Springs, Tel. 760/323-7805.

ESSEN UND TRINKEN
Hadley's Fruit Orchards, 48190 Seminole Rd., Cabazon, Tel. 909/849-5255. Dörrobst.

FABRIKVERKAUF
Desert Hills Premium Outlets, 48400 Seminole Rd., Cabazon, Tel. 909/849-6641. Eine der landesweit größten Outlets mit 130 Läden – von Armani und Burberry bis hin zu Versace und Zegna.

SCHMUCK
Crown Sterling, 73660 El Paseo, Suite 1, Palm Desert, Tel. 760/568-3211. Silberarbeiten indianischer Künstler, Keramik und handgewebte Decken.

FREIZEIT

Kalifornien ist ein Traum für Outdoor-Enthusiasten. Das fast ganzjährig angenehme Klima hat das Land zur inoffiziellen amerikanischen Kapitale des Sports gemacht. Die Besucherinformationen aller Regionen und fast aller Städte sind über die California Division of Tourism Trade and Commerce (siehe S. 345) erreichbar und bieten Führer und Listen zu allen Aktivitäten an. Hilfreich sind auch: Sierra Club (85 Second St., San Francisco, Tel. 415/977-5500), der National Parks Service (Tel. 510/817-1300) und das California Department of Parks and Recreation (Tel. 916/653-6995).

BALLONFAHREN

Ballooning Above the Valley, 5091 Solano Ave., Napa, Tel. 707/253-2222.
Dream Flights, 74181 Parosella St., Palm Desert, Tel. 760/321-5154.
Fantasy Balloon Flights, Embassy Suites Hotel (Treffpunkt), Palm Desert, Tel. 760/568-0997.
Lake Tahoe Balloons S. Lake Tahoe, P.O. Box 19215, Tel. 530/544-1221 oder 800/872-9294.
Napa Valley Balloons 6975 E. Washington St., Yountville, 707/944-0228 oder 800/253-2224.

BERGSTEIGEN/KLETTERN

Joshua Tree Rock Climbing School HCR, Box 3034, Joshua Tree, 92252, Tel. 760/366-4745.
Shasta Mountain Guides, 1815 Eddy Dr., Mount Shasta, 96067, Tel. 530/926-3117.
Yosemite Mountaineering School & Guide Service, Curry Village, Yosemite Valley, Tel. 209/372-8344. Kletterschule, auch geführte Wanderungen.

DRACHENFLIEGEN

High Adventure, 4231 Sepulveda Ave., San Bernardino, Tel. 909/883-8488.
Torrey Pines Glider Port, 2800 Torrey Pines Scenic Dr., La Jolla, Tel. 858/452-9858.

FALLSCHIRMSPRINGEN

Perris Valley Skydiving Center, 2091 Goetz Rd., Perris, Tel. 909/940-4290.
Skydive California City 5999 Curtiss Pl., California City, Tel. 760/373-4659 oder 888/373-4007.

GOLF

Los Angeles Area

Brookside Golf Course, 1133 N. Rosemount Ave., Pasadena, Tel. 626/796-0177.
Industry Hills Golf Course, 1 Industry Hills Pkwy., City of Industry, Tel. 626/810-4653.
Rancho Park Golf Course, 10460 W. Pico Blvd., Beverly Hills, Tel. 310/838-7373. Der Kurs liegt mitten in Beverly Hills.

Südkalifornien

Alisal Golf Course 1054 Alisal Rd., Solvang, Tel. 688-6411.
Balboa Park Municipal Golf Course Golf Course Dr., San Diego, Tel. 619/235-1184.
La Costa Resort & Spa Costa Del Mar Rd., Carlsbad,, Tel. 760/438-9111 oder 800/854-5000.
Sandpiper Golf Course 7925 Hollister Ave., Santa Barbara, Tel. 805/968-1541.
Torrey Pines Golf Club 11480 N. Torrey Pines Rd., La Jolla, Tel. 858/452-3226 oder 800/985-4653).

Central Coast

Del Monte Golf Course 1300 Sylvan Rd., Pebble Beach, Tel. 831/373-2700. Kleine Anlage, aber vernünftige Preise.
The Links an der Spanish Bay, Nordende des 17-Mile Dr., beim Pebble Beach Resort, Spanish Bay, Tel. 831/624-6611.
Pasatiempo Golf Course, 18 Clubhouse Rd., Santa Cruz, Tel. 831/459-9155.
Pebble Beach Golf Course, bei der Lodge des Pebble Beach (siehe S. 362), 17-Mile Dr., Pebble Beach, Tel. 831/624-3811. Wer nicht im Resort übernachtet, kriegt nur schwer Abschlagzeiten.
Rancho Cañada Golf Course Carmel Valley Rd., Carmel, Tel. 831/624-0111 oder 800/536-9459.
San Juan Oaks Golf Club Calif. 156 at Union Rd., San Juan Bautista, Tel. 831/636-6113.

San Francisco und Bay Area

Half Moon Bay Golf Links, 2 Miramontes Point Rd., Half Moon Bay, Tel. 650/726-4438. Zwei Plätze: Links und Ocean.
Lincoln Park Golf Course, 34th St. & Clement St., San Francisco, Tel. 415/750-GOLF.
Presidio Golf Course, 300 Finley Rd., Presidio NP, San Francisco, Tel. 415/561-4661.

Die Wüste

La Quinta Resort & Spa, 49499 Eisenhower Dr., La Quinta, Tel. 760/564-4111. Vier Plätze.
PGA West 56150 PGA Blvd., La Quinta, Tel. 760/564-7170 oder 800/PGA-WEST. Sechs Plätze.
Tahquitz Creek Golf Course, 1885 Golf Club Dr., Palm Springs, Tel. 760/328-1005.

HAUSBOOTVERMIETUNG

New Melones Lake Marina, Angels Camp, Tel. 209/785-3300 (www.houseboats.com).
Shasta Lake Resorts, 22300 Jones Valley Marina Dr., Redding, Tel. 530/275-7950.

HEISSE QUELLEN

Siehe S. 255.
Golden Haven Hot Springs; 1713 Lake St., Calistoga, Tel. 707/942-6793.
Indian Springs; 1712 Lincoln Ave., Calistoga, Tel. 707/942-4913.
Keough's Hot Springs, Knapp 9 Km südlich von Bishop, Abfahrt von US 395, Tel. 760/872-4670. Geschl. Mo–Di.
White Sulphur Springs, 3100 White Sulphur Springs Rd., St. Helena, Tel. 707/963-8588.

HOCHSEEFISCHEN

H & M Landing 2803 Emerson St., Point Loma, San Diego, Tel. 619/222-1144. Tiefseefischen, Wale beobachten.
Helgren's Oceanside Sportfishing Inc. 315 Harbor Dr. S., Oceanside, 92054, Tel. 760/722-2133.

HÖHLENBESUCH

Caving expeditions Cave Loop Dr., Lava Beds National Monument, P.O. Box 867, Tulelake 96134, Tel. 530/667-2282.

KAYAKFAHREN
Monterey Bay Kayaks 693 Del Monte Ave., Monterey, 93940, Tel. 831/373-5357 oder 800/649-5357.
OARS (Outdoor and Aquatic Recreation Specialist), P.O. Box 67, Angels Camp, 95222, Tel. 800/346-6277.
Santa Barbara Adventure Company, P.O. Box 208, Santa Barbara, 93102, Tel. 805/452-1942 oder 888/773-3239.

MOUNTAINBIKEN
Bicycle Trails Council of the East Bay, P.O. Box 9583, Berkeley, 94709, Tel. 510/466-5123.
Mammoth Mountain Bike Park, Tel. 800/MAMMOTH.
Palomar Downhill Bicycle Tour, 16220 Hwy. 76, Pauma Valley, Tel. 800/985-4427.

RADFAHREN
Backroads, 801 Cedar St., Berkeley, 94710, Tel. 510/527-1555.
Getaway Adventures, 1117 Lincoln Avenue, Calistoga, 94515, Tel. 707/763-3040.

REITEN
Drakesbad Guest Ranch, Lassen Volcanic National Park, Tel. 530/529-1512.
El Alisal Guest Ranch and Resort 1054 Alisal Rd., Solvang, Tel. 805/688-6411.
Griffith Park Horse Rentals, 480 Riverside Dr., Burbank, Tel. 818/840-8401.
Smoke Tree Ranch Stables, 2500 Toledo Ave., Palm Springs, Tel. 706/327-1372.
Traditional Equitation School, 480 Riverside Dr., Burbank, Tel. 818/569-3666.
Yosemite Valley Stable Nahe Curry Village, Yosemite Valley, Tel. 209/372-8348.

SEGELN
Marina Sailing of Marina del Rey, 13441 Mindanao Way, Marina del Rey, 90292, Tel. 310/822-6617.
Marina Sailing of San Diego 2240 Shelter Island Dr., San Diego, Tel. 619/221-8286.
Santa Barbara Sailing Center, 133 Harbor Way, Santa Barbara, Tel. 800/350-9090.

SKIFAHREN
Badger Pass Glacier, Point Rd., Yosemite National Park off Calif. 41, Tel. 209/372-1330.
Bear Mountain Ski Resort, 433101 Goldmine Drive, östlich von Big Bear Lake City, Tel. 909/866-5766.
Lake Tahoe, Kontakt über North Lake Tahoe Visitor Service Center, 245 N. Lake Blvd., Tahoe City, Tel. 888/434-1262 oder Lake Tahoe Visitors Authority, 1156 Ski Run Blvd., South Lake Tahoe, 96150, Tel. 530/544-5050 für Informationen zu allen Tahoe-Resorts (14 Abfahrtspisten, elf Langlaufloipen). Drei der Beliebtesten:
Alpine Meadows, 10 km nordwestlich von Tahoe City, Informationen über P.O. Box 5279, Tahoe City, 96145, Tel. 800/441-4423 oder 530/583-4232.
Kirkwood, Off Calif. 88, P.O. Box 1, Kirkwood, 95646, Tel. 209/258-6000.
Squaw Valley, Squaw Valley Rd., von Calif. 89 abfahren, 8 km nördlich von Tahoe City, Tel. 530/583-6985 oder 800/403-0206.
Außerdem:
Mammoth Mountain Ski Area, P.O. Box 24, Mammoth Lakes, 93546, Tel. 760/934-2571.
Mount Shasta Ski Park, 104 Siskiyou Ave., Mount Shasta, Tel. 530/926-8610.

SURFEN
Club Ed Surf School & Surf Camp, 5 Isabel Dr., Santa Cruz, Tel. 831/464-0177.
San Diego Surfing Academy P.O. Box 99938, San Diego, 92169, Tel. 760/230-1474.

TAUCHEN
Aquarius Dive Shop, 2040 Del Monte Ave. Monterey, 93940, Tel. 831/375-1933.
Underwater Schools of America, 225 Brooks St., Oceanside, 92054, 760/722-7826.

VOGEL-BEOBACHTUNGEN
Point Reyes Bird Observatory, 4990 Shoreline Hwy., Stinson Beach, Tel. 415/868-1221.
San Francisco Bay Bird Observatory, 1290 Hope St., Alviso, Tel. 408/946-6548. Vögel beobachten, Unterricht, Ausflüge.

WALBEOBACHTUNGEN
Cabrillo Whalewatch, 3720 Stephen White Dr., San Pedro, Tel. 310/548-8397.

Dolphin Charters, 1007 Leneve Place, El Cerrito, Tel. 510/527-9622 oder 800/472-9942.
Island Packers, 1691 Spinnaker Dr. #105b, Ventura.
Monterey Whale Watching, 96 Fisherman's Wharf, Monterey, Tel. 831/372-2203 or 800/200-2203.
Oceanic Society Expeditions Fort Mason Center, San Francisco, Tel. 415/441-1106.

WANDERN
Sierra Club, Tel. 415/977-5500. Organisiert Wanderungen und hat detaillierte Wanderkarten.
Yosemite Mountaineering School & Guide Service, Curry Village, Yosemite Valley, Tel. 209/372-8344. Kletterschule, geführte Wanderungen und Trekkingtouren.

WASSERSPORT UND RAFTEN
All-Outdoors Whitewater Rafting Trips, Walnut Creek Tel 925/932-8993 oder 800/247-2387. Halbtages- bis 3-Tages-Touren auf dem American, Klamath, Tuolumne und anderen Flüssen.
American River Touring Association, 2400 Casa Loma Rd., Groveland, Tel. 800/323-2782.
Blue Edge Parasailing, Stearns Wharf, Santa Barbara, Tel. 805/966-5206.
Kern River Tours Lake Isabella, Tel. 800/844-RAFT.
Mission Bay Sports Center, 1010 Santa Clara Pl., San Diego, Tel. 858/488-1004.
Parasailing, Catalina P.O. Box 2275, Avalon, Tel. 310/510-1777.
Whitewater Voyages, 5225 San Pablo Dam Rd., El Sobrante, Tel. 510/222-5994.

UNTERHALTUNG

In San Francisco gibt es einige der verrücktesten Bars und Clubs des ganzen Landes und eine Theaterszene in ständigem Umbruch. L.A. kommt gleich danach, in San Diego gilt die Liebe vor allem dem Theater. Spaß und Spiele gehören in Kalifornien sowieso zum Alltag, Musik schließlich hört man an jeder Ecke.

LOS ANGELES

COMEDY CLUBS

Comedy Store, 8433 Sunset Blvd., 90046, Tel. 323/656-6225.
Groundlings Theater, 7307 Melrose Ave., 90046, Tel. 323/934-4747.

FERNSEHEN

Audiences Unlimited, 100 Universal City Plaza, Building 3153, Universal City, 91608, Tel. 818/753-3470. Besuch von Fernsehproduktionen.

ÖFFENTLICHE KULTURVERANSTALTUNGEN

John Anson Ford Amphitheater, 2580 Cahuenga Blvd., 90068, Tel. 323/461-3673.

MUSIK

Hollywood Bowl, 2301 Highland Ave., 90068, Tel. 323/850-2000. Klassisch.
House of Blues, 8430 W. Sunset Blvd., 90069, Tel. 323/848-5100. Mainstream.
Jazz Bakery, 3233 Helms Ave., 90034, Culver City, Tel. 310/271-9039. Große Jazzer spielen hier.
L.A. Opera Dorothy Chandler Pavilion, 135 N. Grand St., 90012, Tel. 213/972-8001.
L.A. Philharmonic Walt Disney Concert Hall, 111 S. Grand Ave., Tel. 323/850-2000.
Roxy 9009 W. Sunset Blvd., 90069, Tel. 310/276-2222. Rock.
UCLA Center for the Performing Arts, 405 Hilgard Ave., 90024, Tel. 310/825-2101.
Universal Amphitheater Universal City, 91608, Tel. 818/622-4440. Mainstream.
Whiskey A Go Go, 8901 W. Sunset Blvd., 90069, Tel. 310/652-4202. Rock.
World Stage Leimert Park, Tel. 323/293-2451. Jazz.

NACHTCLUBS

Bar Marmont 8171 W. Sunset Blvd., 90069, Tel. 323/650-0575.
Crush Bar 1743 N. Cahuenga Blvd., 90068, Tel. 323/461-9042.
Viper Room 8852 W. Sunset Blvd., 90069, Tel. 310/538-1881.

THEATER

Ahmanson Theatre, 135 N. Grand Ave., 90012, Tel. 213/628-2772. Hier tritt die Center Theatre Group auf; auch Broadway-Aufführungen.
Geffen Playhouse, 10886 Le Conte Ave., Westwood, 90024, Tel. 310/208-5454. Dramen und Komödien von Autoren jenseits des Mainstream.
Japan America Theater, Japanese Cultural & Community Center, 244 S. San Pedro St., 90012, Tel. 213/680-3700.
Mark Taper Forum, 135 N. Grand Ave., 90012, Tel. 213/628-2772. Zeitgenössische Stücke.
Pasadena Playhouse, 39 S. El Molino Ave., Pasadena, 91101, Tel. 629/356-7529. Hochgelobtes Theater in L.A.
Shubert Theater, 2020 Ave. of the Stars, Century City, 90067, Tel. 818/553-9000. Musicals.

ZUSCHAUERSPORT

Anaheim Angels Edison International Field, 2000 E. Gene Autry Way, Anaheim, 92806, Tel. 888/796-HALO. Baseball.
Hollywood Park, 1050 S. Prairie Ave., Inglewood, 90301, Tel. 310/419-1500. Pferderennen.
L.A. Clippers, Staples Center, 1111 S. Figueroa St., 90017, Tel. 213/742-7555. Basketball.
L.A. Dodgers, Dodger Stadium, 1000 Elysian Park Ave., 90012, Tel. 323/224-1400. Baseball.
L.A. Galaxy Rose Bowl, 1001 Rose Bowl Dr., N. Arroyo Blvd., 91103, Tel. 877/342-5299. Fußball.
L.A. Kings Staples Center, 111 S. Figueroa St., 90017, Tel. 888/KINGS-LA. Hockey.
L.A. Lakers, Staples Center 111 S. Figueroa St., 90017, Tel. 310/426-6031. Basketball.
Mighty Ducks, Arrowhead Pond of Anaheim, 2695 E. Katella Ave., Anaheim, 92806, Tel. 714/703-2545 (Reservierung). Hockey.
Santa Anita Racetrack, 285 W. Huntington Dr., Arcadia, 91007, Tel. 626/574-7223. Pferderennen.

SAN DIEGO

MUSIK

Belly Up Tavern, 143 S. Cedros Ave., Solana Beach, 92075, Tel. 858/481-8140. Rock und Pop.
Brick by Brick, 1130 Buenos Ave. , 92110, Tel. 619/275-5483. Alternativ.
Croce's, 802 5th Ave., Tel. 619/233-4355. Akustikjazz.
Humphrey's, 2241 Shelter Island Dr., Shelter Island, 92101, Tel. 619/244-3577. Mainstream.
In Cahootz, 5373 Mission Center Rd., Mission Valley, 92108, Tel. 619/291-1184.
La Jolla Music Society, 7946 Ivanhoe Ave., Suite 309, La Jolla, 92037, Tel. 858/459-3724. Klassische Musik.

NACHTCLUBS

E Street Alley, 919 4th Ave., 92101, Tel. 619/231-9200. Jazz.
Cane's Bar & Grill, 3105 Ocean Front Walk, Tel. 858/488-1780. Rock.
Pacific Beach Bar & Grill, 860 Garnet, Pacific Beach, 92109, Tel. 858/272-1242.

THEATER

La Jolla Playhouse, 2910 La Jolla Village Dr., UC San Diego, 92109, Tel. 858/550-1010. Regionales Theater, sechs Produktionen in jeder Saison (Mai–Nov.).
Old Globe Theater, Balboa Park, 92101, Tel. 619/239-2255. Zeitgenössisches und Klassisches.
Open Air Theater, San Diego State University, 92112, Tel. 619/594-6947. Mainstream.

San Diego Opera, Civic Center Plaza, 1200 Third Ave., 92101, Tel. 619/232-7636 oder 619/570-1100. Klassische Musik.
San Diego Repertory, Lyceum Theatre, 79 Horton Plaza, 92101, Tel. 619/544-1000. Produktionen von ueitgenössischen und klassischen Stücken, Komödien und Musicals.
Spreckels Theater, 121 Broadway, 92101, Tel. 619/235-9500. Klassische Musik.

ZUSCHAUERSPORT

Del Mar Thoroughbred Club, 2260 Jimmy Durante Blvd., Del Mar, 92014, Tel. 858/755-1141. Pferderennen.
San Diego Chargers, Qualcomm Stadium, 9449 Friars Rd., 92108, Tel. 619/280-2121. Football.
San Diego Padres, Petco Park, 8th St. & L St., Tel. 888/697-2373. Baseball.
San Diego Gulls, 3500 Sports Arena Blvd., 92110, Tel. 619/224-4625. Eishockey.

SAN FRANCISCO UND BAY AREA

Alle Veranstaltungen finden, wenn nicht anders angegeben, in San Francisco statt.

COMEDY

Cobb's Comedy Club, The Cannery, 2801 Leavenworth St., 94133, Tel. 415/928-4320.
Punch Line, 444 Battery St., 94111, Tel. 415/397-7573.

ÖFFENTLICHE KULTURVERANSTALTUNGEN

San Francisco Shakespeare in the Park, Liberty Meadow (bei der Fulton St.), Golden Gate Park, Tel. 415/422-2222. An Sommerwochenenden um 13.30 Uhr; kostenlos.
Stern Grove Summer Music Festival, Sloat Blvd. Höhe 19th Ave., 94132, Tel. 415/252-6252.

MUSIK

Boom Boom Room, 1601 Fillmore St., 94115, Tel. 415/673-8000. Der Bluesmusiker John Lee Hooker war hier in seinen letzten Jahren ein häufiger Gast. Jazz und Blues.
Bottom of the Hill, 1233 17th St., 94107, Tel. 415/621-4455. »New alternative«.
Cal Performances, Bancroft Way & Telegraph Ave., University of California at Berkeley, 94703, Tel. 510/642-9988. Eklektisch.
Cellar at Johnny Foley's, 243 O'Farrell St., 94102, Tel. 415/954-0777. Irischer Pub mit wöchentlicher Akustik-Show.
DNA Lounge 375 11th St., 94103, Tel. 415/626-1409. Alternativ-Rock, Tanz.
Enrico's 504 Broadway, 94133, Tel. 415/982-6223. Jazz.
Fillmore 1805 Geary St., 94115, Tel. 415/346-6000. Rock.
Freight & Salvage Coffee House 1111 Addison St., W. Berkeley, 94702, Tel. 510/548-1761. Folk.
Jazz at Pearl's, 256 Columbus Ave., 94133, Tel. 415/291-8255.
San Francisco Opera, War Memorial Opera House, 301 Van Ness Ave., 94102, Tel. 415/864-3330.
San Francisco Symphony, Davies Symphony Hall, 210 Van Ness Ave., 94102, Tel. 415/864-6000.
Yoshi's, 510 Embarcadero, Oakland, 94606, Tel. 510/238-9200. Jazz (und Japanisches Restaurant).

NACHTCLUBS

Candy Bar, 401 6th St., 94103, Tel. 415/337-4962. Lesbischer Club.
Café du Nord, 2170 Market St. (zw. Church & Sanchez). 94114, Tel. 415/861-5016. Alles vom Swing bis zu Salsa.
El Rio, 3158 Mission St., 94110, Tel. 415/282-3325. Salsa.
Midnight Sun, 4067 18th St., 94114, Tel. 415/861-4186. Schwulentreff.
Tonga Room, Fairmont Hotel, 950 Mason St., 94108, Tel. 415/772-5278. Kitsch.

TANZ

San Francisco Ballet, War Memorial Opera House, 301 Van Ness Ave., 94102, Tel. 415/865-2000.

THEATER

American Conservatory Theater (A.C.T.), beim Geary Theater, 415 Geary St., 94133, Tel. 415/749-2228. Repertoirebühne.
Berkeley Repertory Theater, 2025 Addison St., Berkeley, 94704, Tel. 510/845-4700. Bunte Mischung, Sept.–Juni.
Club Fugazi *(Beach Blanket Babylon),* 678 Green St., 94133, Tel. 415/421-4222. Kabarett.
Curran Theater, 445 Geary St., 94133, Tel. 415/551-2000. Große Produktionen und Musicals.
Exit Theater, 156 Eddy St., 94102, Tel. 415/673-3847. Experimentell bis klassisch. Im September San Francisco Fringe.
Golden Gate Theater, 1 Taylor St. bei Market Höhe 6th St., 94102, Tel. 415/551-2000. Gastbühne für landesweit beachtete Aufführungen.
Magic Theater, Fort Mason Bldg. D, Fort Mason Center, Marina Blvd. bei Buchanan St., 94123, Tel. 415/441-8822. Neue Stücke.
Orpheum Theater, 1192 Market St., 94102, Tel. 415/551-2000. Musicals.
Theater Rhinoceros, 2926 16th St., 94103, Tel. 415/861-5079. Schwulen- und Lesben-Aufführungen.

ZUSCHAUERSPORT

Golden Gate Fields, 1100 Eastshore Hwy., Albany, 94710, Tel. 510/559-7300. Pferderennen.
Oakland A's, Network Associates Coliseum, 7000 Coliseum Way, Oakland, 94621, Tel. 510/762-2255 (Karten). Baseball.
San Francisco 49ers,3 Com Park bei Candlestick, Tel. 415/656 4900. Football.
San Francisco Giants, Bryant & Brannan Sts., South Park, Tel. 510/762-2255. Baseball.
San Jose Earthquake, Spartan Stadium, 1257 S. 10th St., San Jose, 95192, Tel. 408/260-6300. Fußball.
San Jose Sharks, San Jose Arena, 525 W. Santa Clara St. bei Autumn St., 95113, Tel. 408/287-7070. Hockey.

REGISTER

Die **gefetteten** Seitenzahlen beziehen sich auf Abbildungen

A

B

C

D

E

F

G

M

ABBILDUNGS-NACHWEIS

Die Abkürzungen bedeuten: (o) oben; (u) unten; (l) links; (r) rechts; (m) mitte.

Cover: (l), Images Colour Library; (center), Corbis/Philip James Corwin; (r), Gettyone/Stone. Spine: Corbis/ Philip James Corwin. 1, Robert Harding Picture Library; 2/3, NGS/Keith S. Walklet; 4, Gettyone/Stone; 9, Corbis UK Ltd/Tom Bean; 11, R. Holmes; 12/13, Gettyone/Stone; 14/15, C. Karnow; 15, Gettyone/Stone; 16/17, Corbis UK Ltd/David Muench; 18 and back cover, Gettyone/Stone; 19t, Corbis UK Ltd; 19b, Gettyone/Stone; 20/21, NGS/Joe McNally; 22, C. Karnow; 22, C. Karnow; 24/25, Corbis UK Ltd/Tom Bean; 26, Corbis UK Ltd; 27, Bridgeman Art Library, London, Portrait of John Charles Fremont, by Charles Loring Elliot, Brooklyn Museum of Art, New York, aUSA; 28/29, Noella Ballenger & Associates; 30/31, Bridgeman Art Library, London, The Route to California. Truckee River, Sierra Nevada. Central Pacific railway, by N. Currier and Ives, J.M. Private Collection; 32, Gettyone/Stone; 34/35, Getty Images; 36/37, Bridgeman Art Library, London, Half Dome, Yosemite by Albert Bierstadt Private Collection/ Christie's Images; 38, Bridgeman Art Library, Le Plongeur: the diver, 1971 by David Hockney. Bradford Art Galleries and Museums, West Yorkshire, UK © David Hockney; 40, Bridgeman Art Library, London, Robert Louis Stevenson, 1892 by Count Girolamo Pieri Nerli, Scottish National Portrait Gallery, Edinburgh, Scotland; 41, Brown Brothers; 42, CORBIS; 44/45, Corbis UK Ltd; 46/47, C. Karnow; 49, Magnum Photos/Steve McCurry; 51, C. Karnow; 52, C. Karnow; 54, Photo-File; 56, C. Karnow; 57, AA Photo Library/M. Jourdan; 58, Corbis UK Ltd; 59, Arcaid; 60, Bridgeman Art Library, London, An Old Man in Military Costume (formerly called Portrait of Rembrandt's Father), c. 1630 (panel) by Rembrandt Harmensz. van Rijn (1606-69) J. Paul Getty Museum, Malibu, CA, USA; 62, J. P. Getty-Trust/ CORBIS; 62/63, PhotoFile; 63, Corbis UK Ltd/Roger Ressmeyer; 64, Corbis UK Ltd/Phil Schermeister; 65, Photo-File; 67, Skirball Cultural Center; 69, C. Karnow; 70, Corbis UK Ltd/Lyn Goldsmith; 71, C. Karnow; 72, C. Karnow; 73, Kaz Tsuruta/Asian Art Museum of San Francisco. Reproduced by permission; 75, Photograph © 2005 Museum Associates/LACMA. »The Cotton Pickers, 1876,« LACMA, Acquistion made possible through Museum Trustees: Robert O. Anderson, R. Stanton Avery, B. Gerald Cantor, Edward W. Carter, Justin Dart, Charles E. Ducommun, Camilla Chandler Frost, Julian Ganz, Jr., Dr. Armand Hammer, Harry Lenart, Dr. Franklin D. Murp; 76, Corbis UK Ltd/W Cody; 77, PhotoFile; 78t, Getty Images; 78b, C. Karnow; 79, C. Karnow; 80, Magnum Photos/Steve McCurry; 81, James Leynse/Corbis; 82, Corbis UK Ltd/Joseph Sohm; Chromosohm, Inc.; 85, Gettyone/Stone; 86, Peter Newark's Pictures; 87, C. Karnow; 88, Photo-vault; 91, Photovault; 92t, PhotoFile; 92b, Gettyone/Stone; 93, C. Karnow; 94, AA Photo Library/P. Wilson; 95, Corbis/ Richard Cummins; 96, AA Photo Library/R. Holmes; 97, Corbis UK Ltd/Dave G. Houser; 98, Corbis UK Ltd/Shelley Gazin; 99, Woodfin Camp & Associates Inc.; 100, Richard Cummins/Corbis; 101, Corbis UK Ltd/Dave G. Houser; 102, Brown Brothers; 103, Corbis UK Ltd/Richard Cummins; 105, Corbis UK Ltd/Roger Ressmeyer; 107, AA Photo Library/P. Wood; 108, Frank Balthis; 109, Woodfin Camp & Associates Inc.; 110, Corbis UK Ltd/Michael Freeman; 111, Corbis UK Ltd/Michael Freeman; 113, Norton Simon Museum; 114, Henry Moore Foundation, Norton Simon Art Fondation, Norton Simon Museum; 114/115, Norton Simon Museum; 117, Karen Dardick; 118, Corbis UK Ltd/ Francis G. Mayer; 119, Corbis UK Ltd/ Richard Cummins; 120, Corbis UK Ltd/Vince Streano; 121, Corbis UK Ltd/Joseph Sohm; Chromosohm, Inc; 122, Corbis UK Ltd/Phil Schermeister; 123t, Corbis UK Ltd/Phil Schermeister; 123b, Corbis UK Ltd/Nik Wheeler; 124/125, Corbis UK Ltd/Roger Ressmeyer; 126, Corbis UK Ltd/George Lepp; 127, PhotoFile; 130/131, Photo-File; 131, Cabrillo Marine Aquarium; 133, PhotoFile; 134, © Disney Enterprises, Inc.; 135, © Disney Enterprises, Inc.; 136, Corbis UK Ltd/Neil Rabinowitz; 137, C. Karnow; 138/139, Kathleen Norris Cook; 140, PhotoFile; 141, Corbis UK Ltd/Ted Streshinsky; 143, Larry Ulrich; 144, Corbis UK Ltd/ Richard Cummins; 144/145, Corbis UK Ltd/James L. Amos; 148/149, Gettyone/Stone; 149, NGS/Phil Schermeister; 150, Corbis UK Ltd/Richard Cummins; 151, Kathleen Norris Cook; 153, NGS/Phil Schermeister; 154, Corbis UK Ltd/Jim Sugar Photography; 154/155, NGS/Phil Schermeister; 156, AA Photo Library/M. Jordan; 157, Kathleen Norris Cook; 158, Corbis UK Ltd/Richard Cummins; 159, NGS/Phil Schermeister; 160, Gettyone/Stone; 161, Robert Harding Picture Library; 162, Frank Balthis; 165, C. Karnow; 166. Robert Harding Picture Library; 167, Corbis UK Ltd/Richard Cummins; 168, Corbis UK Ltd/David Muench; 169, Corbis UK Ltd/Dave G. Houser; 170, Images Colour Library; 173, Corbis UK Ltd/ Craig Aurness/Hearst Castle/CA Park Service; 175, Spectrum Colour Library; 176t, Corbis UK Ltd/ Roger Ressmeyer; 176b, Corbis UK Ltd/ The Brett Weston Archive; 177, Corbis UK Ltd/Ansel Adams Publishing Rights Trust; 178/179, Corbis UK Ltd/Robert Holmes; 180, Kathleen Norris Cook; 181, Corbis UK Ltd/Bettmann; 183, Corbis UK Ltd/Bettmann; 184, Woodfin Camp & Associates Inc.; 185, PhotoFile; 187, NGS/Jonathan Blair; 188, Frank Balthis; 189, Corbis UK Ltd/Ron Watts; 192/193, Gettyone/ Stone; 194, Corbis UK Ltd/Morton Beebe; 195, Fine Arts Museums of San Francisco, Gift of the Atholl McBean Foundation; 197, R. Holmes; 199t, Woodfin Camp & Associates Inc.; 199b, AA Photo Library/K. Paterson; 200/ 201, C. Karnow; 201l, Corbis UK Ltd/ Richard Cummins; 201r, R. Holmes; 202, PhotoFile; 203, Images Colour Library; 204, Gettyone/Stone; 205, Corbis UK Ltd/Kevin Fleming; 206, Monica Lee; 207, Asian Art Museum of San Francisco. Used with permission.; 209, Floris Leeuwenberg/Corbis; 210, C. Karnow; 211, Getty Images; 212, C. Karnow; 213, Thomas Winz/Index Stock; 214, AA Photo Library/K. Paterson; 215, Frank Balthis; 216, Getty Images; 218, R. Holmes; 220, Corbis UK Ltd/Richard Cummins; 222, R. Holmes; 223, R. Holmes; 224t, R. Holmes; 224b, R. Holmes; 225, National Park Service; 226/227, Gettyone/Stone; 228, Getty-one/Stone; 229, Frank Balthis; 230, Frank Balthis; 232, Photovault; 234, R. Holmes; 235, AA Photo Library/ R. Holmes; 237, R. Holmes; 238/239, Corbis UK Ltd/Robert Holmes; 238, © 1996 Franklin Avery; 239t, R. Holmes; 240, Corbis UK Ltd/Ted Streshinsky; 241, Corbis UK Ltd/Robert Holmes; 242, Spectrum Colour Library; 243, AA Photo Library/K. Paterson; 244/245, Gettyone/Stone; 246/247, R. Holmes; 247, PhotoFile; 248, R. Holmes; 249, C. Karnow; 250, Monica Lee; 251, C. Karnow; 254, C. Karnow; 255, C. Karnow; 256/7, NGS/Phil Schermeister; 258, R. Holmes; 259, Gettyone/Stone; 260/261, Robert Harding Picture Library; 261t, R. Holmes; 261b, Gettyone/Stone; 262, C. Karnow; 263, Kathleen Norris Cook; 264, C. Karnow; 265, C. Karnow; 266, PhotoFile; 267, C. Karnow; 268, C. Karnow; 270/271; Gettyone/Stone; 272/273, C. Karnow; 273, C. Karnow; 274, C. Karnow; 275, C. Karnow; 276/277, Gettyone/Stone; 277, Ardea London/B. ›Moose‹ Peterson WRP; 278/279, Photo Network; 281, Pictor International, London; 283, Spectrum Colour Library; 285, C. Karnow; 286, Frank Balthis; 287, C. Karnow; 288, AA Photo Library/R. Holmes; 289, AA Photo Library/R. Holmes; 291, Kathleen Norris Cook; 292/293, Kathleen Norris Cook; 294, Monica Lee; 295, Corbis UK Ltd/Phil Schermeister; 296/297, © John Elk III; 298, PhotoFile; 299, Gettyone/Stone; 300/301, Gettyone/Stone; 302, R. Holmes; 303t, PowerStock/Zefa; 303c, Mary Evans Picture Library; 303b, Bruce Coleman; 304/305, Phil Schermeister; 306, Gettyone/Stone; 307, Gettyone/Stone; 309, Kathleen Norris Cook; 310/311, Kathleen Norris Cook; 311, Woodfin Camp & Associates Inc.; 312, R. Holmes; 313, R. Holmes; 315, AA Photo Library/ R. Holmes; 316t, AA Photo Library/ R. Holmes; 316b, NGS/Sarah Leen; 318, Frank Balthis; 320, Frank Balthis; 320/321, NGS/Joel Sartore; 323, Kathleen Norris Cook; 324, NGS/Peter Essick; 325, Corbis UK Ltd/David Muench; 326/327, Gettyone/Stone; 328/329, NGS/Aurness Craig; 331t, Frank Balthis; 331b, Gettyone/Stone; 332/333, Gettyone/Stone; 335, Gettyone/Stone; 336, Woodfin Camp & Associates Inc.; 337l, PhotoFile; 337r, Corbis UK Ltd/Bettmann; 338, Corbis UK Ltd/Raymond Gehman; 339t, Ardea London/Martin W. Grosnick; 339b, Ardea London/Kenneth W. Fink; 340, Kathleen Norris Cook; 341, Frank Balthis; 342, Gettyone/Stone; 343, Gettyone/Stone

In der Reihe NATIONAL GEOGRAPHIC TRAVELER sind bisher folgende Titel erschienen:

ÄGYPTEN
ALASKA
AMSTERDAM
AUSTRALIEN
BARCELONA
BERLIN
BOSTON UND UMGEBUNG
CHINA
COSTA RICA
FLORENZ UND TOSKANA
FLORIDA
FRANKREICH
GRIECHENLAND
GROSSBRITANNIEN
HAWAII
HONGKONG
INDIEN
IRLAND
ITALIEN
JAPAN
KALIFORNIEN
KANADA
KARIBIK
KUBA
LONDON
MADRID
MEXIKO
MIAMI UND DIE FLORIDA KEYS
NEW YORK
PARIS
PIEMONT UND NORDWEST-ITALIEN MIT TURIN UND DEN ALPEN
PORTUGAL
PRAG UND TSCHECHIEN
PROVENCE UND CÔTE D'AZUR
ROM
SAN FRANCISCO
SIZILIEN
SPANIEN
SYDNEY
THAILAND
USA-NATIONALPARKS
VENEDIG
VIETNAM
WASHINGTON, D.C.

Weitere Titel in Vorbereitung

Deutsche Ausgabe veröffentlicht von G+J/RBA GmbH & Co KG, Hamburg 2001
3. aktualisierte Auflage, Hamburg 2007
Übersetzung: Dr. Martin Goch, Jutta Ressel, Kirsten Sonntag; Heide Bierbrauer (Reiseinformationen)
Gesamtproducing: CLP Carlo Lauer & Partner
Satz: Typographischer Betrieb Biering Numberger
Druck und Verarbeitung: Mohn Media Mohndruck GmbH, Gütersloh
Printed in Germany
ISBN 978-3-934385-25-2

Alle Angaben in diesem Buch wurden zum Zeitpunkt der Erarbeitung sorgfältig geprüft. Dennoch können sich natürlich Details ändern, und der Verlag kann für solche Änderungen, eventuelle Fehler oder Auslassungen keine Verantwortung oder Haftung übernehmen. Bewertungen von Hotels, Restaurants oder Sehenswürdigkeiten geben die Sicht der Autoren wieder.

Titel der amerikanischen Originalausgabe:
NATIONAL GEOGRAPHIC TRAVELER CALIFORNIA

Veröffentlicht von der National Geographic Society, Washington, D.C. 2000, 2005. Alle Rechte vorbehalten.

Die National Geographic Society wurde 1888 gegründet,
um »die geographischen Kenntnisse zu mehren und zu verbreiten«.
Seither unterstützt sie die wissenschaftliche Forschung
und informiert ihre mehr als neun Millionen Mitglieder in aller Welt.

Die National Geographic Society informiert durch Magazine, Bücher,
Fernsehprogramme, Videos, Landkarten, Atlanten und moderne Lehrmittel.
Außerdem vergibt sie Forschungsstipendien und organisiert den
Wettbewerb *National Geographic Bee* sowie Workshops für Lehrer.
Die Gesellschaft finanziert sich durch Mitgliedsbeiträge und
den Verkauf der Lehrmittel.

Die Mitglieder erhalten regelmäßig das offizielle Journal der Gesellschaft:
das NATIONAL GEOGRAPHIC-Magazin.
Falls Sie mehr über die National Geographic Society, ihre Lehrprogramme und
Publikationen wissen wollen: Nutzen Sie die Website unter
www.nationalgeographic.com.

Die Website von NATIONAL GEOGRAPHIC DEUTSCHLAND
können Sie unter
www.nationalgeographic.de
besuchen.